Friedrich Kluge

Adolf Kußmaul 1822–1902

W0320197

Friedrich Kluge

Adolf Kußmaul
1822–1902

Arzt und Forscher –
Lehrer der Heilkunst

Rombach Verlag

Kußmaul-Porträt in Öl von Franz von Lenbach (1836–1904), 77×90 cm, 1895, Nachlaß Kußmaul.
Kußmaul war bei der Anfertigung des Bildes in München 73 Jahre alt. Lenbach malte Porträts nach dem Modell und nach deren Fotographien. Das Bild zeigt Kußmaul in Halbfigur stehend, den Oberkörper leicht, den Kopf mehr nach links gewandt, den Betrachter direkt anschauend. Die Hände sind verschränkt, der Arm ist leicht auf eine Brüstung im Vordergrund abgestützt. Innerhalb der Komposition nimmt der Kopf den Mittelpunkt ein und kommt ungestört von irgendwelchen Zugaben zur Geltung. In feinen Farbabstufungen ist das Gesicht modelliert; beim Betrachten der Augen fällt auf, daß sie offener wirken und der Blick lichter ist als auf den Fotographien (siehe Abb. 91).
Für Lenbach, den Porträtisten, war dies allerdings nicht genug. Kußmaul mußte einen Pelzmantel tragen, was er eigentlich nicht wollte. Er entschuldigte sich später oft dafür; er habe nie einen solchen besessen und getragen, Lenbach habe darauf bestanden, es sei der ›Bismarck-Mantel‹, man könne ihn auch den Mantel des Ruhms nennen, habe Lenbach beschieden!

Auf dem Umschlag: Kußmaul-Porträt von Franz von Lenbach (1836–1904), 1895

Gedruckt mit freundlicher Unterstützung von Gertrud Czerny.

Die Deutsche Bibliothek – CIP-Einheitsaufnahme

Kluge, Friedrich:
Adolf Kußmaul: 1822–1902; Arzt und Forscher – Lehrer der Heilkunst / Friedrich Kluge. – 1. Aufl. – Freiburg im Breisgau: Rombach, 2002.
ISBN 3-7930-9320-4

© 2002. Rombach Druck- und Verlagshaus GmbH & Co. KG,
Freiburg im Breisgau
1. Auflage. Alle Rechte vorbehalten
Lektorin: Dr. Edelgard Spaude
Umschlaggestaltung: Barbara Müller-Wiesinger & Ulrike Höllwarth
Typographie und Repro: post scriptum, Freiburg im Breisgau
Herstellung: Stiehler Druck & media GmbH, Denzlingen
Printed in Germany
ISBN 3-7930-9320-4

Vorwort

Als ich Kußmaul zum ersten Mal »begegnete«, war ich Arzt auf der nach ihm benannten Station an der Freiburger Medizinischen Universitätsklinik. Dort hing sein Porträt-Foto vom 80. Geburtstag; ein Blick in Nachschlagewerke zeigte mir, welch bedeutender Arzt Kußmaul gewesen sein muß und welche berühmten Werke in seiner Freiburger Zeit entstanden sind. Seither ist mein Interesse an Kußmaul stetig gewachsen und ich stellte fest, daß sich unsere Wege oft gekreuzt hatten. Ich war bei Eckernförde aufgewachsen, wo er, genau 100 Jahre vor mir, erstmals das Meer sah und hörte. In Erlangen lernte ich Chirurgie, wo er sein erstes Ordinariat innehatte; ich heiratete in Heidelberg, wo er seine Jugend und das Alter verbrachte, und ich lebe nun schon lange in Freiburg, wo er den wissenschaftlichen Höhepunkt seiner Laufbahn erreichte.

Stück für Stück seines Lebens holte ich aus dem Dunkel der Archive und Bibliotheken, nach und nach spürte ich alle lebenden Nachfahren in Deutschland und den USA auf – ein Weg, der von Finderglück und von interessanten menschlichen Begegnungen gesäumt war. »Unterwegs« habe ich mich allerdings immer wieder gefragt, ob ich dieses Buch schreiben könne und wie ich mich diesem Mann nähern sollte. Meine Skrupel wurden von Historikerseite zerstreut, und schließlich half mir Kußmaul selbst über meine Bedenken hinweg. Auch er hatte historische Porträts von Ärzten und großen Naturwissenschaftlern des 19. Jahrhunderts verfaßt. Außerdem war mir eine Briefstelle von ihm eine Hilfe, in der er dem Autor, der seine Rolle bei der Erstanwendung der Magenspiegelung ans Tageslicht gefördert hatte, schrieb: »Da Sie aber aus freien Stücken mein Champion geworden sind, so kann ich damit ganz zufrieden sein …« (Brief an Professor Killian vom 3. Januar 1901). In diesem Sinne habe ich mich an die Arbeit gemacht!

Auf meinem Weg hat mich in besonderer Weise der Medizinhistoriker Professor Eduard Seidler ermuntert und sachkundig begleitet. Kußmauls spätere Nachfolger, die beiden Direktoren der Medizinischen

Klinik, Professor Wolfgang Gerok und Professor Georg Wilhelm Löhr, deren Mitarbeiter ich viele Jahre war, verfolgten meine Forschungen mit freudigem Interesse. Zwei Fachhistorikern gilt mein ganz besonders herzlicher Dank; mein alter Freund Professor Fritz Kallenberg hat Themen der Geschichtsschreibung, die dieses Buch betreffen, immer wieder mit mir diskutiert – oft bei gemeinsamen Ferien im Ötztal. Professor Ernst Schulin hat das ganze Manuskript gelesen und ist mir mit seinen Verbesserungsvorschlägen hilfreich zur Seite gestanden!

Der größte Dank gilt meiner Frau Anneruth; sie hat mir bei der Abfassung des Manuskripts auf vielfältigste Weise geholfen und das ganze Buch ›geschrieben‹ – so ist diese Zeit für uns ein intensiver Lebensabschnitt schöner Gemeinsamkeit geworden.

Das Buch ist für Mediziner und Laien geschrieben; ich habe Kußmauls Arbeiten jeweils so in ihr Umfeld gestellt, daß das Verständnis dadurch deutlich erleichtert wird, zudem ist ein medizinisches Glossar beigegeben. Die zahlreichen Abbildungen im Buch sollen die Texte veranschaulichen und erklären, sie sollen zum Beispiel zeigen und darstellen, wie die Geräte zur ersten Magenspiegelung ausgesehen haben.

In einer Biographie liefern Illustrationen einen wesentlichen Beitrag, ein abgerundetes Bild von der Person zu schaffen. Es ist mir gelungen, zu fast jeder Lebensepoche Kußmauls ein Bild zu finden, und so helfen diese, ein Stück »wahre« Vergangenheit zu verdeutlichen.

Ich zitiere viel und ausführlich, weil die Quellenlage es mir aufgab; ich meine aber auch, daß es richtig ist, wenn der Historiker über die jeweiligen Zeitepochen sein Urteil abgibt. Die moderne Medizin des 20. und 21. Jahrhunderts gründet und ruht auf den Schultern der Ärzte und Forscher aller naturwissenschaftlichen und psychologischen Fächer des 19. Jahrhunderts. Ein Wort Isaak Newtons aus sehr viel früherer Zeit, 1675, mag hier gelten: »Wenn ich weiter sehe als andere, dann deshalb, weil ich auf den Schultern von Riesen stehe«. Ich habe einige Mosaiksteine zusammengetragen, damit ein möglichst ausdrucksstarkes Bild des herausragenden Arztes Adolf Kußmaul entsteht.

Ich habe das Buch aus der täglichen Praxis heraus verfaßt – letztlich, damit es ihr auch wieder dienen möge. Das Kapitel »Die Störungen der Sprache« gilt dem Andenken meines Vaters Ernst Kluge, der seine Ausbildung zum Nervenarzt bei Karl Bonhoeffer (1868–1948) erhielt. Ich widme dieses Buch den jungen Menschen, die auf dem langen Weg sind, Ärztinnen und Ärzte zu werden.

Freiburg i. Br., im August 2001, F. K.

Inhaltsverzeichnis

KAPITEL 1

Die jungen Jahre 1822–1840

KAPITEL 2

Medizin im Umbruch 1840–1847

KAPITEL 3
Revolutionäre Zeiten 1848–1859

KAPITEL 4
Selbst noch Student 1859–1863

KAPITEL 5
Im Zenit 1863–1876

KAPITEL 6

Der populärste Deutsche im Elsaß 1876–1888

KAPITEL 7

Nestor der Inneren Medizin in Deutschland 1888–1902

KAPITEL 8

Nachruhm

Anhang

KAPITEL 1

Die jungen Jahre

1822–1840

Die Wurzel der Geschichte aber
ist der Mensch

Ernst Bloch

Name und Herkunft

Adolf Kußmauls Familie stammt aus Schwaben, ist württembergisch, würden wir heute sagen. Kußmaul äußerte sich über diesen Menschenschlag in einem Brief vom 15. April 1897: »Die Württemberger sind im Ganzen zuverlässige Leute …«, wozu natürlich noch wesentlich mehr des Guten hinzuzufügen wäre.

Die Familie zog 1701 ins Badische – Kußmaul selbst, bei Karlsruhe geboren, war also Badener – insgesamt demnach eine baden-württembergische Familie im besten Sinne.

Und der Name? »Meine Herren! Sämtliche anzüglichen Witze über meinen Namen sind schon gemacht …«, soll der 37jährige Professor und Direktor der Medizinischen Universitätsklinik in Erlangen 1859 bei seiner ersten Vorlesung den Studenten entgegengehalten haben.

Der Name Kußmaul ist schwäbisch-alemannischer Herkunft und bedeutet, einen kußlich gespitzten Mund zu haben. Im 15. Jahrhundert gab es als Vorläufernamen zu Kußmaul Schmuzmaul. Kuß hat sich aus dem lautmalenden Verb küssen gebildet, und im Mittelhochdeutschen ist smuz gleich Kuß. Im Gäu, der Landschaft zwischen Horb am Neckar und Herrenberg, findet man um 1620, zum Beispiel im Totenbuch von Bonndorf, Kreis Herrenberg, den Namen Kußmaul mehrmals. Der erste gesicherte Vorfahr unserer Kußmaulfamilie ist ein Bauer namens Martin Kußmaul, der 1605 in Dertingen bei Maulbronn geboren wurde. Sein Enkel kam um 1700 nach Söllingen, einem lutherischen Pfarrdorf neben Durlach. Dieses Städtchen war von 1566 bis 1715 Residenzstadt der Baden-Durlacher Lande. Kußmauls Urgroßvater war hier Schreinermeister, sein Großvater Barbier und Chirurgus, sein Vater Philipp Jakob (1790–1850) Landarzt. Jener heiratete 1821 in Söllingen Luise Katharina Böhringer (1798–1846).

Kußmaul selber hat hinsichtlich seines Namens manch köstliche Begebenheit erlebt, die er in seinen *Jugenderinnerungen* wiedergibt. So unter anderem die beiden folgenden Geschichten:

> In Süddeutschland erregte mein Name weniger Befremden als in Norddeutschland. In den Jahren 1848 und 1849 marschierte ich als Militärarzt mit badischen Truppen mehrmals durch das Königreich Hannover und verweilte zweimal längere Zeit in den Herzogtümern Schleswig-Holstein. Wenn ich bei diesen Märschen nach der Ankunft in einem neuen Quartiere der Dame des Hauses meine Aufwartung machte, durfte ich, sobald ich meinen Namen nannte, eines vergnügten Empfangs und der neugierigen Musterung des Trägers eines so bedenklichen Namens sicher sein. Am muntersten empfing mich die hübsche Frau eines Hannoverschen Kollegen, der sich den Militärarzt des angemeldeten badischen Bataillons ins Quartier ausgebeten hatte. Als ich in seinem Hause abstieg, befand sich der Kollege auf der Praxis und ich meldete mich bei seiner Gattin. Sie glaubte meinen Namen nicht richtig verstanden zu haben, sah mich zweifelnd an und bat, ihn zu wiederholen. Ich buchstabierte ihn vor und sie lachte mir fassungslos ins Gesicht.[1]

Kußmauls alter Lehrer und Gönner, Professor Nägele in Heidelberg, hatte folgenden Rat parat:

> Er hatte mich dringend ermahnt, den Namen zu ändern. Ich ließ mir aber nicht bange machen und erklärte ihm eines Tages trocken, daß ich einen vornehmen, altbewährten Namen trüge und nun und nimmer ablegen würde. Meine Familie sei vom ältesten medizinischen Adel. Wir stammten von dem großen Oribasius, dem berühmten Leibarzt Julians, des Abtrünnigen. Nach dem Tode des Kaisers sei bekanntlich der verdiente Mann vom Hofe verbannt worden und zu den Goten an die Donau gezogen, die seinen Namen in Kußmaul übersetzt hätten. Os der Mund und basium der Kuß machten zusammen Oribasius. (8)

Kußmaul benutzte diese Namensform auch als Pseudonym, wenn er bei lustigen Gelegenheiten dichtete, so auch in den Poetischen Jugendsünden.[2]

Abb. 1a
Kußmauls Geburtshaus in Graben (Rekonstruktionszeichnung) mit Gedenktafel.

Kindheit

Am 22. Februar 1822 wurde Karl Philipp Konrad Adolf Kußmaul als erstes Kind der jungverheirateten Eltern Jakob und Katharina Kußmaul in Graben geboren. Der Ort liegt zwanzig Kilometer nördlich von Karlsruhe. Im *Historisch-statistisch-topographischen Lexikon des Großherzogtums Baden* von 1813 ist über Graben zu lesen: Es »liegt vier Stunden nördlich von Karlsruhe an der Poststraße nach Mannheim, enthält 962 Seelen, eine Kirche, einen Park, eine Schule, ein Rathaus, 153 Wohnhäuser und 166 Nebengebäude, auch ein Posthaus und eine Apotheke.«[3] Kußmauls Geburtshaus stand noch bis 1997, dann mußte es dem Neubau einer Sparkasse weichen. Dort wird heute zusammen mit seinem Bildnis und Lebenslauf die zu seinem 100. Geburtstag gestiftete Gedenktafel aufbewahrt, deren Inschrift lautet: »Hier wurde geboren Prof. Dr. Adolf Kußmaul Exc. der warmfühlende Mensch, der gottbegnadete Arzt.« Auch die Schule in Graben ist nach ihm benannt.

In seinen *Jugenderinnerungen* schreibt Kußmaul über seine Geburt:

> Die glücklichen Eltern begrüßten den Erstgeborenen zärtlichst, und mein Vater erwies mir die erdenklichsten medizinischen Aufmerksamkeiten, untersuchte mich überall sorglich und legte mich auf die Waage. Ich wog sechseinhalb Pfund, ward somit leicht befunden, doch schien meine übrige Beschaffenheit zu guten Erwartungen zu berechtigen. Es kamen im weiteren Verlauf der Ehe noch sechs Geschwister (Rudolf 1823, Pauline 1826, Albertine 1828, Ernestine 1831, Otto 1833 und Moritz 1835), aber mir alleine, als dem Erstgeborenen, hatte mein Vater den Vorzug einer exakten Wägung zu teil werden lassen; – mein Leibesgewicht ist zu meiner Zufriedenheit stets in mäßigen Grenzen geblieben. (16)

Von der drei Tage nach der Geburt vorgenommenen Taufe ist die Urkunde erhalten, die die Namen der zehn Taufpaten enthält.

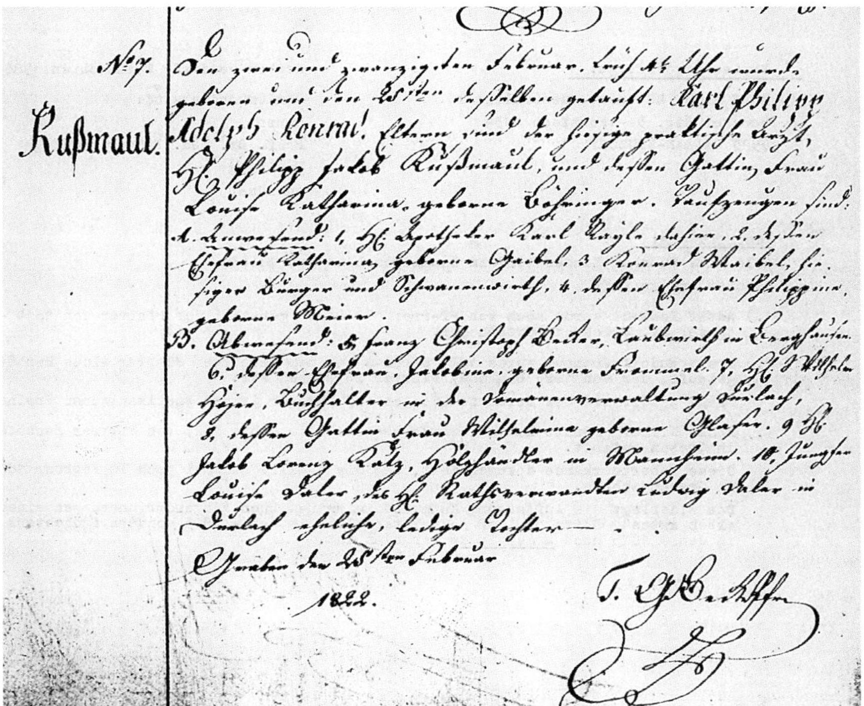

N° 7.
Kußmaul.

Abb. 1 b: Geburts- und Taufurkunde von Carl Philipp Adolf Konrad Kußmaul, mit aufgeführt sind die zahlreichen Taufzeugen, Landamt Graben 1822.

Kußmauls Vater hatte nach dem Examen die Stelle eines Assistenzarztes mit dem Titel »Großherzoglicher Stabsarzt« in Graben zugesprochen bekommen. Die Familie wohnte hier aber nur ein Jahr, denn 1823 wurde der Vater als Amtschirurg nach Emmendingen im Breisgau berufen. Als Staatsbeamter wurde er noch zweimal versetzt, 1829 als Physikus nach Boxberg am Taubergrund und 1834 nach Wiesloch südlich von Heidelberg.

Die *Jugenderinnerungen* zeigen uns einen Jungen, der an seiner Umgebung immer mehr interessiert war als am eigentlichen Lernstoff der Schule. Dieses Interesse förderte sein Vater ganz besonders; er hat in Kußmauls Leben als identitätsstiftende Person stets den ersten Rang eingenommen. Kußmaul bewunderte ihn:

> Ein ›selfmademan‹ hat sich mein Vater vom armen Bauernjungen zum tüchtigen Arzt heraufgearbeitet... Was ich am meisten bewunderte, war, daß er sich, obwohl er unter der Dorfjugend aufgewachsen war und kein Gymnasium besucht hatte, doch eine gute allgemeine Bildung verschaffte, eine gewählte Sprache und gebildete Umgangsformen. Ein kenntnisreicher Mann von heiterem Gemüt, von Geist und Witz, war er ein angenehmer Gesellschafter, wenn sein schwerer Beruf ihm Zeit dazu ließ. Klarer Verstand hielt ihn frei von Aber- und Wunderglauben... (10)

Gemüt, Geist und Witz, klarer Verstand – dies wird man später auch Kußmaul bescheinigen. Sein Vater starb 1850 an einem Herzinfarkt. Er war den übergroßen körperlichen Anstrengungen seines Berufes nicht mehr gewachsen.

Kußmauls Schulzeit war recht abwechslungsreich. Sein Unterricht begann im Alter von fünf bis sechs Jahren zu Hause, wo er bereits ›mensa‹ deklinieren lernte. In Boxberg besuchte er dann die Volksschule. Diese hatte nur einen Lehrer, einen alten Husaren oder Dragoner, der es liebte, Kriegsgeschichten zu erzählen, so daß der Vater den Sohn aus der Schule nahm und ihn einem Pfarrer im Nachbardorf anvertraute. Kußmaul beschreibt, wie er für den Schulweg eigentlich nur eine halbe Stunde gebraucht hätte, sich aber tatsächlich mehrere Stunden Zeit ließ und manchmal erst abends nach Hause kam, weil er so sehr vom Leben und Erleben auf und neben der Landstraße gefesselt war. Entsprechend schlecht waren seine schulischen Ergebnisse. Erst mit neun Jahren fand Kußmaul den richtigen Erzieher, nämlich Pfarrer Ganz in Buch am Ahorn, das etwa zwanzig Kilometer nordwestlich von

Abb. 2 Ansicht von Wiesloch, im Vordergrund Weinreben, für die das Städtchen bekannt war; um 1850.

Boxberg liegt. »Ich verließ das elterliche Haus und kam zu dem braven Manne, dessen verständige Führung mein ganzes Leben entscheidend beeinflußt hat.« (29) Hier erhielt er Unterricht in Latein und Französisch, später auch in Griechisch, in Rechnen, Geometrie, Naturkunde. Geschichte und Erdkunde mochte er am liebsten und fertigte mit Vorliebe kolorierte Landkarten an, sowohl geographischer als auch historischer Art. Das kinderlose Pfarrehepaar war um die dreißig und erzog den Zehnjährigen wie ein eigenes Kind. Insbesondere bekam er durch den Pfarrer erste Einblicke in die Botanik, denn dieser vermittelte ihm auf weiten Spaziergängen gute Kenntnisse, und selbst im Pfarrgarten war jede Pflanze mit einem Namensschild in deutscher und lateinischer Aufschrift versehen.

Noch im hohen Alter sprach Kußmaul von dem Glück, den größten Teil seiner Kindheit auf dem Lande verlebt zu haben. Bereist man heute diese Landschaft zwischen Heilbronn und Würzburg, so erhält man immer noch einen Eindruck von der einstigen Einsamkeit und Abgeschiedenheit, von der Kußmaul berichtet. Durch die sanften Täler mit Wiesen, Korn und blühenden Rapsfeldern, die bis zu den Buchenwäldern reichen, führen nur schmale mit Obstbäumen gesäumte Straßen. Industrie fehlt hier gänzlich, und die Ursprünglichkeit der Dörfer ist nicht durch städtische Zusiedler zerstört. Auch die alte von Kußmaul erwähnte Zehntscheuer findet man noch in Boxberg.

Nach einem Jahr Gymnasiumsbesuch in Wertheim folgten von 1834 bis 1838 die Jahre auf dem Lyzeum in Mannheim und dann das letzte Schuljahr am Kurfürst-Friedrich-Gymnasium in Heidelberg. Kußmaul hatte sowohl gute als auch schlechte Lehrer – wie es jeder aus seiner Schulzeit kennt. Er zog dementsprechend auch eine recht kritische Bilanz dieser Zeit. So meint er, daß sein Direktor zwar ein guter Philologe gewesen sei,

> aber auch bei ihm blieben uns die idealen Schätze der alten Welt verschlossen, über die rein grammatische Schulung kamen wir nicht hinaus. Nur durch eigenen Trieb und privates Studium habe ich mich mit den Meisterwerken der griechischen und römischen Literatur und dem Geiste, der sie durchweht, bekannt gemacht... Nach meiner, wie ich glaube berechtigten, Überzeugung habe ich das letzte Jahr auf dem Lyzeum nutzlos verloren; ich hätte es besser für neue Sprachen, Zeichnen, Mathematik und Naturwissenschaften verwendet. (71)

Kußmauls Vater hatte das große Opfer auf sich genommen, seine Familie in Mannheim wohnen zu lassen, während er seine Praxis in Wiesloch führte. So konnte er seine Familie nur alle paar Wochen sehen, wenn er den Fußmarsch nach Mannheim auf sich nahm. In den Ferien kamen die Kinder nach Wiesloch, wo der Vater den jungen Adolf öfter mit zu seinen Patienten nahm. Damals besuchten die Ärzte noch alle ihre Kranken, eine Sprechstunde im Arzthaus, wie es heute üblich ist, gab es nicht.

Einmal wagte es sein Vater, den Sohn bei der Leichenöffnung eines kleinen Kindes zuschauen zu lassen. Er demonstrierte ihm die wichtigsten Leibesorgane: »Ich verschaffte mir hierauf einen toten Maulwurf und zergliederte ihn zum Abscheu der Dienstmädchen mit einem alten Bistouri.« Schließlich gipfelte das enge Verhältnis zwischen Vater und Sohn in dem Vorsatz: »Ich wollte Landarzt werden und schließlich Physikus, dies stand fest bei mir.« (11)

In einem Punkt stimmten Vater und Sohn jedoch nicht überein. Napoleon und die Franzosen waren in weiten Teilen Südwestdeutschlands hoch angesehen. Während Kußmaul mit seinen Mitschülern patriotische Lieder von Ernst Moritz Arndt und Theodor Körner sang, hielt sein Vater dagegen:

> Ich bin kein schlechterer Patriot als du, aber wir Alten bewahren Napoleon ein dankbares Andenken. Nur seine eiserne Hand vermochte den Besen zu führen, der den Augiasstall des Heiligen Römischen Reiches ausfegte. Ich lasse ihn mir nicht schelten, auch nicht die Franzosen; ohne sie gäbe es in Süddeutschland keine Verfassungen, auch die badische nicht.

Kußmaul kommentierte: »Es war mit meinem Vater in diesem Punkte nichts auszurichten« (89), wobei man aus heutiger Sicht hinzufügen muß, daß das Urteil des Vaters weitsichtiger war.

Studentenjahre in Heidelberg

Kußmaul studierte in den Jahren 1840–45 in Heidelberg Medizin. Er teilt diese Zeit in seinen *Jugenderinnerungen* in die drei Kapitel »Burschenleben«, »Medizinisches Studium« und »Vor und nach der Medizinischen Staatsprüfung« ein. Die beiden letztgenannten werden in den Kapiteln, die sich der medizinischen Entwicklung des 19. Jahrhunderts widmen, erörtert.

Das Studentenleben war für Kußmaul »nach den seligen Tagen der Kindheit« die schönste Zeit seines Lebens. Für ihn ist sie – »namentlich im Süden Deutschlands« – verbunden mit den wenig erfreulichen Aspekten der Metternich-Ära, andererseits mit den Hoffnungen auf eine Liberalisierung in Preußen und Deutschland durch die Thronbestei-

Abb. 3 Ansicht von Heidelberg von der Neuenheimer Landstraße aus gesehen (258f.), Theodor Verhas um 1845, Lithographie.

Abb. 4 Lithographie des Heidelberger Korps »Suevia«, Erich Correns, 1844; Kußmaul sitzt am Weinfaß und füllt sich ein Glas.

gung Friedrich Wilhelms IV. von Preußen. Solche Hoffnungen gründeten sich zum Beispiel darauf, daß zwei der berühmten Göttinger Professoren, nämlich die Brüder Grimm, 1841 zu Mitgliedern der Preußischen Akademie der Wissenschaften in Berlin ernannt wurden. Die studentischen Bewegungen, schreibt Kußmaul, spiegelten die »Erregung der Geister« jener Zeit.

Für das Leben der heutigen Studenten an der Massenuniversität spielen die studentischen Verbindungen keine große Rolle mehr. Das war im 19. Jahrhundert völlig anders. Die sogenannten Burschenschaften entstanden großenteils nach den Freiheitskriegen 1815. Ihre Farben waren schwarz-rot-gold, und ihr Wahlspruch lautete: »Ehre, Freiheit und Vaterland«. Kußmaul schreibt hierzu: »Es bleibt das unsterbliche Verdienst dieser alten Burschenschaft, den Einheitsgedanken treu gepflegt zu haben«. (121) Die sogenannten Korps bildeten sich etwa zur gleichen Zeit. Sie waren eher landsmannschaftlich orientiert, zunächst fortschrittlich gesonnen und tendierten erst 1848 zum Typus der konservativen, waffenstudentischen Verbindungen.

Der heutige Historiker sieht Wesen und Entwicklung solcher Burschenschaften kritisch. Thomas Nipperdey beklagt zum Beispiel, daß die Deutsche Universität die Studenten außerhalb der Wissenschaft nicht erzogen habe – wie es im Ausland das College bis heute tut. Der Student war »frei« in bezug auf die Gestaltung des Studiums (Lernfreiheit) und die Lebensfreiheit, was zu einer studentischen Subkultur führte. Und dieser mangelte es nicht an verschiedensten Exzessen: es gab verbummelte und versumpfte Semester, oft rohe Trinksitten und -zwänge. Die Burschenschaften pflegten eine eigene Sprache, einen eigenen Stil, und sie hatten eigene Normen. Der Komment hatte seine eigenen Riten und Symbole: Fechten, Mensur und Schmiß. Intern waren die Verbindungen stark autoritär durch Befehl und Gehorsam geprägt: Die »Füchse«, die neueingetretenen Studenten in einer Verbindung rangierten noch unter den »Jung-« und »Altburschen«. Es herrschte ein Kastengeist, und man imitierte das Offizierskorps mit »schmissigen«, naßforschen Reden und arroganten Verhaltensweisen. Die Burschenschaften hatten mit bürgerlich-liberalen und revolutionären Grundsätzen begonnen; mit der Reichsgründung 1870/71 hatten sich ihre Ideale erfüllt, sie wurden nationalistisch und gingen 1890 auch dazu über, keine Juden mehr aufzunehmen. »Nicht der Bürger, sondern der ›Herr‹ und Offizier prägten jetzt das Lebensideal.«[4]

Abb. 5a Joseph Viktor von Scheffel im ersten Semester (1846/47) als ein »Heidelberger Franke«.

Wie fügt sich die Biographie Kußmauls vor diesem Hintergrund in das Zeitgeschehen ein? Kußmaul beschreibt sich als unschuldiges Füchslein, das zunächst nur für sein Studium lebte und entsprechend gekleidet war: »Ich trug einen braunen Flausrock, auf dem Haupt eine leichte Mütze, um den Hals eine lange seidene Binde breit und hoch geschlungen, und in der Rechten den Stolz des Füchsleins, eine lange, fast auf den Boden reichende, dampfende Tabakspfeife.« (112) So war Kußmaul im Hörsaal und auf seiner Bude zunächst ein fleißiger Student – aber »auf die Dauer war ich

Abb. 5b
Kußmaul als Student, nach E. Correns, frühestes Bild, 1844; vgl. auch Abb. 4.

zum Einsiedler nicht geschaffen.« (123) Ein Schulfreund lud ihn in eine Kneipe des Schwabenkorps ein. Hier fand er viele badische Landsleute und an seinem Tisch einen Nachbarn, der später Senatspräsident des Oberlandesgerichts in Karlsruhe werden sollte, Karl Wieland. »Er sprudelte geradezu von neckischen und witzigen, mitunter bizarren Einfällen. Seine Augen blitzten von munterem Feuer, auf der linken Wange trug er eine kurze, aber tiefe Hiebnarbe.« (124) Kußmaul fühlte sich zu dieser Gesellschaft hingezogen, er konnte hier viele seiner umgänglichen, humorvollen Eigenschaften entfalten und wurde bald Mitglied der Suevia. Er schildert in seinen Erinnerungen ausführlich und mit mancher humorvollen Geschichte den Fechtboden, das Pokulieren und die Ausflugsfahrten mit den sogenannten Lohnkutschen zum Selbstkutschieren, von Kußmaul »Spritzfahrten« (127) genannt. Er erinnert sich an gute Freunde aus dieser Zeit und geht auch auf das Heidelberger Verbindungswesen ein, das er dem Schwabenkorps gegenüber kritisch beurteilt. »Die Semester gingen dahin«, schreibt er, der Ernst der Krankensäle, die er als Student und Assistent erlebte und die Wirklichkeit des ärztlichen Berufes verfehlten nicht ihre Wirkung. »Ich konnte es mir nicht länger verhehlen, das Thun und Treiben der Suevia und der Korps, überhaupt drehte sich immer und einzig um Kneipen und Pauken … Mocht' ich es äußerlich auch ungern bekennen, ich entfremdete mich allmählich dem Korpswesen.« (155f.)

Kußmauls Freund Eduard Bronner kam nach zwei Semestern in Freiburg wieder nach Heidelberg zurück; er war gewandt, aufgeweckt, freisinnig und schwärmerisch-patriotisch. Zusammen mit Freunden strebte er eine Reform des Studentenwesens an, ihr »Krebsschaden« sei das Mensurwesen. Trotz des bevorstehenden Examens schmiedete Kußmaul mit an einem Reformprogramm und gründete die neue Verbindung »Alemannia«. Diese Reform konnte sich durchsetzen, was zu einem deutlichen Rückgang der Mensuren führte.

Innerhalb der »Alemannia« bildete sich ein besonders fortschrittlicher Kreis, sie nannten sich »Der Neckarbund«: Dieser wollte die Grundsätze des entschiedenen Fortschritts in Wissen, Glauben und Politik pflegen. Man »las Feuerbach, Bruno Bauer, Strauß und Spinoza.« (169) Zu den Freunden, die Kußmaul hier nennt, gehörten unter ande-

Abb. 6 Mensur auf der Hirschgasse zu Heidelberg, 1826.

rem Karl Blind, Victor von Scheffel und Ludwig Eichrodt. Mit Karl Blind beteiligten sich viele Mitglieder des »Neckarbundes« an der Badischen Revolution. Kußmaul gibt mit seiner Beschreibung persönliche Eindrücke von der vorrevolutionären Zeit und urteilt fair über die alten Freunde, deren Wege und Schicksale nach der Revolution so unterschiedlich verliefen.

Kußmaul muß in diesen Jahren viele schöne und erfüllte Stunden erlebt haben. Er war ein guter Redner und Studentenlieder-Dichter, und er resümiert in seinen Erinnerungen: »Ein verlockender Zauber schimmert auf dieser romantischen Welt. Unzählige Jünglinge voll Lebensmut und Tatenlust hat er gefesselt, und wer den wirbelnden Reigen auf sicheren Beinen mittanzt, wird weder Reue noch dauernden Schaden davontragen. Ein goldner Schatz heitrer Erinnerungen begleitet ihn durch die wechselnden Schicksale des Lebens.« (118)

Er beschließt diesen Lebensabschnitt in seinen *Jugenderinnerungen* mit dem Kapitel »Poetische Nachklänge«, in das er Verse von Scheffel und sich selbst einbringt. Beide besuchten in späterer Zeit Heidelberg und suchten ihr »Altheidelberg du feine« (Scheffel) mit Wehmut, aber die »einst goldenen Tage« konnten sie nicht mehr wiederfinden.

1 Adolf Kußmaul, Jugenderinnerungen eines alten Arztes, Stuttgart 1899, S. 7f. Da dies die einzige Quelle für die Zeit bis 1854 ist, wird hieraus häufig zitiert; es wird dabei nur die Seitenzahl in Klammern angegeben.

2 Dr. Oribasius, Poetische Jugendsünden, Heidelberg 1893.

3 J. B. Kolb (Hg.), Historisch-statistisch-topographisches Lexikon von dem Großherzogtum Baden, Karlsruhe 1814, Band 1, S. 394.

4 Thomas Nipperdey, Deutsche Geschichte 1866–1918, Band 1, München 1990, S. 581.

KAPITEL 2

Medizin im Umbruch

1840–1847

Die Menschen sind als Organe ihres Jahrhunderts anzusehen,
die sich meist unbewußt bewegen. –
Frage sich doch jeder, mit welchem Organ er allenfalls
in seine Zeit einwirken kann und wirkt!

Goethe, Maximen und Reflexionen

Aspekte des 19. Jahrhunderts

a) Politische und wirtschaftliche Ereignisse

Verschiedene Aspekte der Politik und Wirtschaft sowie insbesondere der Medizin sind mit Kußmauls Biographie auf unterschiedliche Weise, oft aber recht eng, miteinander verbunden. Ein solcher Aspekt ist zum Beispiel die Zeit des deutschen Vormärz von 1815 bis 1845. 1831 existierten in Deutschland 39 recht souveräne Einzelstaaten. Der politische Rahmen für sie war der Deutsche Bund. Darin dominierte Österreich. Preußens Politik und die Karlsbader Beschlüsse von 1819 führten zu der bekannten restaurativen Politik, die für oppositionelle Bürger Haft und Exil bedeuten konnte. Der »Bund« wurde aber zu keiner Institution, die etwas weiterentwickelt hätte: »Das war die große Enttäuschungserfahrung der Nation; Einheit war nur Einheit der Reaktion gegen die Einheit der Nation.«[1] In dieser Zeit festigten sich Kußmauls liberale Standpunkte, denn er gehörte eindeutig zur studentischen Opposition. Die Revolutionsereignisse von 1848/49 werden heute durchweg positiv beurteilt, insbesondere in ihrer Bedeutung als Keim und Anstoß unseres Grundgesetzes und der demokratischen Kultur nach 1945.

Von besonderer Bedeutung für Kußmauls Leben wurde die Entwicklung des badischen Liberalismus, mit dem sein Leben eng verwoben war. »Die Neue Ära« der 60er Jahre war ein Höhepunkt liberaler

Politik: »Es war der groß angelegte Versuch, den Staat und die Gesellschaft mit einem parlamentarischem System nach liberalen und rechtsstaatlichen Prinzipien umzugestalten. Dies sollte modellhaft für ganz Deutschland geschehen.«[2] Die liberalen badischen Staatsminister dieser Zeit, Julius Jolly und Rudolf von Freydorf, waren Kußmauls gute Freunde. Außerhalb Badens vollzog sich – vermittelt durch seine konsequente Politik – der Aufstieg Bismarcks. 1864 veranlaßte er, zusammen mit Österreich, den Krieg gegen Dänemark, das Schleswig und Holstein endgültig verlor. 1866 führte er Preußen gegen Österreich und den Deutschen Bund in den siegreichen Krieg, worauf er 1867 der erste Bundeskanzler des Norddeutschen Bundes wurde, dem 22 Staaten nördlich des Rheins angehörten. Das bedeutendste Ereignis jener Zeit war sicherlich der Deutsch-Französische Krieg 1870/71 und die Reichsgründung. Kußmaul war damals Direktor der Medizinischen Universitätsklinik in Freiburg und auch Leiter und Organisator eines größeren Kriegslazaretts. Er selbst hatte die Reichsgründung heiß herbeigesehnt und zollte Bismarck tiefen Respekt. Der genuine Liberalismus allerdings rieb sich in der Folgezeit an diesem Politiker und den Zeitverhältnissen weitgehend auf. Den meisten Liberalen galt die Einheit mehr als die Freiheit (Nationalliberale). Als ein historisches Unglück für den Liberalismus muß auch der Tod Kaiser Friedrichs III. angesehen werden, an dessen Krankenbett Kußmaul gerufen worden war. Damit begann der weniger angesehene Zeitabschnitt des »Wilhelminismus«: »Das Image der Deutschen, die früher als verträumte Poeten und skurrile Gelehrte angesehen wurden, änderte sich: Jetzt sieht man ihn als unberechenbaren, seelenlosen Pickelhaubenträger, einen Kerl aus Metall, durch vernünftiges Reden nicht mehr erreichbar.«[3]

Gegen Ende des 19. Jahrhunderts blickte Kußmaul wohl nicht ohne eine gewisse Besorgnis in die Zukunft, als er schrieb: »Möchten die Söhne und glücklichen Erben den heiligen Besitz, den sie ebensowohl der klugen Besonnenheit, als dem Wagemut und Genie der Väter verdanken, treu schirmen und fernen Geschlechtern wahren!« (5)

Um diese Bemerkung ins rechte Licht zu rücken, sei kurz auf die wirtschaftlichen, sozialen und kulturellen Veränderungen im 19. Jahrhundert verwiesen. Vor 1848 war Deutschland noch weitgehend ein Agrarland gewesen. Es hatte immer wieder wirtschaftliche Instabilität gegeben, die zur Verarmung insbesondere der Landbevölkerung führte, was große Auswanderungsbewegungen nach Amerika nach sich zog, die durch die Revolutionsereignisse noch verstärkt wurden; auch drei Geschwister Kußmauls wanderten dorthin aus.

Die Bedeutung der bürgerlichen Kultur und der liberalen Wirtschaftspolitik nahm zu; bei den Wahlen von 1848 bestätigte die große Mehrheit des Volkes diese Entwicklung. Allerdings war sie politisch durch die restaurative Bundespolitik mundtot gemacht worden und es gab keinen öffentlichen, politischen Diskurs.

Hieraus formte sich jenes Lebensgefühl, das heute als »biedermeierlich« und »häuslich« gekennzeichnet wird. In Deutschland kristallisierte sich mit dem »Philister« ein neuer Typus heraus, der das Innerliche und Private pflegte. Bei genauerem Hinsehen zeigt sich allerdings auch manch moderne Tendenz. Bewegung und Fortschritt sowie Offenheit für soziale Fragen gehören durchaus in diese Epoche. Publikationsorgane wählten als Titel Begriffe wie *Das Dampfschiff, Telegraph für Deutschland, Eisenbahn* oder *Vorwärts,* der 1844 in Paris gegründet worden war. »So bezeichnen die Begriffe ›Bewegung‹ und ›Fortschritt‹ nicht nur technisch-wirtschaftliche Phänomene der industriellen Revolution, sie sind auch Leitvokabeln der geistigen Tendenz sowie der sozialen Umbrüche im deutschen Vormärz.«[4] Auch die Frauenfrage rückte bereits in den offenen Horizont der damaligen Zeit, wie Edelgard Spaude zum Beispiel für Baden herausgearbeitet hat.[5]

Zusätzliche starke gesellschaftliche Veränderungen gingen von der zweiten großen Revolution, der industriellen, aus. Sie manifestierten sich nach 1850, zuerst allmählich, nach 1871 aber in rasantem Tempo. Der politischen Reichsgründung Bismarcks, die sich auf dessen Wahlspruch »Blut und Eisen« gründete, folgte eine wirtschaftliche Blüte. Hierauf und auf den Bismarck'schen Wahlspruch anspielend, gab Fritz Stern seiner Biographie über Bismarck und seinen Bankier Bleichröder den Titel *Gold und Eisen.* Darin heißt es unter anderem: »Die ersten drei Jahre des Kaiserreichs erlebten einen wirtschaftlichen Boom ohnegleichen. Ganz Deutschland war wie berauscht, ein Zeitalter unbegrenzter Reichtümer schien begonnen zu haben. Banken finanzierten die Expansion, und in drei Jahren wurden soviel Stahlwerke, Hochöfen und Maschinenfabriken gegründet wie in den vorangegangenen sieben Jahrzehnten.«[6]

Aus dem Bildungsbürgertum der Ära von Klassik und Romantik war ein mächtiges Wirtschaftsbürgertum geworden, dessen Merkmale Walther Rathenau in einem Brief an den Schriftsteller Frank Wedekind vom November 1904 treffend charakterisiert: »Die wahre Macht halten die klugen Emporkömmlinge. Vanderbilt, Rockefeller, Carnegie, Krupp sind die Könige und das Schicksal unserer Zeit.«[7]

Am Ende des Jahrhunderts zeigten sich die Konturen der wilhelminischen Gesellschaft, die in hohem Maße von sozialem Ungleichgewicht geprägt war. Hans-Ulrich Wehler verglich die soziale Schichtung im Kaiserreich mit einer Birne: »Aus einem weit ausgebuckelten, riesigen proletarischen Sockel wächst der schlanke Hals der Mittelklassen empor, der mit dem nadeldünnen Schlußstück der Oberklasse endet.«[8] Das 19. Jahrhundert hatte dennoch nicht nur Deutschland, sondern dem ganzen Kontinent materiellen Wohlstand und kulturellen Fortschritt beschert. Die Einführung der Kranken-, Unfall- und Altersversicherung in den Jahren zwischen 1883 und 1889 können als vorbildliche politisch-soziale Maßnahme gewertet werden. Solche Verbesserungen sowie der Fortschritt in den Wissenschaften führten zu einer Verbesserung der Lebensqualität, die wiederum eine längere Lebensdauer bewirkte. Die Errungenschaften der Technik brachten deutliche Erleichterungen in vielen Lebensbereichen.

Die liberalen Bewegungen verhalfen auch allenthalben dem Gedanken der Menschenrechte zum Durchbruch, was für viele Menschengruppen Befreiung und Emanzipation bedeutete, beispielsweise durch die Abschaffung der Sklaverei zunächst im englischen Imperium, dann aber auch in allen amerikanischen Staaten. Aber auch der Beginn der Emanzipation der Frau ist ein Signum dieser Zeit, was ein helles und ungewohntes Licht auf diese Epoche wirft. Daß Kußmaul dies alles erkannt hatte, belegt ein Satz aus der Einleitung der *Jugenderinnerungen:* »Keines [der Jahrhunderte] hat endlich entschlossener und siegreicher in allen Weltteilen die Ketten der Sklaverei gesprengt.« (3)

b) Medizingeschichte: Paradigmenwechsel von der romantischen zur naturwissenschaftlichen Medizin

Die Aufklärung bereitete den Boden für die Französische Revolution, die Voraussetzung für die Entwicklungen und Fortschritte des 19. Jahrhunderts. Es wurde zu einem Zeitalter der Wissenschaft, die ihre Wurzeln in den von Humboldt reformierten Universitäten hatte. In Deutschland erlangten die Naturwissenschaften Weltgeltung. Adolf

Kußmaul war ein klinischer Lehrer, der in seinem Fach zu diesem Erfolg beitrug und in ganz Europa und den USA bekannt war. Vor Humboldt war die Universität weitgehend eine verstaubte Stätte des Paukens eines festgelegten Kanons gewesen: »Theologie, Jurisprudenz und Medizin haben dem ›ewigen‹, dem ›bürgerlichen‹ und dem ›Leibeswohl‹ der Menschen zu dienen.«[9]

Das 1809/10 durch Wilhelm von Humboldt reformierte preußische Bildungswesen war offen für die Einheit von Lehre und Forschung: »Die Universität soll ›die Wissenschaft immer noch als ein noch nicht ganz aufgelöstes Problem behandeln und daher immer im Forschen bleiben.‹«[10] Humboldts Bildungsideal, das seinem Wissenschafts- und Universitätskonzept entsprach, war die Selbstwerdung des Individuums in sittlicher Vollkommenheit.

Die Medizin, wie sie heute betrieben wird, entwickelte sich erst vor circa 150 Jahren! An den Brennpunkten modernen Denkens entstand quasi ein neues Fach, in den verschiedenen Ländern jeweils mit unterschiedlichen Schwerpunkten. Die Pariser Medizinische Schule trat als erste in den Vordergrund, ihr folgte Wien, das durch die Reformen Josephs II. (1741–1790) das modernste Klinikum Europas aufweisen konnte. Im rückständigeren übrigen Deutschland vollzog sich der Umbruch der Medizin erst in der zweiten Hälfte des 19. Jahrhunderts wesentlich durch Rudolf Virchow (1821–1902).

Kurz nach 1800 waren es wenige französische Professoren gewesen, die die Pariser Schule begründet hatten. Die Revolution hatte die alten Institutionen hinweggefegt und moderne Hospitäler geschaffen, in denen sich die Ärzte zahlreichen Patienten gegenübersahen. Bevor Xavier Bichat (1771–1802) mit seinen Forschungen bewies, daß der Sitz der Krankheiten nicht in den Säften zu suchen war, sondern in den Organen, hatte 40 Jahre zuvor Giovanni Battista Morgagni (1682–1771), der 60 Jahre in Padua gewirkt hatte, 1761 sein Hauptwerk *De sedibus et causis morborum per anatomen indigates* veröffentlicht. Darin hatte er den anatomischen Gedanken in die Pathologie eingeführt. An 500 Patienten hatte er Krankheiten nach folgender Methode analysiert: Symptomatologie des Patienten, klinisch-anatomisches Material, Obduktionsbefunde und rationale Epikrise. Damit hatte er altes Denken revolutioniert. Seinen neuen Erkenntnissen zufolge hatten die Krankheiten ihren Sitz in einem Organ und das klinische Krankheitszeichen war für ihn das Produkt der Veränderung der Organstruktur. Zudem widmete er sich der Erneuerung der Universitätsstrukturen. Sein oberster Grundsatz, den er 1712 seinen Kollegen und Schülern weitergab, lautete: Erstens niemandem blind zu vertrauen, auch nicht sich selbst. Zweitens weder das Alte noch das Moderne noch das Übliche, sondern immer nur die Wahrheit zu bewundern und zu suchen, und schließlich auf niemandes Wort, auch nicht das eigene, zu schwören.[11] In Paris wurden die Ideen Morgagnis konsequent weitergeführt, vor allem durch den Anatom, Physiologen und Arzt Bichat, den Begründer der modernen Gewebelehre. Die Erkenntnisse der Organpathologie wurden durch die Bereicherung und Verfeinerung der klinischen Untersuchungsmethodik ergänzt. Jean-Nicolas Corvisart (1755–1821), Leibarzt Napoleons, führte das seinerzeit von Leopold von Auenbrugger (1722–1809) 1761 veröffentlichte Verfahren der Perkussion wieder ein und erhob es zur Grundlage der allgemeinen Diagnostik. Dessen Schüler René Laennec (1781–1826) erfand das Stethoskop. Sein *Traité de l'auscultation médiate* erschien 1819. Er hatte die Befunde, die er mit dem Hörrohr bei den Patienten an Herz und Lunge wahrnehmen konnte, in großen Untersuchungsreihen sorgfältig geordnet und mit den Daten der Pathologie verglichen. Auf diese Weise waren die Grundlagen der Pariser Klinischen Schule geschaffen worden: die Kombination von physikalischer Untersuchung und Sektion als Basis der Medizin am Krankenbett.

Virchow würdigte 1877 in einer Rede den Beginn der modernen Medizin: »So findet man, daß sich unsere Wissenschaft im Laufe der letzten 70 Jahre gänzlich umgestaltet hat. Damals bildete sich, unmittelbar unter dem Eindruck der Französischen Revolution, die große Pariser Schule, und man muß es dem Genie unserer Nachbarn nachrühmen, daß sie imstande gewesen sind, auf einen Schlag die Grundlage eines ganz neuen Wissens zu finden, so wollen wir nie vergessen, daß die Franzosen die Bahnbrecher gewesen sind.«[12]

Schauen wir noch einmal zurück, so muß als eigentlicher Gründer der Wiener Schule Herman Boerhaave (1668–1738) genannt werden, der im 18. Jahrhundert die beste europäische Klinik in Leiden führte und dort unter anderem die Untersuchung des Patienten am Krankenbett in den klinischen Alltag einführte. Sein Schüler Gerhard van Swieten (1700–1772) wurde von Maria Theresia nach Wien berufen und auch deren Leibarzt. Wesentlich zur Entwicklung der Wiener Schule trug die Eröffnung des Allgemeinen Krankenhauses mit 2000 Betten durch Joseph II. im Jahre 1784 bei. 1785 gründete er zusätzlich das Josephinum, eine chirurgische Akademie für Militärärzte. Beide Institutionen kooperierten miteinander, wobei das Josephinum wesentlich fortschrittlicher war als die Fakultät. Joseph II. hatte somit Europas größte Krankenanstalten erbaut. Kußmaul betrachtete diese Leistung als Segen für die Menschheit und schätzte ihre Bedeutung weit höher ein als den Bau von Kaiserpalästen und Tempeln, sei es in Ägypten, Rom oder Versailles. Karl von Rokitansky (1804–1878) machte die pathologische Anatomie zu einer eigenen Spezialdisziplin. Er hatte über 15 000 Sektionen durchgeführt, genauestens protokolliert und die Erkenntnisse auf diesem Gebiet wesentlich erweitert und systematisiert. Er war gemeinsam mit Skoda (1805–1881) der führende Kliniker der Wiener Schule.

Im übrigen Deutschland war die Entwicklung andere Wege gegangen. Der Philosoph Friedrich Wilhelm Schelling (1775–1854) trug 1797 seine *Ideen zu einer Philosophie der Natur* vor. Er forderte ein System der Identität von Natur und Geist, von Realem und Idealem auf allen Ebenen und in allen Bereichen. »Die Natur soll der sichtbare Geist, der Geist die unsichtbare Natur seyn.«[13] Seine Wirkung und Anziehungskraft in Jena und Würzburg war überaus groß. Seine Philosophie breitete sich wie eine »Kontaktinfektion« aus und wurde besonders in der Physiologie in Deutschland fast eine Mode. Zu seinen Hörern gehörten viele Ärzte, so daß sich in Deutschland die sogenannte romantische oder ontologische Medizin verbreitete. Zu ihren herausragenden Vertretern gehörten Ärzte wie Christoph Wilhelm Hufeland (1762–1836) und Carl Gustav Carus (1779–1868). Hufelands *Makrobiotik, oder die Kunst, das menschliche Leben zu verlängern* gibt eine umfassende Darstellung des Gesamtgebietes der alten und neuen Diätetik, das Werk ist auch heute noch erhältlich. Franz Mesmer (1734–1850), »ein Mann wie ein Baum«, wollte durch Magnetismus heilen. Samuel Hahnemann (1755–1843) begründete die Homöopathie, mit ihrem Grundsatz »similia similibus curantur« (Gleiches durch Gleiches heilen). Die wenigen therapeutisch angewandten Praktiken jener Zeit hatten jedoch noch mittelalterlichen Charakter: Purgieren (Abführen), die Praxis des Aderlasses sowie Vomitive (Brechmittel) waren die Säulen jeder Therapie. Kußmaul beschreibt, daß noch in den 1860er Jahren Bauern im badischen Oberland an den altherkömmlichen Frühjahrskuren mit Schröpfen und Aderlassen festhielten. Als Assistent an der Heidelberger Klinik stellte er um

1840 anhand der Apothekerrechnungen fest, daß für Blutegel jährlich mehr als für Arzneien ausgegeben wurde.

Der Berliner Kliniker Johann Lukas Schönlein (1791–1864) war ein Arzt des Überganges. Er hatte sich rasch den Ruf verschafft, »Deutschlands erster Kliniker« zu sein, indem er noch ein spekulativ gefärbtes Krankheitssystem lehrte, es aber mit den Grundzügen der exakten klinischen Diagnostik verband. Auf ihn geht in Deutschland die vollständige Krankenuntersuchung mit dem Schema Anamnese, Status, Laboratoriumsuntersuchungen zurück. Erstmals tritt das Labor als untersuchungsstützende Institution neben der Konsultation im Krankensaal auf, womit eine neue, naturwissenschaftliche Medizin eingeleitet wurde.

Kußmaul berichtet in seinen *Jugenderinnerungen,* daß er in den hinterlassenen Papieren seines Vaters ein dickes Heft mit Aufzeichnungen aus der Klinik Schönleins von 1819/1820 gefunden habe. Schönlein lehrte damals in Würzburg, jedoch waren die Hilfsmittel der klinischen Untersuchung noch äußerst dürftig: Perkussion und Auskultation waren damals noch nicht eingeführt, und die Diagnosen des jungen Klinikers beruhten in herkömmlicher Weise auf dem unsicheren Boden von Krankheitszeichen. Kußmaul schreibt: »Wenn ich darin [in den Papieren] blättere, wird mir wunderlich zu Mute. Ich hospitiere, von meinem Vater eingeführt, bei Schönlein in den Sälen des Juliushospitals, der Professor und mein Vater sind jung, junge Studenten stehen um die Betten, alle stecken in altväterischen Röcken und ich habe oft Mühe, ihre Reden zu verstehen. Es geht mir fast, wie dem Mann im Märchen, der in eine verzauberte Stadt mit längst verstorbenen Menschen gerät, deren Treiben ihn seltsam anmutet.« (17f.)

Zu Beginn des 19. Jahrhunderts, bevor die naturwissenschaftliche Medizin maßgeblich wurde, herrschte unter den Ärzten noch große Unzufriedenheit. Die Naturphilosophie konnte keine konkreten Hilfestellungen leisten, und es bestanden nebeneinander verschiedene Medizinschulen, die sich bekämpften, aber gegen Krankheit und für deren Heilung wenig Konkretes leisteten. Skepsis und Verdrossenheit waren verbreitet, während gleichzeitig in den Naturwissenschaften zum Beispiel in der Mechanik, Optik, Wärmelehre und Elektrizität große Entdeckungen und Fortschritte gemacht wurden. Hier war der Wissenszuwachs gewaltig und eindrucksvoll.

In dieser Situation betrat um 1840 eine neue Generation von Ärzten die Bühne, die zunächst als Physiologen arbeiteten und die Medizin im naturwissenschaftlichen Sinne verstanden. Karl Ed. Rothschuh bezeichnete die sich entwickelnde Denk- und Arbeitsweise als »iatrotechnisches Konzept der Medizin«.[14] Dies bedeutete die Anwendung von physikalisch-chemischen Verfahren und die Verwirklichung praktischer Zielsetzungen. Rothschuh verdichtete dieses Konzept mittels einiger Thesen, die hier teilweise wiedergegeben werden sollen: Lebensvorgänge seien im Prinzip physikalische und chemische Prozesse. Um den Organismus zu verstehen, müsse man ihn in seine Teilstücke und Elemente zergliedern, die Vorgehensweise der Untersuchung müsse dabei kausalanalytisch sein. Die Methode zur Aufklärung der Funktionsweise der Teile sei das Experiment, analog dem Vorgehen in der Physik und Chemie. Allerdings müsse es in der Physiologie am lebenden Tier oder am isolierten fortlebenden Teil durchgeführt werden. Der Tierversuch sei daher im Rahmen einer experimentellen Medizin die maßgebliche Methode. Untersuchungen sollten mit dem Ziel quantitativer Ergebnisse durchgeführt werden.

Solches Abstrahieren vom Gesamtorganismus liefere zwar ein stark verkürztes Menschenbild, führe jedoch zu Zuverlässigkeit in der Wahl der Mittel, wenn es um Diagnose und Therapie gehe. Prozeßstörungen bildeten den Ausgangspunkt für das Auftreten von Krankheitszeichen, sie beruhten auf naturgesetzlichen Zusammenhängen, die sich mit adäquaten Hilfsmitteln objektiv nachweisen ließen, etwa im Blut, im Harn, im Strahlengang des Auges, im Blutdruck, der Pulskurve sowie der Aufdeckung des Stoffwechsels. Die Diagnostik könne durch geeignete physikalisch-chemische, auch mikroskopische und apparative Verfahren objektivieren und quantifizieren. Die Therapie sei um so zuverlässiger und gezielter, je besser die Störungen bekannt seien. Das Ziel sei eine maßgeschneiderte Therapie. Alle diese Grundsätze fußen auf einem Organismusbild, das auf den Philosophen René Descartes zurückgeht und einem Maschinenmodell des Organismus entspricht.[15]

Die naturwissenschaftliche Medizin entwickelte sich in zwei Phasen: die erste um 1850 mit der Einführung von objektiven Untersuchungsmethoden und die zweite um 1880 mit der Entdeckung der Bakterien sowie der Einführung von Hygiene und Bakteriologie. Der herausragende Vertreter der ersten Phase war Johannes Müller (1801–1850), der die fundamentale physiologische Schule gründete. Zu seinen Schülern gehörten führende Wissenschaftler und Ärzte wie Theodor Schwann, Hermann von Helmholtz, Emil du Bois-Reymond, Jacob Henle und

Rudolf Virchow. Johannes Müller lehrte, und das kennzeichnet diese Schule, die Medizin könne nur dann wahre Fortschritte machen, wenn die Physik, Chemie und Naturwissenschaften auf sie angewendet würden.

Zwischenzeitlich wurden die Mikroskope optisch verbessert, so daß man den natürlichen Vorgängen mindestens 300 mal näherkommen konnte. Damit entdeckten Theodor Schwann (1809–1885) und sein Freund, der Botaniker Mathias Jacob Schleiden (1804–1881), daß der gesamte tierische und pflanzliche Organismus aus Zellen aufgebaut ist. Rudolf Virchow übertrug die Erkenntnis des Zellaufbaus des Körpers auf die Medizin. Er stand damit in einer Reihe mit Morgagni und Bichat: Der Ort der Krankheit war vom Organ in das Gewebe und schließlich auf die Zelle verlegt worden. Kein anderes Werk markiert die Wende zur naturwissenschaftlichen Medizin so sehr wie Virchows *Die Cellularpathologie in ihrer Begründung auf physiologische und pathologische Gewebelehre*. Es handelt sich um zwanzig Vorlesungen, die er im Frühjahr 1858 während der Semesterferien, hauptsächlich für praktische Ärzte, in seinem Berliner Institut hielt. Sie wurden stenographisch

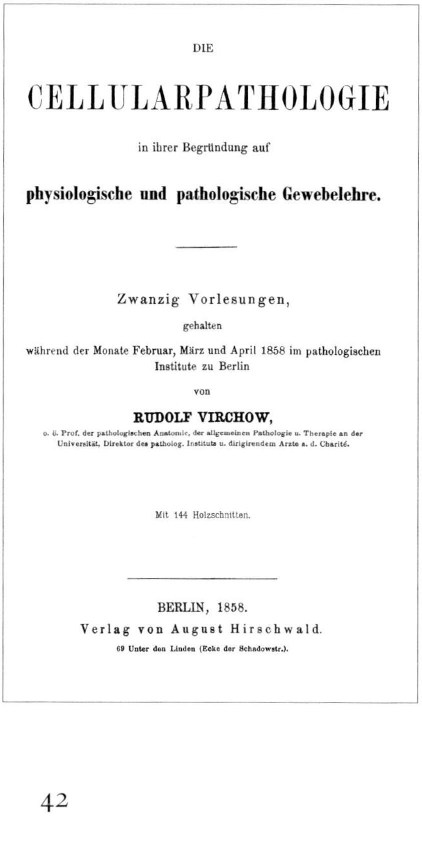
DIE

CELLULARPATHOLOGIE

in ihrer Begründung auf

physiologische und pathologische Gewebelehre.

Zwanzig Vorlesungen,

gehalten

während der Monate Februar, März und April 1858 im pathologischen Institute zu Berlin

von

RUDOLF VIRCHOW,

o. ö. Prof. der pathologischen Anatomie, der allgemeinen Pathologie u. Therapie an der Universität, Direktor des patholog. Instituts u. dirigirendem Arzte a. d. Charité.

Mit 144 Holzschnitten.

BERLIN, 1858.

Verlag von August Hirschwald.

69 Unter den Linden (Ecke der Schadowstr.).

Abb. 7 Titelblatt von Virchows »Die Cellularpathologie«; 1858.

Abb. 8
Rudolf Virchow
(1821–1902);
um 1890.

mitgeschrieben und im Herbst 1858 erstmals veröffentlicht. Virchow schrieb damals an seinen Vater: »Den Ertrag des Buches wollen wir teilen, mit meiner Hälfte werde ich sehen, daß ich mich in den Ferien ordentlich erhole.«[16] Mit seinem Buch wurde eine neue Krankheitslehre geschaffen, in der alle Einzelkenntnisse eingeordnet werden konnten; sie besitzt bis heute Gültigkeit, trat einen Siegeszug um die Welt an und wurde zur Grundlage aller medizinischen Basiswissenschaften. Ihr Leitgedanke heißt: »Omnis cellula a cellula« (Jede Zelle stammt aus einer anderen Zelle.). Dies war ein revolutionärer Paradigmenwechsel in der Medizin, wodurch die Humoralpathologie, immerhin gültig seit Hippokrates, gestürzt und zusammengebrochen war.

Die Zelle ist das kleinste und feinste Element des menschlichen Körpers; im Mikroskop läßt sie sich jedoch darstellen. Somit ist sie einerseits »Lebensherd«, folgerichtig aber auch »Krankheitsherd«. Das pathologische Wesen ist die krankhafte Zelle. Virchow weist dies konkret nach und schafft hierfür auch eine exakte Nomenklatur: So ist die Vermehrung der Muskelzellen in der Gebärmutter ein Myom, solche von bestimmten Gehirnzellen ein Gliom – jenes ein gutartiger, dieses ein bösartiger Tumor. Nahezu fünf Jahrzehnte dominierte Virchow in Berlin als Forscher und Lehrer, als Arzt und sogar als Politiker – als scharfer Gegner Bismarcks. In der zweiten Hälfte des 19. Jahrhunderts war Virchow die internationale Autorität auf allen Gebieten der Medizin.[17]

Kußmaul stand mit Virchow immer wieder in engerem Kontakt. Als er 1848 auf seiner medizinischen Studienreise nach Wien und Prag Virchows Rezension von Rokitanskys *Handbuch der pathologischen Anatomie* las, war er »mächtig ergriffen«:

> Die Kritik war wie eine Bombe in das Lager der Wiener Schule niedergefahren. Virchow nannte das Buch gefährlich, einen Überfall der Klinik durch die Anatomie, die mit unerwiesenen, willkürlichen chemischen und physiologischen Hypothesen über die ihr gesteckten Grenzen weit hinaus in das Gebiet der Pathologie greife. Rokitansky habe zu den vielen spekulativen, haltlosen Systemen der Pathologie ein neues geliefert, das seinem großen anatomischen Verdienst Eintrag thue [...] Der junge Anatom ging dem faulen Skeptizismus und Nihilismus der Wiener scharf zu Leibe. (395)

Kußmaul bewunderte noch in hohem Alter die »tüchtigen, herrlichen Worte, begleitet von der Morgengabe, die der junge anatomische Forscher der pathologischen Wissenschaft brachte, den glänzenden Entdekkungen der Leukämie und Embolie, die zu den größten der Medizin gehören.« (396) Kußmaul arbeitete 1854 bei Virchow in der Würzburger Pathologie und schickte ihm 1866 die Präparate seiner neu entdeckten klinischen Entität, der »Arteriitis Nodosa«, von der Virchow bestätigte, daß auch er sie noch nie gesehen hatte. Zum 80. Geburtstag Virchows konnte Kußmaul aus gesundheitlichen Gründen nicht mehr von Heidelberg nach Berlin reisen: »Leider kann ich Heidelberg nicht verlassen und meinem alten, hochverehrten Lehrer somit persönlich nicht huldigen.«[18] Er machte aber eine Dotation für Virchows Stiftung.

Neben der Physiologie und Pathologie entwickelte sich auch die organische oder physiologische Chemie, deren Begründer und Hauptvertreter Justus von Liebig (1803–1873) war. Er entdeckte die Grundnährstoffe Eiweiße, Fette und Kohlehydrate. Aus seinem Gießener Laboratorium gingen alle großen Chemiker jener Zeit hervor.

Im Übergang zur zweiten Phase der naturwissenschaftlichen Medizin erlangte der französische Physiologe Claude Bernard (1813–1878) eine führende Bedeutung. 1853 veröffentlichte er die Ergebnisse seiner grundlegenden Forschungen zur Physiologie der Leber. Er entdeckte den Glycogen-Stoffwechsel, und 1865 erschien sein Buch *Einführung in das Studium der experimentellen Medizin.* Dieses Werk wurde die ›Bibel‹ der naturwissenschaftlichen Medizin, in der er die Physiologie zur Schwester von Physik und Chemie erklärte und das Laboratorium zum Heiligtum der Medizin.

Neuere medizinhistorische Forschungen von Jens Lachmund[19] gehen dem Übergang von orakelhaften ärztlichen Aussprüchen zur gründlichen Untersuchung nach. Lachmund gelangte zu folgenden Ergebnissen: Der Einführung von Perkussion und Auskultation im 19. Jahrhundert liegt eine neue Sicht des Körpers zugrunde, wodurch die Technik bei Arzt und Patient eine breite Annahme findet. Die Diagnose wird nicht mehr durch den ärztlichen Blick, sondern durch die genaue körperliche Untersuchung und auf dem sicheren Boden der Pathologie gestellt. Ärzte und Laien lernen dieselbe Sprache zu sprechen. Die Diagnostik wird allgemein als erstes und grundlegendes Faktum für die Therapie akzeptiert. Das Hören der Geräusche ist insofern objektiv, als es dem Zutun des Patienten und Kranken entzogen ist. Der Arzt hat sich schließlich mit dieser Methode professionalisiert, er ist durch die gründliche Untersuchung glaubwürdiger geworden. Hierdurch entwikkelt sich ein stärkeres ärztliches Standesbewußtsein mit der Anerkennung untereinander und der Abgrenzung gegenüber den Laien. Die Medizin hat sich auf diese Weise standardisiert, sie bringt den Ärzten einen erheblichen Zuwachs ihres Mandates in der Gesellschaft. Das Stethoskop ist zum Symbol des Arztes überhaupt geworden.

Der nächste große Erkenntnisschub wurde durch die Bakteriologie ausgelöst. Bereits 1847 hatte Ignaz Philipp Semmelweis (1818–1865) in Wien das Wundfieber in der geburtshilflichen Klinik dadurch gesenkt, daß alle Behandelnden die Hände mit Chlorlösung wuschen; dies war jedoch noch eine Antisepsis ohne Kenntnis der Mikrobiologie![20] 1867 erkannte Joseph Lister (1827–1912) die Bedeutung der Antisepsis, bei der die Wunden keimfrei gehalten und die Instrumente für die Operation sterilisiert werden. Als Geburtsstunde der Bakteriologie gilt die Entdekkung von Robert Koch (1843–1910), der nachwies, daß Milzbrand bei Mensch und Tier stets vom gleichen Erreger hervorgerufen wird. In rascher Folge wurden nun Krankheitserreger entdeckt. Hierzu verhalf die Nährbodenzüchtung mit verbesserten Färbemethoden: 1879 fand Albert Neisser das Gonokokkus-Bakterium, Erreger der Geschlechtskrankheit Tripper, 1881 Louis Pasteur die Pneumokokken, Erreger unter anderem von Lungenentzündungen, und 1882 Robert Koch den Tuberkelbazillus, Verursacher der Tuberkulose. Hieraus ergaben sich zunächst »nur« große Gewinne für die Prophylaxe; die therapeutischen Erfolge bei ausgebrochener Infektion folgten erst Jahrzehnte später. Durch Impfungen und Antiseren konnten Infektionskrankheiten beherrscht werden, so daß 1874 das Reichsimpfgesetz erlassen wurde. Öffentliche Gesundheitspflege und Präventivmedizin konnten sich jetzt auf sicherem Terrain bewegen. Durch die sanitäre Abwasserorganisation in den großen Städten konnten Choleraepidemien ausgerottet werden. Letztlich ergaben sich aus diesen Entdeckungen auch die Entwicklung der Antibiotika und die Erfolge der Immunologie.

Zu den wichtigen Entdeckungen dieser Zeit gehörten außerdem: 1819 das Stethoskop, Laennec; 1828 die Harnstoffsynthese, Wöhler; 1841 die Zuckerprobe im Urin, Trommer; 1846 die Narkose in Boston; 1850 der Augenspiegel, Helmholtz; 1851 regelmäßiges Fiebermessen und die Fieberkurve; 1867 die Magenpumpe und Ösophagoskopie, Adolf Kußmaul; um 1870 die Blutübertragung; 1879 die Hämoglobinbestimmung im Blut, Sahli; 1882 der Tuberkelbazillus, Robert Koch; 1893 das Serum gegen Diphterie, von Behring; 1895 die X-Strahlen, Röntgen.

c) Die Medizin im gesellschaftlichen Kontext

Zum Stellenwert von Naturwissenschaften und Medizin im allgemeinen Bewußtsein der damaligen Zeit schrieb Kußmaul um 1898:

> Als Wissenschaft und Kunst hielt die Medizin gleichen Schritt mit den Naturwissenschaften und den technischen Künsten. Sie löste die unnatürliche Allianz, die sie mit der Spekulation geschlossen hatte, und nahm ihren richtigen Platz bei den Erfahrungswissenschaften. Als eine Schwester der Biologie teilt sie mit ihr Methode und Werkzeuge. Reich an Entdeckungen und Erfindungen behorcht sie mit Glück Atmung und Kreislauf, beleuchtet die dunklen Tiefen der Leibeshöhlen, mißt die bewegende und empfindende Kraft der Nervensubstanz und deckt die mörderischen Feinde auf, die unsichtbar aus ihren Verstecken hervorbrechend Völker und Individuen mit furchtbaren Seuchen heimsuchten und die Geschicklichkeit der Ärzte, Chirurgen und Geburtshelfer zuschanden machten. Nicht länger steht die Heilkunst den vergifteten Pfei-

> len der grausamen Natur, die mit grimmiger Lust zerstört, was sie eben schuf, ratlos in Ohnmacht entgegen. Sie hat zwei Triumphe errungen, wie sie kein früheres Jahrhundert geahnt: durch die empfindlichsten Gebilde des Leibes hat sie die Schneide des Messers schmerzlos führen und die Wunde vor der Tücke der Sepsis wahren gelernt. (4)

Für Virchow, Helmholtz und Dubois-Reymond sowie viele andere waren die Wissenschaften schon in den letzten Jahrzehnten des 19. Jahrhunderts zur Religion des Positivismus geworden, für den die Tatsachenbehauptung die allein gültige war. Damit war die Metaphysik abgeschafft. Folgerichtig bewertet Hellmuth Plessner in seiner Analyse des 19. Jahrhunderts diese Epoche als eine des Illusionsverlustes: »Das 19. Jahrhundert hatte den Unglauben an Gott der Öffentlichkeit zum Bewußtsein gebracht.«[21] Das ärztliche Selbstbewußtsein spiegelte sich in den Reden der Versammlungen »Deutscher Naturforscher und Ärzte«. Adolf Kußmaul nahm oft an diesen Versammlungen teil und war 1885 in Straßburg ihr Erster Geschäftsführer.

1863 erklärte Virchow in seinem Vortrag *Über den vermeintlichen Materialismus der heutigen Naturwissenschaft* die Unabhängigkeit der Naturwissenschaft von der Philosophie und die Allgemeingültigkeit der materialistischen Einstellung. Sein »Glaubensbekenntnis als Naturforscher« ging nur von wirklichen Tatsachen aus, »ein realistisches, im strengsten Sinne des Wortes, welches aber nirgends versucht, Übergriffe zu machen in Gebiete, welche uns nicht zustehen.«[22] Dubois-Reymond, der die Naturwissenschaft »die Weltbesiegerin unserer Tage« nannte, formulierte 1872 sein berühmtes »Ignorabimus!« (Wir werden nicht wissen!) und führte in seiner Rede *Über die Grenzen des Naturerkennens* aus: »Unser Naturerkennen ist also eingeschlossen zwischen den beiden Grenzen, welche einerseits die Unfähigkeit, die Materie und Kraft, andererseits das Unvermögen, geistige Vorgänge aus materiellen Bedingungen zu begreifen.«[23]

Am Ende des Jahrhunderts war ein allumfassendes, naturwissenschaftliches Weltbild gültig.

Virchow äußerte sich in diesem Sinne noch mehrmals, so 1886: »Wir haben die Einheit wiedergefunden, in der Methode [...] Die medizinischen und biologischen Disziplinen arbeiten in genau demselben Sinne wie die physikalischen und chemischen.« Die Naturwissenschaft allein arbeite »an der sittlichen Befreiung unseres Volkes.«[24]

Kußmaul hielt sich mit solchen apodiktischen Äußerungen zurück, wahrscheinlich weil er nicht wie die großen Meinungsbildner Theoretiker, sondern in erster Linie Arzt und Kliniker war. Kußmaul betonte im »Vorwort« eigens, daß er die Medizin als Wissenschaft und Kunst sehe. Über die Diskrepanz dieser beiden Sphären dachte der berühmte Wiener Chirurg und gute Bekannte Kußmauls Theodor Billroth (1829–1894) in seinem Buch *Über das Lehren und Lernen der medizinischen Wissenschaften* nach. In einer modernen Analyse über den *Begriff der ärztlichen Kunst* führt Wolfgang Wieland hierzu aus:

> Für Billroth bezeichnet der Begriff der ärztlichen Kunst jenen Anteil am Gesamtbereich der Medizin, der nicht ein abstrahierbares und schriftlich fixierbares Wissen umfaßt, sondern das stets an die Person des individuellen Arztes gebundene Können, das bisher niemals durch Bücher, sondern immer nur in direkter Tradition vom Lehrer zum Schüler, vom Meister zum Lehrling übermittelt wurde.[25]

Wieland geht in seinem Aufsatz detailliert auf das Problem der ärztlichen Kunst ein, indem er die historischen Faktoren auf die Gegenwart bezieht, denn die damit verbundenen Probleme sind heute noch genauso aktuell wie zu Kußmauls Zeiten. Es gehe, schreibt Wieland,

> um die Frage nach der Funktion und nach der Tragweite der Wissenschaft im Bereich der Medizin. Es geht zugleich um die Frage danach, ob es in der Medizin und speziell im Handeln des Arztes Bereiche gibt, die von Wissenschaft und Forschung nicht erreicht werden ... Die Frage nach der ärztlichen Kunst ist auch die Frage danach, wie sich Wissen in Handeln transformieren läßt und wie der Hiatus zwischen Wissenschaft und Patient vom Arzt durch sein Handeln überbrückt werden kann. Hier stellt sich mit Vorliebe das Wort ›Anwendung‹ ein ... Die ärztliche Kunst betreibt daher nicht selbst Wissenschaft [...] sondern sie hat es mit ihrer richtigen und vernünftigen Anwendung zu tun.[26]

Kußmaul hat diesen Zwiespalt gesehen und als Arzt gemeistert. Deshalb wird er später als »der wahre Begründer einer neuen deutschen Heilkunde« benannt.[27]

So hatte die naturwissenschaftliche Medizin zwar ein ungeheures Wissen angehäuft, aber die Möglichkeiten zur Behandlung von Patienten waren immer noch sehr gering. Hier wurde Kußmauls Wirken wegweisend und wir schauen uns jetzt seinen medizinisch-ärztlichen Werdegang an.

Der Medizinstudent Adolf Kußmaul an der Universität Heidelberg 1840–45

Über das Studentenleben der Heidelberger Universität der Vormärzzeit wurde oben berichtet; nach der Darstellung wichtiger Entwicklungslinien des 19. Jahrhunderts wird jetzt Kußmauls Studiengang im einzelnen verfolgt.

Die Universität Heidelberg war am 18. Oktober 1386 gegründet worden. Im Reichsdeputationshauptschluß von 1803 fiel Heidelberg an das Großherzogtum Baden. Im Zuge dessen erließ Karl-Friedrich, Markgraf, Kurfürst und Großherzog von Baden (1728–1811) wenig später das neue Organisationsedikt für die Universität, das für moderne Strukturen sorgte, eine wesentliche Grundlage für den Erfolg der Universität im 19. Jahrhundert. Seit dieser Zeit heißt die ›Ehrwürdige‹ Ruperto-Carola. 1840 zählte sie insgesamt 658 Studenten. Die Medizinische Fakultät begann den Schritt zur naturwissenschaftlichen Medizin zu vollziehen. Nach Kußmauls Urteil war sie die zweitbeste nach Berlin. Hier absolvierte er sein Medizinstudium, das er 18jährig begann.

Er beschreibt diese Zeit in seinen *Jugenderinnerungen* in Form von »anspruchslosen Bildern, wie sie mein Kopf und mein dankbares Herz im Gedächtnis bewahren.« Das Studium war in das Erlernen der naturwissenschaftlichen Fächer und den klinischen Unterricht eingeteilt. Die Studenten mußten Vorlesungen nach Vorschrift belegen und nannten sie daher »Zwangskollegia«. Dazu gehörten Physik, Chemie, Zoologie, Botanik und Mineralogie sowie pharmazeutische und chemische Übungen. Ein weiteres Zwangskollegium war der Besuch eines mindestens vierstündigen philosophischen Kollegs. Kußmauls Kritik entzündete sich an dieser Studienordnung, da der praktische Erfolg weit hinter dem angestrebten Ziel zurückblieb und der Kollegienzwang auch äußerst nachteilige Seiten hatte: »Er kam niemand zu gut, als undotierten oder schlecht dotierten Dozenten, viele Vorlesungen wurden nicht aus Lust und Liebe zur Sache und nicht mit der nötigen Sachkenntnis angekündigt und abgehalten, sondern einzig der Vorschrift und des Honorars wegen.« Kußmaul erinnert sich, wie unüberlegt ein Dozent seine Vorlesungen ankündigte: »Nach Verlangen über alle Zweige der medizinischen Wissenschaft«, worauf ein Student allerdings hinzufügte: »und über alle Zweige des menschlichen Wissens.« (206)

Im klinischen Studium sah es besser aus. Heidelberg besaß bereits seit 1817 drei getrennte große Kliniken für Innere Medizin, Chirurgie und Augenheilkunde sowie Geburtshilfe. Kußmaul merkte bald, daß es Professoren gab, die gute Ärzte waren und schlechte Vorlesungen hielten, und solche, die hervorragende Vorlesungen hielten, dafür aber schlechte Demonstrationen am Krankenbett boten.

1845 schloß Kußmaul sein Studium in Heidelberg mit dem Abgangszeugnis der Universität ab. Um in Baden als Arzt arbeiten zu dürfen, mußte man jedoch bei der obersten Sanitätsbehörde des Großherzogtums, die zugleich ärztliche Prüfungsbehörde war, in Karlsruhe die Staatsprüfung ablegen. Damit erhielt man den ärztlichen Lizenzschein, heute Approbation genannt. Dieser berechtigte jedoch lediglich dazu, im Großherzogtum Baden zu praktizieren, im Ausland war er wertlos, dort galt jeweils nur das Doktordiplom. Insbesondere das der Universität Heidelberg genoß in der Welt ein besonderes Renommee. Solcher Kompetenzenwirrwarr war vielen Fakultätsangehörigen ein Dorn im Auge und der alte Anatom Tiedemann kritisierte scharfzüngig: »Das Heidelberger Doktordiplom wird allenthalben respektiert, nur nicht in der Türkei und im Großherzogtum Baden!« (265)

Mit dem Abgangszeugnis von der Universität zog sich Kußmaul nach Wiesloch zurück, wo seine Familie wohnte und beriet sich mit seinem Freund Eduard Bronner, wie man die Staatsprüfung in Karlsruhe angehen könne. Da sie während des Studiums viel kostbare Zeit »mit Kommersieren und Reformieren« vergeudet hatten, mußten sie nun das Versäumte möglichst schnell nachholen. Sie teilten den Lernstoff für jedes Prüfungsfach genauestens ein, zogen sich in getrennte Zimmer zurück, lernten jeden Tag das vorgegebene Pensum und hörten sich gegenseitig ab. In größeren Zwischenräumen wurde das Wichtigste nochmals wiederholt. Kußmaul machte mit dieser »Methode der Vorbereitung auf strenge Examina« die besten Erfahrungen. Die beiden Freunde legten dann die geforderte Prüfung hauptsächlich in schriftlicher Form ab. 35 Aufgaben mußten bewältigt werden: »Wir saßen jeder an einem besonderen Schreibtisch, behandelten alle stets dasselbe Pensum und schrieben drauflos, daß uns die Nägel brannten.« (268) Aus heutiger Sicht ist es sicherlich interessant zu wissen, in welchen Fächern damals geprüft wurde. Kußmaul zählt sie genau auf: Zoologie und vergleichende Anatomie; allgemeine, spezielle und pharmazeutische Botanik; Mineralogie; allgemeine, physiologisch-pathologische, pharmazeutische, gerichtlich-medizinische und medizinisch-polizeiliche Chemie; allgemeine, spezielle und pathologische Anatomie; Physiologie; allgemeine und spezielle Pathologie und Therapie; Semiotik, Materia medica, Rezeptierkunst und Drogenlehre; Geschichte der Medizin; Medicina forensis mit Abfassung eines gerichtlichen Gutachtens auf der Grundlage von eingehändigten Akten; medizinische Polizei (was ungefähr der heutigen öffentlichen Hygiene entsprach); und schließlich Tierarzneikunde. – »Mußte da nicht«, fragte Kußmaul, »dem Kandidaten auf dem Schreibstuhl zuletzt das bekannte Mühlrad im Kopfe herumgehen?« (269) Erstmals wurde auch eine kurze mündliche Prüfung am Krankenbett abgehalten. Kußmaul war der große unnütze Ballast, der für die ärztliche Praxis untauglich war, auch noch 50 Jahre danach ein Dorn im Auge: »Es ist noch heute so, doch war es ehemals viel schlimmer damit bestellt als heute, und ganz wird es sich niemals vermeiden lassen.« Anders verhielt es sich mit den mündlichen Prüfungen: »Ich muß den Herren Examinatoren nachrühmen, daß sie alle, bis auf zwei, geschickt und mit guter Auswahl der Fragen prüften, weder zu scharf noch zu oberflächlich.« (271)

Kußmaul geht in seinen *Jugenderinnerungen* ausführlich auf die Medizinische Fakultät und ihre Ausbildungsmethoden ein, porträtiert liebevoll seine Lehrer und streut auch häufig Bemerkungen allgemeiner Art zur Medizin und zum Arztsein ein. Seine Aufzeichnungen werfen ein bezeichnendes Licht sowohl auf seine eigene Persönlichkeit als auch auf die seiner Lehrer.

Während jener Zeit kam es zu einem Generationenwechsel in der Fakultät, der gleichzeitig auch ein Richtungswechsel hin zur neuen naturwissenschaftlichen Medizin war. Der Fakultät gehörten damals die Professoren für Anatomie, Friedrich Tiedemann (1781–1861), der Chirurg Maximilian Josef Chelius (1794–1876), der Internist Benjamin Puchelt (1788–1856) und der Frauenarzt Franz Karl Naegele (1778–1851) an. Der bedeutendste Mann der jungen Generation war Jakob Henle (1802–1885), der sechs Jahre lang in Heidelberg lehrte. Gleichzeitig wurde dessen Freund Karl von Pfeufer (1806–1869) als zweiter Lehrstuhlinhaber für Innere Medizin und Vertreter der rationellen Medizin nach Heidelberg berufen; ihm galt Kußmauls große Bewunderung.

Abb. 9
Friedrich Tiedemann (1781–1861).
Kußmaul schrieb über ihn: »Was damals die deutschen medizinischen Fakultäten am nötigsten brauchten, waren nüchterne Forscher, und nüchterner als Tiedemann konnte niemand sein …« (191)

Tiedemann war die überragende Figur der alten Richtung. Er hielt seine Vorlesungen in Anatomie, Physiologie und Zoologie und hat Heidelbergs Anatomie berühmt gemacht. Er beeindruckte den 18jährigen Kußmaul in der ersten Vorlesung ungemein.

> In schwarzem Talar und Barett trat er wie ein Hohepriester der Wissenschaft in das Amphitheater, nahm uns Hörern gegenüber an einem kleinen Tische Platz, breitete ein Heft vor sich aus und las … Eindringlich ermahnte er uns, das Kollegium nicht zu schwänzen und uns in jeder freien Stunde im Präpariersaal fleißig zu üben. Noch heute klingen mir seine Worte am Schlusse der Vorlesung in den Ohren: ›Ärzte ohne Anatomie gleichen den Maulwürfen. Sie arbeiten im Dunkeln und ihrer Hände Tagewerk sind – Erdhügel‹. (197)

Kußmaul wurde dieser Lehrer zu einem väterlichen Freund, den im Alter leider schwere Schicksalsschläge trafen. Sein ältester Sohn wurde wegen Beteiligung an der Badischen Revolution 1849 standrechtlich erschossen, seine beiden anderen Söhne wanderten nach Amerika aus. Kußmaul besuchte seinen ehemaligen Lehrer kurz vor dessen Tod 1860 noch einmal in München, was diesem eine große Freude bereitete.

Maximilian Josef Chelius lehrte als Chirurg und Augenarzt in Heidelberg. Er festigte den Ruf der durch Karl Friedrich von Baden reformierten Universität ungemein. »Heidelberg wurde in wenigen Jahrzehnten ein medizinisches Salerno, eine stark besuchte ärztliche Schule, eine Zufluchtsstätte, zu der die Kranken aus allen Ländern pilgerten.« (221) Kußmaul hob besonders die glückliche Hand dieses Chirurgen hervor und seine vornehme, mit Menschenfreundlichkeit gepaarte, würdige und wohltuende Art des Umgangs. »Das Handbuch der Chirurgie war eine schriftstellerische Leistung ersten Rangs, vermöge seiner zweckmäßigen Anlage, Ausführung und praktischen Brauchbarkeit.« (222)

Seinem Lehrer in Innerer Medizin, Benjamin Puchelt, widmete Kußmaul ein größeres Kapitel, wohl deshalb, weil dieser ihm den ersten klinischen Unterricht am Patienten erteilte. Kußmaul kommt in diesem Zusammenhang auch auf den Übergang von der alten ontologischen Medizin zur neuen naturwissenschaftlichen Sichtweise zu sprechen. Er hatte den hohen Wert von Puchelts Unterricht erkannt:

> Unser Lehrer gab sich die redlichste Mühe mit uns, fehlte in den beiden Jahren, die ich bei ihm auskultierte und praktizierte, nicht eine Stunde, er lehrte uns bei der Visite die Kranken ausfragen und untersuchen, Diagnosen und Prognosen stellen, ordinieren und Krankengeschichten verfertigen, erläuterte auch, wo es not tat, die Fälle durch lebendige, kleinere und größere Vorträge. (218) [...] Dieselben Methoden der Forschung, die wir benützen müssen, um die Natur der normalen physiologischen Vorgänge aufzudecken, führen uns auch zum Ziele, wenn wir die pathologischen aufklären wollen, denn die Medizin ist eine Naturwissenschaft, ein Teil der Biologie, der Lehre vom Leben. (217)

Im Alter mußte Puchelt jedoch erleben, daß sich die jungen Mediziner zu den beiden neu berufenen Lehrern Pfeufer und Henle hingezogen fuhlten.

Als bedeutenden Forscher und Lehrer der Fakultät schätzte Kußmaul auch Jakob Henle ein: voller Ideen, mit besten Kenntnissen ausgestattet, mit der Gabe, klar und anregend vorzutragen, »wagte er sich ohne Scheu an die höchsten Probleme der medizinischen Wissenschaft; wo reife Früchte noch nicht zu pflücken waren, griff er zu unreifen und präsentierte sie verführerisch auf silbernen Schalen.« (234) Henles gleichzeitig berufenen Kollegen Pfeufer schildert Kußmaul recht liebevoll, und manche Züge scheinen seinen eigenen nicht unähnlich:

> Die Persönlichkeit Pfeufers war wie zum Arzt geschaffen. Er war groß und breit gebaut, ein dichter, starr aufstehender Busch schwarzer Haare krönte die hohe Stirne des ausdrucksvollen Gesichts; feste Kraft, verbunden mit Güte, sprach aus seinen Zügen ... Seine ruhige, ernste und doch freundliche Art am Krankenbette, sein angenehmes Sprachorgan, das Geschick und die Geduld, womit er das Examen vornahm, mußte die Hilfesuchenden mit Zuversicht erfüllen. Unsicheres, ängstliches Zaudern kannte er nicht ... Nicht minder beliebt als die Klinik waren die beiden Vorlesungen Pfeufers ... Er sprach frei, war stets sorgfältig vorbereitet, der Student konnte aus seiner Vorlesung ein ›gutes Heft‹ nach Hause tragen ... Mochte unser Lehrer auch in ernster und würdigster Haltung mit uns verkehren, unter seinen Freunden war er ein heiterer, beliebter Gesellschafter. Bei öffentlichen Gelegenheiten tat er sich wiederholt als guter und geistreicher Redner hervor und verschaffte sich bald Ansehen in den liberalen Kreisen der Stadt. Man rühmte seine Zunge, sie fand wie beim Trinkspruch, so bei der Auswahl der Weine das Beste und Feinste. (246f.)

Ein ›gutes Heft‹ konnte man später übrigens auch aus Kußmauls Vorlesungen mit nach Hause nehmen, wie zwei gut erhaltene ausführliche Mitschriften zeigen.

Als der Ruf Henles nach Heidelberg bekannt wurde, kaufte sich Kußmaul umgehend dessen berühmte *Allgemeine Anatomie*. Diese Lektüre beeindruckte ihn ebenso wie die von Justus Liebigs Jahrhundertschrift *Die organische Chemie in ihrer Anwendung auf Agrikultur und Physiologie*. Beide Werke las er sehr intensiv, fertigte Exzerpte an und »lernte wesentlichen Inhalt auswendig.« (236)

Die beiden Freunde Henle und Pfeufer waren 1844 nach Heidelberg gekommen und von den alten Lehrern als »die Dioskuren der rationellen Medizin« (237) bezeichnet worden. In Zürich hatten sie die *Zeitschrift für rationelle Medizin* gegründet, und gleich in der ersten Nummer hatte Henle ein damals als kriegerisch empfundenes Manifest mit dem Titel *Über Medizinische Wissenschaft und Empirie* veröffentlicht. Kußmaul erklärt im Henle-Kapitel, worum es darin ging, nämlich um den brisanten Übergang von der romantischen zur naturwissenschaftlichen Medizin: »Die Medizin jener Zeit begann sich eben damals erst voll bewußt aus den Banden der Naturphilosophie und des Aber- und Köhlerglaubens zu lösen ... Man begreift, daß die medizinische Jugend der vormärzlichen Zeit, die ein fortschrittlicher, kampflustiger Geist beseelte, mit Jubel das Schwirren der Geißel begrüßte, die der witzige Anatom

Abb. 10
Karl von Pfeufer (1806–1869), Lithographie von Wilhem von Kaulbach (um 1844). Kußmaul kommentierte dieses Bild: »Kaulbach hat ihn in ganzer Gestalt, am Arbeitstisch sitzend und sinnend in die Weite blikkend getreu dargestellt.« (246)

über den Häuptern der Dunkelmänner schwang.« (238) Henle forderte nichts anderes als eine Medizin der Erfahrung, die durch Einsicht geläutert ist, und die neben der Beobachtung am Krankenbett das Mikroskop, die physikalische Untersuchung, die Chemie, den physiologischen Versuch und alle Kenntnisse der Naturwissenschaft nutzt. Henle erregte zudem noch in anderer Hinsicht Aufsehen. Er heiratete nämlich ein hübsches und liebenswürdiges Mädchen aus dem einfachen Volk, was Kußmaul zu der Schlußfolgerung veranlaßte: »Dies entsprach der sozialen Stimmung der vormärzlichen Zeit. Es waren namentlich die Mediziner, die aus der anatomischen Gleichheit der Töchter Evas ihre soziale Gleichberechtigung herleiteten.« (239) Kußmaul bedauerte, daß infolge des reaktionären Umschlags in Baden das Dioskurenpaar Heidelberg nach den Revolutionsjahren verlassen mußte, weil die Regierung gemäßigte Liberale in einen Topf mit Radikalen und Revolutionären warf.

Abb. 11
Franz Carl Nägele (1778–1851). »Die Vorlesung unseres Meisters hielt auch die Schläfrigsten munter, er sprach frei, geistreich und witzig.« (225)

Engsten Kontakt pflegte der Student Kußmaul mit seinem Lehrer für Frauenheilkunde, Franz Karl Naegele, dessen Assistent er in den letzten vier Semestern war: »Ich trat ihm jetzt nahe und wurde mit der Eigenart meines Lehrers genau bekannt.« (227) Der damals 62jährige besaß einen jugendlich-frischen Geist und sprudelnden Witz, wie eine von Kußmaul kolportierte Anekdote beweist. Während einer Konsultation, auf der er Naegele begleitete, gestand ihm eine der Damen des Hauses, der Naegele einen Rat gegeben hatte, daß dieser »von allen Geheimräten der Welt der charmanteste« sei. Kaum waren die beiden Ärzte gegangen, fragte Naegele: »Jetzt sagen Sie mir, habe ich meine Sache gut gemacht? Ich habe mein Bestes getan, um den Damen zu gefallen, jedoch nur Ihnen zu liebe. Sie sollten sehen, wie Sie es anfangen müßten, um vorwärts zu kommen. Glauben Sie mir, ohne Frauengunst bringt es der Arzt zu nichts!« Während der Rückfahrt nach Heidelberg auf einem Neckardampfer widmete Naegele »seine Aufmerksamkeit der hübschen jungen Frau eines Landpfarrers; nach einiger Zeit fragte der Pfarrer, wer der Herr sei, der mit solcher Galanterie seine Frau unterhalte. Ich beruhigte ihn, es sei der Geheimrat Naegele und ich sein

Schüler, er mache nur mir zuliebe seiner Frau die Cour, er habe mich auf eine Konsultation mitgenommen, um mich das Kurieren und das Courmachen zu lehren.« (231)

»Dr. Nägeli«, die Literaturwissenschaft hat ihn als unseren Naegele erkannt, ist selbst in Goethes Werke eingegangen. Der Dichter erwähnt ihn in einem Brief an Rosine Städel vom 27. September 1815. Zwei Tage zuvor hatte sich Goethe zum letzten Mal mit Marianne von Willemer auf dem Heidelberger Schloß getroffen, danach waren die Freunde abgereist. »Es entstand ein Brustweh, das sich fast in Herzweh verwandelt hätte, natürliche Folge der Heidelberger Zugluft und veränderlichen Schloßtemperatur, worüber mir unberufen und ungefragt Herr Dr. Nägeli die genaueste Auskunft gab, so daß ich, mit einiger Resignation die gegenwärtigen, mit einiger Vorsicht die künftigen Gebrechen in lauter Heil und Glück umwandeln könnte.« Er schließt den Brief mit seinem Gedicht über den *Gingko biloba* und der Bitte: »Lassen Sie mich bald etwas vernehmen, was den Recepten des Herrn Dr. Nägeli zu Hülfe kommen könnte.« Denn Dr. Nägelis medizinische Ratschläge vermochten hier nicht zu helfen.[28]

Naegele war der beste Geburtshelfer seiner Zeit und führte eine außerordentlich gute Klinik. Er hätte Kußmaul gern in der akademischen Laufbahn gesehen, was die ökonomischen Zwänge aber nicht zuließen. Dennoch blieb die Freundschaft zwischen den beiden Ärzten lebenslang bestehen. Daß Naegele seinen Schüler auch wissenschaftlich stark beeinflußt hatte, beweist dessen 1859 erschienene grundlegende Monographie über *Bildungsfehler der Gebärmutter*.

Zu Kußmauls Zeiten waren die besten Adressen für angehende und auch fertige Mediziner die Städte Wien und Prag; nach dem Examen reisten Kußmaul und Bronner dorthin: »Jetzt waren wir als Jungärzte in der Kaiserstadt eingezogen, begierig, zu sehen, zu genießen und vor allem zu lernen, bei den großen Meistern medizinischen Wissens reiche Schätze zu sammeln.« (349) Einem auch nach heutigen Maßstäben nobelpreiswürdigen Arzt begegnete Kußmaul in Ignaz Philipp Semmelweis (1818–1865), der an der Wiener Gebärklinik Assistenzarzt war, die Ursache des Kindbettfiebers aufdeckte und die Antisepsis erfand. Semmelweis hatte 1847 beobachtet, daß die furchtbare Häufung von Kindbettfieber nur in der Abteilung zu beobachten war, in der die Ärzte ausgebildet wurden, nicht hingegen in der Abteilung der Hebammen.

Abb. 12
Ignaz Philipp Semmelweis (1818–1865). »… seine Stirn hoch und das Kopfhaar dünn … ein lebhaftes Temperament, große Arbeitskraft und Arbeitslust, ein warmes und gewissenhaftes Herz.« (371)

»Die Erklärung lag nunmehr nahe: Die Mediziner beschäftigten sich mit anatomischen Studien im Leichenhause, die Hebammen nicht! Auf diese Erwägung gestützt, wurde fortan niemand mehr zur Untersuchung auf der Klinik zugelassen, der sich nicht vorher die Hände mit Chlorkalklösung gereinigt hatte; sie galt damals als das beste desinfizierende Mittel. Die Sterblichkeit nahm darauf ab.« (372) Semmelweis gewann Klarheit über die Bedeutung der Wundinfektion und kämpfte fortan für drastische Gegenmaßnahmen, die raschen Erfolg zeigten. Dabei stützte er sich allein auf die klinische Beobachtung und den anatomischen Befund, ohne die Kenntnis von Bakterien!

Wie damals üblich, lernten sich wißbegierige Studenten und Lehrer bald persönlich kennen. Als Semmelweis hörte, daß Kußmaul und sein Freund Bronner Assistenten des alten Naegele in Heidelberg gewesen waren, nahm er sie wie Freunde auf.

Mochte Semmelweis die ganze Nacht durchwacht haben, wir kamen ihm niemals ungelegen. Von allen Bekanntschaften, die ich in Wien gemacht habe, ist mir die von Semmelweis in angenehmster und dankbarster Erinnerung ge-

> blieben. Als wir ihn kennen lernten, hatte er die große, segensreiche Entdeckung, die ihm die Menschheit verdankt, kurz zuvor gemacht, sie beschäftigte ihn fortwährend und war der Gegenstand unsrer täglichen Gespräche mit dem trefflichen Manne … Er war mehr als mittelgroß, breit und stark gebaut, sein Gesicht rund mit etwas vortretenden Backenknochen, seine Stirne hoch und das Kopfhaar dünn; er hatte auffallend fleischige, geschickte Hände, ein lebhaftes Temperament, große Arbeitskraft und Arbeitslust, ein warmes und gewissenhaftes Herz. (371)

In der Inneren Medizin überragte Professor Skoda alle seine Kollegen. Er genoß Weltruf wegen seiner Verdienste um die physikalische Diagnostik, die Verbesserung der Perkussion und Auskultation. Zudem war er ein äußerst kritischer und scharfer Denker, für den es nur zwei sichere Inseln im Meer der Ungewißheit der Medizin gab, nämlich die pathologische Anatomie und die Diagnostik. Dieses führte ihn zu einer grundsätzlichen Skepsis bis hin zum therapeutischen Nihilismus. Kußmaul kritisiert diese Haltung scharf: »Lehrer und Schüler vergaßen die eigentliche Aufgabe der Medizin, das Heilen. Damit sank die beste aller menschlichen Künste von ihrer Höhe tief herab. Es kam so weit, daß manche junge Ärzte beinahe mit größerer Neugierde der Bestätigung ihrer anatomischen Diagnose als dem Erfolge ihres Kurverfahrens entgegensahen.« (381)

Es überraschte Kußmaul, in Prag weit mehr hospitierende Ärzte aus fast ganz Europa zu finden als in Wien. Dies lag daran, daß die Prager Universität, die eigentlich nur ein Ableger jener Wiens war, den Bedürfnissen der Ärzte in sehr sachgerechter Weise entgegenkam. Hier gab es viele gut eingerichtete Kurse, insbesondere auf dem Gebiet der Heilkunst. »Der berühmteste und beliebteste Lehrer Prags war Oppolzer. Die herzliche Güte, womit er uns empfing, machte mich fast verlegen.« Seine Charakterisierung ist der des alten Kußmaul nicht unähnlich: »Oppholzers Begabung reichte nicht entfernt an das Genie Skodas, aber als praktischen Lehrer stellten wir Ärzte ihn über den großen Kritiker und Reformator. Im Besitze einer reichen und sichern Erfahrung, durchdrungen von der humanen Aufgabe der Heilkunde und fest im Glauben an die Heilkunst, war er ein getreuer Ekkehard in den Nöten und Gefahren der Praxis. Mit ruhiger Weisheit verzichtete er auf mathematische Gewißheit und erreichte das Mögliche und Beste durch einfache Mittel, ein Kennzeichen tüchtiger Ärzte.« (391)

Kußmauls erste Publikationen

Die ersten beiden Publikationen Kußmauls – zu jener Zeit noch Gymnasiast und Student – waren die *Topographische Skizze des Physikats-Bezirkes Wiesloch* 1842 und *Die Farbenerscheinungen im Grunde des menschlichen Auges* 1843/44. Er ahnte nicht, daß sie Wegweiser für seine akademische Laufbahn sein würden. Beide waren äußerst gründlich erarbeitet sowie in einer klaren, wissenschaftlichen Sprache abgefaßt und wiesen damit eine beachtliche Qualität auf. Kußmaul freute sich darüber, mit der *Topographischen Skizze* in den Ferien etwas Geld verdienen zu können und für die *Farbenerscheinungen* die goldene Karl-Friedrich-Medaille sowie die hohe Anerkennung der Medizinischen Fakultät erhalten zu haben. Mit dieser Ehrung konnte er seinem Vater »einige glückliche Stunden bereiten.« (257)

a) Topographische Skizze des Physikats-Bezirkes Wiesloch, 1842

Die *Topographische Skizze* wurde von der obersten Sanitätsbehörde des Landes in Auftrag gegeben.[29] Kußmauls Vater war Amtsarzt (Physikus) des Bezirkes Wiesloch, dessen Aufgabe darin bestand, neben der Krankenversorgung gesundheitsamtliche Funktionen wahrzunehmen, insbesondere auch bei Ausbruch von Seuchen. Für Verwaltungs- und Gerichtsbehörden mußten Gutachten erstellt werden. Eine topographische Skizze war die notwendige Grundlage für amtliche Entscheidungen. Kußmauls Arbeit ist wohl in enger Zusammenarbeit mit dem Apotheker und Großherzoglichen Ökonomierat Johann Philipp Bronner, einem sehr guten Kenner der Gegend, entstanden.[30] Johann Philipp Bronner, der Vater von Kußmauls Studienfreund Eduard, wird in der *Topographischen Skizze* mehrfach erwähnt. Inhalt und formaler Aufbau der *Skizze* belegen, wie umfassend Kußmaul diese Aufgabe gemeistert hat. Zunächst wird die geographische Lage geschildert. Das

Städtchen Wiesloch hatte damals 2771 Einwohner, zum Bezirk gehörten 17 Flecken und Dörfer nebst drei Höfen. Neben der genauen Angabe der geographischen Länge und Breite sowie der jeweiligen Höhen im gesamten Bezirk werden die einzelnen Orte mit Einwohnerzahlen aufgeführt; historische Hinweise, beispielsweise, daß Wiesloch erstmals 841 erwähnt wird, werden ergänzend hinzugefügt. Es folgen die meteorologischen und klimatischen Bedingungen, ausführlich wird weiterhin auf die geognostischen (geologischen) Verhältnisse eingegangen. Die Fossilienbefunde in den kalkreichen Gegenden werden genauestens mit lateinischen Namen aufgeführt: »Im ganzen wurden im Muschelkalk dieser Gegend 32 Arten und 24 Tiergattungen gefunden.« In den Mergelschichten lagerte unter anderem ein großer Elefantenzahn, der in den Besitz Bronners kam. Es folgt die Beschreibung der Quellen, die teilweise Heilquellen waren, sowie der fließenden und stehenden Gewässer: »Auch weisen die Ärzte der Kliniken in Heidelberg die Hautkranken der Umgebung nach Wiesloch.« Das Quellwasser ist chemisch genau analysiert, Kußmaul zählt diesbezüglich zwölf verschiedene Substanzen auf. Die Beschreibung der Flora des Bezirks hatte Kußmaul sicherlich besonders am Herzen gelegen; bereits aus seinen *Jugenderinnerungen* geht hervor, wie sehr er der Botanik zugetan war. Sein Vater hatte ihn schon als Kind auf Pflanzen aufmerksam gemacht, in der Schule machte er als Quartaner mit Freunden Ausflüge, die später bekannte Botaniker wurden.

> Sehr gut war mein Vater in der Botanik beschlagen. Ihm verdanke ich meine ersten Kenntnisse in dieser ›scientia amabilis‹, er lehrte mich Pflanzen suchen, bestimmen, sammeln und im Kräuterbuch geordnet einlegen. Die alten Ärzte schätzten die beschreibende Botanik in der Art, wie sie mein Vater mich betreiben lehrte, sehr hoch. In der Tat übt sie schon das Auge des Knaben für die künftigen ärztlichen Diagnosen. Außerdem kräftigen die botanischen Ausflüge den Leib. Endlich beglückt die Kenntnis der Pflanzen noch die späten Tage des Lebens, wenn das Herbarium längst ein Fraß der Motten geworden, mit holden Erinnerungen aus der Jugend. Das Gedächtnis bewahrt treu die schönen Bilder aus der Pflanzenwelt. Auf Spazierwegen und Reisen treten die Kinder Floras wie geliebte Jugendfreundinnen an uns heran. (15)

Das besondere an der Flora des Bezirkes war, daß hier zwei unterschiedliche naturräumliche Einheiten nebeneinander existierten, nämlich die der Rheinebene und die der Sandhügel. Kußmaul zählte über 110 ver-

Die

Farbenerscheinungen

im

Grunde des menschlichen Auges.

Von

Adolph Kussmaul.

Heidelberg.

Druck und Verlag von Karl Groos.

1845.

Abb. 13 Titelblatt von Kußmauls Preisschrift »Die Farbenerscheinungen im Grunde des menschlichen Auges«; 1845.

schiedene Pflanzen-, Strauch- und Baumarten, insbesondere solche, die für die Medizin wichtig waren. Auf den Kalkböden wuchsen damals noch zwanzig verschiedene Orchideen- und vier Enzianarten.

Das Kapitel, das sich mit der Fauna befaßt, ist dagegen klein. Größer sind jene über *Landwirtschaft* und *Viehzucht*. Besonders muß hier auf Johann Philipp Bronners »Weinberge« verwiesen werden, auf denen er etwa 400 verschiedene Rebsorten aus aller Herren Länder züchtete und einen Bestand von mehr als 100 000 Rebstöcken betreute. Bronner war damals eine Kapazität als Rebzüchter, wofür ihm der Großherzog den Titel »Ökonomierat« verlieh. Schließlich folgen in Kußmauls *Skizze* Kapitel über Sitten, Gebräuche und Lebensgewohnheiten der Einheimischen, in denen unter anderem auch deren Alkoholmißbrauch nicht verschwiegen wird. Das letzte Kapitel befaßt sich mit der nicht selten mangelhaften körperlichen und geistigen Konstitution der Einwohner. Kußmaul scheut sich nicht, am Schluß eine ziemlich scharfe Kritik an der Kirche zu üben. »Bei der Mehrzahl jeder Konfession ist Religiosität und Kirchgehen Sache des Herkommens und der Gewohnheit: Innerlich ist weder Religion noch Kirchlichkeit. Hieraus läßt sich schon auf den sittlichen Charakter schließen, der in Ausgelassenheit, in Dünkel, Neigung zum Luxus, zur Genußsucht, zur Verschwendung, kurzweg in Neigung zur materiellen Sinnlichkeit besteht.« Begründet sei dies, meint Kußmaul, darin, daß die Diener der Kirche »ihren eigentlichen Beruf mehr zur Neben- als zur Hauptsache machen, wenn sie Ärgernis geben durch Leidenschaftlichkeit, durch Befriedigung unwürdiger Sinnlichkeit, überhaupt gelinde ausgedrückt, wenn sie durch anstößiges Benehmen und Betragen sich und die Kirche in den Augen der Massen herabwürdigen.«

b) Die Farbenerscheinungen im Grunde des menschlichen Auges, 1845

1844 legte Kußmaul der Medizinischen Fakultät Heidelberg seine Abhandlung *Die Farbenerscheinungen im Grunde des menschlichen Auges* vor.[31] Sie wurde ein Jahr später in Heidelberg gedruckt und war seine erste offizielle Publikation. In den *Jugenderinnerungen* erscheint sie im Kapitel »Die gelöste Preisfrage« (253). Die Schrift muß in mehrerer Hinsicht als herausragend betrachtet werden, denn erstens erhielt sie den Preis der Fakultät, zweitens kam Kußmaul bei seinen Forschungen beinahe dem Augenspiegel auf die Spur, drittens wurde sie später als Habilitationsschrift anerkannt und viertens war sie wegweisend für einen der berühmtesten Wissenschaftler seiner Zeit, nämlich Helmholtz, dem es 1850 tatsächlich gelang, den Augenspiegel zu erfinden.

Über die Entstehung seiner Schrift schrieb Kußmaul unter anderem:

> Die Heidelberger Universität feiert ihr Stiftungsfest jährlich am 21. November, dem Geburtstage Karl Friedrichs, ihres Wiederherstellers. Mit der Feier verbunden ist die Verkündigung wissenschaftlicher, von sämtlichen Fakultäten gestellten Preisfragen für die akademische Jugend und die Verleihung der nach Karl Friedrichs Bestimmung gestifteten goldenen Medaillen an die glücklichen Preisträger des abgelaufenen Studienjahrs. Unter Zuströmen zahlreicher Gäste versammelt sich die akademische Körperschaft in der Aula, der Prorektor hält die Festrede und gibt die Geschichte der Hochschule vom letzten Jahr. Die Feier schließt mit der lauten Verkündung der Namen der preisgekrönten Jünglinge und der neuen Preisfragen für das laufende Jahr. (253)

Die Preisfrage war in lateinischer Sprache formuliert und lautete in deutscher Übersetzung: »Eine anatomisch-physiologische und pathologische Untersuchung der verschiedenen Farben, die unabhängig von den durchsichtigen Medien im Grunde des Auges erscheinen.« (254) Chelius hatte dieses Thema aus der Augenheilkunde ausgewählt und ließ auch bei seinem Schüler Kußmaul anfragen, ob er das Problem bearbeiten wolle. Dieser war »ohne langes Besinnen dazu bereit.« (254) Kußmaul war seinem Lehrer Chelius im Unterricht bereits dadurch aufgefallen, daß er ein ausgezeichneter Diagnostiker von Augenkrankheiten war. Er hatte das führende Handbuch »gut einstudiert und die darin enthaltenen Bilder genau im Kopf behalten.« (254) Kußmaul selbst erinnerte sich sehr gut an ein Gespräch mit seinem Vater und dessen Wunsch, daß er ihm keine größere Freude bereiten könne, als mit der Karl-Friedrich-Medaille nach Hause zu kommen. Kußmaul ging das gestellte Problem systematisch an. Er erkundigte sich zunächst genau, was die umständlich formulierte Frage eigentlich bedeutete und erfuhr von Chelius, daß dieser eine kritische Zusammenstellung der zahlreichen Theorien über das Glaukom – den Grünen Star – erwartete. Die Krankheit ist nach der grünlich erscheinenden Farbe der Pupille benannt. Wie immer ging Kußmaul gründlich vor. Sein Quellenstudium dehnte er bis zu Hippokrates aus: »Es war mir ein großer Genuß, die Wissenschaft vom gesunden und kranken Auge durch ihr weites Quellengebiet zu verfolgen.« (254) Beim Literaturstudium fiel ihm aber bald auf, daß die Frage nach der grünen Farbe der Pupille »von der Vorfrage abhängt, warum der normale Augenstern schwarz erscheint.« (255) Dies war zu Kußmauls Überraschung von allen Großen des Faches bisher übersehen worden und veranlaßte ihn zu folgender Schlußfolgerung: »Es wiederholt sich eine gemeine Erfahrung. Der Mensch fragt eher nach dem Grunde der fernsten und der letzten Dinge, als nach der Ursache der nächsten. Erst wenn solche, anscheinend einfache Fragen über den Grund ›selbstverständlicher‹ Dinge aufgestellt werden, erkennt man bei ernstlicher Prüfung ihre schwierige und verwickelte Natur. Es gilt, sie in ihre Teile zu zerlegen und zu ermitteln, wie das Ganze aus ihnen entsteht.« (255)

Kußmaul erweiterte nun seine Arbeit zu einer experimentellen Studie mit dem Ziel, »die Eintrittsstelle der Sehnerven im Auge des lebenden Menschen sichtbar zu erhalten, was für die Diagnose mancher Krankheiten des Augengrundes sehr großen Wert hätte.« (256) Er ließ sich dafür eine plankonvexe Linse schleifen und sie in ein Rohr fassen, konnte damit aber das Innere des Auges nicht betrachten. Auch eine vergrößernde konvex-konvexe Linse auf der planen Seite derselben angebracht, blieb erfolglos, was er richtig damit erklärte, daß zu wenig Licht ins Auge fiel. Der geniale Trick von Helmholtz, dem Erfinder des Augenspiegels, war dann neben der Beleuchtung des Konkavspiegels von einer externen Lichtquelle die zentrale Durchblicksöffnung im Augenspiegel selbst (ein rundes Loch) für das beobachtende Auge des Arztes. Kußmaul aber hatte über die eigentliche Fragestellung hinaus als erster die Frage aufgeworfen und richtig formuliert, warum das Innere des menschlichen Auges dunkel erscheine. Als erster hatte er versucht, hieraus praktischen Nutzen zu ziehen, indem er das Ziel verfolgte, das Dunkel im Inneren des Auges zu erhellen. Er selbst erinnerte sich voll Stolz an seinen Erfolg und mit Humor an seinen Mißerfolg hinsichtlich der Konstruktion des Augenspiegels.

> Es gereicht mir noch heute zur größten Freude, als Student zuerst die Bedeutung eines Problems erkannt zu haben, das freilich nur das Genie eines Helmholtz zu lösen vermochte ... – Einst klagte ich Helmholtz, wie es mir ergangen

sei. Er tröstete mich. Brücke, der berühmte Physiologe, dem seine Versuche über das Augenleuchten die praktische Bedeutung dieser Frage so nahegelegt hatten, war daran vorbeigegangen, und der geniale Gräfe hatte sich, wie mir Helmholtz erzählte, mit dem Problem des Augenspiegels vergebens beschäftigt. (257)

Aus heutiger Sicht liegt »das Verdienst der Arbeit darin, die bis dahin bekannten unterschiedlichen Theorien über Farbenerscheinungen im Auge früherer Autoren kritisch und scharfsinnig erörtert und durch eigene Versuche zahlreiche frühere Vorstellungen widerlegt zu haben. Durch anatomische Untersuchungen von Tieraugen und Augen von frisch Verstorbenen sowie durch Einführung physikalischer und physiologischer Erkenntnisse gelang es ihm, in die verwirrenden Theorien der damaligen Zeit eine auch heute noch verständliche und gültige Erklärung der Farbenerscheinungen des Auges zu geben.«[32]

Die Fakultät urteilte, er habe mit eximia eruditione (außerordentlicher Gelehrsamkeit) und praeclara sagacitate (glänzendem Scharfsinn) sowie eigenen Experimenten gearbeitet. »Die Fakultät überschüttete demnach meine Abhandlung mit Lob. Nach ihrem einstimmigen Urteil sollte ich die Frage mit solchem Aufwand von Gelehrsamkeit, Scharfsinn und Versuchen bearbeitet haben, daß fast jeder Punkt erschöpfend behandelt worden sei; ich wußte es besser, als die Fakultät: Gerade an dem Angelpunkte war ich gescheitert.« (257) Eine solche Äußerung ist typisch für Kußmaul: er sieht durchaus sein Verdienst – aber genauso auch seinen Mißerfolg, den er offen benennt und den er mit etwas Ironie und Humor darstellt.

Kußmaul setzte seine Publikationstätigkeit fort, selbst als er seine Familie gründete und die anstrengende Arbeitsbelastung in der Landpraxis in Kandern zu bewältigen hatte. Hier schuf er sechs medizinische Arbeiten über Probleme, die ihm in der Praxis aufgefallen waren. Im Laufe seines Lebens entstanden 60 eigene Publikationen, davon fünf große Monographien. Außerdem hat er in seinem Publikationsverzeichnis 93 weitere Arbeiten genannt, die er bei Doktoranden und Schülern angeregt beziehungsweise an denen er mitgearbeitet hatte.[33] Die fünf Monographien behandelten folgende Bereiche:

1857 *Untersuchungen über Ursprung und Wesen der fallsuchtartigen Zukkungen bei der Verblutung*. Gemeinsam mit A. Tenner (380 Seiten). Diese Arbeit wurde von Eduard Bronner ins Englische

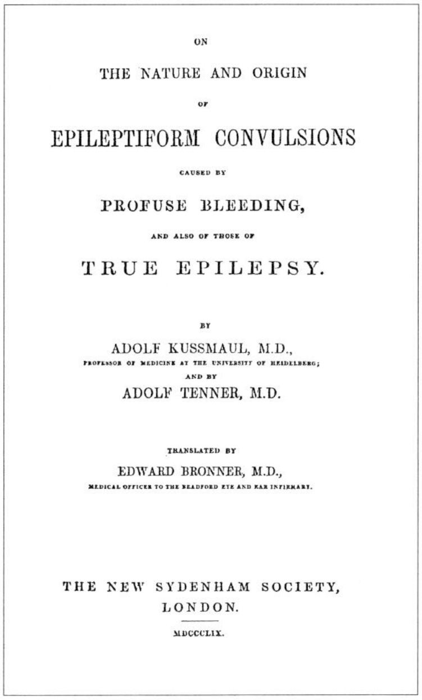
ON

THE NATURE AND ORIGIN

OF

EPILEPTIFORM CONVULSIONS

CAUSED BY

PROFUSE BLEEDING,

AND ALSO OF THOSE OF

TRUE EPILEPSY.

BY

ADOLF KUSSMAUL, M.D.,

PROFESSOR OF MEDICINE AT THE UNIVERSITY OF HEIDELBERG;

AND BY

ADOLF TENNER, M.D.

TRANSLATED BY

EDWARD BRONNER, M.D.,

MEDICAL OFFICER TO THE BRADFORD EYE AND EAR INFIRMARY.

THE NEW SYDENHAM SOCIETY,

LONDON.

MDCCCLIX.

Abb. 14
Titelblatt der englischen Übersetzung von »Untersuchungen über Ursprung und Wesen der fallsuchtartigen Zuckungen bei der Verblutung«; 1857.

übersetzt und erschien 1859 in London. Es handelt sich um eine noch weitgehend experimentell-physiologische Untersuchung über Epilepsie, ein Thema, das Kußmaul bis an sein Lebensende interessiert hat; die Arbeit war bahnbrechend für seine Laufbahn und seinen Ruhm.

1859 *Von dem Mangel der Verkümmerung und der Verdoppelung der Gebärmutter, von der Nachempfängnis und der Überwanderung des Eies* (384 Seiten). Das Buch wurde von seinem alten Gönner und Lehrer Professor Naegele angeregt.

1861 *Untersuchungen über den konstitutionellen Mercurialismus und sein Verhältnis zur konstitutionellen Syphilis* (434 Seiten). Eine gründliche Untersuchung über die Unterscheidung von Quecksilbervergiftungen und der Syphiliserkrankung.

1877 *Die Störungen der Sprache. Versuch einer Pathologie der Sprache* (299 Seiten). Ein bis heute stark beforschtes Gebiet der Neurologie und Sprachpathologie; das Werk wird immer noch oft zitiert, besonders in US-amerikanischen Arbeiten.

1899 *Jugenderinnerungen eines alten Arztes* (495 Seiten). Bis 1902 wurde es fünfmal aufgelegt.

Unter den zahlreichen Zeitschriftenartikeln sind viele Erstbeschreibungen von medizinischen Entitäten zu finden, die bis heute mit seinem Namen verbunden sind:

1859 *Zwei Fälle von Paraplegie mit tödlichem Ausgang;* Kußmaul-Landry-Paralyse.
1866 Periarteriitis nodosa; Kußmaul-Maier-Krankheit.
1868/69 *Magenpumpe, Magenspiegelung.*
1873 Über Pericarditis und den paradoxen Puls; Kußmaulscher Puls.
1874 Zur Lehre vom Diabetes mellitus; Kußmaulsche Atmung.

Die übrigen Arbeiten betreffen die Innere Medizin und ihre Grenzgebiete zu Chirurgie, Infektiologie, Neurologie und Psychiatrie. Des weiteren verfaßte Kußmaul historische Schriften sowie ausführliche Nachrufe und Biedermeier-Dichtungen.

Großer Fleiß und eine ungeheure Konzentration hatten dazu gehört, ein solches Werk zu schaffen, insbesondere wenn man bedenkt, unter welchen Bedingungen damals geschrieben werden mußte: mit (Stahl)Feder und Tintenfaß und größtenteils bei Kerzenlicht. Einen ›Lichtschalter‹ gab es erst ganz gegen Ende des 19. Jahrhunderts. In Freiburg beispielsweise entstand ein erstes privates Gaswerk 1850, und das zentrale Elektrizitätswerk wurde von 1899 bis 1901 gebaut. Die Glühbirne wurde 1879 erfunden, bis dahin war man auf den Docht angewiesen. Der runde Docht wurde über den breiten zum hohlen hin weiterentwickelt, dies förderte die Luftzufuhr, die zusätzlich noch durch einen Glaszylinder verbessert wurde. Die so konstruierten Argand-Lampen spendeten das beste künstliche Licht. So gebrauchte der Schriftsteller die Kerze oder die Dochtlampe am Schreibtisch,[34] während sich die biedermeierliche Familie und Hausgemeinschaft um den Ofen und das Spanlicht versammelte. Kußmaul selber hat diese inzwischen längst vergessenen Schwierigkeiten beim Lesen und Schreiben in Versform gefaßt:

Mußten an schlecht gedruckten Dichtern
Quälen die Augen bei Unschlittlichtern,
Putzen, damit es hell genug wäre,
Fleißig den Docht mit der Lichtputzschere.[35]

[1] Thomas Nipperdey, Deutsche Geschichte 1800–1866, München 1983, S. 355.

[2] Lothar Gall, Der Liberalismus als regierende Partei, Wiesbaden 1968, S. XII.

[3] Dietrich Schwanitz, Bildung, Frankfurt a. M. 1999, S. 179.

[4] Ulrich Schmid, Tempo, Krisen, Medien, Magazin Wissenschaftliche Buchgesellschaft, Darmstadt März 1999, S. 46–47.

[5] Edelgard Spaude, Eigenwillige Frauen in Baden, Freiburg 1999.

[6] Fritz Stern, Gold und Eisen, Hamburg 1988, S. 264.

[7] Volker Ullrich, Die nervöse Großmacht 1871–1918, Frankfurt a. M. 1997, S. 288.

[8] Zitiert nach Volker Ullrich, a.a.O., S. 310.

[9] Herbert Schnädelbach, Philosophie in Deutschland 1831–1933, Frankfurt a. M. 1983, S. 39.

[10] Ebd., S. 41.

[11] Friedrich Kluge, Die Leber und ihre Krankheiten: Ein historischer Rückblick, Leber Magen Darm, Band 27, München 1997, S. 19.

[12] Dietrich v. Engelhardt (Hg.), Forschung und Fortschritt, Stuttgart 1997, S. 160f.

[13] Karl Ed. Rothschuh, Konzepte der Medizin in Vergangenheit und Gegenwart, Stuttgart 1978; darin: Schellings Konzept einer naturphilosophischen Medizin, S. 389.

[14] Karl Ed. Rothschuh, Konzepte der Medizin in Vergangenheit und Gegenwart, a.a.O., S. 417f.

[15] Rothschuh, a.a.O., S. 418f.

[16] Rudolf Virchow, Die Cellularpathologie, Hildesheim 1966; Reprografischer Nachdruck der Ausgabe Berlin 1858; S. VI.

[17] Eduard Seidler, Geschichte der Pflege des kranken Menschen, Stuttgart/Berlin/Köln/Mainz 1966, S. 139.

[18] Brief Kußmauls vom September 1901, unbekannter Empfänger; Sammlung Darmstädter, Preußischer Kulturbesitz, Berlin.

[19] Jens Lachmund, Der abgehorchte Körper, Vortrag Freiburger Medizinhistorisches Kolloquium 4. 5. 1999 und Opladen 1992.

[20] Karl-Heinz Leven, Die Geschichte der Infektionskrankheiten, Landsberg 1997, S. 73–83.

[21] Hellmuth Plessner, Die verspätete Nation, Frankfurt a. M. 1974, S. 101.

[22] Dietrich v. Engelhardt, a.a.O., S. 71f.

[23] Ebd., S. 73.

[24] Heinrich Schipperges, Weltbild und Wissenschaft im Spiegel der »Naturforscherversammlungen«, in: Dietrich v. Engelhardt (Hg.), Zwei Jahrhunderte Wissenschaft in Deutschland, Stuttgart 1998, S. 125.

[25] Wolfgang Wieland, Der Begriff der ärztlichen Kunst, Vortragsmanuskript des Autors 1978, S. 9.

[26] Ebd., S. 13 und S. 27.

[27] Friedrich Kluge, Adolf Kußmaul 1822–1902, Freiburg 1991, S. 44.

[28] Johann Wolfgang von Goethe, Briefe. Weimarer Ausgabe 1902, S. 84f. und S.271.

[29] Einzig erhalten gebliebene Abschrift der Topographischen Skizze des Physikats-Bezirkes Wiesloch, 1842, Stadtverwaltung Wiesloch, Manfred Kurz, 1999. Die diesbezüglichen Zitate stammen aus dieser Abschrift. Zur Topographischen Skizze teilt Kußmaul in seinen Jugenderinnerungen mit: »Das Reisegeld hatte ich mir durch Abfassung einer naturwissenschaftlichen Topographie des Amtsbezirks Wiesloch verdient, ich hatte sie auf Wunsch meines Vaters ausgearbeitet, der sie der obersten Sanitätsbehörde des Landes einsandte. Sie hatte mir viel Vergnügen gemacht, denn ich war im Laufe der Jahre mit der botanisch und geologisch interessanten Gegend gut bekannt geworden.« (134)

[30] Manfred Kurz, »Erfasse und nütze den Geist der Zeit«, Der Wieslocher Weinbaupionier Philipp Bronner wäre heute 200 Jahre alt geworden, Rhein-Neckar-Zeitung vom 11. Februar 1992. Ein wichtiges Werk von Bronner ist: »Die wilden Trauben des Rheintales«, Heidelberg, 1857.

[31] Adolf Kußmaul, Die Farbenerscheinungen im Grunde des menschlichen Auges, Heidelberg 1845.

[32] Dieter Schmidt, Freiburg, Publikation in Vorbereitung.

[33] Verzeichnis der literarischen Arbeiten von Dr. A. Kußmaul. In: Aus meiner Dozentenzeit in Heidelberg von Adolf Kußmaul. Hg. von Vinzenz Czerny, Stuttgart 1903, S. 99ff. und W. Fleiner, Ein Rückblick auf die literarischen Arbeiten Adolf Kußmauls. Deutsches Archiv für Klinische Medizin, Band 73, Leipzig 1902, S.1ff.

[34] Wolfgang Schivelbusch, Lichtblicke. Zur Geschichte der künstlichen Helligkeit im 19. Jahrhundert, Frankfurt a. M. 1986, S.19f.

[35] A. Kußmaul, Biedermeier-Gedichte.

KAPITEL 3
Revolutionäre Zeiten

1848–1859

Militärarzt von April 1848 bis Dezember 1849: Badische Revolution und Deutsch-Dänischer Krieg

Kaum hatte Kußmaul sein Studium beendet, kam es zu tiefen und einschneidenden politischen Veränderungen: den europäischen und deutschen Revolutionen von 1848/49. Sie führten zu einer Richtungsänderung des gerade begonnenen Lebensweges und hinterließen in Kußmauls Biographie ebenso tiefe Spuren wie bei anderen seiner Zeitgenossen, zum Beispiel Rudolf Virchow oder Theodor Fontane. Kußmaul erlebte die Revolutionszeit 26jährig als Militärarzt in Wiesloch, Heidelberg, im deutsch-dänischen Krieg in Schleswig-Holstein und an der Schweizer Grenze in Lörrach sowie in der Festungsstadt Rastatt. Die beruflichen Anfänge des jungen Arztes finden ihren Abschluß – genau wie die *Jugenderinnerungen* – mit der dreijährigen Zeit als praktischer Arzt in Kandern im Jahre 1853.

Auch in dieser Zeit ist Kußmauls Lebensweg einerseits eng mit den politischen Geschehnissen in seiner badischen Heimat verknüpft, andererseits aber auch mit der nationalen Frage des politischen Kampfes um die Herzogtümer Schleswig-Holstein. Kußmaul hielt sich als Bataillonsarzt mit seiner Einheit von August bis Oktober 1848 sowie von April bis Juli 1849 dort auf.

Die Initialzündung für die europäischen Revolutionen erfolgte in Paris durch den Sturz Louis Philippes und die Proklamation der Französischen Republik am 24. Februar 1848. Kußmaul war damals auf seiner medizinischen Studienreise in Wien, ihn erreichte diese wichtige Nachricht am 25. Februar vormittags auf dem Weg in das Allgemeine Krankenhaus. Schon drei Tage später traten die beiden Freunde Kußmaul und Eduard Bronner die Heimreise an, die sie durch das noch ruhige Dresden nach Leipzig führte. Hier begegneten sie bei einem politischen Frühschoppen Robert Blum, dem »sächsischen Mirabeau«. Kußmaul erinnert sich: »Das ungewöhnlich häßliche, aber ausdrucksvolle Gesicht des großen Volksmannes und Patrioten ist mir unvergeßlich geblieben.« (400)

Die Wiedersehensfreude zu Hause war groß. Kußmauls Vater konnte den Sohn überzeugen, seine Pläne, sich in Heidelberg als praktischer Arzt niederzulassen, aufzugeben. Er hielt es für besser, sich als Militärarzt zu melden. Dieser Ratschlag kam nicht von ungefähr, denn der Vater hatte 1814 nach dem Staatsexamen als Militärwundarzt bei den badischen Truppen in den Befreiungskriegen gedient. Um den 20. April 1848 trat nun auch der Sohn seinen Dienst beim badischen Militär an. Für ihn war es jedoch nur eine Notlösung.

Die revolutionären Ereignisse in Baden dauerten von Februar 1848 bis zur Kapitulation von Rastatt im Juli 1849. Ebenso lang war Kußmaul Militärarzt. In die Zeit vor seiner Einberufung fiel die sogenannte zweite Offenburger revolutionäre Versammlung vom 19. 3. 1848. In seinen *Jugenderinnerungen* beschreibt Kußmaul, daß man sich wie in einem »Völkerfrühling« gefühlt habe. (403) Die etwa 20 000 Menschen sahen sich wie bei einem malerischen Volksfest vereint, aus den Reden von Karl Theodor Welcker (1790–1869) und Friedrich Hecker (1811–1881) sprachen Zuversicht und die Mahnung zu besonnener Mäßigung. Hecker jedoch, damals 37 Jahre alt, galt als ungestümer Führer der Roten, und wurde zum Führer eines Landesausschusses von Volksvereinen berufen, in denen Freiwillige zu den Waffen griffen. Kußmaul empfand dies nicht als unbedenklich, beteiligte sich allerdings auch selber in Wiesloch, wiederum gemeinsam mit Freund Bronner und anderen Freiwilligen an solchen Übungen.

Die Offenburger Versammlung war von historisch weitreichender Bedeutung. Veit Valentin, der sich mit der Geschichte der Revolutionszeit intensiv auseinandersetzte, analysierte diese genau. So befand er, daß man zu Hecker sehr viel Zutrauen gefaßt hatte. Hierzu wird der erzkonservative preußische Gesandte von Arnim zitiert: »Hecker allein kann in diesem Augenblick (am Vorabend der Versammlung) vielleicht sagen, ob morgen die Republik erklärt wird oder nicht.«[1] Hekker aber zögerte, denn für Baden war bereits viel erreicht, und viel, vielleicht zuviel, bemerkte Valentin, stürmte auf ihn ein! Während der Versammlung forderten die politischen Führer eine Säuberung der ersten und zweiten Kammer von »reaktionären, gesinnungslosen Elementen«, eine Verschmelzung von Bürger- und stehendem Heer. Weiterhin wurde die Forderung nach einer progressiven Einkommens- und Vermögenssteuer erhoben, die Trennung von Schule und Kirche, die Abschaffung von Apanagen und selbstverständlich Pressefreiheit,

Schwurgerichte, öffentliche Gerichtsverfahren und die Nationalversammlung.

Für all dies verschaffte sich das Volk Bürgschaften in Form einer Cluborganisation: »In jeder badischen Gemeinde bildete sich ein Verein mit der Aufgabe für Bewaffnung, politische und soziale Bildung des Volkes sowie für die Verwirklichung all seiner Rechte.«[2] Obmann des Zentralausschusses dieser Vereine wurde Hecker. Dies war ein weitreichender Beschluß, urteilte Valentin: »Er schuf eine – in Deutschland erstmals – aktive, linke Volkspartei in Baden, er bereitete die Republik unmittelbar vor.«[3] Dies bedeutete praktische politische Macht in der Hand einer Partei.

Kußmaul identifizierte sich zunächst mit den Offenburger Forderungen; er konnte gelegentlich auch Ausschreitungen gegenüber Juden, die damals durchaus üblich waren, verhindern. Bald jedoch steuerten die Verhältnisse in Baden auf einen ersten revolutionären Höhepunkt zu. Im Frankfurter Vorparlament waren die radikalen Forderungen Gustav Struwes (1805–1870) und Friedrich Heckers abgelehnt worden, so daß beide zu dem Schluß kamen: »Hier in Frankfurt ist nichts zu machen, es gilt, in Baden loszuschlagen!«[4] Heckers Ziel war die Errichtung einer Deutschen Republik, doch mußte er diesen Traum nach den verlorenen Gefechten bei Kandern (20. 4. 1848) und Freiburg (24. 4. 1848) aufgeben. Seine Popularität war zwar gestiegen, aber in das Frankfurter Parlament wurde er nicht aufgenommen. Enttäuscht wanderte er in die USA aus. Ähnlich endete der Struwe-Putsch, bei dem im September 1848 in Lörrach die Deutsche Republik ausgerufen worden war.

Die Einheit, der Kußmaul angehörte, sicherte in dieser Zeit die Grenze zur Schweiz und nach Frankreich, wodurch das Eindringen von Revolutionären verhindert werden sollte. Sein Standort war Lörrach, wo er als Oberarzt und Leiter des Feldspitals Offiziere, Mannschaften und die Bevölkerung der Umgebung ärztlich zu versorgen hatte, was ihm viel Vertrauen einbrachte. Am 14. April 1849 erhielt Kußmaul dann Order, sich zum zweiten Mal nach Schleswig-Holstein zu begeben. Er blieb diesmal bis zum Juli 1849 und kehrte dann mit seiner Einheit nach Rastatt zurück.

Während dieser Zeit fand die dritte badische Erhebung statt, die organisatorisch wesentlich besser vorbereitet war als die vorhergehenden. Sie erfaßte breite Schichten der Bevölkerung sowie das gesamte Militär. Es kam zum Aufstand, nachdem Preußen die Kaiserkrone abgelehnt hatte und die Fortschrittlichen erkannten, daß die in Frankfurt erarbeitete Reichsverfassung am Widerstand der Fürsten scheiterte. Am 13. und 14. Mai 1849 fand in Offenburg die Landes- und Volksversammlung statt, die Soldaten in Rastatt und Karlsruhe meuterten, so daß der Großherzog von Baden sich gezwungen sah, nach Frankreich zu fliehen. Am 14. Mai 1849 übernahm Lorenz Brentano an der Spitze des neuen Landesausschusses die Macht in Karlsruhe. Am 10. Juni 1849 wurde ein neu gewähltes Einkammerparlament eröffnet; gleichzeitig aber drangen Bundestruppen unter preußischer Führung gegen Baden vor. Nach der Schlacht am Waghäusl am 21. Juni kam es zur Übergabe der Festung Rastatt am 23. Juni 1849. Damit war der Kampf zu Ende, und der Großherzog konnte am 18. August nach Karlsruhe zurückkehren – ganz Baden war von Preußen besetzt, und die Reaktion hatte gesiegt.

Warum aber war Kußmaul mit einer Einheit des badischen Heeres während der revolutionären Zeit zweimal nach Schleswig-Holstein verlegt worden? Im Blick auf die schleswig-holsteinische Frage waren sich 1848 alle Kräfte der Revolution von den Konservativen bis zu den Linken darin einig, daß die Herzogtümer zu Deutschland gehören sollten. An dieser Überzeugung verstärkte sich der deutsche Patriotismus und Nationalismus.

Die Problematik der Zugehörigkeit von Schleswig-Holstein war historisch begründet.

Bereits 1460 waren Schleswig und Holstein im Vertrag von Ripe mit dem damaligen dänischen König Christian I. in Personalunion verbunden.[5] Dieser Zustand dauerte ungefähr 400 Jahre an. Untereinander bildeten die beiden Landesteile eine Art Realunion, die wesentlich durch das gemeinsame politische und geistige Band der Stände in beiden Herzogtümern zusammengehalten wurde. Wenn in Kopenhagen kluge Politik betrieben wurde, wie etwa unter den Bernstorffs um 1770, dann kam es in den »deutschen Provinzen« zu recht wenigen dänisch-zentralistischen Maßnahmen.[6]

Im Vormärz, der Zeit nationaler und liberaler Bewegungen, kam es jedoch zu Pressionen von Seiten Dänemarks, zum Beispiel in Form von Sprachedikten. Ab 1840 sollte die Gerichts- und Verwaltungssprache dänisch sein, und es gab Bestrebungen, das nördlich gelegene Schleswig dem dänischen Staat einzuverleiben. Als Antwort hierauf erklang am 24. Juli 1844 erstmals auf einer Demonstration mit 12 000 Teilnehmern das Lied »Schleswig-Holstein meerumschlungen«, die Landesfarben blau–weiß–rot wurden kreiert, und das Schlagwort aus dem Ripener Vertrag »up ewig ungedeelt« setzte sich durch. 1848 schloß man sich den Einheits- und Freiheitsbewegungen Deutschlands an. In Kiel bildete sich eine provisorische Regierung, die am 12. April 1848 vom deutschen Bundestag anerkannt wurde. Friedrich Wilhelm IV. von Preußen betonte die Selbständigkeit der Herzogtümer, und der deutsche Bund und Preußen sandten Armee-Einheiten unter dem Oberkommandierenden Wrangel, die siegreich nach Jütland vordrangen. Diese Einigungs- und Lösungsversuche standen jedoch in scharfem Gegensatz zu den internationalen Interessen der Großmächte Rußland, England und Frankreich, die die Gesamtmonarchie Dänemark erhalten wollten, aber die Halbinsel auch als einen Gegenstand des europäischen Interesses ansahen. Man wollte »die Dardanellen des Nordens« unter eigener Kontrolle halten. Der deutsch-dänische Krieg wurde zu einer gefährlichen Belastung für alle deutschen Staaten. Preußen wich vor dem internationalen Druck und der Gefahr eines großen Krieges zurück und schloß den für sieben Monate geltenden Waffenstillstand von Malmö (26. 8. 1848): Die Herzogtümer blieben vorerst bei Dänemark.

Dieser Konflikt führte zu einer schweren Krise in der Frankfurter Nationalversammlung, denn sie mußte einerseits diesen Vertrag akzeptieren, andererseits aber auch ablehnen. Schließlich bot sie ein Bundesheer von 40 000 Mann auf, zu dem auch Kußmauls badische Einheit gehörte. Nach Ablauf der Waffenstillstandsfrist kam es erneut zum Krieg zwischen Dänemark, Schleswig-Holstein und dem deutschen Bundesheer. Der Kriegsverlauf schien für die Herzogtümer zunächst günstig. Die Düppeler Schanzen wurden eingenommen, und die Dänen erlitten bei Eckernförde eine schwere Niederlage während eines Landeversuchs von der Ostsee aus. Bei dieser Land-See-Schlacht vernichteten zwei kleine Landbatterien Dänemarks neuestes, größtes und teuerstes Linienschiff »Christian VIII«, und die Fregatte »Gefion« konnte eingenommen werden. Der kleine Ort Eckernförde wurde über Nacht in ganz Deutschland bekannt, die Geschehnisse waren eines der größten Medienereignisse dieser Zeit. Über 100 Jahre lang ist das Gedenken an den »Tag von Eckernförde« als historisierende Heldentat gefeiert worden. Heute ist der Tag Symbol für partnerschaftliche und freundliche Zusammenarbeit zwischen Dänemark und Schleswig-Holstein im zusammenwachsenden Europa. Kußmaul kam einige Tage nach der Schlacht dort an, besichtigte die »Gefion« und behandelte in den umliegenden Lazaretten die verletzten dänischen Soldaten. Neben diesen bedrückenden Erlebnissen war der naturverbundene Kußmaul jedoch auch fasziniert von der Ostsee. Zum ersten Mal in seinem Leben sah er das Meer und »hörte sein klagendes Rauschen«. (419) Zum Andenken an diese schwierige Zeit bewahrte er später einen Briefbeschwerer aus Schiffsholz mit Kartätschenkugeln auf seinem Schreibtisch.[7]

Die Geschichte der Herzogtümer verlief auch später noch sehr wechselvoll: Trotz der errungenen Erfolge wich Preußen erneut dem internationalen Druck und gab die Einheit der Herzogtümer in einem weiteren Waffenstillstand preis; seit 1852 gehörten die Länder wieder zu Dänemark. 1864 kam dann Holstein zu Preußen und Schleswig zu Österreich. Nach Preußens Sieg über Österreich 1866 bei Königgrätz wurden Schleswig und Holstein wiederum Preußen zugeschlagen und gegen viel Widerstand der Bevölkerung in den Militärstaat integriert. Rückblickend schrieb Kußmaul 50 Jahre später: »Die Schamröte steigt uns heute noch ins Gesicht, wenn wir der Geschichte jener schmach-

Abb. 15a Ansicht von Eckernförde um 1850. »In Eckernförde sah ich zum erstenmal das Meer und hörte sein klagendes Rauschen.« (419)

Abb. 15b Niederlage der dänischen Kriegsschiffe »Christian VIII« und »Gefion« am 5. April 1849.

vollen Jahre gedenken. [...] die schleswig-holsteinische Frage war der Angelpunkt der deutschen Politik, an ihm setzte Bismarck seinen Hebel mit Meisterschaft an ...« (424)

Kußmaul hatte sich im hohen Norden wohlgefühlt, jedoch hatte er in seinem persönlichen Umfeld zunehmend mit Schwierigkeiten zu kämpfen. Er erzählt in seinen *Jugenderinnerungen,* daß es aufgrund seiner liberalen und patriotischen Gesinnung zu Konflikten mit seinem vorgesetzten Oberst gekommen sei. Dieser mißtraute ihm und provozierte ihn, wobei er ihn ständig in die Rolle eines überzeugten Demokraten drängte, dem man nicht über den Weg trauen könnte, was er Kußmaul auch ganz direkt sagte: »[...] in seinen Augen sei jedermann, der sich in den Dienst der Insurrektion begebe, ein Schurke. Ich sah in dem Schurken eine Herausforderung und bemerkte trocken, wenn diese Ansicht richtig wäre, so stände es schlimm um uns alle, da wir für die holsteinische Insurrektion kämpften. Es folgte eine tiefe Stille.« (429) Wenig später wurde Kußmaul nach Karlsruhe vor den Kriegsminister zitiert, der die Unterredung mit dem Vorwurf »Sie sind mir als ein Erzdemokrat bezeichnet«, begann, worauf Kußmaul ihm entgegnete, »daß er die Ablehnung der Reichsverfassung durch Preußen für ein Unglück halte.« (430) Dennoch hatte dieses Gespräch mit dem Kriegsminister für Kußmaul keine weiterreichenden Folgen.

Später, in Rastatt, erfuhr er, was eigentlich passiert war. Während der badischen Revolution war Dr. med. Welcker, Sohn des Freiburger Rechtsgelehrten und Mitglied der Frankfurter Nationalversammlung in der aufständischen Armee der Reichsverfassungskampagne Generalarzt geworden. Welcker und Kußmaul kannten sich aus Heidelberger Studienzeiten. Welcker wollte Kußmaul abwerben und schickte ihm das Patent eines Regimentsarztes in der Revolutionsarmee mit amtlicher Post an das Kommando seines Bataillons in Schleswig. Die Zensur hatte das Schreiben abgefangen und Kußmauls Vorgesetztem zur Kenntnis gebracht, was dessen Verhalten und die Anzeige beim Kriegsminister in Karlsruhe erklärt. Kußmaul selbst wußte von diesem Vorgang nichts: »Davon hatte ich keine Ahnung – er hatte mir die schlimme Suppe eingebrockt«. (431)

Nach der Kapitulation von Rastatt waren die Revolutionäre in den Kasematten eingeschlossen, und Kußmaul hatte hier seinen Dienst als Arzt zu verrichten, der »schwer und kaum zu bewältigen war.« (435) Im Zuge des Standrechts wurde jeder zehnte Gefangene erschossen – politisch gewollte Morde. Dieses Schicksal erlitt auch Robert Blum (1807–1848) in Wien, was aus den Akten seines Verfahrens hervorgeht. Veit Valentin hat dieses Verbrechen detailliert und mit Quellenangaben versehen dargestellt.[8] Blum war als Abgeordneter der Frankfurter Nationalversammlung gemeinsam mit einer Delegation ins aufständische Wien gezogen, um die Bevölkerung zu unterstützen. Die Herrschaft über die Stadt hatte jedoch der »Schreckensmann« Generalfeldmarschall Windischgrätz übernommen, der die Anhänger der Revolution rücksichtslos verfolgte. Prominentestes Opfer wurde Blum, der trotz seiner Immunität als Abgeordneter der Nationalversammlung am 9. November (!) standrechtlich erschossen wurde. »Blums Hinrichtung ist ein politischer Akt gewesen, erwachsen nach österreichischer Manier aus einer Verbindung von Menschenverachtung, Staatsraison, Intrige und Schlamperei«[9], urteilte der Historiker Valentin.

Die menschenverachtende Art und Weise, wie die Gefangenen behandelt wurden, beschreibt Karl Blind, der schon im September 1848 als Revolutionär gefangengesetzt worden war:

> Jeder von uns war dann, zuerst in Ketten in unterirdischem dunklen Gewölbe, nachher in einer oberen Kasematte, acht Monate lang in strengster Einzelhaft gehalten worden. Während dieser ganzen Zeit war das Verlassen der Zelle auch

> nicht auf einen Augenblick gestattet, keine körperliche Bewegung möglich. Selbst die Notdurft mußte in der engen Kasematte verrichtet werden. Bis gegen die letzten Wochen der Haft hin ... war weder Messer noch Gabel gewährt. Das Fleisch mußte mit den Händen zerrissen werden. Haar, Bart und Nägel wurden nicht geschnitten. Die Fußnägel wuchsen mir in die Zehen ... Als ich, nach acht Monaten solcher Haft in einer Zelle, befreit wurde, konnte ich, des Gehens nicht mehr gewohnt, anfänglich die Entfernungen beim Schreiten nicht mehr gut berechnen – namentlich beim Herabsteigen an einer Treppe.[10]

Kußmaul, damals erst 27 Jahre alt, half den Gefangenen als Arzt so gut er konnte. Er versuchte jenen, die besonders litten, spezielle Räume zur Verfügung zu stellen und schaffte vielerlei Erleichterungen. So gab er Entlassenen Münzgeld mit auf den Weg, empörte sich gegen den Kommandanten, wenn dieser Kranke ohne seine Zustimmung abholen ließ, und er erstellte Gutachten, die Leben retteten. Er empfand, wie er schreibt, die Seelenqualen der Verurteilten und dachte immer wieder an Victor Hugos Darstellung in *Les derniers jours d'un condamné* (Die letzten Tage eines Verurteilten, eine äußerst sensible und bewegende Schrift gegen die Todesstrafe!). (446) Als Konsequenz dieser furchtbaren Erlebnisse reichte er sein Entlassungsgesuch aus dem Militärdienst ein.

53 Jahre später, am 22. Februar 1902, griffen die »Münchner Neuesten Nachrichten« auf ihrer Titelseite in einem Geburtstagsartikel diesen Lebensabschnitt Kußmauls auf: »Manch armem Teufel hat er da sein Leben erleichtert und seinen Vorgesetzten erklärte der humane Mann trocken, es würde ihn nicht betrüben, wenn seine Patienten samt und sonders in einer Nacht davonliefen. Von Stund an wären sie alle kuriert.«

Baden wurde durch Preußen besetzt, bis 1852 galt im Land das Kriegsrecht. Jetzt gab es zwar keine Erschießungen mehr, wohl aber Zuchthaus- und Gefängnisstrafen. 80 000 Badener mußten emigrieren und in die Verbannung gehen. Fast jede badische Familie war betroffen. Erst 1862 erfolgte eine Amnestie, und die »Neue Ära« des Liberalismus begann – eine Zeit, die Kußmaul bereits als Ordinarius für Innere Medizin in Freiburg erlebte. Sein Einsatz als Militärarzt hatte Kußmaul vor einem Revolutionsschicksal bewahrt. Um so härter aber traf es seinen Freund Eduard Bronner.[11] Auf seinem Weg in die Verbannung verlor

Abb. 16 Eduard Bronner, Kußmauls alter Jugendfreund aus Wiesloch, der nach England emigrieren mußte und dort 1886 starb.

Bronner nicht nur Hab und Gut, sondern erlebte schweres Leid, Armut, Hunger, Verzweiflung, Heimweh und Krankheit. Bronner war 1822, im gleichen Jahr wie Kußmaul, in Wiesloch geboren. Beide hatten sich während ihres Studiums in Heidelberg kennengelernt, gemeinsam das Examen abgelegt und die Studienreise nach Wien und Prag angetreten. Nach dieser Reise trennten sich ihre Wege für immer. Bronner wurde in Karlsruhe Revolutionsdeputierter von Wiesloch. Nach der Schlacht am Waghäusl mußte er mit seiner jungen Frau in die Schweiz fliehen. Das Paar irrte durch Frankreich, lebte unter ärmlichsten und bittersten Verhältnissen – immer auf eine Heimkehr hoffend – in Paris. Hier konnte sich Bronner in der Augen- und Ohrenheilkunde weiterbilden. Unter Napoleon III. wurde der Druck auf die deutschen Emigranten zu groß, und Bronners fanden ein sicheres Asyl im englischen Bradford. Er eröffnete hier, neben seiner Privatpraxis, auf eigene Kosten eine Klinik für Augen- und Ohrenkranke, die sich zu einer Musterklinik entwickelte, in der er ohne Honorierung behandelte. Dafür wurde ihm 1877 die für einen Ausländer ungewöhnliche Ehre zuteil, Präsident der »Medico-Chirugical-Society« zu werden. Obwohl Bronner in Abwesenheit vom Hofgericht Bruchsal zu acht Jahren Zuchthaus und Beschlagnahmung seines Vermögens verurteilt worden war, nahm er stets Anteil an allem, was in der alten Heimat geschah. Er half mit Geldspenden während der Kriege in Schleswig-Holstein und Frankreich. Die beiden Söhne studierten in Heidelberg und Straßburg bei Kußmaul Medizin. In Heidelberg wollte Bronner seinen Lebensabend verbringen, starb aber kurz vor der 500-Jahresfeier der Universität, an der er 1886 teilnehmen wollte. Bei der Beerdigung fand der Pfarrer in Anlehnung an die Sprüche Salomonis »... aber Gerechtigkeit errettet vor dem Tode« (10,2) bewegende Worte: »Never did a man consecrate his powers to the service of humanity more thoroughly than Dr. Bronner.«[12] Kußmaul hatte Bronner die Freundschaft bewahrt, der Briefwechsel ist aber leider nicht erhalten. Bronners Tochter Lina lernte in England den jüdischen Arzt Arnold Cahn kennen und heiratete ihn 1891. Cahn wurde Kußmauls »liebster und bester« Schüler in Straßburg und danach Chefarzt des Bürgerspitals. Aber auch diese Familie mußte später ein furchtbares Schicksal erleiden, für viele endete ihr Leben in Auschwitz.

Praktischer Arzt in Kandern 1850–1853

Die Jahre von 1850 bis 1853 wurden für das frisch verheiratete Paar zu einer Zeit der Zufriedenheit und des Glücks – bis zur gesundheitlichen Katastrophe, die Kußmaul so plötzlich traf und die einen tiefen Einschnitt bedeutete. Mit diesem Zeitraum schließt das letzte Kapitel in den *Jugenderinnerungen*. Die Gemeinde Kandern hatte ihn im März 1850 zum Arzt berufen. Er schreibt über diese neue berufliche Perspektive:

> An Schlei und Eider hatte ich oft sehnsüchtig der herrlichen Landschaft in der badischen Heimat oben bei Basel gedacht, wo der Rheinstrom nach dem Norden sich wendet und Wiese und Kander, die munteren Töchter des Schwarzwaldes, sich mit ihm vermählen. Der gesegnete Winkel umschließt die Ämter Lörrach, Schopfheim und Müllheim, den südlichsten Teil der altbadischen, oberen Markgrafschaft, das Heimatland Hebels, verklärt von dem Schimmer der Poesie. […] Auf das brausende Epos der Revolution mit dem tragischen Abschluß hinter den Mauern Rastatts folgte ein friedliches Idyll häuslichen Glücks. (452)

Abb. 17 Ansicht von Kandern um 1845; Stahlstich nach einer Zeichnung von K. Coradi.

Abb. 18
Hermann Strübe, evangelischer Pfarrer in Kandern, später in Heidelberg; lebenslanger Freund der Familien Kußmaul und Czerny. »Ein kluger, klarer Kopf, ein warmes, heiteres Herz ... ein trefflicher Prediger christlicher Liebe und Versöhnung.« (453)

Der besondere Reiz dieser Gegend liegt auch darin, daß der jahrtausendealte Weinbau direkt an den Hängen des Schwarzwaldes gepflegt wird, von dem man bei klarem Wetter eine gute Sicht auf die Alpenkette des Berner Oberlandes haben kann. Kußmaul kommt auch hierauf zu sprechen:

> Dort biegt die Straße ab, wo sie aus dem Walde tritt, öffnet sich eine weite Aussicht südwärts gegen die Schweiz. Plötzlich, wie durch Zaubermacht, lag in kristallener Klarheit die ganze Kette der Schweizer Hochalpen vor mir. Sie erschienen so nahe, als könnte man Steine auf die Schneefelder werfen. Überrascht hielt ich mein Pferd an und blickte bewundernd nach der nahe gerückten Ferne. (455)

Seiner Liebe zu dieser Landschaft verleiht er ebenso in kleinen Dichtungen, die Studentenliedern gleichen, Ausdruck. (471f.) Hier in Kandern sind die Biedermeier-Gedichte entstanden, worauf ausführlich im 7. Kapitel, Literarische Schriften, eingegangen wird. Er konstatiert aber auch die durch die Unruhen der Revolution zerrütteten politischen und persönlichen Verhältnisse in der Stadt. Beinahe jede Familie war betroffen, und gemeinsam mit Pfarrer Hermann Strübe, der sein guter Freund wurde, kümmerte sich Kußmaul um das menschliche Los der oft bitter verzweifelten Menschen. Als er seinen Freund Ludwig

Abb. 19 Kußmaul-Haus in Kandern am Blumenplatz,
Gedenktafel über der Tür; vgl. Abb. 99.

Eichrodt, der eine Lungenkrankheit überstanden hatte, 1851 zu einem Besuch nach Kandern einlud, schrieb er ihm: »Hier ist die beste Luft für Brustleidende im ganzen Lande, Tuberkulöse sind eine wahre Seltenheit, die Natur ist herrlich.«[13]

Die Arbeit als Landarzt stellte hohe Anforderungen an die Kraft und das Können des Arztes. Kußmaul war sich über den bis heute gültigen

Unterschied zwischen einem Landarzt und der ärztlichen Tätigkeit in einer Klinik im klaren. Ersterer soll in allen Bereichen der Medizin gut Bescheid wissen und mit gleicher Geschicklichkeit die innere wie die äußere Medizin sowie die Geburtshilfe ausüben können. Auch in dringenden und sehr schwierigen Fällen ist er allein auf sich gestellt und muß unter Zeitdruck in eigener Verantwortung entschlossen handeln können. Kußmaul war sich bewußt, daß es ihm später als Kliniker von großem Nutzen war, durch diese Schule gegangen zu sein. »Sie lehrte das Wesentliche und Notwendige von dem Unwesentlichen und Unnötigen unterscheiden, mit einfachen Dingen auszukommen und praktisch Erprobtes nicht für theoretisch Empfohlenes, Ungewisses hinzugeben.« (464) Die alltägliche ärztliche Praxis stellte sich damals anders dar als heute. Ein wesentlicher Unterschied war, daß der Arzt seine Kranken besuchte, das heißt er war nicht selten Tag und Nacht unterwegs. Kußmaul hat diese Belastung, die ihm 1853 zum Verhängnis wurde, erlebt und beschrieben: Er war vor Sonnenaufgang von zu Hause losgeritten und erst in der Dunkelheit wieder zurückgekommen, wobei er mit Glatteis zu kämpfen hatte und zeitweise vom Pferd absteigen mußte. Er war kaum abends zur Ruhe gekommen, als eine Bauersfrau wegen eines eingeklemmten Schenkelbruchs seine Hilfe brauchte. Damit ging die Nacht vorüber. Er hoffte, den Schlaf nachholen zu können, was allerdings nicht möglich war, da er zu einem diphteriekranken Kind gerufen wurde. Am dritten Tag, bei Wintereinbruch mit starkem Schneefall, wartete neue Arbeit auf ihn. Nach Tisch mußte er mit dem Schlitten zu einem weiteren Besuch aufbrechen. Als Kußmaul nach den durchwachten Tagen und Nächten zu Bett ging, war er bereits krank, operierte aber am nächsten Tag noch ungeachtet seines Fiebers. Die Operation gelang, das Mädchen, das eine Hasenscharte gehabt hatte, bekam ein hübsches Gesicht, fand später einen Mann und wanderte mit ihm nach Nordamerika aus, wie Kußmaul berichtet. Nachdem er noch einige Patienten zu Hause behandelt hatte, brach Kußmaul mit Lähmungserscheinungen in den Beinen zusammen. Er litt an einer Entzündung des Rückenmarks im unteren Teil der Wirbelsäule. Ihm war klar, daß diese Entzündung nach oben hin aufsteigen und damit zur Atemlähmung und zum Tod führen konnte. Kußmaul hatte sich eine Meningitis lumbaris zugezogen, heute sprechen wir vom Guillain-Barré-Syndrom, dessen Ursache und Verlauf wir immer noch nicht verstehen und behandeln können.

Hinsichtlich des ärztlichen Alltags existieren von Kußmaul keine weiterreichenden Aufzeichnungen. Wir besitzen aber zwei ausgezeichnete, analoge Quellen aus der nahegelegenen Schweiz, die die ärztliche Praxis dieser Zeit genau und ausführlich beschreiben. Auf eine weist Kußmaul selber hin, sie findet sich in Jeremias Gotthelfs (1797–1854) Roman »Anne Bäbi Jowäger«. Die Strapazen der Landpraxis sind so plastisch geschildert, daß sich die Romanfigur des Arztes ohne weiteres auf Kußmaul übertragen läßt.[14] Die zweite Quelle hat Dr. Elias Haffter (1803–1861) verfaßt; er lebte und praktizierte in Weinfelden im Kanton Thurgau ca. 100 km südlich von Kandern. Die beiden Ärzte kannten sich wohl nicht, aber Haffters minuziös geführten Tagebücher, die er zwischen 1844 und 1853 führte und die vorbildlich ediert sind, seien hier stellvertretend angeführt.[15] Haffter studierte zunächst in Zürich und Würzburg und unternahm dann, ähnlich wie Kußmaul, nach dem Studium eine Reise zur medizinischen Fortbildung über Dresden und Prag nach Wien, größtenteils zu Fuß. Der vielbeschäftigte Bezirksarzt legte die meisten seiner Besuche in den Dörfern im Umkreis von 10 km gleichfalls zu Fuß zurück.

Am Montag, den 22. Januar 1849 notierte Haffter: »Der heutige Tag wird mir unvergeßlich bleiben, wie er mich gegen meinen Schöpfer für seine Erhaltung zu Dank verpflichtet.« Der Bericht endet: »Wie froh waren wir beide [er und sein Kutscher], als wir nach 2 Uhr nachts im sichern, warmen Bette lagen, befreit von der Angst und aus bestandener Gefahr! Es war wohl gut, daß ich für diese Not doch die Freude hatte, eine junge Mutter mit ihrem Kinde dem augenscheinlich drohenden Tode zu entreißen.«[16] Was hatte sich hier ereignet? Bei gutem Wetter war Haffter zu Fuß aufgebrochen und hatte eine an Lungenentzündung erkrankte Patientin besucht und daran anschließend zwei seit langem leidende Kranke in einem Nachbarort. Inzwischen war ein schweres Unwetter aufgezogen. Der Rückweg führte ihn über eine Bergwiese, deren gefrorener Untergrund sie kaum passierbar machte. Zu Hause angekommen, erreichte ihn ein Eilbote, der ihn um sofortige Hilfe in einem weiter entfernten Ort bat. Trotz des anhaltenden Unwetters mit Sturm und Regen wurden Pferd und Wagen besorgt, eine gewöhnliche Laterne war die einzige Lichtquelle auf dem beschwerlichen Weg, der durch einen vereisten Engpaß führte. Arzt und Kutscher mußten zu Fuß gehen, und das Pferd rutschte dauernd aus. Ein wilder Bach war das nächste Hindernis. Jenseits des Baches rutschten Pferd, Wagen und

Kutscher den Berg hinunter. Endlich am Ziel konnte der Arzt glücklich helfen. Die großen Anstrengungen führten zu einem kurzen Schwächeanfall, von dem er sich eine Stunde lang erholen mußte. Nach einer Tasse Kaffee ging es mit Furcht und Zittern die schreckliche Straße zurück. Solche Anstrengungen waren nicht die Ausnahme, sondern eher die Regel, Woche für Woche, Jahr für Jahr!

Kußmaul war drei Monate lang schwer krank; er konnte nicht mehr arbeiten, die Lähmungen bedrohten akut sein Leben, ohne daß er selber etwas dagegen tun konnte. Wie verzweifelt und voller Sorgen müssen diese Wochen für die junge Familie gewesen sein! Der Arzt, der nun selbst Patient war, genas nur sehr langsam. Nach einer Badekur in der Normandie war er einigermaßen wiederhergestellt, aber auch zu der Erkenntnis gekommen, daß er die Landpraxis aufgeben müsse, denn sie war zu anstrengend für ihn. Er nahm den früheren Gedanken wieder auf, die akademische Laufbahn einzuschlagen. In seiner Praxiszeit hatte er die hierfür nötigen Geldmittel erwerben können. Ein großer Wissensdurst und die Neugier zu forschen müssen in dieser Zeit ein starker Antrieb gewesen sein, was ganz wesentlich dazu beigetragen hat, aus der bedrückenden Situation herauszufinden.

Damit endet der erste große Abschnitt in Kußmauls Leben. 1853, mit 31 Jahren, hatte er dem Tod ins Auge gesehen, die Krise überwunden und die entscheidende Wende seines Lebens eingeleitet. 1857, mit 35 Jahren, war er Professor, zunächst in Heidelberg. Seine Erinnerungen geben Aufschluß »über den Weg, den ich vom Landarzt zum klinischen Lehrer zurücklegte«. Beim Schreiben wundert er sich über sich selbst und gesteht, »welch ein Wagnis ich unternommen hatte, als ich mitten aus der Landpraxis heraus mich entschloß, mit noch siechem Körper und beschränkten äußeren Mitteln die akademische Laufbahn einzuschlagen. Der Versuch ist über Erwarten gelungen und die Krankheit hat mir statt Verderben Glück gebracht.« (489f.)

Abb. 20 Adolf Kußmaul mit ca. 32 Jahren. Erste erhaltene Fotographie, um 1854. Das Bild stammt aus einem Album, das die Mitarbeiter der Landesheil- und Pflegeanstalt für Geisteskranke in Illenau zeigt.

Verlobung und Heirat

Kußmaul berichtet nur einmal zusammenhängend über seine Frau. Er überschreibt dieses Kapitel mit »Die Verlobung«. Diese fand 1846 statt, nachdem er den ärztlichen Lizenzschein erhalten hatte. Auf drei Seiten schildert er, wie er sich als 24jähriger Student Hals über Kopf verliebte, eine schlaflose Nacht verbrachte und am nächsten Tag die 18jährige Amanda im Wagen ein Stück nach Hause begleitete, weil sonst bei der Abreise keine Zeit zum Abschiednehmen geblieben wäre!

1846 hatten sich die beiden Freunde Kußmaul und Bronner intensiv auf die Staatsprüfung vorbereitet. Sie lernten ein halbes Jahr von morgens bis abends und hörten sich gegenseitig jeden Tag ab. Dazu hatten sie sich in die Stille nach Wiesloch, der Wohnstätte ihrer Elternfamilien, zurückgezogen. Gegen Ende dieser Zeit trafen sie bei einem Spaziergang in den Weinbergen des Vaters von Eduard Bronner, der ein bekannter Winzer war, dessen Schwester, die gerade drei Freundinnen zu Besuch hatte. »Sie schnitten Trauben und unterhielten sich dabei, wie es im Rebherbst Brauch ist, mit Feuerwerk. Eine allerliebste Kleine ließ gerade ein Sprühteufelchen auffliegen. Das Feuer und der Knall ängstigten sie nicht, und die Tapferkeit stand ihr ungemein anmutig. Die Rakete zündete, kaum war sie aufgeflogen, stand ich in Flammen.« Die »allerliebste Kleine«, Luise Amanda, mußte schon am nächsten Tag wieder zu ihren Eltern nach Treschklingen bei Pforzheim zurückkehren. Kußmaul wollte sich jedoch mit dem überstürzten Abschied nicht zufrieden geben und fuhr einfach mit: »Gedacht, gethan!« Auf dem Pferdewagen sitzen die beiden vorn allein, sie werden als junges Ehepaar angesprochen – »ein unsichtbares Band wurde um uns gewoben, so fest, daß es keine irdische Gewalt mehr zu lösen vermochte.« (275)

Der Abschied war unausweichlich. Aber Kußmaul gelobte sich »still im Busen: Diese tapfere und heitere Kleine muß dir zu eigen werden, dein guter Kamerad auf der Fahrt durchs Leben! – Sie ist es mir geworden, heiter und mutig in guter und schlimmer Zeit, wie sie das wechselnde Schicksal und das eherne Gesetz der unerbittlichen Natur über die Sterblichen verhängt.« (276) Kußmaul blieb seiner ersten Liebe das ganze Leben lang treu. Allerdings mußten beide noch eine lange und harte Zeit aufeinander warten. Erst als Kußmaul nach Kandern kam, konnten sie am 1. Oktober 1850 endlich heiraten: »Mit rührender Geduld hatte meine Braut des Bräutigams, des fahrenden Doktors geharrt.« (452) Am 30. Juli 1851 kam in Kandern die erste Tochter Helene und am 20. Juni 1853 Luise zur Welt.

Kußmaul erwähnt seine Frau in seinen Schriften noch zweimal. Nach seiner schweren Krankheit blieb seine Gesundheit noch jahrelang schwach und schwankend. Er hatte häufig die Befürchtung, die Lähmung könnte zurückkommen. »Vermutlich wäre ich den Sorgen und Mühen unterlegen, hätte mir nicht die treue Gefährtin, deren Tapferkeit ich einst richtig erkannt, stets unverzagt und heiteren Sinnes ermunternd zur Seite gestanden.« (491) In der Übergangszeit, als er die Praxis der Krankheit wegen aufgeben mußte und noch keine neue, bezahlte Stellung hatte, geriet die junge Familie oft in finanzielle Schwierigkeiten. »Ich kam in diesen Jahren mitunter in schwüle Lagen, und es bedurfte der ganzen haushälterischen Umsicht meiner Frau, sie alle glücklich zu überwinden. Es gibt einen Heldenmut in kleinen Dingen, der sich in den vier engen Wänden des Hauses abspielt, und wir Ärzte haben vielleicht die meiste Gelegenheit, ihn zu bewundern. Diesen besaß meine Frau.«[17]

Dieses kleine Kapitel zeigt, wie beherzt und konsequent Kußmaul handeln konnte. »Gedacht, gethan!« – eine Entschlußfreudigkeit und Spontaneität, die er bis ins hohe Alter beibehielt. In einem Brief an seinen Schwiegersohn Czerny berichtete er, wie er nach einem normalen Arbeitstag in Straßburg mit dem Nachtzug nach Paris fuhr, dort am nächsten Tag um 10 Uhr einen Vortrag hielt und mittags in einer »Gesellschaft« weilte. Mit dem Nachtzug fuhr er zurück, hielt am nächsten Morgen in Straßburg seine tägliche Vorlesung und machte anschließend wie immer Visite und Sprechstunde. Er war stolz darauf, so etwas auch noch mit über 60 Jahren zu schaffen.

Abb. 21 a) und b)
Scherenschnitte von
Frau Luise Amanda Kußmaul.
Einzig erhaltene Bilder von
Frau Kußmaul.

Erneutes Studium und Promotion in Würzburg 1854–1855

Das erneute Studium in Würzburg und die ersten Dozentenjahre in Heidelberg lassen sich im wesentlichen anhand des von Vinzenz Czerny, Kußmauls Schwiegersohn, herausgegebenen Buches *Aus meiner Dozentenzeit in Heidelberg von Adolf Kußmaul* erschließen.[18] Das Vorwort enthält die Mitteilung, daß Kußmaul sich nach dem Erfolg seiner *Jugenderinnerungen* mit dem Gedanken an eine Fortsetzung trug. Doch es kam lediglich zum Kapitel über die Heidelberger Dozentenzeit. Dies war so weit abgeschlossen, daß Czerny es nach Kußmauls Tod posthum veröffentlichen konnte. Es nahm seinen Anfang mit der Genesung Kußmauls von seiner schweren Erkrankung. Er griff seinen in Wien und Prag gefaßten Plan wieder auf und entschloß sich, »als Dozent in Heidelberg sein Glück zu versuchen. Dazu galt es nun, durch ein erneutes medizinisches Studium mich vorzubereiten, Vergessenes aufzufrischen und Neues aufzunehmen.« (II,1) Kußmaul hatte es sich zum Ziel gesetzt, Pathologe zu werden. Da Virchow zu jener Zeit der beste Pathologe an der berühmten Würzburger Universität war, beschloß er, beim ihm zu studieren. Seine kleine Familie mußte er bei den Schwiegereltern in Treschklingen zurücklassen, »doch gab man sich tapfer in die bittere Notwendigkeit«, wie Kußmaul notierte. Allerdings schien die Trennung der Familie nicht gut zu bekommen, denn als Kußmaul sie in den Weihnachtsferien besuchte, fand er seine Frau »kraftlos und bleichsüchtig in hohem Grade. Sobald die bessere Jahreszeit es zuließ, kam sie mit unserem ältesten Töchterchen zu mir und genas ohne Arznei in wenigen Wochen.« (II,2,5) Kußmaul immatrikulierte sich indessen, aber: »... ich kam mir danach in meiner doppelten Eigenschaft als Student und Familienvater sonderbar vor, mußte mich aber darein ergeben.« (II,4) Er besuchte 1854/55 zwei Semester lang Virchows systematische Vorlesungen und Kurse, und resümierte: »unübertrefflich waren die Demonstrationen und Vorträge Virchows, jeder Tag brachte Neues und Lehrreiches.« (II,3) Diesen Eindruck bestätigte der später weltberühmte Biologe Ernst Haeckel (1834–1919), der bei Virchow 1853 als 19jähriger hörte und seinem Vater in einem Brief aus Würzburg seine nachhaltigen Eindrücke der Vorlesungen weitergab: »Der Vortrag Virchows ist nämlich schwer, aber außerordentlich schön; ich habe noch nie solche prägnante Kürze, gedrungene Kraft, straffe Konsequenz, scharfe Logik und doch dabei höchst anschauliche Schilderung und anziehende Belebung des Vortrags gesehen, wie sie hier vereinigt sind.«[19] Kußmaul nahm außerdem an einem mikroskopisch-anatomischen Kurs, an Präparierübungen sowie an Arbeiten im chemischen Laboratorium teil. Da er nach seinem badischen Staatsexamen 1846 nur den Titel eines praktischen Arztes führen durfte, mußte er als Voraussetzung für die Habilitation ein Doktordiplom vorlegen. Der Ablauf hierzu war ziemlich kompliziert. Am Ende des Sommersemesters 1854 »unterzog ich mich kurz vor dem Abgang von Würzburg der schriftlichen und mündlichen Prüfung pro gradu, disputierte auch, wie es die Vorschrift verlangte, öffentlich, wobei mir Friedreich opponierte, und versprach die Inaugural-Dissertation, die ich erst in Heidelberg ausarbeiten wollte und mich in den Besitz der Promotionsurkunde setzen sollte, nachzuliefern.« (II,5) Im Winter dieses Jahres führte Kußmaul also seine Untersuchungen und Experimente durch und arbeitete die Dissertation schriftlich aus. Am 10. März 1855 erhielt er in Würzburg sein Diplom mit summa cum laude.[20] Da er sich aber in Heidelberg habilitieren wollte, »mußte ich (in Heidelberg) in einem Kolloquium den Nachweis guter Kenntnisse liefern.« (II,35)

Die Anregung für sein Thema hatte er auf der Illenau erhalten, der Badischen Landes-Heil-und Pflegeanstalt nahe bei Achern; Kußmaul hielt sich hier von August bis Oktober 1854 auf.

Die Illenau galt als vorbildliches Krankenhaus, das 1842 eröffnet worden war. Kranke aus dem ganzen Land wurden hier nach modernen Prinzipien der Psychiatrie behandelt. Organisator und hervorragender Leiter war Christian Friedrich Roller (1802–1878), dem Kußmaul 1857 seine Monographie über die Fallsucht widmete. Zwei Gründe waren für Kußmaul ausschlaggebend gewesen, in die Illenau zu gehen. Ihm war aufgefallen, daß seine psychiatrischen Kenntnisse, die er nur Büchern entnommen hatte, für die Praxis ungenügend waren, außerdem wollte er in Heidelberg neben pathologischer Anatomie auch gerichtliche Medizin lesen, und hierfür brauchte er praktische Erfahrungen. »Ein richtiges Gutachten«, schrieb er in der *Heidelberger Dozentenzeit,*

»muß sich auf die Untersuchung der ganzen Persönlichkeit des Menschen erstrecken, seine leibliche und geistige, seine Gefühle, seine treibenden Vorstellungen und wirklichen Handlungen.« (II,26)

Die Illenauer Lehrzeit betrachtete Kußmaul zeitlebens als anregend und fruchtbar, er erinnerte sich stets mit Dankbarkeit an sie. Die Anstalt selbst wurde später während der NS-Zeit 1940 geschlossen, ein Teil der Insassen vergast. Umgewandelt in eine »Nationalsozialistische Heimschule« war sie eine Einrichtung der Rassenpolitik: Aus Polen verschleppte Kinder wurden hier »germanisiert«.[21]

Habilitation und außerordentlicher Professor in Heidelberg 1856–1859

Will ein junger Mediziner heute in Deutschland die akademische Laufbahn einschlagen, muß er (noch) eine Habilitation vorweisen. Dazu ist er in der Regel lange Jahre wissenschaftlicher Assistent eines Professors oder Institutsdirektors. Kußmaul konnte noch einen anderen Weg gehen. Er bewarb sich in Heidelberg um die Stelle eines Physikatsarztes, die er am 30. April 1855 auch erhielt. Von dieser eher ungewöhnlichen Position aus konnte er sich an seine Habilitation wagen. Daß dieses Vorhaben nicht einfach war, bestätigte Wilhelm Fleiner:

> Der Anfang in Heidelberg war auch für einen Mann von Kußmauls Fähigkeiten schwer und doppelt schwer auch aus dem Grunde, dass die aus der Landpraxis gewonnenen und für die Anfangszeit der Dozentenlaufbahn bestimmten Ersparnisse veruntreut worden waren und durch neue Praxis die Mittel zum Unterhalt der schon mit 2 Kindern gesegneten Familie erworben werden mußten. Oft hat mir Kußmaul gesagt, wenn er von jener Zeit sprach: ›Die jungen Herren, welche sich als Assistenten eines Institutes mit festem Gehalt und allen vom Staate für wissenschaftliche Arbeiten gebotenen Mitteln habilitieren können, wissen gar nicht, wie gut sie es haben. Für mich war der Beginn der akademischen Laufbahn ein Wagnis, aber über Erwarten gut ist es mir geglückt.‹[22]

Aber auch gute Beziehungen waren wichtig, wie Kußmaul selbst erkannte: »Meine Erinnerungen an Würzburg darf ich nicht schließen, ohne der großen Güte zu gedenken, die mir Virchow zuteil werden ließ. Er interessierte sich für mein Vorhaben und versprach mir aus freien Stücken, mich dabei zu unterstützen, meinte jedoch, ich solle das klinische Lehrfach in Aussicht nehmen.« (II,6) Ohne Kußmaul darüber zu informieren, fragte Virchow beim damaligen Professor für Innere Medizin in Tübingen, Wilhelm Griesinger (1817–1868), an, ob eine Stelle für Kußmaul frei wäre. Zum Glück für Kußmaul war diese zwar bereits vergeben, doch leitete die Anfrage eine fruchtbare und herzliche Beziehung zwischen den beiden Ärzten ein. Damit nicht genug:

> Virchow hatte seine Güte gegen mich mit seiner Verwendung bei Griesinger nicht erschöpft; nachdem sein Brief an den Tübinger Kliniker keinen Erfolg gehabt hatte und er bei meinem Abschied von Würzburg erfuhr, daß ich fest entschlossen sei, mich in Heidelberg womöglich für pathologische Anatomie zu habilitieren, so empfahl er mich, abermals ohne mein Ersuchen, Hasse, der damals die Heidelberger Innere Klinik leitete. (II,32)

Karl Ewald Hasse hatte jedoch alle Stellen mit eigenen Leuten besetzt. Da kam Kußmaul sein alter Lehrer Chelius, der ihm das frühere Wohlwollen bewahrt hatte, mit dem Ratschlag zu Hilfe, er solle über Heilmittellehre lesen. Der entsprechende Lehrstuhl hierfür war in Heidelberg vakant. Kußmaul wollte ein möglichst geringes Risiko eingehen und überlegte sich, »lieber zwei Eisen als nur eins ins Feuer zu legen und nahm neben der Heilmittellehre und der eng damit verknüpften Toxikologie auch gerichtliche Medizin und Psychiatrie als Lehrfächer in Aussicht.« (II,35)

Darüber, daß aber auch solche Voraussetzungen ihre Tücken hatten, war sich Kußmaul im klaren: »Vor der Hand freilich glich ich dem thörichten Schützen, der das Fell des Bären verteilt, ehe er ihn erlegt hat. Vorerst mußte ich suchen, das Recht zum dozieren zu erlangen ... (II,35) [...] Da meine Habilitation eigentümlich verlief, auch den ehemaligen Brauch der akademischen Disputationen gut beleuchtet, so widme ich ihr ein eigenes Kapitel und erzähle ihre Geschichte von Anfang bis zum betrübten Ende.« (II,32)

Für die Durchführung des Habilitationsverfahrens waren eine entsprechende Schrift, eine Probevorlesung und die öffentliche Verteidigung einer Anzahl von Thesen notwendig. Das Anfertigen einer Habilitationsschrift wurde Kußmaul erlassen, weil er 1844 die Preisfrage der Medizinischen Fakultät gelöst und die Abhandlung über *Die Farbenerscheinungen im Grunde des menschlichen Auges* veröffentlicht hatte. Die Probevorlesung hatte er gut hinter sich gebracht. Schwierigkeiten bereitete jedoch die Aufstellung und öffentliche Verteidigung der Thesen, denn »unerwartet barg sie verräterische Klippen, woran ich in letzter Stunde fast gescheitert wäre.« (II,36) Probleme bereiteten die jüngeren Dozenten, die diesen Teil des Verfahrens als überkommen betrachteten, denn in der Regel waren es »eitle Scheingefechte«, wie es auch Kußmaul empfand, »Rede und Gegenrede waren vorher abgekartet.« Die Thesen mußten veröffentlicht, zuvor aber der Fakultät vorgelegt werden, die ihr Einverständnis bekunden mußte. Hierin lag eine erste Schwierigkeit, denn die achte These Kußmauls lautete: »Die Ehe unter Verwandten ist aus sittlichen, nicht aus physiologischen Gründen verwerflich.« (II,37) Die Fakultät hätte dieses heikle Thema nicht zulassen dürfen, meinte Kußmaul nachträglich. Politische und kirchliche Kreise nahmen in einer Zeit, in der die Reaktion allmächtig war, hieran Anstoß. Kurz zuvor war beispielsweise dem freien Denker und Philosophen Kuno Fischer (1824–1907) aus eben diesen Gründen in Heidelberg die venia legendi entzogen worden: »Er vergiftet die Jugend mit Irrlehren.« (II,38)

Kußmaul selbst hat berichtet, wie die Disputation verlief. Statt der bei solchen Veranstaltungen sonst anwesenden zehn bis zwölf Hörer war der größte Hörsaal am 14. Juli 1855 um elf Uhr bereits vor Beginn überfüllt. Neben Professoren und Studenten waren auch interessierte Bürger der Stadt gekommen. Kußmaul war auf die Diskussion bestens vorbereitet, hatte sie auch mit dem Opponenten im einzelnen durchgesprochen und ihn ermahnt, »keine Witze zu machen und die Diskussion mit Ernst und Würde zu führen, – aber sein angeborenes Naturell riß ihn hin ...« (II,38) Bereits die erste Frage, ob Kußmaul es denn im Ernst für sittlich verwerflich hielte, ein hübsches Bäschen vor den Traualtar zu führen, wurde vom Publikum mit einer Salve heiteren Gelächters begleitet. Der nötige Ernst war nicht mehr gegeben, obwohl Kußmaul sich bemühte, mit rein wissenschaftlichen Begründungen und geziemender Sorgfalt seine These zu verteidigen. Nach dem »Schaugefecht« zog sich die Fakultät zurück, und nach langem Warten verkündete der Dekan, »zwar wolle die Fakultät meine Zulassung zu dem Lehrkörper bei der Universität beantragen, aber sie spreche mir und mehr noch meinem Opponenten ihre Mißbilligung aus über die frivole Art, womit wir die Disputation abgehalten hätten.« Dem schlossen sich Senat und Prorektor an. Kußmaul protestierte heftig bei allen drei Instanzen sowohl mündlich als auch schriftlich, mußte aber schließlich aus Vernunftgründen beim Rektor klein beigeben, denn er befürchtete nicht zu Unrecht, die venia legendi verweigert zu bekommen: »Worauf ich den Rat des klugen kleinen Mannes (Prorektor) dankbar befolgte und von dem erlittenen Verweise keinen dauernden Schaden davontrug.« (II,39)

Den Fakultätsakten zufolge stellt sich der Sachverhalt ein wenig anders dar, denn abweichend von Kußmauls Mitteilung lautete These acht: »Die Ehe unter Verwandten ist aus sittlichen und politischen, aber nicht aus physiologischen Gründen verwerflich!« Vermutlich war das Wort »politisch« Stein des Anstoßes gewesen! Kußmaul und sein Opponent Dr. Oppenheimer wurden von der Fakultät wegen »der frivolen, den Anstand verletzenden Weise« der Diskussion gerügt, und Kußmaul erhielt statt des Urteils »vorzüglich befähigt«, das er seinen übrigen Leistungen nach verdient hätte, nur ein »hinreichend befähigt«. Kußmauls Rechtfertigungsschreiben ist in den Fakultätsakten nicht dokumentiert; er hatte es, nachdem die Sache erledigt war, am 27. 10. 1855 in recht kühler Form zurückverlangt.[23]

Nach Abschluß des Verfahrens war Kußmaul ab November 1856 Privatdozent und entfaltete eine breite Forschungstätigkeit wie auch viele Aktivitäten im kollegialen, organisatorischen und gesellschaftlichen Bereich. Er bot eine reiche Palette an Vorlesungen: Neben Heilmittellehre und Toxikologie las er Psychiatrie, gerichtliche Medizin für Mediziner und Juristen sowie Anthropologie, außerdem behandelte er Hauptfragen der Biologie. Seine erste Vorlesung hielt er über Arzneimittellehre, und gleich in der ersten Stunde fand er im Hörsaal volle Bänke vor. »Aus diesem guten Anfang zog ich den Schluß, daß meine Disputation den Studenten besser gefallen hatte als den Häuptern der Fakultät.« (II,40)

42 Jahre lang hielt Kußmaul Vorlesungen, die er mit der immer gleichen pflichtbewußten Auffassung von der Aufgabe eines akademischen Lehrers anging. »Ich brauchte viel Mühe, Zeit und Übung, bis ich mir eine gewisse Redefertigkeit, wie sie ein Dozent besitzen muß, erwarb.« Anfangs arbeitete er seine Vorträge sorgfältig schriftlich aus, später ordnete er sein Thema auf dem Papier und »arbeitete es auf dieser Grundlage als Vortrag in seinem Kopfe aus.« (II,40) Kußmaul erkannte aber auch sehr bald, daß ein wissenschaftlicher Aufsatz und ein Vortrag recht verschiedene Dinge sind. Der Vortrag fordert eine Sprache, die den Hörer fesselt, die ihn durch Lebhaftigkeit und Bestimmtheit des Ausdrucks sowie sicheres Denken zwingt, dem Gedankengang zu folgen. Damit dem Hörer dies gelingt, müßten störende Gewohnheiten des Redners, die den Hörer ablenken, unterbleiben. Auch Zupfen am Bart, Räuspern, sinnlose Füllworte und dergleichen sind zu vermeiden. Goldene Regeln waren laut Kußmaul hingegen, dem Zuhörer ab und zu eine Ruhepause zu gönnen und ihn im Auge zu behalten. Er bereitete sich auf jede Vorlesung gründlich vor, sagte sich den Vortrag gern »auf- und

abgehend, so lange ganz oder halblaut vor, bis er sich glatt wie ein Faden von der Spule abwickelte ... Am besten geriet der Vortrag, wenn ich mich vorher ein Stündchen im Freien erging.« (II,41f.) Das Dozieren hatte ihm immer viel Freude gemacht, so daß es selbst im hohen Alter noch seine Träume beherrschte. Die angenehmsten waren ihm jene, in denen er vor aufmerksamen Zuhörern vortragen oder Kranke demonstrieren konnte. Zu seinen schlimmsten aber gehörten Schulträume. Dennoch ging seine Lust am Vortragen nie so weit wie in der folgenden Anekdote, die er gern zum Besten gab: »Nie aber, auch in meinen besten Zeiten nicht, ging meine Lust zu dozieren so weit, wie bei dem Erlanger Pandektisten an der Wende des 17. zum 18. Jahrhundert, von dem die Legende berichtet, er habe sich für die Ferien einen armen Studenten gemietet, dem er täglich eine Stunde lang römisches Recht vortrug.« (II,42)

Kußmauls experimentelle Arbeiten in dieser Zeit zeigen ihn eher als Physiologen denn als Arzt. So hatte er sich vorgenommen, »mit der Leuchte des physiologischen Versuches in der Hand in jede noch so dunkle Provinz der Pathologie der Zirkulationsstörungen des Gehirnes siegreich vorzudringen und die Zahl der gesegneten Eroberungen zu vermehren, welche die Medicin aus der Benutzung dieses großen Hülfsmittels bereits erwachsen sind.«[24] Kußmaul arbeitete über die Durchblutung des Gehirnes letztlich mit der gezielten Fragestellung, mehr über die Epilepsie zu erfahren. Dieses Krampfleiden konnten die pathologischen Anatomen nicht erklären, da es hierfür kein anatomisch faßbares Korrelat gibt. Die Ursache für die generalisierten Krampfanfälle liegen nämlich in einer enormen elektrischen Entladung von Gehirnzellen. Epilepsien sind häufig, ein halbes Prozent der Bevölkerung ist davon betroffen. Es ist Kußmaul und seinem Kollegen A. Tenner aufgrund zahlreicher genialer Tierversuche gelungen, die Erkenntnisse über diese Erkrankung ein gutes Stück voran zu bringen. Die Arbeiten mündeten 1857 in die Monographie über die *Fallsuchtartigen Zuckungen*. Kußmaul publizierte seine Versuchsergebnisse außerdem in verschiedenen Zeitschriften und hielt viele Vorträge im »Naturhistorisch-Medizinischen Verein Heidelberg«. Dieser Verein wurde ganz wesentlich auf Anregung Kußmauls am 24. Oktober 1856 wiedergegründet. Kußmauls Lehrer Tiedemann, Chelius und Naegele hatten ihn einst 1818 ins Leben gerufen. In der Revolutionszeit 1848 »entschlief« der Verein. Dem neugegründeten Verein gehörten so berühmte Wissenschaftler wie Helm-

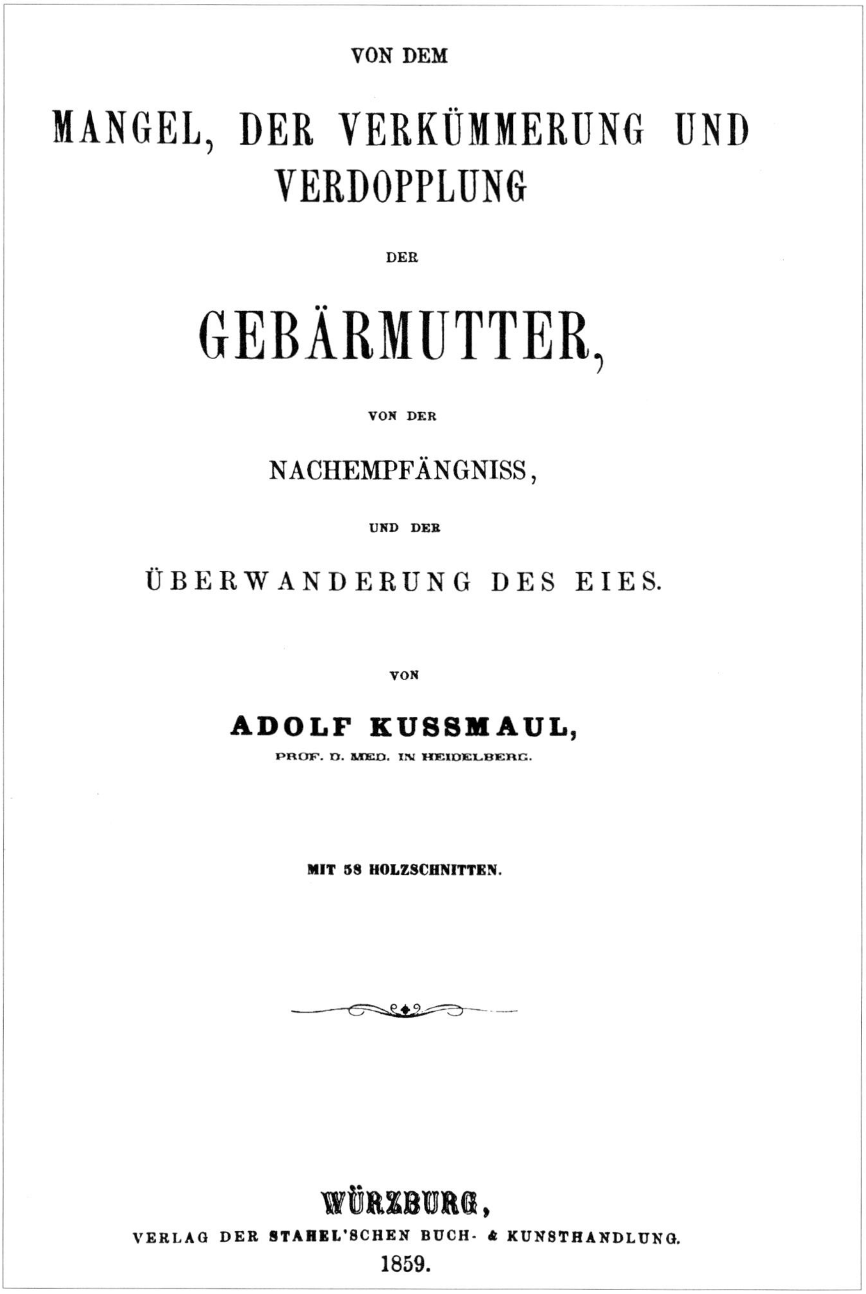

VON DEM

MANGEL, DER VERKÜMMERUNG UND VERDOPPLUNG

DER

GEBÄRMUTTER,

VON DER

NACHEMPFÄNGNISS,

UND DER

ÜBERWANDERUNG DES EIES.

VON

ADOLF KUSSMAUL,

PROF. D. MED. IN HEIDELBERG.

MIT 58 HOLZSCHNITTEN.

WÜRZBURG,

VERLAG DER STAHEL'SCHEN BUCH- & KUNSTHANDLUNG.

1859.

Abb. 22 Titelblatt der Monographie »Von dem Mangel, der Verkümmerung und Verdopplung der Gebärmutter«, 1859.

holtz, Kekulé, Kirchhoff und Bunsen an; sie alle haben hier häufig Vorträge gehalten.[25]

Kußmauls Leben war in diesen Heidelberger Jahren von Höhen und Tiefen bestimmt. Mit seiner Gesundheit stand es noch nicht zum Besten. Hasse bemerkte, Kußmaul sei »durch Kränklichkeit damals viel behindert gewesen«.[26] Auch ging es der Familie materiell nicht gut. Kußmaul hatte sein in Kandern erspartes Geld durch Untreue eines Kollegen verloren, und die Einnahmen in seiner Praxis in Heidelberg waren auch nicht überragend: »Nur allmählich brachte ich es zu ärztlicher Praxis in Heidelberg, und erst im letzten Jahr meines dortigen Aufenthaltes trug sie mir so viel ein, daß ich aus meinen Einnahmen den Haushalt bestreiten konnte. Hätte ich der Aufforderung einiger befreundeter Pfarrer der umliegenden Dörfer gefolgt und auch Landpraxis angenommen, so würde ich mir eher ein ausreichendes Einkommen verschafft haben, doch konnte ich mich dazu nicht entschließen. Abgesehen davon, daß ich mich nicht gesund und kräftig genug fühlte, schien es mir kaum möglich, den Dozenten und Landarzt in einer Person zu vereinigen.« (II,80)

Als Ausgleich dazu hatte Kußmaul gute Beziehungen zu bedeutenden Naturforschern jener Zeit, die an der Heidelberger Universität lehrten: unter anderem Hermann Helmholtz, Robert Wilhelm Bunsen (1811–1899), Gustav Robert Kirchhoff (1824–1887) und Friedrich August Kekulé (1829–1896). Kußmaul wußte dies zu schätzen: »Ein solches Zusammenwirken dreier Heroen ersten Ranges aus so nahe verwandten wissenschaftlichen Gebieten an derselben Universität ist überhaupt, soviel mir bekannt, nie vorgekommen, darin steht die Geschichte der Ruperto-Carola einzig da.« (II,57)

Die zweite große Arbeit dieser Heidelberger Zeit, die ihm noch bis ins hohe Alter, ja bis heute außerordentliche Aufmerksamkeit verschaffte, ist klinischer Art. Sie hat ihre Wurzeln in Kußmauls Studienzeit, erwuchs aber konkret aus seiner Tätigkeit als Gerichtsarzt und trägt den umfangreichen und etwas umständlichen Titel *Von dem Mangel der Verkümmerung und Verdopplung der Gebärmutter, von der Nachempfängnis und der Überwanderung des Eies.* Bereits in seinen *Jugenderinnerungen* weist Kußmaul auf diese Arbeit im Kapitel über seinen Lehrer, den berühmten Frauenarzt Naegele, hin: »Die Anregungen, die mir mein Lehrer erteilte, waren nicht verloren. Zwar habe ich die Geburtshilfe nur 5 bis 6 Jahre ausgeübt, aber meine 1859 erschienene Schrift über eine Klasse wichtiger Bildungsfehler der Gebärmutter hat gezeigt, daß der

Same, den er ausgestreut, auf keinen unfruchtbaren Boden gefallen ist.« (232). Im zweiten Band seiner Erinnerungen, *Aus meiner Dozentenzeit,* ging Kußmaul dann im Kapitel »Über Bildungsfehler der Gebärmutter« näher auf die Sachverhalte ein. Er berichtet, wie er zu diesem Thema gefunden hat, wie sich die Fragestellungen ständig erweiterten und welchen Erfolg das Buch schließlich erlebte. Die umfangreiche Abhandlung entstand aus praktischen Fragestellungen innerhalb der gerichtsärztlichen Tätigkeit in Heidelberg: »Ein Arzt aus der Stadt bat mich eines Tages, am 14. Dezember 1857, um die Sektion einer jungen Frau, die im zweiten bis dritten Monate der Schwangerschaft von heftigen Schmerzen im Leibe befallen worden und nach wenigen Stunden unter den Erscheinungen einer inneren Verblutung gestorben war.« (II,46) Es handelte sich um eine Form von Eileiterschwangerschaft, die auch heute immer wieder auftritt und bei verschleppter Diagnose durchaus zum Tod führen kann. Die Frucht entwickelt sich in dieser Situation nicht in der dafür vorgesehenen Gebärmutter, sondern in einem Eileiter. Dieser platzt, wenn das Wachstum des Föten eine bestimmte Größe überschritten hat. Dabei kommt es zur Zerreißung von Blutgefäßen, die den lebensbedrohlichen Blutverlust verursachen. Die Frage, die sich bei der Sektion der verstorbenen Frau am 14. Dezember 1857 ergab, war folgende: Das Ei hatte sich im linken Eileiter entwickelt und die dort entstandene Schwangerschaft hatte zum Tod geführt. Auf der linken Seite befand sich aber kein Eierstock, so daß das Ei vom rechten Eierstock auf die linke Seite gewandert sein mußte. Es handelte sich somit um eine bisher unbekannte Ursache von Eileiterschwangerschaft, denn man kannte solche Wanderbewegungen des menschlichen Eies bis zu dieser Zeit nicht.

Die Ausführungen Kußmauls sind bis heute Teil des Facharztwissens von Frauenärzten. Es sei daher kurz auf sogenannte »Kuriosa monstra« hingewiesen, um dann die Methodik näher zu betrachten, mit der Kußmaul zu seinen Ergebnissen fand. Als Beispiele für solche Kuriositäten führt er einige exemplarische Fälle an: Aus der Tierwelt war bekannt, daß eine Stute gleichzeitig ein Pferdefüllen und ein Maultier zur Welt gebracht hatte. Dieses Tier war innerhalb einer Woche von einem Hengst und einem Esel belegt worden. »Zahlreich und nicht immer unglaubwürdig sind die Beobachtungen, wonach Frauen, die kurze Zeit hintereinander mit Männern verschiedener Rassen den Beischlaf ausübten, Kinder zweierlei Art, zum Beispiel einen Weißen und einen Mulatten gebaren.« Eine andere auffallende Beobachtung wurde ebenfalls dokumentiert: Eine Frau brachte nach sieben Monaten Schwangerschaft ein Mädchen zur Welt; genau fünf Monate und sechzehn Tage nach der ersten Entbindung aber ein zweites Mädchen, das vollkommen ausgetragen und gesund war.[27] Solche Phänomene sind möglich aufgrund von fehlerhaften Anlagen des weiblichen Genitales, zum Beispiel der Verdoppelung der Gebärmutter oder durch unphysiologische Entwicklungen von befruchteten Eiern.

Nun kurzgefaßt zur Methode, deren sich Kußmaul bediente: Am Anfang steht ein klinisches Ereignis bei einem Patienten. Die Interpretation der Krankheit, das Verständnis ihres Verlaufes sind nicht klar. Die entstandenen Fragen können bei einer Sektion nur teilweise beantwortet werden. Es ergeben sich daher weitere Fragen, die nur durch das erweiterte Studium der dazugehörigen Literatur und zusätzliche Untersuchungen ähnlicher Krankheitsbilder geklärt werden können. Die neu erarbeitete Sichtweise bringt Nutzen für die Praxis und ist von bleibender Wirkung. Mit den neuen Erkenntnissen können viele alte, falsch interpretierte Befunde richtig verstanden und eingeordnet werden.

Seine heuristische Methode begründete Kußmaul:

> Es geht mit dem wissenschaftlichen Appetit wie mit dem Leiblichen, er wächst, während man ihn eifrig befriedigt. Zuerst hatte mich nur der physiologische Vorgang der Überwanderung des Eies interessiert, dann die Verwechslung von Eileiterschwangerschaft und Schwangerschaft im Nebenhorn bei Gebärmutterverdopplung, jetzt aber lockte es mich, das ganze Gebiet der Bildungsfehler der Gebärmutter nach allen Richtungen hin, rein wissenschaftlichen und praktischen, zu durchforschen, kritisch zu sichten und geordnet darzustellen. So kam mein Buch (von 384 Seiten) zustande. (II,49)

In der Vorrede sind bereits die Schlüsselbegriffe enthalten, die Kußmaul gebrauchte: »Gelegentlich einer Beobachtung«, »die Idee dazu«, »einer kritischen Revision zu unterwerfen«, »ich mochte auf halbem Weg nicht stehenbleiben«, »mit allen Einzelheiten mitteilen«, »Ausgangspunkt für weitere Versuche«, »mit Eifer durchforschte ich die Literatur«, »ein gütiger Zufall wollte, daß gerade«, »die Grenzen der Wirksamkeit meiner Methode«, »so viele Tatsachen zusammengebracht zu haben, als zu einer fruchtbaren Bearbeitung des Gegenstandes notwendig sind«, »bemühte ich mich, überall aus den Quellen selbst zu schöpfen«. – Und ausführlicher:

> Wo ich nur eine Quelle anführe, habe ich sie mit wenigen gleichgültigen Ausnahmen selbst gelesen. Diese Genauigkeit ist bei der Abfassung eines Werkes von dem Charakter des vorliegenden unerläßlich; sie bewahrt allein den Schriftsteller vor groben Täuschungen, und die Wissenschaft vor gefährlichen Irrtümern, die sich gerne durch viele Generationen hartnäckig fortvererben. Jede Beobachtung hat einen Versuch zum Gegenstande, den die Natur anstellt. Die Aufgabe des Beobachters ist es, die Erscheinungen richtig wahrzunehmen, genau zu beschreiben, und so viel als möglich die Bedingungen zu ermitteln, unter welchen die Natur im vorliegenden Falle handelt. Wer Schlüsse aus einer Reihe von Beobachtungen ziehen will, der hat zu allernächst die Pflicht, die Richtigkeit der einzelnen Beobachtungen zu prüfen, um ihre Bedeutung würdigen und schließlich allgemeine Folgerungen daraus ableiten zu können. Darum habe ich sorglich gestrebt, der Mahnung des römischen Arztes nachzukommen: ›Non numerandae sunt sed perpendendae observationes‹.[28]

Kußmauls Sprache ist kritisch, genau und offen – sie weist ihn als Kliniker neuen Stils aus. Er fand durch genaue Beobachtung und scharfsinnige Analysen zu neuen therapeutischen Ansätzen und auch bisher unbekannten diagnostischen Wegen und Methoden. Diese Arbeitsweise ist nicht die des großen Systematikers, denn er benützte für seine Erkenntnisse die Kasuistik. In ihr geht man von einem Krankheitsfall aus, das heißt sie ist der wissenschaftliche Bericht über Krankheit und Verlauf bei einem Patienten. Bei dieser Art der Darstellung kann man praktisches und theoretisches Wissen gleichzeitig vermitteln, so daß sich eine ganz besondere Praxisnähe ergibt. Theoretisches Wissen wird zum Wohle des Patienten angewendet. Besonders gut geeignet sind solche Kasuistiken für den Unterricht. Kußmaul stellte sehr hohe Ansprüche an solche Erörterungen: »So ein Fall muß so wichtig sein, daß niemand, der später über das gleiche Gebiet schreibt, ihn übersehen darf.« Kußmaul hat solche einzelnen Kasuistiken in klassischer Weise dargeboten, so daß Krankheitsbilder bis heute mit seinem Namen verbunden sind; eine Vielzahl dieser Fälle hat er zu systematischen Werken vereint.

Seine Monographieüber die Gebärmutter, schreibt er, sei um die Welt gegangen und habe überall gute Aufnahme gefunden. Die Bedeutung dieses Buches bestätigte der ehemalige Freiburger Kollege Kußmauls, der Frauenarzt Professor Hegar, 42 Jahre nach der Erstauflage, am 3. Oktober 1900:

> Meine Ansicht über ihr Buch hat sich nicht geändert. Ich halte es für eine fundamentale Arbeit, welche der Gynäkologie ein neues Gebiet erschlossen hat. Allein das Werk hat nicht nur für ein Spezialfach Wert, sondern auch eine allgemeine Bedeutung. Man kommt immer mehr zu der Ansicht, daß ein sehr beträchtlicher Teil der Unvollkommenheiten und Gebrechen, welche die Menschheit quälen, darauf beruhe, daß die Keime oder das befruchtete Ei von Anfang an mißraten oder von einer Schädlichkeit getroffen sei. Die Lehre von den Entwicklungsstörungen und Bildungsfehlern hat daher einen neuen Aufschwung genommen. Ihr Buch wird daher von neuem eine größere Rolle spielen … (II,50)

Seine wissenschaftlichen Arbeiten hatten Kußmaul so bekannt gemacht, daß er auf den Versammlungen der Deutschen Naturforscher und Ärzte 1857 in Bonn und 1858 in Karlsruhe Vorträge halten konnte. In Bonn sprach er über seine Versuche zur Epilepsie, in Karlsruhe über die Wanderbewegungen des menschlichen Eies. Die Reise nach Bonn konnte er sich nur aufgrund der großen finanziellen Opferbereitschaft seiner Frau leisten. Er genoß die wissenschaftliche und menschliche Atmosphäre dieses Kongresses sehr: »Sind doch solche Versammlungen gelehrte Märkte, wo man sein Bestes feilbietet, Ausstellungen, wo sich oft in wenigen Minuten verrät, wessen Geistes Kind der Mann ist, mit dem man sich unterhält, oder dessen Vortrag wir anhören.« (II,81) In Bonn wurde Josef Gerlach (1820–1896), der als bedeutender Anatom 40 Jahre in Erlangen wirkte, auf Kußmaul aufmerksam. Dessen Versuche interessierten ihn, und er »unterhielt sich darüber längere Zeit auf das liebenswürdigste mit mir, und auf einem Ausflug nach dem Siebengebirge wußte er mich an seiner Seite zu behalten; er erkundigte sich auf das genaueste nach meiner Vergangenheit, meinen Studien, Vorlesungen und Aussichten in Heidelberg. Wie er mir später sagte, faßte er mich damals schon ins Auge als möglichen künftigen Kollegen …« (II,83).

Kußmaul war am 8. Mai 1857 außerordentlicher Professor geworden, sein Kollege Hasse schrieb in seinen Lebenserinnerungen über ihn: »Sein bescheidenes und zurückhaltendes Auftreten verhinderte nicht eine immer wachsende Anerkennung der Gründlichkeit und Zuverlässigkeit aller seiner Arbeiten.«[29]

Am 22. April 1859 erhielt Kußmaul einen Ruf auf den Lehrstuhl für Innere Medizin der Universität Erlangen. Hierbei ging es um die Nachfolge von Professor Dittrich, der unheilbar erkrankt war. Man betrachtete die Neubesetzung »als eine Lebensfrage der ganzen Medizinischen Fakultät«. Sie sah in Kußmaul »einen wahrhaft ausgezeichneten Gelehrten und Lehrer, von welchem man namentlich auch auf dem Gebiet des klinischen Unterrichts die trefflichsten Leistungen mit Sicherheit erwarten dürfte.«[30] In der Heidelberger Medizinischen Fakultät gab es bei seiner Berufung mehrere Überlegungen: Da Kußmaul zunächst nicht eindeutig erklärt hatte, ob er den Ruf nach Erlangen annehmen würde, setzten sich Helmholtz und Nikolaus Friedreich (1825–1882) dafür ein, ihn unbedingt in Heidelberg zu behalten; er lehrte Fächer, die sonst nicht besetzt gewesen wären. Dieser Meinung schloß sich wenig später die Majorität der Fakultät an und schlug vor, man möge Kußmaul einen Lehrstuhl unter anderem für Arzneimittellehre übertragen, »sein wissenschaftlicher Eifer sowie die bisherigen Leistungen und ihre Anerkennung« seien »die Gründe hierfür.« Einstimmig plädierte die Fakultät dann am 20. Mai 1859 dafür, daß Kußmaul einen Lehrstuhl in Heidelberg erhalten sollte. Das Ministerium antwortete jedoch bereits am 23. Mai, daß die »Anerbietungen in Erlangen sehr günstig sind« und in Heidelberg »keine genügende Äquivalenz gegeben sei« – dies insbesondere unter dem Gesichtspunkt, daß alle Fakultäten gleichmäßig zu berücksichtigen seien.[31] Daraufhin nahm Kußmaul den Ruf an, sein Jahresgehalt betrug 1600 Gulden, und für den Umzug erhielt er 800 Gulden.

Als es schließlich um den möglichst raschen Beginn seiner Tätigkeit in Erlangen ging, den die Großherzogliche Kultusbehörde in Karlsruhe hinauszuzögern versuchte, schrieb Kußmaul in Anhänglichkeit an sein Land Baden dem Rektor der Universität Erlangen: »Euer Magnifizenz werden es mir nicht verübeln, daß ich den billigen Wünschen des Landes, in welchem ich geboren und erzogen bin, folge leisten werde ...«[32]

1 Veit Valentin, Geschichte der Deutschen Revolution 1848–1849, Band 1 und 2, Weinheim/Berlin 1998, Band 1, S. 347.

2 Veit Valentin, a.a.O., S. 348.

3 Veil Valentin, a.a.O., S. 348.

4 Badische Geschichte, hg. von Josef Becker u.a., Stuttgart 1979, S. 49.

5 Otto Brandt, Wilhelm Klüver, Geschichte Schleswig-Holsteins, Kiel 1966.

[6] In dieser Zeit entstand um Graf Fritz Reventlow und seiner Frau Julia geb. Schimmelmann der Emkendorfer Kreis. Auf dem im Louis-XVI-Stil erbauten Schloß, das nahe Kiel noch erhalten ist, trafen sich Klopstock, Claudius, die Brüder Stollberg sowie Heinrich Voß und andere berühmte Dichter der Zeit. Einer lokalen Überlieferung nach soll hier Matthias Claudius sein berühmtes Abendlied verfaßt haben, das in der ersten Strophe mit den Worten »... und aus der Wiesen steiget der weiße Nebel wunderbar« schließt, was damals wie heute ein Kennzeichen dieser Landschaft ist.

[7] 150 Jahre »Tag von Eckernförde«, Jahrbuch der Heimatgemeinschaft Eckernförde e.V., Eckernförde 1999.

[8] Veit Valentin, a.a.O., Bd. 2, S. 210–216.

[9] Veit Valentin, a.a.O., Bd. 2, S. 213.

[10] Erinnerungen an Ludwig Eichrodt (1895) von Karl Blind, zitiert nach: Ludwig Eichrodt (1827–1892), Ausstellungskatalog Karlsruhe 1992, S. 37.

[11] Vgl. Friedrich Kluge, Arnold Cahn (1858–1927), Wirken und Schicksal eines deutsch-jüdischen Arztes. Zeitschrift für Geschichte des Oberrheins, 139, 1991, S. 289f. und Manfred Kurz, Der Rhein-Neckar-Raum und die Revolution von 1848/49. Biographien, Eduard Bronner, S. 102f. Hg. vom Arbeitskreis der Archive im Rhein-Neckar-Dreieck, Wiesloch 1998.

[12] Friedrich Kluge, Arnold Cahn, a.a.O., S. 292.

[13] Zitiert nach Albert Kennel, Ludwig Eichrodt, Lahr 1895, S. 75.

[14] Jeremias Gotthelf, Wie Anne Bäbi Jowäger haushaltet und wie es ihm mit dem Doktern geht, Zürich 1978, insbesondere Band 2, Kapitel 18, S. 371f.

[15] Quellen zur Thurgauer Geschichte. Dr. med. Elias Haffter, Bezirksarzt und Sängervater, 1803–1861, Tagebuch Band 1, 1844–1848, Band 2, 1849–1853, Frauenfeld 1985, S. 10f.

[16] Quellen zur Thurgauer Geschichte, a.a.O., S. 11.

[17] Vincenz Czerny (Hg.), Aus meiner Dozentenzeit in Heidelberg von Adolf Kußmaul, Stuttgart 1903, S.81.

[18] A.a.O.; hier zitiert als »Heidelberger Dozentenzeit«. Da es sich praktisch um Band II der *Jugenderinnerungen* handelt, wird entsprechend zitiert: (II, Seitenzahl).

[19] Ernst Haeckel, Biographie in Briefen, zusammengestellt und erläutert von Georg Uschmann, Gütersloh 1984, S.28.

[20] Adolf Kußmaul, Untersuchungen über den Einfluß, welche die Blutströmung auf die Bewegung der Iris und anderer Teile des Kopfes ausübt. Diss. inaug. und Verhandlungen der physikalisch-medizinischen Gesellschaft in Würzburg, 1856, Band 6, S. 1–42. Es handelt sich um eine physiologische Arbeit, in welcher der Einfluß der Blutströmung im Gehirn auf die Bewegung der Iris (Regenbogenhaut des Auges) und der Augen untersucht wurde. Kußmaul konnte darin dem berühmten Claude Bernard Fehlinterpretationen nachweisen!

[21] Hugo Schneider, Die Illenau – ihre Entstehung und Bedeutung –, Aus dem Einwohnerbuch Achern und Umgebung, 1987.

[22] Wilhelm Fleiner, Erinnerungen an die Dozentenzeit A. Kußmauls und die Gründung des naturhistorisch-medizinischen Vereines in Heidelberg, 10. Juni 1902, in: Muenchener Medicinische Wochenschrift, 1902, S. 1589.

[23] Universitätsarchiv Heidelberg, A–219; Niederschrift der Fakultätssitzungen 1855. Es handelt sich um das früheste handschriftliche Dokument von Kußmaul, das erhalten ist; siehe Anhang.

[24] Wilhelm Fleiner, a.a.O., S. 10.

[25] Walter Trautwein, Der Naturhistorisch-Medizinische Verein zu Heidelberg von 1856–1956. Festschrift zur 100-Jahrfeier, Heidelberg 1956.

[26] Karl Eduard Hasse, Erinnerungen aus meinem Leben, Braunschweig 1893, S. 185.

[27] Adolf Kußmaul, Von dem Mangel, der Verkümmerung und Verdopplung der Gebärmutter, von der Nachempfängnis und der Überwanderung des Eies, Würzburg 1859, S. 275 und S. 299.

[28] Vorrede a.a.O., S. III bis VIII; »Man soll die beobachteten Fälle nicht zählen, sondern präzise und gründlich abwägen.«

[29] K. E. Hasse, a.a.O., S. 185.

[30] Personalakte A. Kußmaul, Universität Erlangen: »T.II Pos. 1 Nr. 24 K«.

[31] Universitätsarchiv Heidelberg, Medizinische Fakultät 1859, III, 4a. S. 102.

[32] Personalakte A. Kußmaul, Universität Erlangen, a.a.O.

KAPITEL 4
Selbst noch Student

1859–1863

Nro 4850 No 672 praes. am 22 Juni 1859

Koenigreich Bayern

Staats-Ministerium des Innern

für Kirchen- und Schul-Angelegenheiten.

Auf den Bericht vom 4. d. Mts. wird der Senat der k. Universität Erlangen mit Allerhöchster Genehmigung Seiner Majestät des Königs ermächtigt, dem außerordentlichen Professor Dr. Adolf Kußmaul in Heidelberg einen Jahresgehalt von 1600 fl. / sechzehnhundert Gulden / und eine Umzugsentschädigung von 800 fl. / achthundert Gulden / zuzusichern.

Die weiteren Verhandlungen nach Maßgabe der Ministerialentschließung vom 15. April l. Js. N. 2945 gleichen Betreffs sind zu beschleunigen.

Die Berichtsbeilagen folgen hierneben zurück.

München den 20. Juni 1859.

Auf Seiner Koeniglichen Majestaet allerhoechsten Befehl

An den Senat der k. Universität Erlangen.

Durch den Minister der General-Sekretär Ministerialrath

Die Berufung des Professors Dr. Kußmaul in Heidelberg an die k. Universität

Abb. 23 Königlich Bayerische Ernennungsurkunde für Professor Kußmaul an der Universität Erlangen 1859.

Ordentlicher Professor an der Medizinischen Universitätsklinik Erlangen

Vom 1. Oktober 1859 an war Kußmaul Ordentlicher Professor für Arzneimittellehre und Staatsarzneikunde sowie Vorstand der Medizinischen Klinik im Universitätskrankenhaus in Erlangen. Das Fach Staatsarzneikunde wurde in Erlangen schon seit 1805 gelesen, es vereinigte öffentliche Gesundheitspflege, Gerichtliche Medizin und die sogenannte Medizinische Polizei in sich. Des weiteren war Kußmaul von 1861–1863 Vorsitzender der »Physikalisch-medizinischen Sozietät zu Erlangen«.[1]

Erlangen verdankt seinen modernen städtischen Charakter der Vertreibung der calvinistischen Hugenotten aus Frankreich nach der Aufhebung des Edikts von Nantes durch Ludwig XIV. im Jahre 1685. Franken litt zu jener Zeit noch unter den Folgen des 30jährigen Krieges, und so entschloß sich Markgraf Christian Ernst von Brandenburg-Bayreuth zur Aufnahme von Flüchtlingen. Für die Ansiedlung der Hugenotten wurde 1668 die rechtwinklig angelegte Neustadt erbaut: »Neu-Erlangen«, seit 1701 »Christian-Erlangen«. Von den 1200 Einwohnern waren 1000 Franzosen. Diese Ansiedlung der Hugenotten mit ihrer fremden Sprache, Lebensweise und Religion brachte große Veränderungen, führte aber auch zur gewünschten wirtschaftlichen Blüte der Region. So wurden Glacé-Handschuhe, Baumwollstrümpfe, Filzhüte, Borten und Gobelins hergestellt, letztere schmückten zum Beispiel das Innere des später erbauten Schlosses. Die Stadt war 1792 preußisch geworden, nach der Schlacht von Jena 1807 war sie französisch besetzt, bis sie schließlich 1810 zum Königreich Bayern kam. 1861 hatte Erlangen 10 896 Einwohner, schon 1910 war die Zahl auf 24 877 gestiegen. Das freundliche Ambiente der »Hugenottenstadt« Erlangen in einer überaus reizvollen Umgebung hat sich bis heute erhalten.[2]

1743 war die gerade in Bayreuth durch Markgraf Friedrich von Brandenburg-Bayreuth gegründete Universität nach Erlangen verlegt worden. Sie repräsentierte einen neuen Universitätstypus, in ihrer Struk-

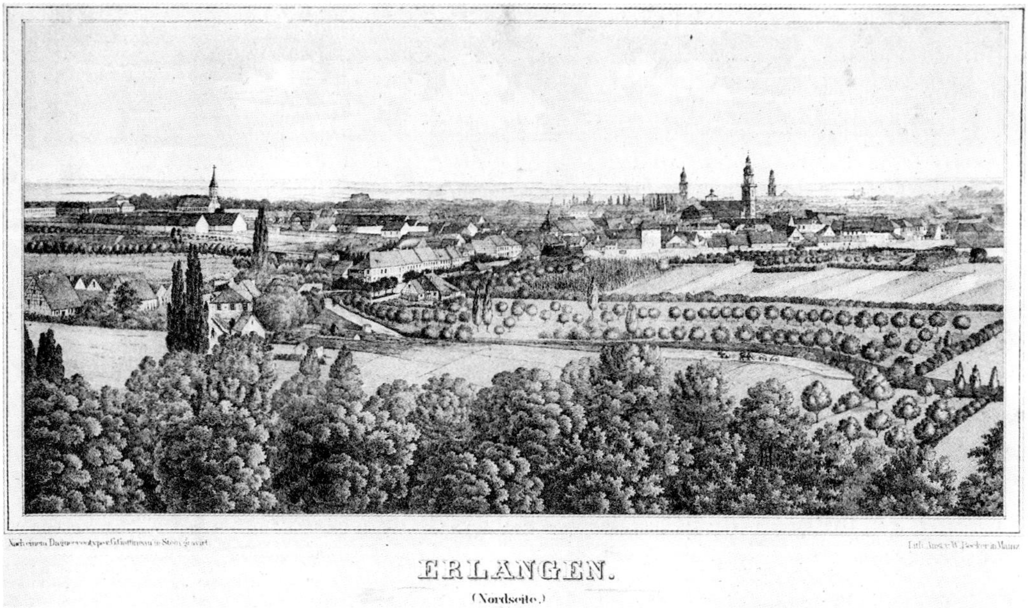

Abb. 24 Ansicht von Erlangen; um 1848.

tur an die Universitäten Halle und Göttingen angepaßt: Wissenschaft war hier auf Erfahrung und Experiment gegründet, es herrschte Lehrfreiheit, und die neuen Lehrformen waren auf Laboratorien und Seminare bezogen. Neben der Struktur war auch das geistige Klima dieser neuen Universitäten offener.[3] 1818 wurde die Universität als dritte Landesuniversität vom bayerischen König ausdrücklich anerkannt und somit ihre Existenz gesichert, sie sollte vor allem der Ausbildung protestantischer Geistlicher dienen.

Die Medizinische Fakultät bestand bereits seit den Anfängen 1743. Fünf Ordinarien konnten berufen werden; damals gab es nur elf Medizinstudenten, zu Beginn des 19. Jahrhunderts waren es zwischen 20 und 30, 1982 gab es 340. Die Klinischen Anstalten, die erst zwischen 1840 und 1850 entstanden, lagen direkt gegenüber dem Schloßgarten. Die Chirurgische Klinik konnte 1815 in Betrieb genommen werden, allerdings nur mit acht Betten. 1824 wurde das Universitätskrankenhaus eröffnet, das zunächst 25 Betten, aber schon wenig später 63 aufweisen konnte. Dieses Haus beherbergte auch Kußmauls Medizinische Klinik.

Die naturwissenschaftliche Medizin hielt »im Herbst 1850 ihren Einzug in Erlangen. Am 16. Oktober 1850 war Josef Gerlach zum Ordinarius für Anatomie und Physiologie ernannt worden und nur 6 Tage später erfolgte die Ernennung von Franz Dittrich zum Ordinarius der Therapie und Klinik und zum Direktor der Medizinischen Klinik.«[4] Josef Gerlach, den Kußmaul in Bonn kennengelernt hatte, und Franz Dittrich (1815–1859) waren diejenigen, derentwegen Kußmaul gerne nach Erlangen gekommen war. Gerlach hatte dort eine überaus fruchtbare Tätigkeit entfaltet. Er führte unter anderem in die feingewebliche Untersuchung zwei weitreichende, neue Methoden ein. Außerdem entwickelte er eine neue Färbetechnik und erwies sich als Pionier bei der Einführung der Photographie mikroskopischer Präparate. Ein ebenso zentrales Anliegen Gerlachs war »die Bildung tüchtiger Ärzte«.[5] Über Dittrich schreibt Kußmaul in seinen *Jugenderinnerungen* »... endlich gedenke ich noch des ausgezeichneten pathologisch-anatomischen Kurses, den uns im Allgemeinen Krankenhaus der bereits erwähnte Prosektor Franz Dittrich erteilte. Sein Kurs wurde von mehr als 30 Ärzten besucht. Die reichen klinischen Erfahrungen, die Dittrich gesammelt hatte, wußte er vortrefflich zu verwerten und sie machten seinen Kurs

Abb. 25 Universitätskrankenhaus Erlangen; um 1860.

Abb. 26
Christian Bäumler (1836–1933), Assistent Kußmauls in Erlangen, später Direktor der Poliklinik in Freiburg, dann dort Kußmauls Nachfolger.

doppelt lehrreich ... 1850 kam er nach Erlangen, wo er der Fakultät zu raschem Aufschwung verhalf und sich großer Verehrung erfreute. Nach seinem Tode 1859 bin ich sein Nachfolger geworden.« (393) Dittrichs Erfolg in Erlangen beruhte auf seinem modernen Unterricht, den die Studenten mit Begeisterung aufnahmen, verband er doch die Sektion und pathologische Anatomie aufs fruchtbarste mit der Untersuchung und Behandlung von Patienten am Krankenbett. Kußmaul fügte sich in das Umfeld dieser beiden Männer und ihrer Art, Wissenschaft und klinische Arbeit miteinander zu verbinden, hervorragend ein.

Christian Bäumler (1836–1933) war in Erlangen zunächst Student bei Dittrich gewesen und danach Assistent und Doktorand bei Kußmaul – 1877 wurde er sogar in Freiburg sein Nachfolger. Er berichtet darüber, daß Kußmaul an der recht armen und karg eingerichteten Klinik und einer verhältnismäßig viel frequentierten Poliklinik eine äußerst intensive und wirkungsvolle Tätigkeit entfaltete.[6]

Hierüber unterrichtet auch ein Brief Kußmauls an den bereits erwähnten Professor Hasse in Heidelberg:

> Seit 2ten October bin ich hier. Das Städtchen von ca. 12.000 Seelen ist sehr arm und macht auf einen Heidelberger einen sehr deprimierenden Eindruck. In der ersten Zeit hatte ich öfter großes Heimweh nach dem Neckar, seinen Bergen und noch mehr nach so manchem treuen Freunde, den ich dort zurücklassen mußte. Zum Glück bekam ich so reichlich zu tun, daß ich wenig Zeit hatte, Gefühlen nachzugehen, die doch zu nichts weiterem hätten führen können. Allgemach gewöhnten sich auch meine Augen an die elenden Miethwohnungen, die schmutzigen Häuser..., meine Ohren an das Gebettel, und bald überzeugte ich mich, daß in Collegialität die hiesige Hochschule einen sehr hohen Rang einnehme. Es sind hier viele höchst ehrenvolle Männer, die Universität hält zusammen wie ein Mann, Parteien sind keine da, die Autonomie der Körperschaft wird möglichst gewahrt, das thut einem so großen Verehrer des *Self* gesonnenen wie ich bin, sehr wohl. Die H. H. Gerlach und Thiersik sind mir in der Fakultät sehr liebe und vielfach anregenden Collegen, auch unter den Naturforschern sind gute, jüngere Kräfte, bes. der Chemiker und Physiker, mit denen sich's angenehm verkehrt. Endlich macht mir das Dozieren am Krankenbette vieles Vergnügen und es ist mehr als der Reiz der Neuheit, was mir dabei Befriedigung und Unterhaltung gewährt. Freilich ist das Hospital klein, aber ich hatte Glück, noch nie soll die Mediz. Abteilung hier so gefüllt und mit soviel interessanten Fällen gesegnet gewesen sein, wie im laufenden Winter, wenn man den Versicherungen Sachverständiger trauen darf. Die Poliklinik dagegen ist sehr gross und gibt viel pathologisch anatomisches Material.[7]

Kußmaul fühlte sich in Erlangen als Lernender. Als er auch in den Semesterferien, der vorlesungsfreien Zeit, den ganzen Tag in der Klinik verbrachte, antwortete er seinem alten Gönner Gerlach auf die Frage, »was er denn da immer zu tun hätte, es wären doch keine Studenten da,« »Ich bin eben selbst noch ein Student.« Über seine ärztliche Tätigkeit wissen wir wenig. Literarisch war diese Zeit sehr ertragreich. Neben den beiden Antrittsvorlesungen legte er seine ausführliche Monographie über den *Konstitutionellen Mercurialismus* vor sowie vier weitere Arbeiten und dreizehn von ihm betreute Dissertationen.

Die Antrittsvorlesungen

a) Zwei Fälle von Paraplegie mit tödlichem Ausgange 1859

Um seine Tätigkeit in Erlangen beginnen zu können, mußte Kußmaul zuvor zwei Antrittsreden halten. Vor der Medizinischen Fakultät sprach er über das Thema *Zwei Fälle von Paraplegie mit tödlichem Ausgange ohne anatomisch nachweisbare oder toxische Ursache.* Er nennt diese Darstellung *Programm zum Eintritt in die medicinische Facultät der Friedrich-Alexander-Universität zu Erlangen.*[8] Kußmaul stellte zwei Krankengeschichten von Patienten vor, die nach recht banalem Krankheitsbeginn unter Lähmungserscheinungen litten, die sich vom Rückenmark zum Gehirn hin ausdehnten und damit über eine Lähmung der Atemmuskulatur zum Tod führten. Er trug mit diesen Beobachtungen dazu bei, bestimmte Lähmungsformen näher einzugrenzen, deren materielle Störung im Nervenapparat von den Pathologen bisher nicht nachgewiesen worden war. Er schloß mit der Hoffnung: »Der Zukunft mag es vergönnt sein, solche für uns noch ganz und gar rätselhafte Beobachtung nutzbringend zu machen und aufzuschließen.«[9] Es handelt sich hier um die Erstbeschreibung der sog. Kußmaul-Landry-Lähmung oder des Landry-Kußmaul-Syndroms. Die beiden Ärzte haben die akute, aufsteigende, schlaffe und symmetrische Lähmung unabhängig voneinander zuerst beschrieben.

b) Über das Seelenleben des neugeborenen Menschen

Das »Programm zum Eintritt in den königlichen akademischen Senat der Friedrich-Alexander-Universität zu Erlangen« mit dem Titel *Über das Seelenleben des neugeborenen Menschen* war die zweite geforderte Rede.[10] Kußmaul hatte schon in Heidelberg Vorlesungen über

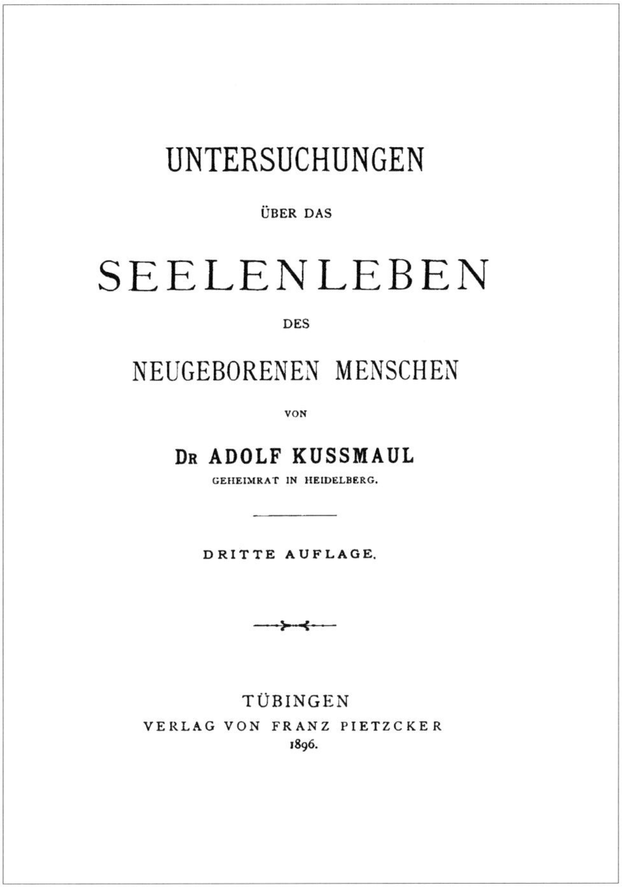

UNTERSUCHUNGEN

ÜBER DAS

SEELENLEBEN

DES

NEUGEBORENEN MENSCHEN

VON

Dr ADOLF KUSSMAUL

GEHEIMRAT IN HEIDELBERG.

DRITTE AUFLAGE.

TÜBINGEN
VERLAG VON FRANZ PIETZCKER
1896.

Abb. 27 Titelblatt von Kußmauls Antrittsvorlesung in Erlangen »Untersuchungen über das Seelenleben des neugeborenen Menschen«; 1854.

Psychiatrie gehalten und diesen einleitend eine Geschichte der Vorstellungen über die Seele vorangestellt. Bei der Aufarbeitung des Stoffes fiel ihm auf, daß über die Psyche des neugeborenen Kindes so gut wie keine gesicherten Erkenntnisse vorlagen. So begab er sich mit seiner Untersuchung auf das Gebiet der empirischen Psychologie. Er wollte insbesondere die Entwicklungsgeschichte der menschlichen Seele erforschen. Dabei ging es ihm besonders um die Neugeborenen, beziehungsweise die ersten Tage nach der Geburt. Für ihn waren seelische Tätigkeiten

Empfinden, Vorstellen, Denken und Begehren sowie eine bestimmte Art von Bewegungen. Er wollte diesen Bereich ganz unvoreingenommen betrachten, denn beim historischen Vergleich war ihm aufgefallen, »daß sogar die besten Köpfe vielfach das Auge den überzeugendsten Tatsachen gegenüber geradezu verschlossen und die Dinge nach vorgefaßten dogmatischen Anschauungen metaphysischer oder theologischer Art, zuweilen auch nach unbewiesenen physiologischen Hypothesen sich zurecht legten.«[11] Er hingegen wollte die induktive Methode und die klaren Gesetze der Nervenphysik einsetzen.

Im ersten Teil seiner Abhandlung entwarf er einen geschichtlichen Abriß über die merkwürdigsten Vorstellungen verschiedenster Provenienz zu diesem Thema. So sah Hegel den Schrei des Neugeborenen als Entsetzen des Geistes über das Unterworfensein unter die Natur. Der Philosoph der Kritik und Freiheit Immanuel Kant urteilte anders: »Das Geschrei, welches ein kaum geborenes Kind hören läßt, hat nicht den Ton des Jammers, sondern der Entrüstung und des aufgebrachten Zorns an sich, nicht, weil ihn etwas schmerzt, sondern weil ihn etwas verdriest; vermutlich darum, weil es sich bewegen will und sein Unvermögen dazu gleich als eine Fesselung fühlt, wodurch die Freiheit genommen wird.«[12]

In Teilaspekten meinte Kußmaul, habe Darwin die besten Beobachtungen angestellt:

> Er behauptet, die ersten Eindrücke kämen uns von dem Sinne des Gefühls zu; denn die Frucht müsse schon im Mutterleibe über einige Veränderungen der Bewegung Erfahrung machen und einige Muskelbewegungen ausüben. Sie erhalte dadurch wahrscheinlich schon einige Ideen (Vorstellungen) von ihrer eigenen Figur, wie von der Figur des Uterus und von der Fähigkeit der Flüssigkeit, welche sie umgebe... Wenn aber das Kind geboren sei, so werde der erste lebhafte Eindruck des Vergnügens, den es empfinde, durch den Geruch der Muttermilch erweckt, am Busen seiner Mutter der Sinn für Wärme angenehm geschmeichelt, der Geschmack durch den Wohlgeschmack der Milch gekitzelt... Ja, Darwin meint schließlich, die Wellenlinie gelte uns deshalb als die Linie der Schönheit, weil alle diese verschiedenen Freuden nach und nach mit der Form der Mutterbrust associiert würden. [...] Wir werden sehen, daß Darwin trotz mancher Übertreibungen viele Dinge richtig angefaßt hat.[13]

Um Licht in das Dunkel zu bringen und zuverlässige Grundlagen zu schaffen, beschritt Kußmaul den Weg des Experimentes.

> Zwanzig und einige Neugeborne wurden auf ihre Geschmacksempfindung geprüft. Ich brachte süße und bittere Flüssigkeit, erwärmt mittelst eines Haarpinsels in den Mund der Kinder und notirte die Erfolge. Diese Flüssigkeiten bestanden in gesättigter Zuckerlösung und in einer Lösung von 10 Gran schwefelsaurem Chinin in ½ Unze Wasser, welche letztere stark bitter schmeckt, und in dieser Konzentration zu allen Versuchen ohne Ausnahme gedient hat.[14]

In einem weiteren Untersuchungsabschnitt wurde der Tastsinn geprüft. Hierbei wurden die Zunge, die Lippen, die Nasenschleimhaut, die Wimpernhaare als Tastorgane zum Schutze der Sehwerkzeuge sowie das Tastgefühl der übrigen Körperteile gereizt. Die Zunge wurde mit einem längeren glatten, an beiden Enden abgerundeten Glasstab an verschiedenen Stellen des Zungenrückens gekitzelt. Auf ähnliche Weise prüfte er Geruchssinn, Gesichts- und Gehörsinn, außerdem Wärme- und Kältegefühl, Schmerz- und Muskelgefühle sowie Lufthunger und Hunger- und Durstgefühl. Zum Schluß untersuchte er die Intelligenz der Neugeborenen und kam zu einem differenzierten Ergebnis dahingehend, mit welchen Fähigkeiten Neugeborene bereits vor der Geburt und kurz danach ausgestattet sind. Im einzelnen können Kußmauls Forschungsergebnisse hier nicht wiedergegeben werden, es ist jedoch sehr interessant und kurzweilig, sie nachzulesen. Am Schluß resümierte er:

> In dem Augenblicke, wo der Mensch aus dem Schoosse der Mutter in dieses Leben tritt, befindet er sich bereits im Besitze eines wohl ausgerüsteten Sensoriums, das ihn befähigt, mittelst der äußeren und inneren Sinne zu erfahren, was außer und in ihm geschieht, so wie einer großen Zahl vortrefflich eingerichteter, sehr zusammengesetzter motorischer Apparate, Maschinen, deren Federn er nur in Bewegung zu setzen lernen muß, damit sie in der zweckmäßigsten Weise ohne weitere Nachhilfe spielen. Der Neugeborene ist aber nicht allein in dem Besitze ausgezeichneter Werkzeuge und ausgestattet mit der Fähigkeit, sich in ihren Gebrauch bequem einzuüben, sondern er hat auch schon im Mutterleibe begonnen, sich eines Theils derselben zu bedienen, und trotz der ungünstigen Verhältnisse des Ortes einige Erfahrungen gesammelt und Fertigkeiten erlangt. Es ist durchaus unrichtig, zu behaupten, das Leben des ungeborenen Kindes gleiche dem Leben der Pflanze, wie dies von namhaften Philosophen (Hegel) und Naturforschern gesehen ist.[15]

Kußmaul wünschte sich, daß »das Seelenleben des Kindes bald von competenterer Seite eine ausführlichere und auch die späteren Perioden der

Entwicklung umfassende Bearbeitung finden möge.« Für ihn bestand kein Zweifel daran, daß dies eine Entdeckungsreise sei, in ein Gebiet der Seelenlehre, die zu vielen wichtigen Ergebnissen führen würde.[16]

Sein Wunsch ist in Erfüllung gegangen. So sind zum Beispiel in der Monographie von Heinz Herzka *Das Kind von der Geburt bis zur Schule* mehr als 600 Literaturzeugnisse zu diesem Thema verarbeitet worden.[17] Sie stammen fast ausschließlich aus dem 20. Jahrhundert, lediglich vier Angaben kommen aus dem 19. Jahrhundert, davon zwei von Darwin und eben jene von Kußmaul. Das Buch zeugt von einer harmonischen Verbindung von Wissenschaftlichkeit und einer persönlichen Beziehung des Autors zu Kindern, was Kußmaul bei seinen Untersuchungen sicherlich auch gelungen war. Das Werk für Eltern hat einführenden und aufklärenden Charakter, da es die Entwicklung von Kindern zeigt: Bewegungsentwicklung, Erlernen der Sprache, Spielentwicklung und Entstehen psychischer Strukturen.

Wie aktuell Kußmauls Untersuchungen noch immer sind, beweist der Beitrag von F. Stirnimann *Zur Psychologie des Neugeborenen,* in dem dieser auf ganz ähnliche Versuche hinweist, wie Kußmaul sie in seiner Arbeit ausgeführt und beschrieben hat:

> Ich habe bei einem Neugeborenen sechs Tage hintereinander die Geschmacks- und Geruchsprüfungen vorgenommen. Dabei wurden von Tag zu Tag immer mehr Reflexe durch immer kompliziertere Handlungen ersetzt. Die Art, wie er die Watte mit Chinin entfernte, wurde immer energischer; zuletzt warf er den Watteträger mit Wut fort.[18]

Stirnimann kommt auf diese Weise zu ganz ähnlichen Schlußfolgerungen wie Kußmaul. Unsere Beobachtungen lassen auch schließen, daß die Seele des Neugeborenen bereits strukturiert ist … Die Seele ist in ihrer Kompliziertheit schon da und kein Trugbild, das erst nach der Geburt durch die Wechselwirkung vom Körper, vor allem dessen Nervensystem, mit der Außenwelt entsteht. Es gibt keine postnatale Psychogenesis, nur eine Entwicklung. Selbst die höchste seelische Fähigkeit, der Intellekt, ist als Anlage bereits da.«[19] Aus der kaum überschaubaren Literatur über Neugeborene sei hier lediglich noch auf Adolf Portmann verwiesen. Aus biologischer Sicht hat er die schon vorhandene, besondere »Menschlichkeit« des Neugeborenen erforscht.[20]

Monographie über chronische Quecksilbervergiftung (Mercurialismus), 1861

Kußmauls medizinisches Hauptwerk der Erlanger Zeit ist die 436 Seiten starke Monographie *Untersuchungen über den constitutionellen Mercurialismus und sein Verhältnis zur constitutionellen Syphilis.* Kußmaul war auf dieses Thema bei seiner Vorlesung über Staatsarzneikunde gestoßen, in der es unter anderem um die öffentliche Gesundheitspflege ging. In der frühen Zeit der Industrialisierung hatte es auch erste Ansätze zu einer Gewerbemedizin gegeben. In Preußen hatte Friedrich Wilhelm III. 1828 eine Kabinettsorder erlassen, die in Berlin als erste Arbeitsschutzgesetzgebung in Kraft trat. So hatte sich Kußmaul auch von Amts wegen um das Wohl der Fabrikarbeiter zu kümmern. Außerdem las er Toxikologie, die Lehre von Vergiftungen. Auf diesem Gebiet hatte er vor und nach seiner Monographie immer wieder gearbeitet, unter anderem über die Gifte des Fliegenpilzes, über chronische Bleikrankheit (Saturnismus) und über beruflich bedingte Schwefelwasserstoffvergiftungen. In der Monographie über die Quecksilbervergiftung arbeitete er erstmals die scharfe Trennung zweier ganz verschiedener Krankheitsbilder heraus: die Abgrenzung der Quecksilberkrankheit (Mercurialismus), einer chronischen Vergiftung, gegen die Infektionskrankheit Syphilis.

Konkreter Anlaß für Kußmauls Untersuchungen war die Tatsache, daß in Erlangen 1859/61 die »Aktiengesellschaft für Glas-Spiegel und Zinnfolien-Fabrikation« entstanden war. Sie war der Stolz der Erlanger Industrie, und ihr Ruf reichte weit über Deutschland hinaus.[21]

Die Arbeiter dieser Fabriken waren dem Quecksilber und seinen giftigen Wirkungen ausgesetzt. Kußmaul sah viele von ihnen in seiner Klinik – für ihn Anlaß genug, das Problem anzugehen. Seine Monographie ist außerdem stark von der Virchowschen Pathologie und dessen Vorstellungen von sozialer Medizin beeinflußt. In der Einleitung begründet Kußmaul seine Untersuchungen:

UNTERSUCHUNGEN

ÜBER DEN

CONSTITUTIONELLEN

MERCURIALISMUS

UND SEIN VERHÄLTNISS ZUR

CONSTITUTIONELLEN SYPHILIS.

VON

ADOLPH KUSSMAUL,

PROFESSOR DER MEDICIN IN ERLANGEN.

> There is scarcely a disease of common occurrence, which has not been imputed by one author or another to the direct or indirect operation of mercury. The present remarks, however, will be confined as much as possible to what is well ascertained.
>
> Christison.

WÜRZBURG.

Druck und Verlag der Stahel'schen Buch- und Kunsthandlung.

1861.

Abb. 28 Titelblatt der Schrift über den »Mercurialismus«; 1861.

> Die Medizin als praktische Naturwissenschaft befindet sich nicht in der glücklichen Lage wie die meisten ihrer Schwestern. Nur zu oft ist ihr nicht erlaubt, über Angriffe auf ihre ausgemachten Lehrsätze, auch wenn jene noch so schlecht begründet wären, mit stolzem Schweigen hinwegzugehen, falls die bestrittenen Sätze von wichtigen praktischen Folgen sind. Droht der Gesellschaft Schaden, so bleibt der Medizin, will sie ihrer nicht nachkommen, nichts anderes zu tun übrig, als die hundertmal aufgezählten Beweisgründe all jenen, welche sie nicht gekannt, geläufig oder entschwunden sind, abermals geduldig und gewissenhaft auseinanderzusetzen.[22]

Kußmaul referiert zunächst die gesamte damals bekannte Literatur über Quecksilbervergiftungen, angefangen von den Griechen bis hin in seine Zeit. Nachfolgend schildert er aufs genaueste die Krankheitsgeschichten von 110 Patienten mit Quecksilberschädigungen. Dabei wurden die Arbeitsanamnesen vor Ort erhoben, und chemische Analysen ergänzten die Untersuchungen der Krankheitsbilder. Deren Erscheinungen, Verläufe und Folgezustände wurden deutlich herausgearbeitet, dadurch konnten die beiden Krankheiten Syphilis und Mercurialismus scharf voneinander abgegrenzt werden. Kußmaul gelang damit die wichtigste, gewerbetoxikologische Monographie, die in deutscher Sprache im 19. Jahrhundert verfaßt wurde.[23]

Im Jahre 1862 neigte sich Kußmauls Erlanger Zeit ihrem Ende zu. Die Medizinische Fakultät der Albert-Ludwigs-Universität Freiburg im Breisgau hatte ihn berufen, und nach kurzen Verhandlungen teilte er am 5. September 1862 dem Erlanger Senat mit: »Von dem Großherzoglichen-Badischen Staatsministerium wurde mir die kürzlich erledigte Profession für Spezielle Pathologie, Therapie und Medizinische Klinik an der Universität Freiburg unter so günstigen Bedingungen angeboten, daß ich mich entschlossen habe, diesen Ruf anzunehmen. Maßgebend für meinen Entschluß war die Überzeugung, daß ich die Zukunft meiner Familie in Freiburg sicherer zu stellen vermag als hier in Erlangen.«[24]

Wiederum sollte Kußmaul seine neue Stelle möglichst schnell antreten, was er aus Dankbarkeit für die Erlanger Medizinische Fakultät jedoch ablehnte. Er teilte der Großherzoglich-Badischen Staatsregierung mit: »... da mich zu viele Pflichten der Dankbarkeit der hiesigen Hochschule verbinden. Denn ich werde nie vergessen, mit welchem großen, ich darf sagen, unbedingten Vertrauen man mir, dem noch Unerprobten, bei meinem Eintreffen in Erlangen 1859 die richtige Stelle eines klinischen Lehrers eingeräumt hat...« In Erlangen wußte man solch ein Verhalten zu schätzen und lohnte seine Treue mit »einer außerordentlichen Renumeration des Münchner Ministeriums von 300 Gulden«.[25] So trennte man sich in Einvernehmen und Frieden.

1. Kußmaul. 2. Rinecker. 3. Schenk. 4. Thiersch. 5. Scanzoni. 6. Beetz.
Eine Erinnerung an Kussmaul: Mitglieder der naturwissenschaftlichen Gesellschaften Erlangen und Würzburg.
Aufgenommen im Sommer 1862 von Professor J. Gerlach.

Abb. 29 Kußmaul mit Mitgliedern der naturwissenschaftlichen Gesellschaft Erlangen und Würzburg; 1862.

[1] Festschrift der Physikalisch-medizinischen Sozietät zu Erlangen zur Feier ihres 100jährigen Bestehens am 27. Juni 1908, Erlangen 1908, S. 53–54.

[2] Alfred Wendehorst (Hg.), Erlangen, München 1984.

[3] Alfred Wendehorst, Aus der Geschichte der Friedrich-Alexander-Universität, Erlanger Universitätsreden, Erlangen 1982, S. 4f.

[4] Renate Wittern, Aus der Geschichte der Medizinischen Fakultät, in: 250 Jahre Friedrich-Alexander-Universität Erlangen/Nürnberg, Festschrift, hg. von Henning Kössler, Erlangen 1993, S. 359.

[5] Renate Wittern, a.a.O., S. 356.

[6] Nachlaß Christian Bäumler, Universitätsarchiv Freiburg, B 150. In diesem Nachlaß befindet sich ein handgeschriebenes Zeugnis von Kußmaul für Bäumler; siehe Anhang. Außerdem unter anderem sehr gut erhaltene Vorlesungsmitschriften von Dittrich 1857/58; Bruhns, Tübingen 1856/57; Vierordt, Tübingen, 1856/57; Griesinger (2 Bände), Tübingen 1856/57; sowie Gerlach Sommersemester 1856 (Erlangen). Außerdem finden sich hier Krankenakten von 1888–95 (Freiburg), verschiedene Briefe und Bücher.

[7] Brief Kußmauls aus Erlangen an Prof. Hasse in Heidelberg vom 20. 2. 1860; Universitätsarchiv Heidelberg.

[8] A. Kußmaul, Zwei Fälle von Paraplegie mit tödlichem Ausgange ohne anatomisch nachweisbare oder toxische Ursache, Heidelberg 1859.

[9] Ders, a.a.O., S. 5; J. B. O. Landry, Note sur la paralysie ascendante aigue, Gaz. hebd. Méd., Paris, 6, 1859, p. 472–477.

[10] A. Kußmaul, Untersuchungen über das Seelenleben des neugeborenen Menschen, Heidelberg 1859; zweite und dritte Auflage, Tübingen 1885, 1896.

[11] Ebd., a.a.O., S. 5.

[12] Ebd., S. 28.

[13] Ebd., S. 12/13.

[14] Ebd., S. 16.

[15] Ebd., S. 35/36.

[16] Ebd., S. 40.

[17] Heinz Stefan Herzka, Das Kind von der Geburt bis zur Schule, Basel 1973, S. 231–243.

[18] F. Stirnimann, Psychologie des neugeborenen Kindes, München 1965, S. 124.

[19] H. S. Herzka, a.a.O., S. 166.

[20] A. Portmann, Biologische Fragmente zu einer Lehre vom Menschen, Basel/Stuttgart 1969.

[21] A. Wendehorst, Erlangen, a.a.O., S. 117.

[22] A. Kußmaul, Untersuchungen über den Constitutionellen Mercurialismus und seine Verhältnisse zur Constitutionellen Syphilis, Würzburg 1861, S. 1.

[23] Heinrich Buess, Adolf Kußmaul und die Gewerbemedizin, Sudhoffs Archiv Band 37, Wiesbaden 1953, S. 214–218.

[24] A. Kußmaul, Personalakte Universität Erlangen, »T. II Pos. 1 Nr. 24 K«.

[25] Ders., Universitätsarchiv Erlangen, a.a.O.

KAPITEL 5

Im Zenit

1863–1876

Abb. 30 Kußmaul in Freiburg um 1868.

Ordentlicher Professor für Innere Medizin in Freiburg i. Br.

Adolf Kußmaul lebte dreizehn Jahre lang in Freiburg. In vielerlei Hinsicht war diese Zeit die beruflich bedeutsamste seines Lebens. Das Porträt des 41jährigen zeigt ernste Züge, einen scharfen Blick, die hohe Stirn ist von einer eher künstlerischen Frisur mit kräftigem Stutzbart eingerahmt. »Blond, von mittlerer Statur, wohlgebaut [...] wie überhaupt die Persönlichkeit nur sehr ehrenwert, wahr und männlich erscheint, was sich auch schon in seinen verständigen, angenehmen, blauen Augen ausspricht.«[1] Kußmaul war als Ordinarius und Direktor der Medizinischen Universitätsklinik berufen worden. Die Medizinische Fakultät hatte ihn sich als Mann der »neuen Richtung« – womit die naturwissenschaftliche Medizin gemeint war – gewünscht. Später hieß es: »[...] dessen Wirkung an unserer Universität wesentlich die glänzende medizinische Epoche heraufführen half.«[2]

Kußmauls wissenschaftliche Produktivität erreichte hier ihren Höhepunkt. Die klaren klinischen Analysen mit ihren pragmatischen Schlußfolgerungen traten von hier aus den Weg um die Welt an und sind bis heute mit seinem Namen verbunden. Sorgsam kümmerte er sich um jeden Patienten, gleichgültig ob es ein Bauernmädchen aus dem Schwarzwald war, ein Bürger der Stadt, Freunde aus der Schulzeit, die unter anderem Minister geworden waren, oder der Großherzog persönlich. Eingeschlossen in den Kreis waren Krankenschwestern, meist Nonnen, und seine Studenten. Von seinen Kollegen aus anderen Fakultäten wurde er hoch geschätzt.

Alle, die ihn erlebten, vergaßen ihn nicht. 33 Jahre nach seinem Weggang aus Freiburg und sieben Jahre nach seinem Tod in Heidelberg errichtete ihm die Stadt Freiburg 1909 ein Denkmal vor dem Eingang der Medizinischen Klinik in der Albertstraße.

Das Wirken der Menschen, die etwas erneuern wollen, ist stets eingebunden in ihre Zeit, ihre Bedingungen und Gegebenheiten. Kußmaul kam in eine für sein Denken offene Fakultät. Diese wiederum war in die soziale und wirtschaftliche Entwicklung der Stadt eingebunden, die sich gerade anschickte, »die schönste Stadt Deutschlands« zu werden. In Freiburg wurden politische Auseinandersetzungen, in die sich Kußmaul von seinem Fach aus einmischte, scharf ausgefochten. Sie hatten ihren Grund in der liberalen Politik der ›Neuen Ära‹ des Großherzogtums Baden, das 1871 im heißersehnten geeinten Deutschen Reich seinen Platz gefunden hatte. Zum besseren Verständnis des historischen Hintergrundes sollen zunächst einige Entwicklungen jener Zeit nachgezeichnet werden; dies ist die Bühne, auf der sich Kußmauls Leben abspielte.

Die ›Neue Ära‹ im Großherzogtum Baden

In der ›Neuen Ära‹ der 1860er Jahre, in etwa deckungsgleich mit Kußmauls Freiburger Zeit, war das Großherzogtum Baden der führende liberale Staat in Deutschland; für alle Fortschrittlichen hatte er Modellcharakter. Lothar Gall gab seiner grundlegenden historischen Studie hierzu den programmatischen Titel *Der Liberalismus als regierende Partei.*[3] In dieser ›Neuen Ära‹ wurden Staat und Gesellschaft von der Basis her, dem parlamentarischen System, nach liberalen und rechtsstaatlichen Prinzipien neu gestaltet.

Südwestdeutschland hatte vor der napoleonischen Zeit aus etwa 200 zum Teil kleinsten Territorien bestanden, aus denen zwei Mittel- und zwei Kleinstaaten hervorgingen: Das Großherzogtum Baden, dessen Areal sich um das Vierfache vergrößerte und das Königreich Württemberg sowie die kleinen Fürstentümer Hohenzollern-Sigmaringen und Hohenzollern-Hechingen.[4] Das Großherzogtum Baden hatte 1818 die fortschrittlichste Verfassung eines deutschen Staates erhalten. Im »Vormärz« galt die Badische Kammer als Hochburg des deutschen Liberalismus, schließlich wurde die erste sozialpolitische Rede 1837 in der Badischen Kammer gehalten! Wenn auch der Reichsgründungsversuch und die Revolution von 1848/49 gescheitert waren, so war doch der Ertrag der Landesgesetzgebung in wesentlichen Teilen bestehen geblieben, und das politische Klima hatte sich im Vergleich zur vorrevolutionären Zeit deutlich gewandelt. Der ›Neuen Ära‹ kann fast Revolutionscharakter zugesprochen werden, insbesondere wenn man bedenkt, daß bis 1852 Kriegsrecht herrschte und das Land preußisch besetzt war. An der Spitze stand Friedrich I. (1856–1907), der mit Luise, der Tochter des preußischen Königs und deutschen Kaisers Wilhelm I., verheiratet war. Der Großherzog hatte 1843–1845 unter anderem bei Ludwig Häusser studiert, durch dessen Einfluß wesentliche Grundlagen für seine liberale und protestantisch-nationale Haltung gelegt worden waren. Die Liberalen besaßen seit den Ergänzungswahlen von 1859 wieder die Mehrheit in der Kammer. Im selben Jahr war es zum Abschluß eines Konkordats zwischen dem Großherzogtum Baden und dem Heiligen Stuhl gekommen, das der Großherzog nur unter der Bedingung unterzeichnet hatte, daß die zweite Kammer ihre Zustimmung zu einer Reihe von Gesetzesänderungen gab. Die Regierung hatte Zugeständnisse gemacht bezüglich des Erziehungs- und Bildungswesens, der Lehrfreiheit an den Universitäten, der Gesetzgebung und der Gültigkeit des kanonischen Rechts. Kaum war der Inhalt dieses Konkordats in Baden bekannt geworden, erhob sich ein Proteststurm, wie ihn das Land seit 1848 nicht mehr erlebt hatte. Man sah das Gesetzgebungsrecht sowie die in der Verfassung garantierten Grundrechte in unzumutbarer Weise eingeschränkt! Franz Freiherr von Roggenbach (1825–1907) gelang es, mit großem politischem Geschick den Großherzog umzustimmen. Am 2. April 1860 wurde der Kammer ein neues Kabinett vorgestellt, an dessen Spitze August Lamey (1816–1896) stand: »Aus der Kammermajorität heraus in den Ministersitz gehoben, aus den Reihen der Opposition hinweg an das Steuer gestellt, der erste Fall dieser Art, den man in Deutschland erlebt hatte«, schrieb der Lörracher Arzt Eduard Kaiser[5], für den Lamey ein »Herzensfreund des badischen Volkes« war. Um 1860 galt er als der wohl populärste Politiker des Landes, der mit Freiburg aufs engste verbunden war, denn hier hatte sein politischer Aufstieg begonnen. 1850 war er zwar Anwalt der angeklagten Revolutionäre, verteidigte 1853 aber auch den Freiburger Erzbischof Hermann von Vicari (1773–1868) in einem Aufsehen erregenden Prozeß gegen den badischen Staat. Der »Revolutionär schaffte es, sein Ideal zu verwirklichen: den liberalen Rechtsstaat!«[6]

Mit der Ernennung Lameys hatte der Großherzog einen grundlegenden Wechsel des politischen Systems vollzogen, und in den folgenden sechs Jahrzehnten bis zum Ende der Monarchie waren die gemäßigten Liberalen bestimmende Kraft des Großherzogtums. Sie leiteten sofort nach dem Regierungswechsel eine Politik umfassender Reformen ein.[7] Die Kirchengesetzgebung des neuen Kabinetts sah völlige Freiheit der Kirche hinsichtlich der Verwaltung ihrer inneren Angelegenheiten vor, jedoch die eindeutige Unterordnung unter den Staat und dessen Gesetze in allen äußeren Rechtsverhältnissen.[8] Damit gab es für das Verhältnis von Staat und Kirche eine neue Basis: Die allgemeine Schulaufsicht wurde den Kirchen entzogen, und die Simultanschule auf den Weg gebracht. Im Zusammenhang mit der Kirchengesetzgebung standen die Gesetze zur Judenemanzipation, die weitgehend das persönliche Verdienst von Lamey waren: Die Juden wurden rechtlich den übrigen Staatsbürgern gleichgestellt. Sie hatten zwar 1848/49 bereits die volle staatsbürgerliche Gleichberechtigung erhalten, konnten sich jedoch in Städten wie Freiburg nicht niederlassen, da sie kein Gemeindebürgerrecht erhielten. Lamey kannte die Vorurteile vieler Bürger und auch der Mehrheit der liberalen Kammer und erhob nicht zu Unrecht den Vorwurf, daß entsprechende Argumente mit niedrigen materiellen Motiven verknüpft seien: »Der Freiburger, der Konstanzer zum Beispiel glaubt, daß, sobald die Emanzipation eintritt, die Stadt Freiburg/Konstanz, seither judenfrei, mit Juden überschwemmt wird, und so insbesondere im Handelsstand für die Christen eine Konkurrenz erwachse, welche sie bei der Regsamkeit und Genügsamkeit jüdischer Handelsleute nicht zu bestehen vermöchten.«[9] In Übereinstimmung mit dem Großherzog und unter Aufbietung seiner ganzen Autorität gelang es ihm schließlich 1862, das Gesetz durch die Kammer zu bringen, das den Juden die vollkommene rechtliche Gleichstellung auch in den Gemeinden garantierte. Die badischen Juden feierten Lamey daraufhin als ihren Befreier; sein Bild war lange Zeit in vielen jüdischen Häusern zu finden.

Diese Gesetzgebung paßte zu Kußmauls innerer Einstellung und geistiger Haltung, denn er hatte während der Revolution Juden vor Ausschreitungen zu bewahren versucht, zumal er zu seinem Freundes- und Bekanntenkreis viele jüdische Glaubensangehörige zählte, wie es auch in seinem beruflichen Umfeld etliche jüdische Assistenten gab. 1882 hielt er eine groß angelegte Gedenkrede auf den jüdischen Arzt Benedikt Stilling. Eine weitere Folge der neuen Gesetzgebung war die Einführung der Gewerbefreiheit, der Ausbau der Selbstverwaltung, der Verwaltungsgerichtsbarkeit und eine neue Gerichtsverfassung. Kußmaul war mit vielen Persönlichkeiten, die die Politik der ›Neuen Ära‹ leiteten, bekannt. So zum Beispiel mit Julius Jolly (1823–1891), der 1866 Innenminister und wenig später Ministerpräsident wurde. Mit ihm hatte Kußmaul das Mannheimer Lyzeum besucht, und er erinnerte sich an ihn als den »talentvollsten und fleißigsten Schüler der Quinta. [... Er] ist später von allen der berühmteste Mann geworden, obwohl der jüngste in der Klasse, war er stets der erste, einen Tag wie den anderen in allen Fächern gleich sorgfältig vorbereitet, dabei auffallend selbständig im Urteil.« (58) Als Minister galt Jolly als eigensinnig, war jedoch innerhalb der Beamtenschaft seiner Fähigkeiten wegen hochgeachtet, seiner preußischen Strenge und der Schroffheit seines Charakters wegen jedoch nie beliebt. Kußmaul und er waren wohl eng befreundet, sie verhandelten miteinander, als Kußmaul Prorektor der Universität und Dekan der Medizinischen Fakultät in Freiburg war. Mit »Lieber Freund!« redete ihn Jolly an, als er ihm am 16. Mai 1875 schrieb: »[...] Ich werde auf einer Geschäftsreise nach dem Oberland doch Dienstag morgen nach Freiburg kommen und Dich aufsuchen, um die möglichen Bauplätze für die Irrenklinik mit Dir zu besprechen [...]. Bestens grüßt Dich Dein ergebener Jolly.«[10]

Ein weiterer Freund Kußmauls war sein ehemaliger Korpsbruder Rudolf von Freydorf (1819–1882), von 1866 bis 1870 Außen- und Justizminister. Kußmaul schrieb über ihn in seinen *Jugenderinnerungen:* »Er führte als Student auf der Hirschgasse (in Heidelberg) eine gefährliche, scharfe Klinge; im Rate der Senioren eine gefürchtete scharfe Zunge.« Ihm konnte Kußmaul auch einen ganz entscheidenden medizinischen Rat geben. Als sie sich 1858 wegen eines Rechtsfalles in Mannheim trafen, wobei Freydorf als Rechtsanwalt und Kußmaul als ärztlicher Sachverständiger auftraten, diagnostizierte Kußmaul bei seinem Freund zufällig und auf Anhieb ein akutes Glaukom des Auges, das er in Heidelberg sofort operieren ließ. Das Auge konnte gerettet werden. »Freudig bewegt schied Freydorf aus Heidelberg mit den Worten: ›Gott sei Dank! Ich bin mit einem blauen Auge davongekommen!‹«[11]

Hier ist der Ort, um eine politische Einordnung Kußmauls zu versuchen. Eine solche genaue Beurteilung ist freilich schwierig. Er äußerte sich zu politischen Fragen nur undeutlich und wir kennen keine Stellungnahme zu Parteienfragen. Dabei war er im Vormärz oppositioneller Student, während der 48er Revolution mit Revolutionären bekannt und befreundet; er neigte selber zum nichtradikalen, konstitutionellen Liberalismus. Der liberalen badischen Politik der Neuen Ära stand er durch seine persönliche Bekanntschaft mit deren Ministern nahe und konnte das mit einem engen Verhältnis zur Großherzogsfamilie dank ihrer ähnlichen politischen Haltung verbinden.

Er teilte allerdings nicht die positive Einstellung seines Vaters (um 1845) zu Napoleons Modernisierung des deutschen Westens, wollte also nicht einen äußeren französischen Einfluß auf nationale politische Neuerungen zugeben. Reaktionäre deutsche Entwicklungen scheint er hinzunehmen. Er verurteilte – soweit bekannt – nirgends die militärische Besetzung Badens durch preußische Truppen 1849; er nannte die damaligen Zustände allerdings »tragisch« und »schrecklich«. Aber die große Begeisterung über die nationale, kleindeutsche Einigung durch Preußen überdeckt das später ganz, zumal ja Baden dabei besonders stark mitwirkte. Was die Sozialisten betrifft, so lehnte er um 1870 die Lassalleaner wegen ihres »unwürdigen« Diskussionsstiles ab. 1898 bewunderte er Bismarck und Moltke – äußerte sich aber auch im gleichen Jahr, als dies nicht unbedingt opportun war, recht positiv über die 48er Revolution.

Man kann die politischen Ansichten eines Menschen nicht von seiner gesamten Persönlichkeit trennen, und vielleicht ergibt sich aus dieser Sichtweise eine vernünftige Beurteilung.

Kußmaul befand sich im Strom der Zeit voll eingespannt in seine ärztliche Tätigkeit. Aus dieser heraus mahnte er 1885 in Straßburg auf einer großen wissenschaftlichen und politischen Bühne, Ärzte hätten Wunden zu heilen und nicht solche zu schlagen! So hing es wohl mit seinem Beruf zusammen, daß sein Wesen und Urteil ausgewogen waren; er liebte den praktischen Ausgleich. Ohne Zweifel dachte er eher national als international; im Ausland war er auch immer nur kurze Zeit. Aktiv politisch engagiert wie sein Kollege und Freund Virchow war er nie. Aber von Jugend an war er patriotisch und freiheitlich gesonnen und blieb es bis ins Alter auf maßvolle und zunehmend gemäßigte Weise. –

Da Kußmaul ärztlicher Berater des Großherzogs und dessen Familie war, schickte er diesem am 13. März 1866 seine Freiburger Antrittsvorlesung: »Hochzuverehrender Herr Legationsrat!« schrieb er im Begleitbrief –

> Im Begriff, anliegende kleine Schrift Euer Hochwohlgeboren zu überschicken, werde ich durch die Verleihung des Ritterordens vom Zähringer Löwen freudigst überrascht. Obwohl ich nicht verfehlen werde, demnächst selbst nach Karlsruhe zu reisen, um seiner Königlichen Hoheit, dem Großherzog, meinen ehrfurchtsvollen Dank persönlich auszusprechen, mögen Sie mir doch gestatten, mein Vorhaben auszuführen und Ihnen die beiden anliegenden Exemplare der zwei von mir hier gehaltenen öffentlichen Vorträge mit der Bitte zu übersen-

den: Von einem selbstgefälligst Besitz zu nehmen, für das andere aber mir die gnädigste Erlaubnis zu erwirken, es ihm untertänigst vorlegen zu dürfen.[12]

Der sehr volksverbundene Großherzog besuchte Kußmaul in seinen späteren Jahren jedesmal, wenn er in Heidelberg war; sein Sohn nahm als regierender Fürst an der Einweihung des Kußmauldenkmals 1909 in Freiburg teil.

Die Stadt Freiburg und die Universität in den 1860er Jahren

Kußmaul, der seine badische Herkunft stets hervorhob, kehrte liebend gern in seine Heimat zurück – auch nach Freiburg, das er bisher nur flüchtig gekannt hatte. Hier erhoffte er sich, besonders auch für seine Familie, gute Entwicklungsmöglichkeiten.

Abb. 31 Ansicht von Freiburg, Anton Straub um 1860. Im Vordergrund die Festhalle, auf der rechten Seite die Ludwigskirche und Gebäude der Kliniken.

Die Stadt hatte zwar während und nach der Revolutionszeit 1848/49 durch die Fremdeneinquartierungen und politischen Verfolgungen schwer gelitten, doch Mitte der 1850er Jahre zeichnete sich ein wirtschaftlicher Aufschwung ab, und der Regierungswechsel vom 1. März 1860 in Karlsruhe brachte der Stadt wesentliche positive Impulse. Durch die neuen gesetzlichen Möglichkeiten prosperierte die Wirtschaft, auch hier sah man Ende der 1860er Jahre rauchende Fabrikschlote.

Städtebauliche und soziale Verhältnisse beschreibt der badische Dichter Heinrich Vierordt (1855–1945). 1925 erinnerte er sich an seine 1862 bis 1865 in Freiburg verbrachte Zeit:

> Der Aufenthalt in Freiburg war damals überaus gemütlich. Meine Eltern haben zeitlebens auf die Tage dort als auf ein verlorenes Paradies zurückgeschaut. Wie die Herde sich um den Hirten schart, drängte sich die Stadtbevölkerung, einer großen Familie gleich, in der alles sich kannte, um den ehrwürdigen Münsterbau. Die Stadt hatte nur eine mäßige Ausdehnung; wo heute neue Vorstädte prangen, schlang sich der Gürtel von edelfruchtbaren Weinbergen um ihre Hüften. Der Garten des hügeltrohnenden Schlösschens Colombi streckte sich, die eine Seite der jetzigen Eisenbahnstraße einnehmend, voller Rebgelände bis an den bescheidenen Bahnhof. Der Rempart, der alte Wall, zog sich noch um einen Teil der Stadt und gewährte eine schöne Reihe Schwarzwaldblicke – heut' alles bis zur Unkenntlichkeit verwischt und verbaut. Schritt man damals aus dem Martinstor hinaus und über die Dreisambrücke der Wiehre zu, so sah man an der Landstraße nach Günterstal drei Häuser zur Rechten stehen; mehr gab er überhaupt dort nicht; wo heute beiderseits eine ganz neue Stadt ragt, lagen Felder und Wiesen.[13]

1842 hatte Freiburg 13141 Einwohner, davon waren 1361 Protestanten. 1861 war die Zahl der Einwohner auf 16900 gestiegen, 1864 auf 19167 und 1880 bereits auf 36401. Im Vergleich beispielsweise zu Erlangen wuchs die Stadt demnach rapide. Die soziale Schichtung Freiburgs war eng mit der ökonomischen Lage der Bewohner verquickt.[14] Die Unterschicht umfaßte etwa 72% der Bevölkerung, die Mittelschicht zählte 22% und die Oberschicht 6%. Zu letzterer zählten die Gruppen der Großkaufleute, Fabrikanten und Bankiers, und eine kleinere Gruppe bestand aus höheren Beamten, Angestellten und freiberuflichen Akademikern sowie Professoren, Ärzten und Richtern, nicht zu vergessen Offizieren und Hoteliers. Da die Bevölkerungsdichte infolge starker Zuwanderung sprunghaft angestiegen war, entstanden in Freiburg neue

Wohnquartiere, die vornehmeren an der Dreisam und im Bahnhofsviertel. Hier herrschte eine hohe soziale Homogenität, die durch das herrschende Mietpreisniveau aufrecht erhalten wurde. Kußmaul wohnte im exklusiven Bahnhofsbereich, sein Haus stand in der Bertoldstraße 60, dort, wo sich heute das Konzerthaus befindet.

Den Hauptschub zur Industrialisierung löste der Eisenbahnanschluß 1845 aus. Die Textil- und Bekleidungsbranche sowie die Nahrungsmittelherstellung führten die Lokalindustrie an. Es folgten Betriebe für Metallverarbeitung, Baugewerbe, Papier, Leder, Druckereien, chirurgische Instrumente, Streichhölzer, Schrauben, chemische Präparate, Hanf-, Garn- und Zigarrenherstellung. Die größeren Fabriken hatten bis zu 400 Arbeiter, die kleineren weit unter 100. Im Jahr 1869 produzierten schon 20 Freiburger Betriebe mit Dampfkraft.

Auch Bildungs- und kulturelle Institutionen hatten sich etabliert:

> Seit 1828 bestand in Freiburg die vereinigte Knabenschule, es wurden mit Hilfe von vier Haupt- und zwei Unterlehrern ca. 500 Knaben zwischen dem sechsten und vierzehnten Lebensjahr unterrichtet. Die 500 Mädchen wurden in den beiden Lehrinstituten der Ursulinerinnen und des ehemaligen Frauenklosters Adelhausen unterrichtet. [...] Das ursprünglich mit der Universität eng verbundene Gymnasium (nur für Jungen) hatte man 1893 in ein Lyzeum verwandelt, es diente in der Hauptsache der Universitätsvorbereitung [...]. Es wurde von rund 250 Schülern besucht. [...] Das Vereinsleben war rege, es gab die Gesellschaft für Beförderung der Naturwissenschaften, die Gesellschaft zur Beförderung der Geschichtskunde, den Kunstverein, den Gesangverein, die Bürgerliche Lesegesellschaft und einen Freiburger Frauenverein für Häuslichkeit und Wohltätigkeit.[15]

Die gesundheitliche Situation der Bürger beschrieb Kußmauls Vorgänger Karl Heinrich Baumgärtner (1798–1886):

> Unser liebliches Freiburg zeichnet sich vor mancher Stadt und auch in der Beziehung aus, daß die Hauptbedingungen zu einem kräftigen Gedeihen des Körpers und Geistes sämtlich vorhanden sind, und in den örtlichen Verhältnissen keine einzige Krankheitsursache liegt, die der einzelne nicht zu vermeiden imstande wäre; dagegen finden wir in den Ortsverhältnissen sowohl als in dem Leben und Weben der Bevölkerung manche Eigentümlichkeit, wodurch doch im Ganzen häufig genug zu Erkrankungen Veranlassung gegeben wird. Die schädlichen Einflüsse anzugeben, wodurch vorzugsweise Krankheiten eines Ortes bedingt werden, ist die Hauptsache jeder medizinischen Topographie [...].

Baumgärtner schildert die kalten Windeinfälle aus dem Schwarzwald, die besonders bei Kindern zu Lungenentzündung und Croup führten, und er geht weiter auf die Lebensweise und das diätetische Verhalten ein:

> Hier wie überall, wo die Zahl der Einwohner aus den höhergebildeten Ständen beträchtlich ist, hat der Arzt auch viel zu schaffen mit den Folgen der Verzärtelung des Körpers, der sitzenden Lebensweise, der geistigen Anstrengung und den Gemütsbewegungen, und mit der Einbildung der Patienten, daher auch aus diesem Grunde mit Erkältungskrankheiten sowie mit Verdauungsbeschwerden, Hämorrhoiden, Hypochondrie, Bleichsucht, Hysterie [...]. Eine hier sehr verbreitete Krankheit, deren Ursache man aber nicht ermitteln kann, ist der Kropf; man sieht ihn jedoch selten zu den höheren Graden entwickelt.[16]

Die nicht gerade vorbildlichen hygienischen Verhältnisse waren unter anderem Max Föhrenbach, der 1872 Leiter der Gesundheits-, Bau- und Straßenpolizei in Freiburg wurde, ein Dorn im Auge. Er gab 1911 in seinen Erinnerungsblättern darüber Auskunft:

> Sufer war die Stadt zwar äußerlich, dagegen bestanden innerhalb der Häuser und Höfe noch Zustände, die man angesichts unserer heutigen mustergültigen Wasserversorgung, Kanalisation, kaum für möglich halten würde. Wo Abortgruben überhaupt vorhanden waren, dienten sie meistens mehreren Häusern gemeinsam. Wo eine Grube mangelte, befand sich irgendwo im Keller oder Hofe ein Jauchekasten oder dergleichen, welcher sich schon beim Eintritt in das Haus mehr oder weniger deutlich bemerkbar machte. Die Entleerung der Gruben mußte durch Ausschöpfen geschehen, was nächtlicherweise von Bauern besorgt wurde, die den Inhalt, so weit sie ihn unterwegs nicht wieder verloren, auf ihre Felder verbrachten, dieselben wurden Nachtkönige genannt und waren gefürchtete Gäste. Drei größere Häuser an der Kaiserstraße besaßen beispielsweise nur eine gemeinschaftliche Grube, welche unter der Backstube eines Bäckers lag. Da der letztere in der Nacht, in welcher die Grube entleert wurde, nicht backen konnte, widersetzte er sich jeweils dieser unappetitlichen Störung. Die Nachbarn riefen nach der Polizei, welche sich beeilte, den unsauberen Streit zu schlichten. Fälle ähnlicher Art gehörten zum täglichen Menue [...]. Nicht viel besser sah es mit der Beseitigung der Abwässer aus. Wer zufällig vorüberging, wenn dieselben nachts in die Straßenbäche geschüttet wurden, tat gut daran, seine Schritte zu beschleunigen.[17]

Im Blick auf die Unreinlichkeit war Freiburg beileibe keine Ausnahme, es sei denn, man zieht seine Bächle mit in Betracht, auf die es heute noch stolz ist. Aber die Beseitigung des Abwassers und der Fäkalien war 1850 noch genau so, wie sie seit Jahrhunderten bestanden hatte. Manfred Vasold schildert dieses Problem detailliert für Berlin, wo Rudolf Virchow als Stadtverordneter dafür zuständig war. Es wurde dort 1872 beschlossen, daß die Abwässer in einem Kanalisationssystem von der Stadtmitte zur Peripherie gepumpt und von dort auf Rieselfelder entleert werden sollten. Dies wirkte sich enorm günstig auf die Gesundheit der Bevölkerung aus: Von 1000 Berlinern erreichten unmittelbar vor Einführung der Kanalisation nur 262 ihr 50. Lebensjahr – 1910 waren es 543.[18] In Freiburg wurden 1891 – nach Installation der Zentralkanalisation – die Rieselfelder im Westen der Stadt in Betrieb genommen – ein Areal, auf dem heute Freiburgs neuester Stadtteil entsteht.

Die 1850er Jahre waren im Badener Land Krisen- und Hungerjahre. Für die Bevölkerung besonders betroffener Gebiete gab es kaum Hoffnung auf Besserung, so daß oft die Auswanderung nach Amerika als einziger Ausweg angesehen wurde. In den fünf Jahren zwischen 1850 und 1855 wanderten aus Baden, das die Auswanderung staatlich unterstützte und bezuschußte, 62444 Personen aus.[19]

Gegenüber diesen Krisenjahren besserten sich die Lebensbedingungen zu den siebziger Jahren hin deutlich. Die sozialen Verhältnisse blieben einigermaßen stabil, was damit zusammenhing, daß in großen Gebieten Badens Heimarbeit und Landwirtschaft eng miteinander verzahnt waren. Eine vielköpfige Familie konnte sich jedoch nur dann einigermaßen gut ernähren, wenn alle Familienmitglieder mehr als zwölf Stunden arbeiteten. In den Freiburger Fabriken dauerte die Arbeitszeit grundsätzlich von morgens sechs bis abends sieben Uhr mit lediglich einer Stunde Mittagspause. Es gab aber auch schon erste Ansätze sozialen Engagements. Im Jahre 1851 wurde durch die Initiative von Freiburger Fabrikanten und Arbeitern ein »Verein zur Unterstützung für Freiburger Fabrikarbeiter« gegründet. Dieser zählte im Jahre 1860 ca. 260 Mitglieder, was in etwa der Hälfte der Freiburger Fabrikarbeiter entsprach; er hatte einen eigenen Arzt angestellt. Im folgenden Jahr unterstützte der Verein 82 Mitglieder mit einem täglichen Krankengeld von 40 kr. (Ein Laib Schwarzbrot von vier Pfund kostete je nach Erntebedingungen 16 bis 22 kr.) Außerdem wurden Altersschwache betreut und Beerdigungskosten ersetzt. Wenn die Ausgaben größer als die Einnahmen waren, wurde die Differenz durch einen Zuschuß des Großherzogs gedeckt, der im Jahre 1868 auch das Patronat über den Verein übernommen hatte.[20]

Die Politik der ›Neuen Ära‹ brachte für Freiburg neben wirtschaftlichem Aufschwung auch beträchtliche politische Auseinandersetzungen. Der sogenannte badische Kulturkampf der Ultramontanen gegen die Liberalen wurde hier, als einem Brennpunkt der Auseinandersetzung, scharf ausgetragen. Ultramontane nannten sich die Kirchen- und Romtreuen Katholiken, die sich gegen den aufgeklärten Liberalismus und die weltliche Gesetzgebung wehrten. Die Stadt war mit ihrem Münster 1821 Sitz des badischen Erzbistums geworden, hier wurde der katholische Klerus für das ganze Land ausgebildet. 90 % waren Katholiken, ca. 10 % Protestanten. Julius Jolly betrieb eine betont antiklerikale Politik. 1868 wurde die Zivilehe und die Kommunalschule eingeführt, nach Meinung des *Freiburger katholischen Kirchenblattes* eine Erfindung der Freimaurerei. Schon 1878 hatte der badische Innenminister den Dominikanerinnen die Leitung der Adelhauser Schule entzogen, ihr Lehr- und Erziehungsinstitut aufgelöst und das Vermögen der Stadt überwiesen. Weiterhin verlangte die Regierung, daß jeder Theologiestudent in einer Staatsprüfung ein sogenanntes weltliches »Kulturexamen« ablegen solle. Der Erzbischof hingegen untersagte seinen Studenten diese Prüfung. Von ultramontaner Seite wurde beklagt, daß an den Laienfakultäten der Universität zu viele »Norddeutsche«, »Preußen«, ja »Ketzer« lehrten. Mit großen überregionalen Katholikenversammlungen und entsprechenden Gegenprotesten griff man jeweils in die Debatten ein. Einen gewissen Wendepunkt erreichte die Situation erst, als der Großherzog seinen Minister Julius Jolly entließ und damit die Polarisierung langsam endete.[21]

Die Universität Freiburg, 1457 von Erzherzog Albrecht VI. gegründet, nahm 1471 die Medizinische Fakultät auf.[22] 1818 sicherte Großherzog Ludwig der Universität und der Stadt Freiburg den Fortbestand der Institution zu, woraufhin die Hochschule seinen Namen neben den des Gründers stellte, sie hieß fortan Albert-Ludwigs-Universität. In der deutschen Hochschullandschaft nahm sie eine hervorragende Stellung ein. Das Großherzogtum hatte mit knapp 3 % des Gesamthaushaltes den größten Hochschuletat aller Bundesstaaten. Entscheidenden Anteil am Wachstum der Freiburger Universität hatte die Medizinische Fakultät, die noch zu Kußmauls Zeiten die stärkste wurde und gelegentlich zwei Fünftel aller Immatrikulierten zählte; dies war nicht zuletzt das Verdienst von Kußmaul. 1861 betrug die Gesamtzahl der Studenten 318, davon waren 45 Mediziner; 1872 gab es schon 113 Medizinstudenten. Das klinische Hospital der Stadt im Institutsviertel in der Albertstraße beherbergte von 1829–1931 auch die Medizinische Universitätsklinik. Zu den Besonderheiten der Freiburger Situation gehörte es, daß Universität und Stadt bei der Versorgung der Bevölkerung von Anfang an eng zusammengearbeitet hatten. Alle Krankenhausneubauten der Fakultät waren nie nur universitäre Lehrkrankenhäuser, sondern immer auch Versorgungsanstalten für die Bürger der Region. Gestärkt wurde diese Zusammenarbeit noch dadurch, daß die Professoren in allen Spitalangelegenheiten der Stadt sowie den dazugehörigen, reichhaltigen Stiftungen mit Sitz und Stimme vertreten waren.[23]

Während Kußmauls Freiburger Zeit entfaltete die Fakultät eine rege Bautätigkeit, die Medizinische Klinik wurde öfter erweitert, innerhalb recht kurzer Zeit entstanden eine neue Anatomie sowie eine Frauen- und eine Augenklinik.

1867/68 nahm die Innere Klinik 858 Patienten auf, insgesamt wurden 2257 Patienten stationär behandelt. In der Klinik

> enthalten die größeren Säle acht, die kleineren sechs Betten [...]. Jedes Zimmer besitzt einen großen Tisch und Stühle; an der Decke sind zwei Ringe angebracht, von welchen mit Handhaben versehene Gurte als Krankenheber heruntergehen, wenn die Noth es erfordert. Zur Bequemlichkeit einzelner Kranker sind größere Armsessel vorhanden. Jeder Saal hat ein besonderes Thermometer und einige Nachtstühle. Nebst dem hat der Kranke neben seinem Bett einen kleinen Nachttisch. Über dem Bett hängt eine größere Tafel, welche die Namen des Kranken, seine Diät, den Aufnahmetag und den Namen des Praktikanten enthält. In jeder Abteilung befindet sich ein leichter, tragbarer Pult, welcher dazu dient, um auf demselben zugleich an jedem Bett die Krankengeschichte niederzuschreiben. Von jedem Kranken wird ein besonderes Journal geführt und aufbewahrt.[24]

Kußmaul legte großen Wert darauf, daß seine Assistenten die Krankengeschichten direkt am Krankenbett niederschrieben.

Die Entscheidung, den Ruf nach Freiburg anzunehmen, hing sicherlich wesentlich damit zusammen, daß er hier eine Klinik vorfand, die modern geplant und gebaut war. Innere Medizin und Chirurgie waren darin vereint, ebenso zunächst die Geburtshilfe. Die Klinik enthielt

Abb. 32 Das klinische Hospital von Freiburg; ca. 1829.

Wohnungen für den Verwalter und einen Assistenzarzt sowie die erforderlichen Hörsäle, Bäder und Funktionsräume. Bald nach dem Bezug 1829 wurde sie »von berühmten und vielgereisten Ärzten für eines der schönsten Krankenhäuser in ganz Europa erklärt.«[25]

Familiäres und gesellschaftliches Leben

Aus verschiedenen Mosaiksteinen lassen sich einige Einblicke in das private Leben der Familie Kußmaul rekonstruieren. Kußmaul hatte ja seinen Weggang von Erlangen und den Umzug nach Freiburg unter anderem damit begründet, in Freiburg bessere Möglichkeiten für das Fortkommen seiner Familie zu finden, zu der damals drei Kinder zählten: Helene, Luise und Eduard, zwölf, zehn und sieben Jahre alt. In Freiburg wurden dann noch Hedwig (1867) und Ida (1869) geboren. Im Geburtsjahr von Ida waren die Eltern bereits 41 und 47 Jahre alt, und der Vater war gerade Rektor der Universität geworden. Adolf Kußmaul hing sehr an seiner Familie, war aber beruflich stark beschäftigt und eingespannt. So klagte er in einem Brief aus der Straßburger Zeit, daß er sich gerade in der Weihnachtszeit – der einzig freien – auf den Vorsitz der Naturforscherversammlung 1885 in Straßburg vorbereiten mußte: »Es tut mir schrecklich leid und es ist mir hart, daß man die größte Freude, die man bisher im Jahre gehabt hat, seine Lieben um sich versammelt zu sehen, entbehren soll, um ja wie ein Packesel sich plagen zu können.«[26] In ähnlichem Sinne schrieb er an Professor Richard von Volkmann: »Als ihr Brief eintraf, der mir viel Freude machte, mußte ich gerade auf einige Tage in Prorektorats-Geschäften verreisen. Heimgekehrt fand sich wieder eine Menge Geschäfte. Nun habe ich mich in die Impfhändel eingelassen, die in unserem Lande heftig entbrannt sind und veröffentliche Artikel auf Artikel zur Beruhigung des Volkes, was zwar Vielen gefällt, mir aber eigentlich nicht, da ich wohl besseres tun könnte. Dazu noch einer Menge anderer Dinge, die besorgt sein sollen. Ich habe meist nur fünf bis sechs Stunden zum Schlafen. Beim besten Willen komme ich vor Frühjahr nicht dazu, Ihnen etwas zu schicken.«[27]

Dennoch blieb Zeit für Einladungen, Tanzveranstaltungen und Besuche. Reisen führten in Kurorte wie Bad Kissingen, Karlsbad, Bad Ragaz, öfter auch nach Italien, was ebenfalls aus dem oben erwähnten Brief an Volkmann hervorgeht:

> Unsere Reise mit Ihnen zusammen beschäftigt meine Töchter und mich noch oft in der angenehmsten Weise. Die Mädchen haben Sie sehr gerne gewonnen und Sie dürfen sich auf den allerherzlichsten Empfang gefaßt machen, wenn Sie unser Haus mit Ihrem Besuche beehren. Ihre Photographie hat nicht blos mir Freude gemacht. Wir waren übrigens noch in Genua und Turin sehr vergnügt und vom Wetter begünstigt. Die Rückerinnerung an die köstliche Herbstwärme in Genua thut Einem bei dieser Kälte jetzt sehr gut, man thaut förmlich auf.

Offenbar ist Kußmaul mit seinen Töchtern Helene, die achtzehn, und Luise, die sechzehn Jahre alt waren, allein gereist, denn die jüngste Tochter Ida war zu diesem Zeitpunkt gerade ein halbes Jahr alt und mit der Mutter wohl in Freiburg geblieben.

In späteren Jahren konnte Kußmaul sogar nach Konstantinopel und Ägypten reisen. Ein Jahr vor seiner Emeritierung besuchte er seinen alten Studienfreund Georg Mühlig in Konstantinopel, »[...] in seinem gastlichen Hause verlebte ich im September 1887 unvergeßliche, herrliche Tage.« (179)[28]

In diesem Jahr gab es auch Kontakte zu Heinrich Schliemann (1822–90), dem Entdecker von Troja und Mykene. Schliemann schrieb an Virchow: »Es ist aber hier [...] eine so erstaunliche Besserung im Befinden meiner Frau eingetreten, daß jetzt Herr Professor Kußmaul nicht konsultiert werden braucht, obwohl ich weiß, daß er einer der vorzüglichsten Kliniker der Welt ist.«[29] Es kam wohl dennoch zu Begegnungen, denn Kußmaul bewahrte und vererbte später einen echten ägyptischen Skarabäus und ein Messer aus dem Mykene-Schatz; beides hatte er von Schliemann als Dankesgabe erhalten.

1890 besuchte Kußmaul Ägypten. In einem Brief aus Kairo berichtete er von Konsultationen beim Vizekönig, dem Kediven und dessen Frauen im Harem. Er sah dort, wie er ausdrücklich betonte, »eine der schönsten Frauen in Egypten und eine der schönsten der Welt«, wozu er anmerkt: »Dies ist allgemeiner Glaube und ich theile ihn.«[30]

Daß Kußmaul in seinen mittleren Jahren nicht ganz gesund war, belegt ein Brief an Frau Friedreich in Heidelberg, wo Nikolaus Friedreich (1825–1882) Professor für Innere Medizin war. Beide Familien waren eng befreundet, besonders die beiden Frauen sollen sich gut verstanden haben. Kußmaul schreibt:

> Verehrte Freundin! Ihrer so überaus freundlichen Einladung keine Folge leisten zu können, berührt mich sehr schmerzlich. Ich weiß nur zu gut, welchen Genüssen ich entfliehen muß, der köstlichen Unterhaltung bei treuen Freunden, der besten Küche, der feinsten Weine. Aber diese Unterhaltung würde mich zu sehr ans Zimmer fesseln, und die Gicht, die seit einigen Wochen in meinen Nerven prickelt und den linken großen Zeh stark bedroht, käme zweifelsohne zum Ausbruch. So willkommen mir nun auch die Pflege einer so liebenswürdigen Freundin wäre, so unwillkommen ist mir doch das Zipperlein und darum werden Sie mich gewiß entschuldigen. Sobald ich das leidige Spital und Zimmerhocken und Kinderbeaufsichtigen aufgeben darf, werde ich mich nach Tarrenz verfügen und dort eine Kur gebrauchen. Wie lang meine Frau noch fernbleiben will, stelle ich ganz in ihr Ermessen. Sie hat sich in Rappenau gelangweilt, so amüsiere sie sich jetzt in Heidelberg. Was mich selber betrifft, so werde ich jedenfalls zu Anfang nächster Woche in die Schweiz abreisen, und falls Sie bis dorthin noch nicht vor Ort sein will, so will ich J. Schumacher (Lehrer Eduards) an meiner Statt in das Haus aufnehmen. Der mag dann mich, die Köchin, aber auch die Hausfrau vertreten. Ich will dann doch lieber gesund in der Schweiz sein als am Podagra hier liegen und das werden Sie mir gewiß nicht

Abb. 33 Gasthaus »Ebenalp« im Säntisgebiet (Kanton Appenzell) um 1880, 1644 m hoch gelegen; heute wesentlich modernisiert und mit Seilbahn erreichbar.

verübeln, die sie selbst die Frau eines hochberühmten Arztes sind. Grüßen Sie meine Frau und Helene, den lieben Michael und erlauben Sie mir auch fernerhin zu sein in treuester Ergebenheit Ihr ergrauender Freund Kußmaul.[31]

Von unbeschwerten, aber wohl eher seltenen Ferientagen, die durch einen kleinen Unfall beeinträchtigt wurden, berichtet später ein Brief an den Schwiegersohn Vinzenz Czerny (1842–1916), einen der bedeutendsten Chirurgen seiner Zeit:

Lieber Czerny! Vielleicht erreicht Dich dieser Brief noch. Am Dienstag morgen stiegen wir zu zehn Personen auf die Ebenalp, herrliches Wetter begünstigte es, Mama meist rüstig voran. Oben ging's sehr lustig zu. Eine Sennerin sang und jodelte wunderschön drauflos, zehn bis zwölf Volkslieder und viele Jodelmelodien hinter den Versen drein. Mama und Scheible tanzten einen Contretanz u.s.w. Ich hatte der lieben Mama wenigstens sechsmal abgeraten, aber sie versprach sich soviel Vergnügen von dem Ausflug und ging fast besser als alle anderen. Auf dem Abstieg vom Wildkirchli fiel Mama [...] auf den Boden, so langsam, daß ich, der gerade vor ihr herging, meinte, es habe nichts zu bedeuten. Als ich sie aufrichtete, erklärte sie, nicht mehr mit dem linken

> Bein gehen zu können. Ich fand die Röhrenknochen unversehrt, der Schmerz war im Fußgelenk, besonders innen [...]. Der Führer nahm sie auf den Rücken und trug sie herab. Natürlich gab es bei öfterem Absetzen und Aufsetzen viel Schmerz. Ich fuhr dann mit meinem Landauer die Arme heim. Wir hatten das Unglück um zwölf Uhr mittags, hier kam ich um neun Uhr abends an.[32]

Möglicherweise hat Kußmaul diesen reizvollen, damals wie heute bekannten Schweizer Ort auf Anregung Victor von Scheffels (1826–1886) aufgesucht. Beide kannten sich aus frühen Studententagen in Heidelberg.[33] Die Ebenalp liegt im Kanton Appenzell nahe dem gleichnamigen Städtchen. Auf 1640 Metern bietet sich ein prächtiger Rundblick auf Säntis und Bodensee. Kußmauls wohnten wahrscheinlich im nahegelegenen Weissbad, das damals ein sehr beliebter Luft- und Molkekurort war; die frische Molke wurde jeden Morgen von der Ebenalp heruntergetragen und im Ort an feste Abnehmer verteilt. Außerdem gab es hier auch den benötigten Bergführer. Scheffel hatte sich hier mehrfach, nämlich 1854, 1862 und 1875 aufgehalten. Noch heute erinnert eine Gedenktafel an ihn und in seinem bekannten Roman *Ekkehard* heißen die Kapitel 22 und 23 »Auf dem Wildkirchlein« und »Auf der Ebenalp«.[34]

Czerny, der von Kußmaul über diesen kleinen Vorfall unterrichtet worden war, verdankte Kußmaul seinen Ruf als Ordinarius nach Freiburg. Hier hatte er Luise, die zweitälteste Tochter Kußmauls geheiratet. Wie er sie kennengelernt hat, beschreibt Czerny reizvoll.[35] Eine Informationsreise, bei der er neuere chirurgische Kliniken besuchte, hatte ihn zunächst nach Dresden und Leipzig geführt. Nach Einladungen bei dem Leipziger Chirurgen Professor Thiersch und in Heidelberg bei seinem Freund, dem Professor für Augenheilkunde, Enoch Becker, erhielt er gleich nach der Ankunft in Freiburg

> von Kußmaul eine Einladung, am Abend bei ihm eine Tanzunterhaltung mitzumachen, falls ich nicht zu sehr ermüdet sei. Als ich ankam, war der Reigen schon in vollem Gange. Nach Begrüßung des Hausherrn stand ich mit einem Universitätskollegen am Ofen und betrachtete mir den Flor hübscher Mädchen, welche damals Freiburg schmückte. Eine schmucke Blondine mit prächtigen Locken fesselte sofort meinen Blick und als ich erfuhr, daß es die jüngere Tochter des Hauses sei, erbat ich mir von ihr den einzigen noch freien Tanz, einen Lancier, den ich bisher noch nie getanzt hatte; aber unter ihrer Führung hoffte ich die Première gut zu bestehen. Der Abend war entscheidend für mich. Ich

> mietete eine Wohnung vis-à-vis von Kußmauls Villa. Da ich im Kußmaulschen Hause bald ein gern gesehener Gast war, brachte ich es dahin, daß ich mich mit Luise Kußmaul am Stephanstag 1871 verlobte. […] Um nicht zu großem Stadtklatsch Anlaß zu geben, mußte die Verlobung noch lange geheim bleiben, was bei verliebten Leuten keine ganz leichte Aufgabe ist. Am Pfingstsamstag 1872 wurden wir im Rathaus und in der evangelischen Kirche getraut und machten eine Hochzeitsreise nach Gersau von fünf Tagen, die es regnete, als ob der Himmel alle Schleusen geöffnet hätte, um sein Glück über uns auszuschütten. Am Freitag der Pfingstwoche mußte ich wieder Klinik halten, so verlangte es damals die unerbittliche Disziplin der Universität und das Pflichtgefühl meines Schwiegervaters Kußmaul.

Dieser kümmerte sich höchstpersönlich um die Aussteuer seiner Tochter, wie aus einem Brief aus Freiburg vom 7. Juli 1872 hervorgeht. Er legte diesem ein fünfseitiges Aussteuerverzeichnis bei, das seine Tochter und Czerny noch einmal durchsehen sollten.

Abb. 34 Freiburg von Westen mit Bertoldstraße um 1890; vorn links Hotel »Zähringer Hof«, rechts gegenüber Kußmauls Wohnhaus Nr. 60.

Abb. 35 Das Brautpaar Luise Kußmaul und Vinzenz Czerny; 1872.

Von Unglück und Schmerz blieb jedoch auch die Familie Kußmaul nicht verschont. Große Sorgen bereitete immer wieder Kußmauls Schwester Ernestine (1831–1894). Sie war eine von drei Geschwistern, die nach Amerika ausgewandert waren. Als Lehrerin für Französisch und Englisch hatte sie einige Jahre in England gelebt und war 1857 in die USA gegangen. Auf der Farm ihres Bruders Otto, wo sie gern gearbeitet hatte, wurde sie um 1870 manisch-schizophren. Als die Krankheit sich immer mehr verschlimmerte, entschloß man sich, sie zu ihrem Bruder nach Deutschland zu bringen, in der Hoffnung, er könne ihr helfen. Kußmaul mußte seine Schwester in das Psychiatrische Krankenhaus Illenau einweisen, wo sie von 1872–1894 lebte. Wie schwer ihm dies gefallen ist, belegt folgende Briefstelle: »Natürlich wird sich nun ihr Haß gegen mich steigern, da ich es ja bin, der sie, die sich für ganz gesund hält, wider ihren Willen nach Illenau zurückbringen ließ.«[36] Er und seine Frau kümmerten sich immer wieder um sie, was aus einem Brief an den behandelnden Kollegen hervorgeht: »Ich bin gesonnen, die beiden Osterfeiertage in Achern zu verbringen und mit meiner Schwester einige Spaziergänge zu machen.«[37] Ernestine fühlte sich nicht wohl in Illenau, sie schrieb Briefe nach Amerika voller Heimweh nach ihrer geliebten Farm, in denen sie nach allem fragte, was ihr am Herzen lag: dem Vieh, dem Rappen, den Katzen, den jungen Apfelbäumen, ihrem Geisblatt, den Taglilien und den Winden: »Sorgt ihr auch für die Röslein, die roten, die weißen und die blassen, aber ich darf nicht weiterfragen, es tut zu weh.« Es folgen Anklagen, der Ruf nach Freiheit und die niederschmetternde Einsicht in die Ausweglosigkeit ihrer Krankheit.

Ein noch größeres Unglück traf die Familie durch den Tod der zehnjährigen Tochter Hedwig. Sie starb am 8. Oktober 1877 in Straßburg. Zwei Briefe bezeugen, wie sehr Kußmaul darunter gelitten hat und wie hilflos man damals gegenüber einer Tetanuserkrankung war. Am 17. Oktober 1877 schrieb Kußmaul an den Kollegen Theodor Meynert:

> Auch ich trage unter den vielen angenehmen Begegnungen in München als eine der angenehmsten die mit Ihnen in Erinnerung, und es bleibt mir unvergeßlich, wie Sie mir damals, auf ihr Kind deutend, sagten, daß Sie nie mehr ohne denselben reisten. Ich dachte damals voll Heimweh an meine zwei kleinen Mädchen, die meiner in Straßburg harrten, hatte aber keine Ahnung, daß der Todesengel bereits die Hand gegen die eine erhoben. Unerkannt begann schon damals ein in seiner Ursache dunkler, mit dem zweiten Zahndurchbruch zusammenhängender Tetanus, dem sie vierzehn Tage nach meiner Rückkehr, zehn Jahre alt, unter scheußlichen Martern erlag. Ich fand sie schon in ausgebreitetem Tetanus liegend. Welche Heimkehr! Noch kann ich nicht gesammelt denken und arbeiten. Die Kleine, voll Leben, Witz und Munterkeit, war mein Liebling und hat das Haus nun still zurückgelassen.[38]

In einem weiteren Brief an Czerny, der auch am Krankenbett seiner kleinen Schwägerin Wache hielt, beschreibt Kußmaul die Krankensituation von Hedwig am 3. Oktober 1877:

> Am Montag vor acht Tagen bei unserer Heimkunft fanden wir die kleine Hedwig an Tetanus darniederliegend [...]. Schon Freitag vor zehn Tagen begann der Trismus, wurde aber nicht erkannt, weil er anfangs intermittierte. Bei meiner Ankunft bestanden schon Trismus und Tetanus. Der Zustand verschlimmerte sich täglich, Morphin-Injektionen waren fast wirkungslos, Chlorophorm beruhigte, aber nur kurze Zeit, Chloral endlich nützte am meisten. Am Freitag sah alles wieder recht tröstlich aus, aber auch heute ist die Gefahr nicht vorbei, ja heute mittag kam ein Schwächeanfall durch etwas Verschlucktes, der mich fürchten machte, sie würde wegsterben. Die furchtbaren Stöße sind zwar seltener, aber der Opisthotonus und die Wadencontraktur bestehen fort. Die Schmerzhaftigkeit ist sehr groß, ebenso die Erregtheit und das Kind hat nicht mehr viel Kräfte übrig. Es ist mäßiges Fieber da. Nahrung, natürlich nur flüssig, wird ziemlich ausreichend geschluckt. [...].[39]

Dies sind die einzig gesicherten Zeugnisse aus Kußmauls Privatleben in diesem Zeitraum.

Die Erfüllung des patriotischen Traumes: 1870/71

In den Jahren 1870/71 war die Einheit Deutschlands oberstes politisches Ziel, welches durch das politische Geschick Bismarcks im Umgang mit den deutschen Monarchen erreicht wurde. Der alte Kußmaul sah dies in der Einleitung zu seinen *Jugenderinnerungen* im nachhinein um 1898 wie folgt:

> Uns Deutschen gebietet die Pflicht, dem scheidenden Jahrhundert ein doppelt feuriges Danklied zu singen. Den patriotischen Sinn, der uns in der langen Zerrissenheit und dem unseligen Hader der Stämme, Fürsten und Konfessionen verlorengegangen war, hat es dem deutschen Volke wiedergegeben. Er schenkte uns zur rechten Stunde den Fürsten von unerschütterlichem Pflichtbewußtsein und klarem Urteil, der mit sicherem Blick die genialen Helfer zu dem großen Werke der Wiederherstellung des Reiches fand, den Staatsmann und den Feldherrn, um die uns die Welt beneidet. In treuer Hingebung und felsenfestem Vertrauen folgte die Nation den herrlichen Führern und erkämpfte

> auf den blutgetränkten Schlachtfeldern Frankreichs die ersehnte Einheit und die Deutschland gebührende Stellung im Rate der Völker. (4,5)

Fast beschwörend klingt die abschließende Wendung: »Möchten die Söhne und glücklichen Erben den heiligen Besitz, den sie ebenso wohl der klugen Besonnenheit, als dem Wagemut und Genie der Väter verdanken, treu schirmen und fernen Geschlechtern wahren!« (5)

Worte wie »titanisch, feurig, heilig, felsenfest« gebraucht Kußmaul ganz im Stil seiner Zeit. Er konnte nicht einschätzen, daß dieser relativ kurze Krieg gegen Frankreich gleichzeitig ein furchtbarer Krieg war. Erstmals kamen sogenannte »Errungenschaften« des industriellen Zeitalters zum Einsatz: moderne Nachrichtentechnik, neue Waffen und mit dem Eisenbahnnetz schnelle Verkehrswege. Hohe Verluste waren die Folge, insgesamt starben 200 000 Menschen, allein die Franzosen hatten 150 000 Tote zu beklagen. Kußmaul konnte nicht übersehen, daß dieser Sieg im politischen Rausch der Einheit überhöht, überspielt und verdreht wurde. Diese Überhöhung zeigte sich im Deutschen Reich in den sogenannten ›Sedanfeiern‹ (2. September) und in Baden wie Freiburg insbesondere in den ›Belfortfeiern‹ (17. Januar).[40] Wie die allermeisten seiner Zeitgenossen sah Kußmaul nicht, daß sich diese Glorifizierung der Siege in einer Militarisierung des deutschen Bürgertums niederschlug.[41] Bereits hier bahnten sich die Weltkriegskatastrophen des 20. Jahrhunderts an.

Einige Hinweise zum Kriegsverlauf in der hiesigen Region und das *Werder-Lied* von Kußmaul werfen ein Licht auf das Empfinden vieler Menschen der damaligen Zeit. Im Südwestabschnitt befehligte August Graf von Werder (1808–1887) – ein im ostpreußischen Norkitten geborener, recht spröder General – das XIV. Deutsche Armeecorps, in dem viele badische Truppen und das 5. Infanterieregiment aus Freiburg dienten.[42] Bei Belfort besiegten diese Truppen eine dreifach stärkere französische Armee, die über die Jurapässe in die Schweiz fliehen mußte. Die Aufgabe der Franzosen wäre es gewesen, der vor Paris stehenden deutschen Armee im Rücken den Nachschub abzuschneiden. In Freiburg und Baden gab man dem Sieg eine andere Deutung: Das Badenerland sei das Ziel gewesen und die eigenen Truppen hätten es vor der bereits beschlossenen Verwüstung bewahrt! So kam es für diese »Helden« zu den jährlichen Belfortfeiern. General von Werder wurde mit Ehrungen von Seiten der Stadt überschüttet: Er wurde Ehrenbürger, Ehrendoktor der Philosophischen Fakultät, eine Straße wurde nach ihm benannt und zwei Büsten angefertigt. In Freiburg steht noch heute an prominenter Stelle das von den Franzosen nobel geschonte, sogenannte Siegesdenkmal, das 26 oberbadische Gemeinden gestiftet hatten und das 1876 in Gegenwart des Kaisers eingeweiht wurde. Die Festrede hielt der Mediziner Prof. Alexander Ecker (1816–1887). Das Festmahl fand im historischen Kaufhaussaal gegenüber dem Münster statt. Daher heißt bis heute dieser Raum, der für besondere Festlichkeiten der Stadt reserviert ist, »Kaisersaal«.

Am 23. März 1871 bereiteten die Freiburger ihrem Infanterieregiment einen feierlichen Empfang. Kußmaul, im Dichten erfahren, hatte das zwölfstrophige *Werder-Lied* verfaßt, drei Strophen zeigen die Stimmung und Mentalität der Zeit.[43]

Schmückt mit Tannenreis die Hallen,
Laßt aus allen Kehlen schallen:
Vivat Werder und sein Heer!
Wälsche Ohnmacht kam zu Schanden,
Deutsche Kraft ist gut bestanden,
hat erstritten Sieg und Ehr.

[...]

»Badner, denkt an Eure Lieben,
schaut nach unsern Bergen drüben,«
Keller rief's ihr General,
»Laßt sie nicht die Heimath schänden!«
und es scholl von allen Enden:
»Eh' den Tod, als diese Qual!«

[...]

»Gott mit uns! Er hat gerichtet,
Frankreichs Heere sind vernichtet,
die wir schlugen, Streich auf Streich!
Aus zerstückten deutschen Landen
Ist ein einig Volk entstanden
Und ein einig deutsches Reich!«

Kußmaul befand sich hiermit ganz im Einklang mit dem Geist der Zeit. In diesem Zusammenhang sei zum Beispiel auch auf Johannes Brahms' *Triumphlied* (op. 55) verwiesen, in dem er seiner Begeisterung musikalischen Ausdruck verlieh. Wie patriotisch Brahms dachte, zeigen die Alternativen des Titels, ursprünglich sollte es *Parislied* heißen oder auch *Auf den Sieg der deutschen Waffen*. Melodisch sind hierin *Heil dir im Siegerkranz* und der Choral von Leuthen (Friedrich der Große) *Nun danket alle Gott* verarbeitet.[44]

In den Jahren 1848/49 und 1870/71 waren die Ärzte im Vergleich mit anderen Berufsgruppen politisch überproportional hoch engagiert. Man war durchaus der Meinung, daß Arztsein und Politik etwas miteinander zu tun hätten. War Rudolf Virchow der vielleicht prominenteste Vorkämpfer für revolutionäre Ideen, so war es jetzt der bekannteste Chirurg der damaligen Zeit Theodor Billroth (1829–1894), der auch ein enger Freund von Johannes Brahms war. Er erkundigte sich bei Kußmaul nach Möglichkeiten einer freiwilligen Hilfe in Lazaretten, worauf ihm dieser antwortete: »Ihr Brief vom 8. [Januar 1871] brachte mich in eine Aufregung. Wir hier an der Grenze halten uns für weniger gefährdet, als Sie und andere in der Ferne es ansehen – vielleicht sehen Sie richtiger, was allerdings sehr unangenehm für uns wäre. Obwohl wir längst wußten, daß das Werdersche Corps für seine zahlreichen Aufgaben viel zu schwach war, hielten wir es doch nicht für geradezu gefährdet. Überdies sollten so viele Truppen nachgeschoben worden sein [...]. Gebe Gott, daß überall noch zur rechten Zeit das richtige vorbesorgt worden. Ihr Anerbieten würde jederzeit gewiß mit freudigstem Dank angenommen werden, zur Zeit aber meine ich, sollten Sie Ihre Stelle noch nicht preisgeben, sondern zuwarten. Jedenfalls aber will ich unserem Kriegsministerium von Ihrem Anerbieten, natürlich in vorsichtiger Weise, Mitteilung zukommen lassen, damit es weiß, daß wir im Notfall auf Ihre Kraft uns verlassen dürfen.«[45] Tatsächlich ist Billroth dann mit seinem Oberarzt Vinzenz Czerny, dem späteren Freiburger und Heidelberger Ordinarius für Chirurgie, in Kriegslazaretten in Weißenburg und Mannheim tätig gewesen.

Freiburg war im Krieg 1870/71 Grenz- und Lazarettstadt. Die Lazarettdirektion lag in den Händen von Kußmaul; er war für dieses Amt als Direktor der Medizinischen Universitätsklinik und ehemaliger Militärarzt besonders geeignet und verantwortlich für die Verteilung der freiwilligen Ärzte, die Überwachung der ärztlichen und hygienischen Maß-

Abb. 36 Theodor Billroth in Rom, gezeichnet von Franz von Lenbach mit Widmung: »Seinem lieben Freund und Collegen Kußmaul zur freundlichen Erinnerung an unser gemüthliches Beisammensein in München Oktober 1888.« Zu diesem Bild schrieb Billroth am 28.10.1885 an Dr. Eisner: »Ich schicke Ihnen... eine Zeichnung, die neulich Lenbach in Rom von mir machte; ich kam eben so mit Hut und Plaid ins Atelier und er hielt mich gleich fest. ›Man muß sehen, daß unter dem Hut Viel vorgegangen ist!‹ meinte er.« (in: Christian Andree, Rudolf Virchow, Theodor Billroth, Kiel 1979, S. 117)

nahmen, Aufteilung der Kranken und Zusammenarbeit mit den Militärbehörden. Die Krankenpflege selbst wurde von freiwilligen Frauen- und Männerhilfsvereinen geleistet.

Wegen fehlender Räumlichkeiten wurde im Klinikhof die hölzerne, sogenannte »Friedrichsbaracke« für 36 Patienten errichtet. Nach dem Krieg wurde sie der chirurgischen Klinik zugesprochen. Für seine infektiösen Patienten stellte man Kußmaul wenig später eine gemauerte Baracke mit 25 Betten im Klinikhof zur Verfügung.[46] Im Freiburger Lazarett wurden während des Krieges nur Leichtverletzte aufgenommen.

Direktor der Medizinischen Klinik: Die Antrittsvorlesung

Kußmauls Berufung nach Freiburg hatte sich einfach gestaltet, war er doch dem Wunsch der Fakultät sehr gerne nachgekommen. Am 2. Januar 1863 hatte er aus Erlangen nach Freiburg geschrieben: »Ich beehre mich ergebenst anzuzeigen, daß ich gesonnen bin, im nächsten Sommerhalbjahr folgende Vorlesungen in Freiburg zu halten: 1. Spezielle Pathologie und Therapie, I. Theil täglich von 8 bis 9 Uhr vormittags, 2. Medizinische Klinik täglich von 9 bis 10 Uhr vormittags. Lieber wäre es mir gewesen, wenn ich die Vorlesungen über Spezielle Pathologie und Therapie schon von 7 bis 8 Uhr hätte abhalten können, doch wird es ratsam sein, von dem Herkommen nicht abzuweichen, ohne an Ort und Stelle genaue Rücksprache mit den Herrn Collegen genommen zu haben.«[47]

Im Sommersemester 1863 hielt Kußmaul vor den Angehörigen der Universität und zahlreichen Freunden seine Antrittsvorlesung, die den programmatischen Titel *Die Entwicklungsphasen der exacten Medicin*[48] trug. In der Vorrede kündigte Kußmaul an, »die Geschichte der positiven Errungenschaften der Heilkunde in kurzen, prägnanten Zügen vorüberzuführen.« (III) Er wollte mit seiner Antrittsrede den Geist offenbaren, in welchem er gedachte zu lehren und zu wirken. Er dankte auch den Kollegen, die beim Großherzog darum gebeten hätten, ihm diese Aufgabe zu übertragen: »Ein treuer Sohn dieses glücklichen Landes bin ich mit Freuden dem Rufe zur geliebten Heimat gefolgt.« (V) Angesichts der großen Aufgabe, die ein solches Amt mit sich brachte, nämlich »wissenschaftlich zu forschen, Ärzte zu erziehen und ärztlich zu wirken«, bat er um Vertrauen und Nachsicht. Er sah durchaus, daß sich die drei

Die

Entwicklungs-Phasen der exacten Medicin.

Ueber die

Ursachen und den Gang unseres Ablebens.

Zwei öffentliche Vorträge

von

Prof. Dr. A. Kussmaul.

Freiburg i. Br.

Fr. Wagner'sche Buchhandlung.

1866.

Abb. 37 Titelseite von Kußmauls Antrittsvorlesung in Freiburg »Die Entwicklungsphasen der exacten Medicin«; 1863 (gedruckt 1866).

Aufgaben beeinträchtigen, aber auch fördern könnten; dann wandte er sich direkt an die Studenten: »Euch aber, geliebte Commilitonen, ersuche ich dringend um ein eifriges Zusammengehen in den gemeinschaftlichen Studien, welche die große Aufgabe unseres Lebens ausmachen. Wenn es irgendeine anregende Berührung gibt, welche die Kräfte des Lehrers zu verdoppeln vermag, ähnlich wie die des Magnets die schlummernden Kräfte des Eisens weckt, so ist es der lebendige Verkehr mit tüchtigen, teilnehmenden Schülern.« (VI)

Nach diesen direkten persönlichen Bemerkungen verdeutlichte er anhand eines historischen Rückblicks seine Auffassung, daß die Medizin danach strebe, »ihre Erfahrung *gewiß*, ihre Wissenschaft *genau*, ihre Kunst *sicher* zu machen.« (1) Er betrachtete Hippokrates als »den Vater der exakten Medizin, den Schöpfer der Synthese, das unübertroffene Vorbild unbefangener ärztlicher Beobachtung,« (3) der schon mit dem Beginn der abendländischen Medizin die Hindernisse genauer empirischer Forschung erkannt hatte: »Vita brevis, ars longa, occasio celeris, experimentum periculosum, judificium difficile.« (Das Leben ist kurz, die Kunst lang, die Gelegenheit flüchtig, der Versuch gefährlich, das Urteil schwierig.) (4) Aus dem Geist der »rettenden Kritik« der Humanisten seien 1643 die sieben Bücher des Nikolaus Copernikus entstanden: *De orbium coelestium revolutionibus* (Über die Umwälzungen der Himmelskörper) sowie die sieben Bücher des Andreas Vesalius: *De corporis humani fabrica* (Über den Bau des menschlichen Leibes), die sowohl Grenz- und Eckstein der Astronomie als auch der Medizin der Neuzeit seien. Beide hätten einen »animo liber« gehabt, was Kußmaul bezeichnenderweise mit »frei von Autoritätsglauben« übersetzte. (6) Im folgenden erörterte er Einflüsse der Chemie und Physik, wies auf Wege und Irrwege der Medizin im Laufe der Jahrhunderte hin, nannte Namen und Tatsachen. Er hob besonders den Chemiker Justus Liebig (1803–1873) hervor: »Der Schleier zerriß, der den Haushalt der unbelebten und belebten Natur bisher verhüllte, und es war namentlich Liebig, der uns in die Wirtschaftsgesetze des Lebens einzublicken gestattete. Wichtige vitale Geheimnisse: – Der Kreislauf und Wechsel der Stoffe bei Erhaltung der Form, – die Bildung der organischen Materie aus Erde, Luft und Wasser, – [...] sind uns in diesem Jahrhundert offenbar geworden.« (18) Kußmaul formulierte in diesem Zusammenhang den wegweisenden Begriff des Stoffwechselkreislaufs. 70 Jahre später sollte es dann dem jüdischen Assistenzarzt Hans Adolf Krebs (1900–1981) an der Freiburger Medizinischen Klinik gelingen, den Ornithin-Cyclus der Harnstoffsynthese zu entdecken, Ausgangspunkt genialer Arbeiten, wofür er 1953 in der englischen Emigration den Nobelpreis erhielt.[49]

Kußmaul erwähnte weiterhin die Erfindung des Augenspiegels (1850) und sprach gleichzeitig die weitreichende Einsicht aus: »Sonden tief in Kanäle, Nadeln in solide Organe eingestoßen, gaben Auskunft über die Beschaffenheit versteckter Teile.« (22) Vier Jahre später entwikkelte er in seiner Klinik das erste Gerät, mit dem er in der Lage war, Speiseröhre und Magen zu spiegeln. Er diagnostizierte damit am lebenden Menschen erstmals Krebs in der Speiseröhre. Von heute aus gesehen erscheint folgende Feststellung sehr modern: »Wir ermitteln das Wesen der Krankheit, indem wir die veränderten Bedingungen, unter welchen die Funktionen des kranken Lebens ablaufen, experimentell aufsuchen, und die neue Wissenschaft, welche wir damit schaffen, ist die pathologische Physiologie.« (24) Noch zu seinen Lebzeiten, 1898, ist von dem Heidelberger Kliniker Ludolf von Krehl (1861–1937) das erste Lehrbuch mit diesem Titel erschienen. Für die Überprüfung therapeutischer Ergebnisse von Arzneimitteln forderte Kußmaul die statistische Methode, ein Verfahren, das heute in der randomisierten Doppelblindstudie ihren Höhepunkt erreicht hat. Das Schlußkapitel widmete er den therapeutischen und humanen Aspekten der Medizin: »Wenn Wissenschaft *Macht* ist, so muß die Medicin, je mehr sie zur Wissenschaft sich erhebt, auch umso mächtiger als *Kunst* sich erweisen. Die *Therapie* ist die goldene Frucht, um derentwillen die medicinische Wissenschaft bebaut wird. (25) [...] Nicht allein Macht gab uns die Wissenschaft, durch sie ist auch die Heilkunst in allen Teilen *menschlicher* geworden.« Fortschritte bei Entbindungen und in der Chirurgie, besonders bei der Narkose, waren weitere Aspekte, die Kußmaul wichtig schienen. Der Inneren Medizin wies er folgende Aufgaben zu: »Die Innere Medicin endlich hat begriffen, daß fast größer als die Aufgabe, die Krankheiten zu heilen die andere ist, sie zu *verhüten;* sie hat die Grundlinien einer *öffentlichen Gesundheitspflege* gezogen und ist bemüht, derselben den Rang einer der wichtigsten *socialen* Wissenschaften zu erkämpfen.« (28) Dies ist bis heute ein Desiderat geblieben, wenn man bedenkt, daß ein großer Teil der Krankheiten von Herz-Kreislauf, Lunge und Leber durch diätetische Eigenverantwortlichkeit (Cholesterin, Nikotin, Alkohol) vermieden werden könnte. Den »schönsten und würdigsten« Schlußpunkt setzte er im Gedenken an Philippe Pinel, der 1792 für Geistesgestörte als erster die Rechte des Menschen errungen hatte![50]

Mit dieser Antrittsvorlesung begann in Freiburg eine neue Ära der Inneren Medizin, die sich in Kußmaul personifizierte. Er spannte den Bogen von subjektiven inneren Werten zur exakten objektiven Wissenschaft und band den Fortschritt im Verein mit der exakten Wissenschaft an die medizinische Kunst. Seine Antrittsvorlesung hatte ein außerordentlich hohes Niveau; dies erklärt sich auch daraus, daß er in Heidelberg in engstem Kontakt mit den besten Naturwissenschaftlern seiner Zeit gestanden hatte. So trat er in seiner Vorlesung tief in die Erörterung naturwissenschaftlicher, zum Beispiel chemischer Fragen, ein und erwähnte unter anderem die erst 1860 durch Bunsen und Kirchhoff entdeckte Spektralanalyse. In dem wesentlich von ihm wiedergegründeten Naturhistorisch-Medizinischen Verein Heidelberg kamen Wissenschaftler wie Bunsen, Kirchhoff, Helmholtz und Kekulé zu Wort. Einigen von ihnen widmete Kußmaul später biographische Skizzen.

Das hohe Niveau Kußmauls beweist ein Vergleich mit drei anderen Reden, die in dieser Zeit aus ähnlichem Anlaß gehalten wurden, in denen jeweils aber nur spezielles Fachwissen angesprochen wurde. Die drei Autoren standen mit Kußmaul in enger Verbindung. 1872 hielt Vinzenz Czerny, damals schon sein Schwiegersohn, seine Antrittsvorlesung bei der Übernahme der Chirurgischen Klinik in Freiburg. 1878 sprach Hugo von Ziemssen (1829–1920), der Nachfolger Kußmauls in Erlangen, anläßlich der Eröffnung der neuen Münchener Klinik *Über die Aufgaben des klinischen Unterrichts und der klinischen Institute*. 1882 hielt Carl Wilhelm Hermann Nothnagel (1841–1905) seine Antrittsvorlesung in Wien. Nothnagel war zwischen 1872 und 1874 Leiter der Medizinischen Poliklinik in Freiburg gewesen; die Familien Czerny und Nothnagel waren eng befreundet.

Czernys Antrittsvorlesung trug den Titel *Über die Beziehungen der Chirurgie zu den Naturwissenschaften.*[51] Er beschränkte sich ganz auf die Chirurgie, betonte den Fortschritt durch die induktive Forschung und nannte die Medizin in bezug auf Fortschritt einen »Stelzenfuß« im Gegensatz zu den Grundlagenwissenschaften, die er mit »Siebenmeilenstiefeln« verglich. Der ›genaue Beobachter‹ und ›selbständig denkende Arzt‹ waren seine Ideale, die er hervorhob.

Auch Ziemssen feierte in seiner Rede den Eintritt der Medizin in die Reihe der Naturwissenschaften. Nach einem historischen Rückblick konzentrierte er sich jedoch auf die konkreten Aufgaben von Klinik und Lehre und schloß: »So soll denn unser neues Institut eine Pflanzstätte sein für den klinischen Unterricht und für die klinische Wissenschaft. In ihm ist die Idee realisiert, daß die klinische Medizin nicht mehr eine Kunst, nicht mehr die techne des Hippokrates ist, sondern daß sie einen Teil der medizinischen Wissenschaft bildet und als solcher auch eines wissenschaftlichen Instituts zu seiner Pflege bedarf.«[52]

Nothnagel[53] begann seine Antrittsvorlesung mit den Worten: »Aufgabe des klinischen Unterrichtes ist es, für den praktischen ärztlichen Beruf im wissenschaftlichen Sinne zu erziehen.« Der Unterricht sollte die Methode der Diagnose und Therapie lehren und eine strenge Schulung des Denkens mit Rücksicht auf diese Zwecke anstreben. Er legte großen Wert darauf, daß die Studenten bereits mit besten Kenntnissen aller Untersuchungstechniken die klinische Ausbildung begannen. Und er schloß recht pathetisch: »Nur ein guter Mensch kann ein großer Arzt werden ...«

Muß man sich Kußmaul, diesen erfolgreichen, selbstbewußten Mann, der am Beginn des Höhepunktes seiner Karriere stand, nun als einen typischen Professor seiner Zeit vorstellen? Merkmale eines solchen deutschen Professors haben Historiker wie Thomas Nipperdey und Gordon Craig erörtert. Nipperdey sieht die Professoren des 19. Jahrhunderts als aktiven Teil des Bildungsbürgertums, sie produzierten Sinn und gaben Orientierungen. Nipperdey nennt dies »metapolitische Dispositionen« und geht näher darauf ein, indem er die wissenschaftliche Arbeit in den Mittelpunkt stellt: Wissenschaft war Selbstzweck, frei von gesellschaftlichen Relationen, sie war als eine Einheit auf die Welt bezogen und »an die eigentümliche deutsche Idee der ›Bildung‹ gekoppelt.«[54] Wissen führte also zu Individualität, zur Bildung gehörte Aneignung von Kultur und vermittelte Lebensdeutung. Somit nehmen Wissenschaft, Bildung und Kultur den höchsten Rang auf der Werteskala ein.

Das Professorenethos sei auf »Geistiges« und »Inneres« hin orientiert gewesen, »idealistisch« gegen Gesellschaft und Politik gewandt, gegen Egalität und Pluralismus – also auch gegen Demokratie – und befand sich somit im Einklang mit dem monarchischen Beamtenstaat und dem sozialen status quo. Das Verhältnis der Mehrheit der Professoren zur konkreten Politik war a- oder unpolitisch. Sie bildeten keine intellektuelle Opposition, waren systemtreu, auch hinsichtlich Reformen und Kritik.

Craig analysiert den Wandel der Professoren-Mentalität näher: Im Vormärz standen Professoren an der Spitze jener Bewegung, die freiheitliche Verfassung und Parlamentarismus erhoffte. Die »Göttinger Sieben« und der Freiburger Professor Carl von Rotteck (1775–1840) seien hier beispielhaft genannt. 1848 bestand ein großer Teil der Frankfurter Nationalversammlung aus Professoren. Zu Kußmauls Zeit setzte eine Glorifizierung der Professoren ein, verbunden mit der Spitzenstellung der deutschen Universität in der Welt! Jetzt galt die »Weltfremdheit« von Professoren als einer ihrer Wesenszüge; man war konform und loyal, und bis 1914 hatte sich »die deutsche Professorenschaft«, wie Dubois-Reymond es nannte, zum »geistigen Leibregiment der Hohenzollern«

entwickelt.[55] Die beiden kritischen »Großprofessoren« Virchow und Theodor Mommsen (1817–1903) waren und blieben die Ausnahme.

Wo ist vor diesem Hintergrund Kußmaul, der Ordinarius, zu suchen, der eine soziale Spitzenstellung innehatte? Seine Antrittsvorlesung beweist einen hohen Grad an Bildung – im übrigen aber zielte sie auf praktische Humanität. Seine »Lyrik« war ganz in den jeweiligen gesellschaftlichen Kontext eingebunden, die Studentenlieder klangen frech und unbeschwert, sein Preislied auf General von Werder hingegen konform und loyal. In der Vormärzzeit und während der Revolution 1848/49 war er eher linksliberal, schließlich übte er mit der Waffe für die Revolution! Dem badischen Kriegsminister gegenüber blieb er standhaft, als es um seine freiheitliche Meinung zu diesen Ereignissen ging. Er stand zu seinem exilierten Freund Bronner, dessen Tod ihn 1886 schwer traf. Der parlamentarischen ›Neuen Ära‹ in Baden war er aufs engste verbunden. 1869 war er als Prorektor der höchste Repräsentant der Freiburger Universität. Er vertrat ihre sachlichen Anliegen und wurde von ihr hochgeehrt. Wohl sah er in Bismarck, Moltke und dem Kaiser die Einiger des Reiches und wandelte sich dabei vom Liberal-Nationalen zum National-Liberalen. Als er in Straßburg Professor wurde, überprüfte man seine politische Haltung von Berlin aus und erhob keine Beanstandungen. Im Reichsland aber spielte er eine übergeordnete, ausgleichende Rolle und »heilte medizinische und politische Wunden«!

1898 – im Jahr des fünfzigjährigen Jubiläums der Revolution von 1848/49 – verfaßte Kußmaul seine *Jugenderinnerungen.* Wer damals die Märzgefallenen an ihren Gräbern ehren wollte, mußte es unter Polizeischutz tun. »Wer mit den ›Achtundvierzigern‹ sympathisierte, galt vielen als ›Roter‹.«[56] Kußmaul beurteilte in seinen *Jugenderinnerungen* die Revolution durchaus positiv – ein ›Roter‹ war er deshalb nicht, jedoch frei in seiner Meinung! Kußmaul war ein typisch deutscher – liberaler – Medizin-Professor, Arzt und Forscher und ein Mann, der immer wieder zu mutigen Entscheidungen fähig war.

Klinischer Lehrer und Arzt am Krankenbett

There are things
you find nothing about in books.
Joseph Conrad, Taifun

Nach der Antrittsvorlesung begann Kußmaul mit seiner ärztlichen Tätigkeit und kümmerte sich sogleich um Verbesserungen der Arbeitsbedingungen an seiner Klinik. Der im folgenden wiedergegebene Antrag zeigt, wie genau bei ihm alle Arbeiten ausgeführt wurden, wie groß die Arbeitsbelastung der wenigen Mitarbeiter war und wie sehr er sich persönlich um sie sorgte. Am 23. Mai 1864 schrieb er an die Fakultät:

An der Medizinischen Klinik zu Freiburg ist zur Zeit ein Assistenzarzt, welcher 200 fl. Gehalt nebst freier Wohnung und Feuerung im Krankenhaus hat. Mit diesem kleinen Einkommen mag in früheren Zeiten der Assistenzdienst hinreichend belohnt gewesen sein, aber heutzutage ist im Interesse des klinischen Unterrichts eine Erhöhung des klinischen Gehalts dringend wünschenswert. Abgesehen davon, daß die Zahl der gepflegten Kranken in den letzten Jahren beträchtlich gewachsen ist, sind auch die Ansprüche, welche die Medizinische Klinik heutzutage an einen Assistenten macht, weit größer als ehedem. Der Assistent soll täglich zwei bis drei Visiten machen, der Klinik und den Stationen anwohnen, von 50 bis 60 Kranken genaue Geschichten führen, von einem Drittel derselben ungefähr zweimal täglich Puls und Atmung notieren und Thermometermessungen machen, täglich die eine oder andere Ausleerung mikroskopisch oder chemisch untersuchen, dies und jenes zeitraubende Heilverfahren selbst besorgen oder doch überwachen, sowie endlich den Kostenzettel, den Aufnahme- und Entlassungsschein, die Korrespondenz und manche andere kleine Geschäfte besorgen. Es ist unmöglich, daß ein Mensch auch beim größten Eifer diese Geschäfte alle fortlaufend pünktlich besorgen kann, am wenigsten aber findet ein Student der Medizin Zeit, daneben sein Studium abzulegen. Ich habe im letzten Kurse Erfahrungen gemacht, welche dies außer Zweifel setzen [...]. Daneben aber wäre es äußerst zweckmäßig, einen älteren Medizinstudierenden in ähnlicher Weise wie die Externen in den französischen Hospitälern zu weiterer Aushilfe zu verwenden; diesen müßte es namentlich obliegen, den Assistenzarzt bei den Zählungen und Messungen und im Abfassen von Krankengeschichten zu unterstützen. Man könnte diese Externi für je ein Semester verpflichten und aus dem klinischen Aversum mit 50 fl. für das halbe Jahr renumerieren.[57]

Die Fakultät erfüllte Kußmauls Forderungen umgehend.

Aus den Erinnerungen ehemaliger Studenten und Assistenten ergeben sich weitere und differenziertere Aufschlüsse über seine klinische Tätigkeit. Kußmaul ist es immer wichtig gewesen und er war auch stolz darauf, gute Ärzte auszubilden, und so sah er es auch als Kunst und gleichzeitig Verpflichtung an, ein guter klinischer Lehrer zu sein. Er hielt eine systematische Vorlesung, gab individuelle klinische Vorstellungen und Epikrisen, also kritische Aufarbeitungen nach Autopsien. Bis ins hohe Alter bereitete er sich, der seine Gebiete so glänzend beherrschte, hierauf sorgfältigst vor.

Von seiner Freiburger systematischen Vorlesung *Spezielle Pathologie und Therapie* gibt es zwei, allerdings schwer zu entziffernde, Vorlesungsmitschriften. Die erste stammt von Julius Müller, der Kußmaul im Winter- und Sommersemester 1864/65 gehört hat. Die zweite fertigte Hermann Engesser an, der Kußmaul 1868/69 hörte.[58] Beide zeigen den systematischen Aufbau der Vorlesungen. Die Krankheiten waren nach Organsystemen unterteilt und begannen mit denen des »Circulationstraktes«. Diese wiederum waren unterteilt in Krankheiten des Herzens, der Aorta und der Venen. Die Vorlesungen fahren dann fort mit den Krankheiten der Respirationsorgane usw. Das einzelne Krankheitsbild wird in der Weise dargestellt, daß nach einführenden historischen Bemerkungen die Ursache der Krankheit abgehandelt wird, danach werden die pathologische Anatomie, die Krankheitszeichen und das klinische Erscheinungsbild sowie die Diagnose besprochen. Die Erörterung schließt mit ausführlichen Angaben zur Therapie, wobei auch konkrete Rezepte aufgeführt werden. Bisweilen heißt es »Kußmaul verfährt so«, und es werden Ratschläge aus dessen eigener Erfahrung niedergeschrieben. Die beiden Vorlesungsmitschriften unterscheiden sich inhaltlich kaum; sie sind so ausführlich gehalten, daß sie auch als Lehrbuch dienen könnten. Diesen theoretischen Vorlesungen standen die praktisch-klinischen zur Seite, die sich wohl nicht wesentlich von den klinischen Visiten abgegrenzt haben, die Kußmaul täglich mit seinen Assistenten durchführte. Waren die Vorlesungen über *Spezielle Pathologie und Therapie* eher trockene Darbietungen, so wissen wir, daß sich Kußmaul bald von der systematischen Form des Unterrichts löste und klinische

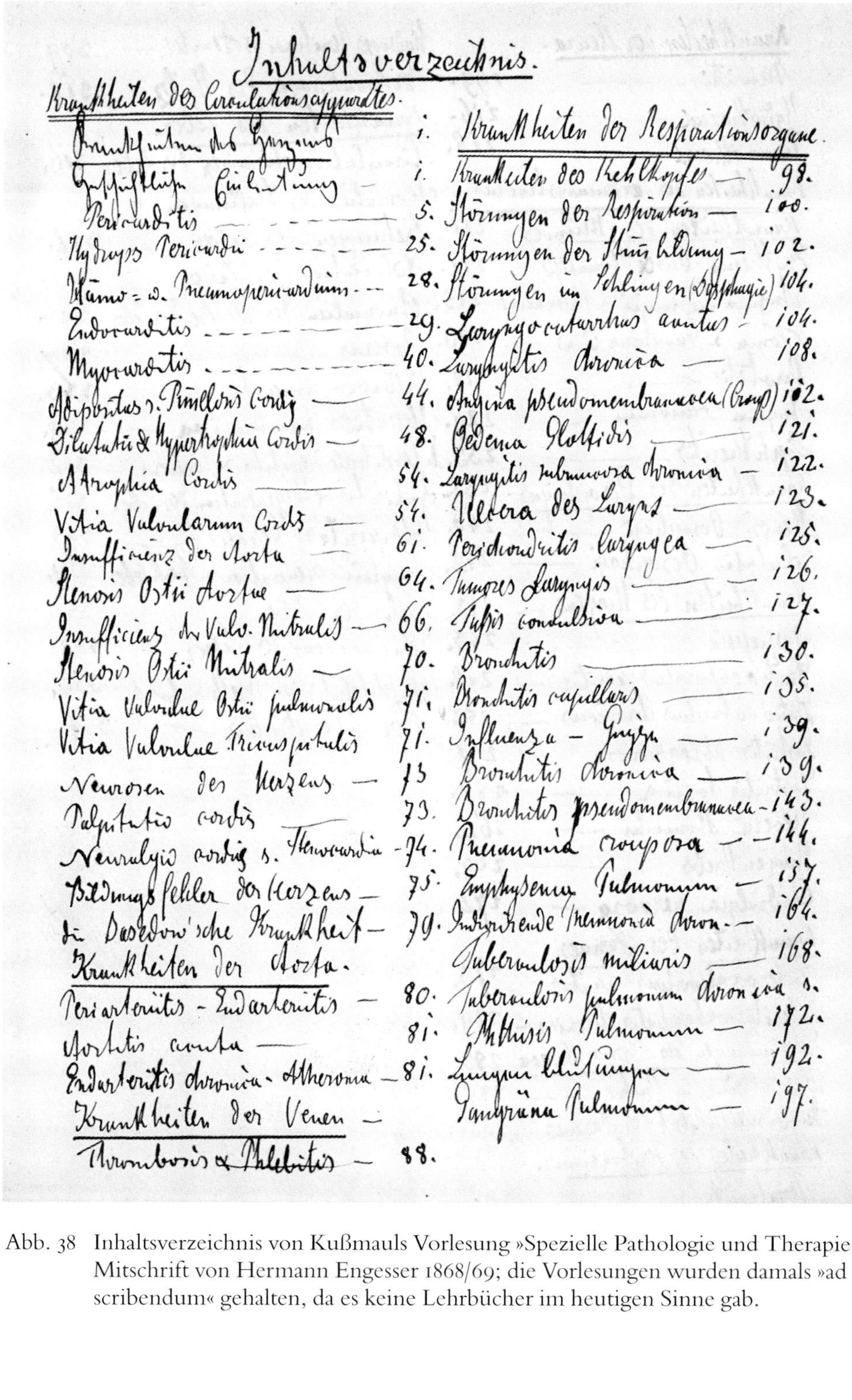
Inhaltsverzeichnis.

Krankheiten des Circulationsapparates.

Abb. 38 Inhaltsverzeichnis von Kußmauls Vorlesung »Spezielle Pathologie und Therapie«. Mitschrift von Hermann Engesser 1868/69; die Vorlesungen wurden damals »ad scribendum« gehalten, da es keine Lehrbücher im heutigen Sinne gab.

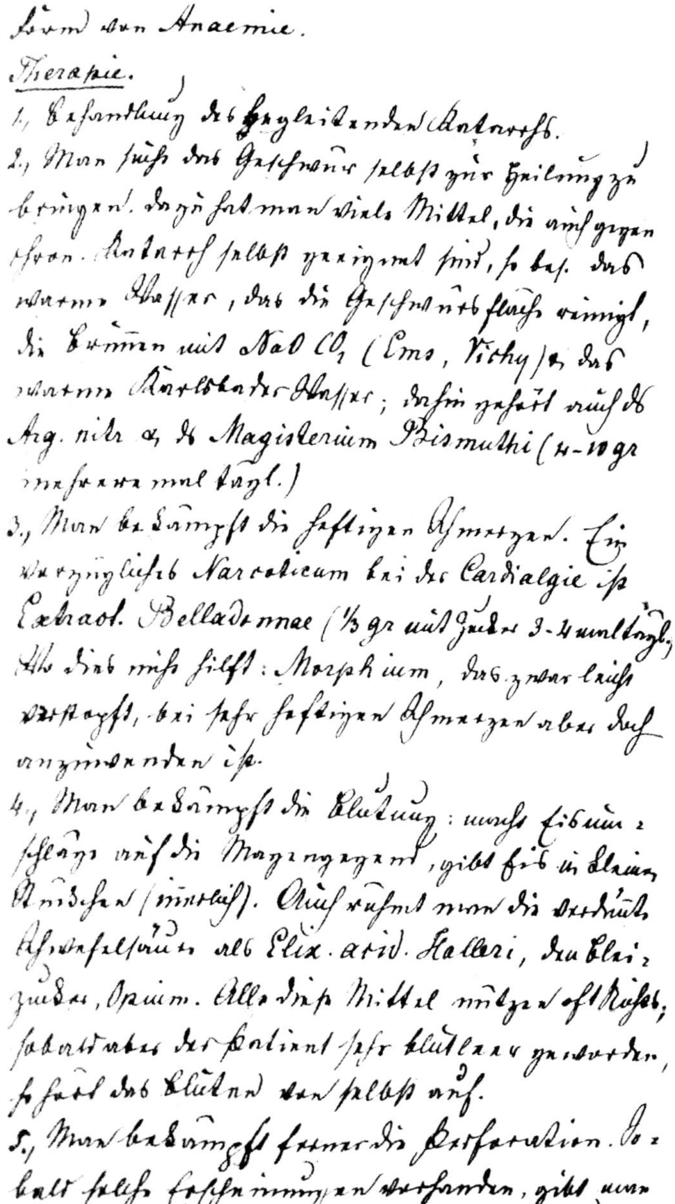

kommt von Anaemie.

Therapie.

1, Behandlung des begleitenden Katarrhs.

2, Man sucht das Geschwür selbst zur Heilung zu bringen. Dazu hat man viele Mittel, die auch gegen den Katarrh selbst geeignet sind, so bes. das warme Wasser, das die Geschwürsfläche reinigt, die Brunnen mit NaO CO_2 (Ems, Vichy) u. das warme Karlsbader Wasser; dahin gehört auch das Arg. nitr. u. das Magisterium Bismuthi (4-10 gr mehrere mal tägl.)

3, Man bekämpft die heftigen Schmerzen. Ein vorzügliches Narcoticum bei der Cardialgie ist Extract. Belladonnae (1/3 gr mit Zucker 3-4 mal tägl.) Als das nicht hilft: Morphium, das zwar leicht verstopft, bei sehr heftigen Schmerzen aber doch anzuwenden ist.

4, Man bekämpft die Blutung: nasse Eisumschläge auf die Magengegend, gibt Eis in kleinen Stückchen (innerlich). Auch nimmt man die verdünnte Schwefelsäure als Elix. acid. Halleri, den Bleizucker, Opium. Alle diese Mittel nützen oft nichts; ist dann aber der Patient sehr blutleer geworden, so hört das Bluten von selbst auf.

5, Man bekämpft ferner die Perforation. So bald solche Erscheinungen vorhanden, gibt man sehr große Gaben von Opium, um dadurch

Abb. 39 Textseite aus Engessers Mitschrift mit der Behandlung von Magenkrankheiten, u. a. »Magisterium Bismuthi«. Die Wismuth-Behandlung von Magenkrankheiten ist alt hergebracht und hat sich bis in unsere Tage erhalten.

Vorstellungen pflegte, die keine langweiligen und geistestötenden Schemata befolgten. Darin zeigte er sich als ein vollendeter Meister im Individualisieren; er verstand es, die Krankheit des einzelnen Patienten in didaktischer und pädagogischer Weise so darzustellen, daß die Zuhörer gefesselt waren und das entworfene Bild lange nicht vergessen konnten. Es ging dabei weniger um die Summe von Kenntnissen als darum, immer wieder neu die Methode aufzuzeigen, wie man einem Krankheitsfall gegenübertritt, sich mit ihm vertraut macht und ihn dann behandelt. Kußmaul führte gern Fälle vor, bei denen keine sichere Diagnose zu stellen war, so auch in seiner späteren Straßburger Antrittsvorlesung. Er demonstrierte damit, daß es nicht genügte, das einmal Erreichte für das allein Erreichbare zu halten und wie wichtig es ist, immer und immer wieder neu zu untersuchen.

Ein herausragender Punkt in der Lehre, in dem sein eigenes Wesen ganz besonders hervortrat, war die Besprechung von Epikrisen, der kritische Rückblick auf Krankheit und Behandlung – auf der Grundlage der Autopsie, die dann besonders eindrucksvoll und lehrreich wurde, wenn Kußmaul geirrt hatte und er darlegte, weshalb es zu seinem Irrtum gekommen war. Durch seine strenge und unnachgiebige Selbstkritik erfuhren Studenten und Assistenten, daß es in der Medizin keinen Autoritätsglauben geben sollte. Jakob Kaufmann, dem wir dieses Wissen über Kußmaul verdanken, bemerkt auch, daß der Lehrer sich keine Gelegenheit entgehen ließ, auf Ethik und ideale Seiten des ärztlichen Berufes zu sprechen zu kommen.[59]

Hinsichtlich der intensiven Betreuung seiner Mitarbeiter bei ihren wissenschaftlichen Arbeiten, sei es in der Zielsetzung, im Labor oder am Schreibtisch, berichtet Ludwig Edinger (1855–1918):

> Mit scharfem Blick hat er die Begabung jedes einzelnen erkannt und dessen Arbeit in die für ihn passende Richtung zu lenken gewußt. An dieser Klinik, wo der Kranke soviel galt, wurde, das ist bekannt, das wissenschaftliche Studium der Krankheitserscheinungen nicht vernachlässigt [...]. Kußmaul wußte den Lernenden auch dann an der Arbeit festzuhalten, wenn dieser, am Erfolg zweifelnd, sie aufgeben wollte. Immer hat so das Auge des Lehrers über den Fortgang unserer Studien gewacht. Kaum etwas entstand, das ihm nicht Anregung und Förderung verdankte. Noch bewundere ich die große und uns Jungen gegenüber so wichtige Toleranz, mit der er unsere Ansichten und Pläne anhörte, kritisierte, selten nur entmutigte, meist aber in richtige Bahnen lenkte.

Abb. 40
Ludwig Edinger;
Assistent Kußmauls in Straßburg, später Gehirnforscher von Weltruf in Frankfurt a. M.

Hier wird leider soviel der arbeitswilligen Jugend gegenüber gefehlt. Die Eiskälte der überlegenen Kritik, welche nur verneinend die Fehler zeigt, aber nicht voran hilft, haben wir von Kußmaul nie kennengelernt.

Wenig später greift er einen weiteren wichtigen Punkt auf, der Kußmaul als guten Lehrer ausweist.

Auch um die Art, wie die literarische Darstellung des wissenschaftlich Erlangten gegeben wurde, kümmerte sich unser Lehrer sehr. Er war der Meinung, daß die deutschen Autoren zumeist ihren Stil vernachlässigten. Mit seltener Aufopferungsfähigkeit hat er viele Stunden der Durchsicht und Korrektur unseren Arbeiten gewidmet. Immer wieder erhielt ich gelegentlich eine solche Mitteilung zur Umarbeitung zurück, gar manche Seite war dann in meinem Manuskript gestrichen und von der Hand des Lehrers neu geschrieben. Ganz ohne Aufregung und Beschämung ging wohl für keinen von uns solch eine Drucklegung vor sich. Aber wir lernten besser schreiben und den Wert guten Stiles bei anderen schätzen.

Über den »Vortrag« schreibt Edinger:

> Er war immer ungemein präzis, wohl selten unvorbereitet. Gerade von der Gewissenhaftigkeit, mit der einzelne dieser klinischen Vorstellungen vorbereitet wurden, weiß ich manche Zeugnisse. Einen eigentlichen glänzenden Vortrag in dem Sinne etwa der französischen Kliniker, bot der Lehrer nur selten. Nicht das Wort, der Kranke und was um ihn geschah, sollte lehren. Unerschöpflich war Kußmaul in seinen diagnostischen Lehren, die er alle durch kurze Krankengeschichten, die meisterhaft erzählt wurden, zu illustrieren wußte. Er beherrschte alle diagnostischen Methoden völlig, aber er hat niemals, die eine oder andere übertrieben anwendend, eine Hyper- oder besser Pseudoexaktheit geliebt. Wo Lücken in unserem diagnostischen Können waren, da liess es ihm keine Ruhe, da gab es keine Arbeit, die zu mühsam, keine Beobachtungsreihe, die zu lang gewesen wäre [...]. Gewissenhafte, ruhige, bis an die Grenze des Erreichbaren gehende Beobachtung, immer erneutes Nachprüfen, wenn einmal ein Schluß gezogen war, und eine ungemein große Vorsicht in diesem Schlußziehen selbst, charakterisierten unseren Lehrer.

Auch darüber, wie Kußmaul sich als Arzt am Krankenbett gab, berichtet Edinger:

> Mit einer wahren Begeisterung habe ich am Beispiel des Meisters gelernt, was es heißt, Arzt zu sein. In den engen Räumen der alten Straßburger Klinik haben wir Schüler erfahren, wie Humanität, die Kunst und das Wissen sich harmonisch verbinden können, wie diese drei gemeinsam den wahren Arzt erst schaffen. Mit welcher Sorgfalt wurde da der einzelne überwacht, wie ernst wurde oft abgewogen, was im Interesse der wissenschaftlichen Untersuchung zu geschehen habe, und was davon im Interesse des Kranken zunächst zu unterlassen sei. Gleich in den ersten Tagen erlebte ich, daß der Lehrer einen sonst von ihm geschätzten Kandidaten durch das Examen fallen lassen wollte, weil er bei einem typhös Fiebernden allzu genau auf eine exakte Anamnese drängte. Die Straßburger Klinik war damals eine der wenigen, wo die Ärzte auf die Zubereitung der Speisen hingewiesen wurden, wo man lernte, wie ein Bett zu machen ist, und wo jeder Assistent selbst die hydropathischen Mittel etc. mußte geben können. ›Ich wünsche Ihnen Allen, meine Herren‹, sagte Kußmaul einst beim klinischen Vortrage, ›daß sie eine ordentliche Krankheit einmal glücklich durchmachen. Nur dann lernen Sie schnell und gut, wie man mit einem Kranken umzugehen hat.‹ Es war kein ganz leichter Dienst, den wir Assistenten da hatten. Die Verantwortlichkeit wurde sehr ernst genommen, so

> ernst, daß ich heute noch in unbehaglicher Erinnerung mancher Verfehlungen und ihrer Folgen denke. Nicht nur die Patienten, auch die jungen Ärzte, Alle hatten eine wahre und tiefe Verehrung für den Meister der Klinik. Es erkannte eben ein Jeder bald, wieviel er der eifrigen persönlichen Unterweisung, wie viel er dem täglich gegebenen Beispiele zu verdanken habe.[60]

Es ist lehrreich, an dieser Stelle in den *Jugenderinnerungen* zu vergleichen, wie Kußmaul selbst seine erste schwere Krankheit erlebte und was er daraus lernte. Er nannte dieses Kapitel »Prüfung auf dem Krankenbette, akuter Gelenkrheumatismus im Winter 1846/47«. Kußmaul wohnte als Assistent Pfeufers in der Klinik, »ohne zu ahnen, daß ich meine genausten pathologischen Beobachtungen darin am eigenen Leibe machen sollte.« (303) Den Herbst über war er etwas »weichlich« und »hypochondrisch« gestimmt gewesen, wie er selbst schreibt. Weihnachten besuchte er seinen Vater, die Mutter war gerade gestorben, und fuhr mit ihm im offenen Wagen zu einem nächtlichen Krankenbesuch. Es war eisig kalt, und er fror während der ganzen Zeit. Drei Tage später bekam er in Heidelberg Fieber und Gelenkschmerzen und litt sechs Wochen lang an akutem Gelenkrheumatismus. Er nannte diese Beschwerden seinen »Bettgenossen« und schrieb darüber etwas ironisch:

> Er übte seine tückischen Künste an meinen Gelenken mit besonderem Mutwillen. Er sprang fast täglich auf neue, auf solche, die er meist verschont, zum Beispiel die Kiefergelenke und die Verbindung der Nackenwirbel, ergriff oft mehrere zugleich und einige wiederholt. Ich lag unbeweglich auf dem Rücken, wie ein Käfer, den böse Buben mit der Nadel lebend auf ein Brett spießten, und konnte kein Glied rühren vor Schmerzen. In Schweiß gebadet wurde ich von Friesl (Hitzebläschen) krebsrot und lag an mehreren Stellen auf. (305)

Als eine Herzbeutelentzündung hinzukam, wurde sein Vater benachrichtigt – es war ein trauriges Wiedersehen! Besucher Kußmauls fanden ihn so abgezehrt, daß sie an seiner Genesung zweifelten. Die Behandlung war äußerst einfach, abends kleine Gaben von Morphium, morgens Abwaschungen am ganzen Leib mit warmem Wasser, dem Kalilauge zugesetzt war. Kußmaul schilderte weitere Einzelheiten und beendete das Kapitel mit Anmerkungen, die den Kreis zum oben Gesagten schließen.

Meine schmerzhafte Krankheit ist mir ein guter Lehrmeister geworden. Wer selbst auf der Folterbank gelegen hat, fühlt am wärmsten mit den Gemarterten, er begreift ihr Jammergeschrei, aber auch ihre leisen Seufzer finden bei ihm volles Verständnis. Es giebt viele Dinge, in der ärztlichen Praxis, die der wissenschaftlichen Medizin gleichgiltig sind, aber für den Kranken Labsal und Balsam; wer *auf* dem Krankenbette und nicht bloß *an* ihm geprüft wurde, weiß den Wert eines mitfühlenden Blickes, eines guten Wortes zur rechten Zeit am besten zu schätzen; den Physiologen läßt es gleichgiltig, wie die Kissen des Kranken gelegt werden, für den praktischen Arzt ist es eine ernste, wichtige Sache. (308)

Für die direkte ärztliche Tätigkeit am Krankenbett gibt es naturgemäß wenig Quellen, nur zwei weitere Zeugnisse aus Straßburg können angeführt werden. Otto Körner (1858–1914), damals bei Kußmaul zunächst Student und von 1883 bis 1885 dessen Assistent, später selbst Professor der Hals-Nasen-Ohrenheilkunde, erinnerte sich:

In der Klinik trat er [Kußmaul] uns weniger als berühmter Mann der Wissenschaft gegenüber, wie als schlichter Freund und Helfer seiner Kranken. Die anspruchslose Betätigung einer menschenfreundlichen Gesinnung schien uns der hervorragendste Zug seiner Persönlichkeit zu sein. Er lehrte Humanität nicht mit Worten, sondern durch sein Beispiel, denn er war unablässig um das Wohl eines jeden, auch des geringsten seiner Kranken besorgt und begegnete denen, die sich der Unannehmlichkeit einer Vorstellung vor versammelter Klinik unterziehen mußten, mit aller möglichen Rücksicht. Seine Sorge um das Wohl des Kranken war so groß, daß er einmal einen fleißigen und kenntnisreichen Examenskandidaten durchfallen lassen wollte, weil er einen Schwerkranken zuviel mit Fragen und Untersuchungen gequält hatte. Täglich machte er die Visite mit den Assistenten und Anamnesen von Bett zu Bett und untersuchte dabei viel und gründlich. Ein bekannter Kliniker, der einst die Visite mitmachte, rief erstaunt aus: ›Aber Herr Kollege, Sie kennen ja jeden Kranken!‹ Seine Achtung vor den grundlegenden Fächern der Heilkunde, namentlich der pathologischen Anatomie und Physiologie war groß, und die volle Ausnutzung ihrer gesicherten Lehren am Krankenbett für ihn selbstverständlich. Aber schonungslos verurteilte er jede Überhebung theoretischer Fächer über die klinische Erfahrung und jeden Versuch, das selbständige Urteil der Kritik in therapeutischen Fragen anzutasten. Ungemein bezeichnend in dieser Richtung ist eine lapidare Äußerung, zu der er sich einmal vor versammelter Klinik hinreißen ließ; sie betraf die Wirkung des Rizinusöls. Damals kannte man die Rizinolsäure noch nicht, und Schmiedeberg [Professor der Arzneimittelkunde] hatte uns gelehrt, das Rizinusöl wirke abführend allein durch seine Eigenschaft als glättendes Öl und sei ganz überflüssig, da Baumöl denselben Dienst leiste. Nun hatte Kußmaul in der Klinik ein altes, abgemagertes Weib vorgestellt, durch dessen dünne und welke Bauchdecken hindurch kindskopfgroße Kotballen tastbar waren. Bei der Besprechung der Therapie empfahl der Praktikant alle möglichen Abführmittel, nur nicht das Rizinusöl, und als Kußmaul ihn fragte, warum er dieses treffliche Mittel nicht nenne, suchte er sich durch Erwähnung der Schmiedeberg'schen Ansicht zu verteidigen. Da schwoll die Zornesader auf Kußmauls Stirn und er rief, indem er, wie bei jeder Erregung, in den Dialekt der badischen Heimat verfiel: ›Was? Sch… dem sein' Frösch nit drauf? Mein' Kranke sch… drauf, und solang se des könne, kriege se's!‹[61]

Körner geht auch auf den bereits bei Edinger erwähnten schweren Dienst in der Klinik ein.

In der Medizinischen Klinik waren vier Assistenten, und auf jeden kamen im Durchschnitt 30 Betten […]. Sommer und Winter mußten wir früh um sieben Uhr mit der Vorvisite beginnen, pünktlich um acht Uhr dem Chef über alle Vorkommnisse der Nacht und über das Befinden jedes einzelnen Kranken, nach dem er fragte, berichten können. Achteinviertel bis neuneinhalb wurde die Klinik abgehalten. Daran schloß sich die Visite mit dem Chef […], sie dauerte meist bis elf Uhr. Die Zeit von vier Uhr bis zum Abendessen und auch oft noch nach diesem wurde zu den notwendigen Untersuchungen und zur Anfertigung der Krankengeschichten verwendet. Kußmaul hielt streng darauf, daß die Krankengeschichten am Krankenbette und nicht im Zimmer des Assistenten geschrieben wurden […]. Nur einer von uns Vieren wohnte im Spital und hatte dann den Nachtdienst für die drei anderen mit zu versehen. Ein halbes Jahr lang war mir diese ehrenvolle Last übertragen. Kußmaul war der Ansicht, daß der Magen der an Magenerweiterung leidenden, der sich von selbst niemals völlig entleert, wenigstens alle 24 Stunden einmal ganz leer gemacht werden müßte. Die beste Zeit hierzu schien in der Mitte der Nacht zu liegen. Ich mußte deshalb allnächtlich um zwei Uhr aufstehen, alle derartigen Kranken wecken und ihnen die Mägen leerpumpen. Da unser erster Assistent, Arnold Cahn, zusammen mit dem Privatdozenten von Mering damals über die Magensäure arbeiteten, mußte ich auch noch allen gewonnenen Mageninhalt auf Filter stellen, damit die Untersuchung gleich am nächsten Morgen begin-

> nen konnte. Diese nächtliche Arbeit neben des Tages Arbeit, Last und Mühe wurde für etwas Selbstverständliches gehalten und willig ertragen; ich wußte doch, daß der alte Chef sich selbst niemals schonte.
>
> In der Behandlung der Kranken ließ uns Kußmaul völlige Freiheit, verlangte aber eine gute Begründung für jedes außergewöhnliche therapeutische Tun oder Lassen. Er betrachtete uns als die behandelnden Ärzte und sich als unseren Konsiliarius. Bei den Visiten gab er uns viel von dem reichen Schatze seines Wissens und manche Anregung zu wissenschaftlichen Arbeiten. Hierbei wie auch bei den Dissertationen, war er nicht mit einer einfachen Wiedergabe für seine Ansicht zufrieden, sondern verlangte, daß wir durch eigene Arbeit tief in die zu behandelnde Frage eindrangen. War ihm dann die Niederschrift vorgelegt, so nahm er sie mit dem Verfasser so oft kritisch durch, bis sie sachlich und sprachlich nichts mehr zu wünschen übrig ließ.

Arnold Cahn erfuhr ebenfalls, wie Kußmaul mit seinen Assistenten umging und was er von den praktischen Ärzten auf dem Lande hielt.[62] Cahn berichtet aus der Straßburger Zeit:

> Eines Tages untersuchte er [Kußmaul] einen kürzlich aus dem Schwarzwald eingetroffenen Patienten mit einem nur schwer zu entwirrenden Symptomenkomplex und fragte den Assistenten, ob denn der Arzt etwas über den bisherigen Verlauf mitgeteilt habe. ›Jawohl, er hat ein Schreiben von einem Wald- und Wiesendoktor drüben mitgebracht. Es wird wohl nicht viel Gescheites drin stehen, ich habe es noch nicht durchgesehen.‹ Die Umstehenden sahen ein Gewitter sich sammeln; man sah ordentlich die zornigen Worte hervorquellen und die Stirnadern zum Schwellen bringen. Doch minutenlanges Schweigen und dann die milden Worte: ›Lesen Sie den Brief nur getrost zweimal, wissen Sie, ich bin auch ein Landdoktor gewesen. Manche meiner besten Assistenten sind jetzt drüben im Schwarzwald, Sie werden noch manches vom Landarzt lernen können.‹ Dann die bekannte Bewegung mit der linken Schulter, als werfe er eine Last ab. Die Geschichte war abgetan, der Tadel vergessen.[63]

Wie Kußmaul sich am Krankenbett verhalten hat, erfahren wir ebenfalls von Cahn. Einfach und zielbewußt habe er wenige unkomplizierte Arzneimittel eingesetzt, ohne hastiges Hin- und Herprobieren. Die physikalischen Heilpotenzen (elektrische Behandlung, Bäder, Massagen, Gymnastik und Mechanotherapie) wurden in seiner Klinik mit Vorliebe angewandt. Aber auch einzelne Methoden aus dem Bestand der alten Schulmedizin wurden geübt:

Abb. 41
Schwester Gebhard Weber, mit der Kußmaul damals zusammenarbeitete. Erste Generaloberin des Ordens der Barmherzigen Schwestern vom hl. Vinzenz von Paul in Freiburg.

> Am festesten haftet in meiner Erinnerung ein Fall aus den letzten Jahren seiner Straßburger Tätigkeit. Eine ältere, lungenkranke Frau wurde gerade während der klinischen Visite von reichlichem Bluthusten befallen. Die Studenten drängten sich herum, die geängstigte Frau brach in die ärgerlichen Worte aus: ›Da steht jetzt ein ganzes Rudel Doktors, junge und alte, um mich herum, und keiner kann mir das Blut stillen!‹ Die Frau war rüstig, nicht besonders blaß. Mit geübter Hand öffnete Kußmaul die Vene, schnell strömten ca. 60 cc aus, die Blutung stand.[64]

Großen Wert legte Kußmaul auf eine gute, intelligente Krankenpflege. Eine richtige Bettung – er hatte ja seine eigenen, leidvollen Erfahrungen hinter sich – konnte mehr Erleichterung schaffen als eine ausgeklügelte Medizin. Er nahm sich großzügig der Schwestern des Ordens vom hl. Vinzenz von Paul an, deren Mutterhaus in Straßburg stand, und setzte zum Beispiel durch, daß sie alljährlich für einige Wochen zur

Erholung in den Schwarzwald nach Altglashütten gehen konnten, was sie bis heute noch tun. »Wissen Sie, gute Assistenten kann ich viele haben; eine gute, geübte Schwester findet man nur selten. Dies unter vier Augen den Kollegen gegenüber geäußerte Wort ist unter uns klinischen Assistenten zum geflügelten Wort geworden«, berichtet Cahn.[65] Von ihm ist auch überliefert, wie Kußmaul sich zu einem weiteren wichtigen Punkt ärztlicher Tätigkeit verhielt, nämlich wie ungemein vorsichtig er mit seinen Prognosen umging; so habe er es verachtet und gehaßt, in einer nihilistischen Neigung eine ungünstige Wendung vorauszusagen, zumal, wenn eine Diagnose unsicher gestellt war. Kußmaul hielt mit aller Kraft an jedem Schatten eines Hoffnungsschimmers fest, so lange dieser nur erkennbar war. Wo andere nur eine lässige Therapie betrieben, fand er mit seiner Sorgfalt und Aufopferungsfähigkeit Mittel und Wege, um auch in schlimmen Fällen oft noch im besten Sinne zu helfen.

Diese Schilderungen zeigen einen Klinikchef, wie ihn sich jeder Patient, Assistent und Student wünscht. Die geschilderten Begebenheiten sind aus der Erinnerung dargestellt und somit wohl etwas idealisiert und nostalgisch verfärbt, aber im Kern darf man sie für wahr halten, so daß Kußmaul in vielerlei Hinsicht bis heute ein Vorbild sein kann.

Prorektor der Universität 1869

1869 hatte Kußmaul das höchste Amt an der Freiburger Universität inne: Er war Prorektor, wie damals die Rektoren genannt wurden, denn der eigentliche Rektor war immer der Großherzog. In den 1860er Jahren hatte die Universität etwa 500 Studenten, davon 40 Mediziner.

Am 20. Januar 1869 wurde die Wahl des 46jährigen Adolf Kußmaul aus Graben bei Karlsruhe zum Prorektor der Universität bestätigt. Am 5. April trat er sein Amt an, und am 9. September lud er im Namen des akademischen Senats die Angehörigen der Albert-Ludwigs-Universität »zur Feier des Geburtstages seiner königlichen Hoheit unseres Durchlauchtigsten Großherzogs Friedrich« ein.[66] Bei diesem Anlaß sprach er *Über die Behandlung der Magenerweiterung durch eine neue Methode*.[67] Die Prorektoren gaben damals noch keinen Rechenschafts- und/oder Jahresbericht ab, und so war das zentrale Ereignis die Geburtstagsfeier des Großherzogs mit der programmatischen Rede des jeweiligen Prorektors. Kußmauls Ansprache gliederte sich in einen kürzeren Teil, der dem Landesfürsten und der Universität gewidmet war, und in den Hauptteil, der Einblick in seine wissenschaftlich-medizinische Arbeit gab.

Im ersten Teil verband er Universität und Stadt mit dem regierenden Fürstenhaus, so habe »der Zähringer edles Geschlecht die freie Burg städtischer Gesittung gegründet« und »die hohe Schule menschlicher und deutsch-nationaler Cultur«. Auf allen Gebieten des Fortschritts gehe die Universität mutig voran. »Sie stellte die ersten und beredtesten Vorkämpfer verfassungsmäßiger Entwicklung deutschen Staatswesens«, gemeint sind die liberalen Freiburger Professoren Carl von Rotteck (1745–1840) und Carl Theodor Welcker (1790–1869). Mit gewisser Sorge blicke man in die Zukunft, hoffe aber, daß der Rektor »das beste Juwel des Zähringer Stammlandes diesen 400jährigen geistigen Stütz- und Mittelpunkt am deutschen Oberrhein für mehr denn eine halbe Million Menschen schirmen und zu erhalten wisse.«[68]

Mit dem wissenschaftlichen Teil seiner Rede *Über die Behandlung der Magenerweiterung durch eine neue Methode* mußte das Publikum eine ziemlich detaillierte und spezifische Vorlesung über sich ergehen lassen. Kußmaul leitete mit dieser Arbeit eine neue Ära der Diagnostik und Behandlung der Magenkrankheiten ein, sie lieferte jahrzehntelang immer wieder Anregungen für neue klinische Frage- und Problemstellungen; ihr Inhalt wird unten ausführlich dargestellt.

Arzt im öffentlichen Disput: Der Impfstreit um die Pocken

Kußmaul hat sich immer wieder die Frage gestellt, ob es zweckmäßig und nützlich sei, mit populären Abhandlungen die Bevölkerung über den aktuellen Stand der Medizin zu informieren. Er entschied sich dafür, obwohl er, wie er in einer späteren Schrift formulierte, darin auch eine gewisse Gefahr sah, »Leser zu Hypochondern und Pfuschern heranzuziehen, woran jedenfalls soviel richtig ist, daß sie mit Vorliebe von Hypochondern gelesen und von Pfuschern abgefaßt werden [...]. Denn, bis zu den Spitzen der Gesellschaft hinauf fehlt es in den weitesten Kreisen an anthropologischem Einmaleins, wie soll da mit den Logarithmen der Medizin gerechnet werden?«[69] Dennoch

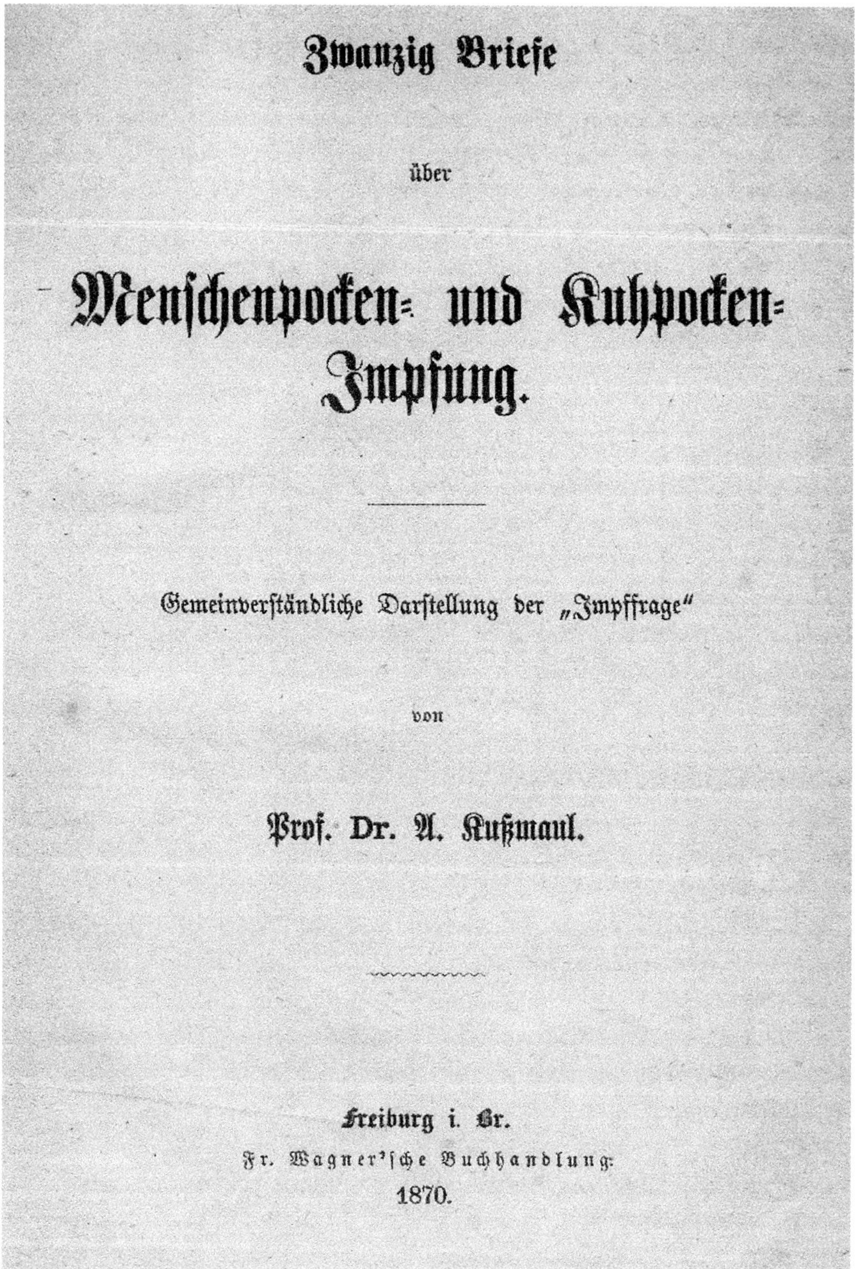

Zwanzig Briefe

über

Menschenpocken- und Kuhpocken-Impfung.

Gemeinverständliche Darstellung der „Impffrage“

von

Prof. Dr. A. Kußmaul.

Freiburg i. Br.

Fr. Wagner'sche Buchhandlung.

1870.

Abb. 42 Titelseite von Kußmauls Briefen über »Menschenpocken- und Kuhpockenimpfung«, 1870.

entschloß er sich, das »Publikum zu einem Besuche der Werkstätten einzuladen, worin die Medizin nach den Ursachen der Gesundheit und Krankheit mit wissenschaftlichen Methoden und Werkzeugen forscht.«

In diesem Sinne griff Kußmaul als Arzt, Klinikdirektor und Rektor unmittelbar in öffentlich diskutierte, medizinische Sachfragen ein. Da auch in Freiburg eine heftige Agitation gegen die Impfung geführt wurde, beteiligte sich Kußmaul selbstverständlich ebenfalls aktiv an dieser Diskussion. Er tat dies in Form allgemein verständlicher Zeitungsartikel in der liberal eingestellten *Freiburger Zeitung*. Dies sind seine *20 Briefe über Menschenpocken- und Kuhpockenimpfung*[70], die im Winter 1869 erschienen; Kußmaul nahm zwar von hoher Warte aus Stellung, scheute sich aber nicht, in die Tiefe dieser Auseinandersetzung gezogen zu werden. In einer Vorrede gab er den auswärtigen Lesern zum besseren Verständnis der lokalen Beziehungen einen »Schlüssel in die Hand«:

> Die Agitation gegen die Schutzimpfung, welche bekanntlich seit einer langen Reihe von Jahren unser Nachbarland Württemberg mit erlaubten und unerlaubten Kampfesmitteln eifrig unterhält, ist im Sommer 1869 auch auf den Boden unseres Großherzogtums übergespült worden. Man plänkelte zuerst mit einigen Zeitungsartikeln und schritt dann rasch mit zwei Broschüren zum Sturm vor. Die kleine Schrift ›Ein Büchlein über das Impfen‹ betitelt, rührte von einem katholischen Priester her, einem Herrn Dr. Hansjakob, dessen Name in den Kämpfen unseres Landes zwischen Staat und Kirche öfters auftaucht.[71]

Heinrich Hansjakob (1837–1916) war 1884 bis 1913 katholischer Pfarrer von St. Martin in Freiburg. Er war ein volkstümlicher Schriftsteller und Mitglied der zweiten Kammer und menschlich gesehen wohl ein schwarzwäldlerisch-badisches Original. Auf Seiten der ultramontanen Partei, hier wiederum in einer Sonderrolle, griff er, wie Kußmaul andeutete, in den badischen Kirchen- und Kulturkampf ein. 1869 zog er als Vertreter der katholischen Volkspartei mit einer kleinen Fraktion in den Badischen Landtag ein. Im Wahlkampf hatte er eine Rede gehalten, derentwegen er von Regierungsseite gemaßregelt wurde. Der Großherzog und sein Minister Jolly kommentierten den Einzug dieser Fraktion in den Landtag: »Mehr wie sitzen und schimpfen werden diese Herren [...] nicht, aber umso mehr werden sie ihre Wähler überzeugen, daß sie auch nichts leisten.«[72] Aus heutiger Sicht wird Hansjakobs Rolle nicht unkritisch gesehen; so verweist man auf seinen Antiintellektualismus, seine Kulturfeindlichkeit, das Unverständnis für soziale Fragen und die Verteidigung einer konservativen Form der Dorfkultur. Joseph Becker merkt an, es sei offensichtlich, daß Hansjakob, der während des Ersten Weltkrieges publizistisch den deutschen Militarismus verherrlichte, mit Teilen seines antiliberalen und antisozialistischen Ideenkonglomerats gewisse populäre Prädispositionen für die NS-Ideologie artikulierte.[73]

Kußmaul griff Hansjakob an, indem er aufzeigte, wie der Pfarrer in seiner Impfschrift mit Übertreibungen, Verdrehungen und Unwahrheiten arbeitete. Im ersten Brief unterscheidet Kußmaul im Blick auf Hansjakob zwischen theologischer und medizinischer Wissenschaft:

> Es mögen wohl Theologen, wie der Verfasser des Impfbüchleins, der wunderlichen Ansicht sein, daß die Impfung einen *medizinischen Glaubensartikel* darstelle. Die medizinische Wissenschaft aber kennt keine Glaubensartikel. Sie rechnet nur mit Thatsachen und nimmt sie nicht eher als glaubwürdig an, bis sie erwiesen sind, nicht durch den Ausspruch dieses oder jenes canonisierten Arztes, etwa des Stuttgarter Herrn ›Antiimpf‹-Apostels Dr. Rittinger (wie ihn seine gläubigen Jünger nennen), sondern durch fortgesetzte Beobachtung zahlreicher redlicher Männer, die im strengen Dienste der Wissenschaft die schwere Kunst genauer Beobachtung erlernt haben. Wenn Hr. Dr. theol. Hansjakob somit glaubt, medizinische Glaubensartikel umstoßen zu können, so beweist er eben nur, daß er zwar selbst stark im Glauben, aber unwissend in den ersten Prinzipien der Medizin ist. […] Ist die Impfung ein Eingriff in die Majestätsrechte Gottes, wie Herr Dr. Hansjakob zu verstehen gibt, so hole er zuerst den Blitzableiter von dem Gotteshause, das unsere Stadt schmückt, denn dieser Blitzableiter ist dann nicht minder eine solche Sünde […]. Wir Mediziner holen die Richtschnur unseres ärztlichen Handelns weder aus der Theologie, noch aus der Metaphysik. Die Seuchen, wie zum Beispiel die Blatternseuche, sind uns die Wirkung natürlicher Ursachen und wir leben in der Überzeugung, daß sie der wachsenden Einsicht in die Werkstätten der Natur, der fortschreitenden Bildung, der Humanität und der christlichen Idee der Brüderlichkeit mehr und mehr weichen müssen.[74]

In den weiteren Briefen belegte Kußmaul, daß die Blattern nicht in Europa heimisch seien, sondern aus Asien stammten und außerdem kein klimatisch notwendiges Übel darstellten. Er wies darauf hin, daß die Impfung mit Menschenlymphe entwickelt wurde und dadurch erste Erfolge in der Bekämpfung der Infektionskrankheit erzielt werden konnten. Er ging auf die Kuhpockenimpfung ein, die im wesentlichen durch Edward Jenner (1749–1823), einen englischen Landarzt, entwikkelt worden war. Kußmaul stellt Jenners Erfolge auf dem Hintergrund der Kenntnis des gesamten europäischen Schrifttums so dar, daß der Leser selbst zu den entscheidenden Einsichten kommen kann. Im achten Brief behandelte Kußmaul die rasche Ausbreitung der Kuhpockenimpfung über die zivilisierte Welt sowie die Geschichte ihrer Einführung in Baden: »Die Botschaft von Jenners glücklicher Erfindung ging zu Anfang des Jahrhunderts auf Sturmflügeln durch die ganze zivilisierte Welt.«[75] In Deutschland hatte man schon in den ersten zwei Jahren nach der Einführung der Impfung im Jahre 1802 300 000 Menschen geimpft. In Baden machte sich in den Jahren von 1801 bis 1803 besonders die Stadt Pforzheim um die Einführung der Impfung verdient. Hier war es Dr. Roller, der Vater des berühmten Illenauer Arztes, der allein 843 Menschen impfte, aber auch Dr. Gaupp in Emmendingen, Dr. Eisenlohr in Bötzingen – beide Orte in der Nähe von Freiburg – impften mehr als 1000 Menschen. Kußmaul selber sammelte Erfahrungen in Eppelheim bei Heidelberg: »Die Blattern waren ausgebrochen, drei Kinder lagen schon schwer ergriffen darnieder. Rasch impfte ich alle die zahlreichen noch ungeimpften Kinder des Dorfs und hatte die Freude, da noch keines angesteckt war, – denn nach der Blatternansteckung sichert die Vaccination nicht mehr, – daß kein Kind von den Blattern weiter ergriffen wurde; die drei angesteckten Kinder aber starben.«[76]

Im damaligen Kurfürstentum Baden mit seinen 430 000 Einwohnern waren etwa 25 000 geimpft worden. Über den Verlauf der Impfungen in Freiburg wußte Kußmaul zu berichten:

> Wir haben werthvolle Nachrichten durch den Prof. Dr. J. A. Ecker, eine Zierde unserer früheren Hochschule und der würdige Vater eines unserer würdigsten, jetzt wirkenden Collegen, – in seinem: ›Beitrag zur Geschichte der Kuh- oder Schutzpocken Impfung im Breisgau, Freiburg 1802‹, überliefert bekommen. Er erzählt, welchen dornigen Weg er betreten mußte, um der Vaccination in Freiburg Bahn zu brechen, wie man ihn verläumdete, verlachte, verdammte und bemitleidete, er aber angesichts einer mörderischen Pockenepidemie in Freiburg und der Nachbarschaft nach kalter Prüfung der bisher gesammelten Erfahrungen über die Vaccination ohne Zaudern sich zu deren Einführung entschloß. Mit dem Stadtphysikus Dr. Bader und den Professoren Schmiederer und Laumayer impfte er von Mai bis Ende September 1801 in Freiburg

250 Kinder. Die Menschenpocken, ›die schon durch 5 und mehrere Jahre fast nie Freiburg verlassen hatten‹, verschwanden spurlos. In St. Georgen bei Freiburg impfte der Wundarzt Fineyssen, unterstützt von seinem wackeren Pfarrer Büschle, fast alle ungeblatterten Kinder, der Wundarzt Danner in Krozingen 80 Kinder, usw. In sechs Monaten wurden mehr als 1000 Personen im Breisgau geimpft, und Ecker lieferte dazu von Freiburg die Lymphe. Hochstehende Personen, wie die Frau Gräfin Augusta von Kageneck und die Freifrau von Ulm, ließen nicht nur ihre Kinder impfen, sondern vorurtheilslos, wie es ächter Bildung ziemt, auch von ihren Kindern weiter impfen. Beamte und Bürger folgten ihnen nach, zum Beispiel Amtmann Dr. Ruf und Kaufmann Raiser, die Dr. Ecker namentlich anführt.[77]

In weiteren Briefen wurden die glänzenden Erfolge der Impfung geschildert. Hierfür breitete Kußmaul reiches statistisches Material aus ganz Europa aus. Er bot damit Einblick in Tatsachen, die unabhängig von seiner Person waren und damit eigene Beweiskraft hatten. Zum Schluß kam er auf Komplikationen und die Sterblichkeit durch die Impfung zu sprechen. Unter vielen Millionen Impfungen in der ganzen Welt seien nur wenige Fälle tödlich verlaufen, da sie in der Folge bösartigen Rotlauf nach sich zogen. In Württemberg starb von 200 000 geimpften Kindern nur eins. Die Anzahl der durch die Impfung übertragenen syphilitischen Ansteckungen war verschwindend gering. Schließlich zitierte Kußmaul Ausführungen R. v. Mohls aus dessen Rechtsstaatslehre: »Mit Recht ist die Entdeckung des Schutzmittels der Vaccination als eine Wohlthat für das ganze Menschengeschlecht zu betrachten.«[78] Hinsichtlich der Frage des Impfzwangs hielt sich Kußmaul zurück und überließ es dem gesunden Sinn des Volkes und seiner frei gewählten Vertreter, richtig zu entscheiden.

Heute sind durch konsequente Impfung die Pocken weltweit verschwunden. Kußmauls Darstellungen, die von einem lokalen Ereignis ihren Ausgang genommen hatten, waren so allgemeinverständlich abgefaßt, daß der preußische Gesundheitsminister sie 1914 für das gesamte Reich wiederauflegen ließ, weil der Impfstreit immer noch nicht beendet war. Zur damaligen Zeit hat seine Schrift sehr zur Beruhigung der aufgeregten Gemüter beigetragen.

Ehrenvolle Berufungen

Das erfolgreiche Wirken für die Medizinische Fakultät brachte Kußmaul hohes Ansehen innerhalb der gesamten Universität ein. Dieses steigerte sich noch durch ehrenvolle, auswärtige Berufungen anderer Universitäten, die ihm zusätzliche Reputation verliehen und neue Möglichkeiten eröffneten. In seinen beiden Dekanatsperioden 1866/67 und 1872/73 war er wesentlich am Neubau des Anatomischen Institutes, der Geburtshilflichen Klinik und der Augenklinik beteiligt. In den dreizehn Freiburger Jahren erhielt Kußmaul sechs Rufe, wobei er den letzten, sicherlich bedeutendsten, nach Straßburg, annahm.

Im Juli 1864 war Kußmaul von der Medizinischen Fakultät Königsberg »primo loco« für die Professur der Medizinischen Klinik vorgeschlagen worden. Dies nahm der Prodekan der Medizinischen Fakultät Freiburg zum Anlaß, dem Ministerium in Karlsruhe eindringlich darzustellen, welch empfindlicher Verlust es für die aufstrebende Fakultät wäre, »wenn wir einen der gediegensten Vertreter und den besten Lehrer seines Faches« verlieren würden.[79] Das Ministerium sollte im Vorfeld alles tun, um den Weggang Kußmauls zu verhindern. Dies geschah so, denn Kußmaul blieb in Freiburg.

Im August 1864 erhielt er einen Ruf an die Universität Greifswald. Nun nahm er die Möglichkeit wahr, direkt und gezielt mit Karlsruhe zu verhandeln, um die Situation an der Freiburger Klinik zu verbessern: »Unter den Gründen, welche mich bestimmen, um eine Erhöhung meines Gehaltes nachzusuchen, habe ich die großen Auslagen für Bücher hervorgehoben, welche der traurige Zustand der hiesigen Universitätsbibliothek notwendig macht. Es ist unglaublich, aber wahr: Die hiesige Universitätsbibliothek hielt vor einem Jahr nur eine einzige und hält auch jetzt nur drei Journale in dem weiten Gebiet der gesamten praktischen Medizin (Innere Medizin, Chirurgie, Geburtshilfe) [...].« Schon eine Woche später konnte Kußmaul seinen Freiburger Kollegen und dem Ministerium in Karlsruhe mitteilen: »Nach Empfang über ihre gütige Zusage habe ich gestern sofort dem Königlich-Preußischen Ministerium ablehnend geantwortet und im gleichen Sinne nach Greifswald geschrieben.«[80]

Im April 1865 unterrichtete Kußmaul erneut das Karlsruher Ministerium:

Gestern war in offiziellem Auftrage Herr Präsident Dr. A. Vischer, Mitglied des Universitäts-Curatoriums der Stadt Basel bei mir, um mich für den durch Prof. Jungs Tod erledigten Lehrstuhl der Inneren Klinik an dortiger Universität zu gewinnen. Er hat mir im Namen seiner Regierung 8000 Francs und zwar 4000 als Prof. Ord. und 4000 als Oberarzt im Städtischen Hospital angeboten, und erlaubte mir außerdem eine glänzende Konsultationspraxis in Aussicht stellen zu dürfen, da die Bevölkerung und Ärzte dieser reichen Handelsstadt gerade meine Berufung sehr gerne sähen. Bei meiner dankbaren Anhänglichkeit an mein badisches Heimatland habe ich diesen Ruf ohne langes Bedenken abgelehnt, was ich nicht getan haben würde, wenn mich die bloße Rücksicht auf Gelderwerb oder die Aussicht auf ein reiches klinisches Lehrmaterial (150 Betten und Poliklinik) zu verlocken imstande wäre. In beider Beziehung dürften wenige Städte mehr bieten können als Basel.[81]

Es ist erstaunlich, wie rasch und ohne Bedenken Kußmaul das glänzende Basler Angebot ablehnte! Wie ›seine‹ Freiburger Universität eine solche Haltung bewertete, wurde bei den nächsten Berufungen deutlich.

Im Mai 1871 warb die Universität Tübingen um ihn. Die Freiburger Medizinische Fakultät richtete sofort ein Schreiben an den Akademischen Senat, weiterzuleiten an das Innenministerium, in dem es unter anderem heißt:

Wir glauben in vollem Einverständnis mit dem Akademischen Senat zu sein, indem wir die Erklärung abgeben, daß der hiesigen Universität und der Medizinischen Fakultät insbesondere daran gelegen sei, Herrn Hofrath Kußmaul über dessen hohe Verdienste als akademischer Lehrer und Gelehrten wir uns jede weitere Erläuterung ersparen zu können glauben, zu erhalten. Wir stellen deshalb an den Akademischen Senat die dringende Bitte, mit allen Mitteln beim Großherzoglichen Ministerium dahin zu wirken, daß die höchst selbstlosen und rein im Interesse der Universität gestellten Forderungen, von welcher Herr Kußmaul sein Verbleiben an hiesiger Hochschule abhängig macht, erfüllt werden [...]. Diese Bedingungen sind folgende:

1. Berufung einer tüchtigen Lehrkraft an die Lehrkanzel für Chirurgie, welche durch das Pensionierungsgesuch von H. Prof. Hecker bis zum nächsten Sommersemester freiwerden dürfte.

2. Übertragung einer Abteilung für Syphilis und Hautkrankheiten im Akadem. Hospital an den a. o. H. Prof. Schinzinger unter Ertheilung der Staatsdienereigenschaft und eines fixen Gehalts.

3. Erweiterung des Akadem. Hospitals in der Weise, daß
a) zunächst ein Neubau für Augenkranke vom Staate errichtet und der dadurch im Hospital ledig werdende Raum nebst der Zimmer im Flügel (Parterre links) H. Prof. Schinzinger eingeräumt wird.
b) ein Absonderungshaus für ca. 30 innere Kranke im Barackenstil von Stadtgemeinde und Hospital erlaubt wird. Für später: Eine Erweiterung auch der Chir. Klinik, durch eine zweite Baracke im Hospitalgarten in Aussicht genommen wird.[82]

Die Forderungen wurden erfüllt, das Klinikum erweitert, und Kußmaul konnte Vinzenz Czerny berufen. Aus Dankbarkeit für sein Verbleiben verfaßten 36 Kollegen der ganzen Universität eine ›Adresse‹ an Kußmaul:

Hochverehrter Herr College! Gehoben von dem Gefühl aufrichtiger Freude über die glücklich abgewendete schwere Schädigung unserer Hochschule, mit welcher ihr Verlust sie bedrohte, nahen sich Ihnen die Lehrer derselben, um Sie, den Wiedergewonnenen zu begrüßen. Wir kommen, um Ihnen zu danken, daß Sie trotz der glänzenden Verlockungen einer großen Universität an uns festgehalten haben, wir kommen, Ihnen noch einmal zu sagen, was Sie uns sind, wie hoch wir in seltener Einstimmigkeit Sie halten, wir kommen endlich mit dem ernsten Gelübde, Ihnen nach Kräften Ihre unsere alma mater erwiesene feste Treue vergelten zu wollen. Wie warm unser Dank für Ihre Entscheidung zu Freiburgs Gunsten, das würden Sie am besten bemessen können, wenn wir Sie die Bangigkeiten, mit welcher wir Ihrer Rückkehr von der Prüfungsreise entgegenharrten, hätten mitempfinden lassen können, wenn Sie Zeuge gewesen wären der schweren Sorge, mit welcher wir uns rüsteten, Ihnen noch einmal unsere Bitte um Ihr Verbleiben ans Herz zu legen. Glauben Sie der schlichten Versicherung, daß unsere Dankbarkeit Monat für Monat der tiefen einmütigen Verehrung, mit welcher wir an Ihnen hängen, entspricht, daß dieselbe aber auch im richtigen Verhältnis zu dem Gewicht der richtig von uns verstandenen und gewürdigten Opfer, welche Sie mit Ihrem Entschluß unserer Hochschule bringen, steht. Was Sie uns sind, daß ist mit wenigen Worten gesagt. Sie sind uns unserer besten und unserer liebsten einer. Wir schätzen und lieben Sie als den gediegensten Vertreter Ihrer Wissenschaft, als den eifrigsten, gründlichsten und anregendsten Lehrer derselben, als den treusten, vom wärmsten uneigennützigsten Interesse für unsere Universität durchdrungenen Collegen, als den liebenswürdigsten Genossen und Freund. Wir verehren Sie als den Mann, dem wir neidlos den besten Anteil an dem Verdienst der mit so freudigem Stolz von uns begrüßten Hebung unserer Universität in neuerer Zeit, zuerkennen, auf den wir mithin auch unsere sichersten Hoffnungen für den gedeihlichen Fortgang dieses Aufschwungs bauen [...]. Möge Ihnen die Gewichtigkeit dieser unserer äußerlichen Zuneigung aller Ihrer Collegen, die unzweideutigsten Zeugnisse der begeisterten Anerkennung Ihrer von nah und fern zuströmenden Schüler, und die wachsende Freude am Gedeihen der Ihnen ans Herz gewachsenen heimatlichen Hochschule, der Sie aufs Neue sich weihen, einen bleibenden Lohn für Ihren Entschluß, der unsere zu bleiben, und einigen Ersatz für die Entsagung, welche Sie dabei geübt haben, bieten. – In aufrichtiger, dankbarer Verehrung zeichnen [...].[83]

Wohlgemerkt: diese ›Adresse‹ ist nicht aus nostalgischer Erinnerung verfaßt und geschrieben, sondern ein Zeugnis aktueller Ereignisse. Sicherlich hat sich Kußmaul sehr darüber gefreut, blieb aber bescheiden. Zum Ausdruck kam dies 1874 bei einer Dankrede an die Universitätskollegen. Er hatte nämlich im Juni jenes Jahres erneut einen Ruf, diesmal an die Universität Breslau, erhalten. Aber nach einem Besuch der »großen, geräuschvollen Stadt« zog er es dann doch vor, in seinem »schönen Freiburg« zu bleiben. Hier fand im Juni eine Bleibefeier im »Zähringer Hof« statt, an der, wie damals üblich, nur Herren teilnahmen und zu der auch Freunde, wie zum Beispiel Victor von Scheffel, eingeladen waren, über dessen Kommen sich Kußmaul besonders freute. Der handschriftliche Entwurf der Rede Kußmauls zu dieser Feier ist erhalten:

Als ich vor kurzem des Glaubens lebte, daß ich in die ferne schlesische Hauptstadt übersiedeln und dort ein neues Wirken beginnen müßte, graute es mir vor zwei Dingen. Einmal fürchtete ich den kalten Ost, der aus Rußland über die samatische Ebene in das schöne Schlesien hereinbläst, denn ich war nie ein Freund der nordischen Lüfte. Mehr aber als den rauhen Nord fürchtete ich das Abschiedsmahl, das mir vor meinem Scheiden wahrscheinlich noch in Freiburg zuteil geworden wäre. Ich erwog in jener Zeit öfter hin und her, ob meine Kraft und Tapferkeit wohl dadurch nicht auf eine zu harte Probe gestellt würde und ich gestehe es jetzt aufrichtig, ich hatte mich entschlossen, eine solche letzte Ehre abzulehnen. Wie ganz anders in unerwarteter und dankenswerter Weise nun heute statt des gefürchteten Leichenmahles, ein solch fröhliches Zusammensein mit neuen und alten Freunden und Collegen! Wahrlich, ich finde nicht die Worte, Ihnen für diese und so viele andere vorausgegangenen Beweise Ihrer liebevollen und collegialen, freundschaftlichen Gesinnungen gegen mich meinen Ausdruck auszusprechen! – Es sind jetzt gerade elf Jahre, daß ich hier in Freiburg verweile, nach meinen schwachen Kräften für unsere Universität tätig zu sein [...]. Die Stadt und die hiesigen Verhältnisse waren mir fast fremd, nur selten für kurze Zeit war ich hier anwesend. Aber ich habe mich hier eingelebt und die Stadt und die Universität sind mir lieb geworden, sodaß ich mich jetzt wohl Freiburger nennen darf. In diesen elf Jahren hat unsere Universität eine sehr bedeutungsvolle Entwicklung durchgemacht und es dürfte nicht ohne Interesse sein, einen Rückblick darauf zu werfen. Man behauptet, unsere Universität habe in diesen zehn Jahren wesentliche Fortschritte gemacht, und ich glaube, wir dürfen dem freudig beistimmen. Vor allen Dingen glaube ich hervorheben zu müssen, daß wir alle aus Ungläubigen Gläubige geworden sind. Wir haben den Glauben an uns selbst, an unsere Hochschule, haben die feste Zuversicht gewonnen, daß ihr Fortdauern, daß ihre Zukunft gesichert sei. Dieser Glaube war vor zehn Jahren in hohem Grade erschüttert und unsicher geworden. Man konnte es in den Kreisen unserer Landtagsabgeordneten, ja man konnte es horribile dictu von manchen Professoren selbst hören. Dabei machten die Mediziner zuerst die Entdeckung, daß für ihre Fakultät hier ein ganz vortrefflicher Boden gegeben sei und daß es nur gelte, ihn richtig zu bewahren: Hier ist alles Material zu einer tüchtigen medizinischen Schule. Wir predigten unverdrossen Tag und Nacht diesen Satz, trotz der geringen Schülerzahl von 20 bis 60 Medizinern, die uns damals allein geblieben waren, den Satz, daß hier das wahre Terrain für eine medizinische Schule sei. Wir rangen und kämpften und fanden endlich Gehör. Die Ungläubigen wurden gläubig, als schließlich 100 und 130 Zuhörer aus allen Provinzen Deutschlands zu uns eilten, als unsere klinischen Hörsäle sich so füllten, daß die Leute kaum mehr Raum fanden. Großes ist in zehn Jahren geschaffen worden. Ein herrliches neues anatomisches Theater und vortrefflich bereits erweitertes Geburtshaus, eine neue Augenklinik wird erbaut, das Hospital ist schon erweitert und wird es noch beträchtlich mehr. Wir haben neue Lehrkanzeln gegründet und Ordentliche Professoren für Pathologische Chemie und für Arzneiheilkunde; die Poliklinik, die früher nur sechs junge Leute notdürftig beschäftigte, unterrichtet jetzt mehr als 50 Studierende. Kurz, wir dürfen es mit gerechtem Stolz sagen: Unsere Fakultät hat in zehn Jahren Schönes, ja in Anbetracht der enormen Schwierigkeiten, die es zu überwinden gab, Großes geleistet. So verwirklichten sich vor allem die Träume unseres ehrenwerten Lehrers und Meisters, unseres gefeierten Anatom (Anm. des Autors, Alexander Ecker), der uns allen der mutigste gewesen, er der nie verzagte und stets des Glaubens lebte, daß uns, daß aus seinem lieben Freiburg etwas Rechtes geschaffen werden könnte. Soweit menschliche Voraussicht weiß, ist unsere Zukunft gesichert. Unsere Bewegung wird auf und nieder schwanken, aber sie wird nicht dauernd und ernstlich mehr gefährdet werden. Zweifelsohne wird auch für die anderen Fakultäten bald eine schöne Zeit kommen. Es ist eben an der Universität, wie in den Fabrikbauten: Bietet eine Gegend Muster und Arbeitskräfte, die Mittel des Verkehrs, so bedarf es nur der Ansiedlung einer oder zweier größerer Fabriken, um wieder andere zu locken, denn eine stützt die andere. So hoffe ich, werden bald auch unsere Juristen und unsere Philosophen entdecken, daß auch für sie ein wichtiger Boden hier gegeben ist, wenn er nur richtig cultiviert wird. Meine Herren, lassen Sie mich Ihnen den Toast vorschlagen: Auf unsere Universität![84]

Diese beiden Dokumente, sowohl die ›Adresse‹ als auch Kußmauls Dankrede, zeigen, wie hoch die Universität solche Persönlichkeiten schätzte und mit welchem Stolz sie auf ihre Errungenschaften blickte. Sie beweisen ebenfalls, in welchem Geflecht universitärer Überlegungen und sachlicher Gegebenheiten sich Entscheidungen wie die Berufung eines neuen Lehrstuhlinhabers abgespielt haben. Ausführlicher soll dies anhand der Berufung von Vinzenz Czerny verdeutlicht werden.

Die Berufung von Vinzenz Czerny an die Chirurgische Universitätsklinik 1871

Die Medizinische Fakultät vertraute Kußmaul die Aufgabe an, den Kandidaten für den Lehrstuhl der Chirurgischen Universitätsklinik auszusuchen. Da Innere Medizin und Chirurgie eng zusammenarbeiten, legte man Wert darauf, daß die zwei Fachvertreter ›miteinander konnten‹, denn die Chirurgie ist, um ein bekanntes Wort aufzunehmen, oft die Fortsetzung der Inneren Medizin mit anderen Mitteln – aber auch umgekehrt. Kußmaul wählte Vinzenz Czerny aus Wien, eine Entscheidung, die das Leben beider Männer wechselseitig und nachhaltig beeinflußte. Beide verstanden sich auf Anhieb, zumal Kußmaul immer eine besondere Neigung für die Chirurgie gehabt hatte und sich so bei Czerny gut aufgehoben fühlte. Durch die private Bindung Czernys wurde seine Familie später in Heidelberg Kußmauls Stütze im Alter. Der noch junge Arzt Czerny hingegen lernte viel von »seinem Kußmaul« bei gemeinsamen Beratungen am Krankenbett. Auch Czernys Gründung der »Heidelberger Krebsklinik« trug den Stempel des internistischen Schwiegervaters. Da sich also eine gegenseitig tiefgreifende Beziehung entwickelte, soll hier auf ein kurzes Portrait Czernys nicht verzichtet werden.

In seinen Lebenserinnerungen geht Czerny auf die damalige Situation in Freiburg und auf seine Berufung ein. Die hiesige Chirurgische Klinik war unter seinem Vorgänger Carl Friedrich Franz Hekker (1812–1878) »sehr zurückgegangen«. Dieser Hecker wurde übrigens in Freiburg der »schwarze Hecker« genannt, zur Unterscheidung seines Bruders, des badischen Revolutionärs, des »roten Hecker«. Nach Heckers Emeritierung suchte man zunächst vergeblich nach einem geeigneten Nachfolger. Von den Professoren der Chirurgie in Basel, August Socien (1837–1899), und Zürich, Edmund Rose (1836–1914), erhielt man Absagen, ebenso wie vom badischen Generalarzt von Beck (1821–1894).

In dieser schwierigen Lage traf Kußmaul im August 1871 in Karlsbad zufällig Billroth. Der berühmte Wiener Chirurg riet ihm: »Sie sollen es mit einem ganz Jungen probieren und wies auf mich hin.«[85]

Kußmaul und Czerny kannten sich zum Zeitpunkt der Berufung noch nicht persönlich. Dennoch wurde Czerny von Kußmaul in sehr zuvorkommender, ja herzlicher Weise begrüßt und aufgenommen, wobei ein zwölf Seiten langes Empfehlungsschreiben von Billroth an die Freiburger Fakultät sicher eine besondere Rolle gespielt haben dürfte. Hierin heißt es nach Mitteilungen zu Czernys Lebenslauf, Ausbildung und wissenschaftlichen Publikationen:

> Als Beweis meines vollkommenen Vertrauens auf die praktische Tätigkeit des Dr. Czerny als Mensch und Chirurg führe ich an, daß ich ihm ein Lazarett in Weissenburg (während des Deutsch-Französischen Krieges 1870/71) zur Einrichtung und Leitung völlig selbständig überließ, und ihn überhaupt dort, wie hier in Wien, als mein alter ego betrachtete. Es hat mir eine ganz besondere Freude gemacht, zu beobachten, wie die jungen Ärzte, Mediziner und Heilgehülfen, besonders die Verwundeten an Czerny hingen, wie alle ihm zugetan waren, für seine aufopfernde, energische und doch immer wohlwollende freundliche Art der Leitung und Behandlung. [...] Zum Schluß kann ich Ihnen nur noch sagen, daß ich noch nie einen meiner Schüler so gern und warm empfohlen habe, daß es zugleich wenige Menschen gegeben hat, die ich so ungern aus meiner nächsten Umgebung verlieren würde wie Herrn Dr. Czerny, so sehr ich es ihm wünschen muß, daß er einen selbständigen Wirkungskreis als Lehrer und Arzt bekommt.[86]

Kußmaul hatte zuvor am 13. August 1871 an Czerny folgende Zeilen gerichtet: »Es freut mich von ganzem Herzen, Sie als unseren hiesigen Collegen begrüßen zu dürfen, nachdem Sie unserem Minister, wie Sie mir schreiben, zugesagt. Ich denke, es wird Sie nicht gereuen und wir wollen in treuem Vereine suchen, aus unserer Freiburger Med. Schule etwas Ordentliches zu machen. Der Grund dazu ist gelegt; Sie werden sich, hier erst etwas orientiert, selbst überzeugen, daß hier der rechte Boden für eine Medizinische Schule gegeben ist, er ist nur lange schlecht bebaut worden. Näheres über unsere Aussichten bald hier in loco mündlich, denn ich denke, wir werden Sie doch bald hier sehen. Dann werden Sie mit eigenen Augen sich überzeugen, daß wir in einer mächtigen Bewegung begriffen sind, ansehnliche Bauten für med. Zwecke sich in der Ausführung begriffen oder im Entwurf, die Frequenz unserer Fakultät hat ansehnlich zugenommen, eine größere steht in Aussicht, sobald wir von Neujahr an mit Einführung der Deutschen Honorarverordnung und Freizügigkeit der Ärzte und einer gemeinsamen Deutschen Med. Examensordnung vom Rang einer Badischen zudem einer Deutschen Med. Schule aufsteigen! Ich glaube nicht, daß Straßburg uns schaden wird, wenn wir tüchtig arbeiten.«[87] Hier klingt das an, was Kußmaul in seiner oben zitierten Rede betont hatte, nämlich daß es mit der Freiburger Universität bergauf ging. Während seiner beiden Dekanate hatte er ja wesentlich zur baulichen Erweiterung der Fakultät beigetragen und dies eben auch durch sein tüchtiges Arbeiten, wie er es nannte. Zum unmittelbar bevorstehenden Empfang schrieb Kußmaul:

> Geehrtester Herr College! Es freut mich sehr, daß nun alles im Reinen. Denn, wie mir unser Staatsminister schrieb, haben Sie Ihre definitive Ernennung schon erhalten. Unsere Frau Großherzogin hat, wie ich heute hörte, sich auch bereits erkundigt, ob Sie aus der Familie des berühmten Komponisten Czerny stammten. Sie sehen, Ihr Ruf ist schon bis zu Hofe gedrungen! [...] Sie werden sogleich bei Ihrer Ankunft die Klinik übernehmen. Wegen der Vorlesungen müssen wir noch zusammen überlegen. Es wäre wohl am besten, wenn Sie in diesem Winter Allgemeine Chirurgie lesen würden. Ob es sich aber ausführen läßt, da die Studenten alle Stunden besetzt haben, ist mir noch etwas zweifelhaft. Sie werden überhaupt diesen Winter nötig haben, ihr Institut herzurichten. Sie finden da nur ein kleines Mikroskop, kein Laryngoskop, keinen elektrischen Apparat. Alles dies galt bei Ihrem Vorgänger für Schwindel. Sie

müssen den jungen Leuten einen ganz neuen Geist einflößen, doch denke ich, finden Sie ein fruchtbares Feld. Soviel in aller Eile! Herzlichen Gruß von mir und den Collegen! Glückauf zur Fahrt in's Schwabenland, 's ist guter deutscher Boden![88]

Beide Briefe beweisen durch die Formulierungen »wir wollen in treuem Vereine« und »müssen wir noch zusammen überlegen«, wie fürsorglich Kußmaul seinen neuen Kollegen in seine Obhut nahm, da er gemeinschaftliches Arbeiten für gegeben und notwendig hielt.

Mit dem Wiener Pianisten und Komponisten Carl Czerny (1791–1857) war Vinzenz nicht verwandt. Entsprechende Fragen sind ihm wohl häufig gestellt worden: »Wie oft bin ich gefragt worden, ob ich mit dem Carl Czerny der berühmten Klavierschule verwandt sei und mein Vater hatte sich nach dessen Tod eifrig bemüht, unsere Stammbäume irgendwie in Beziehung zu bringen, allein die Mühe war vergeblich.«[89] Musikalisch war Vinzenz Czerny wohl, von klein auf erhielt er Klavierunterricht und bildete sich darin auch selbst fort: »Später als Assistent bei Billroth und noch in Freiburg als junger Professor hatte ich allwöchentlich mein Trio oder Quartett und hatte viel Genuß an guter Musik.«[90]

Auch im Blick auf die schlechten Verhältnisse in der Freiburger Chirurgischen Klinik nahm Czerny in seinem Lebensbericht in der ihm eigenen Weise Stellung, denn er sah im Mangel auch die positive Herausforderung:

Die Aufgabe, die Chirurgische Klinik in die Höhe zu bringen, war nicht leicht. Die Insassen der etwas altertümlichen Klinik bestanden meist aus alten Hospitaliten. Tuberkulöse, Knochen- und Gelenkerkrankungen und Fußgeschwüre bildeten die Hauptsache. Indessen auch daran ließ sich lernen und namentlich in der Behandlung verbessern. Allmählich gewann ich das Zutrauen der Patienten. Die Zusammenarbeit mit Kußmaul, der seine chirurgische Ader längst durch die Einführung der Magenpumpe und Thoracozentese erwiesen hatte, war für mich äußerst fruchtbar. Es war außerordentlich belehrend, alle wichtigen Fälle mit einem so hervorragenden Kliniker durchsprechen zu können.[91]

Czerny war 1842 in Trautenau in Böhmen geboren; er stammte aus einer Apothekerfamilie, in der ein Fluidum von josephinischem Liberalismus geherrscht haben soll. Sein Vater war »ein herzensguter Mann, der niemandem eine Bitte abschlagen konnte«.[92] Die Mutter hielt ein

»offenes Haus« und sorgte dafür, »daß die Güte meines Vaters in bezug auf Verleihen und Schenken nicht mißbraucht wurde.«[93] Im Elternhaus hatte er die Begeisterung für die Natur und deren Erforschung erfahren, schon als Junge las er Alexander von Humboldts Reiseberichte sowie Johann Reinhold Forsters *Reise um die Welt*. Er ging auf Schmetterlingsjagd und legte Insekten- und Blumensammlungen an. In Prag studierte er zunächst Biologie und wechselte dann in Wien zur Medizin, wo er jeweils in Laboratorien wissenschaftlich arbeitete. Anläßlich eines kleinen Vortrags wurde Billroth auf ihn aufmerksam und bot ihm daraufhin eine Assistentenstelle an, die er dem berühmten Mann nicht ablehnen konnte: »So wurde ich denn am 1. April 1868 Chirurg wider meinen Willen und habe es auch später nie bereut.«[94]

Nach seinem Weggang aus Freiburg war er in Heidelberg fast 30 Jahre tätig und wurde einer der berühmtesten Chirurgen Deutschlands: »Die Heidelberger Chirurgie ist von einer der markantesten und fortschrittlichsten Persönlichkeiten des 19. Jahrhunderts in unser 20. Jahrhundert getragen worden, von Vinzenz Czerny, dem großen Schüler Theodor Billroths.«[95]

Das Jahr 1876 brachte für die Freiburger Medizinische Fakultät einen starken Einschnitt. Die beiden hervorragenden Internisten Kußmaul und Nothnagel gingen nach Straßburg und Jena. Der ebenso bedeutende Pathologe Paul Langerhans (1847–1888) reiste wegen einer Lungenerkrankung nach Madeira. So fühlte sich Czerny ziemlich vereinsamt. In dieser Situation kam die Berufung nach Heidelberg zum rechten Zeitpunkt. Allerdings mußte sie in aller Stille betrieben werden, da die beiden Landesuniversitäten sich keine Konkurrenz machen sollten. Nachdem die Heidelberger Fakultät sich einstimmig für Czerny ausgesprochen und das Ministerium zugestimmt hatte, wurde die Freiburger Fakultät vor vollendete Tatsachen gestellt, »und war mir deshalb nicht sehr gnädig.« Unter den großformatigen Portraits von Maria Theresia und Joseph II. (Freiburg gehörte bis 1806 zu Vorderösterreich) »veranstalteten mir die Studenten aber im Kaufhaussaale einen festlichen Abschiedskommers, an dem sich schließlich auch die ganze Universität beteiligte.«[96] Von diesem Kommers ist eine humoristische Zeitung *Nagelneuer Kladderadatsch, Freiburg im Breisgau, 1877* als Unikat erhalten. Auf 24 Seiten (30 × 23 cm), jede mit satirischen Zeichnungen versehen, werden Czerny, seine Mitarbeiter, seine Klinik mit ihren Patienten sowie

Abb. 43 Titelseite des »Nagelneuen Kladderadatsch«: Humoristische Abschiedszeitung für Vinzenz Czerny, als er 1877 von Freiburg nach Heidelberg berufen worden war.

die Ehrwürdigen Schwestern und der Pfarrer aufs Korn genommen. Diese Zeitung ist ein originelles Zeitdokument, das von der Beliebtheit Czernys zeugt.[97]

In der neuerbauten Heidelberger Chirurgischen Klinik mit 122 Betten konnte Czerny 29 Jahre lang wirken; hier waren ihm große chirurgische Erfolge vergönnt. Seine Schwerpunkte lagen in der Magen- und Bauchchirurgie, aber auch in der Chirurgie der Harnblase und der gynäkologischen Organe hat er wegweisende Verfahren entwickelt. Die von ihm herausgegebenen »Jahresberichte« der Klinik waren berühmt, sie enthielten sämtliche Operationen und wissenschaftlichen Arbeiten, genaue Ausbildungsanleitungen für die Mitarbeiter und, besonders wichtig, die eingehende Besprechung aller Todesfälle.

1906 zog sich Czerny aus der Klinik zurück und widmete sich ganz der Idee und Realisierung des »Heidelberger Instituts für experimentelle Krebsforschung«. Diesem Institut war ein neu erbautes Chirurgisches Krankenhaus mit 47 Betten angegliedert, das den Namen »Samariterhaus« erhielt.[98] Schon in jungen Jahren zeigte Czerny besonderes Interesse für die Geschwulstproblematik. Das Schicksal inoperabler Krebskranker ist ihm zeitlebens nahe gegangen. Aus den Jahresberichten wissen wir, daß er etwa 400 Krebskranke im Jahr operierte und oft sehen mußte, wie die Chirurgie an ihre Grenzen gelangte. In der damaligen Zeit der Serumtherapie, der großen Erfolge auf bakteriologischem Gebiet und zu Beginn der Ära der Röntgenstrahlen und der Radiumtherapie wollte er das Krebsproblem auf breiter Basis angehen und zu Erfolgen führen. Die Heidelberger Institute erlangten schnell internationales Ansehen und bestehen bis heute als »Deutsches Krebsforschungszentrum«; das »Samariterhaus« ist die Strahlenklinik der Universität.

Die Bezeichnung »Samariterhaus« weist daraufhin, daß der Alt-Katholik Czerny das Lukasevangelium in Kapitel 10 im ursprünglichen christlichen Sinne verstand und seinen Teil dazu beitragen wollte: der Arzt als Begleiter, ein Stück Weggefährte des Kranken. Es wird berichtet, daß Czerny seinen Patienten stets mit »unverwüstlichem Optimismus«, mit großer Geduld und Güte gegenübertrat. Er selber schreibt in seinen Lebenserinnerungen: »Die eingehende Beratung meiner Patienten und die Vertiefung in den einzelnen Fall nahm mich ganz in Anspruch.«[99] In seiner Bescheidenheit hat Czerny viele seiner eigenen Verdienste Mitarbeitern und Schülern, wenn nicht gar dem »Zeitgeist« zugesprochen.[100] Er erkrankte schließlich an Leukämie, die er sich wohl im Umgang mit Röntgenstrahlen zugezogen hatte und starb 1916 kurz vor Vollendung seines 74. Lebensjahres.

Das Problem der Psychiatrie an der Universität Freiburg

Die großen Gedanken kommen aus dem Herzen
W. Griesinger nach Vauvenargues

Das Problem einer Psychiatrischen Klinik für das Universitätsklinikum war für Kußmaul in vielerlei Hinsicht mit Schwierigkeiten verbunden, die letztlich auch ein Grund dafür waren, daß er Freiburg verließ und den Ruf nach Straßburg annahm. Kußmaul hat sich in so vehementer Form für Fortschritt und Modernisierung in diesem Fach eingesetzt, daß ein ganz neues Licht auf seine Persönlichkeit fällt. Er konnte sich ärgern, in Harnisch geraten und dabei zum ›schweren Säbel‹ greifen.

Er selber war der Psychiatrie von frühester Zeit an eng verbunden, wohl auch, weil das Leid dieser Kranken ihn besonders berührte. Er bildete sich bei der Wiederaufnahme seines Studiums im Blick auf die spätere akademische Laufbahn speziell in diesem Fach fort und las als junger Dozent in Heidelberg Psychiatrie. Er schloß seine Freiburger Antrittsvorlesung mit dem Gedenken an den französischen Arzt Pinel, der die psychiatrisch Kranken zu Menschen-Patienten gemacht hatte; schließlich reichte die Psychiatrie durch die Krankheit seiner Schwester in seine privateste Sphäre. Zusätzlich lag ihm die Ausbildung der Medizinstudenten in diesem Fach besonders am Herzen. Da er in Freiburg maßgeblich bei der Erweiterung und Verbesserung des Klinikums beteiligt war, war er auch tonangebend bei der Weichenstellung für einen modernen psychiatrischen Unterricht.

Die Schwierigkeiten waren vielfältig. Vor 1816 gab es keine wissenschaftliche Universitätspsychiatrie im heutigen Sinne. Eine solche galt es aufzubauen! Im Großherzogtum Baden waren die psychisch Kranken im Vergleich zu vielen anderen Teilen Deutschlands zunächst wenigstens gut betreut; 1814 war in Pforzheim das »Waisen-, Toll-, Kranken-, Zucht- und Arbeitshaus« errichtet worden. Als die Verhältnisse dort untragbar wurden, konnte das Land 1842 die Anstalt Illenau bei Achern in Nordbaden, die von Christian Friedrich Roller (1802–1878) geleitet wurde, in Betrieb nehmen.

> Sie war großzügig und weiträumig angelegt und wurde weit über Baden hinaus zur Musteranstalt. Ihr milieutherapeutischer, jedoch auf einem streng patriarchalisch-pädagogischen Behandlungsmuster beruhender Ansatz wurde oft kopiert.

Die wichtigsten Psychiater dieser Zeit waren Mitarbeiter in dieser Anstalt gewesen, die darüber hinaus von Ärzten aus aller Welt besucht wurde: ›Nie mehr stand eine psychiatrische Schule Deutschlands derart im Mittelpunkt der Weltöffentlichkeit.‹[101]

Roller wollte in seinem Bereich Ruhe und Abgeschiedenheit für die Patienten und keinen akademischen Unterricht, der von den Universitäten Heidelberg und Freiburg auch weit entfernt gewesen wäre. Von dieser universitätsfeindlichen Meinung ließ er sich weder durch die Denkschriften der Universitäten Heidelberg und Freiburg noch durch ein persönliches Treffen mit seinem ehemaligen Schüler Kußmaul im Jahr 1873 abbringen, nicht einmal durch ein sehr verständnisvolles und persönlich gehaltenes Schreiben des Großherzogs. Er entfaltete sogar schlimme Pressekampagnen gegen beide. Roller wollte statt der Universitätskliniken eine zweite Illenau und verfestigte damit die konservativen Standpunkte der Anstaltspsychiatrie.

Die Modernisierung der Psychiatrie war notwendig und überfällig geworden, weil dieses Fach neben der Aufgabe der öffentlichen »Irrenpflege« jetzt auch in Wissenschaft und Lehre in der Universitätsausbildung integriert worden war; nach der neuen Ausbildungsordnung war Psychiatrie nun Prüfungsfach. In Freiburg hatte sich Kußmaul diese Erneuerung zur Aufgabe gemacht; in Zürich und Berlin setzte sich Wilhelm Griesinger (1817–1868) dafür ein. Dieser stand in »persönlicher Bekanntschaft« mit Kußmaul, die ihm »eine der wertvollsten geworden ist.«[102] Der Psychiater und Neurologe Karl Bonhoeffer (1868–1948) nannte Griesinger »den glänzendsten Vertreter der deutschen Psychiatrie seiner Zeit«.[103] Obwohl keine direkten Quellen über das persönliche Verhältnis der beiden Männer existieren, gibt es genügend Anhaltspunkte dafür, weshalb sie sich so »wertvoll« waren, und damit wirft Griesingers bewegte Entwicklung auch ein bezeichnendes Licht auf Kußmaul. Ihre süddeutsche Herkunft, ihre Lust, Altüberkommenes zu kritisieren und zu überwinden, ihre kluge und temperamentvolle Art – die bei Kußmaul in diesem Psychiatriestreit akzentuiert zutage tritt –, ihr spezielles Interesse für hirnpathologische Probleme und sicherlich auch die Tatsache, daß sie beide von der ärztlichen Praxis aus den Weg an die Spitze der Universität beschritten hatten, verband sie in außergewöhnlicher Weise.

Der in Stuttgart geborene Griesinger fiel als übermütiger Tübinger Korpsstudent auf, weil er öffentlich ein Hoch auf das republikanische Deutschland ausgebracht hatte und deshalb von der Universität verwiesen wurde. Daraufhin ging er in das liberale Zürich. Später war er in Friedrichshafen und Stuttgart als praktischer Arzt tätig, bildete sich aber auch in den Kliniken von Paris fort und war zwei Jahre lang Assistent in der Psychiatrischen Anstalt Winnental, bei Winnenden, einer 20 km von Stuttgart entfernt liegenden Stadt. In dieser Zeit entstand 1845 sein Lehrbuch *Die Pathologie und Therapie der psychischen Krankheiten für Ärzte und Studierende.* Griesinger war damals erst 23 Jahre alt, und Bonhoeffer merkt hierzu an: »Es ist wohl ein einzig dastehendes Beispiel intensiver Erfassung des wesentlichen Gehalts einer Disziplin, daß ein Lehrbuch, das durch Jahrzehnte führend war, sich im wesentlichen auf dem psychiatrischen Erleben zweier Assistentenjahre aufbaute.«[104] Drei Jahre zuvor hatte er bereits mit scharfer Feder und ohne Rücksicht auf Konventionen mehrere kritische Artikel, zum Beispiel *Die medicinische Terminologie,* geschrieben, wo es unter anderem heißt: »Denn die Stubengelehrten sind an allen Orten die nämlichen. Die Terminologie, die sie in die Wissenschaft eingeführt und noch einzuführen trachtet, bleibt immer möglichst ferne vom gemeinen Weg der verständlichen Muttersprache; gespreizten Schritts und mit Zopf und Perücke vergangener Jahrhunderte geschmückt, hält sie fest am Faden der Latinität und Gräcität; [...] diese medicinische Terminologie mit ihren fremdklingenden und barbarischen Worten ist freilich an sich nicht eben von großer Wichtigkeit.« Diese Zeilen erregten damals großes Aufsehen.[105]

Nach einem kurzen Ordinariat in Kiel ging Griesinger als Präsident des Ägyptischen Medizinalwesens und Leibarzt des Vizekönigs nach Kairo, wo er während seiner zweijährigen Tätigkeit unter anderem die ägyptischen parasitären Erkrankungen intensiv studierte und damit ein angesehener Fachmann für Infektionskrankheiten wurde. 1854 wurde er Ordentlicher Professor für Klinische Medizin in Tübingen und 1860 in Zürich, wo er neben dem Kantonsspital auch die Irrenanstalt leitete und das berühmte »Burghölzli« mitbegründete. In dieser Zeit war Billroth dort sein Kollege. Als er 1865 nach Berlin kam, lag die Veröffentlichung seines psychiatrischen Lehrbuches schon 20 Jahre zurück.

Griesinger übernahm die Psychiatrische Klinik der Charité mit der ausdrücklichen Zusage zur Führung einer Nervenstation und der Reorganisation der Irrenabteilung. Über die nur dreieinhalbjährige Tätigkeit Griesingers in Berlin – er starb qualvoll an einem perforierten Blinddarm – urteilte Bonhoeffer:

> Seine Idee der ›klinischen Asyle‹, die die Psychiatrie aus der Abgeschlossenheit der Anstalten herausführen, die Aufnahmen erleichtern, die akuten Erkrankungen den Studierenden und dem praktischen Arzt durch den klinischen Unterricht nahebringen, durch die Verbindung mit der Neurologie und Inneren Medizin in den Rahmen der übrigen medizinischen Disziplinen einrahmen sollten, stieß bei den Fachgenossen, die ihn als von der Inneren Medizin kommend, nicht als vollwertigen Irrenarzt gelten lassen wollten, auf starken Widerstand. [...] Das wesentliche war ihm [Griesinger] das Heranbringen der Psychiatrie an die klinische Medizin und deren empirisch-naturwissenschaftliche Methoden. Damit war notwendig verbunden der Kampf gegen die Autarkie und ländliche Isolierung der Anstalten.[106]

Um einen Eindruck von der Persönlichkeit Griesingers zu vermitteln, soll aus dem Schluß seines Vortrages zur Eröffnung der Psychiatrischen Klinik in Berlin zitiert werden. Er wies ausdrücklich auf den humanen Standpunkt hin, mit dem Geisteskranken zu begegnen sei.

> Glauben Sie nicht, daß er [der humane Standpunkt] jemals mit dem Wissenschaftlichen in Conflict kommen könnte! Ihr erster Eindruck bei den Geisteskranken wird sicher der des menschlichen Mitgefühls sein. Wie traurig ist die Heiterkeit der Könige, das Glück der Götter des Irrenhauses! Wie viele dieser Unglücklichen sind ohne alle Schuld von ihrer Seite einer Krankheit, die Jeden, uns alle auch, befallen kann, zum Opfer geworden [...]. Wie wenig würde es sich ziemen, von der Höhe unserer vielgepriesenen Vernunft herabzusehen auf ein Reden und Thun, das der Ausdruck dieses Unglücks ist. Nein, meine Herren! Unterdrücken Sie die Seelenbewegung nicht, die uns ergreift, wenn wir vor diesen Räthseln des Schicksals stehen, glauben Sie nicht, daß die menschliche Theilnahme erlöschen müsse, wo die wissenschaftliche Forschung beginnt. Weitgreifende Humanitätsfragen sind noch zu lösen auf dem Gebiete der Psychiatrie; die großen Gedanken kommen aus dem Herzen; besser, hilfreicher werden Kopf und Hand an diesem Werke arbeiten, wenn sie sich ein warmes Gefühl für das Unglück bewahrt haben.[107]

Damit teilte Griesinger Kußmauls Auffassung. In Freiburg zog sich der

Streit zwischen den Ansichten Rollers und der Fakultät über Jahre hin. Schon während seines ersten Dekanats 1868 hatte Kußmaul in Karlsruhe energisch darauf beharrt, daß nur durch die Einführung und Einrichtung Psychiatrischer Kliniken an den Universitäten eine ordentliche Ausbildung der Mediziner hinsichtlich geisteskranker Menschen garantiert sei.

Der Krieg von 1870/71 unterbrach zunächst die Auseinandersetzungen um diese Fragen. Als sie dann wieder aufgenommen wurden, hatten die Fakultäten in Minister Jolly einen »sachlich eingestellten Förderer und Freund«.[108] Jolly hatte bei Kußmaul ein vertrauliches Gutachten angefordert, in dem die Notwendigkeit der Errichtung psychiatrischer Kliniken eingehend begründet wurde, wobei Kußmaul auch auf die problematische Haltung Rollers hinwies. Als die Angelegenheit in der Tagespresse hochgespielt wurde, griff Kußmaul in dieser Diskussion zu sehr scharfen Formulierungen wie der folgenden: »Ich begreife nicht, wie Hergt sich zu seinen Ansichten hinreißen lassen mochte, denn sie sind karikiert und aus dem Hasse gegen die neuere psychiatrische Richtung hervorgegangen.« Kußmaul argumentierte weiter, Hergts Äußerungen seien benutzt worden, »um in der gemeinsten demagogischen Art die öffentliche Meinung gegen die Kliniken aufzuregen; ein scheußlicheres und jesuitischeres Machwerk ist in der Irrenfrage noch nicht geliefert worden.«[109]

Es sind nur zwei Äußerungen von Kußmaul bekannt, die so empört klingen und einen Sachverhalt in solcher Weise abqualifizieren, wobei sie gleichzeitig Hinweise auf Politik und Kirche geben. Seine Worte belegen, wie er das Jesuitische haßte. Die zweite Äußerung bezieht sich in der Einleitung zu den *20 Briefen über Menschen- und Kuhpockenimpfung* auf die Impfgegner aus Stuttgart: »Diese Taktik der Stuttgarter Impfgegner erinnert auffallend an die der Lasalleaner. Durch massive Grobheit und persönliche Injurien suchen sie das Feld allein zu behaupten, und die anständigen Leute von der Discussion zurückzuschrecken.«[110] Kußmaul, der Mann des ausgewogenen Urteils, verabscheute sowohl rechtskonservative wie linksrepublikanische Argumente.

Kußmauls Befürchtungen – um ihn nochmals zu zitieren –, daß »der Eigensinn des decripid werdenden Alters (von Roller) durch die Rechnung des ordinären Kammerphilisters triumphieren und die besten, humansten Pläne zuschanden machen werde,« bewahrheiteten sich nicht.[111] Letztlich ist es seinem Wirken in Freiburg und dem seines

Kollegen Friedreich in Heidelberg gelungen, zusammen mit dem »klaren Staatsmannauge« Jollys den Fakultäten zu ihrem Recht zu verhelfen. In Freiburg wurde 1887, wesentlich später als in Heidelberg, die Psychiatrische Klinik eröffnet und 1889 die Heil- und Pflegeanstalt in Emmendingen. So hatte es der Landtag beschlossen, wobei dies nicht ganz den Vorstellungen Kußmauls entsprach, denn er wollte Irrenanstalten mit etwa 300 Betten direkt in den Städten errichtet sehen.

Allerdings war die Freiburger Lösung zu dem Zeitpunkt, als Kußmaul den Ruf nach Straßburg bekam, noch nicht absehbar. Daher war er in dieser Frage noch recht empfindlich und nahm sie unter anderem zum Anlaß, den Ruf nach Straßburg anzunehmen. Dies geht aus einem Brief vom 18. Juni 1876 an seinen Freund und Minister Jolly hervor:

> Verehrter Freund! [...] Dein freundlicher Brief war mir ein neuer Beweis Deines oft bewährten großen Wohlwollens gegen mich. Es ist ganz richtig, daß man mich für Straßburg zu gewinnen sucht und mir bedeutende Anerbietungen macht [...]. Ich habe zuerst die Anträge von der Hand gewiesen und auf meine 50 Jahre und die vielen Krankheiten hingewiesen, doch ließ man sich nicht abschrecken. Nachdem ich dann genaueres über meine künftige Stellung vernommen, erschien mir doch, ich gestehe es offen, der Ruf sehr verlockend und ich habe Bedingungen gestellt, deren Erfüllung mich nach Straßburg ziehen würde [...]. In keinem Falle würde ich, falls ich hier verbliebe, Dein Anerbieten, mein Gehalt zu erhöhen, annehmen und lieber bitten, es der Bibliothek oder unseren medicinischen Instituten zu geben. Was mich in meiner Anhänglichkeit an Freiburg erschüttert hat, ist die wenige Sympathie, die unsere Universität bei der eigentlichen Bevölkerung unseres Landes und gerade derjenigen hauptsächlich interessierten oberen Landesteile findet, Du hast ein wärmeres Herz für sie als die Deputierten und die eingewanderten Freiburger schätzen sie höher als die eingeborenen. Die letzten Kammerverhandlungen haben mich sehr verstimmt, insbesondere die Debatten über die Psychiatrische Klinik.[112]

Die wissenschaftlichen Leistungen: Mitbegründer der naturwissenschaftlichen Medizin

Not the experience of one man only
or of one generation,
but the accumulative experience
of all mankind in all ages

F. W. Herschel (1738–1822)

Einleitung

Kußmauls Forschungsarbeiten und Entdeckungen von hohem wissenschaftlichen Stellenwert stammen aus den Jahren 1864 bis 1876. In diesem Zeitraum von gut zehn Jahren ist er in den allermeisten Fällen Alleinautor, und am Ende der Arbeiten steht meist nur Ort und Datum, z. B. »Freiburg i. Br., 15. April 1874« – so unter der Arbeit *Zur Lehre vom Diabetes mellitus,* in der die sogenannte ›Kußmaulsche Atmung‹ beschrieben wird.

Um einen Einblick in die Zeitverhältnisse zu bekommen, sei auf einige Erfindungen und Ideen jener Zeit hingewiesen. Das wichtigste politische Ereignis war sicherlich die Reichsgründung von 1871. Aber nicht nur in der Politik, sondern auch in den Bereichen Naturwissenschaft, Kunst und Kultur, wurden Grundlagen erforscht und entwickelt, die heute noch Bestand haben.

1867 erschien der erste Band des *Kapital* von Karl Marx – ein Buch, das Auslöser für umwälzende Veränderungen unserer Zeit werden sollte. Der Weg, den August Bebel und Wilhelm Liebknecht in Eisenach einschlugen, als sie die Sozialdemokratische Partei Deutschlands gründeten, gestaltete sich im weiteren Verlauf der Geschichte wesentlich friedlicher, bestimmt aber unser politisches Leben bis heute.

1867 nahm Friedrich von Bodelschwingh (1831–1910) die ersten epileptischen Knaben in sein Heim auf, aus dem die Betheler Anstalten hervorgingen, und Alfred Nobel entdeckte sein Dynamit.

In den Naturwissenschaften wurden tiefgreifende Entdeckungen gemacht: 1865 veröffentlichte Mendel seine *Versuche über Pflanzenhybriden*, mit denen er die bis heute gelehrten Mendelschen Regeln der Vererbung (Genetik) aufstellte. 1876 erarbeitete der englische Chirurg Joseph Lister die Karbol-Antisepsis, durch die chirurgische Operationen wesentlich sicherer wurden. Der junge Mathematiker Bernhard Riemann entwickelte in seiner Antrittsvorlesung *Hypothesen, welche der Geometrie zugrunde liegen,* ohne die die Relativitätstheorie Albert Einsteins nicht vorstellbar wäre.

In Basel las Jacob Burckhardt im Wintersemester 1868/69 *Über das Studium der Geschichte.* Aus diesen Vorlesungen entstand mit den *Weltgeschichtlichen Betrachtungen,* ein Werk, das für viele Historiker bis heute Bestand hat. Ein Jahr zuvor war Burckhardts *Kultur der Renaissance in Italien* erschienen, auch dies bis heute ein ›Klassiker‹, welcher noch immer mit Gewinn und intellektuellem Vergnügen gelesen wird.

Es war auch die Zeit der Eroberungen bis dahin unbekannter Teile der Welt: 1865 erstieg der Engländer Edward Whymper als erster das Matterhorn, der Beginn des goldenen Zeitalters des Alpinismus. Drei Jahre später legte Ferdinand Freiherr von Richthofen 1868 mit seinen Forschungsreisen in China neue Grundlagen für die Geographie, die Generationen von Forschungsreisenden beeinflussen sollten.

Ein Aufbruch vollzog sich auch in den Künsten: Eine bisher nie gehörte, revolutionäre Tonsprache entstand mit Richard Wagners Musik (1865 *Tristan und Isolde*); 1868 erklang *Ein deutsches Requiem* von Johannes Brahms, ein Werk weltlicher Frömmigkeit. Ende der 1860er Jahre entstanden die ersten Bilder des frühen Impressionismus z. B. von Claude Monet.

In dieser Blütezeit wissenschaftlicher und künstlerischer Neuerungen pries sich Kußmaul »glücklich, als Kind dieses Jahrhunderts durch das Leben gegangen zu sein.« (3)

Sein Platz war in der ersten Reihe der Mediziner. Sein facettenreiches Werk reihte sich würdig ein in die Folge medizinischer Klassiker wie der *Cellularpathologie* (1858) von Rudolf Virchow und der Entdeckung der Tuberkelbakterien (1882) durch Robert Koch. Er war bedeutend, jedoch bescheiden und beliebt als Arzt und Wissenschaftler. Großen Anteil hatte er an der Gestaltung der naturwissenschaftlichen Medizin, er wirkte als ›Organ seiner Zeit‹ und war am Ende des 19. Jahr-

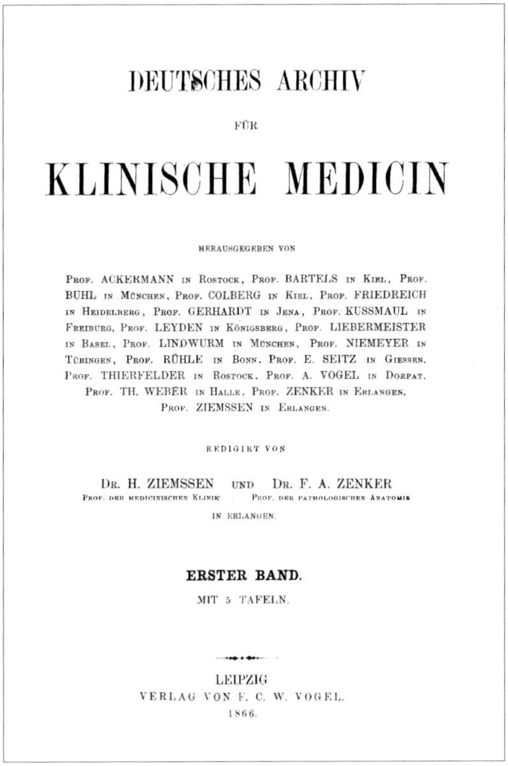
DEUTSCHES ARCHIV

FÜR

KLINISCHE MEDICIN

HERAUSGEGEBEN VON

PROF. ACKERMANN IN ROSTOCK, PROF. BARTELS IN KIEL, PROF. BUHL IN MÜNCHEN, PROF. COLBERG IN KIEL, PROF. FRIEDREICH IN HEIDELBERG, PROF. GERHARDT IN JENA, PROF. KUSSMAUL IN FREIBURG, PROF. LEYDEN IN KÖNIGSBERG, PROF. LIEBERMEISTER IN BASEL, PROF. LINDWURM IN MÜNCHEN, PROF. NIEMEYER IN TÜBINGEN, PROF. RÜHLE IN BONN, PROF. E. SEITZ IN GIESSEN, PROF. THIERFELDER IN ROSTOCK, PROF. A. VOGEL IN DORPAT, PROF. TH. WEBER IN HALLE, PROF. ZENKER IN ERLANGEN, PROF. ZIEMSSEN IN ERLANGEN.

REDIGIRT VON

DR. H. ZIEMSSEN UND DR. F. A. ZENKER

PROF. DER MEDICINISCHEN KLINIK · PROF. DER PATHOLOGISCHEN ANATOMIE

IN ERLANGEN.

ERSTER BAND.

MIT 5 TAFELN.

LEIPZIG
VERLAG VON F. C. W. VOGEL.
1866.

Abb. 44
Titelseite »Deutsches Archiv für Klinische Medizin«, Band 1.

hunderts Nestor der Inneren Medizin in Deutschland. Sein wissenschaftliches Werk hatte in der Krankheit der Patienten seinen Ursprung und kam durch seine wissenschaftliche Bearbeitung diesen wieder zugute.

Die naturwissenschaftliche Medizin hatte damals mit der Zeitschrift *Deutsches Archiv für Klinische Medizin* ihr eigenes Organ. Kußmaul war Mitherausgeber, der erste Band erschien 1866 in Leipzig mit einem programmatischen Vorwort sowie einer der bedeutendsten Arbeiten von Kußmaul.

Das Vorwort enthielt das Programm der Zeitschrift und begann mit den Worten: »Jede Zeit schafft sich ihre Organe zur Förderung und Durchführung der ihr gestellten Aufgaben«.[113] Das »Archiv« wollte mitwirken »an dem Aufbau der klinischen Medicin mit dauerhaften Steinen, nach klarem Plan, auf festem Grund«.[114] Die Herausgeber des »Archivs« hatten sich also als dauerhaftes Ziel die praktische Medizin unter »der Fahne der strengen Wissenschaft« gesetzt. Sie sahen sich als Teil der gesamten Naturwissenschaften und stellten sich somit bewußt den geistigen Strömungen ihrer Zeit: Der ärztlichen Erfahrung wurde ein hoher Stellenwert eingeräumt, aber sie sollte sich durch strenge Kritik kontrollieren lassen und neuestes Wissen stets mit einbeziehen. Man wollte keine »therapeutischen Sanguiniker« [...], die mit unkritischer Leichtgläubigkeit behandelten und deren Treiben in »Scharlatanismus« [...] mündete. Ebenso eindeutig wandte man sich gegen einen gleichgültigen »therapeutischen Nihilismus« [...] – der weit über einen gesunden Skeptizismus hinausging. Demgegenüber waren die Herausgeber für alles offen, was dem Aufbau der klinischen Medizin diente, wie z. B. physikalische Diagnostik. Hier verwies man etwa auf die Laryngoskopie (Kehlkopfspiegelung) als Beispiel eines neuen »Mittels [...], um Licht zu den inneren Organen weit hinzuleiten und bisher verborgene Zustände den Sinnen des Arztes zugänglich zu machen.«[115] Folgerichtig veröffentlichte Kußmaul 1869 in Band 6 des »Archivs« seine *Anmerkungen zur Speiseröhren- und Magenspiegelung.*

Die Herausgeber nahmen gern die Ergebnisse und Erfolge der Elektro- und Hydrotherapie auf, wußten aber zugleich um die eigene Unvollkommenheit und betonten noch einmal: »Im Hinblick auf die praktischen Interessen, denen unsere Disciplin dienen soll, wendet sie sich gerade den Seiten der Forschung mit Vorliebe zu, welche zur praktischen Verwerthung des theoretisch Erkannten führen, sucht die Diagnostik durch immer schärfere Auffassung der Krankheitsbilder und durch die immer weiter fortschreitende Verwendung aller Mittel der Technik zu fördern.«[116]

Die Besprechung der Arbeiten Kußmauls belegt durch die Auswahl der wichtigsten Publikationen seine Vielseitigkeit; das vollständige Werkverzeichnis ist im Anhang wiedergegeben.

Zur Diagnose der Embolie der Arteriae mesentericae 1864

ZUSAMMENFASSUNG: Die Krankheitsbilder arterieller Embolien waren damals kaum bekannt und wenig geklärt. Kußmaul stellte als erster bei einem 26jährigen Patienten die Diagnose von Embolien in die Mesenterialarterien. Aus dem präzise dargestellten Krankheitsverlauf werden die diagnostischen Kriterien erarbeitet: die Symptome der

Darmblutung, Enteritis und Peritonitis sind dabei besonders auffällig. Auf die heutige Diagnostik wird verwiesen. Anmerkungen zum Begriff der Diagnose schließen das Kapitel ab.

Vorbemerkungen

Die erste wissenschaftliche Publikation in Freiburg trägt den Titel *Zur Diagnose der Embolie der Arteriae mesentericae*[117]. In ihr ist Kußmauls Auffassung dokumentiert, daß der Krankensaal die Mitte seiner Klinik sei – hier gewann er die neuen Erkenntnisse über Diagnose und Therapie bisher nicht beschriebener Entitäten. So diagnostizierte er als erster bei einem lebenden Patienten eine Embolie in die Arteria mesenterica superior. Bei diesem Krankheitsbild befindet man sich auch heute noch auf einem schwierigen diagnostischen Gebiet.

Die folgenden Bemerkungen sollen zum Verständnis des Ablaufs einer solchen Krankengeschichte dienen. Die Nahrung des Menschen kommt über den Magen in den Darm. Dessen Wand besteht u. a. aus zwei Muskelschichten, die die aufgenommene Nahrung durchkneten und weiterbefördern. Besonders wichtig sind die Darmzotten, die die Oberfläche wesentlich vergrößern, so daß die aufgeschlossene Nahrung gut resorbiert werden kann. Damit das Ganze in seiner richtigen Funktion ablaufen kann, wird der Darm von Arterien und Nerven versorgt. Ein spezielles Venensystem führt die resorbierten Nahrungsbestandteile zur Leber (Pfortader). Die Embolie in eine Arterie führt zum plötzlichen Gefäßverschluß. Das von der Arterie abhängige Versorgungsgebiet des Darmes stirbt daraufhin rasch ab. Die Arteria mesenterica versorgt einen Teil des Dünndarms. Ohne eine entsprechende Diagnose und Therapie kommt es schließlich durch eine Vergiftung zum Tod des Patienten.

Zum Zeitpunkt von Kußmauls Beschreibung war das Wesen der Embolie erst kurze Zeit zuvor durch Virchow entdeckt, und erst ein Jahr vor Kußmauls Veröffentlichung, 1863, waren die spärlichen Erfahrungen zu diesem Krankheitsbild zusammengestellt worden. Noch nie war diese Diagnose bei einem Patienten gestellt und beschrieben worden. Kußmaul freute sich denn auch, das bisherige Wissen durch seine Mitteilung »am besten in seinen wesentlichsten Zügen feststellen zu dürfen [...].« In der Einleitung zu seiner Arbeit schreibt er: »Die Prägnanz dieses Bildes machte mir [die] Embolie einer Arteria mesenterica schon zu Lebzeiten des Kranken äußerst wahrscheinlich und ich hatte die Genugtuung, meine Diagnose durch die Leicheneröffnung bestätigt zu sehen.«[118]

Krankengeschichte

Der 26jährige Patient hielt sich vierzehn Tage in der Klinik auf. Tag für Tag schildert Kußmaul das Ergehen und die Leiden des Kranken, der am 11. März 1864 zur Aufnahme kam und am 24. im gleichen Monat verstarb. Kußmaul beschreibt ihn als einen »sehr wohlgenährte[n], athletische[n] Erzgiesser«, der kurz vor seiner Erkrankung in einem Freiburger Bierhaus bei einem Streit mit einem Kameraden »ein Dutzend Schneidergesellen vor die Thüre gesetzt« hatte.[119]

Der Patient wurde mit Schmerzen auf der linken Brustseite, Fieber und Schüttelfrost aufgenommen: Er litt zunächst an einer Rippenfellentzündung, die sich auf den Herzbeutel und das Innere des Herzens fortpflanzte. Die damalige Therapie bestand darin, sechs Blutegel in der Herzgegend anzusetzen sowie Eisblasen aufzulegen und Morphium zu geben. (Zum Vergleich heute: Ein Herzbeutelerguß wird punktiert und im wesentlichen mit Antibiotica, evtl. auch mit Cortison behandelt und heilt so meistens aus.) Am sechsten Tag traten mehrere dünne Stühle auf; diese setzten sich täglich trotz Opiumgabe, einem starken Medikament gegen Durchfälle, fort und verstärkten sich noch. Am neunten Tag traten »mehrere reichliche (drei bis vier Maas betragende), dünne, blutige, braunröthlich gefärbte, aashaft stinkende Stühle« auf. »Die Diagnose wird mit Wahrscheinlichkeit auf Embolie der Arteria mesenterica superior gestellt«.[120] Der Patient litt zusätzlich an starken Bauchschmerzen, wobei der Bauch zunächst mäßig gespannt, dann aber trommelartig aufgetrieben war. Die blutig gefärbten, reichlichen Stühle hielten bis zum Tod an.

Bei der Sektion bestätigten sich die Befunde. Alle Anteile des Herzens waren entzündet, insbesondere auch das Pericard. In der linken Herzhöhle fanden sich an der Herzklappe zwischen Herzvorhof und -kammer erweichte Fibrinmassen. Hier lag der Ursprungsort und die Ursache für die Embolien. Im Stromgebiet der Arteria mesenterica superior fanden sich zahlreiche solcher Embolien: »Sie war durch ein grosses, gelbes, mürbes, etwa fünf Lin. langes, fest anhängendes Fibringerinnsel verschlossen.«[121] Außerdem zeigte sich eine enorme Verdickung der Dünn- und Dickdarmwände mit Entzündungen von Darm und Bauchfell.

Kußmaul schließt seinen Bericht: »Mit kurzen Worten lässt sich die Diagnostik der Embolie der Arteriae mesentericae auf folgenden Grundsatz zurückführen. Man darf ein solches Ereigniss dann als eingetreten betrachten, wenn unter Umständen, welche die Annahme einer Embolie überhaupt zulassen, Symptome von Darmblutung, Enteritis und selbst Peritonitis auftreten, ohne dass ein anderer Grund für die Entstehung dieser Zufälle gefunden werden kann.«[122]

Die pathologischen Abläufe im Darm muß man sich folgendermaßen vorstellen: Durch die plötzliche Unterbrechung der arteriellen Blutversorgung kommt es zu einem Sauerstoff- und Energiemangel. Die Funktion des Darms kann nicht mehr aufrechterhalten werden. Die Unterbrechung der Resorption führt zu Durchfällen, weil sich im Darm täglich ca. sechs Liter Verdauungsflüssigkeit ansammeln. Die Entzündung der Darmschichten führt zur Blutung. Letztlich verfault der Darm, was Kußmaul als »aashaft« beschrieb, und die Entzündung greift auf den ganzen Bauchraum über, was zu einer Peritonitis, dem erwähnten »Trommelbauch« führt. Kußmauls Patient konnte einen solchen Zustand nur deshalb so lange überleben, weil er ein junger, sehr kräftiger Mann war.

Nachbemerkungen

Kußmaul konnte damals »nur« diese Diagnose stellen; bevor ihr eine durchgreifende Therapie folgen konnte, vergingen fast 100 Jahre. Aber immer noch ist der Ablauf des Krankheitsgeschehens der gleiche: Zunächst gilt es, an die Diagnose zu denken und sie durch sorgfältige Anamnese und klinische Untersuchung, die sogenannten ›Kußmaul-Kriterien‹, sehr wahrscheinlich zu machen. Ist dies geschehen, wird der Ort des Verschlusses durch die röntgenologische Darstellung der Baucharterien (Arteriographie) rasch gesichert. Unmittelbar danach erfolgt die Behandlung durch die Rekanalisierung der Arterie und/oder die Resektion des erkrankten Darmabschnittes.

Man kann heute kaum noch nachvollziehen, was es zur damaligen

Zeit mit ihren einfachsten Untersuchungsmethoden bedeutete, eine solche Diagnose gestellt zu haben. Dabei sind die Durchblutungsstörungen des Darms ein wichtiges Gebiet der Gastroenterologie, in dem Innere Medizin, Röntgendiagnostik und Chirurgie eng miteinander verzahnt sind. In einem führenden amerikanischen Lehrbuch werden diese Krankheiten in einem fünfzehnseitigen Kapitel mit 114 Literaturstellen beschrieben – die Arbeit von Kußmaul ist nicht genannt, obwohl sie immer noch die Basis für die Diagnostik dieser schweren, akuten Erkrankung ist und bleiben wird.[123]

Das erste Wort in Kußmauls Arbeit lautet »Diagnose«. Dieser häufig gebrauchte Begriff, über den im täglichen Alltag kaum nachgedacht wird, kann Anlaß zu weitreichenden medizintheoretischen Überlegungen geben. Auf einige Erläuterungen zum Terminus der Diagnose soll hier eingegangen werden.[124] Das Wort leitet sich aus dem Griechischen ›diagnoskein‹ ab und bedeutet erkennen, unterscheiden. Die Vorsilbe dia kann etwa mit »besonders scharf« oder »unterscheidend« übersetzt werden. Eine Diagnose ist das Erkennen und Bestimmen einer Krankheit. Die ärztliche Kunst fordert, daß jeder Therapie die Diagnose vorausgeht (wie es das Sprichwort »Vor die Therapie haben die Götter den Schweiß der Diagnose gesetzt« zeigt).

Wieland erläutert Diagnose in folgender Weise, »daß das Beschwerdebild eines kranken Patienten unter den Begriff einer wissenschaftlich definierten Krankheit fällt.«[125] Eine Therapie ist also durch die wissenschaftliche Diagnose begründet, und daher ist eine Diagnose mehr als nur eine Erkenntnis, denn die Medizin ist eine Handlungswissenschaft, und somit ist die Diagnose ein »Ausdruck für die Summe der Erkenntnis, die den Arzt zu seinem Handeln und Verhalten veranlaßt.«[126] Eine Diagnose ist also auch bereits eine Handlungsanleitung! In dem Fall der Embolie der Arteria mesenterica kann heute die große Lücke zwischen Erkennen und Feststellen (Diagnose) und Handlungsanleitung (Therapie) als geschlossen angesehen werden.

Die Kußmaul-Maier Krankheit, Periarteritis nodosa 1866

ZUSAMMENFASSUNG: Erstbeschreibung einer Krankheit aus dem rheumatischen Formenkreis, und eine genaue Darstellung der Krankengeschichte eines Patienten, die mit dem Tod endet. Demonstration der pathologisch-anatomischen Befunde. Kennzeichen der Krankheit sind »entzündliche« Knoten der Arterien, die ein Organversagen bedingen. Erörterung der Differentialdiagnose. Die Erforschung der Krankheit ist heute noch nicht abgeschlossen; auf die neuere Literatur wird hingewiesen. Eine Behandlung war etwa 100 Jahre lang nicht möglich und besteht heute in der Gabe von Kortison und Zytostatika.

Die zweite wichtige Mitteilung aus Freiburg erschien im ersten Band des »Deutschen Archiv für Klinische Medizin« und trägt den genauen Titel: *Ueber eine bisher nicht beschriebene eigenthümliche Arterien-Erkrankung (Periarteritis nodosa), die mit Morbus Brightii und rapid fortschreitender allgemeiner Muskellähmung einhergeht.*[127] Diese Arbeit gilt bis heute als berühmte, klassische Krankengeschichte mit einer exakten Erstbeschreibung der bis dahin unbekannten Krankheit. Da ihre Ursache bis heute nicht geklärt ist und immer weiter, bis auf die molekulare Ebene hin erforscht wird, muß Kußmauls klassische Beschreibung immer wieder herangezogen wer-

XXIII.

Ueber eine bisher nicht beschriebene eigenthümliche Arterienerkrankung (Periarteritis nodosa), die mit Morbus Brightii und rapid fortschreitender allgemeiner Muskellähmung einhergeht.

Von

Prof. A. Kussmaul und **R. Maier**

in Freiburg i. Br.

Hierzu Taf. III—V.

Krankengeschichte.

Carl Seufarth von Gernsbach, 27 J. alt, Schneidergeselle, kam 4. Mai 1865 Morgens 10 Uhr in die medicinische Klinik zu Freiburg. An dem ziemlich mageren Menschen fiel die ungemein blasse Farbe von Haut, Lippen, Mundschleimhaut und Bindehaut auf; der Puls ging sehr rasch und der Kranke fühlte sich so hinfällig, dass er sich sofort zu Bett legen musste. Er hatte übrigens den Weg ins Hospital noch zu Fuss zurückgelegt und war die zwei hohen Treppen zur innern Klinik herauf ohne Beihülfe gestiegen. Patient war einer von jenen Kranken, denen man die Prognose schon vor der Diagnose stellen kann; er machte auf den ersten Blick den Eindruck eines verlorenen Menschen, dessen wenige Tage gezählt sind. Sein Aussehen erinnerte zumeist an chlorotische Personen, die einer rapid verlaufenden Tuberculose erliegen.

Die Geisteskräfte unseres Kranken schienen noch nicht eigentlich gelitten zu haben, wenigstens beantwortete er unsere Fragen mit richtigem Verständniss, wenn auch etwas langsam, was man seiner grossen Schwäche zuschreiben konnte. Er behauptete, früher gesund gewesen zu sein und nur im Herbste 1864 in Folge von Erkältung an Husten mit Auswurf gelitten, dann aber sich wieder wohl befunden zu haben. Seit 8 Tagen sei er, nachdem er schon zuvor 2—3 Wochen sich unwohl gefühlt, von Abweichen und öfterem Frösteln mit Hitze und Schweissen befallen worden, und seit gestern belästige ihn ein Gefühl von Eingeschlafensein an der Volarfläche des Daumens und der zwei nächsten Finger der rechten Hand.

Wichtig zur Feststellung der acuten Natur des chlorotischen Marasmus, von dem wir Patienten ergriffen sahen, waren uns die Aufschlüsse, die wir dem Wanderbuch des Menschen entnahmen. Laut dieser Urkunde hatte

Abb. 45 Titelseite der Arbeit über »Periarteritis nodosa«; 1866.

Abb. 46
Rudolf Maier (1824–1888), Freiburger Pathologe, der zusammen mit Kußmaul die Periarteritis nodosa beschrieb.

den, zeigt sie doch den historischen Kontext auf, auf dem das heutige Verstehen gründet.[128]

Kußmaul hatte die Krankheit entdeckt, war aber nicht Alleinautor ihrer Beschreibung; er arbeitete mit dem Freiburger Pathologen Rudolf Maier (1824–1888) zusammen. In ihrer Arbeit stellen sie zuerst die Krankengeschichte ihres Patienten dar:

> Karl Seufarth von Gernsbach, 27 J[ahre] alt, Schneidergeselle, kam am 4. Mai 1865 morgens 10 Uhr in die Medizinische Klinik zu Freiburg. (Am Tag vorher war er noch wegen Bettelns 24 Stunden lang polizeilich eingesperrt.) An dem ziemlich mageren Menschen fiel die ungemein blasse Farbe von Haut, Lippen, Mundschleimhaut und Bindehaut auf; der Puls ging sehr rasch und der Kranke fühlte sich so hinfällig, daß er sich sofort zu Bett legen mußte [...]. Der Patient war einer von jenen Kranken, denen man die Prognose schon vor der Diagnose stellen kann; er machte auf den ersten Blick den Eindruck eines verlorenen Menschen, dessen wenige Tage gezählt sind.

Vier Wochen später,

> am 2. Juni befand sich der Kranke in einem Zustande von äußerster Schwäche. Er vermochte kaum noch zu sprechen, lag unter heftigen, andauernden Schmerzen im Leib und den Muskeln opisthotonisch gestreckt und wimmernd da und bat die Ärzte, ihn ja nicht zu verlassen. Der Tod erfolgte am 3. Juni morgens 2 Uhr.[129]

Zwischen dem ersten und dem letzten Eintrag in der Krankengeschichte entwickelte sich vor den Augen der Ärzte eine allgemeine Lähmung der willkürlichen Muskeln, die mit starken Muskelschmerzen rasch fortschritt. Der Kranke konnte nach wenigen Tagen sein Bett nicht mehr verlassen, zudem trat eine Nierenentzündung, Morbus Brightii genannt, auf. Er hatte starkes, rasches Herzklopfen mit einer Frequenz von meist über 120 Schlägen pro Minute, zeigte eine grünliche Hautfarbe und verfiel zusehends. Geringes Fieber und starke Schweißneigung traten hinzu. Im Bemühen, eine genauere Diagnose zu stellen und in einen bekannten Rahmen von Krankheiten einzufügen, scheiterten die Ärzte: »Je länger wir den Kranken beobachteten, desto rätselhafter wurde uns sein Leiden.«[130]

Der Sektionsbericht und die mikroskopischen Untersuchungen zeigten, daß dem unklaren Krankheitskomplex auch merkwürdige anatomische Veränderungen zugrunde lagen. »Am meisten Interesse erregt die unseres Wissens bisher nicht beschriebene *eigentümliche Verdickung zahlloser feiner Arterienzweige,* die in der Regel umschrieben und in Gestalt kleiner Knoten, seltener diffus, auftrat [...]. Bei dem bedeutenden Überwiegen der knotigen Form der Verdickung über die diffuse, ist es vielleicht gerechtfertigt, den krankhaften Zustand der Arterien, der uns hier beschäftigt, der Kürze halber als *Periarteritis nodosa* zu beschreiben.«[131] Bei der mikroskopischen Analyse zeigte sich, daß die Erkrankung von der Außenwand der mittelgroßen und kleinen Gefäße ausgeht und zu Knotenbildung oder zu Erweiterung der Gefäße führt. Sie fanden diese Arterienveränderungen im Koronarsystem des Herzens, an den Arterien des Darmes, des Magens, der Nieren (als Ursache für die Nephritis), der Milz, der willkürlichen Muskeln und weniger ausgedehnt an den Gefäßen der Leber und im subkutanen Gewebe sowie im Bronchial- und Zwerchfellbereich. Die entzündlichen Knötchenbildungen beeinträchtigen die Blutzirkulation und führen zum Zerfall von Gewebe sowie Organen und dadurch schließlich zum Tod.

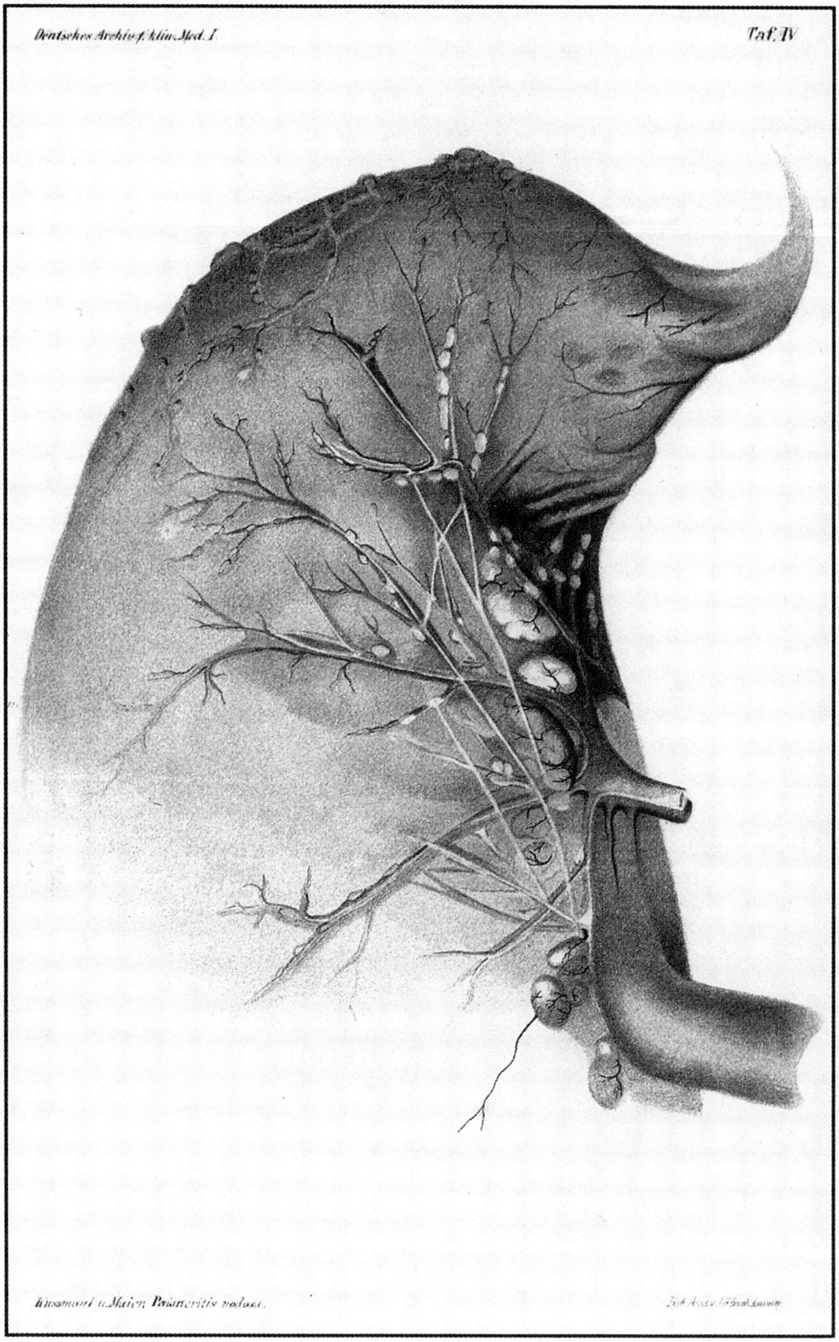

Abb. 47 Der Magen Seufarth's mit zahlreichen Arterienknötchen; nach dem Original aus »Periarteritis nodosa«.

Die Ursache der Krankheit blieb unklar. Es konnte ausgeschlossen werden, daß es sich um eine Wurmerkrankung, den Befall von Trichinen, um Tuberkulose und/oder Syphilis handelte. Um in der Deutung der Befunde sicher zu sein, wurden einige geeignete Präparate an Professor Virchow nach Berlin gesandt. Dieser antwortete: »In dieser Ausdehnung erinnere ich mich nicht, etwas Ähnliches gesehen zu haben.«[132] So gaben Kußmaul und Maier die erste vollständige Beschreibung einer »systemischen nekrotisierenden Vaskulitis«, der sie damals den Namen Periarteritis nodosa gaben. Die systemischen nekrotisierenden Vaskulitiden (Gefäßerkrankungen) werden heute dem rheumatischen Formenkreis zugeschrieben, bei dem etwa sieben verschiedene Formen unterschieden werden. Die Ursache für diese Krankheiten ist noch unbekannt, aber ein Jahrhundert der Beobachtung und Erforschung haben viele neue Tatsachen ans Licht gebracht und ermöglichen heute eine intensive Behandlung der Krankheit, die unbehandelt nur eine Fünf-Jahres-Überlebensrate von 15% hat. Ein Hauptpfeiler der Therapie ist die Gabe des entzündungshemmenden Hormons Kortison, es werden aber auch andere Substanzen wie, Zytostatika, gegeben. In den oben angegebenen amerikanischen Arbeiten findet sich weiterführende moderne Literatur. Hier sei noch auf einen historisch-strukturellen Gesichtspunkt verwiesen. Es handelt sich bei dieser Arbeit um eine der ersten Publikationen, bei denen ein Kliniker und ein Pathologe ihre Synopsis von klinischen und histopathologischen Befunden zusammen veröffentlichten. Die Pathologie als eigenständiges Fach war erst im Entstehen begriffen, und es war die Ausnahme, daß der Pathologe – wie heute üblich – zur Diagnose am Krankenbett betrug. Kußmauls und Maiers Arbeit weist daher in die Zukunft, auf einen sehr erfolgreichen Weg, insbesondere auch der mikroskopischen Pathologie.[133]

Sechzehn Beobachtungen von Thorakozentese[134]
1868

ZUSAMMENFASSUNG: In sechzehn sehr ausführlich mitgeteilten Beobachtungen zeigt Kußmaul das breite Spektrum von Lungen- und Rippenfellerkrankungen, bei denen die Indikation und Durchführung der Thorakozentese (Pleurapunktion) lebensrettend und heilend ist. Er plädiert für die rechtzeitige, d.h. frühe und richtig durchgeführte

Punktion. Als Neuerung führt er die Probepunktion ein, verbessert die Katheter-Technik und stellt klare Kriterien für die Indikation der Behandlung auf. Er bringt damit das Verfahren auf eine sichere Schiene und etabliert es als Routinemethode.

In seiner Mitteilung zeigt sich Kußmauls chirurgische Begabung, von der oben die Rede war, denn in den sechzehn Beobachtungen, deren Verläufe er teilweise drei bis vier Jahre lang verfolgte, geht es um die »chirurgische« Behandlung des Rippenfells und der Lunge. Mit der Punktion werden große entzündliche Flüssigkeitsansammlungen aus dem Rippenfell oder aus der Lunge selbst abgelassen. Dies ist nur möglich, indem eine größere Nadel oder ein Schlauch durch die Brustwand in den Spalt des Rippenfells gelegt wird. Gegebenenfalls ist hierfür auch ein chirurgischer Schnitt oder sogar die Teilentfernung einer Rippe notwendig.

Kußmaul setzte sich für diese Methode unter klar definierten Bedingungen ein. Er mußte dies gegen einen gewissen Widerstand tun, denn obwohl diese Operation schon seit 2000 Jahren angewandt wurde, konnte sie sich nicht etablieren, weil es dabei immer wieder zu schweren Komplikationen gekommen war. In der Einleitung begründet er seine Haltung damit, daß er betont: »Eine geläuterte klinische Erfahrung, eine genauere Einsicht in die krankhaften Vorgänge bei der Pleuritis und ihren Ausgängen, die Vervollkommnung der diagnostischen und chirurgischen Technik vor allem haben freilich bewirkt, daß die Operation im Laufe der letzten fünf bis sechs Jahrzehnte häufiger gemacht wurde als in allen vorangegangenen.«[135] Unter dem Gesichtspunkt, daß die Thorakozentese noch nicht ärztliches Allgemeingut geworden war, jedoch in vielen Fällen eine lebensbedrohliche Situation beseitigt werden konnte, plädierte er sodann für ihre Einführung auf breiter Basis. Er versprach, so heißt es weiter, ohne Voreingenommenheit die Tatsachen zu untersuchen und mit seinen Falldarstellungen zur Klärung der Frage beizutragen, welche Indikationen mit unbedingter Sicherheit für die Eröffnung und Injektion von Flüssigkeit sowie Drainage der Pleura notwendig seien.

Kußmaul ordnet die Beobachtungen in folgender Weise an; zunächst werden sechs Patienten vorgestellt, bei denen die Operation unter schweren, selbst verzweifelten Umständen als Punktion oder als Schnitt in die Thoraxwand ausgeführt wurde; fünfmal bei akutem und chronischem Empyem und einmal bei akutem, jauchigem Pyopneumothorax. Für alle führte der Eingriff zu dauernder Genesung. Dem siebten Patienten konnte das Leben um eineinhalb Jahre verlängert werden. Der achte Patient mit akuter eitriger Pleuritis wurde wahrscheinlich zu früh punktiert, er mußte weiteren Operationen zugeführt werden und wurde nach einem Jahr mit Tuberkulose entlassen. Der neunte Patient mit eitriger Pleuritis konnte mit »glücklicher Genesung« entlassen werden. Die zehnte und elfte Beobachtung teilt Einschnitte in die Thoraxwand bei schweren Abszessen mit; beide Patienten starben, da zusätzlich eine Beteiligung des Herzbeutels und eine weit fortgeschrittene Degeneration der Pleura vorhanden waren. Der zwölfte und dreizehnte Patient wurde wegen chronischem Pyopneumothorax behandelt. Die vierzehnte Mitteilung berichtet über einen tuberkulösen Patienten mit blutigem Erguß, dem geholfen werden konnte. Die zwei letzten Beobachtungen beschreiben Punktionen bei akuter Rippenfellentzündung mit serösen Ergüssen – beide Patienten starben.

Werden die einzelnen, minuziös aufgezeichneten Krankengeschichten durchgesehen, fällt als Gemeinsamkeit auf, daß es den Patienten nach Ablassen der Flüssigkeit aus dem Pleuraraum sofort besser ging. Auf zwei Beobachtungen näher eingehend, soll dies beleuchtet werden. Kußmaul formuliert bei seinen Falldarstellungen zunächst eine knappe Zusammenfassung:

> Knabe von guter Constitution, 5 Jahre alt. Grosser eitriger Erguss, der sich schleichend entwickelt hat und jetzt, nach drei Monaten, den linken Pleurasack ganz ausfüllt. Drohende Erstickungsgefahr. Punction mit feinem Troikart. Sechs Monate lang wird der Eiter täglich durch den Katheter entleert. Fistel mit klappenartigem Verschluss an der inneren Öffnung. Schliessung derselben nach 1 ½ Jahren, nachdem zuletzt einige Monate lang Jodeinspritzungen gemacht worden sind. Dauernde Heilung mit Einziehung des Thorax.

Nach dieser kurzen Einleitung schildert Kußmaul die Krankheit und den Verlauf nebst der Therapie ausführlich, hieraus werden einige, besonders eindrucksvolle Passagen wiedergegeben:

> Carl Meixner von Lahr, 5 Jahre alt, Bäckerssohn, von kräftigen gesunden Eltern stammend und selbst von kräftiger Constitution, wird am 30. Juni 1863 in das Hospital gebracht.

Die Krankheit des Kleinen hat sich vor 3 Monaten schleichend entwickelt; er ist sehr mager und elend, blass-cyanotisch, liegt auf der linken Seite, fiebert, hat keinen Appetit und schläft wenig und unruhig. Trockener, quälender Husten. Respiration mühsam, 44. Puls 144, klein. Linke Thoraxhälfte enorm erweitert, Intercostalräume verstrichen, Herz bis zur rechten Brustwarze verdrängt, Schall links vorn und hinten allenthalben leer.
In den nächsten Tagen nimmt Schwäche und Athemnoth bedenklich zu. Am 3. Juli wird, nachdem der Pat. die verwichene Nacht in grösster Sticknoth zugebracht und der Puls eine Frequenz von 160, die Resp. von 50–60 erreicht, früh morgens die Punction gemacht. Es wird ein feiner Troikart gewählt, dessen Canüle 1 ½ Mm. Durchmesser hat, und derselbe im 6. Intercostalraum in der Axillarlinie eingestossen.
Aus der Canüle fliesst ein dicklicher grüngelber Eiter ohne übeln Geruch ab, anfangs im feinen Strahl, später tropfenweise. Schon nach der Entleerung von 300 Cc. kehrt das Herz in seine normale Lage zurück. Die Canüle bleibt 24 Stunden liegen und es entleeren sich allmählich noch etwa 400 Cc. Eiter, ohne dass Luft in die Brusthöhle eindringt, worauf sie entfernt wird [...]. Das Befinden bessert sich rasch. Schon am Tage nach der Operation ist Fieber und Dyspnoe verschwunden, der Husten seltener, der Schlaf ruhig. Der Appetit kehrt allmählich in den nächsten Tagen wieder, und die Lunge dehnt sich bald so weit aus, dass nur noch hinten unten bis zum unteren Schulterblattwinkel herauf und seitlich in der Achselgrube ein leerer Schall zurückbleibt und das Athemgeräusch mangelt [...]. Am 24. December wird der Kleine gut genährt, vollkommen kräftig und mit rothen Backen nach Hause entlassen, mit dem Rathe an die Angehörigen, die Eiterhöhle täglich wie bisher durch sachverständige Hand entleeren zu lassen [...].
Im März 1864 sah ich den Knaben gelegentlich in Lahr und fand ihn abermals übel aussehend, abgemagert und blass. Die Wunde war nicht gehörig besorgt worden, oft stockte der Abfluss mehrere Tage – der Kleine fieberte dann und verlor den Appetit, bis der Eiter sich Bahn schaffte, womit der Zustand sich wieder besserte. – Darum abermals Aufnahme im Hospital am 10. März [...]. Man injiziert täglich eine wässerige Jodlösung bis zum 27. Juli. Die Secretion wird allmählich geringer, die Höhle verkleinert sich noch mehr und fasst bei der Entlassung am 28. Juli 1864 höchstens zwei Drachmen [...]. Im März 1866 sah ich den Knaben in Lahr, er befand sich ganz wohl, doch bestand noch eine mässige Einziehung der linken Brusthälfte, der Schall links hinten unten und seitlich war noch dumpf und das Athemgeräusch schwach. Auch im Frühjahr 1867 befand sich der Kleine wohl.«[136]

In der abschließenden Betrachtung, Epicrise genannt, betont Kußmaul noch einmal, daß die Operation sofort die drohende Gefahr der Erstikkung beseitigt hatte. Bei der weiteren Analyse stellt er fest, daß die Pleuritis, die die Ursache für die Eiteransammlung war, bereits abgeklungen war, aber der Erguss zu Druck und zur mechanischen Behinderung von Atmung und Herz geführt hatte. Weiterhin vergiftete der zurückbleibende Erguß den Körper, indem schädliche Bestandteile von ihm ins Blut gelangten, wodurch das Fieber entstand sowie die Störung des Appetits und der Verdauung. Der Erguß unterhielt weiterhin die lokale Irritation der Pleura mit immer wieder neu entstehendem Eiter, der durch den Körper selber nicht in genügender Menge abgebaut werden konnte. Zum Schluß meint er, daß man wahrscheinlich noch rascher zum Ziel gekommen wäre, wenn man gleich anfangs einen größeren Schnitt durchgeführt hätte, wodurch die Reinigung schneller hätte vonstatten gehen können.

Bei dem nächsten Beispiel handelt er sich um einen atemberaubend aufregenden Fall, der heute für jede Intensivstation eines mittleren oder großen Krankenhauses aufnahmepflichtig wäre. In der vorangestellten kurzen Zusammenfassung liest sich der Fall wie folgt:

»Kräftig gebautes, 26 Jahre altes Weib. Jauchiger Pyopneumothorax, aus acuter puerperaler, die Lunge perforirender Pleuritis hervorgegangen. Furchtbar quälender Husten bei Tag und Nacht, grosse Dyspnoe, Schüttelfröste, Schweisse, Durchfall, rasche Consumption, Tod in naher Aussicht. Operation durch den Schnitt 7 Wochen nach Beginn der Pleuritis, fast 3 Wochen nach erfolgter Perforation. Aeusserst prompter Erfolg und dauernde Heilung schon nach 5 Wochen.«[137]

Die Patientin bekam ihr Kind in der geburtshilflichen Klinik, wo gerade Puerperalfieber herrschte. Sie erkrankte in der oben angegebenen Weise; zwei Wochen später kollabierte sie plötzlich, hatte eine stark erschwerte Atmung und sprach irre. Erst vier Wochen später konnte die Patientin punktiert werden: »Die Eröffnung der Brusthöhle geschieht im 8. Intercostalraum, 8 Ctm. von der Wirbelsäule entfernt in der Länge von 2 Zoll. Zuerst dringt Luft durch die Schnittwunde, mit den gleich darauf folgenden Hustenstössen entleeren sich im Bogen rasch etwa 3000 Cc. (6 Schoppen) einer grünlichen, dünnen, äusserst übelriechenden Jauche. Gleich nach der Operation fühlt sich die Kranke sehr erleichtert und klagt nur noch über brennende Schmerzen an der Schnittwunde.«[138] Die Kranke kann genesen, und Kußmaul schreibt in der Epikrise: »Die Operation brachte zauberähnlich alsbald den heftigen Husten und das Fieber zum Weichen; in der kurzen Zeit von 6 Wochen war die Kranke von dem jauchigen Pyopneumothorax völlig und dauernd hergestellt.«[139]

Als Fazit der sechzehn Mitteilungen gab Kußmaul ganz praktische Ratschläge und führte folgende Neuerungen ein: Bei Pleuraerkrankungen sollte zunächst eine Probepunktion durchgeführt werden, damit man zwischen einem weniger gefährlichen serösen und einem gefährlicheren eitrigen oder blutigen Erguß unterscheiden könne. Bei eitrigem Erguß müßte eher ein größerer Schnitt angelegt werden, damit keine Retention des Eiters auftreten könne. Um die Pleurahöhle auch mit einfacher Punktion gut zu reinigen, wurden elastische Bougies (Dehnsonden) oder silberne Röhren als Instrumente verwandt. Außerdem wurde bereits eine doppelläufige Sonde konstruiert, mit der nach dem Heberprinzip die Pleurahöhle gereinigt werden konnte. Heilende Flüssigkeiten waren Kamillenwasser sowie Glaubersalzlösung und beim Abfluß von übelriechendem Eiter Kreosolflüssigkeit, in Wasser gelöst.

Bei den oben angegebenen Krankheiten ist auch heute die Punktion der Pleurahöhle noch Standardverfahren. Lediglich die technischen Voraussetzungen und die Nachbehandlung haben sich deutlich verbessert.[140] Zu den technischen Voraussetzungen gehört heute die Röntgen-Thorax-Aufnahme oder die Ultraschalluntersuchung; zur Nachbehandlung die Gabe von Antibiotika. Der erfahrene Praktiker wagt die Punktion mit etwas Mut aber auch heute noch wie zu Kußmauls Zeiten! Dieser konnte durch die positiven Erfahrungen bei seinen Beobachtungen und Mitteilungen dazu beitragen, aus der »alten Operation« eine klassische Routinemethode zu machen, die ganz wesentlich zur Heilung beiträgt.

Die Magenpumpe und die Erstanwendung der Ösophago- und Gastroskopie 1867 bis 1869

ZUSAMMENFASSUNG: Aus der Behandlung des chronischen Magengeschwüres (Ulcus rotundum) erwuchsen mehrere klinische Probleme:

1) Die Verengung und Vernarbung des Magenpförtners (Magen-

ausgangsstenose) hat oft eine immense Magenerweiterung mit den Symptomen Erbrechen und innerem Verhungern zur Folge. Kußmauls systematische Behandlung mit der Magenpumpe war seine gefeierte therapeutische ›Großtat‹ im 19. Jahrhundert. Technik, Indikation und Kontraindikation der Behandlungsmethode werden exakt beschrieben.

2) Der therapeutische Erfolg der Magenpumpe konnte noch durch den diagnostischen Nutzen erweitert werden. Durch die Gewinnung von Magensaftproben, z. B. für die Magensäureanalyse konnte die Physiologie der Verdauung beim Gesunden und Kranken erforscht werden. Ein Ausblick auf die Geschichte der Ulcustherapie auf pathophysiologischer Grundlage beschließt das Kapitel.

3) Kußmaul weist auf die Versuche der Spiegelung von Speiseröhre und Magen hin, da er diese Methode als erster angewandt hat. Sie wird im historischen Kontext rekonstruiert und mit Ausblicken auf die heutige Entwicklung dargestellt.

4) Kußmaul weist bereits auf eine operative Behandlungsoption der Magenausgangsstenose hin, die wenige Jahre später von Billroth ausgeführt wurde.

5) Die Arbeit gab für Jahrzehnte Anstöße zur Erforschung und Behandlung von Magenkrankheiten; sie wird als ein wesentlicher Baustein für die Entstehung des eigenständigen Fachgebietes »Gastroenterologie« angesehen.

Einleitung

Kußmauls Arbeit *Über die Behandlung der Magenerweiterung durch eine neue Methode mittelst der Magenpumpe*[141] beeinflußte die Erforschung und Behandlung der Magenkrankheiten für Jahrzehnte. Sie enthält mehrere Themenbereiche, wobei die Behandlung des chronischen Magengeschwürs der wichtigste ist. Hierbei kommt es oft zur Verengung des Magenpförtners, infolgedessen sammeln sich viele Liter Flüssigkeit mit unverdauten Nahrungsresten im Magen an, die schließlich erbrochen werden. Mit Hilfe der Magenpumpe konnten diese Flüssigkeitsmassen abgesaugt werden, was oft zur Heilung führte. Die Einführung der Magenpumpe machte Kußmaul in der zweiten Hälfte des 19. Jahrhunderts berühmt, sie galt als seine therapeutische ›Großtat‹. So liest man im *Handbuch der speziellen Therapie Innerer Krankheiten:* »Das Verfahren der Einführung eines Rohres in den Magen und der sich daran anschließenden Auswaschung, welches für die Diagnose wie die Therapie der Magenkrankheiten in gleicher Weise Segen bringend gewesen ist, wurde als ausgebildete Behandlungsmethode von Kußmaul eingeführt.[142] Mit Hilfe der Magenpumpe wurde später die Physiologie und Pathologie der Magenverdauung untersucht.

Ein weiterer Aspekt der Arbeit ist die Erwähnung der Erstanwendung der Spiegelung von Speiseröhre und Magen. Kußmaul und sein Assistent Julius Müller konnten als erste bei einem lebenden Patienten einen Speiseröhrenkrebs diagnostizieren. Die wissenschaftliche Welt wurde hierauf erst 1901 durch die grundlegende historische Arbeit von Gustav Killian (1860–1921) aufmerksam und reagierte teilweise recht eifersüchtig hinsichtlich der Prioritätsfrage.[143]

Schließlich weist Kußmaul streiflichtartig auch auf zukünftige chirurgische Aspekte zur Behandlung von Magenkrankheiten hin, nämlich die später von Billroth durchgeführten Resektionsverfahren. Um diese Vorgänge vom heutigen Standpunkt her zu verstehen und historisch richtig einzuordnen, werden die geschichtlichen Voraussetzungen der jeweiligen Methoden dargestellt sowie ihre Entwicklung bis in unsere Zeit beschrieben.

In Fachkreisen wird Kußmauls Arbeit als Beginn der Abtrennung des Spezialfaches »Gastroenterologie« innerhalb der Inneren Medizin angesehen, ein Aspekt, der abschließend erörtert wird.

Die Einführung der Magenpumpe in die Therapie

Die Erkennung und Behandlung von Magenkrankheiten bildeten in Kußmauls klinischer Arbeit für lange Zeit einen besonderen Schwerpunkt. Die Beschäftigung mit diesem Thema begann schon 1867 in Freiburg, setzte sich in der Straßburger Zeit fort und endete erst in hohem Alter in Heidelberg.

Wie immer, wenn der Kasuistiker Kußmaul sich mit einer Krankheit intensiv auseinandersetzte, ging er von den Leiden des einzelnen Patienten aus, so heißt es denn auch einleitend in der Arbeit:

> Zu den qualvollsten Leiden der Menschen gehört unstreitig die weitgediehene Erweiterung des Magens, in jener Form zumal, die aus Verengerung und Ver-

PROGRAMM

WODURCH

ZUR FEIER DES GEBURTSFESTES

SEINER KŒNIGLICHEN HOHEIT

UNSERES DURCHLAUCHTIGSTEN GROSSHERZOGS

FRIEDRICH

IM NAMEN DES

ACADEMISCHEN SENATES

DIE ANGEHŒRIGEN DER

ALBERT-LUDWIGS-UNIVERSITÆT

EINLADET

DER GEGENWÆRTIGE PROREСTOR

Dr. ADOLF KUSSMAUL.

INHALT:

UEBER DIE BEHANDLUNG DER MAGENERWEITERUNG DURCH EINE NEUE METHODE.

FREIBURG 1869.

UNIVERSITÆTS-BUCHDRUCKEREI VON H. M. POPPEN & SOHN.

Abb. 48a Titelseite der Arbeit über »Die Magenpumpe«; gleichzeitig Prorektoratsrede 1869.

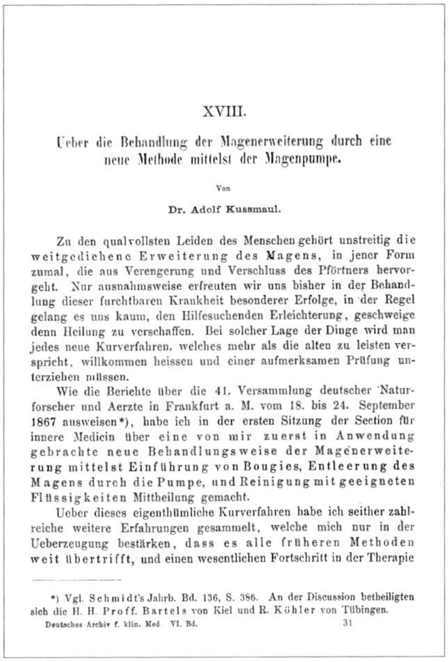
XVIII.

Ueber die Behandlung der Magenerweiterung durch eine neue Methode mittelst der Magenpumpe.

Von

Dr. Adolf Kussmaul.

Zu den qualvollsten Leiden des Menschen gehört unstreitig die weitgediehene Erweiterung des Magens, in jener Form zumal, die aus Verengerung und Verschluss des Pförtners hervorgeht. Nur ausnahmsweise erfreuten wir uns bisher in der Behandlung dieser furchtbaren Krankheit besonderer Erfolge, in der Regel gelang es uns kaum, den Hilfesuchenden Erleichterung, geschweige denn Heilung zu verschaffen. Bei solcher Lage der Dinge wird man jedes neue Kurverfahren, welches mehr als die alten zu leisten verspricht, willkommen heissen und einer aufmerksamen Prüfung unterziehen müssen.

Wie die Berichte über die 41. Versammlung deutscher Naturforscher und Aerzte in Frankfurt a. M. vom 18. bis 24. September 1867 ausweisen*), habe ich in der ersten Sitzung der Section für innere Medicin über eine von mir zuerst in Anwendung gebrachte neue Behandlungsweise der Magenerweiterung mittelst Einführung von Bougies, Entleerung des Magens durch die Pumpe, und Reinigung mit geeigneten Flüssigkeiten Mittheilung gemacht.

Ueber dieses eigenthümliche Kurverfahren habe ich seither zahlreiche weitere Erfahrungen gesammelt, welche mich nur in der Ueberzeugung bestärken, dass es alle früheren Methoden weit übertrifft, und einen wesentlichen Fortschritt in der Therapie

*) Vgl. Schmidt's Jahrb. Bd. 136, S. 386. An der Discussion betheiligten sich die H. H. Proff. Bartels von Kiel und R. Köhler von Tübingen.

Deutsches Archiv f. klin. Med. VI. Bd. 31

Abb. 48b Titelseite der gleichen Arbeit im »Archiv für Klinische Medizin«.

schluss des Pförtners hervorgeht. Nur ausnahmsweise erfreuten wir uns bisher in der Behandlung dieser furchtbaren Krankheit besonderer Erfolge, in der Regel gelang es kaum, den Hilfesuchenden Erleichterung, geschweige denn Heilung zu verschaffen.

Gemäß den Leitgedanken, wie sie in der Einleitung des neuen »Archivs« festgelegt waren, namlich die praktische Medizin zu fördern, heißt es dann weiter:

Bei solcher Lage der Dinge wird man jedes neue Kurverfahren, welches mehr als die alten zu leisten verspricht, willkommen heißen und einer aufmerksamen Prüfung unterziehen müssen. Wie die Berichte über die 41. Versammlung der Deutschen Naturforscher und Ärzte in Frankfurt a. M. vom 18. bis 24. September 1867 ausweisen, habe ich in der ersten Sitzung der Section für innere Medizin über eine von mir zuerst in Anwendung gebrachte neue Behandlungsweise der Magenerweiterung mittelst Einführung von Bougies, Entleerung des Magens durch die Pumpe, und Reinigung mit geeigneten Flüssigkeiten Mitteilungen gemacht.[144]

Kußmaul konnte bereits in der Einleitung zu seiner Arbeit mitteilen, daß die Methode in seiner Klinik vielfach demonstriert worden war, und daß sie auch schon auf breiter Basis in anderen Städten, wie in Stuttgart, Tübingen und Kiel mit bestem Erfolg angewandt wurde. Er selbst demonstrierte sie nicht nur in der Klinik, sondern auch in der damaligen Freiburger »Medizinischen Gesellschaft«. Dort fanden für die praktischen Ärzte der Region Demonstrationen der Methode anhand eines Patienten statt. Sie wurde nicht nur in der medizinischen Fachpresse dargestellt, sondern sogar in normalen Zeitungen wie der Badischen Landeszeitung, allerdings dort mehr im »Charakter der Reclame«.

Die Magenpumpe wurde vielseitig angewandt, so wurden damit nicht nur die Magenerweiterung, sondern auch entzündliche Erkrankungen, Vergiftungen und das Magenkarzinom behandelt. Fünf Jahre nach Kußmauls Veröffentlichung publizierte Schliep im »Archiv« 74 Fälle von verschiedenen Magenerkrankungen und teilte seinerseits seine guten Erfahrungen mit dieser Methode mit.[145] Damit war Kußmauls Therapie in einer besonders gründlichen Art und Weise voll bestätigt.

Kußmaul stellte in seiner Arbeit zwölf ausführliche Krankengeschichten dar. Anhand dieses reichen Materials konnte er die Indikationen für diese Methode sowie ihre günstigen therapeutischen Wirkungen aufzeigen, andererseits arbeitete er klare Kontraindikationen aus und zeigte damit auch die Grenzen der Wirksamkeit seiner Methode auf.

In der ersten Falldarstellung teilt er mit:

Die Idee zur Anwendung der Magenpumpe bei Magenerweiterung kam mir im Frühjahr 1867 gelegentlich einer Beobachtung, die ich hier zunächst mit allen Einzelheiten mittheilen will, da sie der Ausgangspunkt für meine weiteren Versuche geworden ist und des Interessanten viel darbietet.
Beobachtung 1. Mädchen, 25 J. a. Erweiterung des Magens wahrscheinlich durch ulcus pylori; Hypertrophie des Pförtners und chronischer Katarrh des Magens. Enorme Abmagerung. Eigenthümliche Krampfanfälle. Heilung.

Marie Weiner, Bauernmädchen von Heimbach, litt seit dem 11. Lebensjahr am Magen. Sie wurde nach dem Essen öfters von heftigen Schmerzen in der Magengegend befallen und erbrach saure Massen. Sie kam dadurch von Kraft, gedieh nicht und wurde blass. [...] Im Winter 1864/65 kehrte ohne bekannte äussere Veranlassung der heftige Schmerz nach dem Essen mit Erbrechen wieder. [...] Die Patientin magerte ab und wurde im Frühjahr 1867 so elend, dass sie den grössten Theil des Tages, ja zuletzt den ganzen Tag im Bett zubringen musste [...]. Die Gemeinde liess die für verloren gehaltene Kranke am 15. April 1867 zur Aufnahme in das akademische Hospital hierher verbringen. Da unser Hospital gerade sehr angefüllt war, und auch ich die arg heruntergekommene Person nach meinem bisher in so weitgediehenen Fällen gewonnenen Erfahrungen für unrettbar hielt, so wies ich die Aufnahme von der Hand, und liess mich erst durch wiederholte dringende Bitten der Kranken dazu bewegen.

Pat. war klein, gracil gebaut, sehr blass, sehr abgezehrt und unvermögend, das Bett zu verlassen. Nur der Bauch fiel durch seinen Umfang auf; er schwappte und man konnte die Erweiterung des Magens bis ins Hypogastrium herab durch Inspection und Percussion leicht nachweisen, auch seine peristaltischen Bewegungen deutlich sehen. Lunge und Herz boten nichts Besonderes. Die Kranke erbrach täglich mindestens einmal, oft auch mehrmals saure graubraune Massen mit Sarcine [Mikroorganismen], 3–4 Schoppen (1 ½ bis 2 Liter) unter großer Anstrengung. [...]

Kußmaul hatte anfängliche therapeutische Erfolge mit Vichywasser, einer Jodmixtur und Absorbentien. Der Patientin ging es zunächst besser, jedoch, so fährt Kußmaul fort,

fand ich am 22. Juli bei der Morgenvisite den Leib der Kranken sehr aufgetrieben, sie klagte über heftiges Brennen und schüttelnde Bewegungen im Magen, und würgte viel. Erbrechen stand in naher Aussicht. Die ganze Nacht war qualvoll und schlaflos verlaufen.

Schon öfter, wenn ich Pat. in diesem elenden Prodromalstadium vor dem Erbrechen gesehen hatte, war mir der Gedanke gekommen, sie durch Anwendung der Magenpumpe zu erleichtern. Mit der Entfernung der grossen Massen zersetzten saueren Mageninhalts musste das quälende Brennen und Würgen sofort aufhören. Die Einführung der Schlundsonde ging gewiss ohne Schwierigkeit von Statten, weil bei so lange bestehender Magenerweiterung auch die Speiseröhre erweitert zu sein pflegt. Die künstliche Entleerung des Magens durch die Pumpe konnte keinesfalls schmerzhafter und peinlicher sein, als es

der Zustand vor und während des Erbrechens war, jedenfalls aber führte sie rascher und vollständiger zum Ziele, als die durch ein langes Vorstadium von Uebelkeit, Schmerz und Würgen eingeleitete natürliche Entleerung des Magens durch den Brechact. [...] Mittelst der Pumpe musste es gelingen, den Magen *vollständig* auszuleeren, ihm vielleicht sogar, wenn seine elastischen und contractilen Kräfte nicht ganz erschöpft waren, *die Fähigkeit sich auf seinen kleinsten Umfang zusammenzuziehen wieder zu verschaffen* [...]. Bei unserer Patientin rührte die Magenerweiterung von einer Pförtnerverengung her. Wiederholt war es mir bei tödtlich verlaufenen colossalen Magenerweiterungen am Leichentische aufgefallen, dass die sie bedingende Stenosis noch einen kleinen Finger aus dem Magen in das Duodenum einzuführen gestattete, obwohl zu Lebzeiten gegen Ende die Zeichen einer gänzlichen Verschliessung des Pförtners bestanden hatten [...]. Es schien mir, *als ob durch die übermässige Ausdehnung, Füllung und Belastung des Magens selbst ein mechanisches Moment gegeben würde, welches die Verengung des Pförtners zur gänzlichen Verschliessung steigere.* Mit der Entleerung und Verkleinerung des Magens hoffte ich dieses Moment wegfallen zu machen. Endlich aber schien mir die Anwendung der Magenpumpe auch eine *wirksamere topische Behandlung der kranken Magenschleimhaut* zuzulassen, als es bisher möglich gewesen [...]. Die Einführung der Magensonde, das Auspumpen und Auswaschen mit Vichywasser ging über Erwarten leicht von Statten. Wir entleerten etwas 6 Schoppen (3 Litres) saure, schmutzig graue sarcinehaltige Flüssigkeit mit allerlei in Erweichung und Zersetzung begriffenen Nahrungspartikeln, worauf die Kranke sich einige Tage ungemein erleichtert fühlte.
Am 25. Juli war ihr Befinden wieder schlechter, sie klagte über Aufstoßen und Schmerzen im Magen, weshalb das Auspumpen und Reinigen des Magens mit Vichywasser wiederholt wurde. [...]
Die Kranke, welche vorher stets unsäglich verdriesslich und weinerlich gestimmt gewesen war, so daß sie ihrem Namen »Weiner« in der That alle Ehre machte, war wenige Stunden nachher wie umgewandelt. Sie lag zum erstenmal freundlich und behaglich in ihrem Bette und erklärte uns, daß es ihr schon seit Jahren nicht mehr so wohl zu Muthe gewesen sei, wie jetzt [...]. Nach der wiederholten Anwendung der Pumpe gewann die Pat. in 2 Monaten allein mindestens 15 Pfund und in nicht ganz einem halben Jahr 22 bis 23 Pfund. Die Genesung ist nun 2 Jahre eine vollständige geblieben, obwohl sich die Pat. keineswegs in guten äusseren Verhältnissen befand.[146]

Nach Schilderung der übrigen Patientenschicksale und deren Behandlung faßt Kußmaul die günstigen Wirkungen der Anwendung der Magenpumpe sowie der Auswaschung des Magens mit Vichywasser oder Sodalösung zusammen. Erstens stellte sich bei den Patienten das Gefühl einer wesentlichen Erleichterung ein. Zweitens nahm die Menge des entleerten Mageninhaltes mit der Zeit erheblich ab. Drittens bildete sich die Magenerweiterung deutlich zurück. Viertens verlor der Mageninhalt seine starke Säure und schwärzliche Farbe. Fünftens normalisierte sich der Stuhlgang der Patienten. Unter diesen Zeichen der Besserung erholten sich die Patienten rasch. Als Kontraindikationen nennt Kußmaul zum einen die krebsartige Verengung des Magenpförtners und zum zweiten die sehr ausgedehnte narbige Verengung des Magenausgangs. So schildert er einen anderen Fall, bei dem die gutartige Verengung des Pförtners so klein war, daß gerade nur noch ein Federkiel hindurch paßte. Eine dritte Kontraindikation besteht dann, wenn Muskulatur und Magenwand insgesamt so krankhaft verändert sind, daß sie die Fähigkeit zur Rückbildung verloren haben.

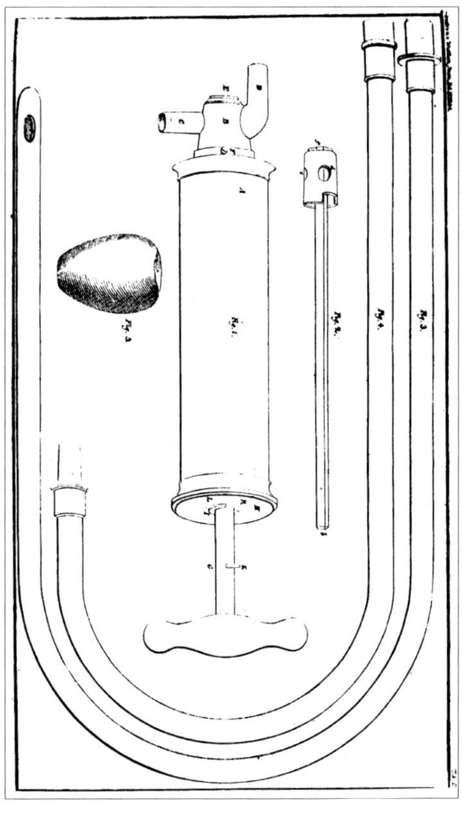

Abb. 49
Magenspritze, 1825 von Weiss in London erfunden. Kußmaul ließ sie in Freiburg von F. L. Fischer nachbauen. Über den Zweiwegehahn konnte man, ohne den Magenschlauch zu entfernen, Flüssigkeit auspumpen und hineingeben.

Diese Methode hatte noch einen besonderen praktischen Aspekt; die Patienten konnten die Pumpe aus der Freiburger Klinik mit nach Hause nehmen und sich dort den Magen selber ausspülen. Kußmaul berichtet humorvoll von einem Wollspinner aus dem Schwarzwald, der in der Klinik behandelt worden war: Normalerweise hielt er sich an die dort verordneten Diätvorschriften. Wenn er aber zu Hause unerlaubte Speisen, wie Backwerk, Speck oder schlechtes Bier zu sich genommen hatte, spülte er sich auch zweimal am Tag den Magen aus. Kußmaul meinte dazu: »Wie klein ist gegen diese neue Raffiniertheit des Schwarzwälder Wollspinners die classische ›consuetudo vomitandi‹ (Sueton) eines Vitellius und anderer berühmter Schlemmer der großen Römerzeit, denen nur das Manœuvre des gaumenkitzelnden Fingers oder Federbarts zu Gebote stand.«[147]

Damit muß ein Blick auf die Technik der Magenausspülung geworfen werden. Kußmaul war nicht der eigentliche Erfinder der Magensonde, auch nicht der Magenpumpe. W. O. Leube bezeichnet in seiner *Geschichte der Magensonde* die von Kußmaul oben genannte Brechfeder der Römer als Beginn der Magensondierung.[148] Es gab dann in der Folgezeit, so im Mittelalter und bis in die Jahre um 1820 solche Instrumente wie eine Magenbürste, einen sogenannten Fischstab, auch Hohlsonden und Bougies sowie biegsame Katheter, mit denen man den Ösophagus bzw. Mageninhalt untersuchte. Kußmaul arbeitete mit der sogenannten Weiss'schen Pumpe. Wie die Abbildung zeigt, besteht diese aus einer Spritze mit Stempel sowie einem Dreiwegehahn. Über diesen wird die Magensonde und ein abführender Schlauch je nach Wunsch bedient. Die Technik des Einführens der Sonde und der Ausspülung wird z.B. in dem oben genannten *Handbuch der speziellen Therapie* ausführlich und eingehend geschildert. Die Pumpe war 1825 von dem deutschen Instrumentenmacher Weiss in London erfunden worden. Kußmaul ließ sie in Freiburg von dem Instrumentenmacher F. L. Fischer nachbauen, der auch seine Röhren für die Spiegelung der Speiseröhre und des Magens herstellte. In einem Brief vom 2. Juli 1871 an einen Kollegen schreibt Kußmaul hierzu: »Wenn Sie von hier [Freiburg] die Weiss'sche Pumpe mit halber Drehung wollen, so bitte ich es mir zu schreiben, ich werde dann mit Fischer sprechen, doch ist er ziemlich theuer. Er verlangt, irre ich nicht, 10 fl., sie ist aber gut.«[149]

Kußmauls Magenpumpe hatte sich in der Therapie glänzend bewährt und erwies sich in der Praxis als einfach zu handhaben. Hiermit eröffnete sich plötzlich ein neuer und relativ einfacher Zugang ins Mageninnere, so daß mit dieser Technik Fragen der Magenverdauung beim Gesunden und Kranken studiert werden konnten. Noch 1850 hatte der Kliniker und Verfasser der dreibändigen Monographie über die Krankheiten der Leber, Kußmauls Berliner Kollege Friedrich Theodor Frerichs (1819–1985) resigniert bemerkt, daß wenig Hoffnung vorhanden sei, die Zusammensetzung des Magensekrets, die so wichtig für die Pathologie der Verdauungskrankheiten sei, zu erforschen, da ihr unüberwindliche Hindernisse entgegenstünden. In Kußmauls Klinik wurde dann auch konsequent und kontinuierlich an diesen Problemen weitergearbeitet. Chemische, physiologische und bakteriologische Untersuchungen des Mageninhalts gaben wichtige Aufschlüsse für die Diagnostik und Therapie. Unter Kußmauls Anleitungen erschienen fortwährend Arbeiten zu diesen Fragen, hier sei besonders die von Richard von der Velden[150] und Arnold Cahn[151] hervorgehoben. Mit der fortgesetzten Anwendung der Magenpumpe konnten sie die Pathogenese vieler Störungen erkennen.

Die Behandlung des Magengeschwürs

Zum Abschluß dieses Kapitels sei noch ein Blick auf das Magengeschwür, Ulcus ventriculi, geworfen, von Kußmaul oft Ulcus rotundum genannt. Kußmaul stützte sich bei seiner Bezeichnung des Ulcus rotundum sicherlich auf die seinerzeit moderne und klassische Beschreibung des Ulcus durch den französischen Pathologen Jean Cruvellhier (1791–1874). Er hat das Magengeschwür zuerst als eigene Krankenentität gesehen und verstanden, 1829 beschrieb er es folgendermaßen:

> Anatomisch betrachtet, besteht das einfache chronische Magengeschwür in einem plötzlichen (spontanée), gewöhnlich runden, an den Rändern wie mit dem Locheisen abgeschnittenen, im Grunde ein wenig grauen und dichten Substanzverlust von verschiedenen Ausmaßen. Fast immer allein, befällt das Geschwür meistens die kleine Curvatur oder die Hinterwand des Magens. Manchmal wuchert es in den Pylorus ein und nimmt dann die Form einer runden Zone an. Sein Verlauf ist langsam und fortschreitend; es verbreitert sich auf der Oberfläche, aber vor allem gräbt es in die Tiefe; und wenn dann heilsame Widerstände sich dem nicht widersetzen, ist früher oder später der

Magen durch und durch perforiert und der Inhalt ergießt sich in die Peritonialhöhle.[152]

Damit sind zwei der wesentlichen Ulcuskomplikationen genannt, die Perforation und die Blutung. Eine weitere Komplikation ist die besprochene Vernarbung und Verengung des Magenausganges, die dann zur Magenerweiterung und deren Folgen führt. Cruvellhier hat auch die Grundlagen der Therapie der damaligen Zeit festgehalten, nämlich eine individuell gestaltete Milchdiät ohne Brechkuren unter Weglassen aller Medikamente. Der zweite französische Kliniker und wegweisende Therapeut des Ulcus war Armand Trousseau (1801–1867). Er empfahl eine fast entgegengesetzte Therapie, nämlich drei mal täglich zwei bis drei Gramm Wismutpulver mit einer freien Wunschdiät und gegen Schmerzen kleine Dosen von Opium.

Auch Kußmaul empfahl in seinen Vorlesungen das magisterium bismuthi, das heißt die Lehre vom Wismut mit der Gabe von vier bis zehn Gramm mehrere Male täglich. Dazu auch Silbernitrat und gegen die Schmerzen Tollkirschenextrakt und Morphium. Kußmaul hielt sehr viel von Diäten und empfahl (neben der Spülung des Magens) Trinken von Vichywasser sowie morgendliche Hafergrütze. Mittags und abends Schleimsuppen und als Zwischenmahlzeit Milch oder Fleischgelee.[153]

Die Behandlung des Magengeschwürs machte in der Inneren Medizin lange Zeit kaum Fortschritte. Es dauerte 100 Jahre, bis eine sehr erfolgreiche Behandlung möglich wurde. Der Weg zum Erfolg lag im Verständnis der Pathogenese des Ulcus. 1910 stellte der Chirurg Schwartz das Prinzip auf: »ohne Säure kein Ulcus«.[154] Dieser Lehrsatz hat den Test der Zeit bestanden und gilt bis heute. Ebenfalls 1910 wurde das erste sogenannte Gewebshormon, Histamin, beschrieben. 1920 erkannte Popielski in diesem Gewebshormon einen »mächtigen Erreger der Magendrüsen«.[155] 50 Jahre später entwickelten Zellbiologen die Rezeptortheorie. Diese besagt, daß ein physiologischer Wirkstoff oder ein Pharmakon in einer Zelle nur eine Wirkung hervorrufen kann, wenn er an einem spezifischen Ort der Zelloberfläche gebunden wird. Dieser Bindungsort heißt Rezeptor. Der Stoff, der an den Rezeptor bindet, heißt Agonist. Beide passen zusammen wie Schlüssel und Schlüsselloch. 1972 entdeckten Black und Mitarbeiter für das Gewebehormon Histamin den sogenannten H_2-Rezeptor an der Belegzelle des Magens. Traf der Agonist Histamin auf den spezifischen Rezeptor der Belegzelle, so wurde Salzsäure, HCl, in das Magenlumen sezerniert.[156] Aus der Rezeptortheorie konnte man elegante therapeutische Prinzipien ableiten. Indem der Agonist geringfügig chemisch verändert wurde, konnte er zwar an den Rezeptor binden, aber die spezifische Leistung in der Zelle wurde nicht ausgelöst. Um im Bild zu bleiben, der Schlüssel paßte zwar ins Schlüsselloch, aber die Tür konnte nicht mehr aufgeschlossen werden. Das erste veränderte Histaminmolekül, das dann Antagonist genannt wurde, war Cimetidin. Dieses konnte an den Rezeptor binden und blockierte ihn. Hiermit war die Magensäureproduktion deutlich vermindert. In der Praxis ergab sich hieraus eine wesentlich verbesserte Heilungsrate des Ulcus.[157]

Zehn Jahre später kam es zu einem sprunghaften Fortschritt der Behandlung des Ulcus rotundum. 1981 wurde in dem international führenden Fachblatt für biomedizinische Forschungen ›Nature‹ die neuentdeckte Substanz Omeprazol beschrieben, die in der Lage war, die Salzsäureproduktion an der Belegzelle des Magens komplett zu hemmen.[158] Hiermit war der Gipfel für die Therapie des Ulcus erreicht; die Geschwüre heilen innerhalb von zwei Wochen ab.

Mit dieser Behandlung hatte man jedoch nicht die Tatsache in den Griff bekommen, daß ein Geschwür sehr häufig wieder auftrat, die Rezidivrate lag bei gut 80%. Dies Phänomen wurde durch die Entdekkung des Pathologen Robin Warren (geb. 1937) und des Internisten Barry J. Marshall (geb. 1951) einer fast vollständigen Lösung zugeführt. Ihre Entdeckungen hatten Pioniercharakter wie 100 Jahre früher diejenigen von Robert Koch. 1979 konnte Warren an Magenproben feststellen, daß bei Magenschleimhautentzündungen und Geschwüren fast immer Bakterien vorhanden waren. Im Selbstversuch wies Marschall nach, daß solche Bakterienkulturen Gastritis hervorrufen können, die dann durch Antibiotika oder Wismut abheilten. Das Bakterium heißt Helicobacter pylori;[159] es wird neben der Magensäure als zweites wichtiges, pathogenes Agens bei der Ulcusentstehung angesehen. Damit ist das Ulcus auch eine Infektionskrankheit. Der Goldstandard der Therapie besteht zur Zeit in einer einwöchigen Gabe eines starken Säureblockers vom Omeprazoltyp und der Gabe von zwei Antibiotika. Das Ulcus heilt rasch ab, die Rezidivrate liegt lediglich noch bei 5 bis 10%. Hiermit ist die lange Geschichte der Ulcustherapie zu einem vorläufigen Abschluß gekommen; die psychosomatischen und genetischen Ursachen der Ulcusentstehung sind immer noch unbekannt.

Mit den eben dargestellten Entdeckungen zur Therapie des Ulcus steht heute die internistische Therapie für diese Krankheit ganz im Vordergrund. Dies war von ca. 1870 bis 1970 ganz anders. In diesem Zeitraum war die chirurgische Therapie oft wesentlich effektiver. Da Kußmaul in seiner »Magenarbeit« bereits auf diese Art der Behandlung vorausweist, müssen ihr hier auch einige Zeilen gewidmet werden. Kußmaul machte sich darüber Gedanken, wie Patienten behandelt werden könnten, bei denen die Magenspülung keinen Erfolg aufwies. Er schrieb dazu: »Ob vielleicht die kühneren Geschlechter einer fernen Zukunft es unternehmen werden, in solchen Fällen durch Gastrotomie, Anlegung einer Magenfistel und Erweiterung der Striktur mit Messer oder Sonde radikale Erfolge zu erzielen, wer möchte diese Frage heutzutage zu entscheiden wagen? Man muß doch fürchten, schon durch ihre Aufstellung leisen oder lauten Spott zu ernten.«[160] So fern lag dieser Tag freilich nicht, denn dreizehn Jahre später, am 29. Januar 1881 führte der mit Kußmaul befreundete Wiener Chirurg Theodor Billroth als erster die erfolgreiche Resektion eines Magenkarzinoms durch. Damit war auch der Weg für die Ulcustherapie offen. Billroth hatte diese Operation mit seinen Schülern, u. a. auch Czerny auf das genaueste vorbereitet. In einem ausführlichen, offenen Schreiben vom 4. Februar 1881 berichtet er hierüber:

> Dies zur Beruhigung für Diejenigen, welche der Meinung sind, es handele sich bei meiner jetzigen Operation um ein tollkühnes Experiment am Menschen; davon kann gar keine Rede sein. Die Magenresektion ist anatomisch-physiologisch und technisch durch meine Schüler und mich ebenso vollkommen vorbereitet wie irgendeine andere neue Operation. Jeder Chirurg, der in diesen Tierversuchen und ähnlichen Versuchen am Menschen eigene Erfahrung hat, gelangt zur Überzeugung: auch die Magenresektion muß und wird gelingen. [...] Das besonders für Laparatomien hergerichtete Operationszimmer war aus bekannten Gründen bis auf 24° geheizt. Alle meine Herren Assistenten waren von der wichtigen Bedeutung unseres Unternehmens durchdrungen; es kam nicht die geringste Störung vor, keine Minute unnöthigen Aufenthalts. [...] Die Operation hatte mit der langsam vorgenommenen Narkose eineinhalb Stunden gedauert. Keine Schwäche, kein Erbrechen, kein Schmerz nach der Operation [...]. Das exzidierte Stück beträgt an der großen Kurvatur (horribile dictu) 14 Ctm; durch den Pylorus bringt man mit Mühe einen Federkiel. Die Form des Magens ist durch die Operation nicht sehr ver-

ändert, er ist nur kleiner als früher. [...] Ich bin selbst freudig erstaunt über den so überaus glatten Verlauf; ich hätte doch mehr örtliche und allgemeine Reaktion, fast möchte ich sagen, mehr Unarten von Seiten des Magens erwartet. Noch wage ich kaum zu glauben, daß alles so ruhig fortgehen sollte [...].[161]

Billroth entwickelte seine Methode der Magenresektion zur klassischen Form, noch heute werden die beiden unterschiedlichen Resektionsarten einfach Billroth I und Billroth II genannt. Im Prinzip wird dabei nach der Magenteilentfernung der Dünndarm an den Restmagen wieder angenäht.

Da die internistische Magentherapie wenig erfolgreich war, erwies sich diese Methode als ideal für die fortgeschrittene Magenausgangsstenose. War also damals für die Behandlung des Magengeschwüres die Billroth'sche Operation das beste Heilverfahren, so ist es heute wieder die internistische Therapie. Im folgenden Kapitel wird sich zeigen, daß die Innere Medizin durch die Entwicklung der endoskopischen Methode immer chirurgischer wurde, umgekehrt kann man sagen, daß die Chirurgie ihre heutigen Erfolge nur dadurch erringen konnte, daß sie vice versa immer internistischer wurde.

Die Erstanwendung der Ösophago-Gastroskopie

Die ersten Versuche zur Spiegelung der Speiseröhre und des Magens (Ösophago-Gastroskopie) überhaupt wurden von Kußmaul u. a. in seiner Arbeit *Über die Behandlung der Magenerweiterung* mitgeteilt und standen im engen Zusammenhang mit den Problemen der Magenerweiterung und ihrer Behandlung durch die Magenpumpe.

Die Tatsache, daß Kußmaul der erste war, der solche Untersuchungen mit Teilerfolgen durchgeführt hatte, war in der damaligen Fachwelt kaum bekannt, da über seine Forschungsergebnisse nur beiläufig an unterschiedlichen Stellen berichtet worden war. Die erste Darstellung der Geschichte der Ösophago-Gastroskopie durch den Freiburger Chirurgen und späteren Professor der Hals-Nasen-Ohren-Heilkunde, Gustav Killian, erhellte diesen Vorgang.[162] Die Rekonstruktion der Erstanwendung durch Kußmaul und die Voraussetzungen, auf die Kußmaul aufbauen konnte, sollen hier dargestellt werden. Da die Wirkungsgeschichte dieses Verfahrens bis in unsere Zeit andauert, werden wichtige Eckpunkte der Weiterentwicklung von Kußmauls Erstanwendung bis heute ebenfalls aufgezeigt.

Kußmaul veröffentlichte 1869 folgenden Satz: »Übrigens habe ich auch schon in einer Wintersitzung unseres Vereins 1867/68 über Localtherapie des Ösophagus und Magens einen Vortrag gehalten, teils mit Hinweisung auf diese neue Kurmethode, teils unter Demonstration eines Verfahrens, den Ösophagus und selbst das Innere des Magens zu spiegeln, worauf ich ein anderes Mal zurückkommen werde.«[163]

Kußmaul konnte sich bei seinen Untersuchungen auf bereits vorhandene Erkenntnisse der Frühphase der Endoskopie stützen, so wußte er von den Untersuchungen des in Paris forschenden und lehrenden

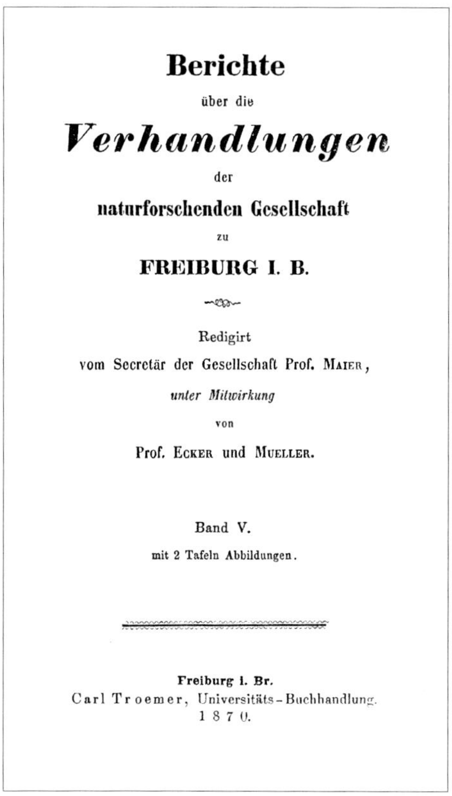

Berichte

über die

Verhandlungen

der

naturforschenden Gesellschaft

zu

FREIBURG I. B.

Redigirt

vom Secretär der Gesellschaft Prof. Maier,

unter Mitwirkung

von

Prof. Ecker und Mueller.

Band V.

mit 2 Tafeln Abbildungen.

Freiburg i. Br.

Carl Troemer, Universitäts-Buchhandlung.

1870.

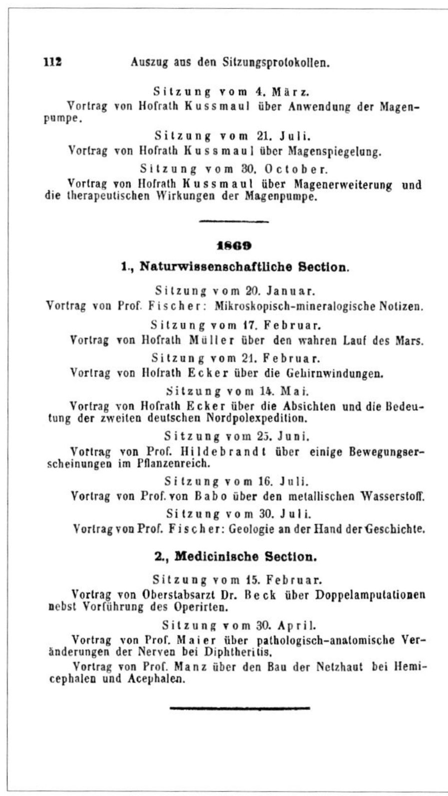

112 Auszug aus den Sitzungsprotokollen.

Sitzung vom 4. März.

Vortrag von Hofrath Kussmaul über Anwendung der Magenpumpe.

Sitzung vom 21. Juli.

Vortrag von Hofrath Kussmaul über Magenspiegelung.

Sitzung vom 30. October.

Vortrag von Hofrath Kussmaul über Magenerweiterung und die therapeutischen Wirkungen der Magenpumpe.

1869

1., Naturwissenschaftliche Section.

Sitzung vom 20. Januar.

Vortrag von Prof. Fischer: Mikroskopisch-mineralogische Notizen.

Sitzung vom 17. Februar.

Vortrag von Hofrath Müller über den wahren Lauf des Mars.

Sitzung vom 21. Februar.

Vortrag von Hofrath Ecker über die Gehirnwindungen.

Sitzung vom 14. Mai.

Vortrag von Hofrath Ecker über die Absichten und die Bedeutung der zweiten deutschen Nordpolexpedition.

Sitzung vom 25. Juni.

Vortrag von Prof. Hildebrandt über einige Bewegungserscheinungen im Pflanzenreich.

Sitzung vom 16. Juli.

Vortrag von Prof. von Babo über den metallischen Wasserstoff.

Sitzung vom 30. Juli.

Vortrag von Prof. Fischer: Geologie an der Hand der Geschichte.

2., Medicinische Section.

Sitzung vom 15. Februar.

Vortrag von Oberstabsarzt Dr. Beck über Doppelamputationen nebst Vorführung des Operirten.

Sitzung vom 30. April.

Vortrag von Prof. Maier über pathologisch-anatomische Veränderungen der Nerven bei Diphtheritis.

Vortrag von Prof. Manz über den Bau der Netzhaut bei Hemicephalen und Acephalen.

Abb. 50 a und b: Titelseite und Inhaltsverzeichnis der Verhandlungen der Naturforschenden Gesellschaft Freiburg mit den Angaben zu Kußmauls Vorträgen zur Anwendung der Magenpumpe und zur Magenspiegelung.

Arztes Antonin Jean Désormeaux (1815–1894). Ob der historisch bestens gebildete Kußmaul allerdings den Lichtleiter des Frankfurter Arztes Philipp Bozzini (1773–1809) kannte, ist unbekannt.

Philipp Bozzini – Vater der Endoskopie

Bozzini veröffentlichte 1807 seine Monographie *Der Lichtleiter oder Beschreibung einer einfachen Vorrichtung und ihrer Anwendung zur Erleuchtung innerer Höhlen und Zwischenräume des lebenden animalischen Körpers.*[164] Darin heißt es in der Vorrede:

> Jede Erfindung verdankt ihre Entstehung einem glücklichen Zusammentreffen verschiedener Umstände; sie wird immer als Kind geboren, und wie dieses durch stufenweise Ausbildung immer vollkommener. Ich fand die Idee, die inneren Höhlen des lebenden animalischen Körpers zu erleuchten, wie man zuweilen ein Gemälde in einer Sammlung sucht, und ein anderes ebenso willkommenes findet. Die nähere Untersuchung der Gesetze der Bewegungen in der ganzen Natur sowohl als vorzüglich in der Animalisation, war das Ziel, nach dem ich strebte [...]. In einem solchen Augenblicke dachte ich nach, ob es nicht möglich wäre, einen leuchtenden Körper in die animalischen Höhlen zu bringen [...]. [165]

In der Beschreibung des Lichtleiters heißt es dann:

> Eine Vorrichtung, welche die Strahlen des Lichtes in innere Höhlen des lebenden animalischen Körpers führt, und aus diesem wieder auf das Auge zurückleitet, heiße ich einen Lichtleiter.[166]

Nach der eingehenden Beschreibung des nicht ganz unkomplizierten Gerätes führte er zur Anwendung aus:

> Der Lichtleiter ist für alle Höhlen und Zwischenräume des animalischen lebenden Körpers ohne eine Ausnahme anwendbar. Alle Höhlen und Zwischenräume haben entweder physiologische Öffnungen, welche hinlänglich Raum zur Anwendung des Lichtleiters gestatten, z.B. der Mund, die Nase, die Ohren, die Scheide, die ganze Höhle des Fruchtbehälters bei geöffnetem Muttermunde, die weibliche und männliche Harnröhre, die weibliche Urinblase, und der Mastdarm oder können pathologische Öffnungen (z.B. Schußwunden) erhalten.[167]

Abb. 51 Philipp Bozzini (1773–1809), Selbstbildnis.

Schließlich zeigte er den Nutzen für die Physiologie, Pathologie, Chirurgie sowie Geburtshilfe und Arzneimittellehre auf. Er führte aus, daß in der Chirurgie die Diagnose sicherer würde, indem die Form der Geschwüre und Geschwülste feststellbar war, indem incarcerierte Steine sichtbar gemacht werden konnten und somit eine Operationsstrategie ermöglicht würde.

Bozzini beschrieb ein vollkommen modern anmutendes Spektrum der Endoskopie, und er arbeitete damit in Frankfurt sehr erfolgreich. Das Bewußtsein für die Genialität dieser Entdeckung konnte sich damals allerdings nicht durchsetzen, weil Bozzini Opfer einer Intrige der Medizinischen Fakultät in Wien wurde, die seine Erfindung ein »bloßes Spielwerk« nannte. Ein solches Instrumentarium wie es Bozzini

Abb. 52
Titelseite von Bozzinis Arbeit über seinen Lichtleiter; veröffentlicht im Journal der Practischen Heilkunde von C.W. Hufeland, Band 24, Berlin 1806.

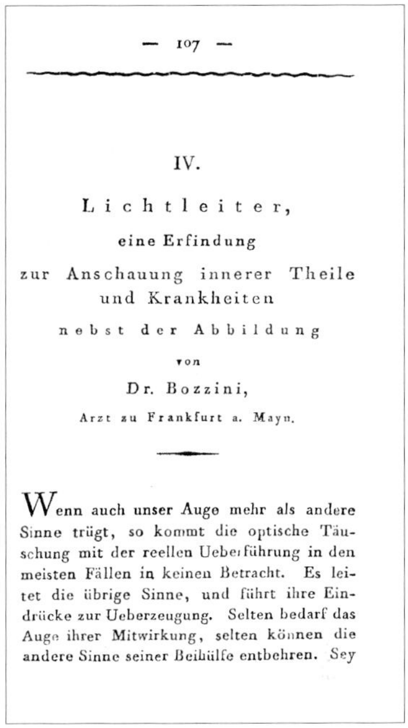

— 107 —

IV.

Lichtleiter,
eine Erfindung
zur Anschauung innerer Theile
und Krankheiten
nebst der Abbildung
von
Dr. Bozzini,
Arzt zu Frankfurt a. Mayn.

Wenn auch unser Auge mehr als andere Sinne trügt, so kommt die optische Täuschung mit der reellen Ueberführung in den meisten Fällen in keinen Betracht. Es leitet die übrige Sinne, und führt ihre Eindrücke zur Ueberzeugung. Selten bedarf das Auge ihrer Mitwirkung, selten können die andere Sinne seiner Beihülfe entbehren. Sey

erarbeitet hatte, mußte zur damaligen Zeit für seine allgemeine Zulassung eigentlich von dem Wiener Josephinum, der von Joseph II. 1785 gegründeten Militärakademie, begutachtet werden. Diese hatte auf persönliche Veranlassung Erzherzogs Karl von Österreich mit dem Instrument u.a. Endoskopien des Rektums, der Blase, der Vagina, des Gehörganges und des Thorax durchgeführt. Die fortschrittliche Akademie bezeichnete den Apparat dann auch als ingeniös und als ein Symbol der Chirurgie schlechthin, nämlich als eine »Auge am Finger«. Wie es dazu kam, daß das Urteil der konservativen, mächtigen Medizinischen Fakultät in ihrem Urteil über Bozzini und seinen Lichtleiter letztlich den Sieg davontrug, weist Lesky in ihrer aufschlußreichen Arbeit nach.[168]

Heute wird Bozzinis Lichtleiter als eine geniale Erfindung angesehen, er ist der Urtyp der weitverzweigten Endoskopiefamilie geworden.

Frankreich war in der Mitte des 19. Jahrhunderts noch führend in vielen klinischen Bereichen und besonders auch in der Medizintechnik. Kußmaul kannte die fran-

Abb. 53
Bozzinis Lichtleiter: Urtyp der Endoskopfamilie. Nachbau des Originals von 1807, Max-Nitze-Museum Wien und im Senckenbergischen Institut Frankfurt.

zösische Literatur bestens, so auch das Werk von Désormeaux. Dieser hatte bereits 1853 sein Urethroskop der Akademie der Wissenschaften vorgestellt und wurde damit der »Vater der Endoskopie«, denn er hat sein Gerät selbst als »Endoscope« bezeichnet.[169] Sein Instrument bestand ebenfalls aus einem Beleuchtungsapparat und einem Beobachtungsteil. Als Lichtquelle diente eine Gasogenlampe, das Licht wurde durch eine Plan-Konvexlinse gesammelt und durch einen Konkavspiegel in den Beleuchtungsteil geleitet. Am Beobachtungsapparat konnten vorne an einem Ansatzstück verschiedene Röhrenspekula angebracht werden.

Kußmaul schickte seinen Assistenten Adolf Honsel, mit dem er bereits über das Einführen einer Magensonde bei Säuglingen, die wegen Schnupfen nicht an der Brust genährt werden konnten, publiziert hatte, nach Paris und schaffte das Instrument für seine Klinik an.

Die ersten Speiseröhren- und Magenspiegelungen

Die Quellenlage für die Erstanwendung der Ösophago-Gastroskopie in Freiburg ist nicht einfach und läßt sich in drei Bereiche abgrenzen. Zum einen die verstreuten, wenigen und kurzen Anmerkungen aus der Zeit der Anwendung selbst, zum anderen die erste historische Arbeit des oben erwähnten Killian 1901, und zum dritten die Veröffentlichung der Briefe von Kußmaul und seinen Mitarbeitern zu dieser Frage aus dem Jahre 1986.[170]

Wertet man die Quellen aus, ergibt sich folgendes Bild von der Erstanwendung der Ösophago-Gastroskopie durch Kußmaul und seine Assistenten: Kußmaul hatte am 21. Juli 1868 vor der Medizinischen Sektion der Gesellschaft zur Beförderung der Naturwissenschaften zu Freiburg vorgetragen; in dem Protokoll heißt es: »Vortrag von Hofrath Kußmaul über Magenspiegelung.«[171] Kußmaul mußte sich also schon einige Zeit zuvor mit dieser Methode befaßt haben und sie für so wichtig erachtet haben, daß er sie in der Gesellschaft vortrug.

1881 beschrieb Edouard Labarraque, ein Schüler von Désormeaux, kurz Kußmauls Versuche: »Nous ne mentionnerons que pour mémoire le fait de M. Professeur Kussmaul (de Fribourg en Brisgau) qui prétare avoir pénétré avec l'endoscope jusqu'au dans la cavité stomacale.«[172]

Außerdem gibt es einen Zusatz der Redaktion zur oben erwähnten Arbeit von Killian. Der Zusatz stammt von Prof. Dr. Edmund Rose, dem Direktor der Chirurgischen Klinik in Zürich, der folgendes schreibt:

> Der Schwertschlucker ist damals [ca. 1868] mit seinen Röhren von Kußmaul uns in Zürich zugeschickt worden. Ich habe ihn in meiner Klinik gleich vorgestellt und alle meine Zuhörer haben sich damals mit großem Interesse das Herumspringen der Bläschen auf dem roten Magengrunde angesehen, welches der Mann durch Bewegungen des Oberbauchs hervorbrachte. Kurze Zeit darauf führte ich Désormeaux auf meiner chirurgischen Abteilung in Zürich herum und teilte ihm mein Entzücken darüber mit; vor Freude hat er mir dann aus Paris sein Buch über Endoskopie geschickt, dessen Tafel ich alle Jahre in meiner Vorlesung über spezielle Chirurgie mit Erwähnung des Vorgangs vorgezeigt habe.[173]

Wie kam die Nachricht von Kußmauls Magenspiegelungen nach Paris? Hierzu gibt Kußmaul in einem Brief aus dem Jahre 1900 an Killian folgende Auskunft:[174] In den Jahren 1868 und 1869 hatte Kußmaul in Freiburg einen elsässischen sowie einen amerikanischen Arzt als Gastassistenten. Beide Ärzte gingen nach Frankreich als 1870 der Deutsch-Französische Krieg ausbrach. Einer von ihnen übersetzte Kußmauls Arbeit über die Behandlung der Magenerweiterung von 1869 ins Französische, worauf sie 1871 im Bulletin général erschien. Kußmaul selbst wußte lange Zeit nichts von dieser Publikation, da der Krieg alles auseinanderriß. Einer der beiden Assistenten wird auch Labarraque informiert haben.

Die wesentlichen Erkenntnisse zur Erstanwendung der Spiegelungen verdanken wir Killian. Er war 1887 Leiter der Hals-Nasen-Ohren-Poliklinik in Freiburg und erlangte von hier aus Weltruhm, denn ihm gelang 1898 die erste direkte Bronchoskopie, die Spiegelung der Luftröhre. Er baute die Methodik und Klinik der Bronchoskopie und Laryngologie wesentlich aus und wurde zunächst in Freiburg und dann in Berlin Ordinarius für Hals-Nasen-Ohren-Heilkunde. Stets an allen Fragen der Endoskopie interessiert, trat er 1899–1901 mit Kußmaul und dessen ehemaligen Assistenten in mündlichen und schriftlichen Kontakt. Daraus ergab sich seine oben zitierte Arbeit zur Geschichte der Ösophago- und Gastroskopie. Die Antwortbriefe an Killian sind vollständig erhalten und wurden von dessen Sohn dem Institut für Geschichte der Medizin in Freiburg übergeben. Sie zeigen uns folgendes Bild vom damaligen Geschehen:

Der 77jährige Kußmaul schrieb 32 Jahre nach den Freiburger Versuchen aus Heidelberg am 5. November 1899 an seinen ehemaligen Assistenten und nunmehrigen Medizinalrat in Kenzingen, Julius Müller (1839–1921), folgende Zeilen:

> Lieber Freund und College! Mit Vergnügen erinnere ich mich der schönen Zeit gemeinsamer Arbeit in der Freiburger Klinik. Ich hatte mir das von Désormeaux 1855 in die Praxis eingeführte Endoskop für klinische Zwecke angeschafft und es gelang damit, ein hochsitzendes Carcinoma oesophagi zu besichtigen. Da erzählten Sie mir von der Schaustellung eines ›Schwertfressers‹, der ein gerades Schwert in senkrechter Richtung in Magentiefe hinabstoße, was mir für die Frage der Gastroskopie sehr interessant erschien. Sie brachten den Schwertfresser zur Stelle und ich ersah nun aus eigener Anschauung, wie er Kopf und Nacken richtete und das Schwert in gerader Richtung bis zur Magentiefe herabstieß. Es wurden nun lange Röhren hergestellt, mit denen es gelang, die Cardia zu passieren, aber die Beleuchtung mit Hilfe des Endoskops erwies sich als unzureichend, wir blickten vergebens ins Finstere.[175]

Als Killian seine Nachforschungen betrieb, besaß die Freiburger Klinik noch das von Kußmaul angeschaffte Gastroskop, welches sich in tadellosem Zustand befand. Killian probierte nun seinerseits die Lampe mit dem Original-Brennstoff Gasogen aus und fand ebenso keine ausreichende Beleuchtung. Er fand drei verschiedene Spekula vor, eines mit 15 mm Durchmesser, wohl für die Mastdarmuntersuchung, zwei mit 24 cm Länge, eher für die Spiegelung von Harnröhre und Blase; außerdem die von Kußmaul bestellten Röhren für die Magenspiegelung, die 47 cm lang waren. Die Spekula waren so konstruiert, daß sie bequem an Désormeaux' Apparat angefügt werden konnten.

Killian hatte einwandfrei nachgewiesen, daß Kußmaul mit der direkten Ösophagoskopie ein Ösophaguskarzinom diagnostiziert hatte. Aus dem Briefwechsel gehen weitere Einzelheiten hervor, so berichtete Müller Killian am 1. November 1899:

> Bei seiner Abreise erhielt der Künstler [der schon erwähnte Schwertschlucker] das Zylinderrohr geschenkt und dazu von Kußmaul Weisung und Brief an die Innere Klinik in Basel; wie wir erfahren, sei er von dort nach Zürich gegangen – von seinen weiteren Wanderungen wurde nichts bekannt [...].

Weiterhin teilt Müller mit:

Späterhin beschäftigte ich mich speziell mit Versuchen in fraglicher Richtung an Gesunden und Kranken. Zunächst konnte constatiert werden, daß der Spiegel-Cylinder, der einen Durchmesser von etwa 1,5 ctm hatte, ohne besondere Mühe und Vorbereitung bei allen normal gebauten gesunden und kranken Versuchspersonen in die Speiseröhre eingeführt werden konnte. In zahlreichen Fällen von Carcinom-Stenosen der Cardia wurde mit eigens construirten Sonden der Durchweg gesucht, aber immer trotz guter Beleuchtung der Geschwulst erfolglos, weil eben derartige Fälle immer erst in zu fortgeschrittenen Stadien in die Klinik kommen [damals wie heute!]. Auch für Fremdkörper im Ösophagus waren wir instrumentiert; Gelegenheit aber zu dieser Operation hatten wir nicht. – Ich erinnere mich, wie ich s. Z. auf die Mitteilung eines Collegen in Hornberg, er habe einen Patienten mit Ösophagus-Polypen, ausgerüstet mit dem Apparate nach dorten reiste, leider aber nicht simple Polypen, sondern ein nicht operierbares Carcinom vorfand! Die Magenwandungen waren nicht zu Gesicht zu bekommen. Trotz sorgfältigster Spülung der Magenhöhle präsen-

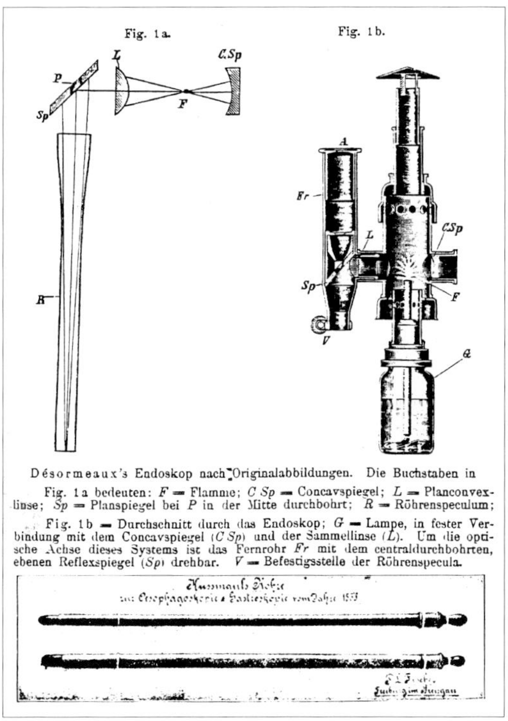

Abb. 54a
Kußmauls Instrumente zur Speiseröhren- und Magenspiegelung.
Der obere Teil zeigt das Endoskop von Désormeaux (1853), der untere Teil die vom Instrumentenbauer F.L. Fischer in Freiburg 1867/68 angefertigten Röhren zum Passieren der Kardia: 47 cm lang, 13 mm Durchmesser, mit Holzmandrin.

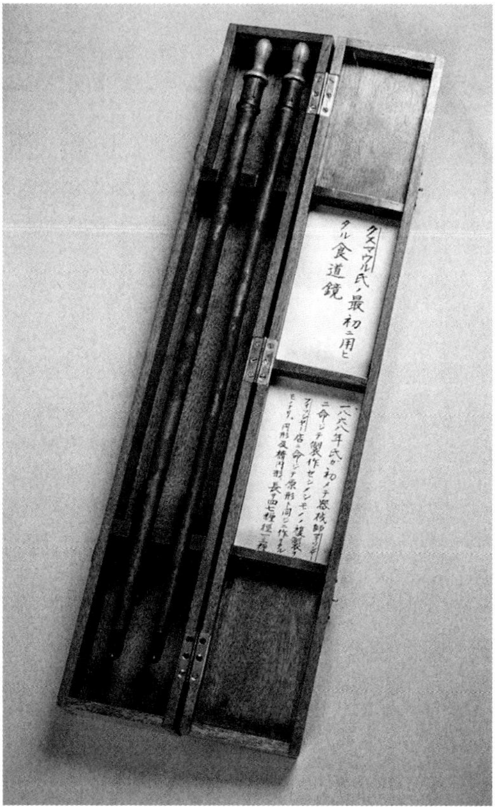

Abb. 54b
Die Kußmaulschen Röhren (rund und oval) zur Magenspiegelung. Naturgetreuer Nachbau von F. L. Fischer, 1941. Diese Instrumente wurden von dem HNO-Professor Otto Kahler (1878–1946) an einen japanischen Assistenten weitergegeben. Heute im Kubo Museum, Kyushu-University, Fukuoka. Einzig erhaltenes Modell des Originals, das 1944 während des Krieges zerstört wurde. Die altjapanische Inschrift weist u.a. darauf hin, daß die Röhren Kratzspuren der Zähne zeigen.

Abb. 54c
Produktkatalog
der Firma F.L. Fischer,
Freiburg, 1895.

Abb. 55
Medizinalrat Julius Müller (1839–1921) aus Kenzingen; Assistent Kußmauls, als dieser mit ihm die ersten Versuche zur Spiegelung von Speiseröhre und Magen unternahm.

tierte sich in der Öffnung des Cylinders allenthalben eine schäumende, sprudelnde Flüssigkeit, die undurchsichtig war, sodaß auch mittelst eines Reflexspiegels nichts hatte erreicht werden können. Elektrisches Licht stand uns damals noch nicht zur Verfügung! –[176]

In einem weiteren Brief teilte Müller Killian mit:

Ich war eben auf der Suche und fand denn auch wirklich noch unter altem Zeug das vordere Endstück einer Art Harpune, die ich seinerzeit zu dem Zweck der Entfernung aus dem Ösophagus machen ließ. Das Instrument ist sehr primitiv nach unseren jetzigen Begriffen und ich wüßte selbst heute es nicht mehr zu verwerten – es soll aber auch in keinem anderen Sinne verwertet werden, als eben für den Beweis, daß seinerzeit in dieser Sache etwas getan wurde. Ich werde Ihnen morgen das Ding zeigen. Hier vorläufig eine Zeichnung.[177]

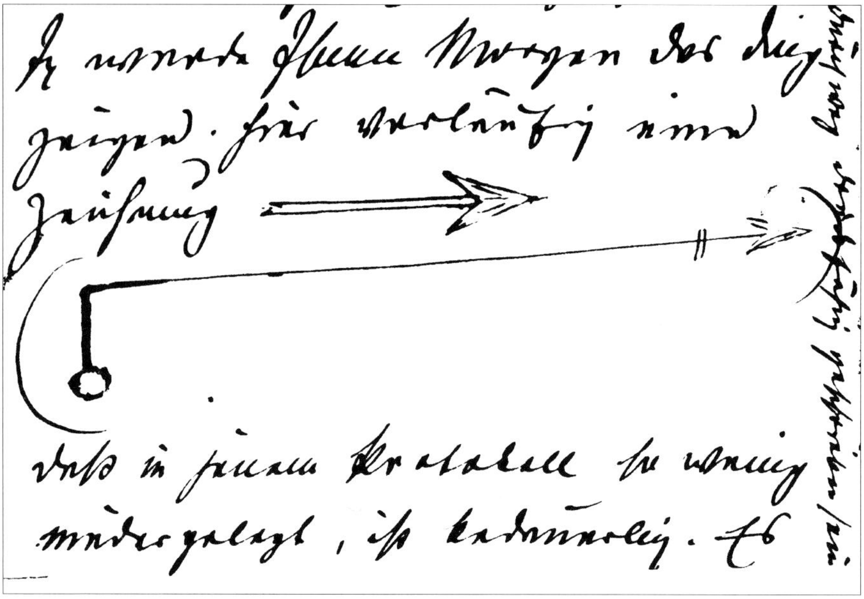

Abb. 56 Von Julius Müller angefertigte Zeichnung eines Instruments zur Entfernung von Fremdkörpern aus der Speiseröhre; Brief vom 10.12.1899.

Aufs Ganze gesehen hatte die Serie von Untersuchungen in der Kußmaul'schen Klinik zu der Einsicht geführt, daß diese Methode, insbesondere für den Magen, noch nicht routinemäßig anzuwenden war. Kußmaul urteilte nach den Versuchen am Schwertschlucker: »Freilich war damit nur eine Schwierigkeit überwunden und das Problem nicht gelöst.«[178] Die Versuche wurden nicht fortgeführt, aber Kußmaul hatte mit seinem Assistenten den Anfang zur Spiegelung von Speiseröhre und Magen gemacht!

Etwa zehn Jahre später, um 1880 kam es zu einer erneuten Aufnahme solcher Versuche – und zwar in klarer Anlehnung an Kußmauls Untersuchungen. Schrittmacher hierfür war der bedeutende Wiener Instrumentenmacher Josef Leiter (1830–1892). Killian schreibt hierzu:

> Der große Ruf, den Kußmaul auf dem Gebiet der Magenkrankheiten besaß, scheint J. Leiter veranlaßt zu haben, am 8. Mai 1880 mit seinen sämtlichen endoskopischen Instrumenten nach Straßburg i. E. zu reisen und dort zwei bis drei Tage zu verweilen, um Kußmaul an einem mitgebrachten Medium den Ge-

brauch und die Leistungsfähigkeit der Instrumente zu demonstrieren. Diese Vorführung fiel hinsichtlich des Ösophagoskopes und Gastroskopes nicht befriedigend aus; denn Kußmaul bestellte damals wohl die Endoskope für Blase und Mastdarm (19. December 1880), nicht aber die für Speiseröhre und Magen.[179]

Leiter brachte damals nach Straßburg ein rechtwinklig abgebogenes Ösophagoskop und Gastroskop mit, das er in seinem Katalog Elektro-endoskopische Instrumente von 1880 folgendermaßen beschreibt:

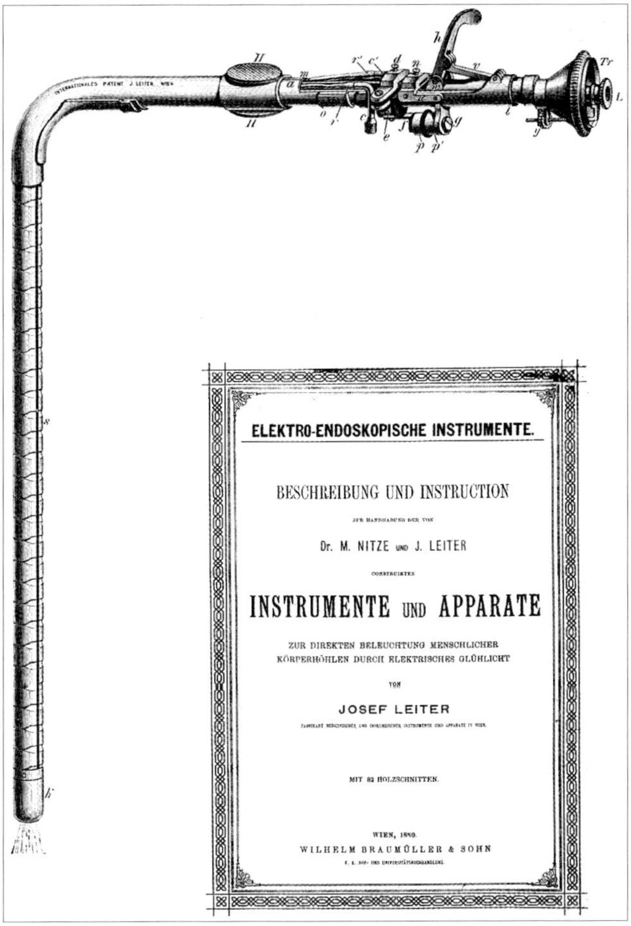

Abb. 57 Nitze-Leiter-Gastroskop von 1879 mit dem berühmten Instrumentenkatalog von Leiter.

Das Gastroskop dient zur Inspektion der inneren Wände des Magens. Dies wird durch das Einbringen der Lichtquelle in den Magen selbst und durch Betrachtung der hierdurch beleuchteten Partien desselben ausgeführt. Um dies möglich zu machen, bedient man sich im wesentlichen eines, dem vorigen ähnlichen Instrumentes, das aus einem verticalen Schlundrohre und einem horizontalen Mundrohre besteht. Da, wo beide (gerade über dem Kehldeckel) ein Knie bilden, sind, wie beim vorhergehenden Instrumente, zwei rechtwinklige Prismen zu gleichen Zwecken benützt.

Killian berichtet dann weiter, was Kußmaul ihm am 28. März 1900 hierzu schrieb: »Ohne Zweifel setzte ich ihn, Leiter, von meinen in Freiburg gewonnenen Erfahrungen über Gastroskopie in Kenntnis.«[180] Kußmaul hielt eben nichts von diesen gekrümmten Instrumenten, weil er ja gesehen hatte, daß gerade Instrumente gut in den Magen eingeführt werden konnten.

Erst am 25. September 1882 kamen die für Ösophagus- und Magenspiegelung bestellten geraden Instrumente von Leiter aus Wien nach Straßburg. In der Zwischenzeit erschien aber am 6. November 1881 in Wien die Arbeit von Mikulicz *Über Gastroskopie und Oesophagoskopie*.[181] Das Oesophagoskop von Mikulicz und Leiter ist gerade; das Gastroskop ebenfalls, jedoch mit einem leicht stumpfwinklig abgebogenen unteren Teil. Mikulicz schreibt dazu: »Wir versuch-

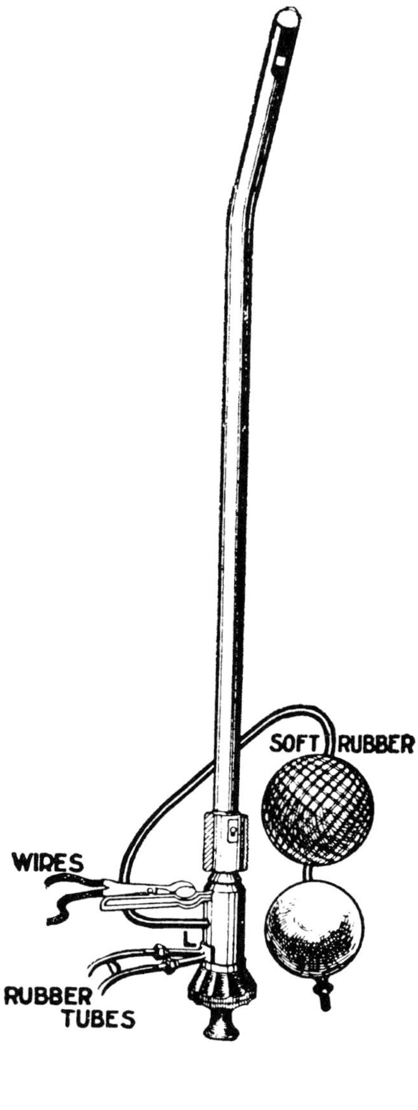

Abb. 58 Mikulicz-Leiter Gastroskop; 1881.

ten es zunächst mit einem vollkommen geraden Rohr; uns kam dabei die bekannte Erfahrung zu statten, daß es Menschen giebt, welche mit Leichtigkeit imstande sind, sich bei nach hinten gebeugtem Kopfe einen geraden Stab durch den Mund bis in den Magen zu stossen, ohne dabei Schaden zu leiden (sog. Schwertschlucker).«[182]

Nach dieser Publikation war man allgemein der Ansicht, daß Mikulicz der erste war, der für die Gastroskopie ein gerades Gerät eingesetzt hatte. Killian kann nun in seiner Arbeit nachweisen, daß Leiter etwa ein halbes Jahr nach seinem Besuch bei Kußmaul in Straßburg von seinem rechtwinklig abgebogenen Gastroskop abwich und in Zusammenarbeit mit Mikulicz ein gerades Gerät entwickelte. Offensichtlich hat er Mikulicz nicht über die Tatsache informiert, daß er auf Anraten des berühmten Kußmaul das neue Gastrokop gebaut hat! In Straßburg wurden die neuen Instrumente im wesentlichen durch Arnold Cahn mehrere Wochen lang ausprobiert und eingesetzt. Cahn berichtete hierüber an Killian. Aber auch mit diesen Geräten hatte man an der Kußmaul'schen Klinik wenig Glück und Erfolg. Es kam öfter zu Komplikationen wie Infektionen und schmerzhaften Verletzungen. Außerdem fehlte eine therapeutische Konsequenz für die öfter beobachteten Ösphaguskarzinome, so wurde die Methode erneut beiseite gelegt.

Killian stimmte seine Veröffentlichung mit Kußmaul ab. Dieser entschärfte sie in einigen Abschnitten in Bezug darauf, daß Killian so sehr Kußmauls Priorität betonte. Abschließend zu diesem Kapitel der Kußmaul'schen Erstanwendung sei aus den beiden letzten Briefen Kußmauls an Killian zitiert. Diese Stellen zeigen den bescheidenen, alten Kußmaul, der sich um Prioritätsrechte nicht streiten möchte, der aber auch stolz auf seine vergangenen medizinischen Leistungen ist, wobei er seinen Kollegen und Assistenten Julius Müller erwähnt sehen will. Auch möchte er seinen empfindlichen Kollegen Mikulicz trösten: »Dringend ersuche ich Sie [Killian], den Titel anders zu fassen, meinen Namen daraus wegzulassen, einfach etwa so zu schreiben: Zur Geschichte der Oesophagoskopie und Gastroskopie.« Diesem Vorschlag kam Killian schließlich auch nach, und weiter unten heißt es:

> Ich selbst möchte keine Zusätze liefern. Es könnte den Anschein erwecken, als ob die Abhandlung durch mich veranlaßt wäre, ich habe aber nie daran gedacht, Prioritätsrecht zu reklamieren. Da Sie aber aus freien Stücken mein Champion geworden sind, so kann ich damit ganz zufrieden sein und die Freiburger Klinik mit ihren damaligen Assistenten, namentlich Müller, auch.[183]

Am 1. April 1901 dankt Kußmaul nochmals Killian:

> Mein sehr werther und geehrter Herr College! Entschuldigen Sie, daß ich Ihnen erst jetzt für die Zusendung Ihres lehrreichen historischen Aufsatzes über Gastro- und Oesophagoskopie danke. Ich habe es jetzt schwarz auf weiß, was ich vorher nur ahnte, daß ich zuerst durch ein gerades Rohr in den Magen schaute, leider ohne etwas anderes zu sehen als brodelnden Schleim, und zuerst einen Tumor richtig oesophagoskopierte. Mein Bewußtsein schwoll darauf richtig an und ich habe köstlich darauf geschlafen. Leider aber haben Sie H. Prof. Mikulicz eine große Aufregung verursacht. Er ist sehr nervös und fasste den Aufsatz von der schlimmsten Seite auf, meinte, der ganze Tenor der Abhandlung weise daraufhin, daß man ihm einen Diebstahl an meiner Idee vorwerfe, und bat mich um allerlei Erklärungen. Ich habe ihn umgehend aufgeklärt und völlig beruhigt; auch wird er Ihnen nichts nachsagen. Er ist zweifelsohne gänzlich unschuldig und von Leiter nicht richtig informiert worden.[184]

Die moderne Entwicklung der Magenspiegelung

In der Frühphase der Endoskopie hatten alle Wissenschaftler wie Bozzini, Désormeaux, Kußmaul und Mikulicz starre Instrumente benutzt, die sich letztlich nicht gut in der Praxis bewährten. So nahm man Abstand von dieser Idee und entwickelte halb- bzw. vollflexible Instrumente.

Als überragende Persönlichkeit in der weiteren Geschichte der Gastroskopie muß Rudolf Schindler (1888–1968) genannt werden. In seiner Person und in seinem Werk spannt sich der Bogen von Kußmaul bis zur heutigen Gastroskopie. Der Assistenzarzt in der Zweiten Medizinischen Abteilung des Krankenhauses München-Schwabing legte 1923 das erste Lehrbuch und Atlas der Gastroskopie vor.[185] Diesem hervorragenden Lehrbuch der Technik der Gastroskopie und der Erkrankungen des Magens liegen 400 eigene Magenspiegelungen Schindlers zugrunde.

Schindler arbeitete an der Technik und Vervollkommnung des Gastroskopes weiter und veröffentlichte 1932 seine neuen Ergebnisse mit dem Titel ›Ein völlig ungefährliches, flexibles Gastroskop‹.[186] Kurz nach diesem großen Erfolg mußte der jüdische Arzt und Gelehrte 1934 mit seiner Frau und Assistentin Gabrielle in die Emigration gehen. Freund-

Lehmanns medizinische Lehrbücher
Band V

Lehrbuch und Atlas
der
Gastroskopie

Von

Dr. med. Rudolf Schindler
Assistenzarzt an der 2. med. Abteilung
des Krankenhauses München-Schwabing.

Mit 45 Abbildungen im Text und 119 farbigen Bildern
auf 20 Tafeln mit Tafelerklärungen.

J. F. Lehmanns Verlag, München
1923

Abb. 59
Titelseite von Rudolf Schindlers »Lehrbuch und Atlas der Gastroskopie«, 1923, mit Fotographie von Schindler aus den 1920er Jahren.

schaftliche Bekannte nahmen ihn in Chicago auf. Auf diesem Weg kam die Endoskopie nach Amerika: Schindler etablierte ein außerordentlich erfolgreiches Trainingszentrum für Endoskopie, in dem er zehn Jahre lang Ärzten aus den USA und der ganzen Welt die Endoskopie des oberen Gastrointestinaltraktes beibrachte. Sein Gerät hatte die Gastroskopie revolutioniert, wodurch sich die Entwicklung der gesamten klinischen Gastroenterologie beschleunigte. Er muß ein phantastischer Lehrer gewesen sein, da ihm zu Ehren auf der jährlichen Tagung der American Society for Gastrointestinal Endoscopy eine »Schindler-Lecture« gehalten wird.[187]

Schindler schrieb 1932 in seiner Arbeit über das neue flexible Gastroskop: »Wir haben nun also ein Gastroskop, das wir ohne die geringste Gefahr wie einen Magenschlauch unseren Kranken in den Magen einführen und mit dem wir meist alle Magenteile zu sehen bekommen können. Wir stehen am vorläufigen Ende einer 64jährigen Entwicklung!«[188] Somit verlegte auch Schindler den Beginn der Geschichte der Gastroskopie auf das Jahr 1868, dem Jahr von Kußmauls Gastroskopieversuchen! Der Aufsatz von 1932 beginnt mit dem Satz: »Boas glaubte in seinem Lehrbuch der Magen-Darmkrankheiten 1925 der Gastroskopie nur dann eine Zukunft versprechen zu dürfen, wenn das Instrumentarium absolut ungefährlich gestaltet werden könne.«[189] Hier ist der Name des Mannes genannt – Ismar Boas –, der zur damaligen Zeit die große Autorität auf dem Gebiet der Magen-Darmkrankheiten war. Schindler konnte zusammen mit dem genialen Berliner Instrumentenfabrikanten Georg Wolf in kurzer Zeit die Forderung von Boas erfüllen und das neue Instrument bauen. Er schrieb:

> Das endliche Ergebnis der zahlreichen Versuche – das flexible Gastroskop nach Wolf-Schindler – besteht aus einem biegsamen, elastischen Schlauch, der mit schwarzem Gummi doppelt überzogen ist. Zwischen den beiden Gummischläuchen wird Luft zur Entfaltung in den Magen eingeblasen. An der Spitze sitzt entweder ein von Henning-Leipzig angegebenes Schwämmchen zur Säuberung des Ösophagus oder ein Gummifinger zur leichteren Einführung für den Ungeübten. Darüber liegt ein äußerst helles Lämpchen. Es folgt das Objektiv. Erfahrene Gastroskopiker könnten bemängeln, daß dieses Objektiv keinen Schutz gegen Beschmutzungen hat. Es ist aber so hoch wie möglich gelagert worden und streift so allen Schmutz und Schleim an der Wand des Ösophagus und des Magens ab, so daß man immer klare Bilder bekommt. Es folgt der flexible Teil. Die zahlreichen Linsen sind nicht gleichmäßig geschliffen, sondern haben verschiedenen Krümmungsradius. – Es schließt sich endlich das obere starre Stück an, das das Okular enthält. Wenn die weiße Marke die Zahnreihe passiert, ist das Objektiv im Magen angelangt. – Der Rachen des Kranken wird gründlich anästhesiert – das ist das einzig Unangenehme bei der ganzen Magenbesichtigung –, das Gastroskop wird dann wie ein gewöhnlicher Magenschlauch am besten in linker Seitenlage eingeschoben und die Besichtigung des Magens beginnt. Alle anderen Lagen – Sitzen, Bauchlage, rechte Bauchlage, Rückenlage u.s.w. wurden ausprobiert, es kommt aber neben der linken Seitenlage höchstens noch die Knie-Ellenbogen-Lage in Betracht.[190]

Schindler vergleicht seine Methode mit den anderen Untersuchungsmöglichkeiten wie Röntgen und Magenfunktionsprüfung und betont: »Keine dieser Untersuchungen kann es aber an Fülle und Genauigkeit der Untersuchungsergebnisse mit der Gastroskopie aufnehmen.« Trotz der Bedenken, daß aber nur der Geübte und Erfahrene gut mit dieser Methode arbeiten kann, meint der Verfasser, »daß die Gastroskopie nunmehr endgültig der klinischen Untersuchung einverleibt ist.«[191] Abschließend muß bemerkt werden, daß Schindler in seiner Arbeit bereits einen merkwürdigen und interessanten Versuch schildert. Dieser Versuch entstand bei dem Verfahren, weiche und biegsame Instrumente herzustellen; Schindler berichtet von Bündeln aus feinsten Glasfäden, die nebeneinander angeordnet sind, und mit denen man Bilder erzeugen kann. Dies leitet zum vorläufig letzten, immer noch in rascher Entwicklung begriffenen Kapitel der Endoskopie des oberen Gastrointestinaltraktes über.

Basil Hirschowitz führte 1958 das erste vollflexible Glasfasergastroskop ein; nach der jahrelangen Entwicklung an diesem Gerät konnte der Autor feststellen: »Das konventionelle Gastroskop ist in allen Punkten obsolet geworden.«[192] Hiermit war die Ära der starren Endoskopie endgültig vorbei. Ein solches weiches, gut handhabbares und für den Patienten kaum belästigendes Gerät hat eine extrakorporale Kaltlichtquelle, einen Instrumentierkanal sowie einen Luft-Wasser-Kanal. Zunächst galt das Interesse der Arbeit mit diesem Gerät der Diagnostik von Speiseröhre, Magen und Zwölffingerdarm. Hierzu diente die direkte, visuelle Betrachtung, die gleichzeitige Entnahme von Gewebeproben und deren Beurteilung unter dem Mikroskop sowie die Erforschung

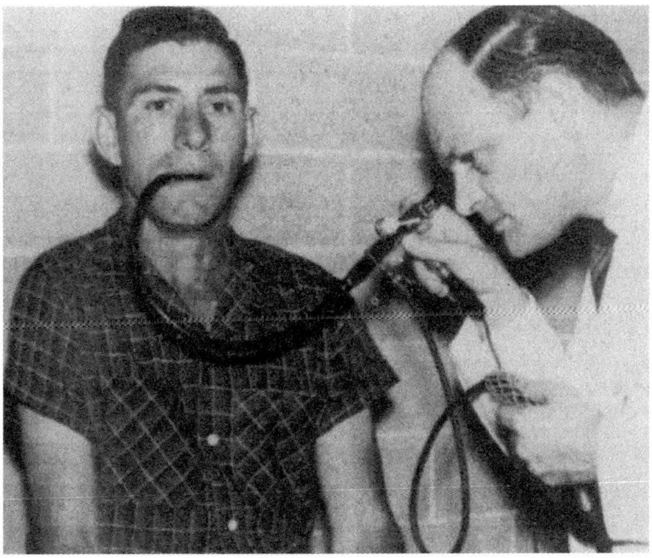

Abb. 60 a Hirschowitz untersucht einen Patienten mit einem vollflexiblen Glasfaserendoskop; 1961.

von bakteriologischen und immunologischen Fragestellungen. In einer stürmischen Entwicklung konnte diese Art der Endoskopie auch auf einen Bildschirm übertragen werden (Video-Endoskopie). Auch die Ultraschalldiagnostik konnte an das Endoskop gekoppelt werden, was die lokale Diagnostik von Tumorerkrankungen verfeinerte. Mit Endoskopen können aber auch immer mehr therapeutische Maßnahmen durchgeführt werden. Ein Meilenstein in der Geschichte der operativen Endoskopie stellt die sogenannte Papillotomie dar.[193] Hierbei wird mit einem durch das Endoskop eingeführten elektrischen Messer der kleine Schließmuskel aufgetrennt, der den Gallen- und Bauchspeicheldrüsenausgang im Zwölffingerdarm verschließt. Mit diesem Verfahren können hier eingeklemmte Gallensteine entfernt werden, was einen klassischen chirurgischen Eingriff an den Gallenwegen ersetzen kann. So hat die Endoskopie interdisziplinäre Bedeutung sowohl für die internistische Gastroenterologie als auch für die chirurgische Seite gewonnen. Die Fiberglasendoskopie hat die gesamte klinische Medizin wie kaum ein anderes Verfahren vorangebracht – aber auch hier geht die Entwicklung weiter, wir stehen am Beginn der »elektronischen Bildverarbeitung« mit dem Chip.

Abb. 60 b Vollflexibles, wasserdichtes Gastroskop 1990; 9,9 mm Außendurchmesser.

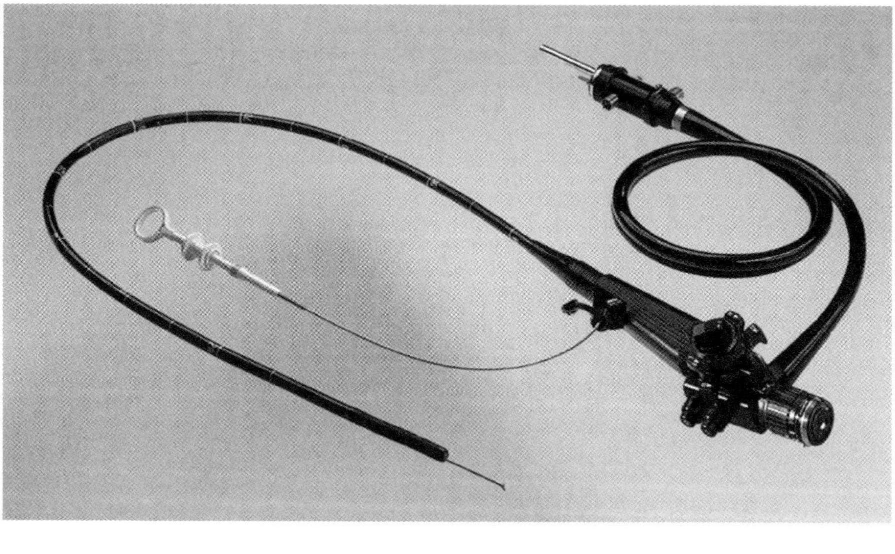

Ismar Boas und der Anfang der Gastroenterologie

Dieses Kapitel über Kußmauls Leistungen im gastroenterologischen Bereich soll mit einem Rückblick auf den Arzt Ismar Boas (1858–1938) schließen. Drei Punkte sollen dabei hervorgehoben werden: Kußmaul und Boas kannten und schätzten sich außerordentlich. Boas erarbeitete mit seiner Gelehrsamkeit und seinen rastlosen Aktivitäten das Spezialgebiet »Gastroenterologie« innerhalb der Inneren Medizin. Schließlich soll an den jüdischen Arzt Boas erinnert werden, der, fast 80jährig, nicht mehr die Kraft hatte, zum zweiten Mal vor der nationalsozialistischen Gewaltherrschaft zu fliehen, und sich daher in Wien das Leben nahm.

Abb. 61 a Ismar Boas

Ismar Boas wurde 1858 als eines von neun Kindern eines jüdischen Kaufmannes in Exin, Polen, geboren. Er studierte in Berlin Medizin, promovierte 1881 in Halle und eröffnete 1886 mit 28 Jahren eine private Poliklinik, das Ambulatorium für Magen-Darm-Krankheiten in der Berliner Friedrichstraße.[194] Er war der erste Spezialarzt für dieses Fach, von dem es 1910 in ganz Deutschland bereits 214 gab. Er war der große Pionier auf dem Gebiet der Gastroenterologie nicht nur in Deutschland, sondern auch international, viele Ärzte aus dem In- und Ausland lernten bei ihm. 1895 gründete er sein »Archiv«, mit dem er der Entwicklung der Zeit weit vorauseilte und das er als Herausgeber fast 40 Jahre leitete. Typisch für das »Boas-Archiv« war die Verzahnung der europäischen mit der nordamerikanischen Medizin und Literatur. Er verfasste drei wichtige Monographien, *Diagnostik und Therapie der Magenkrankheiten* (1891), *Diagnostik und Therapie der Darmkrankheiten* (1899), *Die Lehre von den okkulten Blutungen* (1914). Im gleichen Jahr (1914) gründete sich die »Deutsche Gesellschaft für Verdauungs- und Stoffwechselkrankheiten«. Schon 1910 wurde er Ehrenmitglied der

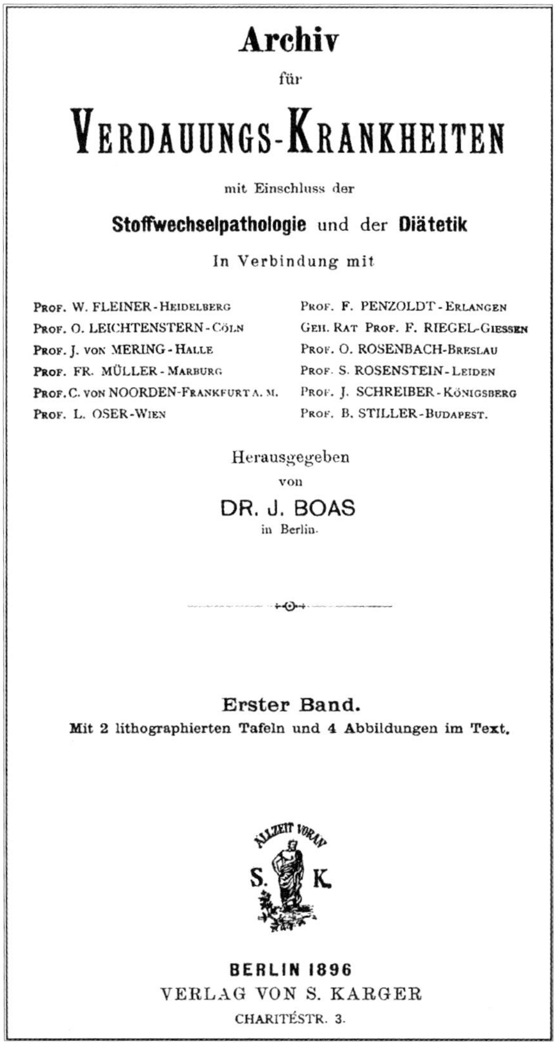
Archiv

für

VERDAUUNGS-KRANKHEITEN

mit Einschluss der

Stoffwechselpathologie und der Diätetik

In Verbindung mit

PROF. W. FLEINER-HEIDELBERG	PROF. F. PENZOLDT-ERLANGEN
PROF. O. LEICHTENSTERN-CÖLN	GEH. RAT PROF. F. RIEGEL-GIESSEN
PROF. J. VON MERING-HALLE	PROF. O. ROSENBACH-BRESLAU
PROF. FR. MÜLLER-MARBURG	PROF. S. ROSENSTEIN-LEIDEN
PROF. C. VON NOORDEN-FRANKFURT A. M.	PROF. J. SCHREIBER-KÖNIGSBERG
PROF. L. OSER-WIEN	PROF. B. STILLER-BUDAPEST.

Herausgegeben

von

DR. J. BOAS

in Berlin.

Erster Band.

Mit 2 lithographierten Tafeln und 4 Abbildungen im Text.

ALLZEIT VORAN

S. K.

BERLIN 1896

VERLAG VON S. KARGER

CHARITÉSTR. 3.

Abb. 61b
Titelseite seines »Archivs für Verdauungskrankheiten«; 1896.

American Gastroenterological Association, aber erst 1907 bekam er den Professorentitel verliehen; er selbst merkt dazu an: »Anerkennung und Dank habe ich nur wenig geerntet.«[195]

Mit kritischen Gedanken äußerte er sich zur universitären Medizin, zur Vielschreiberei bei deutschen Publikationen und zu Kriterien einer wissenschaftlichen Therapie.

Im ersten Heft des *Archiv für Verdauungskrankheiten* reflektierte er in einem programmatischen Aufsatz mit dem Titel *Über Ziele und Wege der*

Verdauungspathologie über das Problem von Einheit und Spezialisierung in der Inneren Medizin:

> Zwei Richtungen stehen sich in der modernen Heilkunde gegenüber: Die eine bestrebt, die Unität in der Wissenschaft zu erhalten und jede Spaltung und Zerklüftung zu verhüten, die andere, getragen von dem Gedanken, den Rohbau des medizinischen Gebäudes durch die Detailarbeit zu verfeinern und auszugestalten. In der Theorie kann es keinem Zweifel unterliegen, welcher dieser beiden Richtungen der Preis zukommt, die Praxis hat anders entschieden [...]. Die Befürchtung, daß mit dem Wachsen der Glieder das Haupt leiden würde, stand bei ängstlichen Gemütern von je her im Vordergrunde [...]. Wer in seinem Spezialfach den Blick auf die Gesamtwissenschaft verliert, der hat ihn nie besessen und wird als Spezialist ein Routinier bleiben, wie er es als allgemeiner Arzt geblieben wäre. Nicht das Spezialfach macht den ärztlichen Jünger einseitig, sondern der individuelle Mangel umfassender naturwissenschaftlicher Beobachtungsfähigkeit [...]. In diesem Sinne aufgefaßt, wird die Trennung einzelner Disziplinen dem Grundstock der Wissenschaft nicht schaden, wohl aber wird die Einzelforschung, die im kleinsten Punkt die größte Kraft sammelt, konzentrierter an Ergebnissen, welche wiederum der Gesamtwissenschaft zugute kommt [...].«[196]

Mit der Machtergreifung der Nationalsozialisten 1933 war Boas als jüdischer Arzt den Repressionen der Machthaber und deren willigen Helfern ausgesetzt. Er mußte u. a. die Schriftleitung seines »Archivs«, das sein Lebenswerk darstellte, abgeben. Die Nationalsozialisten terrorisierten die Juden mit ihrer antisemitischen Gesetzgebung, so daß Boas 1936 von Berlin nach Österreich emigrierte. In Wien arbeitete er unter bescheidensten Bedingungen am Porphyrinstoffwechsel. Nach dem Einmarsch Hitlers nahm sich Boas, fast 80jährig, 1938 das Leben. Seine Frau und sein Sohn kamen im Holocaust um. 1992 wurde von der »Deutschen Gesellschaft für Verdauungs- und Stoffwechselkrankheiten« in der Charité in Berlin eine Ismar-Boas-Gedenktafel eingeweiht.

Als Boas 1895 sein »Archiv« gründete, lud er eine Anzahl bedeutender Forscher zur Mitarbeit ein. Nur wenige lehnten ab, unter ihnen Kußmaul, was Boas besonders schmerzte. Kußmaul war damals 77 Jahre alt und hatte den Plan, seine Jugenderinnerungen zu Papier zu bringen. Zudem war er strikt gegen die Idee, die Innere Medizin in Spezialfächer aufzuteilen. Vielleicht hätte er seine Einstellung hierzu in späteren Jahren revidiert, wie andere Mediziner das angesichts der Spezialisierung taten, aber in der Anfangsphase konnte er Boas Plan nicht gutheißen. Dennoch schätzten sich die beiden herausragenden Ärzte sehr, wie ein Brief von Kußmaul vom 31. Dezember 1901 aus Heidelberg zeigt:

> Obwohl ich der Entwicklung der Heilkunde, seitdem ich die klinische Professur niedergelegt habe, nicht mehr in dem Maasse wie früher nachgehen konnte, so bin ich ihr doch soweit gefolgt, um über die wissenschaftliche Thätigkeit von H. Dr. Boas in Berlin ein Urteil abgeben zu dürfen. Ich halte mich für berechtigt, ihm das Zeugnis auszustellen, daß er sich unter den lebenden Bearbeitern der Physiologie und Pathologie der Verdauungsorgane eine hervorragende Stellung errungen hat.[197]

Boas wiederum widmete die achte und neunte Auflage seiner *Diagnostik und Therapie der Magenkrankheiten* »dem Andenken Adolf Kußmauls«, und im letzten Satz des Vorwortes schreibt er im Februar 1925: »Die vorliegende Auflage ist dem Andenken Adolf Kußmauls gewidmet, dessen Geistes ich einen Hauch verspürt habe.« In dem Buch selbst schreibt Boas unter dem Kapitel »Therapie der motorischen Insuffizienz II. Grades«: »Die Grundlagen der Behandlung der schweren Form der motorischen Insuffizienz knüpfen sich an den Namen Kußmaul. Ich habe es daher für einen Akt der Pietät gehalten, im Folgenden das Faximile eines in meinem Besitz befindlichen Briefes wiederzugeben, aus welchem hervorgeht, in wie meisterhafter Klarheit dieser große Arzt und Forscher bereits vor 50 Jahren die Behandlungsmethode der motorischen Insuffizienz bezeichnet hat.«[198] Es folgt in faximilierter Weise ein Teil des Kußmaulbriefes, der sich detailliert mit Diätplänen auseinandersetzt, um dem Magen seine Motorik zu erleichtern.

Abschließend zeigt sich, wie groß und weit gespannt der Bogen ist, der sich von Kußmaul bis heute erstreckt. Die Entwicklungen in der Gastroenterologie liefen parallel mit dem Wissen ihrer Zeit, sie verbündeten sich mit den jeweiligen technischen Möglichkeiten, bis sie den heutigen Stand erreichten, und hinter all diesen Fortschritten scheint das Bild Kußmauls auf.

Die Kußmaul'schen Pulse: Der »Arterielle Paradoxe Puls« und der »Kußmaul'sche Venenpuls« 1873

ZUSAMMENFASSUNG: Erstbeschreibung der mit Kußmauls Namen verbundenen Pulsphänomene. Die Kußmaul'schen Pulse (englisch: Kußmaul-sign) sind atemabhängige, periphere, pathologische Pulsphänomene, die bei einer verengenden Erkrankung des Herzbeutels und dessen Umgebung (Mediastino-Perikarditis) auftreten. Es sind der arterielle paradoxe Puls und der venöse Puls an den Halsvenen. Sie sind trotz moderner apparativer Diagnostik wichtige Hilfsmittel für eine Erstdiagnose und die Verlaufsbeobachtung am Krankenbett.

Kußmaul hat nur diese eine Arbeit über Herzkrankheiten verfaßt, dennoch ist es eine wichtige Publikation in der Geschichte der Diagnostik von Herzkrankheiten, so daß sein Name damit verbunden ist. Kußmauls Leistung liegt darin, ein am Krankenbett gesehenes Phänomen, das er früher übrigens nach eigenen Angaben selbst öfter übersehen hatte, genau zu studieren und es zu einer Entität zu formen. Das besondere in diesem Fall liegt darin, daß er aus der Beobachtung am indirekten Erfolgsorgan, den peripheren Blutgefäßen mit ihren Pulsen auf die weit entfernt liegende richtige Ursache, die Art der Herzerkrankung geschlossen hat und damit die richtige Diagnose stellte.[199]

Die Kußmaul'schen Pulse sind heute folgendermaßen definiert: Von pulsus paradoxus wird gesprochen, wenn der Radialispuls bei Inspiration nicht mehr zu tasten ist, bzw. wenn der systolische arterielle Blutdruck während der Einatmung mehr als 10 mm/Hg absinkt. Von Kußmaul'schem Venenpuls spricht man, wenn bei Inspiration statt des normal erwarteten Kollapses an der vena jugularis am Hals eine Füllungszunahme und Anschwellung zu beobachten ist[200] In der neueren, führenden, englischen Literatur wird von »Kußmaul-sign« gesprochen.

Kußmaul beschreibt in seiner Arbeit drei Patienten, die an einer »schwieligen Mediastino-Perikarditis« litten. Dabei laufen folgende Vorgänge ab: Das Herz ist von einem Beutel umschlossen, der eine Innen- und Außenwand hat (Perikard). In dem Spalt zwischen den beiden

Wänden befindet sich eine Art »Schmiere«, die Perikardflüssigkeit. Der Beutel selbst grenzt zur Mitte hin an das sog. Mediastinum; alles ist elastisch miteinander verbunden. Durch die Ein- und Ausatmung kommt es im Brustkorb während der Herzaktionen (Systole und Diastole) zu sinnvollen Druckveränderungen, die die Blutflüsse vom Herzen weg und zum Herzen hin unterstützen. Hierfür ist die beschriebene Elastizität Voraussetzung. Bei einer chronischen Entzündung des Herzbeutels und seiner Umgebung, wie sie z. B. besonders stark bei einer Tuberkulose auftreten kann, kommt es zur Schwielen- und Strangbildung sowie schließlich sogar zu Verkalkungen. Somit ist aus dem elastischen Gewebe ein starrer unbeweglicher Panzer geworden (»Panzerherz«). Hieraus resultieren starke pathologische Auswirkungen auf die Hämodynamik der Blutflüsse in den Arterien und Venen. Dieses Phänomen hat Kußmaul an den entsprechenden Pulsbewegungen seiner Patienten erkannt:

> Klinisch führt unsere Affection zu den Symptomen der chronischen Entzündung des Pericards und seiner Obliteration, wozu als Criterium der schwieligen Mediastenitis ein eigenthümliches arterielles Phänomen, zuweilen auch eine eigenthümliche Erscheinung an den Halsvenen sich gesellt. – Indem das Sternum [Brustbein] bei jeder Inspiration durch die fibrösen mediastinalen Stränge einen verengenden Zug auf die Aorta vor und am Bogen ausübt, wird der Puls aller Arterien bei gleichmäßig fortgehender Herzbewegung in bestimmten, mit jeder Inspiration regelmäßig wiederkehrenden Intervallen sehr klein, oder er verschwindet ganz, um mit der Expiration sofort wiederzukehren. Ich schlage vor, diesen Puls den Paradoxen zu nennen, theils wegen des auffallenden Mißverhältnisses zwischen Herzaction und Arterienpuls, theils weil der Puls trotz anscheinender Unregelmäßigkeit in Wirklichkeit ein in regelmäßiger Wiederkehr aussetzender oder kleiner werdender ist. –
> An den Halsvenen, namentlich den Bulbis der Venae jugulares bewirkt bei hinreichender Tiefe der Inspiration der verengende Zug der schwieligen Stränge eine merkliche, selbst beträchtliche Anschwellung statt der normalen Abschwellung. – Diese Erscheinungen ermöglichen es in Fällen, wo die Anamnese, der Beginn und Verlauf des Leidens, die physikalische Untersuchung des Herzens und die Störungen im Kreislaufe zwar auf Pericarditis und Obliteration des Herzens hindeuten, eine sichere Diagnose aber nicht zulassen, durch ihre Gegenwart der Diagnose einer mit schwieliger Mediastenitis verbundenen Pericarditis einen annäheren Grad von Gewißheit zu ertheilen.[201]

Zusammenfassend stellt Kußmaul sodann noch einmal fest:

> Die interessante Erscheinung, welche die drei Kranken mit Mediastino-Pericarditis darboten, zeigte der Puls. Er war bei allen frequent, fast immer über 100, die Welle klein, die Spannung gering, sein Rhythmus in zweifacher Beziehung paradox:
> 1) bei gleichmäßig fortschreitender Herzaction verschwand der Puls in kurzen Intervallen für den tastenden Finger ein- bis zweimal ganz oder fast ganz, um dann sofort zwei oder mehrere Male wiederzukehren;
> 2) diese scheinbare Unregelmäßigkeit war in Wirklichkeit nur eine an die Phasen der Athmung geknüpfte Ungleichheit, das Verschwinden oder Kleinerwerden des Pulses kehrte mit grösster Regelmäßigkeit bei jeder Inspiration wieder, mit jeder Expiration dagegen ging der Puls zu der früheren Höhe zurück. Diese Eigenthümlichkeiten boten alle der Betrachtung zugänglichen Arterien.[202]

Kußmauls Beschreibung war ein wichtiger Beitrag zur Erfassung eines damals nicht seltenen Krankheitsbildes. Die von Kußmaul eingeführte Bezeichnung des pulsus paradoxus ist bis heute geblieben und immer wieder gewürdigt worden.[203] Kußmaul erklärte die Pulsphänomene durch Zug und Kompressionsveränderungen von Venen und Arterien, mithin durch einen etwas anderen Mechanismus als wir ihn heute durch die Möglichkeiten der Druckmessungen und echokardiographischen Darstellungen des Herzens selber erklären können.

Natürlich gibt es auch einen wissenschaftlichen Disput darüber, ob z. B. der 100 Jahre alte Terminus des pulsus paradoxus nicht mit den modernen Herzuntersuchungstechniken (Röntgen-Durchleuchtung, Ultraschall, Echokardiographie, Herzkatheter, Herzszintigraphie) im Widerspruch steht.[204] Aber bei genauer Betrachtung ist und bleibt es eine schnelle, einfache und ungefährliche Untersuchungsmethode am Krankenbett. Auf diese Weise sind immer wieder Diagnosen mit einer hohen Treffsicherheit durch die Inspektion (Betrachten des Venenpulses) und Palpation (Fühlen des Arterienpulses) möglich. Zudem bleiben diese einfachen Untersuchungsmethoden unverzichtbar zur klinischen Befunderhebung und zur Therapiekontrolle. Insbesondere ist dies auch zu betonen, wenn über den europäischen Tellerrand hinausgesehen wird, auf die medizinischen Möglichkeiten in ärmeren und armen Ländern. Hier sind die einfachen Untersuchungsmethoden oft die einzige Möglichkeit, in der Diagnostik weiterzukommen, ihr Stellenwert kann nicht hoch genug angesehen werden.

Die Kußmaul'sche Atmung: Zur Lehre vom Diabetes Mellitus 1874

ZUSAMMENFASSUNG: Die Darstellung der Geschichte der Zuckerkrankheit bis zur Entdeckung des Insulins ist die Einleitung zu Kußmauls Beschreibung von drei jungen Patienten, bei denen die Zuckerkrankheit nach kurzen Verläufen jeweils im tödlichen Koma endet. Die bis heute international nach ihm benannte Große Kußmaul'sche Atmung ist das führende klinische Zeichen des Coma diabeticum, welches Kußmaul erstmals als eine neue Entität beschrieb; die pathophysiologischen Grundlagen des Komas werden besprochen.

Zur Geschichte

Diabetes mellitus ist die medizinische Bezeichnung für die Zuckerkrankheit. Sie stammt aus dem Griechischen (Diabetes bedeutet Harnruhr) und dem Lateinischen (mellitus bedeutet honigsüß), so daß die Krankheitsbezeichnung mit Zuckerharnruhr oder Zuckerkrankheit übersetzt werden kann.

Die Krankheit ist eine Stoffwechselentgleisung mit dauernd erhöhtem Blutzucker und konsekutiver Ausscheidung von Zucker im Urin. Die Ursache hierfür ist ein absoluter oder relativer Mangel des Hormons Insulin, das für die Regulierung eines normalen Blutzuckerspiegels wesentlich mitverantwortlich ist. Dieses Hormon wird in den sogenannten Langerhans'schen Inseln des Pankreas (Bauchspeicheldrüse) gebildet. Man unterscheidet heute den sogenannten ›jugendlichen Typ-1-Diabetes‹, der obligat insulinabhängig ist und den ›Typ-2-Diabetes‹ des erwachsenen und älteren Menschen, der zunächst mit oralen Antidiabetika behandelt werden kann. Bei Diabetes handelt es sich um eine Volkskrankheit, von der inzwischen mehr als 8% der Bevölkerung betroffen sind.

Beim nicht behandelten Diabetiker ist der normale Blutzuckergehalt von ca. 100 mg% dauernd erhöht, im Koma diabeticum klettert er bis auf 1000 mg% hoch. In diesem Zustand kommt es sodann auch zur Entgleisung des Eiweiß- und Fettstoffwechsels. Eine Harnflut mit starker Zuckerausscheidung, die Ansäuerung des Blutes mit Ketonkörpern (siehe unten) sowie eine Verarmung des Körpers an Wasser führen schließlich unbehandelt in das Koma und zum Tod. Im Koma diabeticum zeigen die Patienten die von Kußmaul beobachtete und klassisch beschriebene große Atmung. Gefürchtet sind auch die nach Jahrzehnten auftretenden Spätfolgen des Diabetes, die im wesentlichen auf die Schädigung von Blutgefäßen zurückzuführen sind: Netzhautschäden am Auge mit der Folge von Blindheit, Nierenschädigung mit dialysepflichtiger Erkrankung, Nervenkrankheiten und Arteriosklerose mit der Folge von Herzinfarkt und Hirnschlag.

Die Geschichte der Krankheitsbeschreibung reicht weit zurück, und bis zur Entdeckung des Insulins ereignete sich eine aufregende Wissenschaftsstory.

Aretaios von Kappadokien (etwa 150 n. Chr.) verfaßte die erste uns bekannte umfassende Beschreibung des Diabetes:

> Eine wunderliche Krankheit ist der Diabetes, der nicht sehr häufig beim Menschen vorkommt. Fleisch und Bein schmelzen im Urin zusammen, Feuchtigkeit und Kälte sind die Veranlassung wie bei der Wassersucht. Aber die Flüssigkeit geht auf dem gewohnten Wege durch die Nieren und die Blase ab. Die Kranken hören nimmer auf, Wasser zu lassen, vielmehr rinnt es unaufhörlich, wie aus geöffneten Schläuchen. Die Entstehung und Entwicklung der Krankheit brauchen einige Zeit. Sind aber die Krankheitszeichen erst vollkommen ausgebildet, so ist der Kranke bald am Ende seiner Tage.[205]

Erst der Schweizer Arzt Johann Conrad Brunner (1653–1727) gab der Forschung neue Impulse, als er im Jahre 1683 seine *Experimenta nova circa pankreas* in Amsterdam veröffentlichte. Er hatte einem Hund einen Teil des Pankreas entfernt, worauf dieser die klassischen Zeichen der Zuckerkrankheit mit starkem Durst, enormem Harnfluß und großem Hunger entwickelte. Brunner beschrieb dies lediglich genau, jedoch erkannte der geniale Operateur nicht, daß er bei seinem Hund durch die Operation einen Diabetes erzeugt hatte. Leider zog er daraus keine Konsequenzen, und er machte den entscheidenden Schritt zur Schlußfolgerung nicht, daß der Diabetes mit dem Pankreas zusammenhängt. Brunners Zeitgenosse Thomas Willis (1622–1675) entdeckte in England den honigsüßen Geschmack des Urins von Diabetikern, zu einem recht späten Zeitpunkt, wenn bedacht wird, daß die »Urinschau« im Mittelalter eine führende diagnostische Methode war. 1796 führte der englische Arzt John Rollo (gest. 1809) eine erste Diät für Zuckerkranke ein und gab der Krankheit die Bezeichnung Diabetes mellitus.

Paul Langerhans (1849–1888) beschrieb als erster 1869 in seiner von Virchow in Berlin angeregten Dissertation von nur 32 Seiten Länge die heute nach ihm benannten Zellinseln im Pankreas: »Kleine Zellen von meist ganz homogenem Inhalt und polygonaler Form mit rundem Kern ohne Kernkörperchen meist zu zweien oder zu kleinen Gruppen beisammenliegend [...]. Diese Zellen liegen meist in größerer Zahl bei einander, eigenthümlich verteilt im Parenchym der Drüse [...]« (Langerhans'sche Inseln).[206]

1889 machten Oskar Minkowski (1858–1931) und Joseph von Mering (1849–1908) in Straßburg die Aufsehen erregende Entdeckung des *Diabetes mellitus nach Pankreasextirpation;* sie schrieben: »Nach Extirpation des Pankreas tritt bei Hunden Diabetes mellitus auf. Derselbe beginnt einige Zeit nach der Operation und dauert wochenlang ohne Unterbrechung bis zum Tode der Tiere.«[207] Bis 1937 war dies die einzige Möglichkeit, experimentell einen Diabetes mellitus zu erzeugen und zu studieren. Das Pankreas war durch dieses Experiment zum Zentralorgan für die Entstehung und Beurteilung des Diabetes geworden.

30 Jahre später bildete sich in Toronto eine Arbeitsgruppe aus dem Orthopäden Frederick Grant Banting (1892–1944), dem erst 22jährigen Medizinstudenten Charles Herbert Best (1899–1978) und dem Biochemiker James Bertram Collip (1892–1965). Sie wiederholten die klassische Pankreasextirpation von Minkowski und Mering bei Hunden. Gleichzeitig präparierten sie einen Alkoholextrakt aus der Bauchspeicheldrüse. Wenn sie diesen Extrakt dem an künstlichem Diabetes erkrankten Hund einspritzten, konnte er damit 74 Tage überleben!

1922 publizierten sie:

> Intravenöse Injektionen eines Extraktes von Hundepankreas, das sieben bis zehn Wochen nach Ligatur der Ducti extirpiert wurde, verursacht ausnahmslos ein Absinken des Blut- und Harnzuckers. Rektale Anwendung bleibt wirkungslos. Das Ausmaß und die Dauer der Blut- und Harn-Zuckersenkung hängt ausnahmslos von der Menge des injizierten Extraktes ab. Pankreassaft zerstört den Wirkstoff des Extraktes. Die Verwendung dieses Extraktes ermöglicht es den Versuchstieren, eine viel größere Menge injizierten Zuckers zu verwerten, als sie das sonst zu tun imstande wären. Gekochter Extrakt hat keinen Einfluß auf die Senkung des Blut- und Harn-Zuckerspiegels.[208]

Mit diesen Experimenten war eindeutig klargeworden: Erstens handelt es sich bei der Zuckerkrankheit um eine Erkrankung der Bauchspeicheldrüse (Minkowski und Mering). Zweitens besteht die Funktion eines Teiles der Bauchspeicheldrüse in einer inneren Sekretion (Hormon) und drittens ist das Pankreas der Ort für die im Organ verstreut liegenden Langerhans'schen Inseln.

Ebenfalls 1922 wurde der erste Diabetes-Patient der Welt, ein zehnjähriger Junge in New York mit »Inselin«, das aus Rinderpankreas extrahiert worden war und das man später Insulin nannte, mit Erfolg behandelt. Eine Therapie, die seither Millionen von Diabetikern das Leben gerettet hat! Noch einmal, wiederum 30 Jahre später, erreichte die Geschichte des Diabetes mellitus einen weiteren Höhepunkt – als der Engländer Frederik Sanger (geb. 1918) in Cambridge die Struktur des Insulins aufklären konnte: Es handelt sich um zwei kleine, kettenförmige Eiweißmoleküle, die über Brücken miteinander verbunden sind. Die größere Kette enthält 30, die kleinere 21 Aminosäuren. Es zeigte sich, daß die Strukturformeln des Insulins von Rind, Schwein und Mensch jeweils nur in vier Aminosäuren unterschieden sind! Dies ist der Grund dafür, daß bis vor kurzem für die Behandlung des Diabetes mellitus beim Menschen Insuline vom Rind und Schwein benutzt werden konnten. Heute wird fast ausschließlich gentechnologisch hergestelltes Humaninsulin verwandt.

Neben der mehr experimentellen Forschung war die Krankheit aber auch klinisch durch die Arbeiten von Kußmaul, Naunyn[209] und anderen erforscht und solide bearbeitet worden.

Den Anfang machte Kußmaul in Freiburg mit seiner aufregend geschriebenen Arbeit über das *Koma diabeticum*[210], von dem Mering schreibt: »Wer an Diabetes, besonders der schweren Form leidet, ist der Gefahr ausgesetzt, plötzlich zugrunde zu gehen unter den Erscheinungen eines eigentümlichen Symptomenkomplexes, der von Kußmaul zuerst eingehend studiert worden ist und diabetisches Coma genannt wird.«[211]

Die Krankengeschichten

Kußmaul betreute innerhalb eines Jahres drei Patienten mit Diabetes mellitus, die in kurzer Zeit in der – damals unbehandelbaren –

I.

Zur Lehre vom Diabetes mellitus.

Ueber eine eigenthümliche Todesart bei Diabetischen, über Acetonämie, Glycerin-Behandlung des Diabetes und Einspritzungen von Diastase in's Blut bei dieser Krankheit.

Von

Prof. Dr. Kussmaul
in Freiburg i. Br.

Nachdem ich binnen Jahresfrist drei Diabetische ganz rasch unter merkwürdig übereinstimmenden Symptomen, unter welchen eine eigenthümliche, einem komatösen Zustande vorausgehende und ihn dann begleitende Dyspnöe die hervorragendste Rolle spielte, wegsterben sah, halte ich mich für berechtigt, darin nicht ein blosses Spiel des Zufalls zu erblicken; ich bin vielmehr der Meinung, dass es sich hier um eine bisher wenig beachtete Ausgangsform des Diabetes handelt, die mit den tiefen, dem Diabetes zu Grunde liegenden Störungen des organischen Haushaltes im Zusammenhange steht. — Ich will die drei Beobachtungen in der Reihenfolge, in der sie mir vorkamen, zunächst mittheilen.

Erste Beobachtung.

Eine blühende, stattlich gebaute und trotz grosser Thätigkeit sehr wohlgenährte, ja fette 35jährige Frau, Mutter mehrerer Kinder, war längere Zeit wegen Senkung des Uterus und Geschwüren am Cervix ärztlich behandelt worden. Sie lebte in glücklichen Verhältnissen. Zuerst fiel es im Sommer 1869 auf, dass ihr Urin an der Wäsche weisse Flecken zurückliess. Seit dem Sommer 1872 nahm der schon vorher vorhandene stärkere Durst auffallend zu, sie klagte über grosses Schwächegefühl und kam beim Treppensteigen oder raschen Laufen leicht ausser Athem. Erst Ende December 1872 wurde der Diabetes durch die chemische Unter-

Deutsches Archiv f. klin. Medicin. XIV. Bd. 1

Abb. 62 Titelseite von Kußmauls Arbeit »Zur Lehre vom Diabetes mellitus«; 1874.

Endphase, dem Coma diabeticum, starben. Zwei dieser Patienten hatte er auf Bitten der Hausärzte zunächst zu Hause untersucht, bevor er sie in seine Klinik aufnahm. Man kann davon ausgehen, daß Kußmaul in der Klinik alle seine schwerkranken Patienten oft aufsuchte, ihnen mit Rat und Trost beistand, sie immer wieder beobachtete und untersuchte. Man muß vermuten, daß ihn die ungelösten Probleme und die unklaren Zusammenhänge pausenlos beschäftigten. Dies führte dann, wie bei der Diabeteskrankheit, dazu, mit Hilfe von Tierversuchen Licht ins Dunkel der offenen Fragen bringen zu wollen.

Zu jedem der drei Patienten gibt Kußmaul zuerst eine Kurzbeschreibung, die hier wiedergegeben wird.

> Erste Beobachtung. Eine blühende, stattlich gebaute und trotz grosser Thätigkeit sehr wohlgenährte, ja fette 35jährige Frau, Mutter mehrerer Kinder, war längere Zeit wegen Senkung des Uterus und Geschwüren am Cervix ärztlich behandelt worden. Sie lebte in glücklichen Verhältnissen.[212]

> Zweite Beobachtung. Eine 17jährige Fabrikarbeiterin, von sehr armen, aber gesunden Eltern stammend, die älteste von 6 Geschwistern, von welchen nur eines, und zwar im 4. Jahre an Croup starb, will stets mager, aber früher nur einmal und zwar an den Masern krank gewesen sein.[213]

> Dritte Beobachtung. Ein früher stets gesunder, grosser, schlank und kräftig gebauter, etwas verzärtelter 16jähriger Kellner erhielt im Herbst 1873 eine Stelle in einem grossen Londoner Gasthof, wo er vielen Erkältungen ausgesetzt war. Im December 1873 fühlte er eine täglich zunehmende Mattigkeit, hatte grossen Durst, verlor eine Zeit lang den Appetit, litt am Magen und magerte rasch ab. Am 8. Januar 1874 musste er die Arbeit aussetzen und heimreisen.[214]

Um einen Eindruck vom Verlauf einer Zuckerkrankheit zur damaligen Zeit zu bekommen, wird die erste Beobachtung ausführlicher wiedergegeben. Nach der kurzen, oben zitierten Beschreibung der Person, fährt Kußmaul fort:

> Zuerst fiel es im Sommer 1869 auf, dass ihr Urin an der Wäsche weisse Flekken zurückliess. Seit dem Sommer 1872 nahm der schon vorher vorhandene stärkere Durst auffallend zu, sie klagte über grosses Schwächegefühl und kam beim Treppensteigen oder raschen Laufen leicht ausser Athem. Erst Ende December 1872 wurde der Diabetes durch die chemische Untersuchung des Urins festgestellt. Sie war im Winter merklich magerer geworden und im Frühjahr

1873 nahmen Schwäche und Abmagerung zu, doch war die Kranke noch immer corpulent. Am 16. Mai 1873 machte Pat. einen Spaziergang von 2 Stunden, von dem sie sehr ermüdet heimkehrte. Am 17. und 18. Mai klagte sie nicht mehr als gewöhnlich. In der Nacht vom 18. zum 19. Mai schlief sie gut bis Morgens 2 Uhr. Da erwachte sie mit *grosser Athemnoth,* klagte über *heftige Schmerzen im Hypogastrium* und fühlte sich sehr krank. Ihr Zustand wurde rasch so beunruhigend, dass ihr Hausarzt mich zur Consultation bitten liess.

Als ich um 11 Uhr morgens bei der Kranken eintraf, fand ich sie im Bette liegend, aber in *grösster Unruhe* sich hin und herwerfend und mit Todesangst um Hülfe flehend. Sie erschien *sehr blass, Gesicht und Rumpf kühl, Gliedmassen kalt, Puls sehr klein, leicht zu comprimiren, sehr frequent* (135–140), *die Athmung laut, beschleunigt (36) und die Athembewegungen auffallend gross*. Gewaltige costo-abdominale Inspirationen wechselten mit gewaltigen Exspirationen; die Erweiterung des Brustkorbes geschah nach allen Richtungen, sie klagte über grosse Beengung und sehr heftige Schmerzen in beiden Seiten des Hypogastrium, sie bemerkte dazu, dass sie die Periode erwarte. Der Unterleib war weich, man konnte allenthalben tief eindrücken, ohne dass man auf etwas Ungewöhnliches stiess; tiefer Druck im Hypogastrium war schmerzhaft. Die Herztöne waren schwach, das Athemgeräusch laut, rein, von Zischen, Knistern, Rascheln war nichts wahrzunehmen. Das Bewusstsein erschien vollkommen klar. Gequält von grossem Durste trank sie viel Brunnen- und Vichywasser; sie urinierte viel; der strohgelbe Urin enthielt reichlich Zucker und kein Eiweiss. – Warme Fuss- und Handbäder mit Salz und Asche, Sinapismen, warme Tücher auf den Leib gelegt, eine subcutane Morphin-Injection von 0,008 Morphin. acet. um 10 Uhr 45 Min. hatten nicht die geringste Erleichterung gebracht.

An dieser Stelle unterbricht Kußmaul seinen Text zur Patientin und schiebt eine Reflexion ein:

Dass die Kranke in drohender Lebensgefahr schwebe, liess sich nicht verkennen; dass im Diabetes die Ursache dieser erschreckenden Zufälle zu suchen sei, musste gleichfalls angenommen werden; das Mittelglied aber zwischen diesen und dem Diabetes blieb dunkel. Am nächsten lag der Gedanke, es möchten Veränderungen im Blute und den Parenchymsäften eingetreten sein, welche gleichzeitig eine schmerzhafte Erregung der sensiblen Nerven der zur Menstruation bereiten hyperämischen Sexualorgane und eine Erregung der den Lufthunger vermittelnden Nervenapparate bedingten. Handelte es sich um die Effecte einer physikalischen Veränderung des Blutes, oder war dasselbe durch chemische Verunreinigung unfähig geworden, den Sauerstoff der Luft aufzunehmen? Diese Fragen liessen sich leicht aufwerfen, aber nicht beantworten. Jedenfalls erschien der Versuch gerechtfertigt, durch eine *Transfusion* geschlagenen Venenblutes die letale Katastrophe zu verhüten. [...]

Nach solchen Überlegungen unternahm Kußmaul den kühnen Versuch einer Bluttransfusion:

Die Transfusion wurde um 12 Uhr 30 Min. durch Hrn. Prof. *Czerny* vorgenommen; ein junges kräftiges Weib spendete das Blut dazu [...]. Nach der Einspritzung der ersten Portion geschlagenen und gerötheten Blutes von 18 Grm. erfolgte auf die Frage: ›wie befinden Sie sich?‹ die Antwort: ›keine Linderung!‹ Nach der Einspritzung der zweiten Portion von 18 Grm. aber erklärte Pat. unaufgefordert: ›es geht viel besser!‹ Die Schmerzen im Hypogastrium waren und blieben verschwunden. Im Ganzen wurden sieben Mal 18 Grm. zur Injection verbraucht, von welchen 120 Grm. in den Kreislauf gelangt sein mögen. Die Kranke fühlte sich danach erleichtert, der Puls hob sich, die Pulszahl betrug aber noch 130, auf die Athmung übte die Transfusion keinen Einfluss aus; sie war noch immer frequent (36) und die Athembewegungen waren noch ebenso gross wie zuvor [...]. In der Nacht vom 19. zum 20. Mai nahm die Unruhe und Athemnoth wieder zu. Wiederholte Morphin-Injectionen verschafften keine Erleichterung [...]. Am 20. Mai morgens fand ich Pat. sehr übel, sie warf sich im Bette hin und her, klagte über grosse Engigkeit, war blass und leicht cyanotisch, die Athmung mit 36–40, alle Athemmuskeln in grösster Thätigkeit, der Puls klein und sehr frequent (140), Kopf und Leib wärmer als am Tage zuvor [...]. Gegen Mittag nahm die Kranke Abschied von ihren Kindern. Sie versank nachher in *einen soporösen Zustand, in welchem das grosse laute Athmen fortbestand,* und verschied Abends 9 Uhr.[215]

Aus der zweiten Beobachtung sei nur die Beschreibung der großen Kußmaul'schen Atmung wiedergegeben:

Am 8. Jan[uar] morgens 9 Uhr fand ich sie [die Patientin] *komatös* auf dem Rükken liegend und genau dieselben *grossen in- und exspiratorischen Athembewegungen* ausführend, wie die Diabetische der ersten Beobachtung. Sie athmete 20 Mal in der Minute, die Mm. Intercostales, scaleni, sternocleidomastoidei und, wie ich durch die dünnen und schlaffen Mm. pectorales constatiren zu können glaubte, auch die Mm. subclavii contrahirten sich bei jeder Inspiration kräftigst und erweiterten den Brustkorb nach allen Richtungen und selbst in seinem rechten oberen Theile bis zu seinem Maximum, worauf der lauten Inspiration eine laute ebenso lange und ebenso vollständige Exspiration folgte, die mit einer längeren stillen Pause abschloss.[216]

Kußmaul zieht nach der Darstellung der drei Krankengeschichten eine Zwischenbilanz und hebt deren wesentliche Merkmale nochmals hervor: 1. Eine Dyspnöe besonderer Art (grosse Athmung), 2. eine beschleunigte Herztätigkeit, 3. große Aufregung mit Stöhnen und anfangs sogar mit Schreien, Jactation, heftige Schmerzen, 4. ein komatöser Zustand.

Diese finalen Krankheitssymptome faßt Kußmaul unter dem Begriff des »Diabetischen Koma« zusammen. Den besonderen Atemtyp grenzt er vom Koma bei der Urämie ab. Ebenso unterscheidet er ihn von einer Lungenentzündung, der Blutarmut und einer verminderten sauerstoffbindenden Kapazität der roten Blutkörperchen – alles Möglichkeiten, bei denen die Atmung verstärkt sein kann.

Zusammenfassend läßt sich zu diesem Teil der Arbeit sagen, daß Kußmaul die Charakterisierung des Atemtyps bei der diabetischen Stoffwechselentgleisung so zutreffend beschrieben hat, daß ihr bis heute nichts hinzuzufügen ist. Sie wird in allen Lehrbüchern der Welt nur »Kußmaul-Atmung« genannt.

In einem zweiten Teil der Arbeit befaßt sich Kußmaul mit der Frage, was die Ursache für die große Atmung sein könnte. Er formuliert dazu:

Eine Dyspnöe, bei welcher die Athmung in ihren beiden Bewegungsphasen grösser (tiefer) und gleichzeitig häufiger wird, kann, wie *Rosenthal* gezeigt hat, nur von einer *directen Erregung der Athmungscentren in der Medulla oblongata* ausgehen; eine reflectorische von den Vagis aus würde die Athembewegungen wohl häufiger, dafür aber auch schwächer machen, eine reflectorische von den Laryngeis aus müsste sie verlangsamen. Weit schwieriger als diese Frage nach dem centralen oder peripheren Ursprung ist die andere nach der Ursache der Erregung der Athmungscentra.[217] [...] Wir werden dadurch zu der Erwägung gedrängt, ob der Grund dieser Dyspnöe nicht in einer *chemischen Verunreinigung des Blutes, in der Gegenwart eines Stoffes im Blute* zu suchen ist, *der auf die Athmungscentren mächtig erregend einwirkt,* während der Zutritt des Sauerstoffs derselben nicht aufgehoben ist.«[218]

Kußmaul traf mit diesen Überlegungen fast ins Schwarze! Das missing link, welches das Atemzentrum so extrem anregt, ist tatsächlich die chemische Verunreinigung des Blutes; auch mit dem von ihm ins Auge gefaßten Aceton liegt er nicht falsch – aber die wesentlichen Komponenten konnte er damals aufgrund fehlender Methodik noch nicht auffinden, sie sind jedoch eng verwandt mit dem Aceton-Problem. Kußmaul hatte mit Aceton nach den heutigen pathobiochemischen Kenntnissen durchaus den richtigen »Riecher«. Aceton ist eine aromatisch riechende Flüssigkeit, die im normalen Stoffwechsel in jeder Zelle durch Abbau von Acetessigsäure entsteht. Der Stoff gelangt somit ins Blut und in den Urin. Zur toxischen Anhäufung kommt es im Hungerzustand und im Coma diabeticum, und nur dann kann Aceton gerochen werden. Um weitere Aufklärungen zu bekommen, führte Kußmaul daher mit dieser Substanz Versuche an Kaninchen und Hunden durch. Er hoffte hierbei auf den narkotischen Effekt von Aceton zu stoßen. Die Ergebnisse fielen jedoch unbefriedigend aus und überzeugten ihn nicht.

Heute werden die von Kußmaul beschriebenen Erscheinungen bei der diabetischen Stoffwechselentgleisung, er sprach von einer »chemische[n] Verunreinigung des Blutes«, folgendermaßen verstanden: Durch Abbau von Fettsäuren kommt es zum typischen Anstieg der Ketonkörper, dies sind die chemisch verwandten Stoffe Beta-Hydroxybuttersäure, Acetessigsäure und Aceton. Diese setzen CO_2 (Kohlendioxyd, Kohlensäure) und H^+-Ionen (Protonen) frei, was zur starken Ansäuerung des Blutes, der Azidose, führt. Schon normalerweise stimuliert CO_2 das von Kußmaul avisierte zentrale Atemzentrum. Zur großen Atmung im Coma kommt es aber erst durch die pathologisch starke Anhäufung aller Ketonkörper sowie den drastischen Anstieg der Protonen (Azidose) im Blut.[219]

Auf zwei Faktoren soll noch hingewiesen werden: Kußmaul versuchte sowohl durch die Gabe des dreiwertigen Alkohols Glycerin als auch des zuckerspaltenden Enzyms Diastase die Krankheit positiv zu beeinflussen, was aber jeweils nicht gelang. In seiner Arbeit *Zur Lehre vom Diabetes mellitus* hätte Kußmaul gerne die gesamte Problematik der Zuckerkrankheit, insbesondere die des sterbenden, komatösen Patienten, geklärt. Er benennt in seinen Bemühungen um das Verständnis der Krankheit genau diejenigen pathophysiologischen Probleme, die erst Generationen später geklärt werden konnten. Mit seinem Namen verbunden blieb die prägnante Beschreibung der großen Atmung im Koma diabeticum.

DIE

STÖRUNGEN DER SPRACHE.

VERSUCH EINER PATHOLOGIE DER SPRACHE

VON

Dr. ADOLF KUSSMAUL,

PROFESSOR IN STRASSBURG.

ZWEITE AUFLAGE.

LEIPZIG,
VERLAG VON F. C. W. VOGEL.
1881.

Abb. 63 Titelseite von Kußmauls »Die Störungen der Sprache«; 1877.

Die Störungen der Sprache
1877

Das Gehirn ist der Mensch im Menschen

August Forel

Es ist nichts annehmbar
was nur den Kopf berührt,
nicht auch das Herz ergreift.

C. G. Jung

ZUSAMMENFASSUNG: Nach einer historischen Einführung in die Geschichte der Gehirn- und Sprachforschung im 19. Jahrhundert werden die beiden Hauptaphasieformen von Broca (motorische) und Wernicke (sensorische) erläutert. Aus der umfangreichen Monographie ausgewählte Themen sind: Die Entstehung der Sprache beim Kind, die Lokalisation von Sprachzentren und deren ausführliche Kritik durch Kußmaul; einzelne aphasische Störungen wie Stottern, Worttaubheit und Wortblindheit sowie Bewußtsein und Ich. Kußmauls Monographie ist die erste breit angelegte Kritik damaliger Auffassungen, mehr noch, er ist der erste, der die Störungen der Sprache im Zusammenhang mit der Gehirnphysiologie und -pathologie als Ganzes darstellte. Seine Arbeit besitzt bis in die Moderne ihre Wirkkraft, weil er der Lokalisationslehre sein dynamisches und assoziatives Konzept entgegenstellte. Beispielhaft für seine klinische Kunst sind die ausgezeichneten, praxisnahen Fallbeschreibungen und Darstellungen der Sprachstörungen. Anmerkungen zum modernen Verständnis von Gehirnfunktionen (Kognition) beschließen das Kapitel.

Vorbemerkung

Kußmauls Monographie *Die Störungen der Sprache* ist zwar 1877, als er schon in Straßburg war, erschienen, aber die Idee zu einer solchen Arbeit und ihre Umsetzung erfolgte noch ganz in der Freiburger Zeit. Seine Arbeit in der Klinik nahm ihn so sehr in Anspruch, daß er die Korrekturen während der Umzugszeit lesen mußte. *Die Störungen der Sprache* ist sein neurologisches Hauptwerk, und stammt aus der Phase der Geburtsstunde der neurowissenschaftlichen Disziplin. Sie war zu diesem Zeitpunkt noch im Entstehen begriffen, unentwegt taten sich neue Horizonte auf, und ob ein Faktum nun wichtig oder nur von vorübergehendem Interesse war, war noch nicht klar ersichtlich und ausgereift. Daher ist auch Kußmauls Darstellung nicht einfach zu verstehen: die Fülle der eigenen Beobachtungen und literarischen Angaben ist riesig groß, öfter führt dies zu Unübersichtlichkeit, weist aber auf viele Tatsachen, Gedanken und Perspektiven hin, die auch heute immer noch aufgenommen und diskutiert werden. Insofern ist sein Werk nicht veraltet. Es ist in Kußmauls Sprache und Stil geschrieben, der eine Kunst der Verdeutlichung von Krankheit eigen ist, die heute – in der technisierten Welt – z.T. verlorengegangen ist. In erster Linie handelt es sich um ein neurologisches Werk, jedoch wird die Sprache auch in Beziehung zur Philosophie, Psychologie sowie Sprachforschung überhaupt gebracht, wobei Fragen des Bewußtseins, der Intelligenz, des Ichs nicht ausgeschlossen werden. Damals war die Innere Medizin die Mutter der meisten heute sogenannten ›kleinen Fächer‹, zu denen auch Neurologie und Psychiatrie gehörten. Kußmaul kannte und übersah die Inhalte dieser Fachgebiete sehr genau und hat immer wieder neurologische Krankheitsbilder und -themen erforscht und dargestellt.[220] Auf diesem Hintergrund entstand die erste große Monographie zur Sprache überhaupt, in der sich Kußmaul den Rahmen seiner Aufgabe, so weit wie bisher noch keiner, gesteckt hatte.

Zur Gehirnforschung im 19. Jahrhundert

Die Sprachfähigkeit ist im Cortex cerebri, der Hirnrinde, des Menschen »lokalisiert«. Die Erkenntnis und der Beginn der Erforschung höherer intellektueller und integraler Leistungen des Gehirns datiert aus der zweiten Hälfte des 19. Jahrhunderts.

Franz Joseph Gall (1758–1832) begründete mit seiner »Schädellehre« die Erforschung des Gehirns in der neueren Zeit, und vertrat als erster die Hypothese, daß die Sprachfähigkeit an der Hirnoberfläche lokalisiert sei. Außerdem erarbeitete er eine recht gute Beschreibung der Hirnrinde insgesamt. Alexander Ecker (1816–1887) legte 1869 die Terminologie der Hirnwindungen und Gehirnlappen fest. 1865 konnte Pierre Broca (1824–1880) nachweisen, daß eine umschriebene Läsion am Fuß

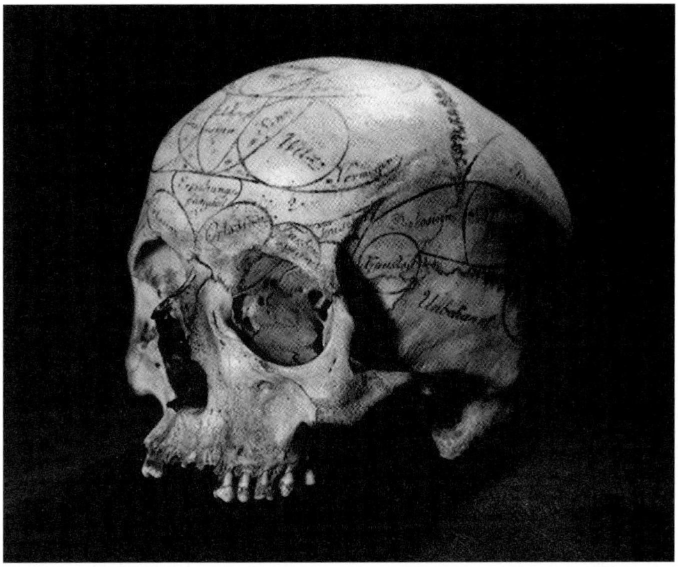

Abb. 64 Ein von F. J. Gall phrenologisch bestimmter Schädel; Wien, Josephinum.

der dritten Windung des linken Frontallappens zu einer Aphasie, einer Sprachunfähigkeit, führt. Die Bezeichnungen corticale motorische Aphasie, totale motorische Aphasie und Broca-Aphasie sind synonym (siehe unten). 1867 veröffentlichte Theodor Meynert (1833–1892) seine Schrift über den Bau der Großhirnrinde, damit wurde er der Begründer der Zytoarchitektonik des Gehirns. Zudem definierte er spezifische sensorische Bahnen im Gehirn und prägte für interkortikale Verbindungen den Begriff der Assoziationsfasern. 1874 entdeckte und beschrieb Carl Wernicke (1848–1905) die sensorische Aphasie, nach der Läsion im Temporo-Parietallappen: Cortikale sensorische Aphasie, totale sensorische Aphasie oder Wernicke-Aphasie genannt (siehe unten). Wernicke führte auch sogenannte Hirndiagramme ein, schematische Diagramme über die funktionellen Verbindungen von Hirnrindenregionen. Die experimentelle Psychologie geht auf Wilhelm Wundt (1832–1920) zurück, der 1874 seine empirischen Ergebnisse der Neurophysiologie und -anatomie vorlegte. Sie wurde ein wichtiges Standbein für die Erforschung des Gehirns. 1891 formulierte Wilhelm von Waldeyer-Hartz (1836–1921) die Neuronentheorie, womit das Feld offen war für die Erforschung des

Gehirngewebes, die an hervorragender Stelle durch Santiago Ramon y Cajal (1856–1935) durchgeführt wurde. Paul Flechsig (1847–1929) schließlich fand die Leitungsbahnen und die Assoziationszentren des Zentralnervensystems. Mit anderen Worten und aus einer anderen Sicht kann man sagen, daß er eine Lehre vom Vorgang des Denkens, Entscheidens und Planens entwickelte. Er stellte damals ganz pointiert die bis heute viel diskutierte Frage, ob menschliches Bewußtsein ein stofflich faßbarer Vorgang des Gehirns oder eine immaterielle Funktion sei, die den Geist oder die Seele repräsentiere. Seine berühmte, heftig umstrittene Rekoratsrede »Gehirn und Seele« hielt er am 31. Oktober (dem Reformationstag) 1894 in der Universitätskirche zu Leipzig.[221]

1877 erschien Kußmauls Werk *Die Störungen der Sprache*. Hierin formulierte erstmals jemand Kritik an den damals herrschenden Vorstellungen zur Sprache.

Abb. 65 Das Gehirn: Hirnrinde, Cortex cerebri, linke Hemisphäre. Links: Stirn, rechts: Hinterhaupt. Die Zentren und deren Entdecker sind bezeichnet.

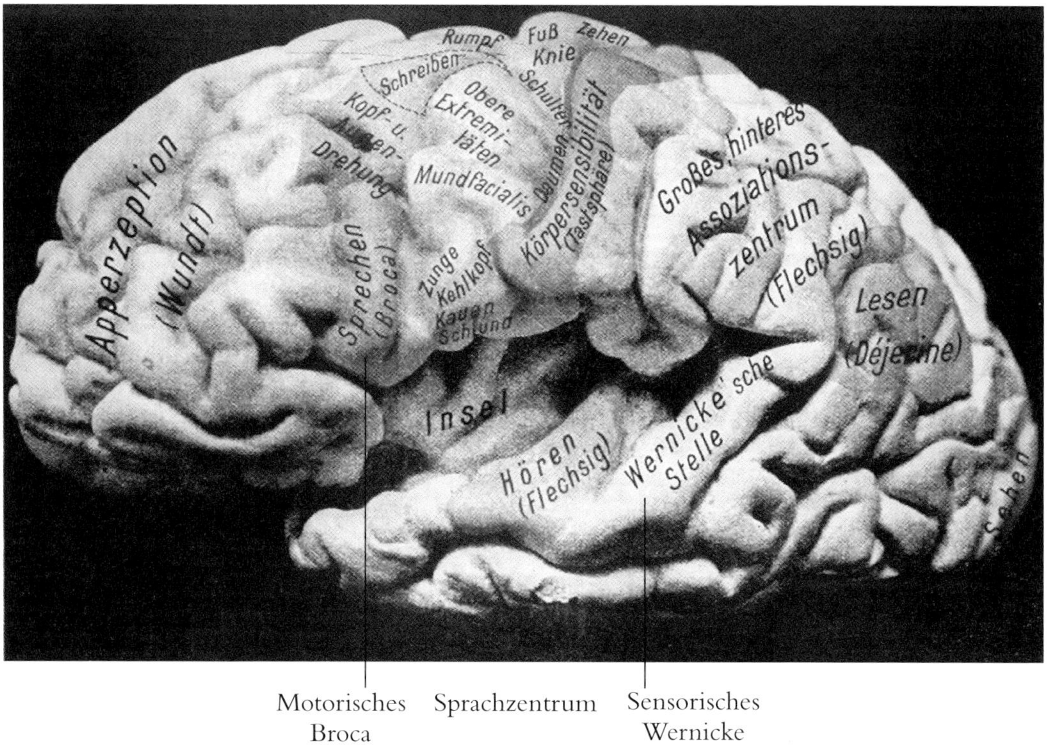

Kußmaul war sehr interessiert an allem, was mit Sprache und Psyche zusammenhing. So ist es nicht verwunderlich, daß er zu vielen Forschern der damaligen Zeit Kontakte pflegte. Wie erwähnt war er mit Griesinger, dem Neuerer der Psychiatrie, befreundet und eng verbunden. Mit Theodor Meynert traf er zusammen, erlebte beflügelnde Stunden und teilte das oben beschriebene schwere Familienschicksal mit ihm. Ludwig Edinger (1855–1918), Kußmauls Schüler und Freund, wurde ein weltberühmter Pionier auf dem Gebiet der Erforschung der evolutionären Entwicklung und des Aufbaus des Gehirns; über ihn gibt es den Vers: »Brains and brainlaws lay deep in night / God said: Let Edinger be and it was light.« Adolf Strümpell (1853–1925) war Internist und Mitbegründer der Neurologie in Deutschland und wurde auf Vorschlag und Befürwortung Kußmauls 1886 nach Erlangen berufen. In Leipzig (am 31. 10. 1915) hielt er seine Rektoratsrede mit dem Titel *Sprache und Schrift, ihre physiologischen Grundlagen und ihre krankhaften Störungen;* 38 Jahre nach Kußmauls Sprachmonographie. Auch war es Kußmaul, der den Vorschlag machte, den Physiologen und Pathologen Flechsig mit dem Lehrstuhl für Psychiatrie in Leipzig zu betrauen – wo er ein Stern am Himmel der Neurowissenschaften und ein ebenso populärer Mann in der Bürgerschaft der Stadt wurde.

Im 19. Jahrhundert lagen die ersten stürmischen, erfolgreichen Jahre der Neurowissenschaften. Es war das pathologisch-anatomische und damit das lokalisatorische Zeitalter der Neurologie und Psychiatrie. Es folgte die Zeit, in der das Gehirn unter dem Gesichtspunkt des Leistungsprinzips analysiert und verstanden wurde – hier reicht Kußmauls Darstellung *Die Störungen der Sprache* mit hinein.

Aspekte der Sprachforschung im 19. Jahrhundert

Als Kußmaul begann, sich mit der Sprache und ihrer Entwicklung zu beschäftigen, hatte gerade eine Diskussion zwischen zwei antagonistischen Sprachtheorien stattgefunden. Es ging darum, ob der Mensch die Sprache als ein Geschenk Gottes empfangen habe oder ob sie durch den Gebrauch der menschlichen Vernunft erfunden worden sei. Diesen Streit schlichtete Johann Gottfried Herder (1744–1803), indem er in seiner Preisschrift *Über den Ursprung der Sprache* von 1770 betonte, die Sprache sei ein Erzeugnis der menschlichen Vernunft und zugleich ein

Teil von ihr. Beide seien dem Menschen natürlich; damit hatte Herder die Sprache aus der Sphäre der Philosophie herausgeholt und dem Bereich der Natur zugeordnet. Diese neue Zuordnung war ein wichtiger Schritt für die weitere Entwicklung der Sprachforschung, denn die Vertreter der verschiedenen Sprachtheorien hatten bisher keine eigentliche Sprachforschung betrieben, sondern sich lediglich als Philosophen, Dichter und Wissenschaftler anderer Disziplinen, die an der Sprache Interesse hatten, geäußert.

Im 19. Jahrhundert änderte sich die Sprachforschung grundlegend: Der Philologe Franz Bopp (1791–1867) führte als erster den methodisch exakten Beweis für die Verwandtschaft der indogermanischen Sprachen. Wilhelm von Humboldt (1767–1835) erweiterte den Ansatz von Herder, indem er ausführte, die Sprache sei dem Menschen angeboren, d. h. der Mensch habe in sich das Sprachvermögen. Daraus könne sich erstens eine Geschichte der Sprache und zweitens die unterschiedlichsten Einzelsprachen entwickeln. Er unterschied also zwischen Sprache und Sprachvermögen, welches eine biologische Anlage sei. Charles Darwin (1809–1882) betonte, daß die Sprache für den Menschen einzigartig sei und zur Evolution nicht im Widerspruch stehe. Der Mensch unterscheide sich vom Tier durch die unendlich viel größere Kraft, die unterschiedlichsten Laute und Ideen miteinander zu kombinieren. Darwin erkannte bereits die Verbindung zwischen Sprache und Gehirn, wie er an Patienten mit Hirnkrankheiten sehen konnte. Damit begannen naturwissenschaftliche Forscher und Ärzte, sich speziell für die biologischen und neurologischen Grundlagen von Sprache und Sprachstörungen zu interessieren. Kußmaul selbst war stark von Heymann Steinthal (1823–1899) beeinflußt, dessen Einleitung in die *Psychologie und Sprachwissenschaft* 1871 erschienen war.[222]

Gehirn und Sprachstörungen: Fakten heute

Wie das Wort so wichtig dort war
Weil es ein gesprochen Wort war.

Goethe, Hegire, 1819

Die Grenzen meiner Sprache
bedeuten die Grenzen meiner Welt.

Wittgenstein 1918

Die Sprache in all ihren Ausdrucksmöglichkeiten ist eine Voraussetzung der menschlichen Kultur, und sie ist die vornehmste Funktion der menschlichen Hirnrinde. Das Wunder der Sprache entspringt aus der kompliziertesten Struktur, die wir im Universum kennen. Es wird geschätzt, daß das menschliche Gehirn ungefähr 100 Milliarden (10^{11}) Zellen, Neurone genannt, enthält. Ein Neuron kann mehrere Tausend Kontakte mit anderen Nervenzellen aufweisen, daher kann berechnet werden, daß das menschliche Gehirn mindestens 10^{14} (100 Billionen) solcher Kontaktmöglichkeiten, Synapsen genannt, besitzt. Die Anzahl der möglichen Kombinationen von synaptischen Kontakten ist damit größer als die Gesamtzahl der Atome im ganzen bekannten Universum. Die Gehirnrinde zeigt Windungen, die im reduzierten Zustand einer Walnußoberfläche ähnlich sehen, sie ist nur ca. drei Millimeter dick und die Sprachzentren bzw. Assoziationsfelder sind hierin enthalten. Das Gehirn benötigt eine Viertelsekunde, um das richtige Wort für die Benennung eines Objektes zu finden und genau so lang, um dieses Wort auszusprechen.

In Deutschland treten in jedem Jahr bei etwa 50 000 Menschen Sprachstörungen auf, wobei die Hälfte der Betroffenen davon permanente Aphasiker werden, die übrigen erleiden nur vorübergehende oder leichtere Störungen der Sprache.

Versuch einer Gliederung der Monographie und ihre ersten Kapitel

Kußmauls Buch *Die Störungen der Sprache* kann in drei größere Abschnitte eingeteilt werden: Der erste beschreibt das Wesen der

Sprache überhaupt (Kapitel 1 bis 17), im zweiten werden die »Sprachzentren« diskutiert (Kapitel 18 bis 23), und im dritten Teil (Kapitel 24 bis 36) stehen einzelne Formen von Aphasie im Vordergrund. Da das ganze Buch mit seinen vielen Aspekten hier nicht referiert werden kann, werden aus den drei Teilen vom Autor einige Kapitel ausgewählt und besprochen: Das Erlernen der Sprache beim Kind, die Diskussion der Lokalisationslehre, einzelne Aphasieformen und die Frage von Ich und Bewußtsein. Diese Bereiche sind wie Schneisen, die durch das Buch gelegt wurden.

Bereits in den ersten Kapiteln fällt auf, daß Kußmaul hier, im Gegensatz zu seinen anderen Schriften, einen veränderten Sprachduktus anschlägt. Es ist, als ob er einem Naturphilosophen gleich sprechen würde, obwohl er eigentlich ein recht distanziertes Verhältnis zur Philosophie hatte (Vgl. *Jugenderinnerungen,* 71). Sein Buch beginnt mit Überlegungen zum Wesen der Sprache:

> Wie der Mensch besitzen auch die Thiere zahlreiche Mittel, ihre Gefühle und ihr Begehren auszudrücken, sich untereinander und selbst dem Menschen absichtlich verständlich zu machen: Berührung, Scheuch- und Lockrufe, Bitte- und Klagelaute, melodischen Gesang, Blick und Geberden. Manchen sind sogar die Organe zum Articuliren der Laute nicht versagt. Aber das *Wort,* das aus dem Gedanken erzeugt selbst wieder Gedanken und Thaten zeugt, der griechische *Logos,* der *Vernunft* und *Sprache* umfasst, ist nur dem Menschen gegeben. Die Sprache ist keine bewusste menschliche Erfindung, wie noch [John] Locke und Adam Smith annahmen, kein Werk frei vereinbarter Satzung (Thesis), sondern ein Werk der Natur (Physis). Sie entstand ohne Bewusstsein und Absicht, obwohl sie mit Bewusstsein und Absicht geredet wird (Steinthal).[223]

Kußmaul betont sogar schon den psychologischen Aspekt, daß man sich am Unbewußten der Sprache stoßen könne, wobei »wir [...] hier nur ein allgemeines Princip in Geltung [sehen], wonach aller bewussten Thätigkeit unbewusste zweckmässig vorarbeitet.«[224] Eine Erkenntnis, die von der heutigen Neurobiologie erweitert worden ist. Es wurde festgestellt, daß bei Entscheidungen die Gefühle und Emotionen in Tiefenzentren des Gehirns (limbisches System) geortet sind. Sie haben von dort aus offensichtlich sogar eine Dominanz über die Vernunft. Biologisch gesehen sind solche Entscheidungsabläufe sinnvoll, damit der Mensch in bestimmten Situationen reflexartig so reagieren kann, wie es sich in unserer gesamten Erfahrung der Evolution bewährt hat.[225]

Im zweiten Kapitel definiert Kußmaul die Störungen der Sprache:

> Erleiden die seelischen und körperlichen Vorgänge, woraus die Sprache hervorgeht, krankhafte Störungen, so erfahren auch Form und Inhalt des Geäusserten Abänderungen und die Sprache wird Object der *Pathologie.* Diese hat dann die doppelte Aufgabe: Die Störungen der Sprache theils *symptomatologisch* festzustellen, theils *pathogenetisch* auf die sie bedingenden Abweichungen im organischen Sprachmechanismus zurückzuführen. Wie überall, so begegnen wir auch hier unmerklichen Uebergängen physiologischer Störungen zu pathologischen. Physiologie und Psychologie einerseits und Pathologie andererseits dienen einander zur Aufklärung, sie sind zusammen berufen, die Gesetze der Sprachbildung ans Licht zu bringen.[226]

Nach den Erörterungen von Sprache unter verschiedensten Gesichtspunkten wie Sprache als »Ausdrucksbewegung und erlernter Reflex«, als »Lautmetapher«, als Vermittlerin von »begrifflicher Erkenntnis«, sowie nach Bemerkungen zu »Sprache und Bewusstsein« schreibt Kußmaul im 13. Kapitel über die »Gemüthliche Redebereitschaft« einige Zeilen, die offensichtlich ganz zu seiner Person und seiner Art zu reden passen:

> Prüfen wir die inneren *vorbereitenden* Vorgänge der Rede etwas genauer, welche uns immer nur theilweise oder gar nicht zum Bewusstsein kommen und auch nur theilweise unserem Willen unterworfen sind. Bekannt ist der Einfluss der *gemüthlichen Stimmung* auf die Rede. Ein freudiges Ereignis, ein grosser, geschichtlicher Tag, ein Bon-mot in heiterem Freundeskreise löst die Geister und die Zungen, macht uns wohlgestimmt und *aufgelegt* zur Mittheilung, zum Vortrag, zum Trinkspruch; Gedanken und Worte strömen uns zu, als würden sie uns inspirirt. Verdriessliche Erlebnisse dagegen, niederschlagende Ereignisse, ein taktloses Wort, Gefühle moralischen Jammers machen uns verstimmt und *unaufgelegt,* hemmen den Flug der Gedanken und Worte. Die geistige Vorbereitung geschieht durch *Sammlung,* Concentrirung der *Aufmerksamkeit;* sind wir zerstreut, unfähig von einer störend sich aufdrängenden Empfindung oder Vorstellung zu abstrahiren, so stockt unser Denken und Sprechen; in Sätzen, Wörtern, Silben und Buchstaben laufen wir Gefahr, uns zu vergreifen. –
> Ein Glas Wein, eine Tasse Thee kann uns in die *rechte Stimmung* zu reden versetzen, sie wirken wie die Schmiere an der Radaxe, Gedanken und Worte fliegen leicht und glatt in den kühnsten Perioden und verwegensten Wendungen dahin, während wir vielleicht eben zuvor mühselig mit dem Ausdruck rangen.[227]

Die Entwicklung der Sprache beim Kind

Kußmaul beschreibt die Entwicklung der Sprache von der einfachsten Stufe der »Natursprache der Kindes« (Lallen) über die Volkssprache zur Höchststufe der Begriffssprache des »Gedankenausdrucks«. Er schreibt hierzu: »Das Thier spricht nicht, weil ihm dazu der *geistige Sinn und Trieb* fehlt. Unsere Kinder aber beginnen früh zu sprechen, weil sie mit diesem Sinn und Trieb geboren sind, weil unser Gehirn im langen Laufe der Entwicklung des Menschengeschlechtes die prädisponirende Einrichtung gewann.«[228]

Kußmaul unterscheidet drei Stufen, in denen das Kind seine Natursprache umformt: »Schon vor Ablauf des ersten Vierteljahres, ungefähr zur Zeit, in der die ersten greifenden Bewegungen beginnen, pflegen die Kinder, wenn sie in behaglicher Stimmung sind, sich an mannigfachen Lauten zu ergötzen, zu denen ihnen Niemand die Anleitung gibt. Dieses ›*Lallen des Säuglings*‹ besteht hauptsächlich in Lippenlauten und Vocalen, aber auch Zungen- und Gaumenlauten.« Später, so fährt Kußmaul fort, wenn das Kind greifen, fassen und krabbeln lernt, kommen die Laute der Volkssprache auf. Die »Kinderfrauen« üben mit ihnen die vokalreichen Nachahmungslaute »baba, dodo ...«. Kußmaul meint, dies hänge auch mit dem frühzeitigen Erwachen des musikalischen Sinnes zusammen, er nennt diese ersten »fest articulirten Laute« Gefühlsreflexe, also Interjektionen. Die Kinder würden dann durch Unterweisung den Sprachschatz erlernen, sie lernten sich damit so zu äußern, daß der Zeitgeist, die Sitte, die Gesellschaftsordnung in der Sprache zum Ausdruck kämen.

Auf der dritten Stufe stelle sich dann die »wunderbare Verschmelzung von Vorstellung und Wort« her.[229] Die Worte würden sich mit Objektbildern verbinden, und die Sprache könne Gedankenausdruck werden.

In diesem Kapitel zeigt sich, wie Kußmauls besondere psychologische Einsichtsfähigkeit mit den klaren Formulierungen, die ihm im Alter eigen wurden, verschmelzen.

Das Problem der Lokalisation der Sprachfunktion

Im zweiten Abschnitt des Buches steht die Diskussion um die Lokalisation der Sprachfunktion, das heißt die Repräsentation der Sprache im Gehirn, im Mittelpunkt. Dabei geht es im wesentlichen um die Analyse von Sprachstörungen (Aphasien) bei Patienten mit hirnpathologischen Befunden.[230] Damals waren gerade die zwei bis heute wesentlichen Arbeiten und Hypothesen von Pierre Broca und Carl Wernicke erschienen. Diese Befunde nahm Kußmaul als Ausgangspunkt einer ersten zusammenfassenden Lehre der Aphasiologie. Neben der Würdigung vorhandenen Wissens übte Kußmaul zugleich auch Kritik und eröffnete damit eine neue Sichtweise. Mit seinen eigenen neurologischen Erkenntnissen sowie der Diskussion der gesamten damaligen neurologischen Literatur in Deutschland, Frankreich und England schuf er – neben Wernickes Werk – die zweite bedeutende Monographie zur Sprachpathologie im 19. Jahrhundert. Kußmaul beurteilte Wissenschaftler und ihre Werke, immerhin von den besten Klinikern Europas, frei und eindeutig und nahm in seiner gedanklichen Konsequenz und Neukonzeption einen bis heute kühnen Standpunkt ein: So attestierte er dem großen Meynert, den er ja gut kannte, daß eine Beobachtung von ihm »an anatomischer Genauigkeit nichts, an klinischer viel zu wünschen übrig läßt«,[231] und seine Versuche, einen »Sitz der Sprache« zu suchen, nennt er »naiv«, über sie werde er »mit Lächeln hinweggehen«.[232] Als einer der führenden französischen Neurologen bei der Gehirnsektion einen Befund übersehen hatte, den Broca wenig später berichtigte, kommentierte Kußmaul in folgender Weise: Wenn jener Neurologe sich »ein solches Uebersehen zu Schulden kommen liess, was darf man da von dem grossen Haufen der gewöhnlichen Beobachter erwarten?«[233]

Die wesentlichen Lokalisationsversuche der Sprachfunktion der damaligen Zeit gehen auf die Hypothesen von Broca und Wernicke zurück, die damals heftigst umstritten waren. Ihre Hypothesen sollen mit der Kritik und den Vorstellungen Kußmauls besprochen werden. Zum besseren Verständnis werden die beiden klassischen Aphasieformen und ihre lokalisatorische Deutung, wie sie – auch heute noch – in den Lehrbüchern der Neurologie stehen, vorangestellt, wobei bedacht werden muß, daß das, was hier als Tatsache dargestellt wird, immer noch hinterfragbar ist.

Die sogenannte Broca-Aphasie wird auch motorische Aphasie genannt. Hierbei ist die Sprachproduktion gestört, d. h. die motorische Bildung von einzelnen Phonemen. Es besteht ein Agrammatismus, das heißt, keine Übereinstimmung mit den Regeln der Grammatik. Bei der schwersten Form herrscht eine komplette Stummheit; öfter können nur einzelne Silben wiederholt werden (»ei«, »tan«). Wenn eine Therapie zu einer Besserung führt, kommt es leicht zu Paraphasien (Wortverwechslungen), und es entsteht eine stockende, mühsame, abgehackte Sprache im Telegrammstil. Eine Szene mit einem Jungen, der Kekse stiehlt, wird etwa so beschrieben: »Aaha ... kleiner Junge ... Kekse ... laufen ... Junge.« Die Sprachmelodie ist dabei deutlich gestört. Das Schreiben ist im gleichen Maße wie die Sprache behindert. Das Sprachverständnis und Nachsprechen hingegen ist meist erhalten oder nur leicht betroffen. Die Lokalisation dieser Störung liegt in der Regel in der linken sprach-dominanten Hemisphäre des Gehirns in der dritten Stirnwindung und in der vorderen Inselregion links.

Die sogenannte Wernicke-Aphasie wird sensorische Aphasie genannt. Hierbei ist das Sprachverständnis, Spontanschreiben (Agraphie) und Lesen (Alexie) gestört. Man kann auch sagen, das Wernickezentrum ist für die Dekodierung von Phonemsequenzen notwendig. Die Spontansprache ist zwar flüssig, besteht aber aus einem »Wortsalat«, die sprachlichen Regeln werden fehlerhaft angewandt, Phoneme können nicht zu semantisch sinnvollen Einheiten zusammengesetzt werden. Im Gegensatz zur Broca-Aphasie mit ihren »Minus-Symptomen« zeigt die Wernicke-Aphasie »Plus-Symptome«. Die Läsion liegt links temporal in der sprach-dominanten Hemisphäre. Auf weitere Einteilungen neben diesen beiden Haupt-Aphasieformen sei hier verzichtet.

Kußmaul beginnt seine Erörterungen zur Sprachlokalisation zunächst in der Form, daß er in Kapitel 22 »leitende Prinzipien« aufstellt, in denen er seine Meinung den folgenden Einzelausführungen voranstellt. Er stellt fest, daß »die sprachgemässe Silben- und Wortbildung in der Rinde vor sich geht«. Dort spielen sich die Erregungsvorgänge ab, die aus akustischen und optisch empfangenen Wortbildern einen Worttext (»Lautclaviatur«) entstehen lassen. »Endlich ist die Rinde die geheimnisvolle Werkstätte der Gedanken« stellt er fest, und fährt fort, daß »hier [...] die Vorstellungen, wie sie aus den mannigfaltigsten sensorischen und motorischen Operationen des Nervensystems sich entwikkeln, concipirt, in logischer Gliederung aneinander gereiht und durch besondere associatorische Vorgänge in die grammatisch geformten und syntaktisch gegliederten Wortzeichen umgesetzt [werden], die dann durch die Claviatur zum motorischen Ausdruck kommen.«[234]

In allgemeineren Überlegungen schränkt er dann ein:

Wir werden nicht mit ausschweifenden Erwartungen an die riesige Aufgabe gehen, die verschiedenen sprachlichen Functionen der Grosshirnrinde auf diese oder jene Rindentheile zurückzuführen, nachdem wir erfuhren, wie gering die Auskunft ist, die bisher die wissenschaftliche Erforschung der Rindenfunctionen nach dieser Richtung hin überhaupt erzielte. Insbesondere werden wir über alle die naiven Versuche, einen ›Sitz der Sprache‹ in dieser oder jener Hirnwindung zu suchen, mit Lächeln hinweggehen. Es ist von vornherein wahrscheinlich, dass der Sprache, wenn auch die Lautclaviatur auf die vorderen Rindengebiete, durch welche die Willensimpulse austreten, eingeschränkt sein mag, ein ungeheures Associationsgebiet in der Rinde angewiesen ist, da sie ja mit dem ganzen Vorstellungsgebiete verbunden sein muss und dieses wohl das ganze Rindengebiet umspannt. Wahrscheinlich denkt die ganze Rinde, obwohl die einzelnen Vorstellungen, je nach den Sinnesquellen, aus denen sie sich formen, durch verschiedene Zellennetze vermittelt sein müssen. Diese Localisation dürfen wir uns gewiss nicht so denken, dass eine Vorstellung an einem einzigen Punkte hafte und eine andre an einem andern, oder dass eine Zelle nur für diese und keine andre Vorstellung diene. Man wird annehmen dürfen, dass die functionellen Verbindungen, deren Erregungen in Vorstellungen dieser oder jener Art umgesetzt werden, über weite Gebiete hin sich erstrecken. Denn auch die einfachste Abstraction knüpft an zahlreiche sinnliche Anschauungen, Bewegungen und Urtheile an. Ferner ist es in hohem Grade wahrscheinlich, dass dieselbe Zelle in sehr verschiedene Verbindungen eintreten und bei der Bildung verschiedener Vorstellungen mitwirken kann.[235]

Er führt sodann explizit aus, daß Worte und Gedanken an die Nervensubstanzen gebunden sind: »[...] so geht für jeden, der Worte und Gedanken nicht über der Nervensubstanz schweben lässt, die Localisation der Sprachfunctionen an den Rindentheilen als *nothwendige Forderung der Logik* hervor.«[236] Schließlich weist er auf entsprechende Schwierigkeiten hin: »Aber sobald wir versuchen, mit Hilfe der klinischen Erfahrung diese Bahnen näher zu bestimmen, so stossen wir auf Schwierigkeiten, denen wir nicht gewachsen sind.«[237] Kußmaul hat damit Feststellungen getroffen, denen wir auch heute nur recht wenig hinzufügen können; mehr denn je wird betont, wie distributiv das Gehirn organisiert ist und wie es ständig hoch komplexe Erregungsmuster hervorbringt, auch wenn Außenreize fehlen.

Bei der historischen Erörterungen über die Lokalisation der Sprache geht Kußmaul detailliert auf jeden einzelnen Vertreter solcher Hypothesen ein, wobei er Gall den eigentlichen Vater dieser Idee nennt. Seine besondere Referenz erweist er Broca, da dieser »1861 [...] zuerst [...] in zwei musterhaft beschriebenen und scharfsinnig zergliederten Fällen die aphatischen Sprachstörungen«[238] charakterisierte. Broca hatte vier große Entdeckungen gemacht: 1. die Beschreibung des motorischen Sprachverlustes; 2. das Zusammenführen dieser Störung mit einem definierten Gehirnareal; 3. die Schaffung des Begriffes Aphemie = Aphasie; 4. die Idee der Hemisphärendominanz; ihm wird der Satz »Wir sprechen mit der linken Hemisphäre« zugeschrieben.

Kußmaul diskutierte die Probleme in Form von Fragestellungen, das heißt zu diesen Befunden formulierte er mehrere Fragen und dazugehörige Antworten. Eine der Fragen (sechste Frage) lautet: »Ist die dritte Stirnwindung von wesentlicher Bedeutung für die articulirte Sprache?« Und er antwortet darauf: »Es war gewiss kein Werk des Zufalls, dass gleich in den ersten 17 Fällen von Aphasie, die aus den Pariser Hospitälern *Broca* zur Autopsie kamen, 16 mal tiefgreifende Zerstörungen des Grosshirns beobachtet wurden, die alle das Gemeinsame hatten, dass sie in das hintere Drittheil der linken 3. Stirnwindung eindrangen und dass im 17. Fall neben einer Verwüstung der Insel und Scheitelgegend wenigstens eine leichtere anatomische Veränderung der *Broca*'schen Gegend sich vorfand. Zugleich tragen die beiden ersten Fälle von *Broca* einen so hohen Grad von innerer Beweiskraft an sich, wie es klinischen Beobachtungen nicht gerade häufig zukommt.« Kußmaul schildert dann den einen der beiden berühmten Fälle von Broca:

> Fall 2. Bei einem Epileptiker *Leborgne,* genannt *Tan,* weil er alle Fragen mit diesem Wörtchen beantwortete, bestand die Aphasie ohne Hemiplegie mit erhaltenem Vermögen, sich durch Zeichen verständlich zu machen, vom 30. bis 40. Lebensjahre. Ob sie langsam oder rasch sich eingestellt, war nicht zu ermitteln. Dann trat zur Aphasie eine allmählich zunehmende Hemiplegie der rechten Gliedmassen und eine geringe Schwäche der rechten Wange, die Zunge bewegte sich stets frei. Ausser der Silbe tan konnte *Leborgne* im Zorn auch einen langen Fluch ausstossen. Er starb 51 Jahre alt. – Die Section ergab Erweichung der linken Stirnrinde in weitem Umfang, des linken Insellappens und der an die Sylvischen Spalte angrenzenden Schläfenwindung, die Erweichung ging tief in das Corpus striatum hinein. – *Broca* macht es in hohem Grade wahrscheinlich, dass die Zerstörung von der gänzlich untergegangenen hinteren Hälfte der 3. Stirnwindung ausging, sich längere Zeit auf sie beschränkte und dann von da aus auf die anderen erweichten Theile fortschritt.[239]

Hier schränkt Kußmaul ein und macht auf Ungereimtheiten aufmerksam:

> Seitdem hat es sich freilich gezeigt, dass auch Verletzungen anderer Rindengegenden zu Aphasie führen könnten, ohne dass die *Broca*'sche Region versehrt zu sein braucht, aber das Zusammentreffen von Aphasie mit Läsionen der 3. linken Stirnwindung hat sich doch so auffallend häufig bestätigt, dass es nicht das Werk des Zufalls sein kann. Auch reihen sich an die eben mitgetheilten Beobachtungen *Broca*'s manche andere von nicht geringerem innerem Werthe. Eine von *Th. Simon* z. B. stellt fast ein Experimentum crucis dar. Ein ganz gesunder Mann stürzte mit dem Pferde. Er stand alsbald wieder auf, ergriff die Zügel und wollte sich in den Sattel schwingen, als ein Arzt, der ihn zufällig begleitete, hinzutrat und ihn untersuchte. Er war unvermögend zu sprechen, machte sich aber durch Zeichen verständlich. Jede Lähmung anderer Art fehlte. Am Kopf eine kleine Wunde mit Knocheneindruck. Nachdem später der Tod durch Meningitis purulenta und entzündliche Hirnerweichung erfolgt war, fand sich bei der Section ein abgetrennter Knochensplitter in der 3. linken Stirnwindung, die sammt der 2. und der Insel erweicht war. Im Schädel nur eine kreisrunde Lücke, kein Sprung oder Riss sonst wo.[240]

Betrachtet man Kußmauls Argumentation, stellt man fest, daß er nicht grundsätzlich an der Broca-Hypothese rüttelte, aber darauf hinwies, daß die Größe und Ausdehnung der Läsion in der Broca-Region nicht parallel mit dem Ausmaß der Sprachstörung ging, was darauf deutete, daß noch andere Mechanismen für die Schwere der Aphasie verantwortlich sein mußten als nur dies eine Zentrum. –

Wernickes Name steht ebenfalls für die Lokalisierbarkeit einfacher Funktionen im Gehirn. Als er seine bahnbrechende Arbeit über die Aphasie veröffentlichte, war er erst 26 Jahre alt und Schüler von Theodor Meynert in Wien. Dieser lehrte, daß das Gehirn größtenteils aus Faserverbindungen besteht, sowie in sensorische und motorische Areale eingeteilt ist. Wernicke benutzte diese Erkenntnisse als Basis für seine Interpretation. Er beschrieb einen Patienten, der zwar sprechen konnte, aber Sprache nicht verstand und nannte diesen Aphasietyp im Gegensatz zu denjenigen von Broca den sensorischen. Auf der Grundlage dieses Befundes entwickelte er sodann ein erstes Modell der Sprachverarbeitung oder der Repräsentation sprachlicher Funktionen im Gehirn. Er nahm an, daß das motorische Programm, welches das Sprechen steuert, im Broca-Zentrum lokalisiert sei. Das sensorische hingegen für die Wortrezeption legte er in die Region des Schläfenlappens (Wernicke-Zentrum), welches vom auditorischen und visuellen Cortex umgeben ist. Über einen auditorischen Faserzug treten Klangbilder in das Wernicke-Zentrum ein, werden von dort über einen weiteren Faserzug (später fasciculus arcuatus genannt) zum Broca-Zentrum übertragen und gelangen sodann von dort über motorische Bahnen zur Artikulation – als gesprochenes Wort.

Dieses Modell ist später zum sogenannten Wernicke-Lichtheim-Geschwind-Schema erweitert worden und hat über 100 Jahre immer wieder Anhänger und Kritiker gefunden. Das Modell hatte und hat eine große Wirkkraft und gilt als eines der großen Ereignisse der Medizingeschichte im 19. Jahrhundert. Es wird immer noch gelehrt, entspricht aber nicht mehr den neusten Vorstellungen.

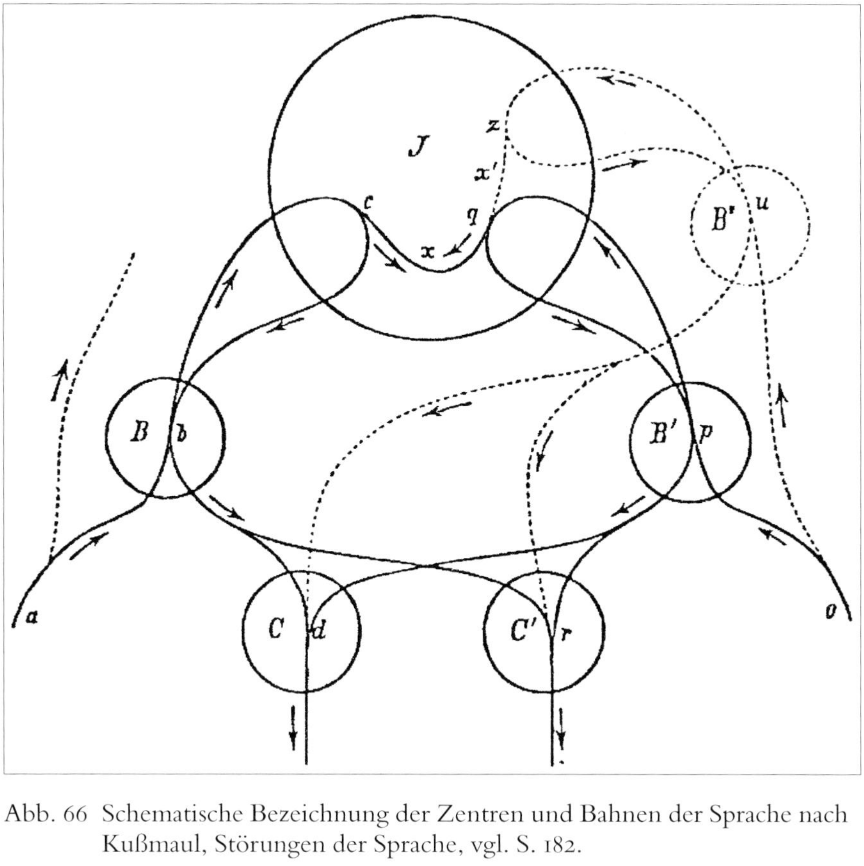

Abb. 66 Schematische Bezeichnung der Zentren und Bahnen der Sprache nach Kußmaul, Störungen der Sprache, vgl. S. 182.

Kußmaul entwirft sodann sein eigenes Modell der Zentren und Bahnen der Sprache (Kapitel 28); zuvor kritisiert er jedoch Wernickes Fehler, »die Centra bestimmten Gegenden des Gehirnes einzuzeichnen. Dazu ist die Localisation der elementären Sprachfunctionen nicht reif. Sein Schema berücksichtigt nur die Lautsprache und ist schwer zu übersehen.«[241] Er berichtigt einige Fehlinterpretationen Wernickes, wobei er sich auf klinische sowie experimentelle Ergebnisse stützt und gibt damit seinem Schema die größere Wahrscheinlichkeit und bessere Übersichtlichkeit. Hierin wird ausdrücklich kein Bezug auf die Anatomie der Zentren genommen; wesentlich erscheint sein »ideagenes oder Begriffscentrum«, das er als das gesamte Gebiet corticaler Zellnetze ansieht. Die wiedergegebene Abbildung zeigt eine modern anmutende dynamische Lokalisationskonzeption, die vor dem historischen Hintergrund auch heute noch als ganz erstaunlich aufgefaßt wird. Um auf die Dynamik dieses Modells hinzuweisen, seien zwei Ausschnitte seiner Erklärungen wiedergegeben:

> Der Kreis J bedeute das ideagene oder Begriffs-Centrum, also das gesamte Gebiet corticaler Zellennetze, worin durch sensorische Eindrücke der mannigfaltigsten Art (Object- und Wortbilder) Begriffe zu Stande kommen.
>
> B und B' sind die sensorischen Centra für Wortbilder, B für die acustischen (Lautbilder), B' für die optischen (Schriftbilder).
>
> C und C' bedeuten die motorischen Centra für die Coordination der Lautbewegungen zu Lautwörtern (C) und der Schriftzüge zu Schriftwörtern (C').
>
> a ist der Acusticus, o der Opticus. Man sieht die Nerven in je zwei Bahnen sich spalten, die eine Linie ist aber der Uebersichtlichkeit halber nur durch Punkte angedeutet. – a b c b d ist die gesammte acustisch-motorische Bahn für die Lautsprache, o p q p r die optisch-motorische für die Schriftsprache. – Durch die punctirten Nebenlinien und Kreise soll nur angedeutet sein, dass von den Sinnesnerven aus noch andere Bahnen durch andere Bildercentra in das Begriffscetrum hineinführen; der Acusticus z. B. führt uns auch Melodien zu und liefert musikalische Ideen und Schall-Attribute von Objectvorstellungen (Gesang: Nachtigall), der Opticus Geberdenbilder und Gesichts-Attribute (Grimassen: Affe). – Die Bahnen der übrigen Sinnesnerven, z. B. die Tastbahn und die motorischen Coordinations-Centra für alle andern Willenszwecke, ausser für Laut- und Schriftwörter, lassen wir der Uebersichtlichkeit halber weg, auch die für Pantomimik.

a b d ist die Bahn für die Nachahmungs-Sprache der Kinder oder Papageien, die unverstandene Wörter nachsprechen; – o p r ist die Bahn für das Abschreiben unbegriffener Wörter.

c b d ist die Bahn für die Begriffssprache in Lautwörtern, q p r für das Niederschreiben von Gedanken.

Die Bahn c x q stellt die Verbindung zwischen Lautbildern und Schriftbildern im Begriffs-Centrum her und ermöglicht die Uebertragung der Lautzeichen in Schriftzeichen durch Vermittelung der Gedanken.

b r und p d sind die Bahnen zwischen Lautbilder-Centrum und motorischem Schriftcentrum einerseits, sowie Schriftbilder-Centrum und motorischem Lautcentrum andererseits. – Wer nur nach dem Gehör ein unbegriffenes Wort niederschreibt, benützt die Bahn a b r, wer ein geschriebenes unbegriffenes Wort laut abliest, die Bahn o p d, – Das begriffene Diktat bedarf der längern Bahn a b c b r, das Vorlesen begriffener Worte der Bahn o p q p d.[242]

Die Kußmaul'sche Vorstellungswelt wird am besten »be-griffen«, wenn seinen Beschreibungen mit dem Finger auf der Abbildung gefolgt wird.

Sodann untersucht Kußmaul anhand seines Schemas die ataktische (motorische) Aphasie und schreibt:

Bei vollständiger ataktischer Aphasie wird C ausgeschaltet und damit auch die Bahn b d und p d unbrauchbar. Spontanes Sprechen, Nachsagen vorgesagter Wörter und lautes Ablesen der Schrift ist unmöglich. Die Bahn a b c für das Verständnis gehörter Wörter bleibt erhalten, ebenso die Bahn c b, durch die der Begriff das Klangbild in Erinnerung bringt. – Nimmt, was nur selten geschieht, zweifelsohne weil die motorischen Coordinations-Centra für Laut- und Schriftwörter sehr nahe beisammen liegen, C' nicht gleichzeitig mit C Schaden, so kann der Kranke seine Gedanken noch schriftlich ausdrücken, Gelesenes abschreiben und Dictirtes nachschreiben.

Wird die Bahn b d unwegsam, ohne dass das Centrum C functionsunfähig wird, so kann zum Unterschiede von der ataktischen Aphasie die Bahn p d noch fungiren. – Der Kranke bringt kein Wort spontan hervor, kann aber Geschriebenes laut vorlesen.[243]

Kußmaul hält in seinem Buch im Gegensatz zu Wernicke das Sprachzentrum für einen großen, zentralen Organkomplex:

> Es ist der Sprache ein ebenso grosser als verwickelter Apparat von nervösen Bahnen und gangliösen Centren zugewiesen, die theils die höchsten Werkstätten der bewussten Intelligenz und des Willens einnehmen, theils reflectorische Werkstätten sind, in denen einfache und geordnete sensorische Erregungen in Bewegungen umgesetzt werden. Ein einfaches ›*Sprachcentrum*‹, einen ›*Sitz der Sprache*‹ im Gehirne gibt es nicht, so wenig als einen ›Sitz der Seele‹ in einem einfachen Centrum, es ist vielmehr das centrale Organ der Sprache aus einer *grossen Zahl räumlich getrennter, durch zahlreiche Bahnen unter sich verbundener, geistige, sensorische und motorische Functionen vollziehender gangliöser Apparate* zusammengesetzt.[244]

Diese Diskussion hat ihre Wirkkraft bis heute behalten. Die neuronalen Verbindungen der Großhirnrinde stehen nach wie vor im Mittelpunkt des Interesses, wenn die Repräsentation der Sprache diskutiert wird. Ob der lokalisatorische oder holistische Ansatz der richtige ist, wird durch die moderne morphologische und physiologische Forschung neu beleuchtet; dies soll zum Abschluß dargestellt werden. In beiderlei Hinsicht wurden seit dem Ende des 19. Jahrhunderts große methodische Fortschritte erzielt, denn die anatomische Organisation von Sprache kann mittlerweile – auch beim Gesunden – durch zwei bildgebende Verfahren untersucht werden. Es sind die Positronen-Emissions-Tomographie (PET) und die funktionelle Kernspintomographie, welche die lokale (morphologische) Veränderung der Gehirndurchblutung und des Stoffwechsels messen und anzeigen. Löst beispielsweise eine gesunde Person eine sprachliche Aufgabe, zeigen sowohl die linke als auch die rechte Hemisphäre deutliche Aktivitäten, was die Befunde von Broca und Wernicke deutlich relativiert. Der Neurologe Klaus Poeck zieht daraus folgende Schlüsse: »Insgesamt sprechen die bisher vorliegenden Befunde für eine Netzwerk-Organisation des Gehirns mit je nach Aufgabe wechselnder, dynamischer Verschaltung – und gegen die Annahme eng lokalisierter Zentren mit kleinen Speichereinheiten. Vermutlich sind im Gehirn nicht Eigenschaften gespeichert sondern Prozesse repräsentiert.«[245] Die Kenntnisse über die funktionelle Struktur der Großhirnrinde konnte durch die Technik der Einzelableitungen von Potentialen (Gehirnströmen) der Neurone wesentlich erweitert werden. Es gelang, damit die Interaktion von Nervenzellen untereinander zu erforschen.

> Bei der Untersuchung solcher Zellverbände wurde deutlich, wie komplex die Verschaltung der verschiedenen Zellschichten des Cortex mit anderen Teilen des Großhirns und des Zwischenhirn (Thalamus) ist. Anstelle der Annahme einer funktionalen Autonomie corticaler Zentren wird heute versucht, die Interaktion corticaler mit subcorticalen und weit entfernten corticalen Strukturen zu verstehen.[246]

Das Erkennen von Assoziationen wird heute am ehesten als Funktion des Cortex angesehen, – dieses Verständnis dafür hatte bereits Kußmaul, wie es ihm die neuere Forschung attestiert. So schreibt Heilmann, daß Kußmaul mit seinem Assoziationsmodell von 1877 einen großen Schritt für die Erforschung der Sprache getan habe, da er in dem Modell auch die Alexie, oder Wortblindheit als eine Möglichkeit der Aphasie vorstellte.[247] Sprachverarbeitung scheint also eher keine autonome Funktion des Großhirns zu sein, sondern stützt sich auf viele andere Funktionssysteme des Organs. Creutzfeldt, einer der Begründer der Ableitung von elektronischen Potentialen an Einzelzellen, führt in seiner Monographie aus, daß die Aufteilung der cerebralen Sprachfunktionen in sensorische und motorische Funktion in der Hirnpathologie zwar eine Stütze finde, jedoch keinen Ansatz für eine neuro-physiologische Theorie der Sprache biete. Es bleibe ein Rätsel, wie das Sprachprogramm gespeichert und für kurze Momente (die Silbe eines gesprochenen Wortes dauert ca. 200 bis 300 Millisekunden) beim Sprechen, Verstehen und Lesen aktualisiert werde. In diesen kurz dauernden Momenten wird die semantische Bedeutung erkannt, und es erfolgt unmittelbar der Zugriff zum »lexikalischen Wortschatz«. Creutzfeldt verdeutlicht das Gemeinte, indem er auf das Computersystem verweist, das mit Hilfe eines Analysators in einem getrennten Speicher nach dem Vorhandensein eines Wortes sucht, während beim Menschen der Analysator und Speicher offensichtlich identisch sind, und »die zeitliche Koppelung von Phonemsequenzen zu semantischen Bedeutungen legt die Vorstellung nahe, daß Phonemrepräsentationen im Sprachcortex netzwerkartig zusammengekoppelt werden.«[248]

Wenn zudem alle Aspekte der Sprache wie Melodie, Rhythmus, Emotion, Atmung und Gestik berücksichtigt werden, muß man davon ausgehen, »daß am Sprachakt im weitesten Sinne praktisch das ganze Gehirn, zumindest die ganze sprachdominante Hemisphäre beteiligt ist.«[249] Die alten topographischen Zentren haben sich zu cerebralen Repräsentationen aufgelöst, deren Basis eine kunstvolle Netzwerkarchitektur ist. Die Muster bilden sich, mittels Verschaltung durch Aktivierung und Deaktivierung wechselnder neuronaler Gruppen, und stehen im ständigen Austausch mit verschiedenen Gebieten innerhalb des Gehirns und der Umwelt.

Kußmaul hatte schon 1877 eine Ahnung von dieser Idee, da er »von vorneherein wahrscheinlich« davon ausging, »dass die Sprache, [...] [auf] ein ungeheures Associationsgebiet in der Rinde angewiesen ist, da sie ja mit dem ganzen Vorstellungsgebiete verbunden sein muss und dieses wohl das ganze Rindengebiet umspannt. Wahrscheinlich denkt die ganze Rinde [...].«[250]

Drei Jahre nach der Veröffentlichung von Wernickes Modell aus dem Jahre 1874 kritisierte Kußmaul dieses und ist damit – historisch betrachtet – der Anführer derjenigen Neurobiologen, die den holistischen Ansatz der Sprachverarbeitung des Gehirns favorisieren.

Einige Beispiele von Aphasie

Im dritten Teil des Buches werden aphasische Krankheitsbilder besprochen, als Beispiele dienen dyslogische Sprachstörungen, Stottern, Worttaubheit sowie -blindheit. Dabei gelingen Kußmaul Erstbeschreibungen in der Weltliteratur. Er versteht es, seinen Darstellungen immer wieder eine persönliche Farbe zu geben, wie die folgenden Beispiele zeigen.

Bevor diese wiedergegeben werden, stellt Kußmaul nochmals eine Definition von Sprachstörungen auf:

> Ist uns die Sprache der getreue Spiegel des menschlichen Geistes, wie er sich je nach den unendlich mannigfachen inneren und äußeren Bedingungen seiner Entwicklung verschieden in Völkern und Individuen gestaltet, so spiegelt sie auch die krankhaften Störungen desselben getreulich ab. Die verkehrten Vorstellungen des Wahns, die wilde Gedankenflucht der Manie, der träge Ideengang des Stumpfsinnes finden in ihr den pathognomonischen Ausdruck. Hier überall ist die Sprache für uns nur *Symptom der Vorgänge in den Gebieten appercipirender Thätigkeit,* sie wird uns *selbst pathologisches Object,* wo sie als *autonomer Vorgang* gestört erscheint.[251]

Im ersten Beispiel geht es um dyslogische Sprachstörungen, die er unter Intelligenzstörungen einordnet. Kußmaul merkt hierzu an, daß solche Wunderlichkeiten und wirklichen Fehler der Sprache und Rede als ein allmählicher Übergang zu den echten pathologischen Krankheitsbildern zu verstehen sind. Er nennt es ›schrullenhafte Gewohnheit‹, wenn »schwache Köpfe« und »gezierte Leute« Wohlgefallen an volltönenden Wörtern fänden. Als Beispiel hierfür führt er drei Personen an, die jeweils auch einen bestimmten Typus repräsentieren: einen Gymnasial-Professor, einen alten General und einen Festredner. Über den Gymnasial-Professors schreibt er, daß er

> in seine Sätze, besonders wenn er pathetisch zu wirken beabsichtigte, die Wörter ›wiederum‹ oder ›dawiederum‹ [einflickte] und schloss sie, wollte er Vollendetes im Pathos erreichen, mit ›dawiederumda‹.[252] Ueberrascht vernahmen wir Schüler eines Tags aus seinem Munde die Nachricht von dem Hinscheiden eines unserer Kameraden: ›Der kleine Engländer, der erst einige Tage unserer Klasse angehörte, ist schon in der verflossenen Nacht wiederum gestorben, dawiederumda!‹[253]

Das zweite Beispiel handelt vom Stottern, auf das Kußmaul besonders ausführlich eingeht; dabei stellt er die Geschichte der Darstellung des Stotterns ebenso dar wie die Theorien der Entstehung dieser Störung. Zusammen mit der Sprachstörung des Stotterns wird auch das Stammeln und Stolpern (über Wörter) abgehandelt. Kußmaul nennt die Sprachstörung des Stotterns eine spasmodische Neurose, denn beim »Stottern ist die Articulation der Silben und damit die Rede krampfhaft erschwert, nicht immer, wenn der Kranke sprechen will, sondern nur zu gewissen Zeiten und unter gewissen Umständen, die freilich leider sehr häufig sind.«[254] Er bezeichnet Stottern auch als eine spastische Coordinations-Neurose, bei der die richtige Silbenfügung behindert sei. Um eine solche richtig auszuführen, seien folgende Merkmale notwendig: »*1) hinreichender Vorrath an Luft und gehörige Spannung der exspiratorischen Luftsäule in der Luftröhre und im Ansatzrohre bis an die Articulationsstelle; 2) Unterordnung der consonantischen Muscelaction unter die vocalische; 3) Beobachtung eines gewissen Rhythmus,* d. h. der richtigen Aufeinanderfolge der einzelnen Mechanismen nach ihrem zeitlichen Werthe.«[255] In allen Einzelheiten wird dann erörtert, wie es zu den sogenannten Explosivlauten kommt: Stottern erfolge am ehesten bei der Verbindung der stummen Konsonanten (b, p, d, t, g, k, w) und da ganz besonders, wenn die Konsonanten mit einem kurzen Vokal oder Diphthong (au, ai, eu) verbunden werden. Worte wie »Bann« und »Kamm«, sind damit schwierig auszusprechen. Ein Beispiel aus seinem Leben belegt es: »Es gibt *leichte Grade,* in denen sich der Fehler nur noch eben dadurch verräth, *dass länger als nöthig auf dem g, k, w, u.s.w. verweilt wird.* – Als jungen Leuten machte uns, mehr als sich ziemte, die Sprache einer alten Aufwärterin Spass, die uns z.B. mit den Worten empfing: ›K-h-ommen Sie endlich? Der K-h-affee ist schon etw-h-as k-h-alt.‹[256]

Kußmaul berichtet dann noch von einem Phänomen, das bei Chinesen beobachtet wurde und das wohl mit der Eigenart jener Sprache zusammenhängt. Bei einem Franzosen, der in China lebte und dessen Mutter eine Chinesin war, beobachtete man, daß dieser nur dann stotterte, wenn er Französisch sprach, nicht aber, wenn er Chinesisch sprach. Zum Stottern bei Frauen merkt Kußmaul an: »Frauen stottern seltener als Männer. Dies hängt wohl zusammen mit der gleichen Ursache, die alle Bewegungen des Weibes leichter und gefälliger macht, der Frau Anmuth und feineren Takt verleiht und sie befähigt, früher als der Mann sich in der Gesellschaft zu bewegen und gewandt zu conversiren.«[257]

Die Diagnose sei leicht zu stellen, allerdings müsse sie genau vom Stammeln unterschieden werden. Die jeweilige Prognose richte sich nach dem Alter, Temperament und der Konstitution des Leidenden, sowie nach Form, Grad und Dauer des Übels. Für die Behandlung kämen gymnastische und didaktische Übungen in Frage, ganz besonders wichtig sei eine Atemtherapie.

Als drittes Beispiel für Aphasien seien die ›Worttaubheit‹ und ›Wortblindheit‹ angeführt. Beide Begriffe hat Kußmaul erstmals geprägt und näher beschrieben.[258] Sie sind mit der sensorischen Aphasie verwandt, aber von ihr zu unterscheiden. Kußmauls Definition der beiden Begriffe ergibt sich aus folgendem:

> Man findet in der Literatur Fälle von Aphasie verzeichnet, die man insofern nicht mit diesem Namen bezeichnen kann, als die Kranken sich durch Rede und Schrift ausdrücken konnten. Sie waren weder wortlos noch schriftlos, sie vermochten aber nicht mehr trotz guten Gehörs die gehörten Worte zu verstehen oder trotz guten Gesichts die gesehenen Schriftworte nicht mehr zu lesen. Dieses krankhafte Unvermögen wollen wir, um möglichst kurze Namen zur Verfügung zu haben, Worttaubheit und Wortblindheit nennen.[259]

Kußmaul hält es für wichtig, diesen Erscheinungen eine besondere Untersuchung zu widmen, da hierdurch Aufschlüsse für den Sprachmechanismus überhaupt gefunden werden können. Er diskutiert dann ausführlich zwei Krankengeschichten und weist auf eine Besonderheit hin:

> Kranke, die an Worttaubheit leiden und zwar das Vermögen besitzen, sich in Worten zu äussern, aber viele verkehrte gebrauchen und sie zugleich oft noch entstellen, machen den Eindruck von *Verwirrtheit*. Man muss sich in Acht nehmen, nicht in diesen *Irrthum* zu fallen oder sie für taub und verwirrt zugleich zu halten, wie dies vorgekommen ist. Die Kranken können ganz richtige Ideen haben, aber es fehlt ihnen der richtige Ausdruck dafür; nicht die Gedanken, sondern die Worte sind verwirrt. [260]

Die Wortblindheit wird am besten verstanden, wenn der von Kußmaul mitgeteilte Fall genau betrachtet wird:

> Eine 45jähr[ige] Frau bekam in Mitte der blühendsten Gesundheit einen apoplektischen Anfall. Nach einigen Stunden kehrte die Gesundheit wieder, aber sie war auf der rechten Seite gelähmt, hatte über dem linken Auge Schmerz, ihre Intelligenz war etwas stumpf, das Gedächtnis schwach, die Sprache frei. Nach sechs Wochen waren Lähmung und Schwäche des Gedächtnisses und der Intelligenz fast beseitigt. Nach zwei Monaten entdeckte sie, dass sie Gedrucktes und Geschriebenes nicht mehr lesen konnte. Sie sah die Schrift, unterschied die Form der Buchstaben, konnte sogar die Schrift nachschreiben, war aber unfähig, die Lettern in laute Wörter und Gedanken zu übersetzen.[261]

Ähnlich erging es einer Kranken, die Musik in Noten schreiben und komponieren, ja sogar eine gehörte Melodie erkennen konnte, jedoch unfähig war, nach Noten zu spielen. –

Mit diesen Beispielen über die Worttaubheit und Wortblindheit sei das Kapitel abgeschlossen, ohne auf die vielen konkreten und plastisch dargestellten Beispiele und Ausführungen von Kußmaul weiter einzugehen. Vielmehr soll im nächsten Kapitel über das Bewußtsein referiert werden.

Über Bewußtsein und Ich

Kußmaul kommt in seinen Ausführungen oftmals auf das Problem des Bewußtseins in Relation zur Nervensubstanz des Gehirns zu sprechen; in seine Erörterungen werden auch das Ich und die Seele mit einbezogen. Hierzu werden drei Stellen ausgewählt, wobei die erste darauf hinweist, daß Sprache und Denken untrennbar zusammengehören. Die zweite erörtert das Verhältnis von Bewußtsein und seelischer Funktion, dabei betont Kußmaul ausdrücklich, daß Empfinden und Denken auf den gleichen molekularen Vorgängen der Nervensubstanz beruhen wie die Programmierung einer mechanischen Arbeit. Die dritte Stelle befaßt sich mit dem Unbewußten.

Zum ersten Problem, der Zusammengehörigkeit von Sprache und Denken, schreibt Kußmaul in dem Kapitel »Die Sprache als Vermittlerin der begrifflichen Erkenntnis«:

> Mit der Bezeichnung eines associirten Reflexes ist die Bedeutung der Sprache nicht erschöpft. Sie ist mehr als nur ein motorischer mit dem Denken durch associirte sinnliche Zeichen reflectorisch verknüpfter Vorgang, sie ist zugleich geistige Thätigkeit, ohne die eine begriffliche Erkenntniss der Dinge nicht gewonnen werden kann. Sie gibt nicht bloss das Gedachte wieder, sie fördert auch das Denken und zeugt Gedanken, und ein *Begreifen des Gedachten* wird nur durch die Sprache möglich.[262]

Im Kapitel über das »Verhältnis der Bewußtheit zu den seelischen Funktionen« führt Kußmaul aus: gehe

> man von allgemeinen Voraussetzungen an das Problem der Verarbeitung der peripherischen Sinneseindrücke zu Wortbildern [heran], so hat man sich vor allen Dingen eine klare Vorstellung über *das Verhältnis der Bewusstheit zu den seelischen Functionen überhaupt und der Empfindung im Besonderen* zu machen. Hier liegt der Angelpunkt für die Frage von der Localisation der seelischen Thätigkeiten überhaupt und dem Orte, wo die elementäre Empfindung zur bildlichen Anschauung sich summirt, im Besonderen. Selbstverständlich besteht überall da seelische Thätigkeit, wo empfunden oder geurtheilt wird, aber es ist schwierig zu bestimmen, wo das Empfinden und Urtheilen beginnt. Der Grund davon liegt darin, dass mir nur das Kriterium meines Bewusstseins, das ich empfinde oder urtheile, von der Thatsache des Empfindens oder Urtheilens unmittelbare Gewissheit gibt [...]; in Wirklichkeit gehen aber Empfinden und Denken aus denselben moleculären Vorgängen in unserer Nervensubstanz hervor, aus denen auch unsere mechanische Arbeit entspringt. [...] Was man gewöhnlich unter Bewusstsein versteht, ist nur *eine bestimmte Form, worin Bewusstheit zu Tage tritt.* Man begreift darunter jenes nicht zu definirende helle Licht im Blickfelde des Ich, durch welches Empfindungen und Urtheile in lineärer Reihen- und momentaner Zeitfolge sich bewegen. Eine Empfindung, ein Urtheil gelten

> uns nur dann für bewusst, *wenn sie über die Schwelle dieses Ichbewusstseins treten* [...]. Von dem *Ichbewusstsein* aber, das wir jedem einheitlich in sich abgeschlossenen, mit Seele begabten und seine Sonderexistenz wahrenden Organismus zuerkennen müssen, ist noch die nur dem Menschen zukommende höchste Potenzirung der Bewusstheit zu unterscheiden, die man *Selbstbewusstsein* nennt. Wir sind uns unserer Bewusstheit bewusst und erheben das Bewusstsein zur begrifflichen Abstraction; diese vernünftige Abstraction vollzieht sich nur in der Grosshirnrinde des im Denken vorgeschrittenen Menschen.[263]

Kußmaul geht auch auf das Unbewußte ein und rückt damit in deutliche Nähe zur Freud'schen Lehre:

> Nun lehrt uns aber die tägliche Erfahrung zur Genüge, daß unterhalb dieser Schwelle (des Ichbewusstseins), fortwährend Empfindungen und Urtheile sich vollziehen. Merken wir auf die psychologischen Vorgänge in uns, so können wir jederzeit eine Menge derselben ins Bewusstsein emporheben, die sonst in Verborgenheit bleiben würden. Wir werden deshalb und weil wir Empfindung und Urtheil als unbewusstes Geschehen uns nicht denken können, zur Annahme eines *latenten* Bewusstseins gezwungen, das erst im Blickfeld des Ich zur *offenbaren* Erscheinung wird. Was wir unbewusstes Empfinden und Urtheilen nennen, sind somit nur *relativ unbewusste* seelische Vorgänge, die von den bewussten sich dadurch unterscheiden, dass sie unbemerkt vom Ich sich vollziehen, sei's weil dasselbe nicht darauf merkt, sei's weil sie überhaupt seinem Blickfelde entzogen bleiben.[264]

Kußmauls Erörterungen über Bewußtsein und Ich können im Vergleich zu heutigen Auffassungen durchaus bestehen, da man immer noch auf Hypothesen angewiesen ist, um über die Beziehung von Cortex, Bewußtsein und Ich mittels der Sprache Aussagen zu treffen. Da Kußmaul die Neurowissenschaften mitbegründet hat, die sich zu einer der interessantesten Disziplinen der Biologie entwickelt haben, und da er bis heute in diesem Zusammenhang zitiert wird, soll hier noch auf neue Arbeiten dieses Gebietes hingewiesen werden.

Gerhard Roth schildert Bewußtsein und seine Funktion folgendermaßen:[265] Bewußtsein entsteht, oder wie Roth es nennt, wird »produziert« durch die Aktivierung von unterschiedlichen Zentren im ganzen Gehirn. Beteiligt sind die subkortikalen Zentren mit der Formatio reticularis, den Kernen des Thalamus, Anteile des limbischen Systems sowie den Basalganglien[266] und der assoziative Cortex, denn nur hier entsteht (bewußtes) Bewußtsein. Die Auftrennung in subkortikale Zentren und Cortex spiegelt noch zwei andere Tatsachen wider. Erstens hat die Evolution im Gehirn ihre Spuren hinterlassen: die ›alten‹ Teile sind mit den ›neuen‹ nicht nur anatomisch, sondern auch physiologisch und geistig verbunden. Bei E. O. Wilson findet sich für diesen Zusammenhang folgendes poetische Bild:[267] Das älteste Hinterhirn (medulla oblongata) steuert den Herzschlag des Menschen, das Mittelhirn und limbische System erzeugt das Gefühl der Herzenswärme, und die jüngste Großhirnrinde erzeugt den abstrakten, reduktionistischen Gedanken. Zweitens erklärt die Auftrennung in die beiden Gehirnbereiche das Phänomen, daß die Aktivität der sogenannten subkortikalen Anteile niemals selbst von Bewußtsein begleitet ist. Jedoch führt der Ausfall eines solchen Zentrums, z. B. der Formatio reticularis beim Patienten zum Verlust des Bewußtseins, zum Koma.

Die für das Bewußtsein notwendigen lokalen, neuronalen Aktivitäten sind von einem erhöhten Hirnstoffwechsel begleitet, die durch die funktionelle Kernspintomographie und die Positronen-Emissions-Tomographie darstellbar sind. Bei einer kognitiven Aufgabe, z. B. dem Erkennen eines Gesichts stellt das Gehirn fest, ob eine fertige »Lösung« in Form bereits existierender Netzwerke vorliegt. Wenn ja, wird das entsprechende Netzwerk ohne größere Aufmerksamkeit aktiviert, das Erkennen hat stattgefunden. Liegt noch keine »Lösung« vor, so muß sie durch gerichtete, bewußte Aufmerksamkeit gesucht werden. Hierbei werden bereits vorhandene, lokale, neuronale Netze synaptisch (physiko-chemisch) umgeschaltet, wodurch neue Netzwerke entstehen. Diese synaptische Umverknüpfung erfordert den oben angeführten, hohen, nachgewiesenen Stoffwechselaufwand. Die Rolle des Bewußtseins bei den Phänomenen des Erkenntnis-Vermögens (Kognition) wird – nach Roth – so gesehen: In der erlebten, phänomenalen Welt kommt das Gehirn, »ihr Produzent« nicht vor. Sehen wir ein Bild, führt der Wille eine Bewegung mit der Hand aus, so haben wir keine Wahrnehmung und kein Empfinden für die äußerst komplizierte Arbeit, die das Gehirn dabei leistet. Das Ich nimmt seine Welt zwar bewußt wahr, aber nur scheinbar, weil es sich um die unendlich komplizierten Neuronalprozesse, die zwischen Welt und Wahrnehmung zwischengeschaltet sind, nicht kümmern muß. Da die »Ausführungsbestimmungen« unbewußt, sozusagen von selber, durchgeführt werden, hat das Ich im Gang der Evolution damit Freiheitsgrade gewonnen, um sich durch Planung von Handlungen und strategischem Denken komplexen Umwelten anpassen zu können.

Aus dem offensichtlich unbewußten Ablauf der subkortikalen Gehirnaktivitäten können zwei Folgerungen abgeleitet werden. Die eine betont, daß die in der Evolution entstandenen alten Hirnteile (z. B. das limbische System) unser Denken und Wollen so beeinflussen, daß eine Dominanz des Gefühls gegenüber der Vernunft entsteht.[268] Die andere weist deutlich daraufhin, die sogenannte Willensfreiheit zu hinterfragen.

Die Fragen, wie man die verschiedenen Ebenen der Gehirntätigkeiten verstehen kann, bleiben offen, ebenso die Frage, wie Geist und neuronale Struktur sowie Funktion miteinander zusammenhängen. Kußmaul ging jedenfalls mit seinen Aussagen und Annahmen einen entscheidenden Schritt über das Denken seiner Zeit hinaus. Etwa 25 Jahre nach seiner Sprachschrift geht er in seiner Arbeit *Über Epilepsie* noch einmal auf das Gehirn und seine Funktionen ein. In seinen Aussagen finden sich auch diejenigen der modernen Neurowissenschaften wieder, wenn er schreibt:

> Die Erregung ist nichts als ein physischer Akt, erst die Wahrnehmung erhebt sie zum Seelischen. Die Verwandlung der Erregung in bewußte Empfindung, auf deren Grundlage sich dann das weitere bewußte Geschehen, Geist und Gemüth, die menschliche Persönlichkeit ausbilden, ist die Physik unfähig zu begreifen, wir nehmen sie als Thatsache hin und überweisen sie der Metaphysik zur Erklärung. Das Gebiet aber, wo die Eindrücke, die von allen Theilen des Organismus einlaufen, wie in einer Sammelstätte, und zu Empfindungen, Bildern, Vorstellungen, Gefühlen höherer Ordnung (sittlichen, ästhetischen, religiösen usw.) verarbeitet und als solche registrirt werden, ist das Gehirn.[269]

In der Neurophysiologie wird dies heute so formuliert: Im wesentlichen geht es um die Frage der kausalen Beziehung zwischen Geist (mind) als einem nichtphysikalischen Phänomen und dem Gehirn (brain) als einem Gegenstand der physikalischen Welt.[270]

Die Fragen und das Nichtverstehen-Können der Zusammenhänge begleiten uns stets wie ein Schatten, über den wir nicht springen können. Der Psychiater und Philosoph Karl Jaspers hat dieses Problem einmal so formuliert: »Wenn alles geklärt ist, dann wird erst deutlich, was der Mensch jenseits der Erklärung ist.«[271]

Schlußbemerkungen

Wird noch einmal auf das Buch *Die Störungen der Sprache* und seinen Autor zurückgeblickt, fällt auf, daß Kußmaul immer wieder auf die Grenzen des bisher Erkannten hinweist und die Offenheit der Fragen und Probleme betont. Weiterhin sei besonders darauf hingewiesen, daß er dieses Buch als Arzt schrieb; das heißt in wesentlichen Teilen beschreibt und analysiert er Patienten mit neurologisch-psychiatrischen Krankheitsbildern. Dabei betrachtete er nicht nur das Gehirn seiner Patienten, sondern die Menschen als Personen, so wie es in der Geburtsstunde der Neurowissenschaft Broca mit der Beschreibung und Analyse der Krankheit des Monsieur Leborgne 1861 getan hat. Auf dieselbe Weise hat Kußmaul alle seine Patienten, von denen er berichtet und an denen er seine Entdeckungen machte, als Personen in ihren Beziehungen zu ihrer Mit- und Umwelt untersucht und behandelt. Als ihr Arzt legte Kußmaul Wert darauf, alles, sogar was jenseits des Erklärbaren liegt, in die Arzt-Patient-Beziehung einzubringen.

Zum Abschluß des Kapitels über die wissenschaftlichen Arbeiten soll gefragt werden, was Kußmauls Leistungen, seine Texte und Publikationen, bis heute auszeichnet. Sein Kollege Ismar Boas hat für diese Frage gültige Kriterien formuliert. Boas, der unabhängige Denker, selbständige Forscher und der im Umgang mit Autoren und deren Publikationen äußerst erfahrene Herausgeber, stellte in seinem Exkurs über die »Hypertrophie der Veröffentlichungen und Vielschreiberei sowie den Umfang von deutschen Veröffentlichungen« (1928) klar: »Nur solche Veröffentlichungen sind von Dauer, an welche die Wissenschaft anknüpft und die zum Ausgangspunkt intensiver Erörterungen und Nachprüfungen werden.«[272] Dazu sei das jeweilige Thema im ganzen Umfang klar zu durchdenken und zielbewußt anzupacken, man dürfe nicht lockerlassen und müsse sich gänzlich ›hineinknien‹, bis das Thema gemeistert und in seine letzten Ausstrahlungen verfolgt sei. Kußmaul knüpfte jeweils an den neuesten, europäischen Wissensstand an und erreichte damit für seine Publikationen einen ungemein hohen Stellenwert, deren Wirkung teilweise bis zum heutigen Tag reicht. Seine forschende Tätigkeit stand im Dienste einer Wissenschaft, die auch immer darauf bedacht war, dem Patienten konkret zu helfen. Seine Forschungsarbeiten dienten und dienen, wie es Boas forderte, als »Ausgangspunkt« intensiver Erörterungen und Nachprüfungen.

[1] Dr. W. Posselt, Heidelberg, 4.9.1857, in einem vertrauensärztlichen Gutachten; in: Blätter für Vertrauensärzte und Lebensversicherung, 11. Jahrgang, Berlin 1920, S. 78–79.

[2] Eduard Seidler, Die Medizinische Fakultät der Albert-Ludwigs-Universität Freiburg i. Br., Berlin/Heidelberg/New York 1991, S. 143.

[3] Lothar Gall, Der Liberalismus als regierende Partei, Wiesbaden 1968.

[4] Fritz Kallenberg (Hg.), Hohenzollern, Schriften zur politischen Landeskunde Baden-Württembergs, Band 23, Stuttgart/Berlin/Köln 1996.

[5] Eduard Kaiser, Aus alten Tagen, Lebenserinnerungen eines Markgräflers 1815–1875, Lahr 1910, S. 356.

[6] Wolfgang Hug, Der Anwalt des Erzbischofs gegen den Staat, Badische Zeitung Nr. 10, 13. 1. 1996.

[7] Hansmartin Schwarzmaier (Hg.), Handbuch der Baden-Württembergischen Geschichte, Stuttgart 1992; darin: Hans Fenske, Allgemeine Geschichte Südwestdeutschlands im 19. Jahrhundert, S. 1ff.

[8] L. Gall, a.a.O., S. 130.

[9] L. Gall, a.a.O., S. 144–145.

[10] Friedrich Kluge, Der Arzt Adolf Kußmaul (1822–1902), Seine Freiburger Jahre 1863–1876 und das Jahr 1909, in: Zeitschrift des Breisgau-Geschichtsvereins »Schau-ins-Land«, Freiburg 1989, S. 201.

[11] A. Kußmaul, Jugenderinnerungen, S. 130–131.

[12] GLA 76/9978 (A. Kußmaul).

[13] Heinrich Vierordt, Badisches Heimatbüchlein, 1925; zitiert nach Johannes Werner, Freiburg im 19. Jahrhundert aus alten Büchern, in: Freiburger Almanach 1978, S. 134–141.

[14] Heiko Haumann und Hans Schadek (Hg.), Geschichte der Stadt Freiburg i. Br., Band 3, Stuttgart 1992, S. 142ff.

[15] Helmut Bender, Unsere Stadt in der ersten Hälfte des 19. Jahrhunderts, in: Freiburger Almanach 1974, S. 57–64.

[16] Heinrich Schreiber, Freiburg im Breisgau mit seinen Umgebungen, Freiburg i. Br. 1838, S. 218ff.

[17] Max Föhrenbach, Aus vergangenen Zeiten, Erinnerungsblätter, Freiburg 1911, S. 127f.

[18] Manfred Vasold, Rudolf Virchow, Stuttgart 1988, S. 263.

[19] Franz Kistler, Die wirtschaftlichen und sozialen Verhältnisse in Baden 1849–1870, Freiburg 1954, S. 190.

[20] Ebd., S. 218f.

[21] Vgl. Heiko Haumann und Hans Schadek, a.a.O., S. 135–142.

[22] Eduard Seidler, Die Medizinische Fakultät der Albert-Ludwigs-Universität Freiburg i. Br./Berlin/Heidelberg/New York, 1991.

[23] Ebd., S. 636f.

[24] Heinrich Schreiber, a.a.O., S. 397f.

[25] Heiko Haumann, H. Schadek, a.a.O., S. 638.

[26] Nachlaß Kußmaul, Brief an Vinzenz Czerny, Dezember 1884.

[27] Brief Kußmauls vom 7.12.1869 aus Freiburg, veröffentlicht in: Aus dem Lebenskreis Richard von Volkmanns (1830–1889), Janus 43, 1939, S. 274. Volkmann war Herausgeber der vielgelesenen »Sammlung Klinischer Vorträge«.

[28] Georg Hermann Ritter von Mühlig (1826–1907) wuchs in der Levante (Griechenland) auf; er hatte mit Kußmaul in Heidelberg studiert und ließ sich später in Konstantinopel nieder, wo er Botschaftsarzt und Chefarzt des Deutschen Krankenhauses, Mitglied der Kaiserlich-Osmanisch-Medizinischen Gesellschaft und »Erster Konsiliararzt des Sultans« war. Dazu: Günther Jantzen, Deutsche Ärzte im Osmanischen Reich (1838–1918), Inauguraldissertation, Istanbul 1971.

[29] Nachlaß Kußmaul, Brief von Heinrich Schliemann, München/Wiesbaden, 24.9.1887.

[30] Erich Ebstein, Zum 100. Geburtstag von Adolf Kußmaul, Deutsche Medizinische Wochenschrift 48, 1922, S. 266.

[31] Nachlaß Kußmaul, Brief aus Freiburg vom 8. August 1866.

[32] Nachlaß Kußmaul, Brief ohne Datum, aber aus der Straßburger Zeit nach 1877.

[33] Ein Zeugnis ihrer Verbundenheit ist Kußmauls Brief anläßlich Scheffels 50. Geburtstag vom 15. Februar 1876.

»Wie seltsam es einem zu Muthe ist, wenn man zum 50ten Geburtstag gratuliert bekommt, weiß ich aus Erfahrung; ich habe ihn längst glücklich überstanden. Ich kenne nur eine Gratulationsgelegenheit, die zu ebenso gemischten Empfindungen und Betrachtungen führt und ich wünsche dir von ganzem Herzen, daß dir auch diese demnächst, es wird freilich noch manches Jahr bis dahin verfliessen – in voller Frische und Gesundheit zu theil werden möge, – der Tag wo man Großvater wird! Es sind kuriose Tage, und es wäre am besten, wenn man sie wie Krisen für sich in stiller Ruhe durchmachen könnte. Unser Einer kann's auch so ziemlich fertig bringen, dir aber ist eine andere Feier deines 50ten Geburtstages beschieden, und es geschieht dir ganz recht.

Warum hast du der ganzen deutschen Nation, jung und alt, soviel Freude gemacht, mehr, wie irgend ein Mann in den weiten Gauen unseres Landes? Nun mußt du dir es auch gefallen lassen, wenn alle Welt kommt und dir und sich gratuliert, daß der Sänger noch da ist, der sie mit seinen fröhlichen Weisen entzückt.

Laß einen alten Gesellen der Jugendzeit sich der großen Masse anschließen und dir ein Glück und Segen auf den Rest des Lebensweges – möge er noch langhin sich strecken! – zuwerfen. Sei der Sohn dir die Freude der kommenden Tage, Gott befohlen! Dein Kußmaul.«

Brief Adolf Kußmauls, Freiburg, 15. Februar 1876, Literarische Gesellschaft/Scheffelbund Karlsruhe; Scheffel-Archiv: Nachlaß Scheffel, Signatur 297.

[34] Joseph Victor von Scheffel, Ekkehard, mit Zeichnungen von Johannes Grützke, Lengwil am Bodensee, 2000, S. 378f. und 393f.

[35] Vinzenz Czerny, Aus meinem Leben, hg. und mit Anmerkungen versehen von Wilfried Willer; mit Verzeichnis der Schriften und Vorträge von V. Czerny, bearbeitet von Marianne Ferber und Irmgard Riemschneider, Ruperto-Carola, Band 41, Universität Heidelberg 1967, S. 1–33, hier besonders S. 16f.

[36] Krankenakte Ernestine Kußmaul, Archiv Landeskrankenhaus Emmendingen, Brief Kußmauls vom 27. 7. 1873.

[37] Krankenakte E. Kußmaul, a.a.O., Brief Kußmauls vom 6. 4. 1873.

[38] Deutsche Medizinische Wochenschrift, Band 56 Nr. 2, Leipzig 1930, S. 1356f.

Prof. Dr. Theodor Meynert (1833–1892) wurde einer der Begründer der naturwissenschaftlich ausgerichteten Psychiatrie, er war Leiter der Psychiatrischen Klinik des Allgemeinen Krankenhauses in Wien. Er verlor früh seine Frau und hatte in der Folge ein sehr enges Verhältnis zu seinem hier erwähnten Sohn, der dann allerdings mit 17 Jahren starb.

[39] Nachlaß Adolf Kußmaul; der Brief enthält den Nachsatz: »Eduard hat sein Examen bestanden und ist Polytechniker.« – Der Sohn Eduard ertrank am 13. März 1881 beim Durchschwimmen des Rheines (infolge einer Wette).

[40] Andreas Weber, Belfort-Mythos, Sedanfeiern, aber kaum menschliches Gedenken, Badische Zeitung Nr. 193, Freiburg 1993 (23. August), S. 21 und Wolfgang Hug, Soldat sein im Kaiserreich, Militärischer Alltag in Zeugnissen aus der Region, in: Schau-ins-Land, Band 111, Freiburg 1992, S. 141–153.

[41] Gerhard Ritter, Staatskunst und Kriegshandwerk, München 1960, Band 2, S. 117–131.

[42] Walter Vetter, August Graf von Werder, ein preußischer Feldherr in Baden, Freiburger Almanach 1979, S. 29–39.

[43] Friedrich Kluge, Der Arzt Adolf Kußmaul, a.a.O., S. 222.

[44] Heinz Becker, Brahms, Stuttgart/Weimar 1993, S. 54–56.

[45] Brief an Billroth vom 12. 1. 1871 von Kußmaul; in: Theodor Billroth und seine Zeitgenossen, hg. von Isidor Fischer, Berlin 1929, S. 29.

[46] Mathias Clodius, Die Lazarettstadt Freiburg i. Br. 1870–1945. Ein Beitrag zum Kriegslazarettwesen in Deutschland, Inaugural-Dissertation Universität Freiburg 1992, S. 61–66.

[47] Universitätsarchiv Freiburg, Protokolle und Beilagen. Medizinische Fakultät 1863–1876.

[48] Adolf Kußmaul, Die Entwicklungsphasen der exacten Medicin, Freiburg 1866. Die jetzt folgenden Zitate stammen alle aus dieser gedruckten Fassung der Antrittsvorlesung, Einleitung römische Ziffern, Text arabische; Hervorhebungen von Kußmaul, s. Anhang.

[49] Karl Decker, Hans Adolf Krebs (1900–1981) Ein genialer Biochemiker, Freiburg 2001.

[50] Philippe Pinel – »Vater der Psychiatrie« – wurde 1745 geboren und starb, mit Ehrungen überhäuft, 1826. Er befreite die psychisch Kranken von den eisernen Fesseln,

zuerst am 13. 9. 1793 in der Anstalt Bicètre in Paris, zwei Jahre später auch in der Salpetrière. Er gründete eine Schule der Irrenärzte, die bald ein Weltzentrum für Psychiatrie wurde und hielt spezielle Vorlesungen auf diesem Gebiet. Er nahm den Irren den Status der Schuldigen und gab ihnen den der Kranken. Vgl. Rainer Tölle, Befreiung psychisch Kranker, Deutsches Ärzteblatt 90, 1993, S. 3437–3438.

51 Vinzenz Czerny, Über die Beziehungen der Chirurgie zu den Naturwissenschaften, Freiburg 1872.

52 Hugo von Ziemssen, Über die Aufgaben des klinischen Unterrichts und der klinischen Institute, Deutsches Archiv für klinische Medizin, Band 23, Leipzig 1889, S. 1–40.

53 C. W. H. Nothnagel, Über die Methode des klinischen Unterrichtes, Wiener Medizinische Wochenschrift 32, Wien 1882, S. 1247–1251.

54 Thomas Nipperdey, Deutsche Geschichte, 1866–1918, Band 1, München 1991, S. 590ff.

55 Gordon Craig, Über die Deutschen, München 1982, S. 194ff.

56 Ernst Schulin, Die deutschen Historiker und die Revolution von 1848/49, in: Der Staat, 38. Band, 1999, Heft 1, S. 69.

57 Personalakte Kußmaul, Universitätsarchiv Freiburg.

58 Julius Benjamin Müller lebte von 1839–1921 in Kenzingen, nördlich von Freiburg. Er hörte Kußmauls Vorlesungen als Student und war von 1867–1869 praktischer Arzt und Assistent bei Kußmaul. In dieser Zeit hat er gemeinsam mit ihm Versuche zur Spiegelung von Speiseröhre und Magen unternommen. Danach war er praktischer Arzt in Kenzingen und wurde Ehrenbürger dieser Stadt. In der Familie, die in der vierten Generation Ärzte sind, ist die Vorlesungsmitschrift erhalten. Sie mißt 16 x 21 cm und umfaßt 814 Seiten. In Halbleder gebunden wirkt sie abgegriffen und beweist, wie oft sie später gebraucht wurde.

Hermann Carl Engesser wurde 1846 in Karlsruhe geboren und starb 1892 in Freiburg. Er war 1870 noch als Student Assistent bei Kußmaul und promovierte 1872 in Freiburg. Seine Mitschrift hat das Format 20 x 26,5 cm; sie liegt zweibändig, ebenfalls in Halbleder gebunden, vor. Sie enthält breite, freie Ränder für Kommentare und ist mit Zeichnungen versehen, die den Text erläutern.

59 Jakob Kaufmann, Nekrolog A. Kußmaul, New Yorker Medizinische Wochenschrift, New York 1902, S. 224–232.

60 Ludwig Edinger, Zum 80. Geburtstag Adolf Kussmaul's, Münchner Medizinische Wochenschrift 49, München 1902, S. 281–286; alle Zitate von Edinger hieraus.

61 Otto Körner, Erinnerungen eines deutschen Arztes und Hochschullehrers 1858–1914, München/Wiesbaden 1920, S. 53f.

62 Prof. Dr. Arnold Cahn (1858–1927), Schüler von Adolf Kußmaul.

63 Arnold Cahn, Adolf Kußmaul zum 80. Geburtstag, in: Archiv für öffentliche Gesundheitspflege in Elsaß-Lothringen 21, Straßburg 1902, S. 253.

64 Ebd., S. 254.

65 Ebd., S. 255.

66 Friedrich Kluge, Adolf Kußmaul (1822–1902), Prorektor 1869, in: Freiburger Universitätsblätter, Heft 137, Freiburg 1997, S. 119–123.

67 Adolf Kußmaul, Über die Behandlung der Magenerweiterung durch eine neue Methode, mittelst der Magenpumpe, Deutsches Archiv für klinische Medizin, 6, 1869, S. 455–500.

68 Friedrich Kluge, a.a.O. 1997, S. 123.

69 Adolf Kußmaul, Über Epilepsie, hg. von Vinzenz Czerny, in: Deutsche Revue, 1902, S. 1–59.

70 Adolf Kußmaul, 20 Briefe über Menschenpocken- und Kuhpockenimpfung. Gemeinverständliche Darstellung der Impffrage, Freiburg 1870. Dies ist die ein Jahr später erschienene Buchform der Zeitungsartikel, die mit Anmerkungen versehen ist. 1914 erschien eine mit Vor- und Nachwort versehene neue Auflage, weil der Inhalt immer noch allgemeinverständlich und gültig ausgedrückt war.

71 Ebd., S. IV.

72 Joseph Becker, Liberaler Staat und Kirche in der Ära von Reichsgründung und Kulturkampf, Mainz 1973, S. 218.

73 Ebd., S. 218.

74 A. Kußmaul, a.a.O., S. 2/3.

75 A. Kußmaul, a.a.O., S. 32.

76 Ebd., S. 36f.

77 Ebd., S. 37.

78 Ebd., S. 114.

79 Generallandesarchiv Karlsruhe (GLA), 76/9978.

80 Ebd.

81 Ebd.

82 Ebd.

83 Universitätsarchiv Freiburg, Protokolle und Beilagen. Medizinische Fakultät 1863–1876.

84 Nachlaß Kußmaul.

85 Vinzenz Czerny, Aus meinem Leben, a.a.O., S. 17.

86 Brief von Theodor Billroth aus Wien vom 21.10.1871 (zwölf Seiten) an die Medizinische Fakultät Freiburg, Universitätsarchiv Freiburg.

87 Nachlaß Kußmaul.

88 Nachlaß Kußmaul, Brief von Kußmaul an Czerny vom 21.11.1871.

89 Vinzenz Czerny, Aus meinem Leben, a.a.O., S. 8.

90 Ebd., S. 8.

91 Ebd., S. 17.

92 Ebd., S. 3.

93 Ebd., S. 4.

94 Ebd., S. 14.

[95] Heinrich Krebs/Heinrich Schipperges, Heidelberger Chirurgie 1818–1968, Heidelberg/New York 1969, S. 59.

[96] Vinzenz Czerny, a.a.O., S. 18.

[97] Nachlaß Kußmaul. Der »Kladderadatsch« erschien als politisch-satirische, national ausgerichtete Wochenzeitung von 1848 bis 1944 in Berlin. Das Blatt unterstützte damals die Bismarcksche Politik.

[98] Vinzenz Czerny, Das Heidelberger Institut für experimentelle Krebsforschung, Tübingen 1912.

[99] Vinzenz Czerny, Aus meinem Leben, a.a.O., S. 22.

[100] H. Krebs/H. Schipperges, a.a.O., S. 66.

[101] Eduard Seidler, Die Medizinische Fakultät der Albert-Ludwigs-Universität Freiburg im Breisgau, a.a.O., S. 175.

[102] Adolf Kußmaul, Aus meiner Dozentenzeit, a.a.O., S. 7.

[103] Karl Bonhoeffer, Die Geschichte der Psychiatrie an der Charité im 19. Jahrhundert, S. 1–28; Sonderdruck aus: Zeitschrift für die gesamte Neurologie und Psychiatrie, 168. Band, Heft 1–3.

[104] Ebd., S. 20.

[105] Wilhelm Griesinger, Die medicinische Terminologie, Archiv für physiologische Heilkunde, erster Jahrgang 1842, S. 503, in: Wilhelm Griesingers gesammelte Abhandlungen, erster Band, hg. von Dr. Wunderlich, Berlin 1872.

[106] Karl Bonhoeffer, Die Geschichte der Psychiatrie, a.a.O., S. 18f.

[107] Vortrag zur Eröffnung der Psychiatrischen Klinik zu Berlin, 1867, in: Wilhelm Griesingers gesammelte Abhandlungen, a.a.O., S. 150f.

[108] Karl Wilmanns, Die Entwicklung der badischen Irrenfürsorge mit besonderer Berücksichtigung der Universitäts-Kliniken, Archiv für Psychiatrie (87), 1929, S. 1–23.

[109] Ebd., S. 16. Wilmanns zitiert diese Äußerungen Kußmauls aus dem Briefwechsel Kußmaul-Jolly, den er später ausführlich veröffentlichen wollte, was aber nicht geschehen ist.

[110] Adolf Kußmaul, 20 Briefe, a.a.O., S. VII.

[111] Karl Wilmanns, Die Entwicklung der bad. Irrenfürsorge, a.a.O., S. 16.

[112] Brief Kußmauls an Staatsminister Jolly, Heidelberger Universitätsarchiv HS 3622.

[113] Deutsches Archiv für Klinische Medizin, Leipzig 1866, Band 1; Vorwort von F. Zenker, H. Ziemssen, S. 1.

[114] Deutsches Archiv für Klinische Medizin, a.a.O., S. 12.

[115] Deutsches Archiv für Klinische Medizin, a.a.O., S. 10.

[116] Deutsches Archiv für Klinische Medizin, a.a.O., S. 3.

[117] Adolf Kußmaul, Zur Diagnose der Embolie der Arteriae mesentericae, Würzburger Medicinische Zeitschrift, Band 5, 1864, S. 210–220.

[118] A. Kußmaul, 1864, a.a.O., S. 210.

[119] A. Kußmaul, 1864, a.a.O., S. 211.

[120] A. Kußmaul, 1864, a.a.O., S. 213.

[121] A. Kußmaul, 1864, a.a.O., S. 216.

[122] A. Kußmaul, 1864, a.a.O., S. 219f.

[123] Sleisinger and Fortran's, Gastrointestinal and Liver Disease, 6th Edition, Vol. 2, Philadelphia/London/Tokio 1998, S. 2009–2024.

[124] Im Deutschen Sprachraum gibt es nur drei gute Publikationen zu diesem Thema. a) Richard Koch (1882–1949), Die ärztliche Diagnose, Beitrag zur Kenntnis ärztlichen Denkens, Wiesbaden 1917. Der im Dritten Reich vertriebene Frankfurter jüdische Arzt war ein Pionier der Grundlagenanalyse ärztlichen Denkens und Handelns. Er war Arzt, Medizinhistoriker und Philosoph; zu seiner Wirkungsgeschichte: Gerd Preiser, Richard Koch und die ärztliche Diagnose, Gedenksymposium zum 100. Geburtstag von Richard Koch, Hildesheim 1988. b) Der Internist Rudolf Gross, Medizinische Diagnostik, Grundlagen und Praxis, Berlin/Heidelberg/New York 1969. c) Der Philosoph und Arzt Wolfgang Wieland, Diagnose, Überlegungen zur Medizintheorie, Berlin/New York 1975.

[125] Wolfgang Wieland, Anmerkung 8, a.a.O., S. 113.

[126] R. Koch, zitiert nach W. Wieland, Anmerkung 8, a.a.O., S. 119.

[127] A. Kußmaul, R. Maier, Ueber eine bisher nicht beschriebene eigenthümliche Arterien-Erkrankung (Periarteritis nodosa), die mit Morbus Brightii und rapid fortschreitender allgemeiner Muskellähmung einhergeht, in: Deutsches Archiv für Klinische Medizin, a.a.O., S. 484–518 (mit drei ganzseitigen, farbigen Abbildungen). Die von Kußmaul und Maier gesperrten Passagen sind hier kursiv wiedergegeben. Rudolf Maier war Freiburger und hatte hier den ersten Lehrstuhl für Pathologie inne. Er kam wie alle damaligen Pathologen von der Anatomie her und war auf besondere Initiative Kußmauls 1864 in sein Amt gekommen. Er war besonders der speziellen Pathologie verpflichtet, die er in Wien bei Rokitansky erlernt hatte.

[128] Vgl. Eric L. Matteson, Polyarteriitis nodosa: Commemorative translation on the 130-Anniversary of the original article by Adolf Kußmaul and Rudolf Maier, Mayo Foundation, Rochester 1996 und Eric L. Matteson, A history of ideopathic vasculitis, Mayo Foundation, Rochester 1999.

[129] A. Kußmaul, R. Maier, a.a.O., S. 484, 490.

[130] A. Kußmaul, R. Maier, a.a.O., S. 490.

[131] A. Kußmaul, R. Maier, a.a.O., S. 500.

[132] A. Kußmaul, R. Maier, a.a.O., S. 517.

[133] Georg Dhom, Geschichte der Histopathologie, Berlin, Heidelberg 2001, S. 4; 304–307.

[134] Adolf Kußmaul, Sechzehn Beobachtungen von Thoracocentese bei Pleuritis, Empyem und Pyopneumothorax, Deutsches Archiv für Klinische Medizin, Band 4, S. 1f. und S. 173f.

[135] Adolf Kußmaul, Sechzehn Beobachtungen, a.a.O., S. 2.

[136] Adolf Kußmaul, Sechzehn Beobachtungen, a.a.O., S. 5–6.

[137] Adolf Kußmaul, Sechzehn Beobachtungen, a.a.O., S. 9–10.

[138] A. Kußmaul, Sechzehn Beobachtungen, a.a.O., S. 12.

[139] A. Kußmaul, Sechzehn Beobachtungen, a.a.O., S. 14.

[140] Heinrich Matthys, Pneumologie, Berlin/Heidelberg/New York 1982, darin: Pleurapunktion, Biopsie und Drainage, S. 95f.

[141] Adolf Kußmaul, Über die Behandlung der Magenerweiterung durch eine neue Methode mittelst der Magenpumpe, Deutsches Archiv für Klinische Medizin, Band 6, 1869, S. 455–500. Diese Arbeit ist in Titel und Text identisch mit der Prorektorats-Programmrede Kußmauls zur Geburtstagsfeier des Großherzogs Friedrich von Baden, Freiburg 1869.

[142] Handbuch der Speziellen Therapie Innerer Krankheiten in 6 Bänden; darin: Handbuch der Speziellen Therapie der Erkrankungen der Verdauungsorgane, Band 4, Jena 1896; darin: F. Penzoldt, Allgemeine Behandlung der Magen- und Darmkrankheiten, S. 289.

[143] Gustav Killian, Zur Geschichte der Ösophago- und Gastroskopie, Deutsche Zeitschrift für Chirurgie, Band 58, 1901, S. 499–512.

[144] Adolf Kußmaul, 1869, a.a.O., S. 455.

[145] P. Schliep, Zur Behandlung mit der Magenpumpe; Deutsches Archiv für Klinische Medizin, 1874. Zitiert nach: Paul Hüsen, Die Geschichte des Magengeschwürs, Düsseldorf 1936, S. 73.

[146] Adolf Kußmaul, 1869, a.a.O., S. 457–463.

[147] Adolf Kußmaul, 1869, a.a.O., S. 498.

[148] Wilhelm Oliver Leube, Die Magensonde, Erlangen 1879.

[149] Brief A. Kußmauls vom 2.7.1871 an einen »Geehrten Herrn Collegen«, Sammlung Darmstädter, Preußischer Kulturbesitz Berlin.

[150] Richard von der Velden, Über Vorkommen und Mangel der freien Salzsäure im Magensaft bei Gastrektasie, Deutsches Archiv für Klinische Medizin, Band 23, 1879, S. 369f.

[151] Arnold Cahn, Beiträge zur Lehre von der Magenverdauung, Straßburg 1866; – Arnold Cahn und J. V. Mering, Die Säuren des gesunden und kranken Magens, Deutsches Archiv für Klinische Medizin, Band 39, 1886, S. 233f.; – Arnold Cahn, Beiträge zur Lehre von der Magenverdauung, Über Magenverdauung im Chlorhunger, Über die Magensäure bei akuter Phosphorvergiftung und Über die Verdauung des Fleisches im normalen Magen, Habilitationsschrift, Straßburg 1886.

[152] Zitiert nach Paul Hüsen, Die Geschichte des Magengeschwürs, a.a.O., S. 5.

[153] Wilhelm Fleiner, Die Behandlung des Magengeschwürs, Münchner Medizinische Wochenschrift 49, 1902, S. 913–1012. Prof. Fleiner war Mitarbeiter und Vertrauter von Kußmaul in der späten Heidelberger Zeit und beschreibt dessen Behandlungsmethode.

[154] K. Schwartz, Über penetrierende Magen- und Duodenalgeschwüre, Beiträge zur Klinischen Chirurgie, 67, 1910, S. 96–128.

[155] I. Popielski, Beta-Imidazolyläthylamin als mächtiger Erreger der Magendrüsen, Pflügers Archiv der gesamten Physiologie, 178, 1920, S. 214–236.

[156] J. W. Black und Mitarbeiter, Definition and Antagonism of histamin H_2-receptors, Nature 236, 1972, S. 385–390.

[157] H. K. M. Molinder, The development of Cimetidine: 1964–1976. A human story. Journal of clinical gastroenterology 19, 1994, S. 248–254.

[158] E. Fellenius, T. Berglindh, G. Sachs und Mitarbeiter, Substituted benzimidazoles inhibit gastric acid secretion by blocking (H^+/K^+) ATPase, Nature 290, 1981, S. 159–161.

[159] NIH-Consensus conference: Helicobacter pylori in peptic ulcer disease, Journal of the American Medical Association, 272, 1994, S. 65–69. W. F. Caspary, Paul-Ehrlich-und-Ludwig-Darmstaedter-Preis 1997, Für die Wiederentdeckung von Helicobacter pylori an J. Robin Warren und Barry J. Marshall, Zeitschrift für Gastroenterologie, 35, S. 239–246.

[160] A. Kußmaul, 1869, a.a.O., S. 485.

[161] Paul Hüsen, 1936, a.a.O., S. 89–91.

[162] Gustav Killian, Zur Geschichte der Ösophago- und Gastroskopie, 1901, a.a.O., S. 499–512.

[163] Adolf Kußmaul, 1869, a.a.O., S. 456.

[164] Philipp Bozzini, Der Lichtleiter oder Beschreibung einer einfachen Vorrichtung und ihrer Anwendung zur Erleuchtung innerer Höhlen und Zwischenräume des lebenden animalischen Körpers, Weimar 1807. Sehr schöner Reprint des Max-Nitze-Museums, 2 Bde, Stuttgart 1988.

[165] Philipp Bozzini, a.a.O., S. III.

[166] Philipp Bozzini, a.a.O., S. I.

[167] Philipp Bozzini, a.a.O., S. 12/13.

[168] Erna Lesky, Die Wiener Experimente mit dem Lichtleiter Bozzinis (1806/1807), Clio medica 5, 1970, S. 327–350. Hierzu auch: Gunter Mann, Der Frankfurter Lichtleiter, Neues über Philipp Bozzini und sein Endoskop, Medizinhistorisches Journal 8, 1973, S. 105–130.

[169] Antonin Jean Désormeaux, De l'endoscope et de ses applications diagnostique et au traitement des affections de l'urèthre et de la vesie, Paris 1865.

[170] Friedrich Kluge und Eduard Seidler, Zur Erstanwendung der Ösophago-Gastroskopie: Briefe von Adolf Kußmaul und seinen Mitarbeitern, Medizinhistorisches Journal 21, 1986, S. 288–307.

[171] F. Kluge, E. Seidler, a.a.O., S. 287/288.

[172] Edouard Labarraque, Bulletin général de thérapeutique médicale et chirurgicale 24, 1871, S. 212.

[173] Gustav Killian, Zur Geschichte der Ösophago- und Gastroskopie, a.a.O., S. 512.

[174] F. Kluge, E. Seidler, a.a.O., S. 302.

[175] F. Kluge, E. Seidler, a.a.O., S. 295; siehe Anhang.

[176] F. Kluge, E. Seidler, a.a.O., S. 293–94; siehe Anhang.

[177] F. Kluge, E. Seidler, a.a.O., S. 297.

[178] F. Kluge, E. Seidler, a.a.O., S. 295.

[179] G. Killian, a.a.O., S. 508f.

[180] G. Killian, a.a.O., S. 509.

[181] J. Mikulicz, Über Gastroskopie und Oesophagoskopie, Wiener Medizinische Presse 22, 1881, S. 1405–1408, 1437–1443, 1473–1477, 1505–1507, 1537–1541, 1573–1577.

[182] J. Mikulicz, 1881, a.a.O., S. 1437.

[183] F. Kluge, E. Seidler, a.a.O., S. 305.

[184] F. Kluge, E. Seidler, a.a.O., S. 305f; F. Kluge, 120 Jahre gastroenterologische Endoskopie – wer war der Erste? Leber, Magen, Darm 17, 1987, 217–218; Herbert A. Neumann, Andreas Hellwig, Vom Schwertschlucker zur Glasfiberoptik, Die Geschichte der Gastroskopie, 2001, München.

[185] Rudolf Schindler, Lehrbuch und Atlas der Gastroskopie, München 1923.

[186] Rudolf Schindler, Ein völlig ungefährliches, flexibles Gastroskop, Münchner Medizinische Wochenschrift 32, 1932, S. 1267f.

[187] Joseph B. Kirsner, The developement of American Gastroenterology, New York 1990, hier bes. S. 279f. und Gastrointestinal Endoscopy, ASGE 50th Aniversary Supplement, Gastrointestinal Endoscopy 37, 1991, S. 1–56.

[188] R. Schindler, 1932, a.a.O., S. 1286.

[189] R. Schindler, 1932, a.a.O., S. 1267.

[190] R. Schindler, 1932, a.a.O., S. 1268.

[191] R. Schindler, 1932, a.a.O., S. 1268.

[192] Basil I. Hirschowitz, Endoscopic Examination of the Stomach and Duodenalcap with the Fiberscope, Lancet 1, 1961, S. 1075.

[193] 1973 führte Classen in Erlangen die erste Papillotomie durch und eröffnete damit das Zeitalter der »operativen Endoskopie«: Meinhard Classen, Ludwig Demling, Endoskopische Sphincterotomie der Papilla Vateri und Steinextraktion aus dem Ductus choledochus, Deutsche Medizinische Wochenschrift 99, 1974, 496–497.

[194] Werner Teichmann, Ismar Boas, 1858–1938, Freiburg i. Br. 1992. Hierzu auch: Ismar Boas. Laudatio von Werner Creutzfeldt, in: Zeitschrift für Gastroenterologie, 30, 1992, S. 831ff.

[195] Ismar Boas, Die Medizin der Gegenwart in Selbstdarstellungen, L. R. Grote (Hg.), Leipzig 1928, S. 94.

[196] zitiert nach W. Creutzfeldt, Zeitschrift für Gastroenterologie, a.a.O., S. 833f.

[197] Nachlaß Adolf Kußmaul.

[198] Ismar Boas, Diagnostik und Therapie der Magenkrankheiten, achte und neunte Auflage, Leipzig 1925, S. 660.

[199] Hierzu ein etwas ausführlicherer medizin-geschichtlicher Exkurs. 1) Ein Jahr vor Kußmauls Publikation, also 1872, wurde der sog. Papyrus Ebers bekannt. Er stammte aus einer Raubgrabung bei Luxor und wurde für das Stadtmuseum Leipzig erworben.

Hier findet sich die ca. 3600 Jahre alte und wahrscheinlich erste Beschreibung des Zusammenhanges zwischen Herz und Gefäßbewegungen (Pulse): »Im Menschen sind Gefäße, die in jedes Körperglied gehen. Deswegen kann jeder Arzt [...] seine Finger an dem Kopf, an das Genick, auf die Hände, an die Stelle des Herzens, auf die beiden Arme, auf die beiden Beine oder an irgendeine Stelle legen. Er wird etwas vom Herzen spüren, denn dessen Gefäße reichen bis in alle Körperteile.« (Zitiert nach T. Bonzel, s. Anmerkung 200) 2) In der alten europäischen Medizin wurden bis zu 22 verschiedene Pulsarten beschrieben, alle mit lateinischen Namen versehen; z. B. Pulsus frequenz bei Fieber; sie konnten aber meist keinen definierten Krankheiten zugeordnet werden, sie beschrieben lediglich Phänomene; einzig Kußmauls pulsus paradoxus hat sich bis heute erhalten. (siehe unten) 3) In der traditionellen chinesischen und tibetischen Medizin ist das Pulstasten die Hauptmethode der Diagnostik. Hierdurch können alle physischen und seelischen Krankheitsbilder erfaßt werden. In jahrelangem Studium lernt der tibetische Arzt 34 verschiedene Pulse zu tasten, indem er z. B. mit dem daumenseitigen Anteil der drei mittleren Finger einer Hand den Radialispuls des Patienten untersucht. Hiermit werden die soliden Organe (Herz, Lunge usw.) sowie Hitzekrankheiten beurteilt. Im Gegensatz zum Kußmaul'schen pulsus paradoxus ist das tibetische Wissen über die Pulse zu allererst behauptet und enthält nur einen geringen Anteil von Wissen in unserem Sinne.

200 Tassilo Bonzel, Der Kußmaul'sche Puls: Die Bedeutung von Inspektion und Palpation in der kardiologischen Diagnostik, in: F. Kluge, 1985, a.a.O., S. 33–37.

201 Adolf Kußmaul, Über Schwielige Mediastino-Pericarditis und den Paradoxen Puls, Berliner Klinische Wochenschrift, 10, 1873, S. 433–435, 445–449 und 461–464. Ismar Boas zufolge war die Berliner Klinische Wochenschrift damals die angesehenste medizinische Wochenschrift, er nennt sie das »Notablenorgan« der akademischen Gelehrtenwelt.

202 Adolf Kußmaul, 1873, a.a.O., S. 461.

203 Beim Bibliographieren im Internet fanden sich über 50 – hauptsächlich englischsprachige – Arbeiten, die das »Kußmaul-sign« im Titel führten.

204 Vgl. Henry Wagner, Paradoxical Pulse: 100 Years Later, The American Journal of Cardiology, 32, 1973, S. 91f.

205 Zitiert nach Helmut Holscher, René Kende, Diabetes, Stolberg 1971, S. 19.

206 H. Holscher, R. Kende, a.a.O., S. 33/34. Langerhans kam 1871 als Prosektor ans Pathologische Institut in Freiburg.

207 H. Holscher, R. Kende, a.a.O., S. 42.

208 H. Holscher, R. Kende, a.a.O., S. 67.

209 Bernhard Naunyn, Diabetes mellitus, Wien 1898; Naunyn war der Begründer der sog. Straßburger Diabetesschule, aus der auch Minkowski und Mering stammten. Er unterschied erstmals Jugenddiabetes und Altersdiabetes; außerdem führte er den Begriff der Azidose im Blut ein.

210 Adolf Kußmaul, Zur Lehre vom Diabetes mellitus, Über eine eigenthümliche

Todesart bei Diabetischen, über Acetonämie, Glycerin-Behandlung des Diabetes und Einspritzungen von Diastase ins Blut bei dieser Krankheit, in: Deutsches Archiv für Klinische Medizin, Band 14, 1874, S. 1–46.

211 J. V. Mering, Lehrbuch der Inneren Medizin, Jena 1905, S. 1042/1043.

212 A. Kußmaul, 1874, a.a.O., S. 1.

213 A. Kußmaul, 1874, a.a.O., S. 5.

214 A. Kußmaul, 1874, a.a.O., S. 10f.

215 A. Kußmaul, 1874, a.a.O., S. 2f. Die von Kußmaul gesperrt geschriebenen Passagen sind hier kursiv wiedergegeben.

216 A. Kußmaul, 1874, a.a.O., S. 7.

217 A. Kußmaul, 1874, a.a.O., S. 20.

218 A. Kußmaul, 1874, a.a.O., S. 23.

219 Jürgen Fröhlich, Kußmaul'sche Atmung und diabetische Ketoazidose, in: Friedrich Kluge, 1985, a.a.O., S. 39–46.

220 Hier sei auf drei weitere neurologische Arbeiten Kußmauls verwiesen, die in der historischen Beurteilung herausragend sind: a) Über die fortschreitende Bulbärparalyse und ihr Verhältnis zur progressiven Muskelathrophie, Volkmanns Sammlung klinischer Vorträge Innerer Medizin 20, Leipzig 1873, S. 439–476; b) Ein Fall von Rindenepilepsie, (Auf Grundlage von Herrn Prof. Kußmaul im Straßburger Medizinisch-Naturwissenschaftlichen Vereine gehaltenen Vortrages) von Dr. L. Edinger, Archiv für Psychiatrie und Nervenkrankheiten 10, 1880, S. 83–96; c) Ueber Epilepsie, hg. v. Vinzenz Czerny, Deutsche Revue, Stuttgart 1902, S. 66–86, 180–198, 309–328.

221 Im wesentlichen dargestellt nach Otto Detlef Creutzfeldt, Cortex cerebri, Berlin/Heidelberg/New York 1983. Eine gute monographische Darstellung zu diesem Thema ist auch: Olaf Breidbach, Die Materialisierung des Ichs, Zur Geschichte der Hirnforschung im 19. und 20. Jahrhundert, Frankfurt 1997.

Die Universitätskirche war die aus dem 13. Jahrhundert stammende Paulinerkirche, die der Universität auch als Aula diente. Sie überstand den 2. Weltkrieg, wurde aber auf Geheiß Walter Ulbrichts an Himmelfahrt 1968 gesprengt, um dem neuen Universitätsgebäude Platz zu machen.

222 Otto Marx, Die Geschichte der Ansichten über die biologische Grundlage der Sprache, in: Eric H. Lenneberg, Biologische Grundlagen der Sprache, Frankfurt 1996, S. 541f.

223 Adolf Kußmaul, Die Störungen der Sprache, Versuch einer Pathologie der Sprache, in: Handbuch der Speziellen Pathologie und Therapie, hg. v. Ziemssen, 12. Band, Leipzig 1881 (2. Auflage), S. 3. Die erste Auflage erschien 1877, die vierte und letzte Auflage 1910. Das Buch wurde ins Englische übersetzt: Ders., Disturbances of Speach, New York 1877; und ins Französische: Ders., Les Troubles de la Parole, Paris 1884. Die von Kußmaul gesperrten Passagen sind hier kursiv wiedergegeben.

224 Adolf Kußmaul, a.a.O., S. 3.

[225] Gerhard Roth, Die Vernunft spielt immer eine Nebenrolle, Vortrag Psychotherapiewoche Lindau, Süddeutsche Zeitung Nr. 85 vom 11. 4. 2000.

[226] Adolf Kußmaul, a.a.O., S. 4.

[227] Adolf Kußmaul, a.a.O., S. 43f.

[228] Adolf Kußmaul, a.a.O., S. 26.

[229] Adolf Kußmaul, a.a.O., S. 47/48.

[230] Der Begriff Aphasie wurde 1861 eingeführt und leitet sich von griechisch alpha privativum und phasis (Rede), also Sprachlosigkeit, ab.

[231] Adolf Kußmaul, 1881, S. 150.

[232] Adolf Kußmaul, 1881, S. 127.

[233] Adolf Kußmaul, a.a.O., S. 129.

[234] Adolf Kußmaul, a.a.O., S. 126.

[235] Adolf Kußmaul, a.a.O., S. 126f.

[236] Adolf Kußmaul, a.a.O., S. 127.

[237] Adolf Kußmaul, a.a.O., S. 127.

[238] Adolf Kußmaul, a.a.O., S. 130.

[239] Adolf Kußmaul, a.a.O., S. 141.

[240] Adolf Kußmaul, a.a.O., S. 142.

[241] Adolf Kußmaul, a.a.O., S. 183.

[242] Adolf Kußmaul, a.a.O., S. 183f.

[243] Adolf Kußmaul, a.a.O., S. 185.

[244] Adolf Kußmaul, a.a.O., S. 32f.

[245] Klaus Poeck, Sprache im Gehirn: eng lokalisierbar? Spektrum der Wissenschaft, Mai 1995, S. 98. Die Arbeit enthält gute Abbildungen der PET-Methode.

[246] Claus-W. Wallesch, Neurologische Sprachproduktionsmodelle, in: G. Blanken, J. Dittmann, Claus-W. Wallesch, Sprachproduktionsmodelle, Neuro- und psycholinguistische Theorien der menschlichen Spracherzeugung, Freiburg i. Br. 1988, S. 163.

[247] K. M. Heilmann, E. Valenstein, Clinical Neuropsychology, New York/Oxford 1979, S. 60.

[248] O. D. Creutzfeldt, a.a.O., S. 339.

[249] O. D. Creutzfeldt, a.a.O., S. 339.

[250] Adolf Kußmaul, a.a.O., S. 127.

[251] Adolf Kußmaul, a.a.O., S. 31.

[252] Adolf Kußmaul, a.a.O., S. 212f.

[253] Adolf Kußmaul, a.a.O., S. 212f.

[254] Adolf Kußmaul, a.a.O., S. 223f.

[255] Adolf Kußmaul, a.a.O., S. 226f.

[256] Adolf Kußmaul, a.a.O., S. 230.

[257] Adolf Kußmaul, a.a.O., S. 231.

[258] Heilmann widmet den Begriffen in seinem Buch ein eigenes Kapitel; in: Heilmann, Valenstein, a.a.O., und auch Oepen geht ausführlich auf diese beiden Krankheits-

bilder ein, insbesondere in Bezug auf die neuere Aphasie-Forschung. Vgl. G. Oepen, Vorläufiges und Gültiges. Kußmauls »Die Störungen der Sprache« und die heutige Aphasiologie, in: F. Kluge, Adolf Kußmaul, 1985, S. 24.

[259] Adolf Kußmaul, a.a.O., S. 174.

[260] Adolf Kußmaul, a.a.O., S. 177.

[261] Adolf Kußmaul, a.a.O., S. 179.

[262] Adolf Kußmaul, a.a.O., S. 16.

[263] Adolf Kußmaul, a.a.O., S. 102–105.

[264] Adolf Kußmaul, a.a.O., S. 104f.

[265] Gerhard Roth, Entstehen und Funktion von Bewußtsein, Deutsches Ärzteblatt 1999, S. 1960; ders., Das Gehirn und seine Wirklichkeit, Kognitive Neurobiologie und ihre philosophischen Konsequenzen, Frankfurt 1999.

[266] Creutzfeldt zitiert in diesem Zusammenhang seinen Freiburger Lehrer Jung: »Der Schlüssel zum Verständnis des Cortex liegt im Thalamus.« Vgl. O. D. Creutzfeldt, a.a.O., VII.

[267] E. O. Wilson, Die Einheit des Wissens, München 2000, S. 143, 145 und 406.

[268] Ausführlich geht hierauf Antonio R. Damasio in seinem Buch »Ich fühle, also bin ich – Die Entschlüsselung des Bewußtseins«, München 1999, ein.

[269] Adolf Kußmaul, Über Epilepsie, a.a.O., S. 197.

[270] O. D. Creutzfeldt, a.a.O., S. 125.

[271] Zitiert nach D. Hell, Der Plan zur Abschaffung des menschlichen Dunkels, Neue Zürcher Zeitung vom 5./6. Juni 1999, S. 93.

[272] I. Boas, Die Medizin der Gegenwart, 1928, a.a.O., S. 36.

KAPITEL 6

Der populärste Deutsche im Elsaß

1876–1888

Abb. 67 Kußmaul zu Beginn der Straßburger Zeit um 1877.

Professor für Innere Medizin in Straßburg

Vorbemerkungen

In der Kapitelüberschrift ist eine Spannung, ja fast ein Konflikt enthalten, der Kußmauls Leben in Straßburg während der zwölf Jahre seines dortigen Aufenthalts begleitete.

Die 1872 gegründete Kaiser-Wilhelm-Universität sollte eine Pflanzstätte deutschen Geistes und Lebens in dem seit langer Zeit französisch gewordenen Straßburg sein. Kußmaul kam als vom Kaiser persönlich ernannter Professor dorthin; er war somit Mitglied der Korporation, die als Speerspitze der Germanisierung des Elsaß verstanden wurde, zu einer Zeit, als die Elsässer in ihrem ›Alsace‹ nur den einen Wunsch hatten, nicht deutsch zu sein! Mit diesem Widerspruch und Konflikt war die Reichspolitik im Elsaß belastet; merkwürdigerweise stellte sich dies für Kußmaul als Chance dar, und er wurde bald der populärste Deutsche seiner Zeit in Elsaß-Lothringen.

Kußmaul gelang es meisterlich mit den ›verschiedenen Welten‹ der preußisch-deutschen und der französischen Mentalität umzugehen. Die ärztliche Tätigkeit in Straßburg sowie die bedeutsame und nachhaltige Gedenkrede auf Benedict Stilling und die Eröffnungsrede während der Versammlung Deutscher Naturforscher und Ärzte in Straßburg weisen einen gemeinsamen Nenner auf: Sie dokumentieren die Größe der Persönlichkeit Kußmauls. In der Gedenkrede legte Kußmaul Wert darauf, dem jüdischen Arzt und Wissenschaftler Benedict Stilling Gerechtigkeit und Anerkennung zuteil werden zu lassen, die diesem Zeit seines Lebens in Deutschland versagt geblieben war. In der Eröffnungsrede legte er den Schwerpunkt auf das friedliche Zusammenleben von Deutschen und Elsässern.

Im medizinischen Bereich zeigten sich zur Zeit der Emeritierung Kußmauls bereits Ansätze verschiedener Entwicklungslinien der Inne-

Abb. 68 Kußmaul vor dem Straßburger Münster;
unbekannter Künstler.

ren Medizin, die später heftig diskutiert wurden: Es gab die eher anthropologisch ausgerichtete Medizin der späteren sogenannten ›Heidelberger Schule‹ und die mehr naturwissenschaftlich orientierte Medizin, der Kußmauls Nachfolger, Bernhard Naunyn, den Weg wies.

Das Elsaß und die Annexion 1870

Kußmaul wurde 1876 als Nachfolger von Ernst von Leyden (1832–1910) nach Straßburg berufen. In einem Brief an Jolly vom 18. Juni 1876 berichtete Kußmaul von »bedeutenden Anerbietungen« aus Straßburg und gestand, daß der Ruf doch »sehr verlockend« sei. Er hatte zwar in seinen besten Jahren in Freiburg ein großes Werk aufgebaut und zum Abschluß gebracht: Klinik, Fakultät und seine wissenschaftlichen Leistungen hatten den besten Ruf! Doch mit 54 Jahren fühlte er sich immer noch jung genug, einen Neuanfang zu wagen, Neues zu beginnen mit anderen Schwerpunkten als in Freiburg.

Als der Wechsel von Freiburg nach Straßburg feststand, sah sich Kußmaul mit sehr unterschiedlichen Erwartungen und nicht ganz einfachen äußeren Bedingungen konfrontiert. Die Erwartungen waren relativ leicht zu erfüllen, die Universität freute sich auf den berühmten, erfahrenen Arzt, Kliniker und Professor. Verlockend war das Elsaß mit seinen landschaftlichen Reizen, seiner Geschichte und den Baudenkmälern wie das einzigartige Straßburger Münster allemal.

Abb. 69 Ansicht von Straßburg: Blick von St. Thomas auf das Münster, 1906.

Abb. 70 Das Bombardement von Straßburg durch die Truppen General von Werders, bei dem die alte Bibliothek mit unersetzbaren Schätzen verbrannte, 24. August 1870.

Im Gegensatz dazu gab es aber durchaus auch weniger positive Aspekte, die sich aus geschichtlich bedingten und gegensätzlichen nationalen Gefühlen herleiteten, die bis zum Haß reichen konnten. Bei der Annexion trafen Sieger auf Unterlegene, Hochmut auf Ablehnung, die sich bestenfalls in eisigem Schweigen äußerte. Der Alemanne Kußmaul, der nur 65 km von Straßburg entfernt auf der anderen Rheinseite geboren war, konnte die Gefühle und Mentalität der Menschen dieser Region nachvollziehen. Sein Ziel war es, mit menschlichem und ärztlichem Einsatz zu helfen, Gräben zu überwinden. Nach fast zehn Jahren in Straßburg sprach Kußmaul vom Elsaß als einem »mit heiligen Erinnerungen geweihten Boden«.[1] Die Erklärung für diese heute pathetisch klingenden Worte ergibt sich aus der Geschichte des Landstrichs. Das Elsaß ist das linksrheinische Gebiet zwischen Oberrheinlauf und Vogesenkämmen. Zunächst keltisch besiedelt, geriet es im ersten vorchristlichen Jahrhundert für 400 Jahre unter römische Herrschaft, es folgte die der Franken, und im hohen Mittelalter wurde das Elsaß Zentrum des Staufischen Kaiserreichs. Blühende Städte entstanden, Burgen und Kirchen, die das Land bis heute prägen. Am Fuß der Vogesen lagen die frühmittelalterlichen Klöster: unter anderem die Benediktinerabteien Masmünster und Maursmünster, die 728 gegründete Abtei Murbach, das Kloster Andlau sowie die bedeutende Reichsabtei Weißenburg. Neben den geistlichen Aufgaben prägten die Klöster auch das wirtschaftliche, bauliche und künstlerische Leben der näheren und weiteren Umgebung. Aus den zu den Klöstern gehörenden Märkten entstanden oft Orte, aus denen sich nicht selten die vielen, kleinen, oft reichsunmittelbaren Städte entwickelten. Durch Weinanbau und -handel, der sich sogar bis in die Hansestädte ausdehnte, waren sie wohlhabend geworden. In der Renaissance waren Colmar, Schlettstadt und Straßburg blühende Zentren des Humanismus. Johannes Gutenberg arbeitete zwischen 1434 und 1444 in Straßburg an der Kunst des Buchdrucks, die erste 42zeilige lateinische Bibel, die sogenannte Gutenbergbibel, erschien 1456 in Mainz. In Straßburg wurde nur fünf Jahre später von dem Schlettstadter Johann Mentelin die 49zeilige lateinische und 1466 die erste deutsche Bibel gedruckt. Die Bibelübersetzung von Martin Luther ging erstmals 1534 in Druck. Nach dem 30jährigen Krieg kamen die habsburgisch gewordenen Lande zur französischen Krone, wobei Straßburg als freie Stadt beim Reich blieb, bis sie 1681 besetzt wurde. Damit wurde sie französisch, jedoch mit besonderen, freiheitlichen Privilegien, die erst in der napoleonischen Zeit endeten; die wirtschaftlichen und geistigen Verbindungen mit Deutschland blieben lange Zeit bestehen.

Die Geschichte des Elsaß ist von jener der rechtsrheinischen Gebiete kaum trennbar. Verbindendes, mitunter aber auch trennendes Element war immer der Rhein gewesen. Der französische Historiker Lucien Febvre macht das Entstehen und Vergehen der Rheingrenze deutlich: »Die große Besonderheit des Rheins – von den Anfängen der menschlichen Geschichte bis zur Entfaltung der modernen Zivilisation – besteht in seiner Fähigkeit zu verbinden und anzunähern. Auch nationale Leidenschaften haben diese Fähigkeit nie zerstören können. Vielmehr hat sie sich in allen Jahrhunderten auf das Leben und Wirken der menschlichen Gesellschaften ausgewirkt.«[2]

Das Elsaß war stets Grenzland zwischen den beiden großen Nachbarn Deutschland und Frankreich gewesen, und das bedeutete, daß etwa unter Ludwig XIV. eine ganze Reihe von Festungsstädten, von Straßburg bis Neubreisach, erbaut wurde. Der König ließ nach der Besetzung Straßburgs eine Münze mit der Aufschrift »Gallia clausa Germanis« (Gallien den Germanen verschlossen) prägen.[3] Nach dem Krieg

1870/71 wurde Straßburg nun unter entgegengesetzten Vorzeichen eine der stärksten Festungen im Reich. Trotz dieser Abgrenzungen blieben die Elsässer sich treu, sie waren stolz, Elsässer zu sein und entwickelten eine starke Identität mit ihrem bis heute (immer seltener) zu hörenden ›Elsasserditsch‹ und solch herausragenden Persönlichkeiten wie Matthias Grünewald, Martin Schongauer, Hans Baldung Grien, Frédéric Bartholdy und Albert Schweitzer. Die treffendste Beschreibung der Elsässer, ihrer Mentalität und Gefühle lieferten wohl Tomi Ungerer und Robert Minder: »Der Überlebensinstinkt des zum Kanonenfutter Prädestinierten hat uns in eine schlaue Schneckengesellschaft verwandelt; eine Schnecke, die sich wie ein Chamäleon mit ihren Farben leicht ins Unsichtbare tarnt. Bequem und bescheiden.«[4] Minders Charakterisierung der Elsässer klingt ganz ähnlich:

> Stärken und Schwächen seiner großen Nachbarn hat der Elsässer im Laufe der Jahrhunderte rasch zu durchschauen gelernt. Praktischer Sinn zeichnet selbst seine Mystiker aus; von Tauler bis Spener, von Oberlin bis Schweitzer. Erfahrung hat auch bei ihnen die Eigenschaft des Abwartens und Einlenkens gefördert. Sinnenfreude in einem wohlausgewogenen Land zwischen Strom, fruchtbarer Ebene und Gebirge hat den Rest vollbracht, hat die Weltoffenheit erweckt und die Aufnahme des Neuen und Guten, einfühlsame und eigenkräftige Verarbeitung beflügelt.[5]

Doch darf man nicht übersehen, daß die Elsässer immer wieder unter der Problematik litten, sich für das Französische oder Deutsche entscheiden zu müssen. Eher ironisch kommt diese Gefühlslage in dem bekannten Lied vom »Hans im Schnokeloch« zum Ausdruck:

> Un was er hett, des will er net,
> Un was er will, des hett er net.

Der Volkskundler Lutz Röhrich meint sicher nicht zu Unrecht, daß es »ja wohl die Elsässer selbst [waren], die sich mit dieser Figur identifiziert haben, die eine gewisse Unzufriedenheit auszeichnet, ein Hin- und Hergerissensein, ein vorsichtiges Abwägen, eine ›Sowohl als auch‹- und ›Weder-noch‹-Persönlichkeit. Mit einem tüchtigen Schuß von Widerspruch und Opposition, aber auch Vorsicht und Skepsis.«[6]

In den letzten Jahrzehnten vor der Annexion tendierten die Elsässer eindeutig zum französischen Nationalbewußtsein, so daß es hieß, in Straßburg »bete man zwar noch deutsch, zähle aber französisch.«[7]

Der von Bismarck vom Zaun gebrochene Deutsch-Französische Krieg von 1870/71 hatte als oberstes Ziel die Gründung eines kleindeutschen Nationalstaats im Auge. Und sollte er von Dauer sein, mußte er weitestgehend im Konsens mit den übrigen europäischen Staaten verankert werden, was für Bismarck eine ungeheuer schwierig zu lösende Aufgabe war, zumal in den Köpfen der Franzosen immer der Gedanke präsent war, daß Frankreich stets bis zum linken Rheinufer gereicht hatte und die Deutschen der Auffassung folgten, daß sie kaiserliche Macht und städtische Kultur im Mittelalter im linksrheinischen Land der Staufer besessen hatten. Jahrhundertelange historische Denkweisen stießen hier aufeinander.

»Elsaß und Lothringen hätte eine weise Politik nie annektiert«, glaubte Golo Mann, er war davon überzeugt, daß

> Bismarck [...] das [ahnte]. Dem deutschen Nationalismus, dem er so manches vorzuenthalten gedachte, auch noch diesen alten Herzenswunsch, das Elsaß zu verweigern, war jedoch mehr als er konnte; wozu 1870 die strategischen Argumente der Generale kamen; nicht zuletzt auch seine eigene alte Neigung zum Annektieren und Einschlingen. Die Folge davon war das ›Reichsland Elsaß-Lothringen‹; eine Kombination französischer Provinzen oder Provinzteile, die unter sich nur das Eine gemeinsam hatten, daß sie nicht zum deutschen Reich zu gehören wünschten. Deutschland gab ihnen, was es eben konnte: tüchtige Verwaltung, eine reich dotierte Universität in Straßburg, nützliche und pomphafte Baulichkeiten, wirtschaftliche Blüte.[8]

In Frankreich empfand man dies anders: »Dann kam die ›Katastophe‹: 1870 [...]. Bei diesem Ereignis haben wir Franzosen lange Zeit nur an unser eigenes Unglück gedacht – die Abtrennung unseres Landes, der Verlust unserer Ersparnisse, unsere Erniedrigung und Demütigung.«[9] Wie sehr Frankreich unter diesem Krieg gelitten hat, zeigen auch die Briefe Gustave Flauberts (1821–1880) aus jener Zeit. Da sich viele elsässische Bürger 1870 als Franzosen fühlten, wanderten bereits ein Jahr später ca. 100 000 in verschiedene Städte Frankreichs aus, denen dann später noch einmal so viele folgten, unter ihnen auch viele Angehörige der französischen Universität, insbesondere auch junge Menschen, die den preußischen Drill beim Militär fürchteten. Die wenigen Hinweise auf das schwierige Kapitel »Elsaß und die Annexion 1870« sollen mit der kritischen Äußerung des Historikers Hans-Ulrich Wehler beschlossen werden: »Elsaß-Lothringen ist ein nicht eingegliedertes, für das deutsche Staatsleben nicht gewonnenes Reichsland geblieben und nicht über den staatsrechtlichen Notbehelf der Annexionszeit hinausgekommen [...]. Im Rückblick scheint es so, als ob der Reichslandpolitik mit ihren Mängeln und Schwächen etwas Zwangsläufiges anhaftete, bis hin zum inneren und äußeren Verlust Elsaß-Lothringens.«[10] Inzwischen ist das Elsaß mit Straßburg zu einem Zentrum der europäischen Einigung geworden.

Die Kaiser-Wilhelm-Universität und die Universitätsklinik

Die 1872 gegründete Kaiser-Wilhelm-Universität in Straßburg war die modernste im Reich. Der badische Freiherr Franz von Roggenbach, der die Liberalen in Baden zur regierenden Partei geführt hatte, berief als Kurator zusammen mit Friedrich Althoff, dem mächtigen Mann im preußischen Kultusministerium in Berlin, die ersten Professoren. Viele von ihnen besaßen noch die national-liberale Gesinnung, die ihre Tradition in der Zeit der Paulskirche hatte. Sie verwirklichten reformerische Ideen in positivistisch-fortschrittlichem Zeitgeist und lehnten die Geheimrats- und Talar-Universitäten ab. Innere Neuerungen betrafen die Errichtung von eigenständigen Instituten und Seminaren, die jeweils mit eigenen Bibliotheken ausgestattet waren, was eine innovative Wirkung der Institute sehr förderte. Es galt der Wahlspruch »Litteris et Patriae«. Führend war unter anderem Ludwig Dehio, der diese Gesinnung kurz und klar mit den Worten zusammenfaßte: »Sie [die Universität] hatte zu kämpfen für und um eine junge Mission, und sie war ein Siegel auf die Einigung der Nation.«[11]

Von den Elsässern allerdings wurde die Universität als »Speerspitze der Germanisierung« empfunden. Junge Leute, die es sich finanziell leisten konnten, waren vielfach abgewandert, und so ließ der werbende Reiz-Effekt auf sich warten. Fremd wirkten die in gesellschaftlich hoher Stellung lebenden Professoren, die Sitten des deutschen Studentenlebens und »das asketische Evangelium der faustisch ins Weite greifenden Wissenschaft«.[12] Kußmaul wird später darauf verweisen, daß es ein Charakteristikum gerade der alten Straßburger Universitätsanstalten war, auf das Praktische ausgerichtet gewesen zu sein. Noch 1973 berichtete Sabine Herrenschmidt in ihren Memoiren, daß sie in ihrer

Abb. 71 Hauptgebäude der Kaiser-Wilhelm-Universität Straßburg mit der Inschrift »Litteris et Patriae«; um 1880.

Studienzeit keine Kontakte zu Deutschen gehabt habe, was Fortkommen und Karriere betraf, jedoch durchaus im karitativen Bereich und der Medizin: »Nous avons tous consulté les grands médecins comme le Professeur Cahn, de renommé mondial [...].«[13]

Die deutschen Professoren fühlten sich mit ihren Familien in Straßburg wohl, wenngleich sie sich bisweilen wie »in einer Kolonie« vorkamen.[14] Andere, wie Elly Heuss-Knapp, nahmen das Gespaltensein zwischen Deutschen und Elsässern sehr intensiv und schmerzlich wahr. Der Historiker Friedrich Meinecke prägte, auf seine Straßburger und Freiburger Zeit zurückblickend, den Begriff von der »oberrheinischen Kulturprovinz«, unter der er viele Aspekte subsumierte, so das fröhliche und offene Leben des Südens, den Geist dieser Landschaft und ihre Wissenschaft, die in der südwestdeutschen Philosophie ihren besonderen Ausdruck gefunden hatte, ebenso auch die einzigartige Natur mit der Verbindung von Elsaß und Baden durch den Rhein sowie die elsässischen und deutschen Künstler.[15]

Die Ärzte waren vor 1870 französisch gesonnen und hielten deutlichen Abstand zur neuen Medizinischen Fakultät. Freilich hatten sich »die Mediziner des Wohlwollens eines Landes zu erfreuen, das seit Alters her gute Ärzte und medizinische Anstalten zu schätzen gewußt hatte. Die Kliniken wurden bis zuletzt stattlich, durch [den Architekten Paul] Bonatz sogar schön, ausgebaut. Sie haben mehrfach die Bewunderung französischer Fachmänner erregt [...].«[16] Dekan der Medizinischen Fakultät war von der Neugründung an viele Jahre lang der Pathologe und Virchow-Schüler Daniel von Recklinghausen (1833–1910). Sein Denkmal steht heute noch im Innenhof zwischen den von ihm erbauten Instituten der Anatomie und Physiologie, wobei letzteres ein Medaillon des bedeutenden Neuerers der Physiologie, Johannes Müller (1801–1858), schmückt. Recklinghausens Institut erwarb sich Weltruf, ebenso wie die seiner Kollegen, des Physiologen Ludwig Goltz (1834–1902), des physiologischen Chemikers Felix Hoppe-Seyler (1825–1895) sowie des Begründers der experimentellen Pharmakologie,

Abb. 72a Das Bürgerspital in Straßburg: 1717–1725 nach den Plänen von François-Rodolphe Mollinger erbaut.

Abb. 72b ›Straßburger Stiegengeländer‹ im Louis-Quartorze-Stil aus zisiliertem Eisen und massiver Eiche; im heutigen Bürgerspital.

Oswald Schmiedeberg (1838–1921). Theodor Billroth, für den die Fakultät die beste Deutschlands war, hatte einen Ruf auf den chirurgischen Lehrstuhl abgelehnt, für ihn kam Georg Albert Lücke (1829–1894), mit dem Kußmaul eng zusammenarbeitete. Insgesamt war die Universität eine blühende Anstalt und hatte den Ruf einer spezialisierten Arbeitsuniversität.

Die Medizinische Universitätsklinik war das alte Bürgerspital. Das Gebäude war von 1717 bis 1725 nach den Plänen von François Rodolphe Mollinger, der auch ein Schüler von Andreas Schlüter in Berlin gewesen war, gebaut worden, und zeichnete sich durch eine klare Architektonik und französischen Geschmack aus; besonders ansprechend wirkt der feingegliederte, vierstöckige Dachstuhl. Der Bau ist heute noch erhalten und wird klinisch genutzt, innen findet sich noch manches aus vergangenen Tagen, so die berühmten Straßburger Holztreppen mit ihren kunstvollen Geländern und auch die alte Standuhr aus Kußmauls Arbeitszimmer. Die Räumlichkeiten waren damals mit zwei Männersälen mit je 36 Betten und einem Frauensaal mit 20 Betten eher beengt. Der Nachfolger Kußmauls, Naunyn, konnte 1902 eine neu errichtete Klinik beziehen.

Berühmter Kliniker in Deutschland und Europa

> ... Für die reifsten Ärzte gilt Napoleons bekannter Spruch von den Generalen:
> Die Besten sind diejenigen, welche die wenigsten Fehler begehen ...
>
> *A. Kußmaul*

Durch kaiserlichen Erlaß wurde Kußmaul also zum Professor der Medizin der Straßburger Fakultät sowie zum Direktor der Medizinischen Klinik und Poliklinik ab dem 1. Oktober 1876 ernannt. In der Urkunde heißt es:

> Wir Wilhelm, von Gottes Gnaden Deutscher Kaiser König von Preußen, etc. etc. thun kund und fügen hiermit zu wissen, daß Wir im Namen des Deutschen Reiches Allermächtigst geruht haben, den Großherzoglich-Badischen Geheimrat Prof. Dr. Adolf Kußmaul zum Ordentlichen Professor in der Medizinischen Fakultät der Universität Straßburg zu ernennen. Es ist dies in dem Vertrauen geschehen, daß der Professor Dr. Kußmaul Uns in unverbrüchlicher Treue ergeben sei und die Pflichten des ihm übertragenen Amtes nach Maßgabe der Statuten und Ordnungen der Universität in ihrem ganzen Umfange, mit stets regem Eifer erfüllen werde, wogegen sich derselbe Unseres Allerhöchsten Schutzes in dem mit seinen gegenwärtigen Amte verbundenen Rechten zu erfreuen haben soll.[17]

Das Gehalt betrug 12000 Reichsmark pro Jahr, an Jahresmiete hatte Kußmaul 3500 Mark zu zahlen. Die Wohnung der Familie, die in der St. Elisabethstraße 8 in der Nähe der Klinik lag, nannte Kußmaul »schon ein kleines chateau [...], entre cour et jardin«.[18] Bereits am 17. Dezember 1876 konnte Kußmaul an seinen »lieben, alten Freund« Professor von Franzius schreiben: »Uns geht es gottlob allen gut. Bis jetzt hatte ich keinen Grund, den Tausch von Freiburg mit Straßburg zu bedauern. Mein Haus dort hätte ich doch nicht mehr behaglich genießen können, seit man mir die [unleserlich] auf Brust setzte, und während ich dort mit den Jahren eher mehr Arbeit hätte leisten müssen, kann ich hier hoffen, späterhin erleichtert zu werden. Übrigens schwimmt man hier in einem mächtigen wissenschaftlichen Strome, der mich prächtig erfrischt.« [...] Was die Arbeitsbelastung betraf, sollte sich Kußmaul gründlich getäuscht haben: Sie war enorm, zumal er viele Jahre lang

Leiter des Verwaltungsrates der Spitalstiftung war. In einem Brief vom 4. April 1886 kommt diese deutlich zum Ausdruck:

> Dazu kommt noch, daß mich das Übermaß von Anstrengung bös mitnimmt. Das Wachen und Stehen, die ewige Aufregung am Krankenbett des Erbgroßherzogs in Karlsruhe, worüber besser mündlich zu berichten, das Reisen hin und her, die Arbeit hier, wo ich heimgekehrt an einem Tage die Geschäfte von 2 und mehreren nachholen muß, bringen mich herunter. Ohne dies habe ich ein schlimmes Semester hinter mir, in dem ich viel unwohl war und sehr viel leisten mußte.[19]

In den Erinnerungen von Ludwig Edinger ist nachzulesen, wie sich der Wechsel von Prof. Leyden zu Kußmaul in der Klinik abspielte. Beide hatten in jungen Jahren als Militärärzte gedient, waren aber vom Wesen her grundverschieden. Leyden, der von 1862 bis 1865 Bataillonsarzt im Garde-Füsilierregiment gewesen war, blieb der Typ eines Militärs, was auf Kußmaul überhaupt nicht zutraf. Für Edinger war Leydens Art, Patienten zu untersuchen »pedantisch«; die Krankheit nahm er als Naturerscheinung, die ganz »objektiv« geschildert werden mußte, der »Gang des Status« mußte exakt eingehalten werden, ohne Rücksicht auf vorliegende Klagen und »leider auch ohne Rücksicht auf den Kranken«. Es fiel Edinger sehr unangenehm auf, wie sehr die Kranken unter der Betreuung und die jungen Ärzte unter der Ausbildung Leydens litten. Kußmaul war über eine solche Scheinexaktheit entrüstet.[20]

Er sorgte für erste Änderungen im Klinikbetrieb noch bevor er seine mit Spannung erwartete Antrittsvorlesung hielt. Edinger wertete sie als positives Beispiel für die Altersweisheit eines erfahrenen Arztes. In Freiburg hatte Kußmaul den Entwurf seines medizinisch-ärztlichen Universums vorgestellt, das von der Antike bis zur neuesten Zeit reichte. In Straßburg erfuhren die Studenten von seinen Erfahrungen, wie man sich an eine Krankheit und ihr Verständnis herantasten muß, und sie wurden mit der – wohl für viele überraschenden – Auffassung konfrontiert, daß es in der Wissenschaft keinen festen Autoritätsglauben geben dürfe:

> Mit welcher Erwartung hatten wir Studenten diesem Vortrage des berühmten, eben aus Freiburg gekommenen Klinikers entgegengesehen. Er führte uns einen Kranken vor, der ziemlich alle Erscheinungen des damals in Strassburg häufigen Nervenfiebers bot und schloss auch, dass der Kranke ein solches habe,

> aber er erinnerte, dass die tuberculöse Hirnhautentzündung der Erwachsenen zuweilen ganz ähnliche Symptome machen könne, und dass eben diese Krankheit sich hier nicht sicher ausschliessen lasse. Am nächsten Tage führte der Lehrer uns abermals an das gleiche Krankenbett, um zu erläutern, dass die etwas veränderten Symptome zur festeren Annahme einer Meningitis zwängen, und am dritten Tage sahen die zu Autoritätsglauben mehr oder weniger geneigten Studirenden denselben Kranken abermals, weil der berühmte Kliniker uns eingestehen wollte, dass er zur Annahme eines Typhus zurückgekehrt sei. Die Sektion hat später die letzte Ansicht auch bestätigt. Hier lernten wir alle gleich, welche Schwierigkeiten sich dem Arzte draussen in der Praxis bieten können, und war die dreimalige Vorstellung des gleichen Kranken auch für uns jüngere keineswegs so interessant, wie etwa ein Vorstellen neuer Kranker es gewesen wäre, wir haben damals eine Lehre bekommen, die sich unvergesslich einprägte und haben gleichzeitig gelernt, dass es in der Wissenschaft keinen festen Autoritätsglauben geben darf. Eine Autorität ersten Ranges war bescheiden genug, uns das zu lehren.

»Nicht eigentlich glänzend«, sei der Vortrag gewesen, wie Edinger im nachhinein meinte, »aber ungemein präzise.«[21]

Neben der klinischen Arbeit und der Lehre am Krankenbett bildete die Konsultationspraxis einen wichtigen Teil der ärztlichen Tätigkeit. Der gesuchte und geschätzte Arzt unternahm ausgedehnte Reisen ins In- und Ausland. Daneben wurde er auch oft schriftlich um Rat gefragt, manche seiner Antworten sind erhalten, leider fast immer nur bruchstückhaft, ein Großteil der Briefe aber fehlt. Gut dokumentiert sind jedoch zwei Reisen nach San Remo. Die erste im Jahr 1882 führte über Genua, wo bereits die erste Beratung stattfand. Der Patient in San Remo hatte Leberabszesse, von denen zwei punktiert werden mußten. Kußmaul stand mit Czerny in Heidelberg in Kontakt, damit dieser sich eventuell für eine Operation bereithielt. Ein Honorar von 1000 Mark sollte, laut Kußmauls Angaben, erhoben werden.

Die zweite Reise unternahm er am 24./25. Februar 1888 kurz vor seiner Emeritierung. Ein kaiserlicher Befehl hatte ihn auf Vorschlag des Berliner Chirurgen Professor Ernst von Bergmann (1836–1907) an das Krankenbett des preußischen Kronprinzen Friedrich Wilhelm gerufen. Kußmaul war als einziger Internist zugelassen, der die Lunge zu untersuchen hatte, da festgestellt werden sollte, ob sie von der Kehlkopfkrankheit, an der der Kronprinz litt, mitbefallen war. Die deutschen

Ärzte diagnostizierten Krebs, der englische Arzt Morel Mackenzie hingegen eine gutartige Knorpelwucherung. Mackenzie, eigentlich Spezialist für Kehlkopfkrankheiten, hatte das Flair eines Modearztes und stellte dem Fürsten für eine Konsultation in San Remo von wenigen Tagen Dauer eine Rechnung von 60 000 Mark.

Kußmaul, der auf Veranlassung Mackenzies nur die Lungen untersuchen sollte, fand sie ohne krankhaften Befund, untersuchte aber zusätzlich den Kehlkopf, analysierte die mikroskopischen Präparate Bergmanns und diagnostizierte Krebs in einem bereits zerfallenden Kehlkopftumor. Kußmaul, tief erschüttert über den Zustand des Patienten, legte seine Meinung in zwei ausführlichen Gutachten nieder. Als er die Heimreise antrat, soll die Kronprinzessin, von Michael Freund als »Papagei Mackenzies« bezeichnet, über den »Professor aus Straßburg« geäußert haben, daß er »wie Rübezahl aus[sah]. Professor Kußmaul sei ein verkalkter Mann, der noch dazu aus einer ganz veralteten Schule komme.«[22] Er wird diese Beleidigungen verwunden haben, ihm waren solche haltlosen Vorwürfe wohl bekannt, denn in einem Brief aus Franzensbad in Böhmen ist zu lesen: »Schließlich ist es immer die Schuld des Arztes, wenn Patienten durch ihre eigenen Unklugheiten Schaden leiden, die üblen Ausgänge werden stets uns zur Last gelegt.«[23]

Der Fall des Kronprinzen war aber auch deshalb so schwierig gewesen, weil die Ärzte sich nicht einig waren und untereinander stritten, worunter der Patient zusätzlich zu leiden hatte. An dieser Auseinandersetzung wurde seinerzeit viel öffentliche und private Kritik geübt, denn sie ging durch die Weltpresse. Manfred Vasold zitiert hierzu einen Brief Billroths: »Ich habe selbst schon Könige behandelt und weiß, welchen Pressionen man da nachgeben muß. Im allgemeinen wird jeder Bettler im Spital rationeller behandelt als die höchsten Herrschaften.«[24]

Für die klinisch-wissenschaftliche Tätigkeit ergab sich in Straßburg im Vergleich zu Freiburg ein Wandel. Kußmaul hatte sich vorgenommen, klinische Arbeiten fast ausschließlich durch seine Assistenten veröffentlichen zu lassen, es waren 62 Publikationen, während aus seiner eigenen Feder nur acht stammten.[25] Schwerpunkt des Forschungsinteresses war nach wie vor die Magenpathologie, die bedeutende Entdeckungen wie die sogenannte freie Magensäure und die perniziöse Anämie ermöglichte. Darüber hinaus gab es Publikationen über Infektionskrankheiten und neurologische Krankheitsbilder. Durch die Entdeckungen in der Bakteriologie und der Antisepsis in der Chirurgie verschob sich der klinische Schwerpunkt in späteren Jahren deutlich hin zu internistisch-chirurgischen Problemen. Es war der Beginn und die Pionierzeit der Bauchchirurgie. Indikationen mußten gefunden und ausprobiert, Techniken erprobt und verbessert werden. Dies kam Kußmauls »chirurgischer Ader« sehr entgegen, und die Zusammenarbeit zwischen ihm und Professor Lücke, überhaupt zwischen den beiden Kliniken, war vorzüglich. Den Anfang für die Erschließung dieser Operationsfelder hatte Billroth mit seiner ersten Magenteilresektion 1881 gemacht. Wiederum ist Edingers Aufzeichnungen zu entnehmen, welche heute unvorstellbaren Praktiken damals angewandt wurden:

> Alle Operationen wurden unter dichtestem Karbolnebel gemacht, und das hielt man für so wichtig, daß wenn, wie es leider oft vorkam, der Kranke doch irgendwie septisch wurde, immer irgendein Moment, wo der Spray während der Operation versagt hatte (das kam auch immer wieder vor), als Ursache angesehen wurde. Ursache der sehr schlechten Ergebnisse, die man damals hatte, war aber weder mangelnde Exaktheit noch Leichtsinn, sondern im wesentlichen der Umstand, daß man die Hände gar nicht und die Instrumente nur ganz ungenügend zu reinigen wußte. Noch viel mehr als die Medizin glaubte damals die Chirurgie von der eingehenden Berücksichtigung theoretischer, nicht direkt ad rem gehender Arbeit absehen zu dürfen. Das ist ja erst durch Robert Koch geändert worden. Wir Studenten, die wir die vorantiseptische Zeit nicht gekannt, konnten angesichts der häufigen, eitrigen Erkrankungen gar nicht die täglich äußerste freudige Zuversicht Lückes verstehen, der sich jetzt an Operationen wagte, die er früher nur ungern oder gar nicht ausgeführt hatte. Unter unseren Augen aber besserten sich im Laufe der nächsten Jahre die Resultate und damit stieg der Mut des Chirurgen.[26]

Als Beispiel für die »freudige Zuversicht Lückes« bei Operationen mag ein Hinweis in der 1886/87 erschienenen *Deutschen Zeitschrift für Chirurgie* dienen, in der Lücke selbst berichtete, wie spontan Operationen durchgeführt wurden: »Herr Professor Kußmaul sah die Kranke gegen abend, fand einen aufgetriebenen Leib [...], die von Kußmaul vorgeschlagene Operation wurde gegen 8 Uhr abends von mir [...] vorgenommen.«[27]

Eine umfangreiche Arbeit, die Kußmaul auch in seinem Literaturverzeichnis aufführt und mit der Anmerkung »Neun operierte Fälle wurden aus meiner Klinik der Chirurgischen überwiesen«[28] versah, trägt den Titel *Die Gastroenterostomie an der Strassburger Chirurgischen Kli-*

nik.[29] Die Gastroenterostomie ist eine operativ geschaffene Verbindung zwischen Magen und Dünndarm, mit der die unterbrochene Verdauung im Magen-Darmkanal wiederhergestellt wird. Die Notwendigkeit dieser Umgehungsoperation ergibt sich häufig aus dem Verschluß des Magenpförtners (Ausgang des Magens) durch Magenkrebs, seltener durch entzündliche Verengung. Die Erfolge schufen allgemeine Zufriedenheit; Kußmaul konnte erleben, wie sehr seine Hoffnung und Prophezeiung sich täglich erfüllte, die er in seiner umfangreichen Freiburger »Magenarbeit« zwanzig Jahre zuvor ausgesprochen hatte. Damals hatte er über »die kühneren Geschlechter einer fernen Zukunft« geschrieben, die es unternehmen werden,

> in solchen Fällen durch Gastrotomie, Anlegung einer Magenfistel und Erweiterung der Striktur mit Messer oder Sonde radikale Erfolge zu erzielen, wer möchte diese Frage heutzutage zu beantworten wagen? Man muß doch fürchten, schon durch ihre Aufstellung leisen oder lauten Spott zu ernten.[30]

So schloß sich für Kußmaul, dem theoretischen Vordenker wie dem Praktiker, dem das Wohl seiner Patienten so sehr am Herzen lag, ein Kreis. Die Magenausgangsstenose hatte er mit der Magenpumpe behandelt, nun konnte den von ihm nicht mehr behandelbaren Patienten mit der Operation weitergeholfen werden.

Kußmauls Stellung und Bedeutung in der Medizin Deutschlands wird unter anderem auch daran deutlich, daß er den vier Gründungsmitgliedern des »Congresses für innere Medicin« angehörte. Dieser konstituierte sich vom 20. bis 22. April 1882 in Wiesbaden, wo er als Tagung der »Deutschen Gesellschaft für Innere Medizin« bis heute fortbesteht.

Ein großer Freund von Kongressen war Kußmaul im Alter allerdings nicht, wie aus einem Brief an Czerny vom 8. 2. 1882 hervorgeht: »Wenn ihr zu Anfang April in Baden seid, wollen wir auch über die Ostertage hinüberkommen. Doch werde ich zu dem Medicinerkongresse gehen müssen, den Leyden zusammentrommelt zwischen 12.–20. April, wo? steht noch nicht fest. Vielleicht in Jena oder Eisenach oder sonst wo? Ich bin halb und halb durch eine Zusage gebunden.«[31]

Erster Vorsitzender des »Congresses« war Friedrich Theodor von Frerichs (1819–1885) aus Berlin gewesen. Der Kongreß engagierte sich für die Einheit der medizinischen Wissenschaft als Aufgabe der inneren Medizin. Das bedeutendste Referat hielt damals Regierungsrat Dr. Robert Koch (1843–1910) aus Berlin. Er hatte in jenem Jahr die Tuberkulose eindeutig als Infektionskrankheit erkannt und als deren Ursache das Tuberkelbakterium isoliert: »In Zukunft wird man es im Kampf gegen diese schreckliche Plage des Menschengeschlechtes nicht mehr mit einem unbestimmten Etwas sondern mit einem fassbaren Parasiten zu thun haben, dessen Lebensbedingungen zum grössten Theil bekannt sind und noch weiter erforscht werden können.«[32]

In Kußmauls Straßburger Zeit fielen die großen Entdeckungen der Bakteriologie. Als 1876 der Milzbranderreger und 1882 das Tuberkelbakterium entdeckt wurden, erkannte Kußmaul, im Gegensatz zu Virchow, sofort die revolutionäre Wendung, die dies für die klinische Medizin bedeutete. Er fühlte sich Koch insofern nahe, als sie beide als Landärzte begonnen hatten! Von Cahn wissen wir, wie offen und mit welch feurigem Eifer Kußmaul diese Erkenntnisse in den Klinikalltag aufnahm.

> Mit überaus regem Interesse verfolgte er von ihren unscheinbaren Anfängen an das Gebiet der aetiologischen Forschung. Die Entdeckung der Milzbrandbacillen … wurden in der Vorlesung als grundlegend für die Pathologie gefeiert. Als die ersten Arbeiten Koch's über den Milzbrand, die Wundinfectionskrankheiten erschienen, da pries Kußmaul sofort die große Bedeutung dieser Entdeckungen für die Klinik. Als gar die große, die medicinische Welt in Begeisterung versetzende Entdeckung des Tuberkelbacillus bekannt wurde, als die Klinik von den allzu engen, rein morphologischen Fesseln befreit wurde, in welche die Anatomie die vielgestaltigen tuberculösen Processe eingezwängt hatte, da hat Kußmaul wie ein Jüngling in feurigem Eifer sich an die Arbeit gesetzt. Wieder und wieder musste der vom Kliniker so lange vorausgesetzte Nachweis von der aetiologischen Einheit an verschiedenen zur Beobachtung kommenden Fällen tuberculöser Erkrankung erbracht, die reinliche Scheidung der tuberculösen Lungenaffectionen von andersartig begründeten nachgewiesen werden. So modern ist der Altmeister, dass er sofort dem Fortschritt der Zeit huldigte und freudig folgte.[33]

Kußmauls Gedenkrede auf Benedict Stilling (1809–1879)

Alles schuf er durch sich.

Kußmaul über Stilling

Auf der 52. Versammlung Deutscher Naturforscher und Ärzte hielt Kußmaul am 18. September 1879 auf der ersten allgemeinen Sitzung die *Gedächtnisrede auf den ersten Geschäftsführer der vorjährigen Versammlung Deutscher Naturforscher und Ärzte, Dr. Benedict Stilling zu Cassel.*[34] Für ihn war es eine dankbare Pflicht, Stillings zu gedenken, der die vorige Versammlung in Kassel so hervorragend organisiert habe, daß sie eine der glänzendsten gewesen sei: »Sein letztes Werk galt uns, so gelte denn heute unser erstes Wort ihm!«[35] Er verwies auf die Bedeutung von Stillings Werk und dessen herausragende Persönlichkeit. Weiterhin wandte er sich allgemeinen gesellschaftspolitischen und wissenschaftlichen Fragen zu und sprach auch über den Antisemitismus.

Auf Leben und Werk Stillings soll hier kurz verwiesen werden. Kußmauls Rede lag eine inzwischen verschollene Autobiographie Stillings zugrunde. Er wurde am gleichen Tag wie Kußmaul, am 22. Februar 1810, im damals kurhessischen Städtchen Kirchhain ge-

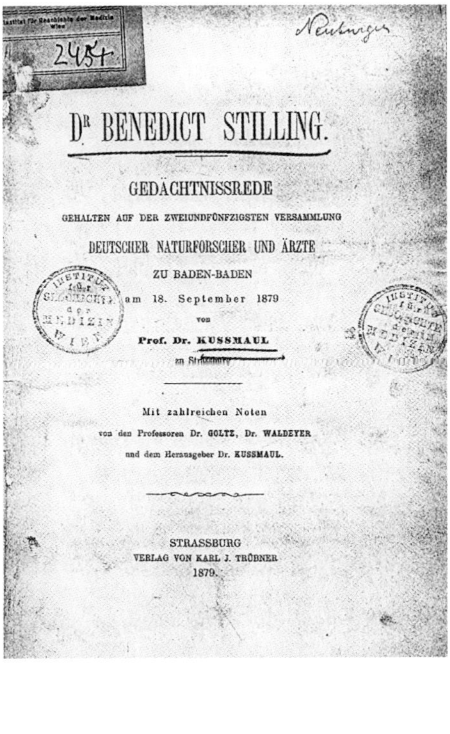
DR BENEDICT STILLING.

GEDÄCHTNISSREDE

GEHALTEN AUF DER ZWEIUNDFÜNFZIGSTEN VERSAMMLUNG

DEUTSCHER NATURFORSCHER UND ÄRZTE

ZU BADEN-BADEN

am 18. September 1879

von

Prof. Dr. KUSSMAUL

in Strassburg

Mit zahlreichen Noten

von den Professoren Dr. GOLTZ, Dr. WALDEYER

und dem Herausgeber Dr. KUSSMAUL.

STRASSBURG

VERLAG VON KARL J. TRÜBNER

1879.

Abb. 73
Titelblatt der Gedenkrede auf Benedict Stilling.

boren. Zwei evangelische Theologen erteilten dem »aufgeweckten kleinen Juden« den ersten Unterricht. Am Philippinum in Marburg legte er sein Abitur ab und erwarb an der dortigen Universität seine Promotion mit dem Prädikat »summa cum laude«. Nach kurzer chirurgischer Assistentenzeit wurde er von 1834 bis 1840 Regierungs-Wundarzt in Kassel, erstmals erlangte damit in Kurhessen ein Jude eine öffentliche Stellung! 1838 heiratete er die jüdische Bankierstochter Minna Büding. Aus der glücklichen Ehe gingen 1842 Jacob, 1849 Moses, genannt Theodor, und 1853 Heinrich hervor. Die Disziplin des Vaters, sein enormes Arbeitspensum und seine intellektuelle Geradheit bestimmten die Erziehung der Söhne. Die Söhne Jacob und Heinrich wurden Medizinprofessoren: Heinrich in Lausanne, Jacob in Straßburg Kußmauls Kollege für das Fach Augenheilkunde.[36] Durch intensive antisemitische Machenschaften auf höchster Ebene, nämlich durch den Kurfürsten Friedrich-Wilhelm I. selbst, kam es zur Entlassung Stillings aus dem Staatsdienst. 1840 ließ er sich als praktischer Arzt in Kassel nieder. Stilling führte seit dieser Zeit ein Leben mit extremer Doppelbelastung: Zum einen war er laut Kußmaul ein »Arzt und Freund seiner Kranken zugleich vielgesuchter, weithingerufener Operateur in großem Stile«, andererseits ein erfolgreicher Forscher und Wissenschaftler: »Unter das Joch der Privatpraxis gebeugt, verlor er doch nie Kraft und Muth zur anstrengtesten wissenschaftlichen Arbeit und stets umspannte er bei aller Achtsamkeit auf das Kleinste das grösste Arbeitsfeld [...].«[37] Stilling war der Erfinder beziehungsweise Erstanwender folgender Methoden: Durchführung der Keratoplastik mit zufriedenstellendem Ergebnis (Transplantation von Hornhaut am Auge); Gefäßdurchschlingung als Methode der Blutstillung; Extraperitoneale Methode der Ovarektomie; intraoperative Schnellschnittmethode und Einführung seines Urethrotoms. Mit diesem Gerät konnten Harnleiterstrikturen behandelt werden, was angesichts der häufig vorkommenden Infektionskrankheit mit Gonokokken (Tripper) besonders wichtig war. Diese Häufung von innovativen Ideen und Erfindungen dokumentiert, daß Stilling der beste Arzt in Kassel, trotz der Feindschaft des Fürsten, aber auch am Hofe war. Sein wissenschaftliches Werk mit Einzelarbeiten, monographischen Schriften und Atlanten füllt eine kleine Bibliothek. Auf dem Gebiet der reinen Wissenschaft gelang ihm die Entdeckung und Benennung des vasomotorischen Nervensystems, die er als wesentliche Wirkung des sympathischen Nervensystems erkannte. Diese Erstbeschreibung wurde ihm jedoch streitig gemacht, wie Kußmaul feststellte:

> Gestützt auf das Experiment am Thiere entwickelte Stilling zuerst jene Lehre, die wir nach seinem Vorgange die Lehre von den vasomotorischen oder gefässbewegenden Nervensystemen nennen, und erkannte zuerst die Bedeutung des sympathischen Nerven als des Hauptträgers dieses Systems. Er war sich der grossen Wichtigkeit seiner Entdeckung vollkommen bewusst; ihre Begründung, so sagte er nachdrücklich, sei der vorzüglichste Zweck seines Buches; die Hauptsätze, worin er den Kern seiner Lehre zusammenfaßte, hob er durch fette Schrift heraus. – Dies Alles hat nicht ausgereicht, ihm die Priorität einer der schönsten Entdeckungen in der Physiologie zu sichern, zur Bestätigung des alten Spruchs: Dass Gerechtigkeit ein seltenes Ding auf Erden! Es ist endlich Zeit, dass man um die Schläfe des Todten den Lorbeer flechte, den man dem Lebenden vorenthielt [...].[38]

Auch auf dem Gebiet der Gehirnforschung fand Stilling neue Methoden und machte mit diesen seine bahnbrechenden Entdeckungen. Ludwig Edinger – auch er »nur« jüdischer Arzt in Frankfurt – nahm dies in seine berühmten *Vorlesungen über den Bau der Nervösen Centralorgane* auf:

> Es ist das grosse Verdienst von B. Stilling, eine neue Methode eingeführt und geübt zu haben: die Anfertigung von dünnen Schnitten oder vielmehr ganzen Schnittserien, die in verschiedenen, aber bestimmten Richtungen durch das Organ gelegt werden. Die so erhaltenen Präparate wurden genau durchforscht, ihre Bilder combiniert und so die Anordnung und der Aufbau des centralen Nervensystems reconstruirt. Durch diese Methode und durch die Studien, die er unter ihrer Benutzung anstellte, hat Stilling die Grundlage für die moderne Anatomie des Rückenmarks, der Oblongata, des Pons und des Cerebellum geschaffen. Am 25. Januar 1842 liess Stilling bei einer Kälte von –13° Réaumur ein Stück Rückenmark frieren und machte dann mit dem Scalpell einen mässig feinen Querschnitt durch dasselbe. ›Als ich diesen‹, schreibt er, ›unter das Mikroskop brachte und bei 15facher Linearvergrösserung die prächtigen Querfaserstrahlungen (centralen Nervenbahnen) sah, da hatte ich einen Schlüssel gefunden, der die Gemächer zu dem wunderbaren Bau des Rückenmarks öffnete. Nicht froher hatte Archimedes sein Heureka gerufen, als ich bei jenem Anblick ausrief.‹[39]

Außerdem entdeckte und beschrieb Stilling viele Hirnnervenkerne (zum Beispiel Hypoglossos, Vagus, motorischer Trigeminus usw.), die jedoch unverständlicherweise nicht seinen Namen tragen.

Stillings Arbeit in Kassel war in Europa, besonders in Frankreich bekannt und berühmt. Er pflegte Kontakt mit den besten Wissenschaftlern in Paris, aber auch in London und Edinburgh, wo er seine Resultate vorstellte. »Im Frühjahr 1836 begab sich Stilling auf 6 Monate nach Paris, wo er alle damaligen Gestirne am medizinischen Himmel der Weltstadt kennen lernte und die nachhaltigsten Anregungen empfing.«[40] Über den zweiten Parisaufenthalt 1855 berichtete Kußmaul in den Anmerkungen der in Straßburg gedruckten Rede aus der verlorengegangenen Autobiographie von Stilling:

> Am 24. September wohnte Stilling einer Sitzung der Akademie bei, der alte Biot tief in den Achzigern war zugegen, Geoffroy St. Hilaire, Flourens Rayer, Brown-Séquard und viele andere Mitglieder des Instituts. Er saß unter den Zuhörern. Als Cl. Bernard eintrat, forderte er Stilling auf, ihm zu folgen, sprach einige Worte mit dem Vicepräsidenten und wies ihm nun einen Platz in der Mitte der Instituts-Mitglieder an. Bernard las ein mémoire über die zuckerzeugende Kraft der Lebersubstanz vor. Er führte dann Stilling zu Rayer, neben dem er Platz nehmen mußte und der ihn auf den Abend 7 Uhr zu sich einlud. Um halb 6 war die Sitzung geschlossen. Er speiste bei Rayer mit Cl. Bernard und Davaine. Am folgenden morgen kamen die drei Gelehrten um Stilling's Rückenmarkspräparate zu sehen: ›Voilà un feu scientifique pour faire de tels travaux!‹ riefen sie. ›Der heutige Tag‹, schreibt Stilling vergnügt, ›brachte mir einen wahren Triumph.‹[41] [...] Vierzig Jahre Arbeit hat er [Stilling] der wunderbaren Architektonik unseres Seelenorgans gewidmet [...], und schuf die Grundlage der modernen Anatomie des centralen Nervensystems. Hier war er Bahnbrecher, der Columbus einer neuen Welt.[42]

Die Normen setzenden deutschen Anatomen Kölliker und Henle erwähnten zwar die Bedeutung Stillings, aber viele seiner Erstbeschreibungen wurden nur am Rande behandelt.[43] Dennoch kamen sie wie andere Ärzte und Forscher, unter ihnen sogar der weltberühmte Carl Ernst von Baer nach Kassel, um Stillings Schnittpräparate zu sehen, so daß Kußmaul in seiner Rede die Frage stellte:

> Wie können wir das Andenken eines grossen Forsches besser ehren, als indem wir die reichen Schätze, die er der Nachwelt hinterliess, als glückliche Erben prüfend vor unseren erfreuten Blicken vorüberführen? Und wessen Interesse

sollte nicht die Lebensgeschichte eines Mannes fesseln, der ganz eigenartig und einzig unter seinen Zeitgenossen dasteht?

Und seine Antwort lautete:

Alles schuf er nur durch sich [...]. Ein glücklicher Entdecker und Erfinder auf fast allen Gebieten der Medicin, ein Gelehrter von erstaunlicher Fülle des Wissens, gehörte Stilling keiner akademischen Körperschaft an und erfreute sich nie einer öffentlichen Unterstützung; – immer war er einzig und allein auf seine eigenen Mittel angewiesen [...].[44]

Als Kußmaul Stillings Werk über die *Spinalirritation* (das vasomotorische Nervensystem) diskutierte, das auf großen Widerhall sowohl in der wissenschaftlichen als auch der praktischen Medizin gestoßen war, kam er auch auf Stillings wissenschaftliche Arbeitsweise zu sprechen:

Romberg übte die grosse Tugend vorsichtiger Enthaltsamkeit, die dem Kliniker so wohl ansteht, wenn es gilt, die Ergebnisse physiologischer Untersuchungen für die Pathologie wissenschaftlich zu verwerthen. Er ist uns hierin zum klassischen Vorbild geworden. Henle und Stilling dagegen, verwandte Naturen durch Scharfsinn und Freude am Speculieren, liessen es sich nicht nehmen, auch da, wo sie sicheren physiologischen Boden noch nicht vorfanden, so gut es eben ging, einen Untergrund aus dem gerade vorhandenen Material von Versuchen und Beobachten zu construiren. Dies war gefährlich für schwache Köpfe, die geneigt sind, gute Gedanken und geistreiche Theorien für ausgemachte Thatsachen und erwiesene Gesetze zu nehmen. Man hat dies beiden Forschern nicht ganz mit Unrecht zum Vorwurfe gemacht, indes kommt es schließlich in der Wissenschaft doch nicht auf die schwachen, sondern auf die guten Köpfe an und auf diese haben sie nur anregend und befruchtend gewirkt.[45]

Die Zugehörigkeit Stillings zum jüdischen Glauben nahm Kußmaul zum Anlaß, an den herrschenden gesellschaftlichen Verhältnissen Kritik zu üben, insbesondere an der Voreingenommenheit gegenüber Juden, die er als »confessionelle Beschränktheit der Zeitgenossen« empfand, dies zu einer Zeit, als der Antisemitismus im Reich einen Höhepunkt erreicht hatte. Im akademischen Bereich gipfelte die Judenfeindlichkeit im sogenannten »Berliner Antisemitismusstreit«. Der angesehene und tonangebende Historiker Heinrich von Treitschke (1834–1896) hatte ihn angezettelt, als er in den von ihm herausgegebenen *Preußischen Jahrbüchern* seinen berüchtigten Artikel zur Judenfrage unter der Überschrift »Unsere Aussichten« veröffentlichte. Darin hieß es: »[...] denn wir wollen nicht, daß auf die Jahrtausende germanischer Gesittung ein Zeitalter deutsch-jüdischer Mischcultur folge [...]. [...] die Juden sind unser Unglück!«[46]

Die neuere Forschung hat sich der langen Verdrängung des Stillingschen Lebenswerkes angenommen:

> Wie ein roter Faden werden sich daher die Erkenntnisse des subtilen bis grobschlächtig offenen Antisemitismus unter den etablierten Wissenschaftlern und Staatsbeamten, die wirkungsvollere Selbstdarstellung der in gesicherten Professorenstellen arbeitenden Fachanatomen, aber auch ihr Dünkel und ihre Mißgunst [...] durch diese Darstellung ziehen und einige Erklärungen für die Verdrängung des Stillingschen Lebenswerkes bieten.[47]

Ein Wendepunkt in Stillings Leben war der Entschluß, die Stelle eines »Landgerichts-Wundarztes« 1834 in Kassel anzunehmen. Kußmaul ging darauf ausführlich ein, denn diese Entscheidung hing aufs engste mit Stillings jüdischem Glauben zusammen:

> Es war das erste Mal, dass der Staat Kurhessen einen Juden anstellte. Ein hoher Beamter in Cassel, der Stilling gerne als Arzt bei sich gehabt hätte, hatte diese Ernennung bei dem damaligen Minister Hassenpflug vermittelt. Die kurhessische Verfassung hatte zwar auf dem Papier alle Bekenntnisse vor dem Gesetz gleichgestellt, in Wirklichkeit aber war noch kein Jude vom Staate angestellt worden. Stilling stand am Scheidewege. In Cassel winkte eine sichere Zukunft mit einträglicher Praxis, in Marburg lockten die Freuden der Lehrtätigkeit und die Aussicht auf eine chirurgische Lehrkanzel, das Ziel seiner sehnlichsten Wünsche. Er hätte vorgezogen, in Marburg zu bleiben, aber gebieterisch verlangten seine Glaubensgenossen von ihm als oberste Pflicht, dass er durch Annahme der Staatsstelle in Cassel die Emancipation der Juden zur Wahrheit mache. So siedelte er denn am 15. März 1834 dahin über. – Man kann diesen Entschluss nicht genug beklagen, denn Stilling wurde damit dem Lehrberufe, für den die Natur ihn wie geschaffen hatte, auf immer entzogen. Bis in sein spätes Alter hinein konnte er den Schmerz über die Resignation, die ihm damals auferlegt worden, nicht überwinden. Noch als 61jähriger Mann war er bereit, seine Stellung in Cassel, obwohl er damit die grössten äusseren Opfer gebracht hätte, mit einer Professur der Chirurgie zu vertauschen, die damals gerade an einer kleinen Universität in Süddeutschland vacant geworden war; nur durch Zufall ist dieses Project vereitelt worden.[48]

Aus den letzten Sätzen seiner Rede spricht nochmals Kußmauls tiefe Verehrung für Stilling, und sie offenbaren deutlich seine eigenen Grundsätze und Maßstäbe:

> Inmitten des Streber- und Gründerthums unserer Tage ist es ein tröstlich Ding und sichert das Vertrauen auf den endlichen Sieg der moralischen Mächte in der menschlichen Entwicklung, wenn wir auf edle Naturen stossen, wie die Stilling's, einzig erfüllt von dem Drange nach Wahrheit und keinerlei Opfer scheuend an schwerer Arbeit bei Tage, wachen Stunden zur Nachtzeit, Geld und Gesundheit im Dienste des Idealen. Ihn nöthigte zu wissenschaflicher Thätigkeit nicht der Zwang des Amtes; ihn lockte auch nicht der Durst nach Gold, seine Publikationen trugen nichts ein, sondern kosteten ihn Tausende von Thalern und seine finanziellen Verhältnisse hatten sich schon frühe so günstig gestaltet, dass er sein Leben in bequemer Musse hätte verbringen können; Aemter und Würden verweigerte ihm die confessionelle Beschränktheit der Zeitgenossen. Was ihn zur Arbeit trieb, war einzig und allein der kategorische Imperativ Kant's, was ihn lohnte, die Wissenschaft, wenn sie dem treuen Priester ihre Geheimnisse offenbarte [...]. Orden, an denen Deutschland so reich, hat Stilling nie besessen. [...] So hat denn dieser einzige Mann bis zu seinem Ende seinen Mitmenschen sich nützlich gemacht und für die Wissenschaft gewirkt. Sein Andenken bleibt gesegnet.[49]

Auf Stillings Grabstein in Kassel-Bettenhausen sind die Horaz-Worte »Exegit monumentum aere perennius« (Ein Denkmal hat er sich gesetzt, dauernder als Erz) eingemeißelt.

Die 58. Versammlung Deutscher Naturforscher und Ärzte in Straßburg 1885

Es ist nicht Sache des Arztes,
Wunden zu schlagen,
sondern sie zu heilen

A. Kußmaul

Vom 18.–23. September 1885 fand die alljährliche Versammlung Deutscher Naturforscher und Ärzte in Straßburg statt. Kußmaul war Erster Geschäftsführer und hatte als solcher die Tagung organisiert und die Eröffnungsrede gehalten.

Die Gesellschaft war und ist die älteste deutsche wissenschaftliche Vereinigung (es gibt nur ältere Akademien), und sie genoß im 19. Jahrhundert noch weit höheres Ansehen und mehr Reputation als heute. 1822 von Lorenz Oken (1779–1851)[50] gegründet, wurde sie in der Folgezeit das repräsentative Organ für Naturwissenschaften und Medizin und war ein wesentlicher Pfeiler für den Universalitätsanspruch der Wissenschaften. Von 1822 bis 1972 gab es 107 Versammlungen, bis 1913 wurden 1000 Hauptvorträge und ca. 10 000 Referate in den einzelnen Sektionen gehalten, eine einmalige Präsentation der neuzeitlichen Naturforschung und Medizin.

Ein »Hauptzweck der Gesellschaft« ist, so heißt es in den Statuten, »den Naturforschern und Ärzten Deutschlands die Gelegenheit zu verschaffen, sich persönlich kennenzulernen.«[...] Die Idee des wissenschaftlichen Austauschs war auf der 33. Versammlung 1857 in Bonn unter anderem auch Kußmaul zugute gekommen, als er Professor Gerlach aus Erlangen kennengelernt hatte, was seine Berufung an die dortige Universität nach sich zog.

Was in der ersten Zeit lediglich als »Bedürfnis wissenschaftlicher Geselligkeit« galt, wurde mit den Wanderversammlungen später zu einem wissenschaftlichen Leitgedanken: Aus der Gesellschaft wurde ein »nationales Institut« und, zu Kußmauls Zeit, »erwuchs aus dem Charakter

Abb. 74 Bankett der Naturforscher und Ärzte am 18. September 1845; Federzeichnung von E.C. Wieder.

der aufklärerischen Wissenschaftsidee die missionarische Haltung einer naturwissenschaftlich fundierten Weltanschauung«.[51]

Die Eröffnungsreden und Begrüßungsansprachen wiesen, so Heinrich Schipperges, im Laufe der Zeit typische Merkmale auf, da sie von einem ungemeinen Pathos waren. Die wissenschaftliche Arbeit in den Sektionen hingegen war im Vergleich zu den Reden und Ansprachen sehr konkret.

In der feierlichen Ergriffenheit der Eröffnung scheuten die Redner nicht vor Ausdrücken zurück wie »Priester der Natur«, »Altar der Isis«, »Tempel«, »Gralshüter« und selbstverständlich »Heiße Vaterlandsliebe«.

Kußmaul bildete beileibe keine Ausnahme, seine Sprache trug bei der Eröffnungsrede Züge hymnischen Charakters. Weitere Merkmale der Eröffnungsreden waren Topoi wie eine Laudatio auf die jeweilige Stadt (Residenzen, Universitäten, Handelsstädte) mit Rückblick auf deren Geschichte und ihre wissenschaftlichen und ärztlichen Institutionen sowie Einblicke in die Biographien berühmter Gelehrter und bedeutender Männer der jeweiligen Orte. Auch waren Nachrufe üblich, wie der Kußmauls auf Benedict Stilling. Begrüßt wurde jeweils eine breite Öffentlichkeit, so bereits im Jahre 1832 in Wien: »Präsidenten und Staatsräte, Generale und höhere Offiziere, Hof-, Regierungs- und Bauräte, höhere Geistliche, Doktoren der Rechte, Sekretäre, Bankiers, Apotheker u. f.«[52] Auch Kußmaul hielt sich in seiner Begrüßungsrede an die herkömmlichen Formen, indem er unter anderem die große Aufgabe hervorhob, die Natur der »körperlichen und geistigen Wohlfahrt der Völker« dienstbar zu machen. Er pries die Universität Straßburg als »Tempel der Wissenschaft«, die »von den Heroen des Geistes unserer Nation« geleitet werde.

Auf sehr persönliche Weise brachte Kußmaul auch Themen aus Politik, Wissenschaft und ärztlicher Kunst ein: »Meine Herren, es ist ein uns Deutschen theurer, mit heiligen Erinnerungen geweihter Boden, den sie betreten.« Auf seine eigene Abstammung anspielend, sprach er von den Alemannen als einem »kräftigen, klugen und arbeitsamen Geschlecht [...], bei dem in seltener Verschmelzung praktischer Verstand und Tiefe des Gemüthes geeint sind«. Doch, so fuhr er fort, es sei nicht seine Aufgabe, »politische Geister herauf zu beschwören oder Wunden unzart zu berühren. Es ist nicht Sache des Naturforschers, Geister zu rufen, sondern sie zu bannen und nicht Sache des Arztes, Wunden zu schlagen, sondern sie zu heilen.«[53] – Er selbst wolle Brücken bauen, Frieden stiften zwischen Elsässern und Reichsdeutschen. Wie ungemein wichtig ein solcher Appell war, bewies 1913 die sogenannte »Zabernaffaire«, eine Auseinandersetzung zwischen der deutschen Militärbehörde und Zivilisten. Preußische Offiziere hatten in dem Städtchen Zabern Elsässer grob als »Wackes« beschimpft. Dies rief nicht nur weithin beachtete Unruhen hervor, sondern löste sogar eine Verfassungskrise zwischen Reichstag und Regierung aus.

Doch Kußmaul sprach nicht nur über Politik, sondern wies im ›historischen Teil‹ seiner Rede unter anderem auf das »hehre Bild des milden [in Rappoltsweiler 1635 geborenen evangelischen Theologen

Philipp Jacob] Spener« hin. Ausführlich sprach er über Medizin und Arztsein:

> Gestehen wir es offen, meine Herren, was ist unsere ganze Medizin ohne Barmherzigkeit und ohne die Kraft der Selbstverläugnung? Wenn die Wissenschaft nach Erkenntnis und Wahrheit ringt, so braucht sie gewappnete Männer, tapfer im Streit und kühl von Verstand, wenn sie aber niedersteigt von ihren Höhen zu den Bresthaften und Geschlagenen, dann muss sie den Mantel der Demuth anlegen und in Geduld und Sanftmuth ein warmes Herz im Busen tragen. ›Nun merket‹, sagt der alte Paracelsus, ›dass Gott den Arzt unter allen Künsten und Facultäten der Menschen am liebsten hat. Darum soll er kein Larvenmann sein, kein altes Weib, kein Henker, kein Lügner, kein Leichtfertiger, sondern ein wahrhafter Mann!‹ [...] wir Aerzte sollen suchen das Reich Gottes nicht bei den Priestern, noch bei den Leviten, sondern bei den Samaritanern.[54]

Diese Worte sind insofern bemerkenswert, als Kußmaul den bärtigen Kollegen im steifen Kragen, den kaiserlichen Beamten und Generalen, den Vertretern der übrigen Wissenschaften und der Kirchen zu verstehen gab, daß sich in seiner Person beides treffe, der barmherzige Arzt und der mutige Forscher.

Die praktisch-medizinische Einrichtung Straßburgs war ein zweiter Aspekt in Kußmauls Rede:

> Das schönste Lorbeerreis in dem medizinischen Ruhmeskranze Stassburgs ist die Errichtung einer praktischen Lehranstalt für Hebammen und Geburtshelfer i. J. 1728. Nehmen wir das einzige Paris aus, so ist Strassburg hierin allen Städten vorangegangen. Ein sonst unheilvoller Mann, der königliche Prätor Klinglin, trieb dazu. Munizipale, überwiegend aber humane Beweggründe schlugen bei dem Magistrat durch. Jakob Fried, der Vater, wurde zum Leiter und Lehrer des Institutes bestellt; weder Fried noch die Anstalt gehörten der Fakultät an. Die Zahl der Geburten, schon anfangs jährlich 80, stieg auf 100–120. Diese Klinik wurde Vorbild vieler anderer und gab den Hauptanstoss zu der grossartigen Entwicklung der Geburtshilfe im vorigen Jahrhundert.[55]

In Straßburg sei stets auf das Nützliche, auf die Bedürfnisse des Lebens geachtet worden, neben hoher Bildung finde man hier Weltgewandtheit und französischen Schliff.

Das Ende dieser programmatischen Rede klingt recht aktuell: »Das berühmte Wort Montecuculis vom Kriegführen gilt auch für die beiden hier versammelten hochansehnlichen Fakultäten: die Naturwissenschaft und Medizin, sollen sie mit Erfolg bebaut werden, brauchen Geld und nochmals Geld und immer wieder Geld!«[56]

Kußmaul setzte mit seiner Rede Maßstäbe: Er versuchte, den Gedanken für Ausgleich und Frieden im Elsaß in einer breiten Öffentlichkeit zu etablieren, was erklärt, wie er in kürzester Zeit zu den geachtetsten Männern in Elsaß-Lothringen gezählt werden konnte.[57]

Abb. 75 Kußmaul in der späteren Straßburger Zeit.

Emeritierung im Februar 1888

Privates ist aus den zwölf Jahren in Straßburg kaum überliefert. Ein Aquarell zeigt ihn bei einem Buchhändler vor dem Münster. Von einer ärztlichen Beratung hingegen existieren zwei unterschiedliche, sich ergänzende Darstellungen. Kußmauls Kollege Professor Wilhelm von Waldeyer-Hartz war Anatom in Straßburg; er berichtete in seinen Lebenserinnerungen, die übrigens explizit auf Kußmauls *Jugenderinnerungen* und seine berühmte Einleitung Bezug nahmen:

Kußmaul pflegte, wenn er seine klinischen Verpflichtungen erledigt hatte, zu mir auf die Anatomie zu kommen, wo er wußte, daß ich zu dieser Zeit sicher zu treffen sei, sich mit mir über unsere eigenen Arbeiten und andere medizinische Dinge, aber auch in gemütlichem Plaudertone, der ihm in selten fesselnder Weise eigen war, über sonstige Erlebnisse und über die Tagesereignisse zu unterhalten. So verdanke ich ihm manche anregende und erquickliche Stunde. Eines von Kußmauls eigenen Erlebnissen mag hier mitgeteilt sein: Der verstorbene Großherzog Friedrich von Baden, sicher einer der achtens- und liebenswertesten Fürsten seiner Zeit, war, als Kußmaul bereits von Freiburg nach Straßburg übersiedelt war, an einem schweren Typhus erkrankt. Der Leibarzt des Großherzogs, Dr. Tenner, war Kußmauls Freund, Studien- und Arbeitsgenosse; er veranlaßte, daß Kußmaul als ärztlicher Berater zugezogen wurde. Als dieser, der am Großherzoglichen Hof gut bekannt und angesehen war, bei dem hohen Kranken erschien, fand er die Großherzogin am Bette ihres Gemahls, ihn besorgt überwachend und ihn öfter anredend. Kußmaul merkte, daß die um den Kranken, wie er bald erfuhr, fast ständig weilende besorgte Frau in ihrer Sorge des guten zuviel tat und er bat, nachdem er einige Fragen an den Kranken gerichtet hatte, die Großherzogin, ihm in ein anstoßendes Zimmer zu folgen, um ihr, wie er vorwandte, einige Verhaltensmaßregeln für die Besorgung des Kranken zu geben. Er sagte ihr da, daß vor allem bei solchen Fällen die größte Ruhe nötig sei und daß es sich deshalb empfehle, den Kranken möglichst viel allein unter der Obhut seines Arztes und eines Wärters zu lassen. Die Frau Großherzogin betonte darauf, daß es doch vorzugsweise ihre Sorge sein müsse, über ihren Gemahl zu wachen und seine Pflege zu übernehmen, sie möge sich das nicht nehmen lassen. Da sagte ihr Kußmaul, daß er das zwar vollkommen anerkenne, daß jedoch die Krankheit sich noch lange hinziehen könne und es deshalb Pflicht der hohen Frau sei, sich selbst frisch und leistungsfähig zu erhalten; namentlich möge sie sich die Nachtruhe gönnen. Auf Dr. Tenner und dessen Anordnungen könne sie sich unbedingt verlassen. Diese Nacht werde er selbst im Nebenzimmer des Kranken die Wache übernehmen. Es gelang Kußmaul, der in seinem ganzen Wesen als Arzt und als Mensch etwas so beruhigendes und Vertrauen einflößendes hatte, wie ich es bei keinem anderen Arzte in meinem Leben gesehen und selbst empfunden habe, die Großherzogin zu überzeugen. Er begab sich darauf allein in das Krankenzimmer zurück, ließ alle um den Kranken Anwesenden, außer Tenner und dem alten Leibdiener des Fürsten, das Zimmer verlassen, untersuchte den Kranken genau, bettete ihn dann selbst mit Hilfe Tenners und des Dieners und sagte dem Großherzog, er halte es für das Richtigste, wenn hauptsächlich der Leibdiener zur

Pflege anwesend sei; die Großherzogin bedürfe der Ruhe, die er ihr dringend empfohlen habe. Daraufhin reichte der Kranke Kußmaul die Hand, sah ihn verständnisvoll an und sagte: ›Ich danke Ihnen!‹[58]

In einem Brief Kußmauls aus dem Karlsruher »Großen Palais« vom Sonntag, den 20. März 1886, an Czerny in Heidelberg, ist nachzulesen, wie schwer und anstrengend solch ärztlicher Dienst für ihn war und wie hart er für sein ärztliches Ansehen und seinen Ruhm arbeiten mußte. Außerdem ist der Brief ein Indiz dafür, wie Erlebtes sich in der Erinnerung zum Positiven verändert:

> Ich sitze noch hier, gestern kam ein entzündlicher Nachschub, zuerst in die Gelenke, und in der Nacht in den rechten Pleurasack! Du kannst dir denken, wie die Stimmung ist. [...] Heute Nacht, die sehr schlimm verlief wachte ich und besorgte den Kranken bis 5 Uhr morgens, worauf ich bis 7 Uhr schlief. Der ganze Morgen verlief mit Untersuchungen des Kranken und Verhandlungen der Großherz. Familie. Man wird todmüde und findet kaum Zeit für das Nötigste in eigenen Angelegenheiten [...]. Freund Bronner in Bradford an Pneumonie gestorben, was mich sehr erschüttert hat. Mit herzlichen Grüßen an euch alle, Dein Kußmaul.[59]

Aus anderen Briefen geht hervor, wie sehr Kußmaul in diesen Jahren – obwohl erst um die 60 Jahre alt – der Tod von Bekannten und Freunde mitnahm, ihn in regelrecht depressive Stimmungen versetzte. Aus Straßburg schrieb er am 9. Dezember 1881 an die Ehefrau eines (nicht genannten) Jugendfreundes: »Ich brauche Sie nicht meiner herzlichsten Theilnahme zu versichern, die kurze Spanne Zeit, die mir noch zu leben vergönnt sein wird, wird sich immer einsamer gestalten, die Reihen der Altersgenossen haben sich in den letzten Jahren furchtbar gelichtet [...].«[60]

Besonders schwer muß ihn der Tod seines Freundes und Kollegen Nikolaus Friedreich (1825–1882) getroffen haben. Am 18. Juli 1882, zwölf Tage nach Friedreichs Tod, berichtet er Czerny:

> Zu Friedreichs Beerdigung wäre ich jedenfalls gegangen, wenn ich es irgend hätte wagen dürfen. Obwohl sein Tod erwartet werden musste, hat mir das fait accompli doch hart zugesetzt. Ich kann mich von meiner Verstimmung noch immer nicht erholen. Es ging zuviel inhaltsreiche Vergangenheit an meiner Seele in den Tagen seit seinem Scheiden vorüber! Von den alten Genossen

der Jugend scheidet einer nach dem anderen und man wird immer und immer wieder gemahnt, dass auch für die Übrigen nur noch eine kurze Frist gesetzt ist.

Die Schlußformel, sonst eher distanziert, lautete diesmal: »Mit herzlichen Grüßen und Küssen an Luise und die Kinder, Dein K.«[61]

Auch im offiziellen Nachruf auf Friedreich kamen Kußmauls persönliche Gefühle zum Ausdruck:

> Immer trüber werden die Herbsttage des Lebens, ein Gefühl zunehmender Vereinsamung drückt die Seele, von den fröhlichen Genossen der sorglosen Jugendzeit, von den streitbaren Gefährten des zielbewussten Mannesalters – ach! wie viele sind schon geschieden, um nimmer wiederzukehren! Kalt ist so manche Hand, die warm und treu die unsere gedrückt, stumm so mancher Mund, mit dem wir in traulichen Stunden heitere und ernste Gedanken getauscht, – nichts ist von den Freunden geblieben, als auf- und niederwogende Bilder der Erinnerung![62]

So war von dem süddeutschen Kleeblatt der drei großen Ärzte und Kasuistiker – Friedreich, Griesinger und Kußmaul – nur noch Kußmaul übriggeblieben.

In den Jahren 1885/86 begann sich bei Kußmauls Frau eine Art von »Aphasie« bemerkbar zu machen, wie wir über Naunyn wissen. Sie wollte den Lebensabend in Heidelberg verbringen, wo sie sich in der alten, vertrauten Umgebung Besserung erhoffte. In Kußmauls Nachlaß findet sich ein lebhafter Briefverkehr mit Czerny, in dem es um den Kauf eines Hauses in Heidelberg geht, das schließlich in der »Plöck Nr. 50« gefunden wurde. Kußmaul erkannte die Notwendigkeit, seine Emeritierung zu beantragen, denn er vertrat die Ansicht: »Der akademische Lehrer soll nicht abwarten, bis die Leute fragen: ›Warum geht er noch nicht?‹ Er soll abgehen, wenn sie sagen: ›Warum geht er schon?‹«[63] So sandte er am 20. Juli 1887 ein Gesuch an das Kuratorium der Kaiser-Wilhelm-Universität: »Beehre ich mich anzuzeigen, dass ich am 22. Februar d. J. mein 65. Lebensjahr zurückgelegt habe [...], bitte ich um meine Emeritierung mit Schluss des Wintersemesters 1887/88.«[64], was mit tiefem Bedauern angenommen wurde.

Kußmaul ist der Abschied von seiner Klinik schwer gefallen, wie sein Nachfolger Bernhard Naunyn (1839–1925) nach einem Besuch berichtete:

Der Eindruck war nicht erfreulich gewesen: sehr schönes Krankenmaterial, große, zum Teil helle Säle, aber vollkommenes Fehlen aller Nebenräume, hier stand mir viel Arbeit bevor. Als die Besichtigung beendigt war und ich mich verabschiedete, wurde Kußmaul ganz wehmütig: ›Ja, das ist jetzt meine schöne Klinik, und die soll ich jetzt verlassen‹, und dabei rollten ihm zwei dicke Tränen über die Wangen.[65]

Zu Ehren Kußmauls fand von Seiten der Assistenten und wahrscheinlich auch Studenten am 25. Februar 1888 ein Abschiedskommers statt; auch eine allerdings nicht sonderlich geistreiche *Fest-Bier-Zeitung* hatte man vorbereitet, die unter anderem die »Magenpumpe« aufs Korn nahm.

Aber grosse Männer sannen auf Abhülfe und erfanden die mechanische Therapie. – Dieser gehört die Zukunft, aber sie liegt noch in den Windeln. Bei Einführung der Magenpumpe war es Professor Kussmaul, welcher als Hebamme fungierte; ihm gebührt das Verdienst, dem Instrument keinen griechischen Namen gegeben zu haben (Vielleicht wusste er auch keinen, weil die alten Griechen nichts pumpten). Das Instrument, dessen Anwendung jeder Anfänger schon oft genug gesehen hat, hat den Vorteil, dass es sich auch zum Ausspülen anderer Haushaltungsgefässe eignet. Ferner kann es zu Irrigationen des Rectum, der Vagina und der Blumentöpfe sowie zu Ausspritzungen bei Schnupfen und Tripper und zu Kindtaufen verwendet werden. – Nun fragen wir, was nützt denn dem Magen die Ausspülung; gar und ganz nichts, lautet die Antwort, so lange er nicht gleichzeitig tüchtig gescheuert wird. – Und das ist sehr leicht auszuführen; man lässt den Patienten ein Stück Seife essen und etwas Wasser trinken und führt darauf die Magenbürste, welche in ihrer primitivsten Form eine Art von Closettbesen mit elastischem Hohlstiel darstellt, durch den Oesophagus in den Magen. Bei sehr empfindlichen Patienten empfiehlt es sich einen Ring um die Borsten zu legen, welchen man, wenn das Instrument die Cardia passiert hat, mit einem Faden zurückzieht. Nun muss man etwa 5 Minuten lang eifrigst quirlen, und die Ausspülung durch den Hohlstiel sogleich folgen lassen.[66]

Die leider nicht überlieferte Abschiedsrede der Studenten hielt Ludwig Aschoff (1866–1942), der zum Studium an die als »Arbeitsuniversität« geltende Hochschule gekommen war. Er verkehrte auch privat im Hause Kußmauls, hauptsächlich der sehr hübschen, jungen Töchter wegen, wie er seinen Eltern in einem Brief mitteilte. Seine spätere, fast

Abb. 76 Familie Arnold und Lina Cahn;
Lina war die Tochter von Eduard Bronner.

30jährige Amtszeit als Pathologe in Freiburg wird als historischer Höhepunkt der Fakultätsgeschichte angesehen, so daß seit über 50 Jahren in Freiburg in jedem Sommersemester zu seinem ehrenden Gedenken eine Aschoff-Vorlesung gehalten wird, zu der international angesehene Mediziner aus dem In- und Ausland eingeladen werden. Auf der gleichzeitig verliehenen Aschoff-Plakette liest man dessen Leitspruch »Leben ist Arbeit«. Zwei der bedeutendsten Persönlichkeiten der Freiburger Medizinischen Fakultät hatten sich also noch persönlich kennengelernt.

Die feierliche Schlußvorlesung, in der Kußmaul Ostern 1888 von den Straßburgern Abschied nahm, findet bei Cahn Erwähnung: »Da pries er die Medicin als hehre, in raschem Fortschritt wachsende und erstarkende Wissenschaft, die aber trotzdem des Zurückschauens nicht entraten dürfe; da gedachte er in bewegten Worten des Lehrers, welchem er von Allen am meisten zu danken habe. Es war sein Vater.«[67]

Auch nachdem Kußmaul Straßburg verlassen hatte, blieb er dort über Jahrzehnte in Erinnerung, vor allem deshalb, weil sein Lieblingsschüler Professor Arnold Cahn im Bürgerspital als Chefarzt in der Kußmaulschen Tradition weiterwirkte. Die Persönlichkeit von Kußmauls Nachfolger Professor Bernhard Naunyn, der in seiner preußisch schroffen und kühlen Art sich scharf von seinem Vorgänger abhob, bewirkte um so mehr ein wehmütiges Gedenken. Naunyns Nachfolger Ludolf von Krehl (1861–1937) wurde nach seinem baldigen Weggang aus Straßburg in Heidelberg Begründer einer psychosomatisch orientierten ›personalen Medizin‹, deren Exponent Viktor von Weizsäcker (1886–1957) geworden ist, dessen Devise lautete: »Um Lebendes zu erforschen, muß man sich am Leben beteiligen!«[68]

Arnold Cahn war zwanzigjährig als Student aus Heidelberg nach Straßburg gekommen und 40 Jahre lang bis 1918 geblieben, 1895 Außerordentlicher Professor und 1906 Chefarzt des Bürgerspitals geworden. 1917 wurde ihm der Titel eines Geheimen Medizinalrats verliehen, und 1918 wurde er Honorarprofessor. Diese Professur hatte der Kurator der Universität beim Statthalter, dem Vertreter des Kaisers, mit den Worten »Cahn, eine Zierde der hiesigen Universität, genießt als Kliniker Weltruhm«[69] beantragt. Nach dem Ersten Weltkrieg (1919) wurde die Familie Cahn, ebenso wie alle anderen Reichsdeutschen, trotz heftigster Proteste von Seiten der Straßburger Bürger, ausgewiesen.

Cahn war in seiner ärztlichen Tätigkeit Kußmaul sehr ähnlich und zeichnete sich durch eine hohe soziale Sensibilität aus. Stroomann beschreibt ihn als eine »suggestiv schöne, alttestamentarisch weise Erscheinung«.[70] Beim Neubau des Bürgerspitals legte er besonderen Wert auf den Ausbau der 3. Klasse. Er wurde Lehrer und Freund von Albert Schweitzer, der von 1905 an in Straßburg Medizin studiert hatte, und war ein Arzt, in dem sich ganz besondere Menschlichkeit mit seiner Tätigkeit als Kliniker, Lehrer und Wissenschaftler verbanden; liebevoll nannte man ihn den »Rettungs-Cahn«. Ihm verdanken wir sicherlich einige der schönsten Äußerungen zu Kußmauls Arbeitsweise und einfühlsamsten Urteile über dessen Person.

Bernhard Naunyn hingegen war Exponent der Verwissenschaftlichung der Medizin. Nicht ohne Bitterkeit mußte er hinnehmen, daß er zugleich ihr Opfer wurde, denn dieser überaus engagierte Mann zog sich unter anderem deshalb vorzeitig von seinem Amt zurück, weil er sich den modernen Methoden, insbesondere den Röntgenuntersuchungen, nicht mehr gewachsen fühlte. Auf ihn geht der Begriff des »experimentellen Klinikers« zurück. Vorurteilslos nahm er die besten Wissenschaftler – er soll die meisten jüdischen Assistenten gehabt haben – in seine Klinik auf. Die Epoche machende Entdeckung des Pankreasdiabetes durch Oskar Minkowski zusammen mit Joseph von Mering war eine innovative Leistung, die aus Naunyns Klinik hervorging. Auf ihn geht auch das bekannte Diktum zurück: »Die Medizin wird eine Wissenschaft sein oder sie wird nicht sein« [...], ein Satz, der immer wieder zur Rechtfertigung einer grenzenlosen Verwissenschaftlichung der Medizin herangezogen wird. Aus dem Zusammenhang gerissen, wurde er fehlinterpretiert, denn Naunyn schränkte in seinen weiteren Ausführungen ein und zog eine deutliche Grenze: »Eine Naturwissenschaft [...] wird sie schwerlich jemals werden. Denn jede Wissenschaft steckt sich ihre Grenzen nach ihrem Können! Und dahin kann es die Medizin nicht bringen – dazu sitzt ihr die Humanität zu tief im Blute.«[71] Naunyn gab sich gern außerordentlich selbstbewußt bis zur Grenze der Selbstherrlichkeit: »Wahr bis zur Herbheit« trat er mit gewaltigen Urteilen auf: »Ich, Bernhard Naunyn, sage Ihnen, Sie haben keinen Leberkrebs! [...]« Den Schatten des Urarztes Kußmaul, mit dem er während seiner Zeit in Straßburg und Südwestdeutschland zu kämpfen hatte, konnte er nicht überwinden. Naunyn mißfiel auch der »täglich überlaufende und störende Erfolg des Kußmaul-Schülers Arnold Cahn in Straßburg, eines weisen, gütigen Juden.«[72] Der Straßburger Privatdozent und spätere Ordinarius für Innere Medizin in Jena, Wolfgang Veil, berichtete über diese Zeit:

> Hier lebte eine größere ärztliche Tradition neben ihm [Naunyn] fort, die von Naunyns Vorgänger Kußmaul begründet worden war [...]. Er [Kußmaul] ist der wahre Begründer einer neuen deutschen Heilkunde gewesen. Es gehört mit zu der Romantik Straßburgs in der Medizin, daß diese so positive thera-

Abb. 77
Bernhard Naunyn (1839–1925), Kußmauls Nachfolger in Straßburg.

piebereite und hippokratische Art Kußmauls auf einen an und für sich fruchtbaren Boden verpflanzt wurde und bis 1918 in besonderer Blüte stand. Sie hat Kußmaul volle 30 Jahre überdauert. Denn in seinen Schülern hatte er Fortsetzer seines persönlichen Werkes gefunden, die seinen Ruhm bis weit über die Grenze von Elsaß und Deutschland trugen.[73]

Zu Kußmauls 70. Geburtstag 1892 widmete Bernhard Naunyn im Namen der Medizinischen Fakultät der Kaiser-Wilhelm-Universität Straßburg diesem die Monographie *Klinik der Cholelithiasis*:

Es war der Wunsch der Fakultät, dass am heutigen Tage unserer Anhänglichkeit an Sie, hochgeehrter Herr Kollege, öffentlich Ausdruck gegeben werde. Es erfüllt mich mit wirklicher Genugthuung, dass ich dies zu tun berufen bin. Die Abhandlung, welche ich Ihnen zu widmen die Ehre habe, besitzt mehr als eine Beziehung zu Ihnen. In der Straßburger Klinik, der Sie zwölf Jahre hindurch vorgestanden haben, sind die Arbeiten ausgeführt, auf welche sie sich gründet. Ich fand dort manches an diagnostischen und therapeutischen Traditionen aus Ihrer Zeit vor, was mir zu denken gab und mir bald die Überzeugung verschaffte, dass mein Thema, die Cholelithiasis, auch für Sie ein Gegenstand besonderen Interesses gewesen ist. So darf ich hoffen, dass Ihnen dies Zeichen der Pietät, welche dem älteren Meister der Nachfolger schuldet, nicht unwillkommen sei.[74]

Kußmaul blieb auch nach seiner Emeritierung Straßburg innerlich verbunden; er kam öfter zu Besuch und traf sich mit Cahn. In seinem Testament vermachte er seine private Fachbibliothek von 463 Bänden der Universitätsbibliothek Straßburg.[75]

1 A. Kußmaul, Begrüßungsrede der 58. Versammlung Deutscher Naturforscher und Ärzte in Straßburg 1885, Tageblatt der Versammlung, S. 1.

2 Lucien Febvre, Der Rhein und seine Geschichte, Frankfurt a. M./New York 1994, S. 186.

3 Jean-Marie Gall, Wolf-Dieter Sick, Das Elsaß. Bilder aus Wirtschaft, Kultur und Geschichte, Alemannisches Jahrbuch 1987/88, Bühl 1991, darin: François Joseph Fuchs, Straßburg – Bindeglied zwischen Frankreich und Deutschland, S. 127.

4 Tomi Ungerer, Die Gedanken sind frei. Meine Kindheit im Elsaß, Zürich 1993, S. 7.

5 Robert Minder, Für Deutsche und Franzosen: Geraubte Braut – verlorene Tochter, in: Straßburg und das Elsaß, Merianheft 7/33, Hamburg 1980, S. 28.

6 J.-M. Gall, W.-D. Sick, Das Elsaß, a.a.O., darin: Lutz Röhrich, Das Elsaß als Volkslied- und Sagenlandschaft, S. 183.

7 Ebd., S. 132. In diesem Sinne auch in künstlerisch-ironischen Bildern Jean-Jaques Waltz', genannt Hansi (1873–1951): L'Alsace Heureuse (1919), Reprint 1990, Mulhouse, Riquewihr.

8 Golo Mann, Deutsche Geschichte des 19. und 20. Jahrhunderts, Frankfurt a. M. 1987, S. 452.

9 Lucien Febvre, Der Rhein, a.a.O., S. 181.

10 Hans-Ulrich Wehler, Elsaß-Lothringen von 1870–1918, in: Zeitschrift für die Geschichte des Oberrheins 109, 1961, S. 133–199, hier: S. 196.

11 Ludwig Dehio, Die Kaiser-Wilhelm-Universität Straßburg, S. 1–30, hier S. 1, in: G. Wolfram, Wissenschaft, Kunst und Literatur in Elsaß-Lothringen, 1871–1918, Bd. III, Frankfurt a. M. 1934.

12 L. Dehio, a.a.O., S. 1.

13 Sabine Herrenschmidt, Mémoire pour la petite histoire et souvenir d'un Stras-

bourgoise, Strasbourg 1973, S. 135. Der schon oben erwähnte Arnold Cahn war Kußmauls liebster und bester Schüler und setzte dessen Werk in kongenialer Weise fort.

14 Friedrich Meinecke, Straßburg–Freiburg–Berlin 1901–1919. Erinnerungen, Stuttgart 1949, S. 48.

15 Ebd., S. 48.

16 L. Dehio, a.a.O., S. 8f.

17 Personalakte Kußmaul, Universität Straßburg, Archives Départementales Strasbourg; ausgestellt in Bad Ems, den 3. Juli 1876.

18 Mit diesen Worten hatte Kußmaul seinem Nachfolger die Wohnung gezeigt. Vgl. Bernhard Naunyn, Erinnerungen, Gedanken und Meinungen, München 1925, S. 408. Im Hof standen schöne Sykomoren, Maulbeerfeigenbäume.

19 Briefe A. Kußmauls, Universitätsarchiv Heidelberg und Nachlaß.

20 Aus den Erinnerungen von Ludwig Edinger, Klinische Wochenschrift, 4, 1925, S. 842 und Heidemarie Emisch, Ludwig Edinger – Hirnanatomie und Psychologie, Stuttgart/New York 1991.

21 Ludwig Edinger, Zum 80. Geburtstag Adolf Kussmaul's, Münchner Medizinische Wochenschrift 1902, S. 283. Hier sei angemerkt, daß Kußmaul in Straßburg die Vorlesung »Medicinische Klinik« las und zwar Montag, Dienstag, Donnerstag und Freitag von 8–9 ½ Uhr; Mittwoch und Samstag 8–9 Uhr.

22 Michael Freund, Das Drama der 99 Tage. Krankheit und Tod Friedrichs III., Köln/Berlin 1966, S. 318f. John C.G. Rühl, Wilhelm II, Die Jugend des Kaisers 1859–1888, München 1993.

23 Brief vom 26. Juli 1889, Bayerische Staatsbibliothek, Signatur: Ana, 377, II, B, Kußmaul.

24 Manfred Vasold, Rudolf Virchow, Stuttgart 1988, S. 353.

25 Kußmaul verfaßte eigenhändig ein Literaturverzeichnis seiner eigenen Arbeiten und derjenigen Publikationen, die er bei seinen Schülern mitbetreut hatte. Das Gesamtverzeichnis mit seinen eigenen 62 Titeln und den 94 Titeln seiner Mitarbeiter ist im Anhang des Buchs Adolf Kußmaul, Aus meiner Dozentenzeit, 1903 hg. von Vinzenz Czerny, auf S. 89–102 publiziert. Im Anhang dieses Buchs sind Kußmauls eigene Arbeiten vollständig aufgeführt.

26 Aus den Erinnerungen von Ludwig Edinger, a.a.O., S. 842.

27 A. Lücke, Ein Fall von chirurgisch behandelter Perforationsperitonitis, in: Deutsche Zeitschrift für Chirurgie 27, Leipzig 1887, S. 521.

28 A. Kußmaul, Aus meiner Dozentenzeit, a.a.O., S. 102.

29 C. Rockwitz, Die Gastroenterostomie, in: Deutsche Zeitschrift für Chirurgie 25, 1886, S. 502–564.

30 A. Kußmaul, Über die Behandlung der Magenerweiterung, a.a.O. 1869, S. 455–500.

31 Nachlaß Kußmaul, Brief an Prof. Czerny.

32 M. Classen (Hg.): 100. Internistenkongreß 9.–13. April 1994 in Wiesbaden, Innere Medizin im Wandel der Zeiten, Frankfurt a.M. 1994, S. 2–3.

33 Arnold Cahn, Adolf Kußmaul zum 80. Geburtstag. Archiv für öffentliche Gesundheitspflege in Elsaß-Lothringen, 21, 1902, S. 264–265.

34 Tageblatt der 52. Versammlung Deutscher Naturforscher und Aerzte in Baden-Baden, 1879, S. 34–37 und 53–59. Außerdem Dr. Benedict Stilling, Gedächtnisrede, gehalten auf der 52. Versammlung Deutscher Naturforscher und Ärzte zu Baden-Baden am 18. September 1879 von Prof. Dr. Kußmaul zu Strassburg. Mit zahlreichen Noten von den Professoren Dr. Goltz, Dr. Waldeyer und dem Herausgeber Dr. Kußmaul, Strassburg 1879. Zitiert wird nach dem Tageblatt.

35 Ebd., S. 34.

36 Nähere Angaben finden sich bei: Matthias Wienold, Benedict Stilling als klinischer Forscher in der operativen Medizin, Dissertation, Marburg 1988.

37 A. Kußmaul, Tageblatt, a.a.O., S. 34.

38 Ebd., S. 54.

39 Ludwig Edinger, Vorlesungen über den Bau der nervösen Centralorgane des Menschen und der Thiere, 4. Auflage, Leipzig 1893, S. 2.

40 A. Kußmaul, Tageblatt, a.a.O., S. 36.

41 Ebd., S. 58–59.

42 Ebd., S. 58.

43 Gerhard Aumüller, Benedict Stillings (1810–1879) Untersuchungen über das Rükkenmark – ein Wendepunkt in der neuroanatomischen Forschung, in: Medizinhistorisches Journal 19, 1984, S. 66/67.

44 A. Kußmaul, Tageblatt, a.a.O., S. 34.

45 Ebd., S. 53.

46 Zitiert nach Verena Mühlstein, Helene Schweitzer-Bresslau. Ein Leben für Lambarene, München 1998, S. 18–21. Harry Bresslau, Professor für mittelalterliche Geschichte in Berlin und seit 1890 Ordinarius für dieses Fach in Straßburg, wo er sogar Rektor wurde, war der Vater von Albert Schweitzers Frau und einer der Hauptkontrahenten von Treitschke. Als Helene Bresslau 1937 auf allen Litfaßsäulen »Die Juden sind unser Unglück« las, wußte sie, daß Deutschland nicht mehr ihre Heimat war.

47 Gerhard Aumüller, a.a.O., S. 53f.

48 A. Kußmaul, Tageblatt, a.a.O., S. 35. Es wurde oben darauf hingewiesen, daß dies wahrscheinlich Freiburg war.

49 Ebd., S. 58/59.

50 Max Pfannenstiel, Lorenz Oken. Sein Leben und Wirken, in: Freiburger Universitätsreden, 9. Folge, Heft 14, 1953; Olaf Breidbach, Hans-Joachim Fliedner, Klaus Ries (Hg.), Lorenz Oken (1779–1851). Ein politischer Naturphilosoph, Weimar 2001.

51 Heinrich Schipperges, Repräsentative Eröffnungsreden auf den Naturforscherversammlungen im 19. Jahrhundert, in: Wege der Naturforschung 1822–1972 im Spiegel der Versammlungen Deutscher Naturforscher und Ärzte, Berlin/Heidelberg/New York 1982, S. 10–38.

52 Ebd., S. 12.

53 A. Kußmaul, Begrüssungs-Rede, S. 1.

[54] Ebd., S. 4.

[55] Ebd., S. 7.

[56] A. Kußmaul, Begrüssungs-Rede, S. 5. Graf Raimondo Montecuccoli (1609–1680) war kaiserlich-habsburgischer Feldherr italienischer Abkunft in den Türkenkriegen.

[57] So V. Czerny in seiner Rede bei der ersten Verleihung der Kußmaul-Medaille am 22. 2. 1906 in Heidelberg, Deutsche Medizinische Wochenschrift 1906, S. 427.

[58] Wilhelm von Waldeyer-Hartz, Lebenserinnerungen, Bonn 1920, S. 154f.

[59] Nachlaß Kußmaul; Freund Bronner ist Eduard Bronner, über den oben berichtet wurde.

[60] Universitätsarchiv Heidelberg. Die allgemeine Lebenserwartung betrug damals ca. 30 Jahre.

[61] Nachlaß Kußmaul.

[62] A. Kußmaul, Nikolaus Friedreich, † 6. Juli 1882, Erinnerungen, in: Deutsches Archiv für Klinische Medizin 32, Leipzig 1883, S. 191–208.

[63] Alfred Mühr, Das Wunder Menschenhirn, Olten/Freiburg i. Br. 1957, S. 211.

[64] Handschriftliches Schreiben Kußmauls, Universitätsarchiv Straßburg.

[65] Bernhard Naunyn, Erinnerungen, Gedanken und Meinungen, München 1925, S. 405.

[66] Fest-Bier-Zeitung, Universitätsarchiv Straßburg, Signatur 25962.

[67] Arnold Cahn, Adolf Kußmaul zum 80. Geburtstag, a.a.O., S. 252.

[68] Victor von Weizsäcker, Der Gestaltkreis, Leipzig 1940, S. 150.

[69] Friedrich Kluge, Arnold Cahn, a.a.O., S. 293.

[70] Gerhard Stroomann, Aus meinem roten Notizbuch, Frankfurt a. M. 1960, S. 58. Der Autor lebte von 1887 bis 1957. Er stammte aus (Kußmauls) Kandern, studierte bei Kußmauls Nachfolger Christian Bäumler in Freiburg Medizin und wurde Chefarzt des Sanatoriums Bühler Höhe bei Baden-Baden, wo er mit vielen bedeutenden Ärzten und Persönlichkeiten in Berührung kam.

[71] Zitiert nach: Wolfgang Wieland, Der Begriff der ärztlichen Kunst, Vortragsmanuskript 1978, S. 10.

[72] G. Stroomann, a.a.O., S. 48f.

[73] Wolfgang Veil, Straßburgs Medizinische Fakultät um die Jahrhundertwende, in: Deutsche Medizinische Wochenschrift 63, 1937, S. 1812ff. und 1850ff.

[74] Bernhard Naunyn, Klinik der Cholelithiasis, Leipzig 1892, Vorwort und Widmung.

[75] Die Bibliothek wurde in Heidelberg registriert; das gut lesbare Bücherverzeichnis liegt unter der Bezeichnung Geschenkjournal Nr. 25896 in der Bibliothèque Nationale et Universitaire de Strasbourg – und im Archiv des Autors.

KAPITEL 7

Nestor der Inneren Medizin in Deutschland

1888–1902

Abb. 78 Heidelberg, Teilansicht mit Steinerner Brücke; Tuschzeichnung mit Weißtönung von Kußmauls Enkel Siegfried Czerny; 1920.

Emeritus in Heidelberg: Heidelberg – 1840 und 1890

Alt Heidelberg, du Feine
Du Stadt an Ehren reich
Am Neckar und am Rheine
Kein' andre kommt dir gleich.

Joseph Victor von Scheffel

»Gestern ging ich mit Ilse nach der Stiftsmühle, die Sonne brannte herrlich auf uns, wir konnten im Freien sitzen, und da sich das Lorle ein Wölfchen zugezogen hatte, fuhren wir im Nachen zur Stadt zurück – es war auch auf dem Wasser schön warm. Heute regnet es fort und fort, der Frühling aber ist im vollen, wuchtigen Gang, denn der Regen ist warm. Temp. heute morgen 8°R.«[1]

Diese Beschreibung eines Frühlingstages gleicht jener aus den *Jugenderinnerungen:*

> Der Frühling begann gerade die Landschaft mit Blüten zu schmücken. Von den Hügeln jenseits des Neckars leuchteten aus den Rebgärten die weißen, großen Blumensterne der Mandelbäume herab ins Tal, und die Blütenknospen der Aprikosen- Pfirsich- und Kirschbäume waren am aufbrechen. Damals zierten mehr Mandelbäume als heute die Gärten, viele mußten im Laufe der Jahre andren, einträglicheren Arten von Obstbäumen weichen. Schade darum, denn zeitiger als diese, öffnen die Mandelbäume die Blumenkelche, und wo ihre Blüten die Hügel zieren, breitet der Lenz seinen Zauber früher über das Land. (60)

Kußmaul liebte das Heidelberger Schloß mit seinem Park, die Höhen, das sogenannte Alte Schloß, von dem sich eine herrliche Aussicht auf die Stadt, die Mündung des Neckartales, die Rheinebene und die Hardtberge eröffnete: »Am lohnendsten ist die Aussicht, wenn der glühende Sonnenball hinter den Bergen versinkt.« (61) Ebenso sehr mochte er den Philosophenweg jenseits des Neckars, der den schönsten

Blick auf die Stadt bietet, so daß Kußmaul mutmaßte, hier möge »die berühmte Ode an Heidelberg in Hölderlins Seele aufgegangen sein« (61), in welcher der Dichter die geliebte Stadt innig begrüßt. Den klassischen Versen Friedrich Hölderlins stellt er das Heidelberglied seines Freundes Victor von Scheffel gegenüber, der: »... das Volk zum Gesang hinreißt und wie fröhliche Gesellen es hinausschmettern im grünen Wald, auf schaukelndem Kahn oder beim perlenden Wein.« (62)

»Und kommt aus lindem Süden
Der Frühling über's Land,
So webt er dir aus Blüten
Ein schimmernd Brautgewand.

Auch mir stehst du geschrieben
Ins Herz gleich einer Braut,
Es klingt wie junges Lieben
Dein Name mir so traut.«

Aus: Alt Heidelberg, v. Victor von Scheffel

»In den dreißiger Jahren trug die Stadt noch immer ein ländlich schönes Gewand, wie es Hölderlin entzückt hatte, und noch immer lagen ihre fröhlichen Gassen, namentlich die der westlichen, ›Vorstadt‹ genannten Hälfte, inmitten duftender Gärten.« (63) Zu Kußmauls Schulzeit hatte die Stadt nur 13400 Einwohner und teilweise noch einen landwirtschaftlichen Charakter. Die alte steinerne Brücke war der einzige Neckarübergang gewesen, erst 1877 wurde im Westen die neue Brücke in Richtung Neuenheim dem Verkehr übergeben. Mit diesem Vorort stieg 1895 die Einwohnerzahl auf 35190. Im August 1886 feierte die Universität ihr 500jähriges Jubiläum, an dem Kußmaul als Abgesandter der Straßburger Kaiser-Wilhelm-Universität teilnahm. 1888 kam er an die Stätte seiner Jugend zurück und konstatierte tiefgreifende Veränderungen:

Jetzt hatte Alt-Heidelberg das Gewand der ländlichen Schönen, das einst Hölderlin und uns in der Jugend so wohl gefiel, abgelegt, und mit der anspruchsvolleren Tracht der modernen Touristen- und Industriestadt vertauscht. Seit der Dampf Herrscher der Welt geworden, mußte die Stadt sich an den Lärm und Ruß der Bahnzüge, der rasselnden Omnibusse, rauchenden Schlöte und

Fabrikessen gewöhnen. Spekulation und Industrie ließ sie frei gewähren und vergaß, daß die beiden kein ästhetisches Gewissen drückt. Es konnte nicht ausbleiben, daß dem wertvollsten Besitze der Stadt, ihren landschaftlichen Reizen, da und dort empfindlicher Abbruch geschah. (67)

Dieses von Kußmaul genannte »Jetzt« hatte schon am 12. September 1840 begonnen, als die erste badische Eisenbahnlinie von Mannheim nach Heidelberg eröffnet wurde. Kußmauls Bericht von einer solchen Fahrt erlaubt einen amüsanten Einblick in den Umgang mit jenem damals ›modernen Transportmittel‹:

Bald nachher fuhr auch ich zum erstenmal auf der Bahn nach Mannheim. In Friedrichsfeld machte der Zug einen kurzen Halt, dann fuhr er weiter. Kaum war er wieder in Gang gekommen, so sah ich aus einem der offenen Stehwagen, die es in den ersten Jahren gab, eine Mütze herausfliegen und hinterdrein sprang der Bauer heraus, dem der Wind sie entführt hatte. Das Publikum schrie, der Zug hatte noch keine große Geschwindigkeit, die Lokomotive blieb stehen, der Bauer war in den Sand gefallen, erhob sich, raffte seine Mütze auf und stieg mit ruhigem Gemüte wieder in den Wagen. Der große Eindruck, den die dampfspeienden Ungeheuer mit ihren riesigen Wagenzügen anfangs auf die Beschauer machten, läßt sich nur mit dem vergleichen, den sie noch heute auf die Kinder ausüben; keine andre Erscheinung wirkt so mächtig, wie ein eilender Bahnzug, auf ihre Sinne.[2] So oft mein Vater in den ersten Monaten nach der Eröffnung der Bahn nach Heidelberg kam, mußte ich ihn von der Stadt an eine günstige Stelle im Felde begleiten, wo er den Zug bequem vorübereilen sah. Noch immer höre ich seine Worte: ›Nichts ergreift mich mehr als diese Erfindung. Eine neue Welt ersteht und ich sinne vergeblich, wie sie sich gestalten mag.‹ (102/103)

Bevor die Familie von Straßburg nach Heidelberg umzog, hatte Kußmaul das Haus Plöck Nr. 50, in dem u. a. die Philosophen Georg Wilhelm Friedrich Hegel und Kuno Fischer[3] gewohnt hatten, gekauft und nach seinen eigenen Plänen umbauen und erweitern lassen. Durch den Umbau war es lichter geworden, die Aussicht auf die gegenüberliegenden Berge war herrlich. Eine Skizze erlaubt einen Überblick in einen zur damaligen Zeit üblichen, großbürgerlichen Professorenhaushalt. Aus Kußmauls Testament wissen wir, daß im Salon das Bild einer Landschaft mit dem Titel »Vor dem Gewitter mit Schäfer, Hund und

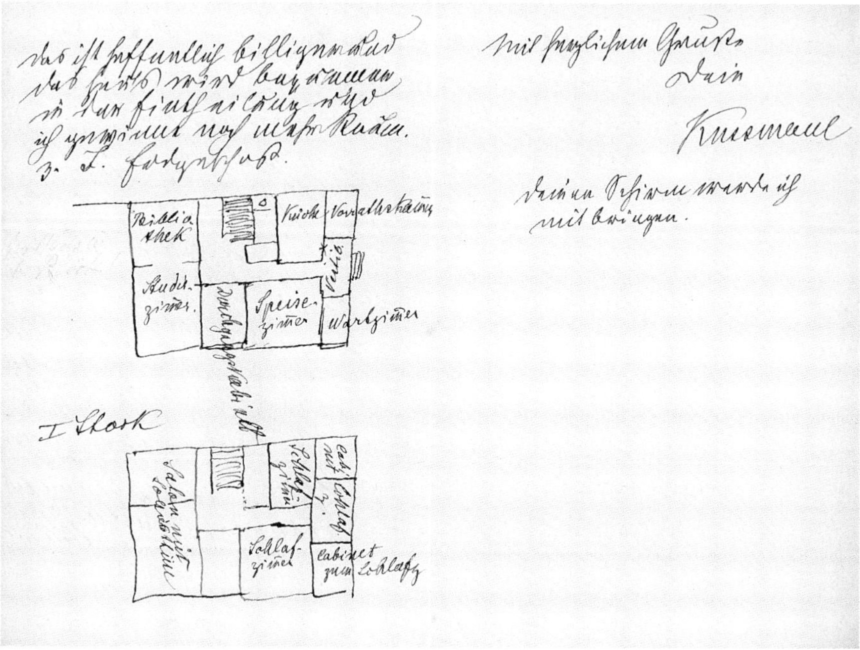

Abb. 79 Plan von Kußmauls Haus, Plöck 50; eigenhändige Zeichnung Kußmauls in einem Brief an Czerny vom 10. November 1885.

Schafherde« hing, im Speisezimmer Aquarelle von Neapel und Paestum sowie weitere Landschaftsgemälde.

In der ersten Zeit nach dem Umzug galt Kußmauls ganze Fürsorge der geliebten, kranken Frau. Zunächst konnte er mit ihr noch täglich Spaziergänge machen, was ihre Krankheit jedoch zunehmend verhinderte. Sie starb am 21. Januar 1898. Aufzeichnungen von ihrer Krankheit, dem Begräbnis und den Trauerfeierlichkeiten existieren nicht.

Die Hausdame, Fräulein Strauß, versorgte nun den Witwer bis zu dessen Tod. Oft begleitete sie ihn auch auf seinen geliebten Spaziergängen, die stadtbekannt waren:

> Noch lebhaft sehe ich im Geiste die hohe Gestalt des stattlichen alten Mannes vor mir mit den schneeweißen Haaren und den scharf geschnittenen Zügen, wenn er, meist in Begleitung seiner Hausdame, Fräulein Strauß, die ihm seit der schweren Erkrankung seiner Frau den Haushalt führte, auf der Anlage spazierenging, und wir auf dem Heimweg von der Schule unseren Knicks machten.[4]

Arnold Cahn besuchte Kußmaul noch einige Wochen vor seinem Tod und berichtet, wie Kußmaul von fast jedem Haus eine Geschichte zu erzählen wußte. Nur hier, in dieser Stadt, so Cahn, habe er seine *Jugenderinnerungen* schreiben können. Von Kußmauls Haus war es auch nicht weit zu dem der Familie Czerny, zu den Kindern und Enkeln, zu denen lebhafte familiäre und gesellschaftliche Kontakte bestanden.

Gründung des Heidelberger Diakonissen-Krankenhauses 1889

In der unteren Plöck hatte auch der evangelische Diakonissenverein 1889 ein Heim für seine Schwestern bauen lassen, aus dem das Heidelberger Diakonissen-Krankenhaus hervorging.[5] In diesem Haus behandelte Kußmaul noch einmal Patienten. Zunächst logierten sie in Hotels; da dort jedoch sachkundige Diät und Pflege bei Schwerkranken nicht möglich war, stellte man Kußmaul einige von den Schwestern nicht benützte Räume als Krankenzimmer zur Verfügung. Nachdem der Heidelberger Stadtrat hierfür den Status einer Privatkrankenanstalt genehmigt hatte, erhielt es die Bezeichnung Diakonissen-Krankenhaus. 1894 mußte es erstmals erweitert werden, bis 1958 blieb es an dieser Stelle. Die Leitung des Hauses hatte nach Kußmaul ab 1903 Wilhelm Fleiner, und 1928 behandelte Viktor von Weizsäcker hier seine Patienten. Beide Ärzte führten das Haus nicht nur im Sinne Kußmauls weiter, sondern waren auch daran beteiligt, die Medizin in neue Bahnen – nämlich Seele und Körper in einem engeren Zusammenhang zu sehen – zu lenken.

Den verschiedenen Aufzeichnungen von Wilhelm Fleiner ist zu entnehmen, wie Kußmaul in seinen späten Jahren in Heidelberg praktizierte. Er war im übrigen der letzte Arzt, der durch Kußmaul tief geprägt wurde. Für Fleiners Entwicklung war ihr Zusammentreffen von richtungweisender Bedeutung, da er zusammen mit Kußmaul und immer mehr für ihn Patientenbetreuung und Publikationen seiner letzten wichtigen therapeutischen Erfahrungen übernahm.

Wilhelm Fleiner war 1857 im badischen Schopfheim als Sohn eines Apothekers geboren worden. Nachdem er bei seinem Vater und in Lausanne ebenfalls dieses Fach gelernt hatte, entschloß er sich, Medizin zu studieren. So arbeitete er in Heidelberg für sein Abitur, das er nach-

Abb. 80
Wilhelm Fleiner

holen mußte, und begann gleichzeitig mit den ersten Semestern des Medizinstudiums: 1880 bestand er in Karlsruhe das Abitur und schloß schon ein Jahr später in Heidelberg das Physikum an. 1884 promovierte er und heiratete auch. Gern wäre er bei Czerny Assistent geworden, doch dieser nahm – trotz persönlicher Sympathie –, genauso wie Naunyn in Straßburg, keine verheirateten Assistenten! Waren also die Verwaltungen noch flexibel, so konnten die Chefs doch recht voreingenommen sein.

Schließlich wurde er bei Wilhelm Erb (1840–1921) Assistent. Erb war Nachfolger Friedreichs, Internist und Neurologe von Weltruf. Man sagte ihm nach, daß er ein ›Heros der Arbeit, Gewissenhaftigkeit und Wahrheitsliebe‹ sei: »Unheilbar war der Bruch zwischen Erb und einem mit ihm zusammen Arbeitenden, wenn er das geringste ›corriger la vérité‹ bei diesem entdeckte. Dabei gab es kein Pardon, der Draht war und blieb abgerissen.«[6] Der gesellige Pfälzer Erb war häufiger mit Kußmaul zusammen, u. a. als in der Heidelberger Chirurgischen Klinik ein neuer

Operationssaal eingeweiht wurde. Kußmaul soll bei diesem Ereignis halb im Scherz, halb im Ernst gesagt haben: »Wenn ich noch einmal jung wäre, so würde ich bei Erb Assistent werden und darnach streben, die vielen Fälle, welche jetzt zu Czerny wandern, der Medizinischen Klinik wieder zurückzugewinnen.«[7]

Nachdem sich Fleiner bei Erb habilitiert hatte, lernte er Kußmaul kennen. Obwohl die erste Begegnung nicht gerade einfach war, wurde es die entscheidende für sein berufliches Leben. Fleiner berichtet hierüber:

> Mein guter Stern war Kußmauls Gerechtigkeitsgefühl. Unser erstes Zusammentreffen war nämlich nichts weniger als freundlich: Denn als ich auf der Heidelberger Naturforscherversammlung [1889] einen Vortrag über die durch bronzeartige Verfärbung der Haut und Degeneration der Nebennieren beidseits charakterisierte Addisonsche Krankheit gehalten und einen eigenartigen Fall dieser Art vorgestellt hatte, hat Kußmaul mich in dem darauffolgenden Redeturnier mächtig angeritten und beinahe aus dem Sattel geworfen mit der Entgegnung, das, was ich über die Addisonsche Krankheit gesprochen hätte, sei zwar gut, aber der vorgestellte Fall sei keine Addisonsche Krankheit. Ich wehrte mich so gut es eben ging, aber was ist ein junger Privatdozent gegen einen alten, berühmten Geheimrat?
>
> Und doch war ich im Recht. Der wenige Wochen nach der Demonstration erfolgte Tod des Patienten erwies es. Sine ira et studio sandte ich Herrn Geheimrat Kußmaul das Sectionsprotokoll und bald darauf die histologische Arbeit über die Veränderung des sympathischen Nervensystems bei Addisonscher Krankheit, die mir nicht nur die Zuneigung Kußmauls, sondern auch einen Ruf an die Universität Innsbruck eintrug [...].[8]

Elisabeth Fleiner ergänzte diesen Bericht:

> Kußmaul hatte durch diese Begegnung Interesse bekommen an dem jungen Gegner, der für seine Überzeugung so unerschrocken kämpfte. Er forderte ihn zur Mitarbeit auf. Dadurch wurde die Arbeit meines Vaters auf die wissenschaftliche Erforschung und Behandlung der Krankheiten des Magens und der Verdauungsorgane gelenkt. Mein Vater schrieb darüber: ›Als die Notwendigkeit der Assistenz sich fühlbar machte, muß mein guter Stern das Augenmerk Kußmauls auf mich gerichtet haben. Freudig folgte ich der Aufforderung zur Mithilfe, anfangs nur bei diesem oder jenem Kranken, nach und nach bei fast allen, und bald war ich – ebenso wie seine Kranken – vom Zauber der Kuß-

maulschen Persönlichkeit ganz umfangen. Ich glaube, Hippokrates in Person hätte mir nicht mehr als Kußmaul imponieren können. Mit wachsender Bewunderung sah ich, der ich schon fünf Jahre Assistent an der Erbschen und zwei Jahre Privatdozent, also in Wissenschaft und Praxis nicht mehr ganz Novize war, die meisterhafte Diagnosestellung, die klassische Einfachheit der Behandlung, welche für jede Klage und für jede Störung Linderung und Abhilfe brachte, und die glänzenden Heilerfolge.‹[9]

Nach Kußmauls Tod übernahm Fleiner die Kußmaulsche Privatklinik, bis er 1906 zum Direktor der Medizinischen Poliklinik in Heidelberg berufen wurde. Dieser fungierte damals als einziger ›Kassenarzt‹ der Stadt und versorgte mit ihren Distrikt-Polikliniken fast die gesamte Bevölkerung Heidelbergs. In einem Nachruf auf Fleiner schrieb Siegfried Thannhauser: »Mit besonderer Sorgfalt widmete sich Fleiner der Ausbildung der jungen Ärzte. Er pflegte Kußmaulsche Tradition und sorgte dafür, daß diese Tradition lebendig blieb und nicht zur Konvention erstarrte. Er war einer der ersten, der auf die körperliche Auswirkung psychischer Leiden hinwies. Seine Abhandlung *Über das Körperliche und Seelische in der Diagnose und Behandlung* 1912 zeigt Fleiner auf der Höhe des akademischen Lehrers.«[10] Thannhauser verstand es, das besondere Wesen Fleiners darzustellen, daher sollen einige Worte aus seinem Nachruf zitiert werden: Fleiners Ehrgeiz habe nicht darin bestanden, seinen Namen mit wissenschaftlichen Taten zu verketten, sondern eine seiner wesentlichen persönlichen Voraussetzungen für sein umfassendes Arzttum sei die Empfindung gewesen.

Dieses unerlernbare Fluidum, welches alle Schwingungen der Seele fühlt, ohne das Messer des analytischen Wertes zu gebrauchen, dieses Mitempfinden, das Wohlwollen und Güte ausstrahlt, das dem Leidenden ein Glücksgefühl auslöst und den Kranken zwingt, sich dem Arzt zu offenbaren! Das, was den Arzt vom Künstler unterscheidet, ist die Phantasie; das, was den Arzt zum Künstler macht, ist die Empfindung. Dies göttliche Geschenk besaß Fleiner. Das ist der Grund seiner großen ärztlichen Erfolge.[11]

Sein Verhalten sei von einem fürsorglichen Wohlwollen geprägt gewesen und »durch den Einfluß des Meisters der ärztlichen Kunst, der Wissen, Feingefühl und eine seherhafte Gabe der Diagnostik in sich vereinte, wurde die natürliche Veranlagung Fleiners, seine therapeutische Einstellung gefördert und zu der Meisterschaft geführt, die Fleiner späterhin in dem von ihm gepflegten Spezialgebiet der Magen-Darmkrankheiten bekundete.«[12] Thannhauser hatte Fleiner noch vor dessen Tod besuchen können und fand auf seinem Nachttisch als Lektüre einen Schopenhauer-Band. Dieses Erlebnis aufnehmend, schloß er den Nachruf mit den Worten: »Schopenhauer führt das Schicksal eines Menschen auf drei Grundbestimmungen zurück, ›auf das, was einer ist, das, was einer hat und das, was einer vorstellt‹. Bei Fleiner klangen alle drei Grundbestimmungen zu einem harmonischen Ganzen zusammen. Ein warmherziger, fein empfindender Mensch, ein großes, gepflegtes Wissen, eine Persönlichkeit, die nie mehr vorstellen wollte als was sie war – ein Helfer, ein Arzt.«[13]

Kußmaul war, zumindest aus heutiger Sicht, zum Zeitpunkt seiner Emeritierung noch nicht sehr alt. Seine Auffassungen, seine Erfolge, seine Hinwendung zu vielen Menschen und Patienten ließen es nicht zu, daß er in Heidelberg plötzlich den Arztberuf aufgab. Er behielt seine Sprechstunde bei, führte die Privatklinik weiter, übernahm auch Konsultationsreisen, zu denen er aufgefordert oder sogar von der Großherzoglichen Familie befohlen wurde. Selbst als Kurpatient wurde er häufig um Konsultationen gebeten. Fleiner beschreibt die schwierige Situation eines Mannes, der einerseits selbst Ruhe benötigt, andererseits niemandem seine Hilfe verwehren möchte:

> Mit der ersehnten Ruhe in Heidelberg war es aber ein eigen Ding. Durch sein wunderbar erfolgreiches Wirken am Krankenbett war in so weiten Kreisen mit dem Namen Kußmauls die Vorstellung des Wohltäters und Helfers verknüpft, daß gar manche Leidende ihren Weg, wie früher nach Freiburg oder Straßburg, nunmehr nach Heidelberg nahmen. Und Kußmaul, der große, menschenfreundliche Arzt, kannte nicht die Hartherzigkeit, die es erfordert, einen Hilfesuchenden abzuweisen. So blieb denn auch die Heidelberger Zeit eine arbeitsreiche, gab es doch manche Tage, sogar Wochen, wo der greise Meister sich kaum den für seine Gesundheit nötigen Spaziergang gönnen konnte.[14]

Von Kußmauls Konsultationen wissen wir aus den im Nachlaß erhaltenen Briefen und Aufzeichnungen. Mehrere davon betreffen die Großherzogliche Familie, einschließlich der Kronprinzessin von Schweden, einer Tochter von Friedrich I. und seiner Frau Luise. Für die Behandlung dieser Patientin absolvierte Kußmaul 1889 ein anstrengendes Reiseprogramm: Am 19. Juli, »auf Befehl seiner Königlichen Hoheit des

Großherzogs«, reiste er nach Karlsruhe, wo die Krankengeschichte aufgenommen wurde. Vom 22. bis 26. Juli war Kußmaul in Franzensbad (im heutigen Tschechien), das als Luxusbad bei gekrönten Häuptern beliebt und besonders für Frauenleiden bekannt war. Am 11. und 12. August befand sich Kußmaul auf einer Konsultationsreise in Österreich, auf der Rückreise besuchte er die Kronprinzessin von Schweden und Norwegen auf der Insel Mainau, wo er sich vom 13. bis 15. September aufhielt. Schließlich unternahm Kußmaul noch Reisen nach Baden bei Wien am 1., 2. und 16. Oktober sowie am 24. und 25. November. Während der Konsultation bei der Kronprinzessin machte sich Kußmaul Notizen von der Krankengeschichte, die erhalten sind und zeigen, wie genau er die Anamnese erhob und dokumentierte:

> Kinderjahre: viel Tonsillitis, Rhinitis, Pharyngitis. Alle Kinderkrankheiten glücklich bestanden. Masern, Scharlach. Husten stets nur vom Pharynx ausgegangen. Bronchien nie ergriffen.
>
> Ehe: Nach erstem Wochenbett von vor sieben Jahren starke Blutung, langsame Erholung. Erschlaffung der Mutterbänder (Hegar)[15]; Rippoldsau. Nach oder vor dem zweiten Wochenbett Bronchitis diffusa; Rasselgeräusche, damals überwiegend oben. Mußte lange im Zimmer verweilen [...]. Nach dritter Niederkunft im April dieses Jahres Pleuritis. Aber schon in den letzten Monaten der Schwangerschaft (von Januar an) Appetitlosigkeit und viel Erbrechen. Nach der Niederkunft (wann?) schmerzhafte Fissura ani, welche die Operation [...] nöthig machte. Durch all diese Dinge große Schwächung und erhöhte Nervosität. Dazu nun noch in der vierten Woche nach der Niederkunft, wahrscheinlich in Folge von Erkältung, als die Kronprinzessin ihren operierten Gemahl in seinem Gemache besuchte, die Pleuritis. Die Pleuritis begann mit einem heftigen Schmerz im linken Arm und der ganzen linken Seite. Dr. Werner fand 40°C. Am folgenden Tag pleuritische Dämpfung hinten links unten von der Größe eines Fünfmarkstücks. 38° C.

Für die Behandlung vieler Krankheiten kannte man damals fast nur physikalische Maßnahmen, wie Bäder oder Diäten, was oft der Grund für die lange Krankheitsdauer war.

Für Kußmaul wurden solche Reisen mit zunehmendem Alter beschwerlicher. Aber auch die fehlende Ruhe und die nicht abreißenden Fragen und Bittsteller machten ihm zu schaffen, wie er in einem Brief an Czerny vom 11. Mai 1889 aus Baden mitteilte: »Gestern und heute bin ich vor lauter Konsultationen nicht zum Gehen gekommen. Ich muß fort. Die Leute kommen mit allen möglichen Empfehlungen, und es ist kein Entrinnen möglich.«[16] Vom 17. August 1891 datiert folgende Mitteilung an Czerny:

> Wie verdrießlich häufen sich nun alle diese fürstlichen Angelegenheiten auf deinen Schultern! Wäre es nicht am besten, von Wien her durch Nothnagel oder Billroth einen österreichischen Arzt zu gewinnen, der die slawische Sprache spricht und hinreichend praktisch geschult ist? ›Um Gottes Willen‹, rief ich aus, als ich las, daß du Kissingen und Marienbad aufs Tapet gebracht hast. Was soll die Kranke davon profitieren? Ich sprach eben mit [Name unleserlich] davon, der auch: ›Um Gottes Willen!‹ rief.[17]

Da Kußmaul zu diesem Zeitpunkt in Bad Kissingen war, wollte er nicht, daß Czernys Patientin zu ihm überwiesen wurde, d. h. er wollte unter keinen Umständen mit einer zusätzlichen Krankengeschichte konfrontiert werden.

Von Patientenseite aus hörte sich solches aber ganz anders an. Anna von Helmholtz schrieb am 29. September 1886 an ihren Sohn:

> Die Fahrt nach Straßburg war so ermüdend wie eine doppelt so lange, aber am anderen morgen kam schon Kußmaul und blieb schier zwei Stunden. Er fragte alles nur Erdenkliche, kurz und bestimmt, sprach nichts, ließ Papa auf das Bett sich legen und untersuchte, befühlte, betrachtete und beklopfte ihn von oben bis unten und hinten und vorne – und fand nichts. Das Herz sei etwas schwach im Schlage, aber normal, alle Organe sind gesund. Man kann aber nicht Alles fühlen und eine sichere Diagnose könne er nicht mehr stellen, so lange nach dem Anfalle. Er deutete aber an, es sei doch wohl der Durchbruch einer kleinen Entzündung gewesen, die unvollkommen verheilt, noch alle die Reizsymptome verursache. Die Plötzlichkeit des Auftretens der Sache, der nicht recht zur Genesung führende Verlauf, schienen seinen Fragen nach diese Idee ihm zu geben. In seinem Wagen fuhr er mich dann zu Irene Braun und sagte mir unterwegs, er könne wirklich nichts finden, aber er würde den Zustand darum doch nicht leicht nehmen, es müsse ja etwas dasein. Es war etwas Wunderbares um einen wirklich großen Arzt.[18]

Und am 29. März 1893 schreibt Frau Helmholtz an ihren Mann: »An ärztlichem Zuspruch fehlt es uns nicht und Kußmaul ist rührend gut und sieht abends und morgens nach uns. Er spricht immer von einer Kur und läßt den Gedanken an ein Entweichen gar nicht entstehen. Das alles scheint mir eine Weiterreise ganz auszuschließen. Er erinnert mich nur so sehr an Friedreich in Sprache und Wesen, in der Einfachheit und Selbstverständlichkeit von allem, was er thut – er orakelt absolut nicht.«[19]

Die beiden letzten Äußerungen zeigen, wie gewissenhaft sich Kußmaul um seine Patienten kümmerte, wenn er sich ihrer angenommen hatte.

Kußmauls kleine Schrift zur medizinischen Prüfungsordnung[20]

Das Examinieren ist eine Kunst,
die wie jede andere erlernt sein will.

A. Kußmaul

Kußmauls Denken beschäftigte immer wieder die Sorge um die Ausbildung junger Mediziner, ihm lag viel an einer umfassenden Erziehung seiner Assistenten zu ›tüchtigen Ärzten‹. So äußerte er sich 1897 schriftlich zu den Vorarbeiten einer neuen Prüfungsordnung. Da solche Erörterungen bis heute immer wieder geführt werden, seien einige Kernsätze aus Kußmauls Schrift zitiert. Der neue, kommissarische Entwurf sollte die freiheitliche Prüfungsordnung von 1873 ersetzen. Damit war Kußmaul keineswegs einverstanden: »Der Geist des reglementierenden Formalismus, der durch paragraphierte Verordnungen alle Schäden aus der Welt bringen will, ist in Deutschland übermächtig geworden.«[21] Er fürchtete eine Verschlechterung der Lehre, wenn das alte Zwangssystem für Vorlesungen, Praktika und Prüfungen, das sich bereits in seiner Studienzeit als schlecht erwiesen hatte, wieder eingeführt würde. Zudem sah er weitere Zwangskurse und -praktika in Laboratorien und Spezialkliniken auf die Studenten zukommen. Im Entwurf der neuen Prüfungsordnung war eine Verlängerung des Studiums von neun auf zehn Semester und ein zusätzliches praktisches Jahr an geeigneten Hospitälern vorgesehen, das mit einer nochmaligen Prüfung abgeschlossen werden sollte. Weiterhin sah der Entwurf vor, daß nach der Approbation für die gesamte Heilkunde nochmals Prüfungen in Spezialfächern abgelegt werden mußten. Kußmaul befürchtete neue Hürden

und Schwierigkeiten für den Arztberuf und kritisierte die Rückkehr zum alten Zunftdenken, wobei er ein sinnvolles Spezialistentum durchaus befürwortete. Er verwies auf die Bedeutung einer eigenständigen Entscheidung zur Fortbildung, so wie er und viele andere dies z. B. in Wien, Prag, Berlin, Paris oder London getan hatten. Insbesondere in England läge das gesamte Ausbildungssystem in der Hand der Ärzte selbst – so Kußmaul –, sei frei von jeglicher staatlichen Reglementierung und habe hervorragende Ärzte wie John Hunter, Edward Jenner und Josef Lister hervorgebracht.

Ein weiterer wichtiger Punkt war für Kußmaul die Frage, ob »nicht weniger mehr« sei. Dieser Gedanke durchzieht die gesamte Schrift und wird verdeutlicht aus der Sicht des Prüfers:

> In einem Punkte bleibe man unbesorgt. Auch wenn zu den vielen Prüfungsfächern noch immer neue hinzukommen, werden nach wie vor nicht mehr Kandidaten als bisher durchfallen. Die Examinatoren haben keine Herzen von Stein. Ich gestehe offen, daß ich als Examinator um so nachsichtiger wurde, je höher die Anforderungen der Prüfungsordnungen stiegen. Auch quälte mich die geheime Furcht, es könne unter meinen Prüflingen ein Dieffenbach oder Skoda sich befinden, die beide bekanntlich im Staatsexamen durchfielen und nachher doch recht brauchbare Ärzte geworden sind […].[22]

> Durch eine ganz umfassende Prüfung, die sich auf alle Vor-, Hülfs- und Spezialfächer der Medizin wissenschaftlich und technisch erstreckt, scheint man Ärzte von einer idealen Vollkommenheit schaffen zu wollen, wie sie die Wirklichkeit nicht kennt.[23]

Kußmaul verdeutlichte, wie sich trotz des Aufschwungs der wissenschaftlichen Medizin ein großer Teil der Patienten von den approbierten Ärzten abwendete und sich nicht approbierten Empirikern anvertraute, was durch Freigabe der ärztlichen Praxis von Regierungsseite aus ermöglicht wurde. Der Glaube an das Rezept schien bei den Gebildeten deutlich zu schwinden. Die Zuversicht in diätetische Kurmethoden und in die Heilkräfte des Wassers hingegen gewann an Bedeutung. Für Kußmaul klaffte eine Lücke zwischen den Behandlungsmethoden der Universitätsärzte und der Empiriker. An diesem Punkt, so Kußmaul, müsse ein Hebel in der Reform angesetzt werden, und er empfahl Lehrstühle und klinische Abteilungen für Hydrotherapie verbunden mit Balneologie und Diätetik. Fleiner merkte zu dieser Problematik an: »In Heidelberg gab diese [Kußmauls] Schrift anscheinend Anstoss zur Errichtung eines unter Leitung der Poliklinik stehenden hydrotherapeutischen Instituts, dem kurz darauf ein solches in der Medizinischen Klinik und in anderen Universitäten folgte.«[24]

Die berufliche Zukunft der Ärzte sah Kußmaul unabhängig vom Reglement der Prüfungen:

> Sie erwiesen sich später in der Praxis zum kleinsten Teil als ausgezeichnet, zu einem größeren Teil als gut, zum größten Teil als mittelmäßig und so wird es für alle Zukunft bleiben [...]. Als reifer Arzt aber wird auch nach einem Studium von zehn Semestern selbst der begabteste und fleißigste nicht in die Welt gehen, denn nur eine lange und große Erfahrung verleiht wirkliche Reife, und für die reifsten Ärzte gilt Napoleons bekannter Spruch von den Generalen: ›Die besten sind diejenigen, welche die wenigsten Fehler begehen.‹[25]

In jener Zeit wurde auch die Frage diskutiert, ob mit dem Abitur an einem Realgymnasium der Zugang zum Medizinstudium gewährt werden sollte. In einer Umfrage wurde der Rat der Ärzte eingeholt, die meisten der befragten verneinten diese Idee und verwiesen auf die positive Wirkung der Kenntnis der alten Sprachen für das Medizinstudium sowie für die allgemeine Bildung. Czerny und Kußmaul hingegen befürworteten diese Neuerung und begründeten ihre Auffassung damit, daß an den Gymnasien zu wenig für die Schärfung der sinnlichen Beobachtung sowie die Übung von Hand und Auge zum Erlernen von praktischen Fähigkeiten getan werde. Außerdem sei das Erlernen neuer Sprachen unumgänglich. Beide wandten sich aber dagegen, daß durch einen neuen Studienzugang weitere Schleusen für den übermäßigen Andrang zum ärztlichen Beruf geöffnet würden, denn es gäbe bereits ein Überangebot an approbierten Ärzten.

»Ein Dreigestirn großer Naturforscher an der Heidelberger Universität im 19. Jahrhundert«[26]

Alles war durchleuchtet vom Licht der Wahrhaftigkeit

Jakob von Uexküll über Robert Bunsen

Mit dieser Schrift hat Kußmaul ein bedeutendes Kapitel Heidelberger Universitätsgeschichte geschrieben. Als junger Forscher und Arzt erlebte er die Professoren Bunsen, Helmholtz, Kirchhoff und Kekulé, die alle einen immensen Anteil an der Wissenschaftsgeschichte des 19. Jahrhunderts hatten. Ihr Werk ist fester Bestandteil der naturwissenschaftlichen Forschung geworden:

> Wie die großen Naturforscher für die strebsame Jugend edle Vorbilder unermüdlicher Arbeitslust, strengen Pflichtgefühls und genauester experimenteller Gewissenhaftigkeit gewesen sind, so haben sie auch ihren Jüngern, den künftigen Lehrern und Gelehrten, in der Tugend sokratischer Bescheidenheit, bei klarem Bewußtsein des wirklichen Wertes ihrer Leistungen, vorgeleuchtet. Äußerlich schlicht und von einfacher Haltung, blieben sie durch ihren vornehmen Takt bewahrt vor den Anwandlungen der Eitelkeit, die auch sehr respektable Gelehrte auf die Stufe kleiner Seelen herabsetzen.[27]

In Kußmauls Beschreibungen der genialen Naturwissenschaftler – die er alle überlebte – überwiegt die Form ihrer Forschungen den Inhalt, ihr Geist ist ihm wichtiger als ihre Vorgehensweise. Kußmaul lernte die meisten von ihnen in ihren jungen und besten Jahren kennen, und ihn beeindruckte ihr »rühriger Geist, der damals die naturwissenschaftlich-medizinischen Kreise der Universität beseelte«.[28]

Seine Schrift ist in zwei große Kapitel gegliedert, wobei er im ersten, »Die Meister«, über Bunsen, Kirchhoff und Helmholtz berichtete, während er im zweiten, »Jünger und Dozenten« betitelt, von Kekulé erzählte. Der Begriff Meister, vom lateinischen magister abgeleitet, hatte viele Bedeutungen, worunter Kußmaul wohl auch »die ehrende Anrede für einen bewunderten, als Vorbild angesehenen Lehrer in Wissenschaft und Kunst«[29] verstand. Bunsen war 41, Kirchhoff 30 und Helmholtz 37 Jahre alt, als sie begannen, in Heidelberg zu lehren. Zwischen 1854 und 1859 war Kußmaul dort selbst junger Dozent (34 Jahre alt) und außerordentlicher Professor. Mit allen »Meistern«, die er erwähnt und beschreibt, war er persönlich bekannt, so hörte er ein Semester lang bei Kirchhoff Vorlesungen über Elektrizität und bei Helmholtz über Sinnesorgane und Nervensystem.

Einleitend schilderte Kußmaul die für die Heidelberger Universität verheerenden Folgen der politischen Reaktion nach der Revolution von 1848/49, als berühmte Professoren sie verlassen mußten. Er geht auf den Festakt zum 500jährigen Bestehen der Ruperto-Carola ein, zu dessen Anlaß der Kronprinz, »Deutschlands Stolz und Hoffnung in jenen sonnigen Tagen des neuerstandenen Reiches«[30] und der berühmte Helmholtz Festreden hielten. Helmholtz machte bei dieser Gelegenheit auf die Arbeiten von Bunsen und Kirchhoff aufmerksam: »Mit dem Hinweis auf die Spektralanalyse, deren Wiege gewesen zu sein Heidelberg sich rühmen darf, hatte Helmholtz den Kernschuß beim Feste gethan; die Versammlung ließ niemand mehr zu Worte kommen. Eine unsterbliche Geistesthat hatte das erste Halbjahrtausend der Ruperto-Carola abgeschlossen und gekrönt.«[31]

Bunsen war ebenfalls anwesend, hielt aber keine Rede, was Kußmaul zu der Bemerkung veranlaßte, daß man »ein großer Gelehrter und ein schlechter Tischredner«[32] sein könne. Kußmaul gab sodann einen kurzen Überblick über Bunsens wissenschaftliche Verdienste, dessen »Name [...] bekanntlich in zahlreichen von ihm erdachten Instrumenten der Laboratorien fort[lebt]: der Bunsenbatterie, dem Bunsenbrenner, Bunsenphotometer, seiner Wasserstrahlpumpe und mehrerer Kalorimeter. Chemie, Mineralogie und Geologie verdanken ihm fruchtbare Ideen und zahlreiche analytische Verfahren, der Hüttenbetrieb praktische Einrichtungen. Auch in der Medizin sind ihm die Heilmittel- und die Heilquellenlehre Dank schuldig. Schon 1834 hat er die Heilkunde mit einem Gegengift des Arseniks beschenkt, dem frisch gefällten Eisenoxydhydrat, das noch heute mit keinem besseren vertauscht ist; in den Heilquellen entdeckte er bisher unbekannte, völlig neue chemische Elemente.«[33]

Bei der Reflexion von Bunsens Vorlesung bezog sich Kußmaul auf die Gedenkrede des Bunsenschülers Curtius, der erzählte, daß in

> jedem Semester Bunsen regelmäßig eine Vorlesung über Experimentalchemie mit Ausschluß der organischen [hielt]. In 100 oder genau 101 Stunden streute er in den allgemeinen Gang der Vorlesung fast seine sämtlichen eigenen Entdekkungen ein und wußte sie mehr oder minder zusammengedrängt dem Begriffs-

Abb. 81
Robert Wilhelm Bunsen;
um 1890.

vermögen der Anfänger wunderbar anzupassen. Da er dabei niemals den eigenen Namen erwähnte, so hatten die jungen Zuhörer kaum eine Ahnung von der Fülle des von dem Meister aus eigenster Grundtiefe Gebotenen. Sätze, wie: ›Ich habe entdeckt,‹ oder: ›Ich fand,‹ waren Bunsen im Vortrage unmöglich.[34]

Auf diese Weise ging von Bunsen eine gewaltige Anziehungskraft aus, aus »nahen und fernen Landen strömten die Schüler, meist schon chemisch vorgebildete, reifere junge Männer, in das neue, nach seinen Anweisungen erbaute Laboratorium. Es hatte 50 Arbeitsplätze, war damals das besteingerichtete in Deutschland und dient auch noch immer, durch ein zweites, den heutigen Anforderungen der Wissenschaft entsprechendes Gebäude bedeutend erweitert, dem chemischen Unterrichte.«[35] Kußmaul charakterisierte den Wissenschaftler mit den Worten:

Er war ebensowohl Physiker als Chemiker und fand sich nur da wissenschaftlich völlig befriedigt, wo er mit strengen, exakten Methoden versuchsmäßig an die Dinge herantreten und dem Zusammenhang ihrer Erscheinungen nachgehen konnte. Der Größe seiner wissenschaftlichen Neigung kam die seiner praktischen Begabung gleich. Von Jugend auf hatte er chemische Betriebe alle Art, Berg- und Hüttenwerke, Salinen und Fabriken aufgesucht; Wissenschaft und Technik reichten einander bei ihm jederzeit die Hand.[36]

Bunsen hatte besondere Eigenheiten, um die sich zahlreiche Anekdoten rankten. Kußmaul kannte sie, da Bunsen offensichtlich auch sein Patient war:

Er hatte stets mäßig gelebt und nur der Untugend des Rauchens gehuldigt […]. Sein Schlaf war gut, und das launenhafte Organ, das den Gelehrten so viel Verdruß macht, der Magen, blieb ihm mit wenigen Unterbrechungen treu bis ins hohe Alter. Noch als Achtziger, wird berichtet, habe er in vollem Ernste die Gänseleber unter die leicht verdaulichen Speisen gerechnet, gut für Kinder und hinfällige alte Leute.[37]

Kußmaul selbst hatte im Alter seine Meinung über die Bekömmlichkeit von Gänseleber geändert. Fleiner berichtet dies mit Hinweis darauf, daß die Unbekömmlichkeit und die Beschwerden von Nahrung eher psychogen bedingt und keine Magen-Darmkrankheit, sondern reine Gefühlssache seien: »Kurz vor seinem Tode, ich glaube, es war bei einem Besuche Klemperers, war ich bei Kußmaul zu Tisch, wo es Gänseleber gab. ›Ich weiß gar nicht‹, sagte der alte Herr, dem alles vorzüglich mundete, ›warum ich meinen Patienten so oft Gänseleber als schwerverdaulich abriet, mir hat sie noch nie geschadet.‹«[38] Jakob von Uexküll wußte ebenfalls eine amüsante Anekdote über Bunsen zu erzählen, der es nicht »liebte […], wenn man ihn auf Speisen aufmerksam machte, die für ihn unbekömmlich waren. Als ein besorgter jüdischer Kollege ihn beim Genuß einer Leberpastete mit den Worten störte, ›dies dürften sie eigentlich nicht essen‹, schwieg er still, aber er wartete den nächsten Gang ab, der ein schöner Schinken in Burgunder war, um sich dann seinem Ermahner zuzuwenden: ›Und dies dürfen Sie eigentlich nicht essen.‹«

»Bunsen hat seine Entdeckungen niemals selbst technisch verwertet«, wußte Uexküll zu berichten »›Arbeiten ist schön‹, pflegte er zu sagen, ›aber erwerben ist ekelhaft.‹«[39] Am 16. August 1899, im Alter von 88 Jahren, starb Bunsen. Kußmaul nahm an seiner Beerdigung teil und schrieb an Czerny am 21. August 1899:

> Bei schönstem Wetter bestatteten wir am Samstag den größten aller Forscher und Lehrer, den Heidelberg in diesem Jahrhundert den Seinen ganz genannt hat, denn Helmholtz verlor es an Berlin. Die Feier war großartig, obwohl sie in die Ferien fiel. Die Reden waren gut, besonders die von Pfitzer. – Auch Osthof [Anmerkung des Autors: nicht gut leserlich] erklärte, daß er als Prorektor gerne sich an der Bestattung beteiligt habe! Wie kann man einen solchen Schwach- und Flachkopf zum Prorektor wählen [...].[40]

Bunsen hatte von äußeren Ehrungen nicht viel gehalten. Lediglich eine Ausnahme – von Uexküll mitgeteilt – ist bekannt: Nur eine stille Ehrung, die er bei seinem Scheiden aus der Hochschule empfing, hat ihn tief gerührt. Er war um seine Pensionierung eingekommen und erhielt keine Antwort. Als er nach Karlsruhe reiste, um sich beim Minister Aufklärung zu erbitten, zeigte ihm dieser sein Abschiedsgesuch unter das der Großherzog geschrieben hatte: ›Einen Bunsen entlasse ich nicht.‹ So blieb er denn im Verband der Hochschule, aber wurde zugleich von seinen Pflichten entbunden.[41]

Kußmauls Anmerkungen zu Gustav Robert Kirchhoff (1824–1887) sind eher kurz gehalten und beziehen sich im wesentlichen auf dessen Vortragsweise und Vorlesungsstil. In den ersten Semestern seiner Heidelberger Zeit, so Kußmaul, seien die Beurteilungen Kirchhoffs durchaus nicht einheitlich gut gewesen, da eine große Diskrepanz zwischen den eingeweihten Kennern und der Masse seiner Zuhörer bestand. Kußmaul ging diesem Mißverhältnis nach und fand heraus, daß dieses Gespaltensein weniger am Lehrer als an den Schülern lag. Kirchhoffs Hörer waren meist Mediziner und Volkswirte, von Kußmaul »Kameralisten« genannt. Kein Wunder also, daß Kirchhoffs vorzügliche mathematisch-physikalische Arbeiten diesen als »böhmische Dörfer«, wie es Kußmaul nannte, erschienen. Außerdem störte sich das Auditorium an Kirchhoffs Äußerem, und im Vergleich mit dem sehr eleganten Vortragsstil seines Vorgängers Professor Jolly fiel er (angeblich) deutlich ab. Kußmaul hält dagegen:

> Dennoch schien mir Kirchhoffs Vortrag den Vorzug zu verdienen, man konnte ihm bequemer mitdenkend folgen und ihn nachhaltiger in sich aufnehmen. Dazu sei ausdrücklich bemerkt, daß sie beide mit klugem Bedacht, um von ihren Schülern verstanden zu werden, von der Sprache des Euklids nur den nötigsten Gebrauch machten und daß beide geschickt experimentierten. Die Hauptursache aber des absprechenden Urteils der jungen Herren – angehenden

Lehrern mag es zur Warnung dienen – war eine kleine Untugend Kirchhoffs beim Sprechen, die er später vermutlich abgelegt hat. Mitten im Vortrag, oft eben im Begriffe, einen Satz abzuschließen, stockte er unerwartet, schluckte ein wenig, als müsse er ein kleines Hindernis aus der Kehle schaffen, und beendete dann erst den Satz in richtiger Fassung. Die üble Gewohnheit stammte wahrscheinlich aus der Zeit, wo er als angehender Dozent noch befangen vor seine Schüler trat; sie störte die reifen Hörer, die ganz bei der Sache waren, nicht, wirkte aber zerstreuend auf die Unreifen.[42]

Auch andere, wie Hermann von Helmholtz, der 1858 bis 1871 in Heidelberg lebte, und der berühmte Kirchhoff-Schüler Professor Ludwig Boltzmann (1844–1906) lobten Kirchhoffs Vorlesungen sehr: »Er sprach ruhig«, berichtet Boltzmann, »klar, kein Wort zuviel, keines zu wenig, alles sorgsam durchdacht, und bot in kurzer Zeit ungewöhnlich vieles und Reichhaltiges.« Helmholtz' Bericht zufolge war es ein ästhetischer Genuß, seinen Deduktionen zu folgen, der gesamte Stoff habe sich vor dem Zuhörer aufgebaut wie ein kunstvolles, klassisch formvollendetes, logisches Fachwerk. »Nie kam«, so versicherte Helmholtz, »ein Irrtum, eine Unklarheit, ein Schwanken im kleinsten vor. Obgleich seine Vorlesungen innerlich zu den schwierigsten gehörten, hätten sie jedem, auch dem Unbegabtesten, verständlich sein müssen, vorausgesetzt, daß der Zuhörer die mathematische Sprache kannte.«[43]

Die beiden Freunde Bunsen und Kirchhoff hatten in gemeinsamer Arbeit die Spektralanalyse entdeckt. In welch räumlicher Enge und persönlicher Nähe sich dies in Heidelberg abspielte, geht aus einem Brief von Anna von Mohl, der späteren Frau von Hermann Helmholtz, hervor:

Es ist – wie es scheint – Bunsen und dem Physiker Kirchhoff gelungen zu wissen, woraus die Sonne gebildet ist – sie setzt sich wesentlich zusammen aus Eisendämpfen und sehr vielen Natriumdämpfen. Wie Roscoe [Anmerkung des Autors: ein berühmter englischer Bunsen-Schüler] erklärte, bedeutet dies eine der wichtigsten Entdeckungen unserer Zeit, sobald das Ganze einmal spruchreif ist, um veröffentlicht zu werden. Bunsen hat mir die Sache auseinandergesetzt und sie ist mir dabei ganz leicht verständlich erschienen – bis zu dem anderen morgen, wo ich meinerseits versuchte, dieselbe auseinander zusetzen und erkennen sollte, wie notwendig es ist, viele Dinge wirklich zu wissen, um die Erklärung einer komplizierten Angelegenheit geben zu können. Sie veranstalten diese Erforschung des Lichts in einer Art kleiner, vollkommen finsterer Küche, in welcher alle Gasarten der Welt sehr übel riechen – mittels eines kleinen Gashahnes und eines Instrumentes, das einem Stereoskop gleicht. Das alles hat uns mit unermesslichem Interesse erfüllt.

Wir haben in den letzten Zeiten ausschließlich der Naturwissenschaft gelebt. Es ist hier ein Professor Helmholtz, ein Physiologe – der eine Menge wunderbarer Dinge in seiner Wissenschaft gefunden zu haben scheint und der im übrigen ein ausgezeichneter Musiker ist und ein sehr angenehmer Mensch. Seine Frau ist im vorigen Winter gestorben. Aus dem Norden stammend, schätzt er nicht das Bier, ein Vorzug, welchen du gleich mir zu bewerten wissen würdest. Wir werden hier öffentliche Vorlesungen haben – von den ›ersten Männern Deutschlands‹ abgehalten: – Häusser, Helmholtz, Bunsen, Papa – ich freue mich sehr darauf.

Und später, am 8.2.1861, teilte Anna von Mohl ihrer Tante mit: »Ich werde mich verheiraten!«[44] Der Auserwählte war Hermann von Helmholtz (1821–1894).

Die *Vossische Zeitung* hatte Helmholtz als ›Kaiser im Reich der Wissenschaften‹[45] tituliert, was seine überragende Stellung in der zweiten

Abb. 82
Hermann Helmholtz; um 1877.

Hälfte des 19. Jahrhunderts belegt. Neben Virchow war er die führende Persönlichkeit in der Naturwissenschaft, Medizin, Technik sowie der Philosophie der Wissenschaften. In entsprechender gesellschaftlicher Stellung trafen sich in dem Salon, den seine Frau mit viel Geschick führte, die Mitglieder der höheren Gesellschaftskreise des kaiserlichen Reiches. Kußmaul wußte um den Einfluß von Helmholtz und schrieb vor diesem Hintergrund über den ›dritten Meister‹ der Heidelberger Universität. Zunächst wies er auf die medizinischen Verdienste hin, insbesondere die Erfindung des Augenspiegels – an dessen Erfindung Kußmaul beinahe selbst beteiligt gewesen wäre –, des weiteren ging er auf die Werke über physiologische Optik und Tonempfindungen ein, die sowohl für Ärzte als auch für Künstler von unvergänglichem Wert sind.

Als Kußmaul 1895 vom Maler Franz von Lenbach porträtiert wurde, zeigte dieser ihm sein Helmholtz-Porträt und bemerkte zu dessen Gestalt: »Die olympische Schönheit unseres größten Dichters (sic!) ruhte auch auf Stirn und Augen unseres großen Naturforschers; nur das Kinn war bei der Bildung seines Kopfes zu kurz gekommen und schwach ausgefallen. ›Oben ein Gott, unten ein Hase!‹, lautete die derbe Kritik Lenbachs [...].«[46]

So genial seine Erfindungen waren, so mäßig muß der Vorlesungsstil von Helmholtz gewesen sein, den Kußmaul kritisierte:

> Zum Schulmeister war der große Denker nicht geboren. Ihm fehlte die Gabe, die den echten Schulmeister vor manchem großen Gelehrten auszeichnet: das Pensum, das der Lektionsgang vorschreibt, von Stunde zu Stunde mit gleicher Beflissenheit wohl ausgearbeitet den Schülern darzulegen, wie auch das Thema beschaffen sei. Es hing ganz von dem Stoffe ab, wie sein Vortrag ausfiel. Man erkannte Helmholtz oft von einer zur andren Stunde kaum wieder. Entwikkelte er beispielsweise bei den Sinnesempfindungen die Joungsche Farbentheorie, die ihm ihre Ausbildung großenteils verdankt, so wurde man von seinem Vortrage hingerissen, die Darstellung war entzückend klar und von Versuchen trefflich unterstützt, die Vorlesung schloß mit dem herrlichen Versuche der Spektralfarbenmischung wie mit dem allerbrilliantesten Feuerwerk. Aber ebenso unvergeßlich haftet eine andre Vorlesung, die, ich kann es nicht anders nennen, ein Gefühl von Mitleid in mir zurückließ, in meiner Erinnerung. Bei der elektrischen Erregung der Nerven angelangt, mußte er das sogenannte Zuckungsgesetz abhandeln, das damals den Namen eines Gesetzes noch nicht verdiente, sondern nur eine Reihe zusammenhangloser Tatsachen umfaßte. Er

bemühte sich vergebens, sie geordnet vorzutragen. Bald gab er sie richtig, bald unrichtig wieder, korrigierte sich, fing wieder von vorn an, kam aber nicht zum Ziele. Zuletzt griff er, ohne jedoch durch irgendeine Miene Verlegenheit zu zeigen, in die Brusttasche und holte einen Zettel heraus, worauf er vorsorglich die nötigen Notizen niedergeschrieben hatte. Es war die alte Geschichte vom Pegasus im Joche. Erst 1888 löste man die Ketten, die den großen Genius an die Schulstube schmiedeten.[47]

Zu diesem Zeitpunkt wurde Helmholtz zum Leiter der physikalisch-technischen Reichsanstalt in Berlin-Charlottenburg ernannt und brauchte fortan keine Vorlesungen mehr zu halten.

Wie sehr die Heidelberger Jahre Helmholtz geprägt haben und welche Gedanken zur Entstehung von Wissenschaft er daran knüpfte, zeigt ein Ausschnitt aus der bereits genannten Festrede, die Kußmaul zitiert:

Es könne kein Zufall sein, daß von ihren [Heidelbergs] Hügeln aus der geistige Blick des Menschen zum erstenmal in die unendlichen Welträume gedrungen sei, mit der Absicht, die chemische Natur der Weltkörper zu entziffern, ein Unterfangen, das unmittelbar vorher noch als die abenteuerlichste Unmöglichkeit habe erscheinen müssen. Etwas vom Schauen des Dichters müsse auch der Forscher in sich tragen. ›Freilich‹, fuhr er fort, ›ist dem Forscher mühsame und geduldige Arbeit nötig, um das Material zu sichten und bereit zu machen. Aber Arbeit allein kann die lichtgebenden Ideen nicht herbeizwingen. Diese springen, wie die Minerva aus dem Haupte Jupiters, unvermutet, ungeahnt, wir wissen nicht, von wannen sie kommen. Nur das ist sicher: dem, der das Leben nur zwischen Büchern und Papier kennen gelernt hat, und dem, der durch einförmige Arbeit ermüdet und verdrossen ist, dem kommen sie nicht. Die Empfindung von Lebensfülle und Kraft muß da sein, wie sie vor allem das Wandern in der reinen Luft der Höhen giebt. Wenn der stille Frieden des Waldes den Wanderer von der Unruhe der Welt scheidet, wenn er zu seinen Füßen die reiche, üppige Ebene mit ihren Feldern und Dörfern mit einem Blicke umfaßt und die sinkende Sonne goldene Fäden über die fernen Berge spinnt, dann regen sich wohl auch sympathisch im dunklen Hintergrunde seiner Seele die Keime neuer Ideen, die geeignet sind, Licht und Ordnung in der inneren Welt der Vorstellungen aufleuchten zu machen, wo vorher Chaos und Dunkel war.‹[48]

Mit diesen Worten schloß Kußmaul die Anmerkungen über Helmholtz.

Abb. 83a
Friedrich August Kekulé;
Altersfotographie.

Kußmaul legte Wert darauf, in seiner Abhandlung auch die jüngeren Wissenschaftler der damaligen Zeit zu erwähnen. Sehr ausführlich beschäftigte er sich mit dem Chemiker Friedrich August Kekulé (1829–1896), der einer der ganz ›Großen der Chemie‹ wurde. Von ihm gibt es eine interessante Schilderung, wie er zur Entdeckung der Ringstruktur der Kohlenwasserstoffe gefunden hatte. Kußmaul schilderte zunächst kurz Kekulés Werdegang mit Studium in Gießen bei Justus Liebig und kam dann auf dessen Vorlesungen in Heidelberg von 1856 zu sprechen. Aus Neugier hatte Kußmaul ein Semester lang ein öffentliches Kolleg über den theoretischen Teil der organischen Chemie, also die Valenz- oder Wertigkeitstheorie der Kohlenwasserstoffatome besucht. Hierauf beruht seine Schilderung von Kekulés Person: »Kekulés markierte Züge umschwebte eine leichte ironische Heiterkeit, die sich in der Vorlesung zu einem sehr ausgesprochenen Lächeln steigerte, wenn er seine Valenztheorie darlegte. Er schien sich an dem geistreichen Spiele mit den Atomen zu ergötzen, wie ein Meister im Dominospiele mit den Steinen.«[49]

Nicht mehr in Heidelberg, sondern in Gent, wohin Kekulé berufen worden war, begründete er 1865 die Benzolhypothese: die Entdeckung der Ringstruktur von Kohlenwasserstoffmolekülen. Darüber wie er zu solch grundlegenden Erkenntnissen gelangt war, gab Kekulé selbst Aufschluß:

Ich drehte den Stuhl nach dem Kamin und versank in Halbschlaf. Wieder gaukelten die Atome vor meinen Augen. Kleinere Gruppen hielten sich diesmal bescheiden im Hintergrund. Mein geistiges Auge, durch wiederholte Gesichte ähnlicher Art geschärft, unterschied jetzt größere Gebilde von mannigfacher Gestaltung. Lange Reihen, vielfach dichter zusammengefügt; alles in Bewegung, schlangenartig sich windend und drehend. Und siehe, was war das? Eine der Schlangen erfaßte den eigenen Schwanz und höhnisch wirbelte das Gebilde vor meinen Augen. Wie durch einen Blitzstrahl erwachte ich; auch diesmal verbrachte ich den Rest der Nacht, um Konsequenzen der Hypothese auszuarbeiten.[50]

Diese Aussage steht ergänzend zu jener von Doerr, der berichtete, daß Kekulé zu sagen pflegte: »Lernen wir träumen, meine Herren, dann finden wir vielleicht die Wahrheit, – aber hüten wir uns, unsere Träume zu veröffentlichen, ehe sie durch den wachsamen Verstand geprüft worden sind!«[51]

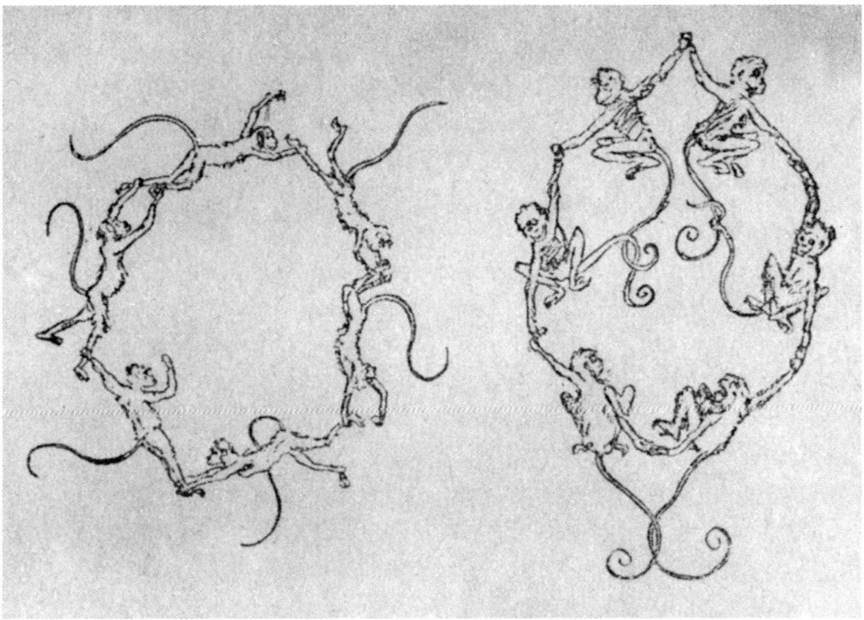

Abb. 83b Darstellung des Benzolrings, in »Berichte der Deutschen Chemischen Gesellschaft«; anläßlich des Benzolfestes 1890 in Berlin, es verdeutlicht den Tanz der Moleküle, wie ihn Kekulé beschrieb.

Schon zu Kußmauls Zeiten war die eminent praktische Bedeutung dieser Erfindung, die in das unendliche Reich der organischen Chemie einführte, bekannt. Die chemische Industrie erlebte einen ungeahnten Aufstieg, die Anzahl der bekannten organischen Verbindungen nahm sprunghaft zu; gab es 1865 noch etwa 300, so waren es 1878 bereits 15 000 bekannte Verbindungen.

An die Darstellung der Valenztheorie schloß Kußmaul folgende Überlegung an:

> So liefert die Valenztheorie Kekulés eines der lehrreichsten Beispiele für die Richtigkeit der Behauptung, daß die Wissenschaft, die rein aus dem Bestreben hervorgeht, den Zusammenhang der Dinge zu begreifen, unbekümmert um andre, außerhalb dieser Absicht liegende Zwecke, der Wohlfahrt der Menschheit dient; ihre Früchte reifen sicher, bald früher, bald später. Im Hinblick auf solche Erfahrungen dürfte manchen überlauten Vorkämpfern einer lediglich auf Nützlichkeitsabsichten fundierten, realistischen Vorbildung der Techniker und Aerzte eine ruhigere Ueberlegung besser anstehen.[52]

Seine Ausführungen zu Kekulé beendete Kußmaul mit der Erinnerung an eine persönliche Begegnung: »Er besuchte mich einmal in den achziger Jahren und schilderte mir die Störungen seiner Gesundheit unter Entwicklung eigentümlicher Ideen über die Natur seines Leidens, denen ich nicht zu folgen vermochte; seine erstaunlichen Hypothesen begleitete er mit demselben Lächeln, womit er einst in Heidelberg den Hörern im Kollegium seine Valenztheorie auseinandergesetzt hatte.«[53]

Kußmaul beschloß die Rückblicke auf die Zeit seiner Dozentur in Heidelberg, indem er mit leisem, verhaltenen Stolz auf die Gegenwart und die Zukunft verwies. Im Gedenken an Helmholtz – und die Erfindung seines Augenspiegels – fanden die jährlichen Kongresse der Augenärzte in Heidelberg statt. Erst in der zweiten Hälfte des 20. Jahrhunderts wurden sie wegen Platzmangels zunächst nach Mannheim und dann nach Berlin verlegt.

Schließlich ging Kußmaul noch auf den naturhistorisch-medizinischen Verein ein, der 1906 sein 50jähriges Stiftungsfest feiern sollte.[54] Ihn hatte er zusammen mit anderen, aber besonders mit Kekulé gegründet: »Am 24. Oktober 1856 kam endlich das Kindlein glücklich zur Welt«, an dessen Kinderbett die berühmten Wissenschaftler, die Kußmaul genannt hatte, standen – und Kußmauls Aufsatz endete mit dem

Satz: »Der erste Band seiner Verhandlungen, der die Jahre 1857 bis 59 umfaßt, schließt ab mit einem Vortrage von Kirchhoff am 28. Oktober 1859: ›Ueber das Sonnenspektrum‹«.[55] Wohl sehr bedacht wählte Kußmaul diese letzten drei Worte, weisen sie doch daraufhin, daß Heidelberg im 19. Jahrhundert zweimal wissenschaftsgeschichtlich gesehen Weltruhm erlangt hatte: das erste Mal durch die Koryphäen der Medizinischen Fakultät, die Kußmauls Lehrer waren, nicht umsonst wurde Heidelberg von Kußmaul als ein ›medizinisches Salerno‹ bezeichnet. Das zweite Mal erlangte die Universität Weltruhm, als sie zu einem Zentrum der naturwissenschaftlichen Forschung wurde: durch die von Kußmaul dargestellten ›Meister‹.

Die literarischen Schriften

Die nichtmedizinischen, literarischen Schriften Kußmauls umfassen drei Titel: *Das Buch Biedermeier,* das auf die Jahre 1853 bis 1857 zurückgeht, die *Poetischen Jugendsünden,* die erst 1893 erschienen, sowie die autobiographischen Schriften *Jugenderinnerungen eines alten Arztes* von 1899 und *Aus meiner Dozentenzeit,* posthum 1903 veröffentlicht. Eine Zwischenstellung nimmt die 1902 noch zu Kußmauls Lebzeiten erschienene Schrift *Ein Dreigestirn großer Naturforscher an der Heidelberger Universität im 19. Jahrhundert* ein.[56]

Abb. 84 Kußmaul an seinem Schreibtisch im Studierzimmer; nach 1900.

Haben diese Texte auch einen sehr viel kleineren Umfang als das wissenschaftliche Werk, so gehören sie doch ganz wesentlich zu Kußmauls Persönlichkeit. Sie dokumentieren seinen Humor in ganz besonderer Weise. Viele Menschen haben den besonderen Zauber, der seine Person umgab, empfunden, bewundert und der Nachwelt überliefert. Auch haben diese wenigen Schriften ihn einem großen Laienpublikum so bekannt gemacht wie seine medizinischen Schriften den Fachleuten. Schließlich gelang ihm mit dem Begriff »Biedermeier« – diesmal allerdings unbewußt – eine bleibende Markierung in der Kulturgeschichte.

Biedermeier

Der Begriff »Biedermeier« ist an Kußmauls Namen gebunden. Sein gutentwickeltes Gefühl für Sprache fand im Stil seiner wissenschaftlichen Publikationen Ausdruck. Er beschäftigte sich auch in seinen Forschungen mit der Sprache, ihrer Entstehung, ihren Bedingungen in gesunden und krankhaften Prozessen. Aber für ihn war Sprache auch Mittel, um seinem Inneren, seinen Empfindungen Ausdruck zu geben. Noch vor der Biedermeier-Zeit, die ihren Namen als Epoche erst im nachhinein erhielt, hatte Kußmaul Verse, Gedichte und Lieder geschrieben.

Im führenden etymologischen Wörterbuch heißt es unter dem Stichwort Biedermeier: »Biedermeier, m., der dem Familienname Biedermann nachgebildete Ausdruck stammt von A. Kußmaul 1853.«[57] Die Zeit des Biedermeier prägte die Generation zwischen 1815 und 1848. Dem zwischen 1855 und 1857 erstmals gebrauchten Begriff haftete damals, nach der Revolution von 1848/49, etwas Abschätziges an. Als Epochenbegriff erst zu Beginn des 20. Jahrhunderts in Gebrauch gekommen, ist ihm dieser Beigeschmack geblieben. Der Historiker Carl Ottmar von Aretin geht auf diesen Sachverhalt kritisch ein, denn schließlich hatte der oppositionelle Teil der Gesellschaft den stagnierenden Metternich-Staat im März 1848 »überholt«.[58]

Die Stilbezeichnung Biedermeier bezieht sich auf Kunst und Kultur, auf Gesellschaft und Familie. Der private Bereich hatte infolge der politischen Restauration einen hohen Stellenwert. Häuslichkeit und Geselligkeit in Familie und Freundeskreis standen im Vordergrund. Eine

Haltung der Mitte und des Maßvollen wurden in der Literatur vermittelt, das kleine Glück, die Liebe zur Natur und zu den kleinen Dingen wurde hoch geschätzt. Eben jene Erfüllung des kleinen, bürgerlich-häuslichen Glücks läßt vordergründig auf einen kleinbürgerlich-spießigen Aspekt schließen.

Das vorletzte Kapitel der *Jugenderinnerungen* trägt den Titel »Weiland Gottlieb Biedermaier«. Kußmaul wählte mit ›Weiland‹ ein altertümliches Wort, das sich vom Althochdeutschen ›Wilon‹, das Weile bedeutet, ableitet und soviel wie ›einst‹, ›früher‹ meint. Mit der Benutzung des Wortes »weiland« begibt er sich zurück in jene Zeit, die er in diesem Kapitel schildert.

Während der langsamen Genesung von seiner schweren Krankheit, die ihn an den Rollstuhl gefesselt hatte, wollte er gern sein geliebtes Altheidelberg wiedersehen. In Kandern begann die Reise, 1853 machte er bei Freunden in Karlsruhe Station, wo er feststellen mußte, daß er für die Weiterreise noch zu schwach war. Nach einer Übernachtung kehrte er also zurück nach Kandern. Zuvor hatte er die Möglichkeit wahrgenommen, sich in der Bibliothek des Freundes umzusehen:

> Golls Vater [...] besaß in seiner kleinen Bibliothek ein Buch, das er hoch hielt, die Gedichte eines Dorfschulmeisters Samuel Friedrich Sauter aus Flehingen im Kraichgau, nahe der württembergischen Grenze. Sauter hatte in seinem 75. Lebensjahre, 1845, seine gesammelten Gedichte bei Creuzbauer und Hasper in Karlsruhe ›in Kommission‹ gegeben und fünf Jahre nachher das Zeitliche gesegnet. Ich fand das Buch zufällig, es stand in der ›guten Stube‹. Vater Goll war so gütig, mir es nach Kandern mitzugeben, wo ich es acht Tage behielt und mit unbeschreiblichem Vergnügen durchlas. In den Gedichten entdeckte ich einen bisher ungehobenen Schatz einer eigenartigen Poesie von ungewöhnlich komischer Kraft. Die Gedichte waren meist ganz ernst gemeint und nicht auf Erregung der Lachmuskeln berechnet, aber gerade weil sie diese unbeabsichtigte Wirkung hatten, wirkten sie doppelt lustig und darin lag der Humor.[59]

Kußmaul setzte sich im Biedermeier-Kapitel mit einigen Texten von Samuel Friedrich Sauter auseinander und versuchte, sich ein Bild von ihm zu machen:

> Der Dichter war ein altväterischer Dorfschulmeister gewesen und zeitlebens frei geblieben von sentimentalen, weltschmerzlichen und politischen Anwandlungen. Dadurch unterschied er sich wesentlich von andern Poeten, die, der

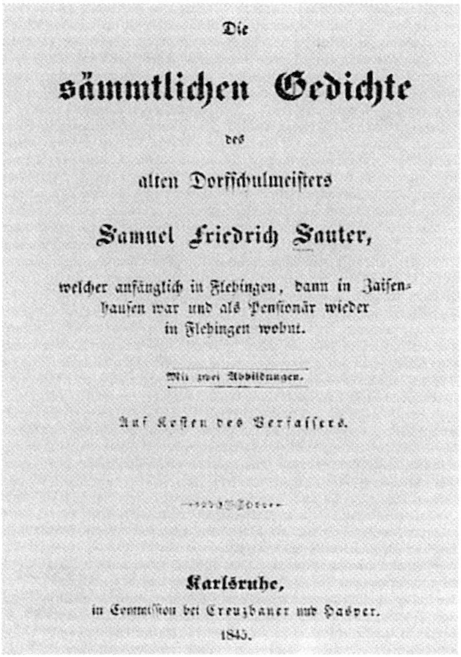

Die
sämmtlichen Gedichte
des
alten Dorfschulmeisters
Samuel Friedrich Sauter,
welcher anfänglich in Flehingen, dann in Zaisenhausen war und als Pensionär wieder in Flehingen wohnt.

Mit zwei Abbildungen.

Auf Kosten des Verfassers.

Karlsruhe,
in Commission bei Creuzbauer und Hasper.
1845.

Abb. 85
Titelseite von Samuel Friedrich Sauters »Sämtliche Gedichte«; 1845.

> wechselnden Zeitströmung huldigend, gleichfalls unbeabsichtigte komische Wirkungen erzielten. Er was ganz und gar naturwüchsig und harmlos. Seine poetische Ader glich den friedlichen Bächlein seiner stillen Kraichgauer Heimat, über die er kaum je hinauskam. [...] (486) Mein unerwarteter Fund gab Anlaß zur Einführung des Dichters Biedermaier in den deutschen humoristischen Musenhain. Nach Kandern zurückgekehrt, schnitt ich sofort dessen drollige Figur aus der Sauterschen Sammlung heraus, stellte eine Anzahl der Gedichte unverändert, andere geändert, sowie einige, neu von mir in Sauters Geiste verfasste, zusammen und überschickte ›das große Werk weniger Tage‹, wie ich mich ausdrückte, nebst einer Vorrede, welche die Biedermaierpoesie scharf charakterisierte, meinem Freunde Eichrodt, der damals in Durlach wohnte. Ich forderte ihn zur Mitarbeit auf mit der Bemerkung: ›Obschon du den Sauter nicht übertreffen kannst, so dürfte dir's doch gelingen, ihn zu erreichen.‹ Ich legte Sauters Gedichte bei und bat, sie dem alten Goll zurückzugeben. Daran reihte sich ein Briefwechsel. (487)

Als Kußmaul sich am Ende des Jahrhunderts an diese Begebenheiten erinnerte, war Ludwig Eichrodt schon seit 1892 nicht mehr am Leben. Kußmaul wußte, daß ihre gemeinsam verfaßten Biedermeiergedichte, die sie in den *Fliegenden Blättern* veröffentlicht hatten, in Eichrodts *Gesammelte Dichtungen* von 1869 und 1890 eingegangen waren. Darüber, wer als erster den Begriff ›Biedermeier‹ geprägt hatte, gibt die Eichrodt-Biographie Auskunft: »Wer sich für die Geschichte der Biedermeier-Schöpfung interessiert, findet sie ausführlich erzählt in der Biographie Eichrodts von Albert Kennel, der sie aktenmäßig nach meinen, aus Eichrodts Nachlaß mitgeteilten Briefen dargestellt hat.«[60] In seiner Eichrodt-Biographie schrieb Kennel:

> Ludwig Eichrodt hatte sogar in früher Jugend – es war in den Osterferien 1841 zu Flehingen – Sauter selbst gesehen, wie er ›noch mit Huttenfrisur (Simpelhaaren) und Stulpstiefeln umherging‹. Aber auf die Entstehung der Biedermeiergedichte hat jene frühere Bekanntschaft der Freunde mit Sauters Gedichten jedenfalls wenig Einfluß geübt; denn am 2. Juni 1853 [Anmerkung des Autors: 12 Jahre nach der Osterbegegnung] – nachdem im vorhergehenden Briefe vom 19. April noch keine Spur von Biedermeier oder Sauter zu finden war – schreibt A. Kußmaul: ›Hier überschicke ich Dir das große Werk weniger Tage: Biedermaiers und Schartenmeiers Gedichte!‹«[61] – woraus klar hervorgeht, daß Kußmaul diesen Begriff erfunden und ihn an Eichrodt weitergegeben hat.[...] Was Dr. Kußmaul damals an Eichrodt übersandte, waren, nach eben diesem Briefe zu schließen, die Vorrede und achtzehn Gedichte, welch letztere er unter Benutzung Sauters eben erst niedergeschrieben hatte und zwar in der Weise, daß einzelne, wie das *Kartoffellied* und das *Dorfschulmeisterlein,* fast wörtlich oder nur wenig gekürzt aus Sauter herübergenommen; andere, stark verkürzt und umgestaltet, mit wesentlichen eigenen Zusätzen ausgestattet; wieder andere, wie das *Klagelied des Schulmeisters Birkenstecken,* im Geiste Sauters ganz frei oder mit geringer Benutzung desselben von ihm mit kräftigem Humor gedichtet sind.[62]

Die genannte Vorrede ist als solche nicht erhalten. Eichrodt hatte die sicherlich von Kußmaul verfaßte Schrift in seine Gedichtausgaben weitgehend unverändert übernommen, ohne auf dessen Urheberschaft hinzuweisen. Dieser Meinung war auch Kennel, der aus einem Brief von Kußmaul zitiert: »Meine Vorrede behandelt das Historische und Ästhetische der Biedermanns-Poesie, hoffe ich, so genügend, daß es Dir klar werden wird, wie ich meine, daß die ganze Sache aufgefaßt werden muß.«[63]

Als Grund, weshalb Kußmauls Name kaum mehr mit dem Biedermeier in Verbindung gebracht wird, vermutete Kennel: »Der [...] jetzt noch allein Überlebende [Anmerkung des Autors: 1895], Herr Geheime Rat und Professor der Medizin a. D., der früher für Anonymität gewesen und sich, wie er scherzhaft sich ausdrückte, ›wohl hütete, als klinischer Biedermeier vor seinen Studenten und Patienten zu figurieren‹, wird – so hoffen wir – heute nichts dagegen haben, wenn ihm an der Ehre dieser in ihrer Art einzigen Schöpfung sein reichlicher Anteil zugesprochen wird.«[64] Demnach ist klar, daß Kußmaul den Begriff des »Biedermeier« erdachte und sich im Alter auch dazu bekannte.

Für die von Kußmaul und Eichrodt gedichteten und bearbeiteten Verse konnte 1853 kein Verleger gefunden werden, der sie als Buch veröffentlicht hätte. Schließlich wurden sie durch Vermittlung Eichrodts in den – damals noch neuen – *Fliegenden Blättern* gedruckt und erschienen fortlaufend von Frühjahr 1855 bis zum Herbst 1857, versehen mit Illustrationen von Eduard Ille. Wie bei dieser Zeitschrift üblich erfolgte die Veröffentlichung anonym bzw. unter den oben genannten Pseudonymen Biedermeier, Treuherz und Schartenmayer.[65]

Forschungen haben ergeben, wie es ein halbes Jahrhundert nach der Entstehung und dem ersten Gebrauch des Begriffes zu einer Renaissance des Biedermeier kam. Mehrere Punkte spielten hierbei eine wichtige Rolle, wobei der damals viel gelesenen Zeitschrift *Jugend* ein besonderes Verdienst zukam. Sie veröffentlichte 1902 ein siebenstrophiges Gedicht mit dem Titel »Zum 80. Geburtstag Sr. Excellenz des Herrn Geheimraths Professor Dr. Adolf Kußmaul, des weiland wahren und Ur-Biedermeier!« Die hier wiedergegebenen drei Strophen weisen auf Kußmauls Urheberschaft des Begriffes Biedermeier hin:

Aus allen Ständen werden massenweise
Euch Dank und Ehren heute dargebracht,
Im ganzen cultivirten Erdenkreise
Wird Eurer heut verständnißvoll gedacht –
D'rum nah' auch ich mit einem Lorbeerreise
Und habe extra dies Gedicht gemacht!
Ja, Exzellenz! Bei Dero Jubelfeier,
Darf ich nicht fehlen, ich, der *Biedermeier!*

Den ersten Dichter muß ich in Euch lieben,
Der Lyrik schön mit Biedersinn verband.
Und habt ihr Euch mit **ai** auch geschrieben,
Im Herzen fühl' ich innig mich verwandt!

Ihr habt mit Schwung die edle Kunst betrieben,
Naiv-empfindsam, würdevoll-pikant.
Und nie verschwiegt Ihr, stets loyal und lauter,
Daß Eurer Vorbild *Samuel Friedrich Sauter!*

Der freilich sang ja nur in dunklem Drange
Und, sozusagen, aus beschränkter Brust –
Ihr wurdet Euch zuerst in Euerm Sange
Der frohen Macht des Biedersinns bewußt!
Ihr dichtetet – ein Geist von solchem Range! –
Zu Eurer Mitwelt Heiterkeit und Lust,
Ihr machtet aus dem Biedern erst was Rechtes,
Drum bleibt auch *Ihr* der Urahn des Geschlechtes![66]

Ein weiterer Anlaß für die Auseinandersetzung mit dem Biedermeier war der Schwerpunkt auf die Malerei des Biedermeier während der Jahrhundertausstellung »Von der Empire- zur Biedermeierzeit« 1906. Hinzu kam 1911 die Veröffentlichung der großen kulturgeschichtlichen Darstellung des Biedermeier durch Max von Boehn, *Biedermeier, Deutschland von 1815 bis 1847.* Im gleichen Jahr erschien *Das Buch Biedermeier*[67] mit Gedichten von Eichrodt, Kußmaul und ihrem ›Vorbild‹ Sauter. In der Einleitung zu diesem Buch schrieb Friedrich Eichrodt, der Sohn Ludwig Eichrodts, daß Biedermeier eine »dem Namen nach von Eichrodt und Kußmaul erfundene Figur« sei, wobei er hier – unbewußt oder absichtlich – die Reihenfolge der Namen vertauschte, denn es war Kußmaul, der als erster das Buch von Sau-

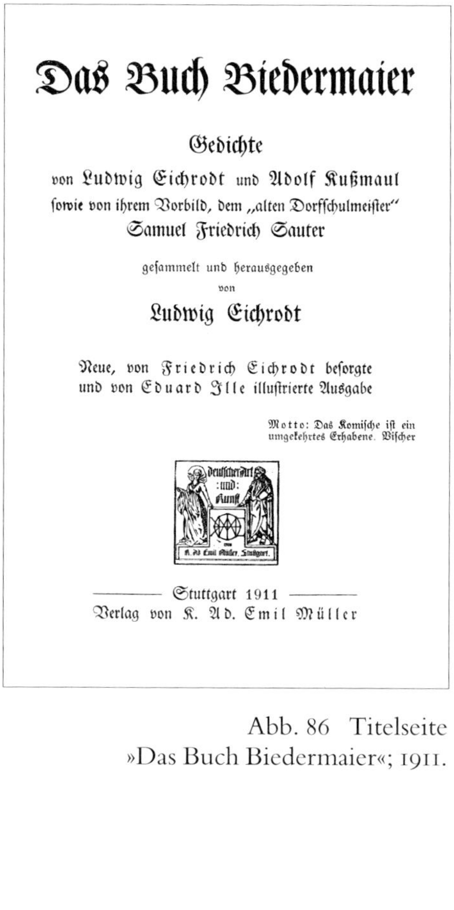
Das Buch Biedermaier

Gedichte

von Ludwig Eichrodt und Adolf Kußmaul
sowie von ihrem Vorbild, dem „alten Dorfschulmeister"
Samuel Friedrich Sauter

gesammelt und herausgegeben
von
Ludwig Eichrodt

Neue, von Friedrich Eichrodt besorgte
und von Eduard Ille illustrierte Ausgabe

Motto: Das Komische ist ein umgekehrtes Erhabene. Vischer

Stuttgart 1911
Verlag von K. Ad. Emil Müller

Abb. 86 Titelseite »Das Buch Biedermaier«; 1911.

Abb. 87
Ludwig Eichrodt

ter in die Hand bekam und damit der eigentliche Initiator der »Biedermeier-Poesie« wurde.

In den *Jugenderinnerungen* beschließt Kußmaul das Biedermeierkapitel mit dem bezeichnenden Satz: »Ausdrücklich sei noch bemerkt, daß ich in einer Note zu dem Vorwort auf Sauter als den echten und eigentlichen Biedermaier hinwies, um keines Plagiats geziehen zu werden. Seit ich jedoch Gedichte nach seinem Vorgang und Vorbild verübte, hat mich die Muse gemieden.« (488)

Von Kußmauls Biedermeier-Dichtungen seien »Das Lied im Zwetschgenherbst«, das im Original bei Sauter siebzehn Strophen hat und »Die Sündfluth« (siehe Abbildung) sowie von Eichrodt das Schlußgedicht der Sammlung, »Nachklang«, wiedergegeben:

Lied im Zwetschgenherbst.

Herunter, ihr Zwetschgen,
Herunter vom Baum,
Die Buben und Mädchen
Erwarten es kaum,
Ihr habt nun schon lange
Die Zweige beschwert,
Klipp, klapp, mit der Stange
Die Äste geleert!

Was wie ein Magnet wirkt,
Das nennt man magnet'sch,
Was leicht sich entzwei macht,
Ist zweitsch oder zwetsch,
Von zwei entsteht Zwilling,
Zwirn, Zwusel und Zwist,
Wahrscheinlich, daß Zwetschge
Ein Schwesterwort ist.

So mag es entstanden
Das Zwetschgenwort sein,
Nun ist es vorhanden,
Wir fügen uns drein,
Auch Strickstrumpf klingt häßlich,
Am niedlichsten Bein.
Was kümmert das Wort uns,
Das Fleisch soll uns freu'n.

Juchheisa, wie's prasselt,
Nur hurtig gepflückt,
Nur hurtig die Leitern,
Stets weiter gerückt,
Gerüttelt, geschüttelt,
Gestreift und gerupft,
Gebengelt, geschwengelt,
Gestupft und gezupft.

Nachklang

»Schartenmeier« ist hinüber!
Seufzet »Biedermaier« jetzt,
Und die Zeit erscheint ihm trüber,
Die ihm diesen Schlag versetzt.

Und es hängt auch »Biedermaier«,
Welchen nicht mehr alles freut,
An die Holzwand seine Leier,
Denn es ist nun andre Zeit.

Ein literarischer Spaß zweier dichtender Freunde zog demnach eine kunsthistorische und literarische Epochenbezeichnung nach sich.

Die Sündfluth.

(In lauter einsilbige Wörter gesetzt.)

Nur Luft und See,
Kein Land, kein Baum,
O weh, o weh!

Der Herr zürnt sehr,
Der Mensch, das Vieh,
Schwimmt todt im Meer!

Die Arch' nur hält,
Wie weis' ist dies!
Den Keim der Welt:

Mensch, Rind und Schwein,
Und was das Best',
Auch schon den Wein!

Ach, ein Glas Wein
Bei Weib und Sang,
O Mensch schmeckt fein.

A. Kußmaul (frei nach S. Fr. Sauter).

Abb. 88 Das Gedicht »Die Sündfluth«, mit Illustration von Eduard Ille, aus » Das Buch Biedermaier«; S. 45.

»Poetische Jugendsünden«

Die Verse, die Kußmaul als »poetische Jugendsünden« bezeichnete, waren zwischen 1850 und 1853 entstanden. In den *Jugenderinnerungen,* im Kapitel »Auf dem Pegasus«, berichtete er über das Entstehen. Kußmaul war zu jener Zeit Landarzt in Kandern, aber seine Studentenzeit, in der Singen und Dichten an der Tagesordnung waren, schien ihm noch recht nah zu sein. Es war, laut Kußmaul, eine »glückliche« Zeit (»Ich fühlte mich glücklich in meinem Berufe, meiner Häuslichkeit und meiner Freiheit.« 470), zu der auch die Geburt der ersten beiden Kinder Helene (Juli 1851) und Luise (Juni 1853) gehörte. Ließ ihm die Arbeit in der Praxis Zeit, gehörten zu seinem Glück, neben der Familie, die Lektüre von Büchern, die Unterhaltung mit klugen und heiteren Menschen und das Erleben der schönen Landschaft. In den nahen Städten Lörrach und Basel hatte Kußmaul viele Freunde und Bekannte. Auch mit alten Universitätsfreunden, die zuweilen zu Besuch kamen, pflegte er Kontakt in vielen Gesprächen. Seine Lieder, aus denen der ›leichte Mut der Jugend‹ spricht, entstanden oft in der Natur, unter blühenden Obstbäumen, an duftenden Rapsfeldern oder in den Wäldern rund um den Blauen. In dieser Umgebung träumte er und faßte Bilder in Sprache, Rhythmen und Reime, fühlte sich von Pegasus umgeben, dem Sinnbild der dichterischen Phantasie: »Es lüstete ihn [Pegasus] nach reinerer Luft und höheren Regionen«. (471)

»Ich verfaßte«, heißt es in den *Jugenderinnerungen*, »eine Anzahl Gedichte, die ich später vergaß und verlegte, bis sie mir der Zufall vor einigen Jahren wieder in die Hand spielte. Neue kamen keine mehr hinzu, nachdem ich die Wälder und Matten Kanderns mit den Laboratorien und Hospitälern der Universitäten vertauscht hatte.« (471) Im Vorwort zu den *Poetischen Jugendsünden* berichtet Kußmaul, wie »groß« seine »Freude« war, als er

> im Herbste des vergangenen Jahres [1892 F. K.] unerwartet die lange Vermißten wiedersah! Sie lagen versteckt und fast erstickt zwischen altem Gerümpel und staubigen Scharteken in einem Winkel meines Speichers. Einige konnte ich kaum mehr erkennen, sie erschienen mir fremd, das Leben war aus ihnen gewichen; tief betrübt übergab ich ihre Leichen dem Crematorium. Andere kamen mir noch frisch und jung vor, wie es Musenkinder immer sein sollen. Ich schloß sie freudig in meine Arme, flickte ihnen, wo es nötig geworden, das zerschlis-

sene Röcklein, ließ auch da und dort ein verblaßtes Band am Hut auffärben. Nun schicke ich sie dir in's Haus, es sind ja leidlich artige Burschen, möchten sie auch nach so vielen Jahren noch Gnade vor deinen Augen finden![68]

Zu Weihnachten 1893 ließ er bei der Universitätsdruckerei Hörning in Heidelberg einen Privatdruck von 69 Seiten herstellen, der 23 Gedichte aus der Kanderner Zeit enthielt, und den Titel *Poetische Jugendsünden* von Dr. Oribasius trug. Kußmaul widmete die Gedichte Hermann Strübe,[69] der u. a. Pfarrer in Kandern gewesen war. Für Kußmaul war Strübe nicht nur Pfarrer, sondern auch, »mein geistlicher und poetischer Gewissensrat, zu dem ich fleißig beichten ging, und mit nachsichtigem Herzen erteiltest du mir jederzeit die ersehnte Absolution.«[70]

Viele Gedichte enthalten Alltagsweisheiten, spiegeln aber auch Wehmut wider. Vier Gedichte über »Alte Zecher« machen den Anfang, zwei Gedichte, »Herodes« und »Timur«, sind unter der Überschrift »Despoten« zusammengefaßt. Diese Geschichten in Versen waren wohl als versteckter Fingerzeig auf die Despoten seiner Zeit gedacht: die Fürsten und ihre Kanzler, allen voran Metternich. Die letzten Gedichte sind mit »Helden aus Israel« überschrieben. Jedem ist die entsprechende Bibelstelle beigegeben, alle Motive stammen aus dem Alten Testament.

Besuch in Heidelberg
1850

An des Neckars trauten Ufern
schmückten wir uns heit're Hallen,
bei des Gaudeamus Klängen
ließen wir die Schläger schallen.

Jüngst in schönen Sommertagen
schritt ich wieder durch die Straßen,
wo wir einst als flotte Söhne
an der Musen Tische saßen.

Einsam bin ich dort gewandelt,
schweigend, mit betrübten Mienen, –
wie der Friedhof meiner Jugend
ist mir schier die Stadt erschienen.

Wo sind, die mich froh begrüßten,
jener Brüder traute Scharen,
wenn ich nach den Ferien wieder
bin zum Thor herein gefahren?

Ach, so manche fern der Heimat
sind verbannt in fremden Landen; –
werd' ich je euch wiedersehen
die am nächsten mir gestanden?

Andre sind schon jung gestorben,
zwar noch leben ihre Leiber,
sind Philister bald geworden,
runde Bäuche, alte Weiber.

Preisen aber hör' ich viele,
die mit Ernste höher trachten,
und es schon zu Amt um Würden,
ja sogar Familie brachten.

Ihrer keinem doch von allen
ist der große Wurf gelungen,
keiner hat mit gleichem Schweiße,
einen Gaul wie ich errungen.

Einen faulen Gaul, auf dem er,
mit den scharfen Sporen treibend,
reitet zu den kranken Bauern,
dichtend und Rezepte schreibend.

Dennoch würd' ich gerne meinen
Gaul und meine Lieder geben,
dürft' ich von den frohen Tagen
einen einmal noch erleben.

An des Neckars trauten Ufern
schmückten wir uns heit're Hallen,

doch die Kränze sind verdorret,
Laub und Blüten abgefallen.

Ungegrüßt und einsam schreit' ich, –
ach, das sind jetzt and're Zeiten!
kam zu uns ein alter Bursche,
durft' er nicht verlassen schreiten.

Eifrig liefen wir zusammen,
solchen werten Gast zu ehren,
uns're Humpen, uns're Hörner
mußt' er bis zur Neige leeren.

Auf der Hirschgaß blut'ger Stätte
mußt' ihn uns're Kunst entzücken,
und zuletzt noch mit Rappieren
hieben wir ihn fast zu Stücken.

Ja, ich gäbe Gaul und Lieder,
könnt' es sich noch einmal fügen,
daß sie mich zu Boden tränken
und mir brav das Fell zerschlügen!

DIE BÄUME

Die Linde

Ein grüner Dom, so rag' ich in die Luft,
mein Laub ist blütenvoll und voll von Duft,
die Bienen summen drin und singen fromm das Lob
des Meisters, dessen Hand die Blütenzweige wob;
still ruht der Honigseim in zarter Kelche Schacht,
der tausend Seelen satt und fröhlich singen macht,
und fröhlich sing' ich selbst dies Lied von meinem Leben,
das and're zu erfreu'n mir gnädig ward gegeben.

Die Ulme mit der Rebe

Ich steh auf freiem Feld in wälschem Land,
mich schert Sirokko nicht und Sonnenbrand,
gediegen ist mein Stamm und stark ist mein Geäst,
drum hält sich voll Vertrauen an mir die Rebe fest,
die Freundin, die den Freund in Treue hold umschlingt,
ein Herz, aus dem ein Quell von laut'rer Liebe springt,
und, daß ein Herz sich mir so edler Art verbunden,
däucht mir auch eigenen Wert gar tröstlich zu bekunden.

Barsillai

2. Buch Samuelis, Cap. 20.V. 31–40.

Barsillai, mein Lieber, sprach David beim Scheiden:
Du ließest in Scharlach und Seide mich kleiden,
du hast mich gespeist und gebettet weich,
da ich flüchtig durchirrte mein abtrünnig Reich.

Die Fürsten und Edeln in Israels Landen
sind Absalon gegen mich beigestanden,
er hat sie verführet mit Reden und Gold, –
du danktest mir nichts und bliebst mir hold.

Du hast mir in Trübsal zur Seite gesessen,
das soll meine Seele dir nimmer vergessen,
wie kann ich vergelten? Wie führ' ich es aus?
Komm mit mir nach Zion und teile mein Haus!

Drauf jener: Mein König, es soll dich nicht kränken,
du willst mich ja fürstlich mit Gnade bedenken,
doch siehe, wie Silber erglänzet mein Haar,
mir kränzet den Scheitel das achzigste Jahr.

Drum willst du die Treue nach Wunsche mir lohnen,
so lasse auch ferner daheim mich wohnen
und sterben, da wo mir Weib und Kind
und Vater und Mutter begraben sind.

Was soll ich zu Zion im Königshause?
mit stumpfem Gaumen bei deinem Schmause?
ein anderes Bett, ein anderes Brot,
mein Herr und König, das wäre mein Tod.

Meine müde Seele in stillem Sinnen,
die goldenen Fäden lasse sie spinnen
vom grauen Flachs der Vergangenheit,
hier, wo ich geweilt in der Jugendzeit.

Ja, laß mich hier unter meinen Bäumen
von meinen Jugendgespielen träumen,
die Bäume, sie stehen in alter Kraft,
die ich jung einst liebte, sind weggerafft.

Drum möcht' ich zu Hause in Frieden sterben,
doch sieh' hier den Chimeham, meinen Erben,
den jungen Gesellen, es treibt ihn hinaus,
nimm diesen statt meiner hinauf in dein Haus!

Es dürstet den Knaben nach Ruhm und Ehre,
nach herrlichen Thaten vor König und Heere,
bei Davids Helden und in Davids Hut,
da wird er trefflich, ja, da wird er gut!

Er zieht jetzt mit freudigem Herzen von hinnen,
doch Freude und Jugend und Jahre verrinnen,
kommt einst sein Abend, so nimmt er den Stab
und wandert heim zu Barsillais Grab.

Jugenderinnerungen

eines

alten Arztes

von

Adolf Kußmaul.

Mit dem Porträt des Verfassers nach einem Gemälde von

Franz Lenbach.

Stuttgart.

Verlag von Adolf Bonz & Comp.

1899.

Abb. 89 a Titelseite der Erstausgabe *Jugenderinnerungen eines alten Arztes;* 1899.

»Jugenderinnerungen eines alten Arztes«

Nach der Herausgabe der *Poetischen Jugendsünden* war es Kußmaul wichtig, die gesamten Erinnerungen an seine jungen Jahre aufzuarbeiten, die *Jugenderinnerungen* haben ihn mehrere Jahre beschäftigt. Welche Quellen er für dies lebendig geschriebene Buch benützte, ist nicht bekannt; nur zweimal findet sich ein Hinweis. So schreibt er: »Ich erfreue vielleicht manche Leser, wenn ich aus meinem Kollegheft... vom Sommer 1842 eine Probe zum besten gebe« (226), und: »Einige Aufzeichnungen aus meinem Ausgabenbuch (der Wienreise 1847) teile ich mit ...« (355). Ob es zusätzlich Tagebuchaufzeichnungen gab, ist nicht bekannt; allerdings hatte Kußmaul ein vorzügliches Gedächtnis für Situationen und Ereignisse, was Zeitgenossen immer wieder bestätigt haben; so habe er noch am Abend vor seinem Tod sehr genau über Ereignisse der Badischen Revolution berichten können. Über die Arbeit an den *Jugenderinnerungen* existieren zwei Mitteilungen. Elisabeth Fleiner schrieb im Buch über ihren Vater: »In den letzten Lebensjahren Kußmauls war die Arbeitslast mehr und mehr auf meinen Vater übergegangen. Seltener kamen Patienten zur Behandlung eigens zu Kußmaul, der fast nur noch als Konsiliarius tätig war. Die meiste Zeit verbrachte er mit dem Niederschreiben seiner Lebenserinnerungen. Diese schöne Arbeit hat ihm manche Schatten des Alters überstrahlt, wie er selbst im Motto seines Buches sagt: ›Mußt du Gram im Herzen tragen und des Alters schwere Last, lade dir aus jungen Tagen die Erinnerung zu Gast.‹« Und in einem Brief an Czerny schrieb Kußmaul selbst: »Ich sehne mich, etwas aus der Arbeit zu kommen, der Text ist fertig, 18 Bogen sind gedruckt.«[71]

Der Titel *Jugenderinnerungen eines alten Arztes* erinnert an jenen des damals viel gelesenen Buches *Jugenderinnerungen eines alten Mannes* von Wilhelm von Kugelgen (1802–1867). Dessen Buch erschien 1878 posthum und hatte Kußmaul wohl in mancherlei Hinsicht inspiriert, Belege hierfür gibt es allerdings nicht.[72]

Kußmaul hatte in Adolf Bonz in Stuttgart, mit dem er seit seiner Studentenzeit befreundet war (167), einen Verleger für sein autobiographisches Werk gefunden. Bonz betreute u.a. auch das Werk Victor von Scheffels, das höchste Auflagen erreichte. Nachforschungen ergaben, daß sämtliche Verlagsunterlagen im Zweiten Weltkrieg verbrannt sind, d.h. es gibt auch kein Hand- oder Korrekturexemplar mehr von

Kußmauls Buch. Die Nachfrage nach den *Jugenderinnerungen* war so groß, daß bereits im ersten Jahr vier Auflagen gedruckt werden mußten. Gleich nach der Veröffentlichung schickte Kußmaul am 20. Dezember 1898 ein Exemplar an Großherzog Friedrich I. von Baden, mit folgendem Begleitbrief:

> Euer Hochwohlgeboren beehre ich mich beiliegende, von mir verfaßte Schrift: ›Jugenderinnerungen eines alten Arztes‹ mit dem Ersuchen zu übersenden, sie seiner Königlichen Hoheit, unserem geliebten Großherzog, nebst meiner unterthänigsten Bitte zu unterbreiten, seine Königliche Hoheit möchten mein Buch huldvoll entgegennehmen. Nachdem es am 15. Nov. in erster Auflage herauskam, ist es bereits am 15. Dezbr. in zweiter erschienen. Zugleich füge ich die Bitte bei, hochgeehrter Herr Geheimer Legationsrath, Euer Hochwohlgeboren möchten bei dem nahen Jahreswechsel den allerhöchsten Herrschaften meine ehrfurchtsvollen Glückwünsche übermitteln. Mit Versicherung meiner ausgezeichneten Hochachtung verbleibe ich Euer Hochwohlgeboren ganz ergebenster Dr. A. Kussmaul. Großh. Bad. Geh. Rath.[73]

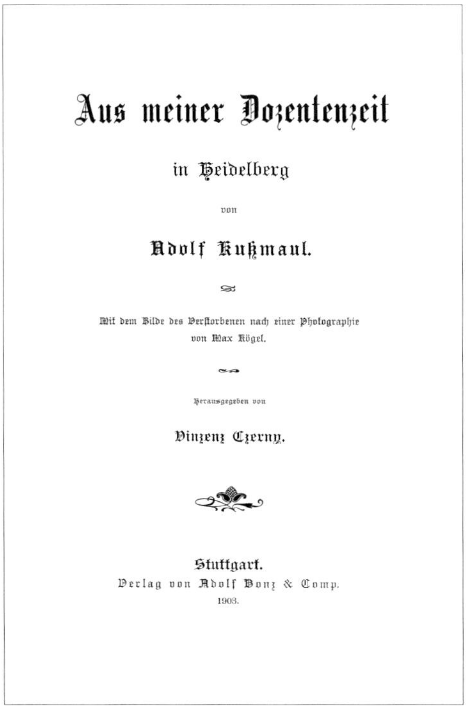
Aus meiner Dozentenzeit

in Heidelberg

von

Adolf Kußmaul.

Mit dem Bilde des Verstorbenen nach einer Photographie
von Max Kögel.

Herausgegeben von

Vinzenz Czerny.

Stuttgart.
Verlag von Adolf Bonz & Comp.
1903.

Abb. 89 b Titelseite
Aus meiner Dozentenzeit; 1903.

Die *Jugenderinnerungen* waren nicht nur ein Achtungserfolg, sondern wurden sofort zum »Bestseller«. Kein Wunder also, daß Kußmaul von allen Seiten bedrängt wurde, eine Fortsetzung zu schreiben, was er mit dem Text *Aus meiner Dozentenzeit* tat. Dieser blieb jedoch Fragment.

In den *Jugenderinnerungen* spiegelt sich die medizinische Entwicklung der ersten Hälfte des 19. Jahrhunderts. Aber auch die kultur- und sozial-

Abb. 90 Das Badische Großherzogspaar, Friedrich I. und Luise, denen Kußmaul sehr verbunden war. Darstellung von Herrmann Göhler; 1906, gestiftet von der Badischen Ärzteschaft zur Goldenen Hochzeit; im Bild die spätere Landesfrauenklinik zu Karlsruhe.

wissenschaftliche Forschung zog sein Buch als eine der Quellen des 19. Jahrhunderts heran. Bereits die Zeitgenossen sahen in ihm eine Bilanz der Epoche, einen Beitrag zur Entstehung und Entwicklung der Moderne.

Abb. 91 a,b:
Studio-Fotographien von Lenbach für das Kußmaul-Portrait 1895. Glasplatten im Archiv des Lenbachhauses München.

Die Last des Alters

Kußmaul litt sehr unter der zunehmenden Einsamkeit, da er viele Freunde und Bekannte überlebt hatte. Das Alter forderte seinen Tribut, nur die Familie und sehr nahe stehende Personen wie seine Kollegen Cahn, Lücke und Fleiner wußten um seine Altersgebrechen und Krankheiten. Für die allermeisten Krankheiten gab es damals keine Pharmakotherapie im heutigen Sinne. Kuren, mit denen er sich bestens auskannte, fanden hingegen breite Anwendung, ebenso wie Opiate als Mittel zur Schmerzlinderung.

Wie ein roter Faden zieht sich durch seine Lebensdarstellung seine Freude am guten Essen, was allerdings nicht unwesentlich zu seiner Gicht beitrug. Außerdem hatte er auch einen empfindlichen Magen-Darmtrakt, er selbst sprach von ›dem launischen Organ Magen‹. In einem Brief an Czerny vertraute er diesem an, daß sein tractus gastrointestinalis arg heimgesucht sei, und das ›ausgerechnet‹ zu Weihnachten [1885 F. K.]. Zu dieser Zeit plagte ihn auch ein Ekzem, eine schwere Furunkulose in den Achselhöhlen und Leisten, so daß seine beiden Kollegen Cahn und Lücke ihm verboten, Reisen zu unternehmen. Auch meldeten sich von Zeit zu Zeit wieder Zeichen seiner alten Lähmungen:

> Mein altes Leiden ist zurückgekehrt, Schwäche in den Beinen und die beunruhigende Parästhesie im rechten Fuß und Unterschenkel. Bis jetzt hat mir das Galvanisieren, was vor 15 Jahren rasch wirkte (damals hatte ich den letzten ähnlichen Anfall nach dem Sprung aus einem laufenden Eisenbahnwagen) nicht geholfen. Wenn ich liege, spüre ich nichts, aber das Stehen und Treppensteigen steigert das Leiden. Und doch muß ich in's Spital, wo ein sehr schwer kranker Student liegt, der einzige Sohn einer Mutter, die bei ihm sich befindet und zehn Treppen noch hoch zum Prinzen Hohenlohe [...]. Dazu täglich 15 bis 20 Briefe, die mich nach allen Richtungen hin verlangen oder hier Consultationen begehren. Mappen voller Spitalrechnungen zur Unterschrift, sogar von Leichenhausakten zur Begutachtung usw. Das sind meine Ferien, ich bin jetzt

so elend, daß ich nicht einmal fortreisen könnte ... Ich glaube nicht, daß ich das letzte Jahr meiner Professur glücklich und gesund zurücklege.

Traf ihn im Alter eine Grippe, zog sie sich sehr lange hin und führte zu anhaltender Schwäche. Am schwersten jedoch litt er an seiner Herzkrankheit, einer Verkalkung der Herzkranzgefäße, was immer wieder zu Herzschmerzen und Herzrhythmusstörungen führte. Auch für dieses Leiden kannte man als Therapie nur die Kur und die nicht ausreichende Digitalis-Therapie. Kußmaul unterzog sich dieser Heilbehandlung und weilte jeweils im August 1890 und 1891 in Bad Kissingen. Er trank Heilwasser, machte Spaziergänge, ruhte viel und las. Wie schlecht es ihm phasenweise ging, belegen Briefe, als er im August 1893 in München seinen Kollegen Professor Pfeufer untersuchen sollte. Kußmaul berichtete von dort an Czerny, der bereits in Bad Kissingen war: »Ich habe keinen Genuß an der Reise, da mein Herz stets schnalzt und mir viel weh tut.«[74] Drei Tage später, am 9. August klagte er:

Meine Herzaffektion nimmt hier von Tag zu Tag zu, ebenso meine intestinalen Störungen nebst Schlaflosigkeit. Ich breche deshalb meine Reise ab und kehre nach Heidelberg zurück. Vielleicht, daß es mir dort gelingt, mit Digitalis und strenger Diät, wie sie unterwegs sich nicht einhalten läßt, wieder frei von Beschwerden zu werden und Schlaf zu finden [...]. Ich sehne mich nach meinem Bette und Comfort [...]. Nach Kissingen wage ich jetzt nicht zu gehen. Ich fürchte die dortige Schwüle. Vor 2 Jahren schlief ich dort schlechter wie in Heidelberg. Es ist in diesem Jahre schlimmer mit mir bestellt als damals [...].[75]

Diese Krankheiten quälten ihn zwar sehr, aber sie überwältigten ihn nicht. Er war immer noch ein munterer, geistreicher und gut und flüssig erzählender Mann im kleinen familiären sowie im größeren gesellschaftlichen Kreis. Zudem hatte er seine Freude am sich erinnernden Schreiben, an Besuchen von Freunden und ehemaligen Mitarbeitern, an der Natur und seinem Garten. Hier erlebte er den Lauf der Jahreszeiten, schöne Tage wie auch Unwetter. (»Die Blüte meiner 5 Aprikosenbäume ist zerstört.«[76])

Ehrenbürger von Heidelberg 1899

1896 ernannte der Großherzog Kußmaul zum wirklichen Geheimen Rat mit dem Titel Exzellenz. Über seine Empfindungen im Blick auf diese Ehrung berichtete er einem ehemaligen Freiburger Assistenten, Professor Albert Fraenkel, in einem Brief:

> Die Auszeichnung, die mir unser Großherzog zutheil werden ließ, wäre für meine bescheidenen Verdienste um die Medizin viel zu groß, sie floß aus seinem guten und dankbaren Herzen und gilt einzig dem alten Doktor, der ihm wiederholt in schweren Zeiten treu beigestanden hat. Andernfalls wäre ich dadurch noch in größere Verlegenheit gekommen, als es wirklich geschehen ist.[77]

Am 22. Februar 1899 erreichte ihn zum 77. Geburtstag ein Brief der Stadt Heidelberg mit der Mitteilung, daß der Stadtrat ihn einstimmig zum Ehrenbürger gewählt habe. In der Begründung hieß es:

> Es gilt diese Ehrung vor allem dem großen Arzte, dessen Name sich europäischer Berühmtheit erfreut und dessen unvergleichliche Kunst der leidenden Menschheit während mehrerer Jahrzehnte außerordentliche Dienste erwiesen hat. Daß Sie seit einer Reihe von Jahren unser Heidelberg zum Mittelpunkt Ihres segensreichen Wirkens gemacht, gereicht uns zu besonderer Genugtuung und es ist uns Bedürfnis, dasselbe aufs Dankbarste anzuerkennen. Euer Excellenz haben die Bürgerschaft Heidelbergs zu innigem Dank verpflichtet, daß sie in dem von Ihnen unlängst veröffentlichten Jugenderinnerungen, einem Buch von Geist und Frische, Stadt und Universität Heidelberg durch lebensvolle Darstellung entschwundener Tage ein Geschenk dargeboten haben, dessen Werth wir in vollem Maaße zu schätzen wissen. Die treue Anhänglichkeit an unsere Stadt, die in diesem Werke in so schöner Weise zum Ausdruck gelangt, die verständnisvolle und wohlwollende Beurteilung der hiesigen Verhältnisse, die uns in dem Buche entgegentritt, sowie der hochpatriotische Sinn seines Verfassers haben in allen Kreisen Heidelbergs die freundlichste Zustimmung wachgerufen.[78]

Kußmaul erhielt die kunstvoll gestaltete Ehrenurkunde im Mai und bedankte sich einige Tage später in einem Schreiben vom 22. Mai 1899, in dem es heißt: »Es hätte mir keine wohltuendere Ehrung erwiesen werden können, als die Ertheilung des Ehrenbürgerrechts derjenigen Stadt, die ich stets wie eine Vaterstadt liebte, wo ich meine Jugend verbrachte, meine erste ärztliche Bildung erfuhr, meine ersten wissenschaftlichen Arbeiten verfaßte und die Laufbahn als Dozent einschlug, wo ich endlich mein Leben zu beschließen gedenke.«[79]

Am 13. Oktober 1901 konnte Rudolf Virchow seinen 80. Geburtstag feiern, zu dem Kußmaul eingeladen war, der Einladung altershalber aber nicht mehr Folge leisten konnte: »Unendlich gerne möchte ich mich persönlich an der Feier zu Virchows 80. Geburtstage und an dem familiären Diner betheiligen, leider kann ich Heidelberg nicht verlassen und meinem alten, hochverehrten Lehrer somit persönlich nicht huldigen. Einen Beitrag zur Virchow Stiftung habe ich schon vor längerer Zeit an das Bankhaus Mendelssohn und Co. abgeschickt.«[80]

80. Geburtstag

Klar denken, warm fühlen, ruhig handeln.

Kußmaul an seinem 80. Geburtstag

Kußmauls 80. Geburtstag wurde im engen Familienkreis im Hause Czerny gefeiert. Für ein großes Geburtstagsfest war er körperlich zu schwach geworden, um so größer war die Flut von schriftlichen Glückwünschen. Schon morgens spielte das Städtische Orchester ein Ständchen, mittags übermittelte Bürgermeister Dr. Walz mit einer kleinen Abordnung des Gemeinderates dem Ehrenbürger die Glückwünsche der Stadt. Die naturwissenschaftlich-mathematische Fakultät überreichte eine Adresse, ebenso der Ärztliche Verein. Der Naturhistorisch-Medizinische Verein ernannte seinen Mitbegründer zum Ehrenmitglied. Besondere Freude bereitete Kußmaul der Gruß der Burschenschaften Alemannia und Franconia. Zwei Vertreter überreichten ein Blumengebinde mit gold-blau-goldener Schleife. Kußmaul dankte ihnen herzlich und lud beide zu einem Glas Sekt ein. Währenddessen erzählte er eine halbe Stunde lang humorvoll und fesselnd aus seiner Studentenzeit.[81] Kußmaul erhielt insgesamt 625 Briefe sowie ausführliche Telegramme. Der 73. Band des »Deutschen Archivs für Klinische Medizin« war Kußmaul als Festschrift gewidmet. Neben den führenden medizinischen Zeitschriften brachten Deutschlands große Tageszeitungen, so die *Kölner Zeitung*, *Frankfurter Zeitung* und die *Münchener*

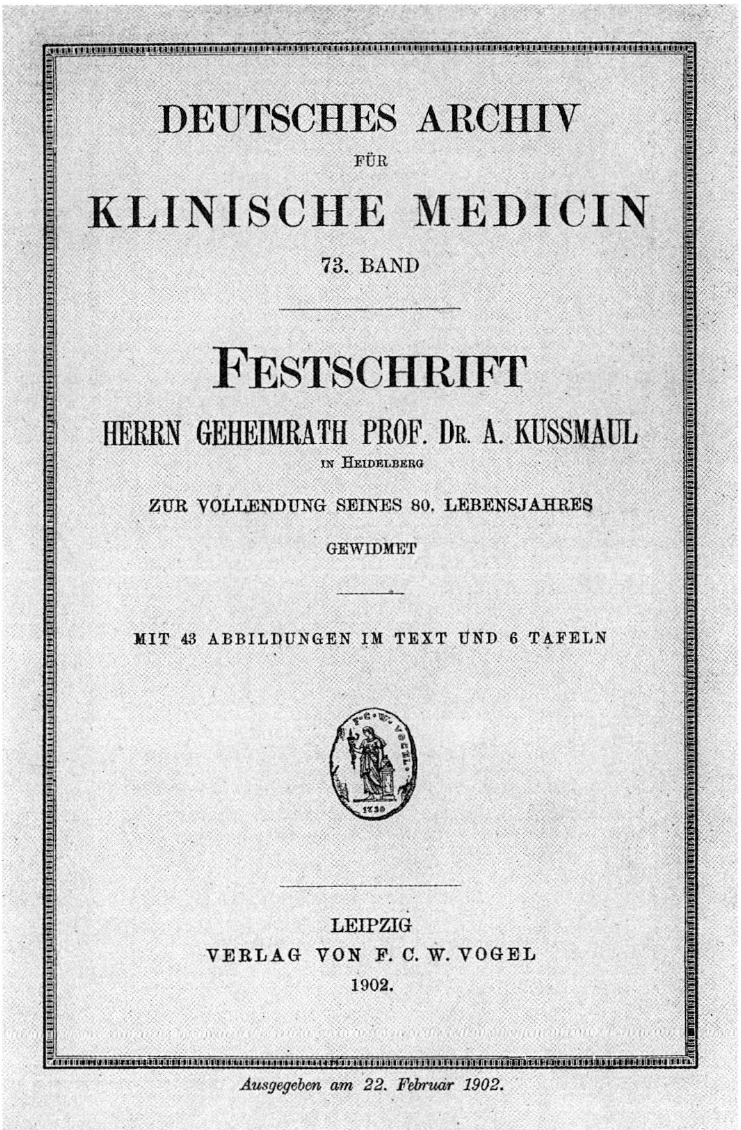

DEUTSCHES ARCHIV

FÜR

KLINISCHE MEDICIN

73. BAND

FESTSCHRIFT

HERRN GEHEIMRATH PROF. DR. A. KUSSMAUL

IN HEIDELBERG

ZUR VOLLENDUNG SEINES 80. LEBENSJAHRES

GEWIDMET

MIT 43 ABBILDUNGEN IM TEXT UND 6 TAFELN

LEIPZIG

VERLAG VON F. C. W. VOGEL

1902.

Ausgegeben am 22. Februar 1902.

Abb. 92 Titelseite der Festschrift des »Archivs« zu Kußmauls 80. Geburtstag; 686 Seiten mit 6 Tafeln; mit Beiträgen aus den Gebieten der Inneren Medizin, Neurologie, Frauenheilkunde, HNO- und Augenheilkunde von Professoren und praktischen Ärzten, u.a.: Bäumler, Cahn, Edinger, Erb, Fleiner, Kaufmann, Körner, Leyden, Neumann, Strümpell.

Abb. 93 Kußmaul mit 80 Jahren; Fotographie von E. Schulze in Heidelberg.

Neuesten Nachrichten Festartikel mit der Vita Kußmauls. Die Heidelberger Universitätsbuchhandlung hatte ihm ein ganzes Fenster gewidmet, seine Bilder waren von Lorbeer umkränzt, und viele seiner Schriften bis hin zur *Jugend* mit dem Biedermeier-Artikel waren ausgestellt.

Aus den Artikeln zu seinem Geburtstag seien einige Sätze zitiert, die Kußmaul in besonderer Weise ehrten. In den *Münchener Neuesten Nachrichten* war in einem vierspaltigen Artikel auf der Titelseite zu lesen: »Als weltbekannter Arzt, als gefeierter Lehrer, eine Leuchte seiner Wissenschaft, so steht Adolf Kußmaul, umgeben von Liebe und Dankbarkeit, an seinem 80. Geburtstag unter uns.«[82]

Die *Therapie der Gegenwart* meinte in einem Editorial:

> Dieser Tag wird für jeden deutschen Arzt ein Festtag sein, an dem er mit hoher Freude bedenkt, was wir an Kußmaul besitzen. In dem greisen Meister erblikken wir die edelste Verkörperung der Vorzüge und Tugenden, die das Ideal unseres Standes bilden [...]. In seinem Wesen einzig harmonisch – jedem Arzt zum leuchtenden Vorbild – was so oft auseinanderstrebt, kühle Klarheit mit warmer Hingabe, sinnendes Forschen mit gewandtem Thun. Ein erfahrener Kenner der menschlichen Seele, blieb er allezeit ein wahrer Menschenfreund [...] Künstler und Gelehrter, Weltweiser und Samariter zugleich [...].

Das *Archiv für physikalisch-diätetische Therapie in der ärztlichen Praxis* schrieb:

> Kußmaul gehört zu den wenigen erlauchten Geistern, denen ihr Riesenwissen den Blick für die Bedürfnisse des praktischen Lebens nicht getrübt, sondern geschärft hat. So hat er früh die unendliche Bedeutung der physikalisch-diätetischen Therapie erkannt, und erst noch vor wenigen Jahren den Aerzten dringend empfohlen, sich die segensreiche Fülle von Heilfaktoren, die in der Naturheilmethode liegen, zu nutze zu ziehen.

In der *Wiener Klinischen Rundschau* war zu lesen:

> Kaum sind die rauschenden Klänge der Virchow-Feier verhallt, da rüstet sich die gesammte medicinische Welt abermals, um einem Großen ihres Reiches den Dank für unvergleichliche Verdienste darzubieten: Adolf Kußmaul, der Nestor der klinischen Medicin feiert die 80. Wiederkehr seines Geburtstages und mit ihm feiert die ganze gebildete Welt die Erinnerung an jenen Tag, welcher ihr einen der genialsten Forscher aller Zeiten geschenkt hat [...]. Geliebt von seinen Schülern, bewundert von allen Ärzten aller Nationen gilt von Adolf

Kußmaul das schöne Wort des Dichters: ›Wer den besten seiner Zeit genug gethan, der hat gelebt für alle Zeit.‹

Die *Neuesten Nachrichten* aus Straßburg meldeten am 19. 2. 1902:

Er ist nicht nur ein ausgezeichneter Arzt und Gelehrter, sondern nimmt auch warmen Anteil an den Interessen der praktischen Aerzte, denen die Sonne des Glücks nicht so lächelte wie ihm selbst. Überall, wo die Interessen des aerztlichen Standes gefährdet schienen, sei es durch Krankenkassen-Affairen, durch Eingriffe von Kurpfuschern in die Medizin, durch ungerechte Behandlung der Aerzte von Seiten des Staates und der Regierung, sah man Kußmaul als ersten auf dem Kampfplatze. Seinem energischen Eingreifen, seiner Umsicht und Achtsamkeit haben die Aerzte Deutschlands unendlich viel zu danken.

Professor Fraenkel schrieb in *Die Woche:*

Was uns, seine Assistenten, an ihm fesselte und in unbegrenzter Verehrung zu ihm aufblicken ließ, war neben seiner Bedeutung als Lehrer das eigenartige Wesen des Mannes. Ruhig und bedächtig in allen seinen Bewegungen, gemessen in der Sprache, wußte er durch die Milde seines Urteils sofort jeden, der mit ihm in Berührung kam, für sich zu gewinnen [...]. Der für gewöhnlich stille, ja, man kann sagen, sanfte Ausdruck, des schmalen, geistvollen Gesichts belebte sich sofort, sobald man mit ihm ein Gespräch über wissenschaftliche Probleme oder über irgendeinen anderen ihn interessierenden Gegenstand, sei es auf dem Gebiet der Kunst, der Politik oder des alltäglichen Lebens anknüpfte. Handelte es sich um die Verfechtung einer von ihm aufgrund von Überlegung und Erfahrung befestigten Ansicht, so veränderten sich seine Haltung und sein sonstiges Gebahren wie mit einem Schlage. Die gewohnte Ruhe [...] wich einer Lebhaftigkeit, ja selbst einem in der Sprechweise zutagetretenden Feuereifer, die es ganz vergessen ließen, daß man sich mit einem Fünfzigjährigen unterhielt.

Fraenkel berichtete weiter, daß es neben der Medizin Musik, Malerei und Dichtung waren, denen er seit jeher ein reges Interesse entgegenbrachte, ohne je in Effekthascherei zu verfallen.

In seinem Dankesbrief an Cahn schrieb Kußmaul:

Mein lieber College und Freund! Eine Flut von Ehren, Liebesgaben, Blumen und Bildern, Adressen, Briefen und Glückwunschkarten ist zum 22. Februar über mich hereingestürmt und es gelingt mir nicht völlig, meine Dankesschuld brieflich abzutragen [...]. Gestern las ich Ihre so überaus liebevolle Schilderung meiner Person und Thätigkeit. Sie hat mich tief gerührt. Es weckt eigenthümliche Gefühle, wenn man sein Bild erblickt, gezeichnet von ehemaligen Schülern, die es jetzt als reife Männer, Ärzte und Gelehrte aus ihrer Erinnerung entwerfen. Sie haben keinen Grund, mir zu schmeicheln, und doch kann ich noch nicht begreifen, daß ich meine Sache so gut gemacht haben soll. Ich war nie mit mir zufrieden oder doch nur ausnahmsweise. Ihre Anerkennung tut mir darum doppelt wohl.[83]

Aus Anlaß seines Geburtstages stiftete Kußmaul eine beträchtliche Summe für die Heidelberger Luisenheilanstalt, einer Anstalt für geistig behinderte Kinder in Moosbach und der Korker Anstalt für Epileptiker. Da er sich dessen sehr bewußt war, welch ein Geschenk diese achtzig Lebensjahre waren, hatte er das Bedürfnis, denen aus Dankbarkeit zu helfen, deren Krankheiten ihn von seinen frühesten Berufsjahren an besonders beeindruckt und interessiert hatten.

Abb. 94 Altersbild von Arnold Cahn, Kußmauls engem Kollegen und Freund, der die beste Beschreibung der Persönlichkeit Kußmauls verfaßte.

Abb. 95 Kußmaul auf dem Totenbett; Frontispiz *Aus meiner Dozentenzeit*.

Tod und Testament

Das Wahre ist das Ganze

Hegel

Cahn berichtete, daß Kußmaul nach der Geburtstagsfeier durch die vielen Beweise der Liebe und Verehrung neuen Lebensmut geschöpft hatte. Sein Geist sei so erstaunlich frisch und klar gewesen, daß die beiden Mediziner im April 1902 einen ganzen Abend lang die Rätsel der Epilepsie besprechen konnten.

Am 17. Mai 1902 feierte Czerny im Kreis seiner Freunde und Schüler sein 25jähriges Jubiläum an der Heidelberger Chirurgischen Universitätsklinik. Von diesem Tag datiert der letzte von Kußmaul mit etwas unsicherer Hand geschriebene Brief:

> Lieber Czerny! Auch ich möchte Dir ein freundliches Wort schreiben, um dein Jubiläum mitzufeiern. Ich lege es in zwei Flaschenhalter und wenn du sie auf dem Tische siehst, mögen sie Dir, auch wenn ich gezwungen sein werde, meinen Wein beim Heiligen Petrus zu trinken, deinen Schwiegervater in Erinnerung rufen, der dich immer herzlich geliebt hat. In alter Treue, dein Kußmaul.[84]

Liebe, Ernst, Wissen und heitere Ironie sprechen aus diesen wenigen Zeilen. Kußmaul nahm an der Feier teil und erfreute die Gäste durch seine sprühende, geistige Lebhaftigkeit im Gespräch. Am 27. Mai gaben Luise und Vinzenz Czerny wiederum eine Einladung, an der Kußmaul anwesend war:

> Professor Czerny selbst schreibt, daß sich alle Gäste gefreut hätten über die Lebhaftigkeit, mit welcher Kußmaul Erinnerungen aus dem Jahre 1848 erzählt, und daß allgemeines Erstaunen geherrscht habe über die Frische, mit der er mit klaren Strichen 60 Jahre zurückliegende Beobachtungen schildert. Nach 10 Uhr begab sich Kußmaul von dort nach Hause. Am anderen morgen, kurz vor 5 Uhr gesund und munter aufgestanden, öffnete er das Fenster und sprach vergnügt über das herrliche Wetter. Beim Waschen überkam ihn ein asthmatischer Anfall; der herbeieilenden Haushälterin sagte er, er habe eine ›Dummheit‹ gemacht und sich beim Waschen zu tief gebückt; einige Augenblicke später aber sagte er, daß er sterben werde. Sofort wurde zu seinem Schwiegersohne gesandt, doch als derselbe mit seiner Gemahlin herbeikam, war schon keine Hilfe mehr möglich.[85]

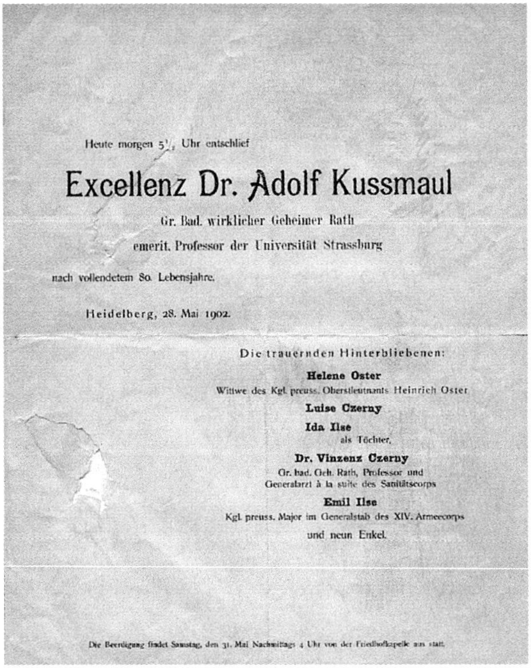

Heute morgen 5½ Uhr entschlief

Excellenz Dr. Adolf Kussmaul

Gr. Bad. wirklicher Geheimer Rath
emerit. Professor der Universität Strassburg

nach vollendetem 80. Lebensjahre.

Heidelberg, 28. Mai 1902.

Die trauernden Hinterbliebenen:

Helene Oster
Wittwe des Kgl. preuss. Oberstleutnants Heinrich Oster

Luise Czerny

Ida Ilse
als Töchter,

Dr. Vinzenz Czerny
Gr. bad. Geh. Rath, Professor und
Generalarzt à la suite des Sanitätscorps

Emil Ilse
Kgl. preuss. Major im Generalstab des XIV. Armeecorps

und neun Enkel.

Die Beerdigung findet Samstag, den 31. Mai Nachmittags 4 Uhr von der Friedhofkapelle aus statt.

Abb. 96 Todesanzeige Exc. Dr. Adolf Kußmaul.

Der Abend verglüht und die Nacht bricht ein,
O flimmernder Staub im Sonnenschein,
Bald wirst du im Dunkel verschwunden sein.[86]

Der Wunsch Kußmauls, ohne langes Leiden zu sterben, war ihm erfüllt worden. Bei einer ausgeprägten koronaren Herzkrankheit ereilte ihn der plötzliche Herztod. Schon kurz zuvor, am 21. Mai 1902, hatte er einen »ähnlichen, aber leichteren Anfall, wobei die Herztätigkeit versagte,« erlitten.[87]

Der Beerdigungstermin wurde auf Samstag, den 31. Mai, nachmittags 16 Uhr festgesetzt, um auswärtigen Trauergästen eine Anreisemöglichkeit zu geben. Die Beerdigung fand auf dem Heidelberger Bergfriedhof statt, von dem Kußmaul in seinen *Jugenderinnerungen* geschrieben hatte, er sei »die friedlichste Stätte in Heidelbergs Umgebung, der Städtische Friedhof an der Rohrbacher Straße, dem wenige in Deutschland an Schönheit gleichkommen.« (66)

Abb. 97 Grabstätte auf dem Heidelberger Bergfriedhof.

Am Morgen des Begräbnistages gegen 8 Uhr erschien Großherzogin Luise, um von Kußmaul, der ihrer Familie so treu beigestanden hatte, Abschied zu nehmen. Die beiden Schwiegersöhne Czerny und Ilse holten die Großherzogin vom Bahnhof ab und begleiteten sie zur Friedhofskapelle, in der sie allein eine Dreiviertelstunde am offenen Sarg Abschied nahm.

Kußmauls Sarg, der keine Silberbeschläge haben durfte, wie er testamentarisch festgelegt hatte, war über und über mit Kränzen und prachtvollen Blumen geschmückt: solche des Großherzoglichen und Erbgroßherzoglichen Paares, der Kronprinzessin von Schweden und Norwegen, des Prinzenpaares von Montenegro, des Heidelberger Diakonissenhauses sowie vieler Korporationen, Gesellschaften und Freunden, denen Kußmaul nahegestanden hatte.

Der Trauergesellschaft wohnten Angehörige der Heidelberger Universität bei, insbesondere der Medizinischen Fakultät, Vertreter der Medizinischen Fakultäten Freiburg und Straßburg, viele Ärzte, studentische Korporationen im Trauer-Wichs, Vertreter des Großherzogs und der Großherzogin, der Großherzoglichen Regierung, der städtischen, staatlichen und militärischen Behörden sowie zahlreiche Freunde.

In der Predigt ging Stadtpfarrer Hönig auf das Wort von der Vergänglichkeit des Lebens ein (Psalm 103, 15,16), er sprach über das Gleichnis vom getreuen Knecht, der mit dem Pfunde seines Herrn sorgsam und erfolgreich gewirtschaftet habe (Matth. 25, 14–21) und schloß mit den Worten: Selig sind die reinen Herzens sind, denn sie werden Gott schauen (Matth. 5,8). Danach sprachen Rektor und Dekan der Medizinischen Fakultät der Straßburger Universität, Oberbürgermeister Dr. Wilkens, der Prorektor und Dekan der Medizinischen Fakultät Heidelberg, für Freiburg nahm Professor Bäumler Abschied und für die ehemaligen Assistenten Hofrat Fleiner. Als letzter sprach am Grab der Jugendfreund und Medizinalrat Mittermaier. Um 5 ¼ waren die Trauerfeierlichkeiten, die ein sehr festliches Gepräge hatten, beendet. Sicherlich wurde den Anwesenden die letzte, einfachste Bedingtheit des Lebens bewußt. Ein berühmter Kollege Kußmauls drückte seine Gefühle und Empfindungen bei der Beerdigung in einem Brief an Czerny aus:

> So sehr wir auch trauern, wir dürfen uns doch heute daran erinnern, daß ein Erdenleben in der Frühe des 28. Mai, mitten unter den jungen Blüten und frischen, grünen Blättern des Frühlings, im schönen Heidelberg sein Ende fand, das wohl verdiente, gelebt worden zu sein und das seinem Träger mit einem vollen Mass von allem, was ein irdisch Leben an Leid, an Entbehrung, an Entsagung, an Arbeit und Mühen bringt, doch auch des Guten verdienstvollen, schönen und köstlichen so vieles gebracht hat, wie es selten einem Menschen beschieden war. Das Beste aber daran war, dass jeder, hoch oder gering, Kollege von Fach oder Laie, näher- oder fernerstehend, Adolf Kußmaul all dies Schöne

und Gute aufrichtigen Herzens gegönnt und gewünscht hat, und dass unser heimgegangener Lieber mehr noch von allem diesem Guten und Schönen für andere erwirkt hat, als für sich selbst, und es gern gab. So stehen wir am Grabe eines Mannes, der zu den Besten und Edelsten gehörte, die unser deutsches Volk aufzuweisen hat; die Thränen sollen fließen, dem Weh soll sein Recht werden, aber auch dem Stolz und der Freude, dass dieser Mann uns so nahestand.[88]

Nüchtern, sachlich und gerecht in Sprache und Inhalt hebt sich vor diesem feierlichen Ton und Hintergrund Kußmauls Testament ab, geschrieben in den Tagen um die Jahrhundertwende 1900. Es umfaßt zehn eng beschriebene Seiten. Das eigentliche Testament »Mein letzter Wille« besteht aus vier Seiten, dazu kommen zwei ausführliche Codizille und weitere Bestimmungen »Wie ich es mit meiner Leichenbestattung gestalten will«.[89] Kußmaul bestimmte, daß er neben seiner Frau und seiner Tochter beerdigt werden wollte, und er setzte die Inschrift des Grabsteines fest, so wie sie auf der Abbildung zu lesen ist.

Abb. 98
Relief von Kußmaul; es gab zwei Varianten, eine befindet sich auf der Grabstele, jene für die Medizinische Universitätsklinik Heidelberg ist verschollen.

In der Einleitung zum Testament legte Kußmaul fest, daß von seinen fünf Kindern die drei lebenden Töchter Helene, Witwe des Oberstleutnants Heinrich Oster in Berlin, Luise, Ehefrau des Geheimrats Prof. Dr. Vinzenz Czerny in Heidelberg, und Ida, Ehefrau des Majors Emil Ilse in Karlsruhe, sein Erbe zu gleichen Teilen erhalten sollten. Das Erbe der Mutter war bereits bei deren Tod verteilt worden. Kußmaul schrieb weiterhin: »Es handelt sich somit nur noch um das von mir verbliebene und ich darf sagen, ganz von mir in schwerer Arbeit erworbene Vermögen. Mögen meine Kinder in geschwisterlicher Liebe und Eintracht es unter sich verteilen [...].« Er bestimmte dann im einzelnen, daß sein Wertpapiervermögen in zwei Teile von 50 000 Mark und 30 000 Mark aufgeteilt werden sollte. Mit den jährlichen Zinsen waren 1500 Mark an Fräulein Ida Strauß auszuzahlen, die seine Frau und ihn jahrelang gepflegt hatte. 1050 Mark gingen an seine Schwester Albertine, eine Arztwitwe in Wisconsin in den USA. In einem zweiten Abschnitt überschrieb er seinem Bruder Otto, Farmer in den USA, 1000 Mark sowie kleinere Beträge von 100 bis 200 Mark für Nichten und Patenkinder. Ebensowenig wurde seine ehemalige Köchin in Freiburg, Marie Ebner, vergessen, die seine Kinder jährlich bis an ihr Lebensende unterstützen sollten und dies auch taten. Die Anstalten für Epileptisch Kranke in Kork und das Evangelische Heim für geistig behinderte Kinder in Moosbach, die zu Kußmauls 80. Geburtstag schon mit Stiftungsgeldern bedacht worden waren, erhielten jeweils 200 Mark. Im ersten Codizill wird das Kußmaul-Portrait von Lenbach der Tochter Luise übereignet, es ist bis heute im Besitz der Familie Czerny geblieben. Die Portraitskizze von Lenbach ging an Helene, auch dieses Bild befindet sich heute noch im Besitz der Familie Oster. Ida bekam ein Pastellbild von Raffael, das Kußmaul seinerzeit während einer gemeinsamen Reise mit ihr und seiner Frau in Bologna erworben hatte. Das große Renaissancebild »Die Mutter Gottes mit dem Christuskind« von Andrea dell'Sarto (1486–1530) sollte in das Eigentum von Helene übergehen, zur Erinnerung an die Reise ihres Mannes mit Kußmaul nach Florenz. Drei weitere gleichwertige Landschaftsbilder, u. a. eines von Christoph Amberger aus Augsburg (1500–1560) sollten die Töchter in freier Vereinbarung unter sich aufteilen. Dem Heidelberger Museum auf dem Schloß wurden eine Handzeichnung von Joseph Victor von Scheffel und sein Briefbeschwerer, eine Trophäe aus dem Schleswig-Holsteinischen Krieg von 1848/49, vermacht. Der Briefbeschwerer bestand aus Eichenholz mit einigen darauf angebrachten Kartätschenkugeln, die von dem dänischen Kriegsschiff Christian VIII. stammten, das bei der Schlacht von Eckernförde in die Luft gesprengt worden war.

Im Codizill zwei bestimmte Kußmaul seine medizinischen Werke und Zeitschriften der Universitätsbibliothek Straßburg. Das Bibliotheksverzeichnis ist dort vorhanden. Angaben über den Verbleib des Hauses fehlen.

Kußmaul hatte ein gutes Vermögen erworben und es zunächst für soziale Zwecke einsetzen wollen, sich letztlich aber für seine drei Töchter entschieden. Eine besondere Freude hatten Kußmaul stets Menschendarstellungen aus der Zeit der Renaissance bereitet, so die von den Malern dell'Sarto, Raffael und Tizian sowie Amberger. Dell'Sartos »Madonna mit Kind«, Harmonie und Glück darstellend, hing über Kußmauls Bett. Es ist auch auf dem Foto zu sehen, das Kußmaul auf dem Totenbett zeigt. Wo die büßende und weinende Magdalena von Tizian hing, ist nicht bekannt. Weiterhin gab es mehrere Bilder, die dem Genre der Landschaftsmalerei angehörten. Im Testament nennt Kußmaul »Vor dem Gewitter mit Schäfer und Hund sowie Schafherde«, eine Gebirgslandschaft mit Klamm und Wildbach, außerdem eine norddeutsche Waldlichtung mit Schafen und eine norwegische Ansicht. Man möchte angesichts dieser kleinen Sammlung fast von zwei entgegengesetzten Polen sprechen, die Kußmauls Leben bestimmten: der Mensch, dargestellt in Idealbildern der Renaissance und die Natur, in der er groß geworden war, in die es ihn sein ganzes Leben lang immer wieder hinausgezogen hatte.

Nachrufe

Liest man die Nachrufe auf Kußmaul, so muß man bedenken, daß der Klang, die Betonungen und die Umschreibungen nicht mehr die unseren sind, die Formulierungen muten uns manches Mal fremd an. Immer wieder wurden Zeitgenossen von Kußmaul herangezogen, um über seine Person und sein Werk zu berichten. Auch sie schrieben im Duktus ihrer Zeit, ebenso wie Kußmaul selbst, der einen unverwechselbaren Stil pflegte. Diese Ehrungen und Nachrufe sind in einer Sprache verfaßt, die die damaligen Eigentümlichkeiten widerspiegeln. Kußmaul, der beileibe kein Dichter war, bediente sich selbstverständlich dieser mitunter recht umständlichen und blumigen Sprache, wenn er z. B. dem Großherzog sein Buch übersandte, die Eröffnungsrede der Versammlung Deutscher Naturforscher und Ärzte in Straßburg (1885) hielt oder wenn er sein Vorwort für die *Jugenderinnerungen* (1899) abfaßte.

Die Zusammenhänge zwischen Sprache, Gesellschaft und politischer Situation zeigten sich nach 1871 in besonders prägnanter Weise. Deutschland war im kleindeutschen Sinn geeint worden, was durchaus Unsicherheiten und Befürchtungen nach sich zog. Zum einen gab es Zweifel, ob das junge Reich innenpolitisch bestehen könne oder sich möglicherweise aufspalten werde, denn andererseits sollte es stark genug erscheinen, dem äußeren Druck und Feinden standhalten zu können. In dieser Situation wurde die Sprache als einigendes Band gesehen: Sie erhielt einen national-ethischen Anstrich und galt als *der* Grundbestandteil der »deutschen Kultur«![90]

Sprachwissenschaftler haben dargestellt, wie die Sprache dieser Zeit von Worten und Begriffen durchsetzt war, die einem konservativen, bildungsbürgerlichen Milieu entstammten, wie z. B. anständig, begeistert, edel, gerecht, heilig, Hingabe, Schuldigkeit, Treue usw.[91] Solche Schlagworte entstammen einem traditionellen und ethischen Werte-Kontext. Der Sprachwissenschaftler Peter von Polenz legt z. B. dar, wie sehr damalige Reden quasi religiöse Stimmungen erzeugten und traditionelle, emotionale Begriffe den Inhalt beherrschten. Speziell die Rolle des Naturwissenschaftlers und seine Sprache hat der Linguist Uwe Pörksen untersucht, der zu ganz ähnlichen Ergebnissen kommt. Durch die Übernahme naturwissenschaftlicher Begriffe in die Philosophie, Weltanschauung und Ethik sei es zu einer »religiös getönten Monumentalisierung« gekommen, ganz besonders in der Darwin-Rezeption.[92] Solche Vermischung und Vereinnahmung der Begriffe und der Hang zur Monumentalisierung führten dazu, daß z. B. Naturwissenschaftler wie Virchow und Du Bois-Reymond in ihren großen »Eröffnungsreden« eine »allgemeine Weltinterpretation« vornahmen. Kußmaul hielt sich in dieser Hinsicht – bis auf einige Ausnahmen – zurück. Dennoch war auch er nicht frei davon, wie z. B. in der Einleitung der *Jugenderinnerungen* abzulesen ist. Als ganz typische Worte begegnen u. a. »veredelt«, »titanischer Kampf«, »Flügel des Dampfs«, »mörderischer Feind«, »gebietet die Pflicht«, »feuriges Danklied«, »unerschütterliches Pflichtbewußtsein«, »felsenfestes Vertrauen« und »heiliger Besitz« (3–5). Auffallend sind auch die vielen Superlative und bombastischen Sprachwendungen, die zum Teil auch politisch belastet sind.

Als eine Art Geleitwort im Blick auf die folgenden Nachrufe auf Kußmaul soll ein Wort Goethes stehen. Es handelt sich um den Nachruf auf die Herzoginmutter Anna Amalia von Weimar. Die Nachrufe auf Kußmaul können durchaus im Goetheschen Sinn verstanden, dennoch aber nüchtern analysiert und betrachtet werden. Goethe schrieb:

> Wenn das Leben der Großen dieser Welt, so lange es ihnen von Gott gegönnt ist, dem übrigen Menschengeschlecht als ein Beyspiel vorleuchten soll, damit Standhaftigkeit im Unglück und theilnehmendes Wirken im Glück immer allgemeiner werde; so ist die Betrachtung eines bedeutenden vergangenen Lebens von gleich großer Wichtigkeit, indem eine kurzgefaßte Übersicht der Tugenden und Thaten einem jeden zur Nacheiferung als eine große und unschätzbare Gabe überliefert werden kann. [93]

Die Nachrufe von Cahn, Gaupp, Naunyn, Strübe, Kaufmann und Boas heben jeder für sich ganz spezifische Merkmale aus Kußmauls Leben und Werk hervor:

Bei Arnold Cahn war in seinem Artikel »Andenken im Land und bei einfachen Leuten« zu lesen:

> Mehr als ein Vierteljahrhundert ist dahingegangen, seit Kußmaul Freiburg verliess, über ein Dutzend Jahre sind verflossen, dass er von Strassburg Abschied nahm, und doch: wollte Jemand, der durch das Elsass oder Baden wandert, da und dort ein Gespräch über Medicin und Aerzte anknüpfen, er würde überall das Andenken an Kußmaul lebendig finden. Bis tief hinein in die Seitenthäler des Gebirges, auf den Höhen des Schwarzwalds, der Vogesen, auf den Rebhügeln und in der Ebene, bei Leuten jeglicher Bildung, dem Bauer wie dem Städter und nicht zum wenigsten bei den Angehörigen des aerztlichen Standes, zaubert dieser Name ein freudiges und gleichzeitig behagliches Lächeln hervor. Sie alle bewahren treues Gedenken dem Manne, welcher vielen aus den Aengsten und Nöthen schwerer Krankheit zur Genesung verhalf, welcher durch seinen beruhigenden Zuspruch Patienten und bekümmerten Freunden manch drohendes Schreckgespenst bannte, der an vielen Schmerzenslagern durch seine tröstlichen, nie hohlen Worte, durch seine sonnige, sorgliche Weise Licht verbreitete, wo eben noch Verzweiflung finster gedroht.[94]

Robert Gaupp führte unter dem Titel »Dialektik von Spezialisierung und allgemeinem Überblick« aus:

> Er war nicht nur ein bedeutender Kliniker von staunenswerter Vielseitigkeit, sondern überhaupt ein hervorragender Mensch. Wie alle wirklich grossen Mediciner blieb er jedem einseitigen Spezialistentum fern; er verstand das Geheimnis, ohne dessen Kenntnis keine wertvolle wissenschaftliche Leistung im Reiche der Medicin möglich ist: zeitweise Vertiefung in Einzelfragen, abwechselnd mit kritischer Uebersicht über Gang und Richtung der gesamten Wissenschaft, und dabei ein offener Blick für alle wichtigen Probleme der Natur und Welt.[95]

Bernhard Naunyn zeigte die »Zusammenführung von Arzt und Kliniker«: »Doch erst als ich seit 1887 ihn und seinen Wirkungskreis hier in Strassburg kennen lernte, wurde mir klar, was es war, das ihn von allen seines Gleichen, ich meine allen deutschen Klinikern, die ich kennen gelernt habe, unterschied: Kußmaul ist sein Leben lang nicht nur in erster Linie, sondern mit Leib und Seele Arzt gewesen und geblieben und er hat gezeigt, mit welch' enormem Erfolge sich die Rolle des Arztes von einem hochstehenden Kliniker durchführen lässt.«[96]

Hermann Strübe überschrieb seinen Nachruf mit den Worten »Über Ratio, Gemüt und Ethik«: »Alle, die Kußmaul kennenzulernen das Glück gehabt, stimmen in voller Überzeugung darin überein: Klarheit des Geistes, Energie des Willens, Güte, Treue und Wärme des Herzens, – Noblesse der Gesinnung, biedere Wahrhaftigkeit, selbstlose Bescheidenheit, – dazu rastlose Arbeit, unermüdlicher Fleiß und unvergleichliche Gewissenhaftigkeit sind die Signatur seines ganzen Lebens gewesen.«[97]

»Harmonie von Wissenschaft, Lehre und Arztsein« stand über dem Nachruf von Jakob Kaufmann:

> Mit Kußmaul geht einer der Grossen dahin, deren Namen unauslöschlich in den Annalen der Medicin eingetragen sind. Zugleich Naturforscher und Philosoph, war er reich mit all den Eigenschaften des Geistes und Gemüthes ausgestattet, die ihm in gleicher Weise zum wissenschaftlichen Forscher, wie zum Lehrer und zum Arzt befähigten. Im persönlichen Verkehr mit ihm drängte sich oft unwillkürlich die Frage auf, wo er am grössten sei, in der wissenschaftlichen Arbeit, in der Lehrthätigkeit oder am Krankenbett. Aber nach allen Seiten gleich bedeutend war sein Wesen so ausgeglichen und harmonisch abgestimmt, dass man ihn doch nur als ganze Persönlichkeit nehmen konnte, als einen Mann, der mit eiserner Energie in unermüdlicher, über ein halbes Jahrhundert währender, intensiver Arbeit seine reichen Fähigkeiten zur höchsten Entwicklung gebracht hatte und den sein tiefer sittlicher Ernst und seine, auf ächter Herzensgüte ruhende humane Gesinnung auf eine Höhe hoben, die nur Wenigen zu erreichen gegeben ist – er war ein Fürst in seinem Gebiet. […] Kussmaul war ein geborener Therapeut. So gross der Forscher in ihm war, und so Grosses er auf wissenschaftlichem Gebiet geleistet, er war in erster Linie doch Arzt. Als Sohn eines Arztes, den er als seinen besten Lehrer verehrte, jahrelang selbst als practischer Arzt auf dem Lande arbeitend, war er vertraut mit dem, was die practische Thätigkeit erforderte und hat während einer langen wissenschaftlichen Laufbahn nie die Fühlung mit der allgemeinen Praxis verloren. Kranken zu helfen, Unheilbare zu lindern, das schien ihm sein ganzes Leben hindurch doch die Hauptsache. Dieser Aufgabe wurden alle anderen untergeordnet. Seine Klinik war in erster Linie Krankenanstalt, in zweiter Lehranstalt, und erst in dritter Linie wissenschaftliches Institut.[98]

Arnold Cahn ging es besonders um die »Originalität der wissenschaftlichen Publikation«: »Die Forderung, welche er einst einem Schüler aussprach, auch die kleinste Publication müsse so beschaffen sein und so viel enthalten, dass das betreffende Capitel für lange Zeit nicht mehr bearbeitet werden könne, ohne auf jene Rücksicht zu nehmen, kann ein jeder seiner zahlreichen Aufsätze mit Ehren bestehen.«[99]

Ismar Boas, Pionier der Gastroenterologie, stellte die ärztliche Tätigkeit in den Mittelpunkt:

> Alle seine wissenschaftlichen Arbeiten, die vielleicht weniger durch ihre Zahl, als durch ihren Gehalt imponieren, tragen den Stempel der Originalität und der inneren Wahrheit. Kussmaul war einer der wenigen Kliniker, die nie ein Wort von dem, was er geschrieben hat, zurückzunehmen brauchte, weil er nie ein Wort zu viel gesagt hat. Alles an dem, was er schrieb und lehrte, war exakt, wahr und bei aller Bedeutung schlicht und einfach. Kein Schönredner und eleganter Schriftsteller, überzeugte Kussmaul durch die Macht der Thatsachen [...]. Wo immer Kussmaul den Spaten ansetzte, überall gab es Edelmetall [...]. Wir verehren aber in Kussmaul nicht blos den grossen Kliniker und Arzt, sondern noch mehr den Menschen. Nur ein guter Mensch kann ein guter Arzt sein. Das war die Devise unseres dahingeschiedenen Meisters. Und dieser hatte er es zu verdanken, wenn Kranke aus aller Herren Länder bis in seine spätesten Lebenstage zu ihm pilgerten, um sich Rat und Trost zu holen. Kußmaul hat seine hohe Stellung nicht der Gunst der Zeiten, nicht der Macht der Protektion, sondern seinem eigenen machtvollen Wirken und Schaffen zu verdanken. Als einfacher Landarzt hat er seine Laufbahn begonnen, als weltberühmter Kliniker hat er sie beschlossen. Aber in seinem Wesen ist er der einfache, schlichte, gegen jedermann gütige Landarzt bis zu seinem Tod geblieben. In dieser seiner Doppelstellung als grosser Arzt und als grosser Mensch wird Kussmaul fortleben in der Geschichte der Medizin und in der Erinnerung der Mitwelt.
>
> Er war ein Mann, nehmt alles nur in allem,
> Wir werden nimmer seines Gleichen sehn.
> (Hamlet I, 2: He was a man, take him for all in all
> I shall not look upon his like again.)[100]

Im englischen Wissenschaftsjournal *The Lancet,* war unter anderem zu lesen: »Professor Kussmaul was of a kindly and amiable disposition which gained him many friends and has caused his death to be widely regretted.«[101]

[1] Brief Kußmauls an Czerny vom 16. April 1900, Nachlaß. Die jüngste Tochter Ida war mir Herrn Ilse verheiratet. Die »Stiftsmühle« gehörte zum Stift Neuburg vor den Toren Heidelbergs, sie war bis vor kurzem eine Gastwirtschaft direkt am Neckar. 8° Réaumur entsprechen 10° Celsius; Karl Pfaff, Heidelberg und Umgebung, Heidelberg 1897.

[2] Interessant ist, daß Kußmaul hier genau beschreibt, was die Brüder Lumière ebenso begeistert hatte, als sie – als ersten Film überhaupt – einen Zug filmten, der in einen Bahnhof einfährt. Nichts stellt die Technisierung des ausgehenden Jahrhunderts so eindrucksvoll dar, wie dieser Film bzw. das Bild des »dampfspeienden Ungeheuers«.

[3] Vgl. hierzu: Katharina Comoth, Ein Dokument über Hegels Aufenthalt in Heidelberg, in: Hegel-Studien, Band 20, Bonn 1985, S. 117–120. Leider gibt es nur ein Bild vom Abbruch des Hauses 1974. Heute befindet sich hier eine Tiefgarage mit Wohnhaus, an dem eine Gedenktafel angebracht ist, welche an Hegel und Kußmaul erinnert.

[4] Elisabeth Fleiner, Wilhelm Fleiner, Lebensbild eines deutschen Arztes, Heidelberg 1939, S. 42.

[5] Werner Müller, Uwe Ikinger, Die Geschichte des Krankenhauses Salem – ehemals Diakonissen-Krankenhaus Heidelberg, in: 100 Jahre Krankenhaus Salem, Heidelberg, 1989, S. 25–32; Akten oder Quellenmaterial aus der Kußmaul-Zeit sind nicht vorhanden.

[6] Max Nonne, Wilhelm Erb, in: Große Nervenärzte, hg. von Kurt Kolle, Stuttgart 1970, Band 1, S. 75. Max Nonne und Wilhelm Fleiner hatten in Heidelberg gemeinsam Staatsexamen gemacht.

[7] Wilhelm Fleiner, Zu Adolf Kußmauls 100. Geburtstag, Münchener Medizinische Wochenschrift, 69, 1922, No.10, S. 356.

[8] Elisabeth Fleiner, Wilhelm Fleiner, a.a.O., S. 33/34 und maschinenschriftlich persönlich von Fleiner.

[9] Elisabeth Fleiner, Wilhelm Fleiner, a.a.O., S. 34.

[10] S. J. Thannhauser, Wilhelm Fleiner, Münchner Medizinische Wochenschrift 1926, Band 73, S. 2130; die oben zitierte Arbeit von Fleiner findet sich in: Jahreskurse für ärztliche Fortbildung, München 1912, Band 3, S. 3–41. Siegfried Thannhauser (1885–1962) war Fleiners Nachfolger und von 1924 bis 1927 Leiter der Medizinischen Poliklinik der Universität Heidelberg. Das »Kußmaul'sche Fluidum« war diesem großen Arzt und Forscher des 20. Jahrhunderts noch sehr nahe. Er wurde 1930 Direktor der Medizinischen Universitätsklinik Freiburg und 1934 von seinem Fakultätskollegen Prof. Uhlenhuth in vorauseilendem Gehorsam unter dem Rektorat Martin Heideggers aufgrund der Judengesetzgebung auf schändliche Weise entlassen. Er emigrierte nach Boston, baute dort noch einmal eine ganz neue, überaus erfolgreiche Existenz auf. Deutschland, seiner Kultur und Medizin blieb er aufs tiefste verbunden, wie zwei Reden von ihm belegen: 1.) Die Bedeutung der Tradition für die Erziehung zum Arzt, akademische Rede zur Einweihung der neuen Medizinischen Universitätsklinik am 1. Dezember 1931, Freiburg i. Br., abgedruckt in: Deutsche Medizinische Wochenschrift 1932 und als Freiburger Universitätsreden, Heft 6, Freiburg i. Br. 1932; 2.) Christian

Gerhardt Heinrich Bäumler (1836–1933), Akademische Rede bei der Übernahme der Büste Bäumlers in die Medizinische Klinik, Freiburg i. Br., in: Deutsche Medizinische Wochenschrift 1934, Band 60, S. 1176–1180.

[11] S. J. Thannhauser, Wilhelm Fleiner, a.a.O., S. 2130.

[12] Ebd., S. 2130.

[13] Ebd., S. 2130.

[14] Wilhelm Fleiner, Adolf Kußmaul zum 100. Geburtstage, Sonderdruck 1922, a.a.O., S. 21.

[15] Alfred Hegar (1830–1914) war Mitbegründer der Frauenheilkunde und Professor in Freiburg.

[16] Brief Kußmauls an Czerny vom 11. 5. 1889 aus Baden, Nachlaß.

[17] Brief Kußmauls an Czerny vom 17. 8. 1891 aus Bad Kissingen, Nachlaß.

[18] Anna von Helmholtz, Ein Lebensbild in Briefen, hg. von Ellen von Siemens-Helmholtz, Berlin 1929, Band 1, S. 303.

[19] Ebd., Band 2, S. 54.

[20] Adolf Kußmaul, Über den kommissarischen Entwurf zur Revision der deutschen medizinischen Prüfungsordnung, Heidelberg 1897.

[21] Ebd., S. 15.

[22] Ebd., S. 21.

[23] Ebd., S. 10.

[24] W. Fleiner, Rückblick auf die literarischen Arbeiten Kußmauls, a.a.O., S. 86.

[25] A. Kußmaul, Kommissarischer Entwurf, a.a.O., S. 17.

[26] A. Kußmaul, Ein Dreigestirn großer Naturforscher an der Heidelberger Universität im 19. Jahrhundert, in: Deutsche Revue, Stuttgart/Leipzig 1902, S. 36–45, 173–187. Kußmaul hat diese Schrift vor seinem 80. Geburtstag abgefaßt, sie erschien noch zu seinen Lebzeiten.

[27] Ebd., S. 39.

[28] Ebd., S. 187.

[29] Duden, Das große Wörterbuch der deutschen Sprache, Mannheim/Wien/Zürich 1978.

[30] A. Kußmaul, Dreigestirn, a.a.O., S. 37.

[31] Ebd., S. 38.

[32] Ebd., S. 38.

[33] Ebd., S. 39.

[34] Ebd., S. 40.

[35] Ebd., S. 177.

[36] Ebd., S. 180.

[37] Ebd., S. 42.

[38] Wilhelm Fleiner, Verdauungskrankheiten, a.a.O., S. 26.

[39] Jakob von Uexküll, Nie geschaute Welten, München 1957, S. 82/83. Uexküll ist u. a. der Begründer der »Umweltlehre«. Über seine wissenschaftliche Bedeutung: Bernhard Hassenstein, Jakob von Uexküll (1864–1944), in: J. Jahn, M. Schmitt: Darwin und Co., München 2001.

40 Brief Kußmauls an Czerny vom 21. 8. 1899, Nachlaß.

41 Jakob von Uexküll, Nie geschaute Welten, a.a.O., S. 82f.

42 A. Kußmaul, Dreigestirn, a.a.O., S. 44.

43 Ebd., S. 43.

44 Ellen von Siemens-Helmholtz, Anna von Helmholtz, Ein Lebensbild in Briefen, Berlin 1929, Band 1, S. 326; Anna von Mohl heiratete Hermann Helmholtz am 16. 5. 1861.

45 Nachruf in: Vossische Zeitung, Berlin 10. 9. 1894, zitiert nach: Franz Werner, Hermann Helmholtz' Heidelberger Jahre (1858–1871), Berlin/Heidelberg 1997, S. 162.

46 A. Kußmaul, Dreigestirn, a.a.O., S. 44.

47 Ebd., S. 44/45.

48 Ebd., S. 37/38.

49 Ebd., S. 183.

50 Hans Joachim Störig, Kleine Weltgeschichte der Wissenschaft, Frankfurt a. M. 1970, Band 2, S. 132.

51 Wilhelm Doerr, Zur Geschichte des naturhistorischen Vereins, Vortrag vom 7. 12. 1983 in Heidelberg, S. 71.

52 A. Kußmaul, Dreigestirn, a.a.O., S. 182.

53 Ebd., S. 184.

54 Ebd., S. 187.

55 Ebd., S. 187.

56 Die genauen bibliographischen Angaben finden sich im Literaturverzeichnis.

57 Friedrich Kluge, Biedermeier, in: Etymologisches Wörterbuch, Berlin [18]1960.

58 Carl Ottmar Frh. von Aretin, Biedermeier-Vormärz, die Geschichte einer unpolitischen Epoche, S. 11–19, in: Kunst des Biedermeier 1815–1835, Georg Himmelheber (Hg.) unter der Mitarbeit von Brigitte Thanner, München 1988. Das Buch war ein Katalogwerk zur gleichnamigen Ausstellung im Bayerischen Nationalmuseum München und bietet eine Gesamtübersicht dieser Zeit mit besten Abbildungen und Erläuterungen. Ähnlich, aber auf Wien beschränkt: Biedermeier 1815–1848 in Wien, Sein und Scheinen einer Bürgeridylle. Internationale Tage in Ingelheim, Mainz 1990; früher schrieb man Biedermeier mit »ai«, heute durchweg mit »ei«.

59 A. Kußmaul, Jugenderinnerungen, a.a.O., S. 485. Flehingen liegt ca. 25 km südöstlich von Kußmauls Geburtsort Graben, zwischen Bretten und Heilbronn. Gottlieb Biedermaier war Samuel Friedrich Sauter (1766–1846), der 55 Jahre lang Schulmeister im Ort war. Er gründete eine Lehrer- und Pfarrerlesegesellschaft, die von 1800 bis 1816 existierte und in der bedeutende Autoren der Spätaufklärung Mitglieder waren. Seine »Volkslieder« erschienen 1811. Sein Gedicht »Der Wachtelschlag« wurde von Beethoven und Schubert vertont, das »Kartoffellied« stand in den Lesebüchern und »Das arme Dorfschulmeisterlein« wurde ein großer Erfolg. Ausführlichere Informationen in: Reinhard Siegert, Samuel Friedrich Sauter, S. 113–133; mit Abbildungen in: Ausstellungskatalog der Badischen Landesbibliothek Karlsruhe 1992: Ludwig Eichrodt 1827–1892.

60 A. Kußmaul, Jugenderinnerungen, a.a.O., S. 488. Ludwig Eichrodt (1827–1892), in Durlach geboren, studierte in Heidelberg und Freiburg Rechte und Literatur.

Freunde Eichrodts aus der damaligen Zeit waren Victor von Scheffel, Kußmaul und der als Revolutionär bekannt gewordene Carl Blind, der in Kußmauls *Jugenderinnerungen* ebenfalls erwähnt wird und selbst Erinnerungen an Eichrodt verfaßt hat. Eichrodt war sein Leben lang juristisch und dichterisch tätig, wobei er sich immer mehr als Dichter denn als Richter sah. Nähere Angaben finden sich in dem sehr informativen und reich bebilderten Katalog, siehe Anmerkung 59.

61 Albert Kennel, Ludwig Eichrodt, Ein Dichterleben, Lahr 1895, S. 77.

62 Ebd., S. 77f.

63 Ebd., S. 80.

64 Ebd., S. 83.

65 Heide Schwabe, Adolf Kußmaul und die Entstehung der Epochenbezeichnung »Biedermeier«, Köln 1974, S. 18. Hier sind die genauen Nummern der Zeitschrift mit den entsprechenden Seitenzahlen für die jeweiligen Gedichte angegeben.

66 Aus »Jugend«, Titelblatt von Nr. 8, Februar 1902, hg. von Georg Hirth und Fritz von Ostini.

67 Zur Entstehung des Biedermeierbegriffs: Friedrich Sengle, Biedermeierzeit, Stuttgart 1971, Band 1, S. 120–126. Darin die Bemerkung: »Der Erfinder der Figur war der Mediziner Adolf Kußmaul: diese Priorität hat Charles A. Williams nachgewiesen: Notes on the origine and history of the earlier ›Biedermeier‹, Journal and Germanic Philology, 57, 1958, S. 403–415. Das Buch Biedermaier, Gedichte von Ludwig Eichrodt und Adolf Kußmaul sowie von ihrem Vorbild, dem ›Alten Dorfschulmeister‹ Samuel Friedrich Sauter, gesammelt und hg. von Ludwig Eichrodt, neue von Friedrich Eichrodt besorgte und von Eduard Ille illustrierte Ausgabe, Stuttgart 1911.

68 Poetische Jugendsünden, a.a.O., S. V.

69 Hermann Strübe, 1824 in Schopfheim geboren, 1912 in Heidelberg gestorben. Er hatte in Heidelberg und Halle Theologie studiert, war von 1853 bis 1866 Pfarrer in Kandern. Danach schied er aus dem Pfarrdienst aus und war Schulrat für den Kreis Mannheim/Heidelberg, gleichzeitig viele Jahre Landtagsabgeordneter. Als enger Freund der Familien Kußmaul und Czerny verkehrte er dort häufig.

70 Poetische Jugendsünden von Dr. Oribasius, Heidelberg 1893, S. IV.

71 Elisabeth Fleiner, Wilhelm Fleiner, Lebensbild eines deutschen Arztes, Heidelberg 1939, S. 41 und Brief Kußmauls vom 5. 9. 1898 an Czerny, Nachlaß.

72 1908 schrieb der Verlag in einem Vorwort zu Kügelgens Buch: »Unverlierbar sind diese ›Jugenderinnerungen‹ längst in den Besitz der Nation übergegangen.« (Wilhelm Langewiesche-Brandt, Düsseldorf/Leipzig). Vater Gerhard (1772–1820) und Wilhelm waren Maler, erinnert wird ihrer sehr stilvoll und umfassend im »Museum zur Dresdner Frühromantik« (gleichnamiger Katalog von Günter Klieme, Hans Joachim Neidhardt, Dresden 1999 im sog. »Kügelgen-Haus«, Hauptstr. 13 in der Dresdner Neustadt).

73 Brief Kußmauls, Generallandesarchiv Karlsruhe, Abteilung D.

74 Briefe Kußmauls vom 4. 4. 1886 und 6. 8. 1893 an Czerny, Nachlaß.

75 Brief Kußmauls vom 9. 8. 1893 an Czerny, Nachlaß.

76 Brief Kußmauls vom 23. 3. 1899 an Czerny, Nachlaß.

[77] Zitiert nach: Albert Fraenkel, Adolf Kußmaul zum 80. Geburtstag, Die Woche, Nr. 8, 1902, S. 327.

[78] Briefentwurf an Kußmaul vom 13. 2. 1899, Stadtarchiv Heidelberg, No. 1699.

[79] Brief Kußmauls vom 22. Mai 1899, Stadtarchiv Heidelberg, No. 5929.

[80] Brief Kußmauls vom Sept. 1901, Sammlung Darmstädter 1917, 284, Preußischer Kulturbesitz Berlin.

[81] Burschenschaftliche Blätter, 16. Jg., Wintersemester 1901/02, S. 266–268 und 292.

[82] Alle folgenden Zitate finden sich im Literaturverzeichnis am Ende »Würdigungen und Nachrufe«.

[83] Anonym, Professor Adolf Kußmaul † Badischer Beobachter, 1902, S. 207.

[84] Brief Kußmauls vom 17. 5. 1902 an Czerny, Nachlaß; siehe Anhang.

[85] Heidelberger Zeitung, 44. Jahrgang, 30. 5. 1902, 1. Blatt, S. 2 und Badischer Beobachter, 29. Juni 1902 (anonym), S. 207.

[86] Verse von Kußmaul, die den Abschluß seiner Jugenderinnerungen bilden und auf S. 496 zu finden sind. Die Schlußredaktion fand im Jahre 1898 statt.

[87] Badischer Beobachter, a.a.O., S. 207.

[88] V. Czerny, Adolf Kußmaul, Ein Gedenkblatt in dankbarer Erinnerung seinen Freunden, Heidelberg 1902 (Privatdruck); Nachlaß.

[89] Das Testament befindet sich im Generallandesarchiv Karlsruhe, Akte Kußmaul.

[90] Erich Straßner, Deutsche Sprachkultur, Tübingen 1995, S. 288, Jürgen Schiewe, Die Macht der Sprache, München 1988, S. 174. Die Situation führte u.a. auch zur Gründung des »Allgemeinen Deutschen Sprachvereins«, dessen z.T. verhängnisvoller politischer Rolle Schiewe breiten Raum gibt, S. 150ff.

[91] Peter von Polenz, Deutsche Sprachgeschichte, Band III, 19. und 20. Jahrhundert, Berlin/New York 1999, S. 541

[92] Uwe Pörksen, Deutsche Naturwissenschaftssprache, Tübingen 1986, S. 144.

[93] Einladung des Goethe-Museums Düsseldorf zur Ausstellung »Gedenken in Totenmasken, die Sammlung des Goethe-Museums«, 3. Dez. 2000, Faksimile und Goethe-Museum in Weimar, 2001.

[94] Alle zitierten Nachrufe finden sich in dem Sonderverzeichnis Würdigungen und Nachrufe, daher hier nur Kurzangaben: Archiv für öffentliche Gesundheitspflege, 1902, S. 251.

[95] Zentralblatt für Nervenheilkunde, 1902.

[96] Die Therapie der Gegenwart, 1902, S. 289.

[97] Biographisches Jahrbuch und Deutscher Nekrolog 8, 1903, S. 392.

[98] New Yorker Medicinische Monatsschrift, 1902, S. 191f.

[99] Berliner klinische Wochenschrift, 1902, S. 627.

[100] Archiv für Verdauungskrankheiten 8, 1902, S. 241.

[101] The Lancet II, 1902, S. 53.

KAPITEL 8

Nachruhm

Abb. 99 Kußmaul-Haus in Kandern: Enthüllung der Gedenktafel für Kußmaul am 12. Oktober 1902. Die Tafel wurde von der Familie gestiftet, die Aufschrift lautet: »In diesem Haus übte die ärztliche Kunst 1850–1853 Adolf Kußmaul, später Professor in Heidelberg, Erlangen, Freiburg, Straßburg.«
Vordere Reihe sitzend: links die Töchter Kußmauls (Ida, Luise, Helene), rechts Hofrat Strübe (Zylinder), Heidelberg.
2. Reihe von links: erster: Prof. Ziegler, Freiburg; zweiter: Prof. Bäumler, Freiburg; fünfter: Prof. Manz, Freiburg; siebter (Mitte): Prof. Czerny, Heidelberg; achter: Prof. Fleiner, Heidelberg. Vor dem linken Türrahmen: Prof. Cahn, Straßburg. Übrige Personen unbekannt.

Posthume Ehrungen und Wege der Familie

Ein Menschenleben, ach, es ist so wenig.
Ein Menschenleben, ach, es ist so viel.

Franz Grillparzer

Gedenktafel am Kußmaul-Haus in Kandern 1902

In Kandern befindet sich mitten im Ort immer noch das im klassizistischen Stil erbaute Haus, in dem Kußmaul lebte und praktizierte. Hier wurde eine Gedenktafel angebracht, die von der Familie gestiftet worden war. Bei der Einweihungsfeier am 12. Oktober 1902 waren Familienmitglieder sowie Freunde aus Heidelberg, Straßburg und viele Mitglieder der Freiburger Fakultät anwesend. Die Tafel trägt folgenden Text: »In diesem Hause übte die ärztliche Kunst 1850–1853 Adolf Kußmaul, später Professor in Heidelberg, Erlangen, Freiburg, Straßburg.« Ausflüge zum Kußmaul-Haus nach Kandern waren Anfang des 20. Jahrhunderts bei Professoren und Studenten gleichermaßen beliebt.[1]

Kußmaul-Preis und Kußmaul-Medaille, Heidelberg 1906

Vinzenz Czerny stiftete an seinem 60. Geburtstag, dem 19. November 1902, den Betrag von 10 000 Mark für eine Kußmaul-Stiftung. Am 9. Juli 1903 wurde sie vom Großherzog genehmigt. Aus diesem Betrag wurde der Kußmaul-Preis in Höhe von 1000 Mark sowie eine Kußmaul-Medaille vergeben. In der Satzung heißt es: »Die Heidelberger medizinische Fakultät soll alle drei Jahre an Kußmaul's Geburtstag, d. i. am 22. Februar, für die beste therapeutische Leistung, welche zuerst in der deutschen Literatur niedergelegt worden ist, und sich im Laufe der letzten drei Jahre gut bewährt hat, verteilen.«[2]

Der erste Preisträger war 1906 der Bonner Chirurg Professor August Bier. Die Verleihung nahm Czerny vor, dem es eine besondere Genugtuung war, daß ein chirurgischer Kollege, der allerdings der Naturheilkunde sehr nahestand, den Preis erhielt. Er wurde ihm für sein Buch *Hyperämie als Heilmittel* verliehen.[3]

Weitere Preisträger waren unter anderem Bernhard Naunyn und Ferdinand Sauerbruch. Zuletzt erhielt ihn 1929 Carl Koller. Da das Stiftungsgeld während der Inflation verfiel, wurde der Preis seither nicht wieder vergeben.

Kußmaul-Denkmal in Freiburg 1909

Die Idee zu einem Denkmal in Freiburg trug Adolf Schüle (1866–1937), Leiter der Inneren Abteilung des Freiburger Diakoniekrankenhauses, 1907 auf der Naturforscherversammlung in Dresden vor: Es waren 40 Jahre vergangen, seit Kußmaul 1867 auf der gleichen Versammlung in Frankfurt seine in Freiburg gewonnenen Erkenntnisse über die Magenkrankheiten vorgetragen hatte. Damals wurde die Magenpumpe in die Therapie eingeführt und die ersten Versuche zur Magenspiegelung erwähnt. Dem Brauch entsprechend, wollte man Kußmaul ein Denkmal errichten. Dem Freiburger Komitee zur Errichtung gehörten neben Schüle auch die Universitätsprofessoren Bäumler und Aschoff an. Sogar der alte Großherzog und seine Frau Luise nahmen an diesem Vorhaben lebhaften Anteil und unterstützten es. Nach einem entsprechenden Aufruf kam so viel Geld zusammen, daß Professor Hermann Volz (1847–1941) in Karlsruhe beauftragt wurde, das Denkmal zu schaffen. Volz, ein Künstler des Jugendstils, war ein badischer Denkmalbauer, der eng mit dem Hof verbunden war. Von ihm stammen unter anderem das Bunsendenkmal in Heidelberg, ein Okenbildnis in Offenburg sowie die Grabdenkmäler für Großherzog Friedrich I. und seine Frau Luise.

> Am 15. Mai 1909, um 3 Uhr, bei 11°C wurde das Kußmaul-Denkmal vor der alten Medizinischen Klinik zu den Klängen des Studentenliedes nach dem Text von Horaz (Oden I, 22) ›Integer vitae scelerisque purus …‹ (Wer unbestechlich und ehrlich lebt und frei von Schuld ist …) enthüllt. Es war ein wunderschöner Tag, der junge Großherzog und seine Frau, die Spitzen der Universität und der Stadt, Ärzte, Studenten und – extra erwähnt – viele Frauen unter den Bürgern waren anwesend. Kußmauls Verdienste wurden geehrt, Stadt und Universität versprachen, Kußmaul und das Denkmal allezeit in Ehren zu halten. Bäumler legte der akademischen Jugend ans Herz, den Spuren Kußmauls zu folgen.[4]

Abb. 100 Kußmaul-Denkmal in Freiburg von Professor H. Volz, Karlsruhe, am 15. Mai 1909; Samariter-Darstellung; auf der Rückseite des Sockels befand sich ein Satz des Hippokrates: »Wo Liebe zur Menschheit, da ist auch die Liebe zur ärztlichen Kunst.«

Abb. 101
Die alte Medizinische Universitätsklinik in der Albertstraße in Freiburg mit Kußmaul- Denkmal; im Krieg 1944 zerstört.

Das Denkmal stand bis zum 29. Oktober 1944, als bei dem großen Bombenangriff auf Freiburg fast das gesamte Klinik- und Institutsviertel zerstört wurde: »Kußmauls Denkmal stürzte in den Bombentrichter und zerbrach – und im kommenden Frühsommer hielt eine kleine Waldgnomenschar rings um den Kraterrand stumm Wache ... lauter rote Walderdbeeren.«[5]

An Kußmauls Geburtshaus in Graben wurde zu seinem 100. Geburtstag eine Gedenktafel angebracht. Die heute dort ansässige Volksbank hat sie zusammen mit einem Bild Kußmauls und einem Gedenktext würdig aufbewahrt (Abbildung 1b).

In New York ist über dem Eingang zum Einhorn-Auditorium des Lennox-Hill-Hospital, des ehemaligen alten deutschen Krankenhauses, eine Marmorplatte mit den Reliefs der deutschen Pioniere der Gastroenterologie angebracht: Kußmaul, Boas und Ewald.[6]

Die Südwestdeutsche Gesellschaft für Gastroenterologie verleiht seit 1992 während ihrer Jahrestagung den Adolf-Kußmaul-Preis für eine herausragende wissenschaftliche Arbeit eines jungen Klinikers.[7]

Kußmaul war Mitglied oder Ehrenmitglied verschiedener medizinischer und wissenschaftlicher Gesellschaften in Heidelberg, Erlangen, Freiburg i. Br., Straßburg, Berlin, Wien, Brüssel, St. Petersburg, Edinburgh, St. Louis (USA).

Wege der Familie

Abschließend soll noch ein Blick auf den Lebensweg einiger Familienmitglieder geworfen werden. Kußmaul hatte sechs Geschwister, drei Brüder und drei Schwestern. Seinem Bruder Rudolf widmet er ein Kapitel in seinen *Jugenderinnerungen.* Otto ist Farmer in Amerika geworden. Über Moritz, Pauline und Albertine ist nichts Näheres bekannt. Über Ernestine wurde bereits berichtet.

Rudolf (1823–1891) war – so berichtet Adolf in seinen *Jugenderinnerungen* (75–82) – eine Landsknechtsnatur, er wechselte Schulen und Berufe häufig. Fast wäre er als Siebzehnjähriger in der Fremdenlegion gelandet, schließlich wanderte er aber nach Nordamerika aus. Er nahm als Soldat am amerikanisch-mexikanischen Krieg teil, wurde verwundet und erhielt vom amerikanischen Staat als lebenslange Rente 160 Morgen Land zugesprochen. Er wurde Farmer, hatte 12 Kinder und starb, wie Kußmaul schreibt, als ehrwürdiger Patriarch. Seine Nachfahren, Familie John A. Kußmaul, leben heute in Woodman, Wisconsin. Aus Kußmauls Zeilen wird die Sympathie für den Bruder, der ebenfalls dichtete und wie er mit Eichrodt und Scheffel befreundet war, spürbar – auch wenn sein Leben in völlig anderen Bahnen verlief.[8]

Typisch für die Kußmauls war ihre Kühnheit, ein freiheitlicher Zug, dem sie in ihrem Leben Tribut zollten – auch Adolf hatte dies während seiner Professorenkarriere bewiesen.

Der Bruder Otto (1833–1913) wanderte nach vergeblichen Studienversuchen in den Fächern Jura und Medizin ebenfalls nach Nordamerika aus. Die Schwestern Ernestine und Albertine, beide als Lehrerinnen ausgebildet, wohnten zeitweise auf seiner Farm. Er war zunächst Landwirt und wurde später ebenfalls Lehrer. Seine Nachfahren, die Enkelin

Sophie Wilson und deren Tochter Noreen High leben heute in Oregon, Cottage Grove.[9]

Die älteste Tochter Kußmauls, Helene (1851–1933), heiratete in Straßburg Hauptmann Heinrich Oster. Nachfahren dieser Familie leben heute am Bodensee bei Konstanz.

Die zweite Tochter Luise (1853–1929) heiratete Vinzenz Czerny; deren Enkelin bewahrt heute in München den Nachlaß ihres Urgroßvaters.

Vinzenz und Luise Czernys Tochter Margarete heiratete 1907 Fritz Stein, dessen Sohn, Kirchenmusiker und Pianist, heute mit seinen Kindern in Düsseldorf lebt. Gertrud Czerny und Martin Stein sind die heute lebenden Urenkel Kußmauls.

1 Bericht, in: Oberländer Bote, Oktober 1902.

2 Schreiben von Dr. Weisert, Universitätsarchivar Ruprecht-Karls-Universität Heidelberg vom 6. Juni 1988.

3 V. Czerny, Rede, bei der ersten Verleihung der Kußmaul-Medaille, 22. Februar 1906; Deutsche Medizinische Wochenschrift 32, 1906, S. 426–428; (anonym), Zur ersten Verleihung der Kußmaul-Medaille, Münchener Medizinische Wochenschrift, 1906, S. 659–660.

4 Ausführliche Darstellungen enthalten folgende Berichte: 1. Die Enthüllung des Kußmauldenkmals, in: Freiburger Zeitung, Sonntag, 15. Mai 1909; 2. F. Sauerbeck, Festbericht über die Enthüllung des Kußmaul-Denkmals, 15. Mai 1909, Freiburg 1909, Universitätsbuchdruckerei Wagner; 3. GLA Karlsruhe, Kußmaulakte Block A.

5 Joseph Schleer, Chronik über das Spitalwesen und die kulturelle Entwicklung der Universitätsklinik in Freiburg i. Br. 1957, maschr., Archiv der Verwaltung des Klinikums. Der Autor ist aufgrund der seinerzeitigen Versprechungen beim Klinikum und dem Kulturbürgermeister der Stadt Freiburg wegen einer Wiederherstellung des Denkmals vorstellig geworden – mit abschlägigem Bescheid.

6 B. I. Korelitz, R. E. MacMasters, The early history of gastroenterology at Lennox-Hill-Hospital, The contribution of German-Born Doctors, in: Gastroenterology International, 11, No. 1, March 1998, S. 1–5.

7 Der Preis wird von der Falk-Foundation e.V. Freiburg i. Br. gestiftet.

8 Rudolf Kußmaul, Erlebnisse eines Deutschen in nordamerikanischem Dienst gegen Mexiko, Haus-Chronik, 1850, München, S. 340–364: fast so wie A. Kußmauls Jugenderinnerungen sehr kurzweilig und humorvoll geschrieben.

9 John A. Kussmaul, A Kussmaul History 1515 to 1923, Privatdruck, 267 Seiten. John A. Kussmaul ist Rechtsanwalt, beim Studium entdeckte er in der Universitätsbibliothek Wisconsin zufällig Adolf Kußmauls Autobiographie und wurde so zu einem Chronisten, hauptsächlich der amerikanischen Nachfahren.

Abb. 102 Einzige erhaltene Familienbilder: Links oben: Kußmauls Bruder Otto in Amerika. Rechts oben: Tochter Helene *1851, später verh. Oster. Links unten: Tochter Ida *1869, später verh. Ilse. Rechts unten: Tochter Luise *1853, später verh. Czerny.

Abb. 103 Kußmaul; Portraitstudie von Franz von Lenbach, 1895; als Frontispiz in der Erstausgabe der *Jugenderinnerungen*. Die Unterschrift »Klar denken, warm fühlen, ruhig handeln« stammt von Kußmauls 80. Geburtstag 1902.

Epilog

Die Biographie als Brücke zwischen Vergangenheit und Gegenwart

Vom echten könnte man nie genug haben

Jacob Burckhardt

Biographie

Unsere Lebenserfahrung und die Auseinandersetzung mit der Vergangenheit stehen in einem inneren Zusammenhang. Doch ist dies ein weites und unübersichtliches Feld, so daß man Gefahr läuft, sich darin zu verirren. Konkreter wird ein solcher Diskurs, wenn man sich einer bestimmten Biographie zuwendet, die nie isoliert betrachtet werden kann, weil sie immer in einen gesellschaftlichen und sozialen Kontext eingebettet ist.

Ich habe versucht, dies in der Darstellung des Lebensweges von Adolf Kußmaul aufzuzeigen. Es war nicht immer leicht, zu entscheiden, welche allgemeinen oder individuellen Hinweise wichtig oder weiterführend sind, auf welche guten Gewissens verzichtet werden kann. Die Sichtweise des Biographen ist subjektiv. Historische Fakten wechseln zwangsläufig mit der Darstellung von Emotionen. Alles in allem bleibt eine Biographie nur Stückwerk und unvollendet, das Individuum kann nicht völlig ergründet werden (Individuum est ineffabile), es hat und behält seine Geheimnisse. Viele Fragen bleiben offen und stellen sich dem Leser auf ganz unterschiedliche Weise.

Für die Biographie als Form der Geschichtsschreibung hat Benjamin Disraeli (1804–1881) ein treffendes Wort geprägt, »Read no history: nothing but biography, for that is life without theory« – ›Lest keine Geschichtswerke, nur Biographien, denn das ist das Leben ohne Theorie‹ – eine etwas provokante und zugegebenermaßen nicht immer richtige Feststellung, die dennoch ihre Berechtigung hat. Bei Kußmaul verschmolzen Leben und Arbeit zur ärztlichen Kunst, wie solches nur wenigen gelingt.

Ausblicke

Kußmaul war ein hochangesehener Arzt und Wissenschaftler des 19. Jahrhunderts, insbesondere in der Zeit des Kaiserreichs, dabei aber eher dem Typ des »unpolitischen Akademikers« angehörend als dem eines Intellektuellen. Wir besitzen keine Zeugnisse darüber, wie er z.B. zur aktuellen Literatur, etwa zu Theodor Fontane, oder zur Philosophie, also zu Arthur Schopenhauer oder Friedrich Nietzsche stand. Wir wissen auch nicht, welchen Parteien er in den Anfangsjahren des Reiches nahestand. Es existiert kein kontinuierlicher Briefwechsel mit Äußerungen über die Verhältnisse der Zeit. Es gibt lediglich einen Hinweis auf den politischen Standort in der Familie Kußmaul aus dem Jahre 1916. Vinzenz Czerny rechtfertigte in einem Artikel der *Deutschen Revue* zwar moderat, aber doch eindeutig die deutschen Kriegsziele.[1] Dem heutigen Leser erschließen sich aus solchen Andeutungen zur damaligen Mentalität auch bedrückende historische Bezüge[2] im Blick auf den weiteren Verlauf der Geschichte sowie auf die oben angedeuteten Schicksale der jüdischen Mitarbeiter und Freunde Kußmauls, insbesondere der Angehörigen der Familien von Arnold Cahn und Ludwig Edinger.

Die Maxime Kußmauls, die er als Fazit an seinem 80. Geburtstag formulierte – »klar denken, warm fühlen, ruhig handeln« – besitzt heute wie damals ihre Aktualität von hohem Stellenwert. Dies um so mehr, als 100 Jahre eines ungemein bedeutenden medizinischen Fortschritts dazwischen liegen, in der freilich auch Kritik und Zweifel an vielen Aspekten moderner Medizin immer lauter werden. Ein wesentlicher Kritikpunkt lautet, daß sie zu einem bloßen, hochspezialisierten Gewerbe geworden ist, das sich an einem primär wirtschaftlich und naturwissenschaftlich-technischen Berufsbild orientiert. Das scheint auf Praktiker ebenso zuzutreffen wie auf Hochschulmediziner. Längst haben sich ›Sprechstunden‹ zu Sprechminuten gewandelt, und Berufungen orientieren sich immer öfter an Impakt-Faktoren, bei denen das Primat der Naturwissenschaft über der ärztlichen Tätigkeit und Lehre steht[3]. Sind wir tatsächlich dabei, die Kunst des Heilens zu verlernen und zu verlieren, wie es eine gewichtige Stimme unserer Zeit, Bernard Lown, in *The Lost Art of Healing* befürchtet?[4]

Zweifellos gibt es noch in allen Bereichen der Medizin Ärzte, die sich bemühen, den Bruch zwischen Technik und Humanität zu überwinden, für die sich das Eigentliche ihres Berufes im Umgang mit dem einzelnen Kranken erfüllt, denen Kußmauls Maxime – ob sie sie kennen oder nicht – bei schwerer Arbeit ein Ansporn für das tägliche Gelingen ist. Doch sollte allgemein eine weit stärkere Rückbesinnung auf Kußmauls Leitspruch für die praktische Arbeit stattfinden; auch kann er wegweisend für die Erörterung schwieriger ärztlicher und ethischer Berufsfragen sein. Ebenso sollte er gelten, wenn heute in verfeinerter, differenzierter Form die Bedeutung der Dyade Arzt–Patient erörtert wird.[5]

»Klar denken, warm fühlen, ruhig handeln« ist eine Maxime, die nicht nur für unsere naturwissenschaftliche Medizin gilt, sie umfaßt das Arztsein überhaupt und schließt damit auch die von der europäischen Medizin so sehr vernachlässigte Medizin in der Dritten Welt mit ein. Kußmauls Grundsatz aus dem Denken des 19. Jahrhunderts läßt sich problemlos auf unsere Zeit und unser Denken übertragen: Nicht Wissen zur Macht steht im Vordergrund, sondern Wissen zur Weisheit und Menschenliebe.

In diesem Sinne hoffe ich, eine Brücke zwischen Vergangenheit und Gegenwart geschlagen zu haben[6], indem ich aus den Jahrhunderten einer fesselnden Medizingeschichte die Biographie Kußmauls ausgewählt und darzustellen versucht habe.

[1] Vinzenz Czerny, Ursache und Ziele des Krieges 1914/15, Deutsche Revue, 41, 1916, S. 39–43.

[2] Thomas Nipperdey, Deutsche Geschichte 1866–1918, Band 1, Kapitel 27, Schattenlinien, S. 812ff.

[3] Klaus Bergdolt, Arzt und Gesellschaft in der Geschichte, Vortragsmanuskript, Wiesbaden 1999.

[4] Bernard Lown, The Lost Art of Healing, Boston/New York 1996: »An unwritten convenant between doctor and patient, hallowed over several millenia, is being broken.« (p. XI)

[5] Solche Gedanken werden ausführlich in dem Buch von Klaus Dörner *Der gute Arzt* ausgebreitet und besprochen. Dörner arbeitet hier insbesondere die neuere Beziehungsphilosophie ein und holt das Arzt-Patient-Verhältnis von dem traditionellen paternalistischen Arztverständnis weg. Freilich erscheint das Konzept vom guten Arzt oft etwas leer und wenig konkret.

[6] »Lebendige Geschichte« heißt Jörn Rüsens Buch (Göttingen 1989), in dem er in vorzüglicher Weise auf die Orientierungsfunktion von Geschichte eingeht.

Anhang

Glossar

Acetonämie
Auftreten von Aceton (Ketonkörper), einer farblosen Flüssigkeit im Blut, mit angenehmem Geruch

Anamnese
Vom Arzt erfragte Vorgeschichte der Krankheit

Aortenaneurysma
Krankhafte, oft sackförmige Erweiterung der Hauptschlagader (Aorta)

Aphasie
Eine Form von Sprachstörung, Nicht-Sprechenkönnen

Arteria mesenterica
Arterie, die den Dünndarm versorgt

Azidose
Anstieg des Säuregrades des Blutes (pH-Wert) durch krankhafte Vermehrung von Säuren

Cholelithiasis
Gallensteine (Koliken)

Cyanose
Blaufärbung, z. B. der Lippen bei Sauerstoffmangel

Diastase
=Amylase, Fermente, die Stärke ab bauen

Dyspnoe
Atemnot, Atemstörung

Embolie
Verstopfung eines Blutgefäßes, meist durch verschlepptes Blutgerinnsel (Thrombus)

Empyem
Eiteransammlung in vorgeformter Höhle (Brustfell = Pleuraempyem)

Endokarditis
Entzündung der Herzinnenhaut, die Herzinnenhaut bildet die Herzklappen

Enteritis
Entzündung der Dünndarmschleimhäute (Durchfall)

Epikrise
Kritisches, abschließendes Urteil über eine Erkrankung

Epilepsie
Die heilige Krankheit des Altertums, Anfallsleiden (Krampfanfälle) des Gehirns

Fistel
Röhrenförmiger Gang zwischen inneren und äußeren Körperteilen (Darm/Haut)

Galvanisieren
Anwendung des elektrischen Gleichstroms zur Diagnose und Therapie bei Nervenkrankheiten

Gastroenterostomie
Operative Verbindung zwischen Magen und Dünndarm, insbesondere bei Verengung oder Verschluß des Magenausgangs

Gastroskopie
Magenspiegelung mit einem Instrument, das durch den Mund und die Speiseröhre eingeführt wird (Endoskop)

Gliom
Geschwulst, Tumor, im Zentralnervensystem, meist bösartig

Glyzerin
Dreiwertiger Alkohol
Humoralpathologie
Altertümliche Lehre der Entstehung von Krankheiten durch fehlerhafte Zusammensetzung der Körpersäfte (Blut, Galle)
Hydrotherapie
Wasserheilkunde, mit Anwendung von Güssen, Bädern usw.
Indikation
Zwingender Grund zur Anwendung einer Behandlung, z. B. Blinddarmoperation
Immunologie
Lehre von der Unempfindlichkeit gegenüber Infektionen; auch Lehre der vorhandenen und erworbenen Abwehrmechanismen (Impfungen)
In- und Expiration
Ein- und Ausatmung
Interkostalräume
Zwischenrippenräume
Kardia
Übergang von Speiseröhre zum Magen (Mageneingang)
Koma
Tiefe Bewußtlosigkeit
Kortex cerebri
Hirnrinde, äußerste Schale des Gehirns
Leukämie
Blutkrebs, hervorgerufen durch die weißen Blutkörperchen
Mediastino-Perikarditis
Entzündung der mittleren Teile der Brusthöhle und des Herzbeutels, der selber Teil dieses Raumes ist
Medulla oblongata
Das Markhirn oder das verlängerte Mark, Sitz von Atem- und Herz-Kreislauf-Zentrum
Meningitis
Hirnhautentzündung
Myom
Gutartige Geschwulst aus Muskelgewebe (z. B. der Gebärmutter)
Nephritis
Nierenentzündung
Neuron
Nerveneinheit, Nervenzelle mit Fortsätzen (Aussehen wie ein winziger Tintenfisch); das Gehirn besteht aus 100 Milliarden solcher miteinander verbundener »Tintenfische«, neuronale Netze
Obduktion
Leichenöffnung und -untersuchung
Ösophagoskopie
Spiegelung der Speiseröhre
Parästhesie
Krankhafte Empfindungsstörung (Kribbeln)
Pathologie
Lehre von den Krankheiten und ihrer Entstehung durch krankhafte, anatomische Veränderungen
Periarteritis nodosa
Entzündung der arteriellen Blutgefäße mit knotenförmigen Geschwulsten
Perkussion
Beklopfen der Körperoberfläche, um durch Schallphänomene auf Organe (Lunge) und Krankheiten (Lungenentzündung) zu schließen
Perikarditis
Herzbeutelentzündung, der Herzbeutel besteht aus zwei Blättern, der Innen- und Außenhaut
Pleurapunktion
Eingriff zum Ablassen von Flüssigkeit aus dem Brustfellraum durch Hohlnadel oder Sonde

Pleuritis
Rippenfellentzündung, feuchte Pleuritis mit Erguß
Pneumonie
Lungenentzündung
Pneumothorax
Ansammlung von Luft im Brustfellraum, wodurch sich die Lunge zusammenzieht und nicht mehr belüftet werden kann
Podagra
Gicht der großen Zehe
Prognose
Vorhersage des Krankheitsverlaufes
Pyopneumothorax
Eiteransammlung im Brustfellraum
Pylorus
Magenausgangspförtner
Sektion
= Obduktion, Leicheneröffnung und -untersuchung
Stenose
Verengung z. B. einer Arterie oder z. B. des Magenausgangs
Stethoskop
Hörrohr
Symptomatologie
Lehre von den Krankheitszeichen
Synapse
Umschaltstelle zwischen Nervenfortsätzen, die aus einem ultramikroskopischen Spalt besteht
Syphilis
= Lues, infektiöse Geschlechtskrankheit, oft mit Befall des Gehirns
Tetanus
Wundstarrkrampf, akute Infektionskrankheit
Thalamus
Hauptteil des Zwischenhirns, Sammel- und Umschaltstelle für die Hirnrinde
Thorakozentese
Bruststich, Anbohrung der Brusthöhle, meist mit einer Hohlnadel
Thrombose
Blutpfropfbildung in einem Blutgefäß (Vene oder Arterie)
Toxikologie
Lehre von den Giften und den Krankheiten, die durch sie hervorgerufen werden (z. B. Quecksilber)
Transfusion
Übertragung von Blut eines Menschen auf einen anderen
Trismus
Kiefersperre durch Krampf der Kaumuskulatur (bei Tetanus)
Urämie
Durch Nierenversagen hervorgerufene Vergiftung des Organismus, z. B. mit Atemstörungen, Bewußtseinsstörungen
Ulcus pylori
Geschwür am Magenausgang
Vaskulitis
Formenkreis von Erkrankungen der kleinen Blutgefäße, meist entzündlich-immunologischer Art
Ventriculus
Magen

Zeittafel

Kindheit und Jugend (1822–1840)

1822 Am 22. Februar wird Karl Philipp Adolf Konrad Kußmaul in Graben (nördlich von Karlsruhe) geboren

1825 Umzug der Familie nach Emmendingen; erster Unterricht zu Hause

1828 Versetzung des Vaters nach Boxberg; Volksschule

1831–33 Erziehung im Pfarrhaus Ganz in Buch am Ahorn (südlich von Würzburg)

1833–40 Gymnasium in Wertheim, Lyceum in Mannheim und Heidelberg; Vater Amtsphysikus in Wiesloch

Studium und Militärarzt (1840–1849)

1840 14. November Beginn des Medizinstudiums in Heidelberg; Mitglied im »Schwabencorps«, Mitbegründer der »Alemannia«; befreundet mit Victor von Scheffel, Karl Blind, Ludwig Eichrodt

1844 Preisaufgabe der Medizinischen Fakultät gelöst: *Die Farbenerscheinungen im Grunde des menschlichen Auges;* Goldene Karl-Friedrich-Medaille; Ende des Studiums mit Wintersemester 1844/45

1846 Ärztlicher Lizenzschein nach Prüfung in Karlsruhe; Verlobung mit Amanda Wolf aus Treschklingen; Wissenschaftlicher Assistent in der Medizinischen Klinik Heidelberg; schwerer akuter Gelenkrheumatismus; 19. 11. Tod der Mutter

1847–48 Studienreise nach Wien und Prag; Hörer bei Rokitanzky, Skoda, Semmelweis, Oppolzer und Hebra; Rückreise über Dresden und Weimar

1848–49 Während der Badischen Revolution Militärarzt im badischen Heer; Teilnahme am Deutsch-Dänischen Krieg in Schleswig-Holstein; Lazarett- und Festungsarzt in Rastatt; Verabschiedung vom Militär

Kandern (1850–1853)

1850 Seit März Praktischer Arzt in Kandern, Südschwarzwald; 8. Juli Tod des Vaters;
1. Oktober: Heirat in Treschklingen

1851 30. Juli: Geburt von Helene

1853 März bis April schwere Krankheit, Meningitis lumbaris mit Lähmung der Beine und der Harnblase; mehrere Wochen Badekur in der Normandie: Sanvic bei Le Havre; Aufgabe der Praxis in Kandern
30. Juni: Geburt von Luise

Würzburg und Illenau (1853–1854)

1853–54 Zwei Semester Studium in Würzburg bei Virchow und Koelliker; Freundschaft mit Nikolaus Friedreich

1854 Ende Sommersemester schriftliche und mündliche Prüfung »pro gradu« (Doktordiplom); August bis Oktober Ausbildung in Psychiatrie an der Landes-Heil- und Pflegeanstalt für Geisteskranke in Illenau bei Lahr

Heidelberg (1854–1859)

1854 Im Winter läßt sich die Familie in Heidelberg nieder; Untersuchungen und schriftliche Ausarbeitung der Inaugural-Dissertation

1855 Im Frühjahr Promotion in Würzburg; 30. April Physikatsassistent der Stadt Heidelberg; 14. Juli Habilitation in Heidelberg: Arzneimittellehre, Psychiatrie, Gerichtliche Medizin und Anthropologie

1856 31. Mai: Geburt von Eduard; Mitbegründer des Naturhistorisch-Medizinischen Vereins Heidelberg; im Wintersemester erste Vorlesung

1857 8. Mai: Außerordentlicher Professor für Arzneimittellehre und Staatsarzneikunde; *Untersuchungen über Ursprung und Wesen der fallsuchtartigen Zuckungen bei der Verblutung*. Gemeinsam mit Adolf Tenner

1859 *Von dem Mangel, der Verkümmerung und Verdopplung der Gebärmutter*

Erlangen (1859–1863)

1859	1. Oktober: ordentlicher Professor für Arzneimittellehre und Staatsarzneikunde; Vorstand der Medizinischen Klinik im Universitätskrankenhaus; Antrittsvorlesung: *Untersuchungen über das Seelenleben des neugeborenen Menschen*
1860	*Untersuchungen über den konstitutionellen Mercurialismus und sein Verhältnis zur konstitutionellen Syphillis*

Freiburg i. Br. (1863–1876)

1863	Seit 1. April Ordentlicher Professor für spezielle Pathologie und Therapie; Direktor der Medizinischen Universitätsklinik; Antrittsvorlesung: *Die Entwicklungsphasen der exacten Medizin*
1864	*Zur Diagnose der Embolie der Arteriae mesentericae*
1866	*Über eine bisher nicht beschriebene, eigentümliche Arterienerkrankung (Periarteritis nodosa)*
1866–67	Dekan der Medizinischen Fakultät
1867	12. November: Geburt von Hedwig
1868	*Sechzehn Beobachtungen von Thoracocentesis*
1869	23. Mai: Geburt von Ida
1869	*Über die Beobachtung der Magenerweiterung durch eine neue Methode mittelst der Magenpumpe* (Freiburger Prorektoratsrede)
1869–70	Prorektor der Universität
1870	*Zwanzig Briefe über Menschenpocken und Kuhpockenimpfung*
1872	Pfingstsonntag Heirat von Luise und Vinzenz Czerny
1872–73	Dekan der Medizinischen Fakultät
1873	*Über schwielige Mediastino-Perikarditis und den paradoxen Puls,* Kußmaulsche Pulse
1874	*Zur Lehre vom Diabetes mellitus,* Kußmaulsche Atmung

Straßburg (1876–1888)

1876	Ab 1. Oktober vom Kaiser ernannter Professor für Innere Medizin an der Kaiser-Wilhelm-Universität

1877	*Die Störungen der Sprache,* 8. Oktober: Tod von Hedwig (Tetanus)
1879	Gedenkrede auf Dr. Benedict Stilling auf der Naturforscherversammlung in Baden-Baden
1881	13. März: Eduard ertrinkt im Rhein
1885	Geschäftsführer der 58. Tagung der Naturforscher und Ärzte in Straßburg
1888	Konsultationsreise zum Preußischen Kronprinzen nach San Remo; am Ende des Wintersemesters Emeritierung

Heidelberg (1888–1902)

1888	Emeritus und Nestor der Inneren Medizin in Deutschland; Gründung und Leitung des Evangelischen Diakonissen-Krankenhauses; Zusammenarbeit mit Professor Wilhelm Fleiner
1891–93	Längere Kuraufenthalte in Bad Kissingen, Reisen nach Athen, Konstantinopel und Ägypten
1893	Die *Poetische Jugendsünden* erscheinen
1898	25. Januar: Tod von Frau Amanda Kußmaul nach langem Leiden
1899	22. Februar: Ehrenbürger der Stadt Heidelberg; *Jugenderinnerungen eines alten Arztes; Ein Dreigestirn großer Naturforscher an der Heidelberger Universität im 19. Jahrhundert*
1902	22. Februar: 80. Geburtstag; am 28. Mai um 5 Uhr 10 stirbt Adolf Kußmaul; 31. Mai: Beerdigung auf dem Heidelberger Bergfriedhof

Verzeichnis der literarischen Arbeiten

Von Kußmaul selbst zusammengestelltes Originalverzeichnis, vom Autor um acht Arbeiten (*) ergänzt, in: »Aus meiner Dozentenzeit in Heidelberg«, 1903, S. 89–95.

A. Akademische Preisschrift.

1844 * Topographische Skizze des Physikats-Bezirkes Wiesloch. Stadtarchiv Wiesloch.

1845 Die Farbenerscheinungen im Grunde des menschlichen Auges. Heidelberg, Karl Groos, 106 S. Vorrede XXVI S. vgl. dazu meine Bemerkung in der Berliner klin. Wochenschrift v. 5. Febr. 1900, Nr. 6, S. 131.

B. Als praktischer Arzt.

1847 Ein Fall von spontanen, anhaltenden Hämorrhagien in den Bauchfellsack, mit Bildung von Geschwülsten. Zeitschr. f. ration. Med. Bd. 6, S. 92–101.

1848* Einige Fälle von Wurstvergiftung, Zeitschrift für Badische Ärzte für Staatsarzneikunde (zitiert nach S. 402, Jugenderinnerungen).

1852 Zur pathologischen Anatomie des Rheumatismus ac. articulorum. Arch. f. physiol. Heilkunde. Bd. 11, H. 4. – Zwei Fälle von Polyostitis bei Knaben, einen Fall mit Ausgang in Nekrose der Knochen und Genesung, der andere mit Perikarditis und Ausgang mit Tod. (Wohl die erste Beschreibung der akuten Osteomyelitis, da Chassaignacs Mémoire sur l'ostéomyelite erst 1854 erschienen ist. Czerny).

1853 Belege zur Kontagiosität der Ruhr nebst einigen Bemerkungen über ihre Therapie. Mitteilungen des badischen ärztl. Vereins, Jahrg. 7, Nr. 2.

1853 Stomatitis septica. Ebd., Nr. 8.

1853 Erfahrungen über den Abdominaltyphus in der Umgebung von Kandern in den Jahren 1850–1853. Ebd., Nr. 13.

1854 Bemerkungen über die Bedeutung des Nasenblutens, besonders im Typhus. Ebd., Jahrg. 8, Nr. 23.

C. Doktordissertation.

1856 Untersuchungen über den Einfluß, welchen die Blutströmung auf die Bewegungen der Iris und anderer Teile des Kopfes ausübt. Diss. inaug. und Verhandlungen der physikalisch-mediz. Gesellschaft in Würzburg. Bd. 6, S. 1–42.

D. Als Lehrer der Heidelberger Hochschule.

1856 Ueber die Totenstarre und die ihr nahe verwandten Zustände von Muskelstarre mit besonderer Rücksicht auf die Staatsarzneikunde. Prager Vierteljahrsschr. Bd. 13, S. 2.

1857 Ueber den Einfluß der Blutströmung in den großen Gefäßen des Halses auf die Wärme des Ohrs beim Kaninchen und ihr Verhältnis zu den Wärmeveränderungen, welche durch Lähmung und Reizung des Sympathikus bedingt werden.
Moleschotts Untersuchungen zur Naturlehre des Menschen und der Tiere. Bd. 1, S. 90.

1857 Untersuchungen über den Ursprung und Wesen der fallsuchtartigen Zuckungen bei der Verblutung. Gemeinsam mit A. Tenner. Ebd. Bd. 3, S. 1 und als selbständige Schrift im Verlag Meidinger u. Sohn, Frankfurt a. M.

1857 Ein Fall von wahrscheinlicher Morphinvergiftung. Deutsche Zeitschr. f. d. Staatsarzneikunde. Bd. 9, S. 2.

1857 Ueber einige Bestandteile des Fliegenschwamms. Mit Dr. Borntraeger. Verhandlungen des naturhist.-med. Vereins in Heidelberg. Bd. 1, S. 18.

1858 Ueber die Zerreißung der inneren Häute der Halsarterien bei Erhängten. Virchows Archiv. Bd. 13, S. 60.

1858 Ueber die Ertötung der Gliedmaßen durch Einspritzung von Chloroform in die Schlagadern. Virchows Archiv. Bd. 13, S. 289.

1859 Von dem Mangel, der Verkümmerung und Verdopplung der Gebärmutter, von der Nachempfängnis und der Ueberwanderung des Eies. Würzburg, Stahel, 8°. VIII und 384 S.

1859 Untersuchungen über das Seelenleben des neugeborenen Menschen. Winter, Heidelberg.

1859 Zwei Fälle von Paraplegie mit tödlichem Ausgange ohne anatomisch nachweisbare oder toxische Ursache. Programm zum Eintritt in die mediz. Fakultät der Universität Erlangen. Heidelberg. Druck von Gg. Reichard.

E. Als innerer Kliniker in Erlangen.

1861 Untersuchungen über den konstitutionellen Mercurialismus und sein Verhältnis zur konstitutionellen Syphilis. Würzburg, Stahel, 434 S.

1862 Ueber geschlechtliche Frühreife. Würzburg. mediz. Zeitschr. Bd. 3, S. 321.

1862 Weitere Beiträge zur Lehre von der Ueberwanderung des menschlichen Eies. Monatsschr. f. Geburtskunde. Bd. 20, H. 4, S. 295ff.

1863 Beiträge zur Anatomie und Pathologie des Harnapparats. Würzburg. mediz. Zeitschr. Bd. 4, S. 24ff.

1. Ueber die Diagnose der Phthisis tuberculosa der Harnwege.
2. Markschwamm der linken Niere bei einem 3 1/2 J. alten Knaben.
3. Hydronephrosis durch Kreuzung des rechten Ureter mit einer überzähligen Nierenarterie.
4. Pyonephrosis mit ungewöhnlicher Ausdehnung der Niere.
5. Morbus Brightii mit ungewöhnlich langer, mehr als zehnjähriger Dauer.
6. Zur Lehre von der Paraplegia urinaria.
7. Zellen mit kernähnlichen und schleimkörperähnlichen Gebilden in ihrem Inneren bei Blasenkatarrh einer Ikterischen. Gallenfarbstoff-Krystalle in diesen Zellen und den Schleimkörperchen des Sediments.

Anhang: Morbus Addisonii.

1864 Rheumatismus articularis mit Tuberculosis miliaris. – Wanderung eines verschluckten Dorns in das Herz und ein freies Konkrement im Herzbeutel. Ebd., Bd. 5, S. 61.

F. Als innerer Kliniker in Freiburg i. Br.

1864 Zur Diagnose der Embolie der Arteriae mesentericae. Ebd., Bd. 5, S. 210.

1865 Ueber den Schnupfen der Säuglinge. Zeitschr. f. ration. Med. von Henle u. Pfeufer. Dritte Reihe. Bd. 23, S. 225. Auf Grund zahlreicher Untersuchungen seines Assistenzarztes Dr. Honsell an Säuglingen.

1865 Ueber angeborne Enge und Verschluß der Lungenarterien-Bahn. Zeitschr. f. ration. Med. Bd. 26, S. 99–179, mit drei Tafeln. – Auch in den Berichten der naturhist. Gesellsch. Zu Freiburg. Bd. 3, H. 3 und 4.

1866* 1. Die Entwicklungs-Phasen der exacten Medizin.
2. Ueber die Ursachen und den Gang unseres Ablebens.
Wagnersche Buchhandlung Freiburg.

1866 Ueber eine bisher nicht beschriebene, eigentümliche Arterienerkrankung (Periarteritis nodosa), die mit Morbus Brightii und rapid fortschreitender allgemeiner Muskellähmung einhergeht. Gemeinsam mit Prof. Rud. Maier. Deutsches Archiv f. klin. Medizin. Bd. 1, H. 5, S. 484ff.

1866* Aneurysma verminosum hominis, A. Kußmaul und R. Maier. Dt. Archiv f. klin. Med., Bd. 1, S. 125–126.

1867 Die Aschenbestandteile der Lungen und Bronchialdrüsen. Nach Analysen von Dr. phil. C. W. Schmidt. Ebd., Bd. 2, H. 5, S. 89ff.

1867 Ungewöhnlich große, vereiterte Echinokokken-Geschwulst der Leber, durch Punktion geheilt mit Zurücklassung einer Fistel. Berl. klin. Wochenschr. Nr. 52, S. 543.

1868 Zwei seltene Beobachtungen von tödlich verlaufenen Leberabszessen. Ebd., Nr. 12, S. 129.
1. Ein Leberlungenabszeß, wahrscheinlich aus einer Echonikokken-Cyste hervorgegangen und wie Lungenphthise verlaufen;
2. Vielfache Leberabszesse, aus eitriger Peripylephlebitis hervorgegangen, mit Abszessen der Submucosa intestini coeci et coli und zwischen den Platten des Mesenterium. Vgl. hierzu R. Maier, Archiv der Heilkunde von Wagner, 1867, H. 1, S. 30.

1868 Eitrige Blennorrhoe mit sackiger Erweiterung der Gallengänge der Leber zu zahllosen abszeßähnlichen Hohlräumen, hervorgerufen durch ein Konkrement im Ductus hepaticus. Berl. klin. Wochenschr. Nr. 20, S. 213.

1868 Sechzehn Beobachtungen von Thorakocentesis bei Pleuritis, Empyem une Pyopneumothorax. Deutsches Archiv f. klin. Med. Bd. 4, H. 1, S. 1 u. S. 173.

1868 Epidemie durch Vergiftung mit Schwartenmagen in Lahr und Umgebung. Ebenda, H. 5 u. 6, S. 455.

1868 Am 21. Juli Vortrag »über Magenspiegelung« in der naturforschenden Gesellschaft zu Freiburg, der in deren Berichten angeführt, aber leider nicht ausführlich mitgeteilt ist.

1869 Ueber die Behandlung der Magenerweiterung durch eine neue Methode, mittelst der Magenpumpe. Freiburger Prorektorats-Programm zur Geburtstagsfeier der Großherzogs Friedrich v. Baden. – Im wesentlichen bereits vorgetragen 1867 in der 41. Versammlung deutscher Naturforscher und Aerzte in Frankfurt a. M. – Abgedruckt im deutschen Archiv f. klin. Med. Bd. 6, S. 455ff.

1870 Zwanzig Briefe über Menschenpocken und Kuhpockenimpfung. Gemeinverständliche Darstellung der Impffrage. Freiburg i. Br., Wagner. VIII u. 117 S.

1871 Ueber rheumatischen Tetanus und rheumatische Krämpfe, welche mit Albuminurie verlaufen. Berl. klin. Wochenschr., S. 485, 497, 513 u. 525.

1872 Zur Lehre von der Tetanie. Ebd., S. 441.

1872 Zwei Fälle von spontaner allmählicher Verschließung großer Halsarterienstämme. Deutsche Klinik. Nr. 50, 51.

1872 Zur pathologischen Anatomie des chronischen Saturnismus. Gemeinsam mit Rud. Maier. Deutsches Archiv f. klin. Med. Bd. 9, S. 283.

1873 Ueber die fortschreitende Bulbärparalyse und ihr Verhältnis zur progressiven Muskelatrophie. Volkmanns Sammlung klin. Vorträge, Innere Med. Nr. 20.–
Vgl. dazu: Rud. Maier, Ein Fall von fortschreitender Bulbärparalyse. Virchows Archiv. Bd. 61.

1873 Ueber schwielige Mediastino-Perikarditis und den paradoxen Puls. Berl. klin. Wochenschr., S. 433, 445, 461.

1873 Ueber eine abortive Form des Tetanus. Deutsches Archiv f. klin. Med. Bd. 11, S. 1.

1874 Zur Lehre des Diabetes mellitus. Ueber eine eigentümliche Todesart bei Diabetischen. Ueber Acetonämie. Ueber Glyzerinbehandlung des Diabetes und Einspritzungen von Diastase ins Blut bei dieser Krankheit. Deutsches Archiv f. klin. Med. Bd. 14, S. 1ff.

1877 Die Störungen der Sprache. Versuch einer Pathologie der Sprache. Anhang zu Bd. 12 des Handbuchs der spez. Pathol. u. Therapie v. Ziemssen. 2. Aufl. 1881, 3. Aufl. 1885, 299 S.

G. Als innerer Kliniker in Straßburg i. E.

1878 Ueber direkte Faradisierung des Magens. Archiv. f. Psychiatrie und Nervenkrankh. B8, S. 205.

1879 Anfallsweise auftretende Speichelgeschwulst infolge von chronischer eitrig-fibrinöser Entzündung des Stenon'schen Gangs (Sialodochitis Stenoniana fibrinosa chronica). Berl. klin. Wochenschr., S. 209.

1879 Dr. Benedikt Stilling, Gedächtnisrede, gehalten auf der 52. Versammlung deutscher Naturforscher und Aerzte zu Baden-Baden am 18. Sept. 1879. Selbständig erschienen mit zahlreichen Noten der Proff. Dr. Goltz, Dr. Waldeyer und von Dr. Kußmaul selbst. Straßburg, K. J. Trübner.

1880 Ein Fall von multiplen Gliomen in der Cerebrospinalaxe unterhalb der Großhirn-Schenkel. Archiv. f. Psychiatrie u. Nervenkrankh. Bd. 11, S. 261.

1880 Die peristaltische Unruhe des Magens, nebst Bemerkungen über Tiefstand und Erweiterung desselben, das Klatschgeräusch und Galle im Magen. Volkmanns Sammlung klin. Vorträge Nr. 181. S. 1637–1674.

1882 Ueber die Regulierung der Lautsprache durch den Tastsinn. Archiv f. Psychiatrie. Bd. 13, S. 712.

1883 Nikolaus Friedreich, gest. 6. Juli 1882, Erinnerungen an ihn. Deutsches Archiv f. klin. Med. Bd. 32, S. 191.

1887 Demonstration von Nervenkranken auf der Wanderversammlung der Südwestdeutschen Neurologen und Irrenärzte in Straßburg am 11. Und 12. Juni 1887.

Angeborne Athetose bei einem zehnjährigen Mädchen. (Vgl. dazu: Max Schaede, über Athetose. Diss. inaug. Straßb., 1889.) Kontraktur und Atrophie beider Unterschenkel nach Typhus bei einem erwachsenen Mädchen. Archiv f. Psychiatrie. Bd. 19, S. 289.

H. Als Professor emerit. in Heidelberg.

1893* Poetische Jugendsünden, Heidelberg.

1897 Ueber den kommissarischen Entwurf zur Revision der deutschen mediz. Prüfungsordnung, Heidelberg, Karl Winter.

1899 Jugenderinnerungen eines alten Arztes. Stuttgart, Bonz u. Comp. 1., 2. u. 3. Aufl. 1900, 4. Aufl. 1901, 5. Aufl. 1902, 496 S.

1900 Ueber lange fortgesetzte Anwendung kleiner Digitalisgaben. Therapie der Gegenwart. Januar, S. 1.
Außerdem verfaßte ich die Berichte: Ueber allgemeine Pathologie für 1857 und 1858 in den Jahresberichten von Canstatt und Eisenmann, sowie die: Ueber die Krankheiten des Nervensystems für 1868–1871, in denen von Virchow und Hirsch, mit Nothnagel gemeinsam in denselben von 1872.

1902* Über Epilepsie. Deutsche Revue Okt.–Dez. 1902. Hg. von Vinzenz Czerny, S. 65–83, 180–198, 309–328.

1902* Ein Dreigestirn großer Naturforscher an der Heidelberger Universität im 19. Jahrhundert. Deutsche Revue Stuttgart, S. 35–45 und 173–187.

1903* Aus meiner Dozentenzeit in Heidelberg von Adolf Kußmaul. Hg. von Vinzenz Czerny, Stuttgart.

Verzeichnis der Würdigungen und Nachrufe

I. Zum 80. Geburtstag am 22. Februar 1902

1) Ch. Bäumler, Adolf Kußmaul
Deutsche Medizinische Wochenschrift 28, 1902, 125–127.

2) A. Cahn, Adolf Kußmaul zum achtzigsten Geburtstag
Archiv für öffentliche Gesundheitspflege in Elsaß-Lothringen, 21, 1902, 251–274.

3) L. Edinger, Zum 80. Geburtstag Adolf Kußmaul's
Münchener Medizinische Wochenschrift 49, 1902, 281–286.

4) Festschrift Herrn Geheimrat Prof. Dr. A. Kussmaul in Heidelberg zur Vollendung seines 80. Lebensjahres gewidmet
Deutsches Archiv für Klinische Medizin, 73. Band, mit 43 Abbildungen im Text und 6 Tafeln, Leipzig 1902.

5) W. Fleiner, Ein Rückblick auf die literarischen Arbeiten Kußmaul's, in: Festschrift Deutsches Archiv für Klinische Medizin, 73, 1902, S. 1–89.

6) A. Fraenkel, Adolf Kußmaul
Die Woche, Berlin, Nr. 8, S. 325–328.

7) G. Klemperer, Editorial mit Kußmaul-Protrait von Lenbach, Die Therapie der Gegenwart, Berlin, 74, 1902, S. 49–50.

8) W. Zweig, Adolf Kussmaul
Wiener Klinische Rundschau 16, 1902, S. 156–157.

9) Anonym: Zu Kußmaul's 80. Geburtstag (Hg. Dr. Ziegelroth).
Archiv für physikalisch-diätetische Therapie in der ärztlichen Praxis, Frankfurt, 4, S. 61–64 (Editorial).

10) Anonym: Burschenschaftliche Blätter 1902, S. 266–268 und S. 292.

11) Artikel in mehreren Zeitungen: Anonym: Zum 80. Geburtstag Sr. Excellenz des Herrn Geheimraths Prof. Dr. Adolf Kußmaul des weiland wahren und Ur-Biedermaier, Jugend, München, Februar 1902, Nr. 8.

12) Heidelberger Zeitung, Jahrgang 44, Nr.45, 22.2.1902.

13) Neueste Nachrichten Straßburg, 19. Februar 1902.
14) Münchener Neueste Nachrichten, 22. Februar 1902.

II. Nachrufe

1) I. Boas, Adolf Kußmaul †
Archiv für Verdauungskrankheiten 8, 1902, S. 241–242.
2) A. Cahn, Adolf Kußmaul, In Memoriam,
Archiv für Öffentliche Gesundheitspflege in Elsaß-Lothringen, 22, 1902, S. 6–8.
3) A. Cahn, Adolf Kußmaul. 1822–1902,
Berliner Klinische Wochenschrift 39, 1902, S. 579–600 und 626–627.
4) V. Czerny, Adolf Kußmaul, Ein Gedenkblatt, Die Woche, 1902, Nr. 23 und Privatdruck.
5) H. Doll, Adolf Kußmaul
Badische Biographien 6, 1901–1910, S. 306–315.
6) W. Fleiner, Erinnerungen an die Dozentenzeit A. Kußmaul's und die Gründung des naturhistorisch-medizinischen Vereines in Heidelberg,
Münchener Medizinische Wochenschrift, 38, 1902, S. 1589–1590.
7) R. Gaupp, Zentralblatt für Nervenheilkunde und Psychiatrie, 1902, S. 432.
8) J. Kaufmann, Adolf Kußmaul †, New Yorker Medizinische Monatsschrift, 191, 1902, S. 224–232.
9) H. Landsberg, Kußmaul als Dichter, Deutsche Medizinische Presse 1902, S. 101–102.
10) R. Lennhoff, Adolf Kußmaul †, Medicinische Reform, 10, 1902, S. 191.
11) B. Naunyn, Kußmaul †, Therapie der Gegenwart, 1902, S. 289–291.
12) H. Strübe, Adolf Kußmaul, Biographisches Jahrbuch und Deutscher Nekrolog 8, 1903, S. 383–392.
13) Anonym:
a) Leopoldina 38, 1902, S. 80.
b) The Lancet 2, 1902, S. 53.
c) Adolf Kußmaul †, Deutsches Archiv für Klinische Medizin 74, 1902, S. 12–13.
d) Heidelberger Zeitung, 28. 5., 30. 5., 2. 6. 1902.

III. Zum 100. Geburtstag und andere

1) A. Cahn, Zur hundertsten Wiederkehr von Adolf Kußmauls Geburtstag, Klinische Wochenschrift 1, 1922, S. 384–389.

2) E. Ebstein, Zum hundertsten Geburtstag von Adolf Kußmaul, Deutsche Medizinische Wochenschrift 48, 1922, S. 266.

3) W. Fleiner, Zu Adolf Kußmauls 100. Geburtstage, Münchener Medizinische Wochenschrift, 69, 1922, Nr. 8, S. 276–278, Nr. 9, S. 313–315 und Nr. 10, S. 356–358.

4) G. Klemperer, Adolf Kußmaul zum 100. Geburtstag, Therapie der Gegenwart, 63, 1922, S. 119.

5) A. Schüle, Zu Adolf Kußmauls Gedächtnis, Archiv für Verdauungskrankheiten 25, 1919, S. 255–257.

6) Th. H. Bast, The life and time of Adolf Kußmaul, Anals of Medical History, 8, 1926, S. 95–127.

7) H. M. Koelbing, Adolf Kußmaul (1822–1902), Ein forschender Kliniker, Schweizerische Rundschau für Medizin, 62, 1973, S. 265–271. (Zum 175. Geburtstag).

8) F. Kluge (Hg.), Adolf Kußmaul, Seine aktuelle Bedeutung für Innere Medizin und Neurologie, Stuttgart, 1985.

9) Zusammengefaßte bibliographische Hinweise:
Zeitschrift für Geschichte des Oberrheins, Neue Folge, 18, Heft 1, 1903, S. 384 und 388–389.

10) Biographisches Jahrbuch und Deutscher Nekrolog, 7, 1902, S. 66.

11) Die Professoren und Dozenten der Friedrich-Alexander-Universität Erlangen, 1743–1960, Teil 2, Medizinische Fakultät, R. Wittern und A. Ley, Erlangen 1999, S. 111–112.

12) Große Ärzte aus Südwestdeutschland. Die zwei Leben des Adolf Kußmaul (1822–1902). Süddeutscher Rundfunk 1986, Fernsehfilm von Fritz Schindler mit Originalbeiträgen von F. Kluge und E. Seidler.

Studien-Zeugniß.

Herr Adolf Kußmaul von Wiesloch hat im Winter 1843/4 meine Vorlesungen über pathologische Anatomie an der großh. bad. Universität Heidelberg mit größtem Fleiße und lobenswerthester Aufmerksamkeit besucht, was ich hiermit bezeuge.

Basel d. 21ten Merz 1846

Dr. Ecker

ord. öfftl. Professor der Anatomie u. Physiologie.

Zeitgenössische Dokumente

Zeitgenössische Dokumente von und über Kußmaul in zeitlicher Reihenfolge; einzig erhaltener Brief von Frau Kußmaul; Freiburger Antrittsvorlesung von 1863; Ausführungen zu Arzthonoraren jener Zeit.

1. Studien-Zeugnis (Hörerschein) vom 21. März 1845; General-Landes-Archiv Karlsruhe (GLA)

Alexander Ecker (1816–1887) kam 1841 als Prosektor von Freiburg nach Heidelberg, wo Kußmaul ihn hörte. Er ging von dort 1844 als Ordinarius nach Basel, wenig später kam er in seine Vaterstadt Freiburg zurück, wo er ab 1857 den ersten Lehrstuhl für menschliche Anatomie und vergleichende Anatomie erhielt. Bezüglich Studienzeugnissen siehe auch *Jugenderinnerungen* S. 206.

Studien-Zeugnis

Herr Adolf Kußmaul von Wiesloch hat im Winter 1843/4 meine Vorlesungen über pathologische Anatonie an der großh. bad. Universität Heidelberg mit größtem Fleiße und lobenswerther Aufmerksamkeit besucht, was ich hiermit bezeuge.

Basel, 21ten März 1845

Dr. Ecker
ord. öfftl. Profeßor der
Anatomie und Physiologie.

2. Lizenzschein zur Ausübung der inneren Heilkunde und Geburtshilfe 15. Juni 1846, GLA Karlsruhe

Auszug
Sanitäts- Commißion

Carlsruhe den 15ten Juni 1846

Vermöge Beschlußes vom heutigen Tage und No. wurde dem Candidaten Adolph Kußmaul von Wiesloch nach erstandener Prüfung die Licenz zur Ausübung der inneren Heilkunde und Geburtshülfe mit dem Prädicate vorzüglich befähigt in beiden Fächern ertheilt.

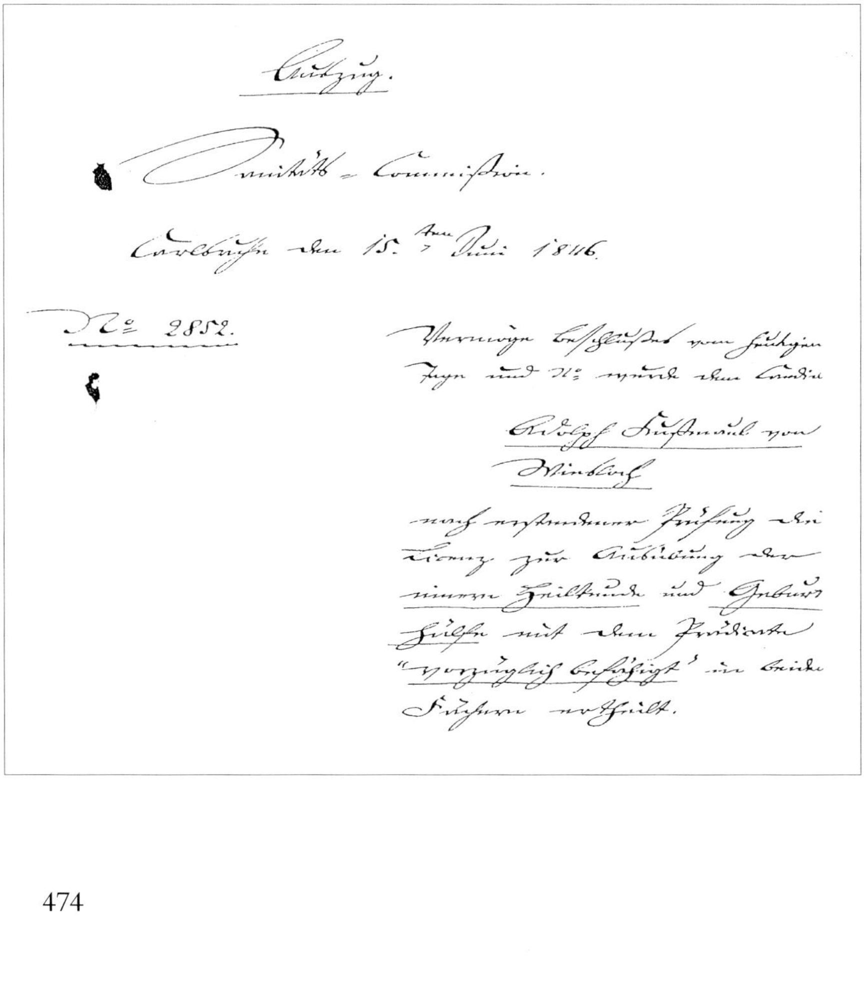

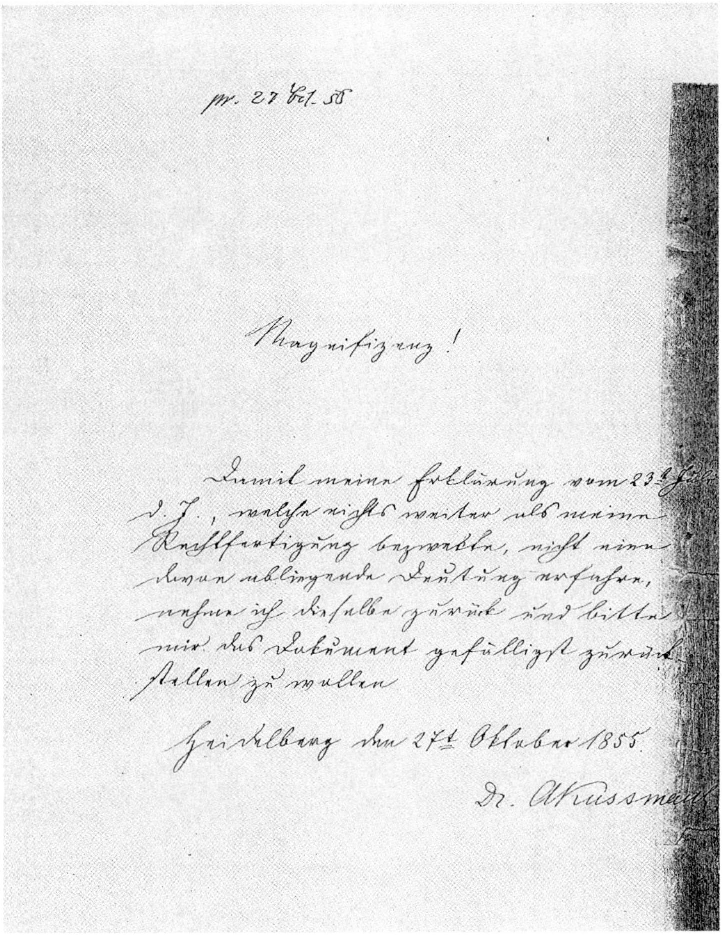

3. Schreiben Kußmauls an den Rektor der Heidelberger Universität, seinen Habilitationsstreit betreffend, 27. Oct. 1855; GLA Karlsruhe

Magnifizenz!

Damit meine Erklärung vom 23ten Juli d. J., welche nichts weiter als meine Rechtfertigung bezweckte, nicht eine davon abliegende Deutung erfahre, nehme ich dieselbe zurück und bitte mir das Dokument gefälligst zurückstellen zu wollen.

Heidelberg, den 27t Oktober 1855.

Dr. Kussmaul

Herr Dr. med. Christian Bäumler von Ansbach bekleidet seit Herbst 1860 an dem poliklinischen Institute der K. Universität Erlangen die Stelle eines Assistenzarztes. Er hat mit der größten Gewissenhaftigkeit sein Amt bis heute verwaltet, ist den studierenden Practicanten mit Rath und That unermüdlich zur Hand gegangen und hat denselben zugleich einen Cursus der physikalischen Diagnostik mit gutem Erfolge vorgetragen, was ich ihm mit dem größten Vergnügen hiermit bezeuge.

Erlangen den 12t Juli 1861.

Dr. Kussmaul,
Prof. d. Medizin.

4. Zeugnis für Dr. med. Christian Bäumler, Erlangen, 12. Juli 1861

Bäumler wurde 1876 Kußmauls Nachfolger auf dem Lehrstuhl für Innere Medizin in Freiburg; Universitätsarchiv Freiburg, Nachlaß Bäumler

Herr Dr. med. Christian Bäumler von Ansbach bekleidet seit Herbst 1860 an dem poliklinischen Institute der k. Universität Erlangen die Stelle eines Assistenzarztes. Er hat mit der größten Gewißenhaftigkeit sein Amt bis heute verwaltet; ist den studierenden Practicanten mit Rath und That unermüdlich zur Hand gegangen und hat denselben zugleich einen Cursus der physikalischen Diagnostik mit gutem Erfolge vorgetragen, was ich ihm mit dem größten Vergnügen somit bezeuge.

Erlangen den 12t Juli 1861
Dr. Kussmaul,
Prof. d. Medizin

5. Rechnung des Freiburger Hotels »Zähringer Hof« für das Ehepaar Kußmaul, vom 23. Bis 26. März 1863

Kußmauls hielten sich zu Berufungsverhandlungen in Freiburg auf; Universitätsarchiv Freiburg, Personalakte Kußmaul

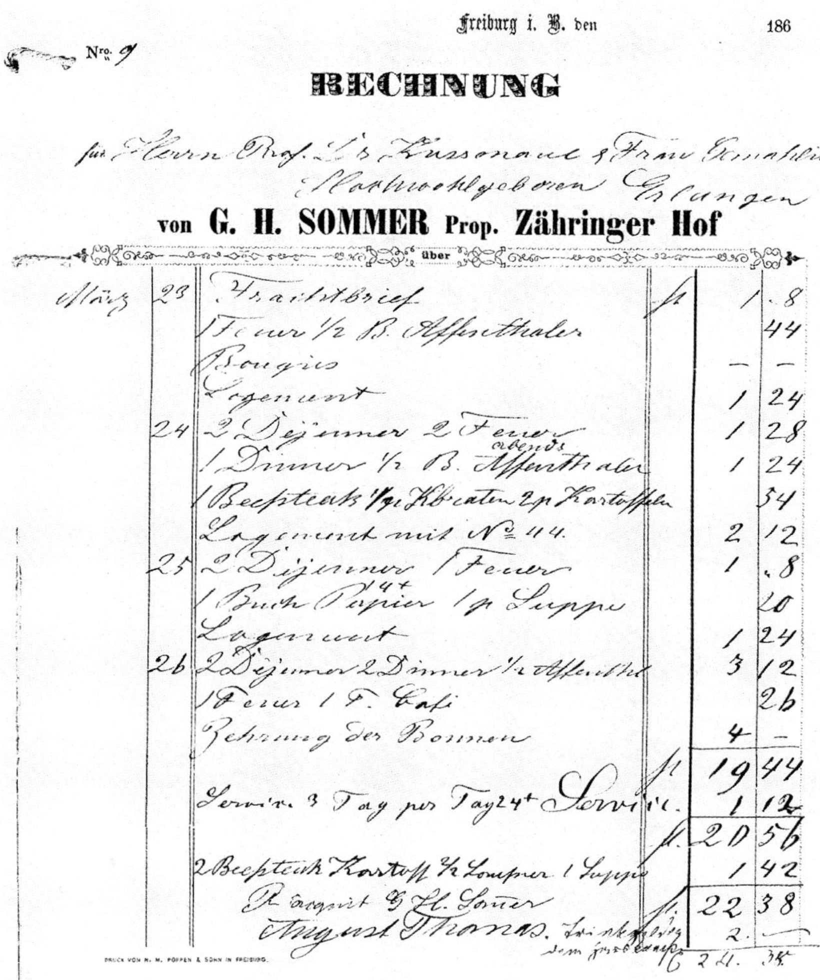
Freiburg i. B. den 186

Nro. 9

RECHNUNG

für Herrn Prof. Dr. Kussmaul & Frau Gemahlin Hochwohlgeboren Erlangen

von G. H. SOMMER Prop. Zähringer Hof

über

März	23	Frachtbrief	fl 1	8
		1 Feuer ½ B. Affenthaler		44
		Bougies	—	—
		Logement	1	24
	24	2 Déjeuner 2 Feuer	1	28
		1 Dinner ½ B. Affenthaler abends	1	24
		1 Beefsteaks ½ p. Kotelett 2 p. Kartoffeln		34
		Logement mit No. 44.	2	12
	25	2 Déjeuner 1 Feuer	1	8
		1 Buch Papier 14x 1 p. Suppe		20
		Logement	1	24
	26	2 Déjeuner 2 Dinner ½ Affenthaler	3	12
		1 Feuer 1 T. Café		26
		Zehrung der Bonnen	4	—
			fl 19	44
		Service 3 Tag per Tag 24x Service	1	12
			fl. 20	56
		2 Beefsteak Kartoffl ½ Schoppen 1 Suppe	1	42
		Pr. acquit G. H. Sommer	fl. 22	38
		August Thomas. Trinkgeld dem Hausknecht	2.	—
			24.	38

DRUCK VON H. M. POPPEN & SOHN IN FREIBURG.

6. Teil eines Lebenslaufes von Kußmaul aus dem Jahre 1865; Preußischer Kulturbesitz, Sammlung Darmstädter

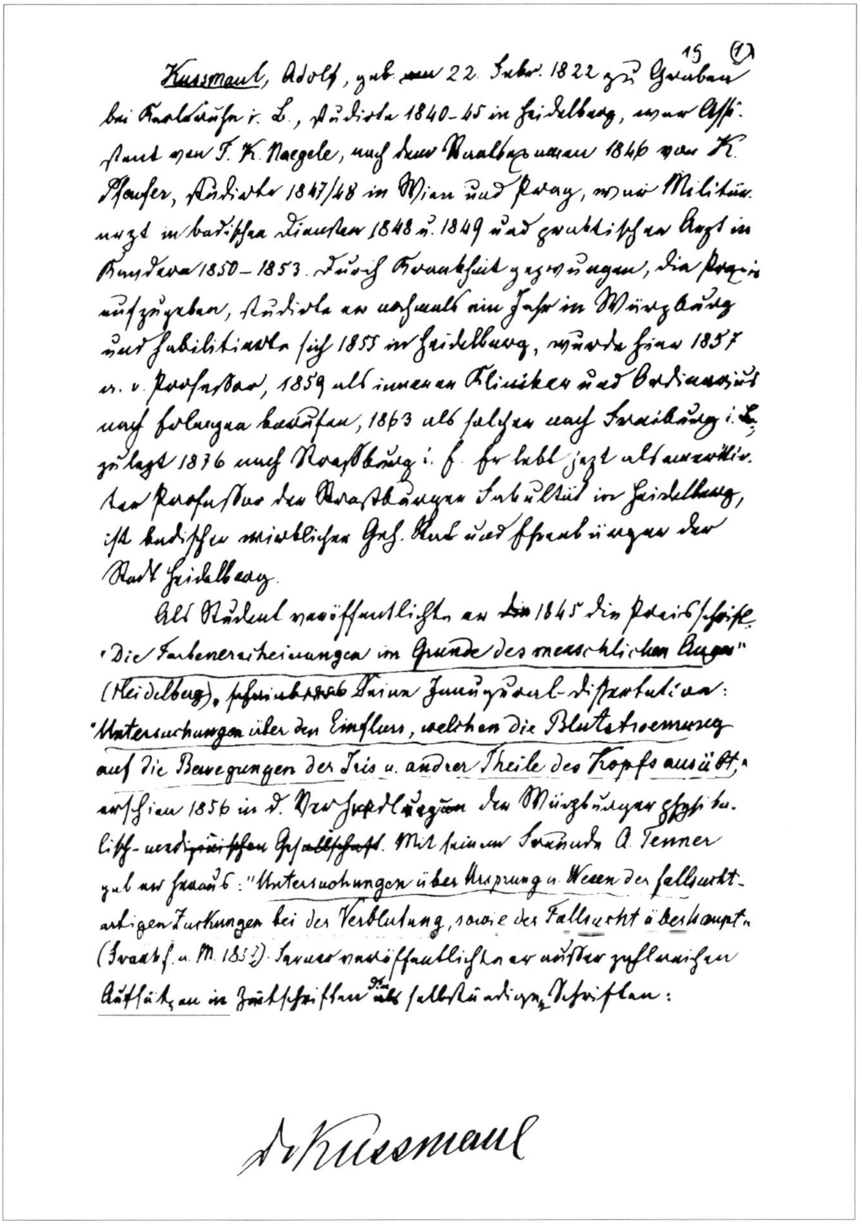

15 (1)

Kussmaul, Adolf, geb. am 22. Febr. 1822 zu Graben bei Karlsruhe i. B., studirte 1840–45 in Heidelberg, war Assistent von F. K. Naegele, auf den Studienreisen 1846 von K. Pfeufer, studirte 1847/48 in Wien und Prag, war Militärarzt im badischen Diensten 1848 u. 1849 und praktischer Arzt in Kandern 1850–1853. Durch Krankheit gezwungen, die Praxis aufzugeben, studirte er nochmals ein Jahr in Würzburg und habilitirte sich 1855 in Heidelberg, wurde hier 1857 a. o. Professor, 1859 als innerer Kliniker und Ordinarius nach Erlangen berufen, 1863 als solcher nach Freiburg i. B., zuletzt 1876 nach Strassburg i. E. Er lebt jetzt als emeritirter Professor der Strassburger Facultät in Heidelberg, ist badischer wirklicher Geh. Rat und Ehrenbürger der Stadt Heidelberg.

Als Student veröffentlichte er 1845 die Preisschrift „Die Farbenerscheinungen im Grunde des menschlichen Auges" (Heidelberg), schrieb darauf seine Inauguraldissertation: „Untersuchungen über den Einfluss, welchen die Blutströmung auf die Bewegungen der Iris u. anderer Theile des Kopfs ausübt," erschien 1856 in d. Verhandlungen der Würzburger physik.-medizinischen Gesellschaft. Mit seinem Freunde A. Tenner gab er heraus: „Untersuchungen über Ursprung u. Wesen der fallsuchtartigen Zuckungen bei der Verblutung, sowie der Fallsucht überhaupt." (Frankf. a. M. 1857). Ferner veröffentlichte er außer zahlreichen Aufsätzen in Zeitschriften die selbständigen Schriften:

A. Kussmaul

7. Zwei Rezepte Kußmauls von 1877 und 1881; außerdem diätetischer Ratschlag aus einem Brief Kußmauls an einen Patienten, 1886; beides Nachlaß Kußmaul

Feste Speisen sind bei dieser Krankheit, wie Sie schon wissen, sehr gefährlich. Von flüssigen sind die besten Hühnerfleischbrühen, Kartoffelbrühen, Schleimsuppen von Reis, Gerste, Hafer, Grünkern, Sago, Tapioka [Anm. d. Verf.: Stärkemehl aus den Knollen des Manioks] mit Fleischgelee drin und mit oder ohne Ei. Andere Speisen taugen nicht, da ist leider nicht zu helfen. Man muß eben alle halbe Stunde mit einem Täßchen kommen, bald dieser, bald jener Brühe. Morgens laße ich auch gut verkochten Cacao (entölt) nehmen, nach Umständen auch abends gegen 21 Uhr minimal, bei Diarrhoen. Einige Male wurde sehr fein durchgeriebene Kartoffelsuppe, natürlich recht dünne, gut vertragen. Diese Regeln sind eine unangenehme Zugabe. Falls es Ihnen zur besonderen Beruhigung gereicht, kann ich hinabkommen …«

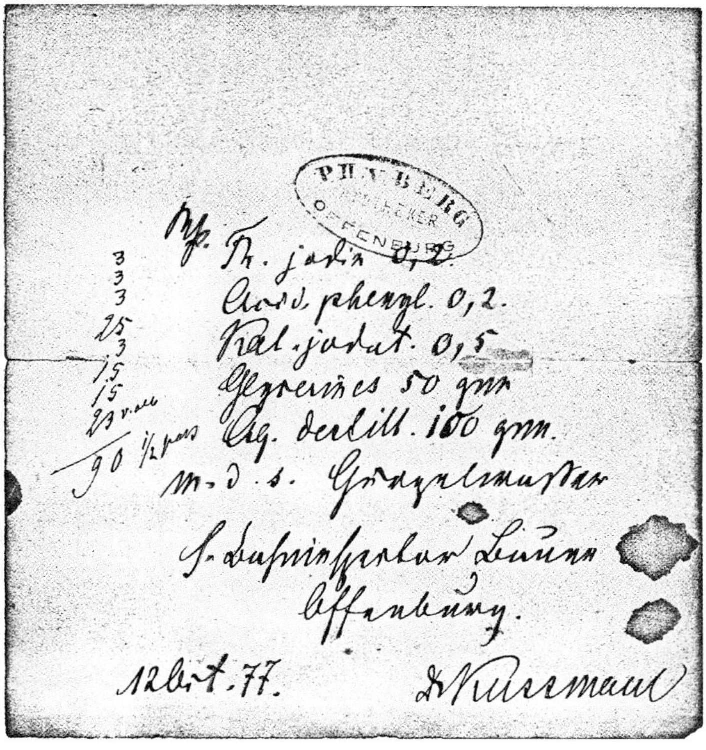

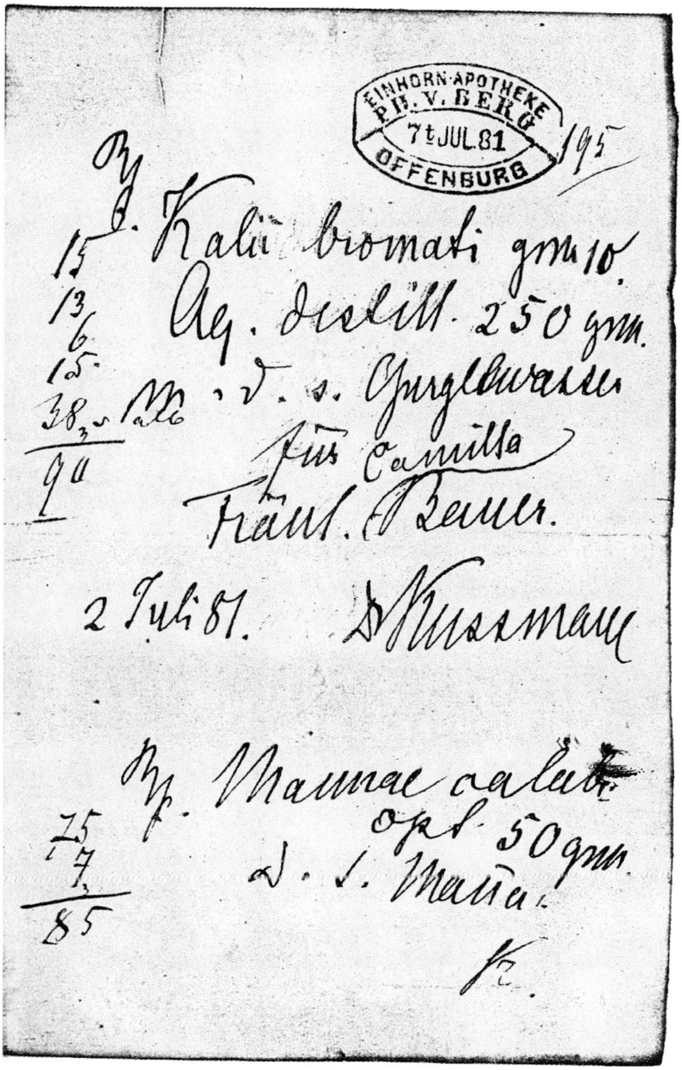
EINHORN-APOTHEKE
PH. V. BERG
7 t JUL. 81
OFFENBURG

195

Rp.
Kalii bicromati grm 10.
Aq. destill. 250 grm.
M. d. s. Gurgelwasser
für Camilla
Fräul. Bauer.

2 Juli 81. Dr Kussmaul

Rp. Mannae calab.
opt. 50 grm
d. s. Manna.
K.

15
13
6
15
38
90

75
7
85

8. Visitenkarte Kußmauls um 1900 mit einer Nachricht an Prof. Kilian; Archiv Institut für Geschichte der Medizin, Universität Freiburg.

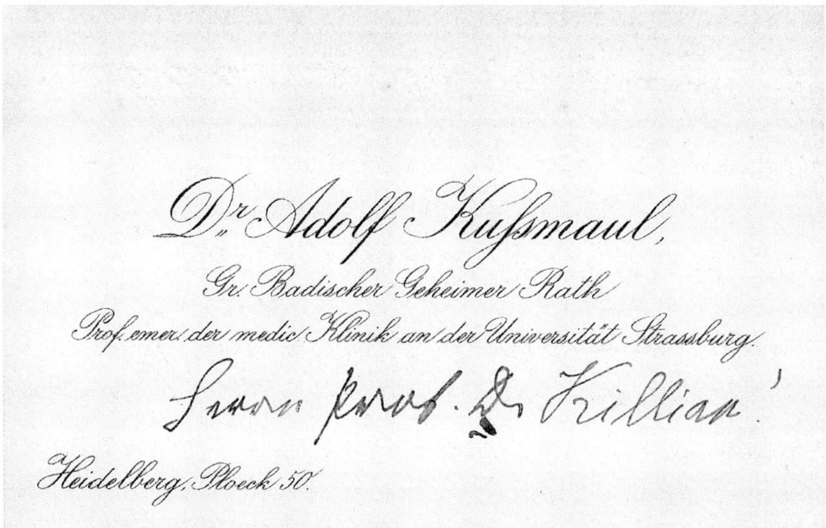
Dr. Adolf Kußmaul,
Gr. Badischer Geheimer Rath
Prof. emer. der medic. Klinik an der Universität Strassburg.
Herrn Prof. Dr. Killian.
Heidelberg, Ploeck 50.

Zwei wichtige Dokumente zur Geschichte der Erstanwendung der Speiseröhren- und Magenspiegelung (Ösophago-Gastroskopie); Archiv Institut für Geschichte der Medizin, Universität Freiburg:

9. Brief von Dr. Julius Müller an Prof. Killian, 1. November 1899

Kenzingen i. November 1899

Sehr geehrter Herr Professor!

Vor allem sage ich Ihnen besten Dank dafür, daß Sie im Anschlusse an das, was ich Ihnen über die Magenspiegelung vor kurzem gelegentlich eines Besuches Ihrer Klinik mündlich mitgeteilt habe, mir Veranlassung geben, mich über das genannte Thema, soweit es sich um diesbezügliche Versuche handelt, die an der medicinischen Freiburger Klinik (Kußmaul) schon vor vielen Jahren gemacht worden sind, schriftlich und ausführlich zu äußern.

Es war wohl im Jahre 1868 (wo nicht schon 1867) – ich war Assistent an der (inneren, Kußmaul'schen Klinik –, als sich in Freiburg ein »Schwertfresser« producierte, dessen Vorstellung mein College Keller beiwohnte. Als er mir davon erzählte und sagte, er habe den Künstler in das Krankenhaus zur Untersuchung seines Kehlkopfes bestellt, kam ich sofort auf den an sich naheliegenden Gedanken, was ich auch Keller mitteilte, daß es möglich sein müsse, wie das Schwert, so auch den großen Cylinder des kurz vorher angeschafften Cystoskopes (Burck?) [Marginalie von der Hand Kußmauls: »!Désormeaux s. beiliegenden Brief –«] in die Speiseröhre des Mannes einzufahren und so die Innenwand derselben zu belichten und zu besehen. Dieser Versuch gelang denn auch sofort vorzüglich! Nun war aber der Cylinder des Apparates sehr kurz und konnte deswegen nur der oberster Teil des Oesophagus in das Gesichtsfeld gebracht werden. Ich bat daher meinen Chef um die Erlaubnis, eine entsprechende längere Röhre herstellen lassen zu dürfen, welche die Möglichkeit gewährt, auch das Innere des Magens zu beleuchten. Herr Instrumentenmacher Fischer machte dieses Instrument. Auch zu diesem Versuche gab sich unser »Schwertfresser« her. Ebenso konnte an ihm in einer Sitzung der naturforschenden Gesellschaft von Herrn G. R. Kußmaul diese Speiseröhre- und Magenspiegelung demonstriert werden. Das btr. Protokoll muß dies bestätigen. Bei seiner Abreise erhielt der Künstler das Cylinderrohr geschenkt und dazu von Kußmaul Weisung und Brief an die innere Klinik in Basel; wie wir erfahren, sei er von dort nach Zürich gegangen – von seinen weiteren Wan-

Kreuzlingen 1. November 1899.

Sehr geehrter Herr Professor!

Vor Allem sage ich Ihnen besten Dank dafür, daß Sie im Anschluß an das, was ich Ihnen über die Magenspiegelung vor Kurzem gelegentlich meines Besuches Ihrer Klinik mündlich mitgetheilt habe, mir Veranlassung geben, mich über das genannte Thema, soweit es sich um die diesbezüglichen Versuche handelt, die an der medicinischen Freiburger Klinik (Kussmaul) schon vor vielen Jahren gemacht worden sind, schriftlich & ausführlich zu äußern.

Es war im Jahre 1868 (wenn nicht schon 1867) – ich war Assistent an der (inneren) Kussmaul'schen Klinik –, als sich in Freiburg ein „Schwertschlucker" producirte, dessen Vorstellung mein College Keller beiwohnte. Als Keller mir davon erzählte & sagte, er habe den Künstler in das Krankenhaus zur Untersuchung seines Kehlkopfs bestellt, kam ich sofort auf den an sich naheliegenden Gedanken, was ich auch Keller mittheilte, daß es möglich sein müsse, wie das Schwert, so auch den großen Cylinder des kurz vorher angeschafften Cystoskops ([illegible] in die Speiseröhre des Mannes einzuführen & so die Innenwand derselben zu beleuchten & zu besehen.

! Desormeaux.
(Kussmaul)
1. [illegible]
[illegible] –

derungen wurde nichts bekannt; aber wie heute die »interessanten« Kranken Kliniken und Ärzten ihre Besuche machen, so wird wohl auch unser beleuchteter Magen da und dort vorgesprochen haben. Wie die Freiburger, so sind sicherlich auch andere Kliniken schon im Besitze des (?) Burk'schen Cystoskopes gewesen, mit Hülfe dessen unsere Versuche wiederholt werden konnten. Unter dieser Voraussetzung erscheint die Annahme gerechtfertigt, daß jene ersten Versuche nicht spurlos verloren gegangen seien und infolgedessen bei genauer, gewissenhafter Nachsuche der Faden gefunden werden könnte, der von den späteren und jüngsten »Original«-Veröffentlichungen über Magenspiegelung zurück in die Kußmaul-Freiburger Klinik des anfangs erwähnten Jahres die Verbindung herstellt.

Späterhin beschäftigte ich mich speziell mit Versuchen in fraglicher Richtung an Gesunden und Kranken. Zunächst konnte constatiert werden, daß der Spiegel-Cylinder, der einen Durchmesser von etwa 1,5 ctm hatte, ohne besondere Mühe und Vorbereitung bei allen normal gebauten, gesunden und kranken Versuchspersonen in die Speiseröhre eingeführt werden konnte. In zahlreichen Fällen von Carcinom-Stenose der Cardia wurde mit eigens construirten Sonden der Durchweg gesucht, aber immer trotz guter [Marginalie von der Hand Kußmauls: »Petroleum-Licht!«] Beleuchtung der Geschwulst erfolglos, weil eben derartige Fälle immer erst in zu fortgeschrittenen Stadien in die Klinik kommen (damals wie heute!).

Auch für Fremdkörper im Oesophagus waren wir instrumentiert; Gelegenheit aber zu dieser Operation hatten wir nicht. – (Ich erinnere mich, wie ich s. Z. auf die Mitteilung eines Kollegen in Hornberg, er habe einen Patienten mit Oesophagus-Polypen, ausgerüstet mit dem Apparate nach dorten reiste, leider aber nicht simple Polypen, sondern ein nicht operierbares Carcinom vorfand!)

Die Magenwandungen waren nicht zu gesicht zu bekommen. Trotz sorgfältigster Spülung der Magenhöhle präsentierte sich in der Endöffnung des Cylinders allenthalben eine schäumende, sprudelnde Flüssigkeit, die undurchsichtig war, so daß auch mittelst eines Reflexspiegels nichts hatte erreicht werden können. Elektrisches Licht stund uns damals noch nicht zur Verfügung! –

Verehrter Herr Professor! Ich habe in obigem Alles, vielleicht mehr als nötig, mitgeteilt, was ich über jene Versuche weiß. Was Sie lesen, ist der Wahrheit voll entsprechend. Die damaligen Vorkommnisse stehen, weil sie mich hoch interessierten, noch vollkommen klar und treu in meiner Erinnerung. Nehmen Sie davon, was Sie als historischen Beitrag brauchen können. Sie werden sich ein gewisses Verdienst erwerben, wenn Sie nachholen, was s. Z. versäumt worden.

Gerade meine Pflicht wäre es ja schon längst gewesen, die Priorität der Magenspiegelungs-Versuche unserer heimischen Klinik zu wahren. Erst vor kurzem –

abgesehen von Anderem – mahnte mich daran eine Veröffentlichung von Kelling in der Münch. Medic. Wochenschrift (44. Jahrgang, 934), wo zu lesen ist, daß Mikulicz die Spiegelung des Magens zuerst in zweckentsprechender Weise ausgeführt habe. Es heißt dort: »In die Speiseröhre muß man gerade hineinsehen – dieses als erster erkannt und ausgeführt zu haben, ist das bleibende Verdienst v. M. um die Oesophagoskopie«. Was Sie dort weiter finden bezügl. der Technik, stimmt genau auch für unsere Versuche. Bezüglich der Diagnostik kamen wir über die Stenosen nicht hinaus und therapeutisch hatten wir ebenfalls keine Erfolge zu verzeichnen, da die Wegbarmachung jener Stenosen, wie schon angedeutet, nicht möglich war.

In der Literatur aus der Zeit vor unseren Arbeiten war nichts zu finden, an was sich das Verfahren hätte anlehnen können; ob jetzt nach mir noch ein Anderer kommt und ältere Ansprüche macht?

Ich freue mich auf die Veröffentlichung Ihres Vortrags.

Hochachtungsvoll

Müller, pr. Arzt

10. Brief von Kußmaul an Julius Müller, 5. November 1899

5. Nov. 1899

Lieber Freund und College!

Mit Vergnügen erinnere ich mich der schönen Zeit gemeinsamer Arbeit in der Freiburger Klinik. Ich hatte mir das von Désormeaux 1855 in die Praxis eingeführte Endoskop für klinische Zwecke angeschafft und es gelang damit, ein hochsitzendes Carcinoma oesophagi zu besichtigen. Da erzählten Sie mir von der Schaustellung eines »Schwertfressers«, der ein gerades Schwert in senkrechter Richtung in Magentiefe hinabstoße, was mir für die Frage der Gastroskopie sehr interessant erschien. Sie brachten den Schwertfresser zur Stelle und ich ersah nun aus eigener Anschauung, wie der Kopf und Nacken richtete und das Schwert in gerader Richtung bis zur Magentiefe herabstieß. Es wurden nun lange Röhren hergestellt, mit denen es gelang, die Cardia zu passieren, aber die Beleuchtung mit Hilfe des Endoskops erwies sich als unzureichend, wir blickten vergebens ins Finstere. Ich versuchte später in Straßburg mit der endoskopischen Beleuchtung des Wiener Instrumentenmachers Leiter, der selbst nach Straßburg gekommen

Geheimrath Dr. Kussmaul
Heidelberg
Plöck 58.

5. Nov. 1899.

Lieber Freund und College!

Mit Vergnügen erinnere ich mich der schönen Zeit gemeinsamer Arbeit in der Freiburger Klinik. Ich hatte mir den von Desormaux 1855 in die Praxis eingeführten Endoskop für klinische Zwecke angeschafft und es gelang damit, ein hochsitzendes Carcinoma oesophagi zu besichtigen. Da erzählten Sie mir von der Schaustellung eines „Schwertschluckers“, der ein gerades Schwert in senkrechter Richtung in Magen sich hinabstieß, was mir für die Frage der Gastroskopie sehr interessant erschien. Sie brachten den Schwertschlucker zur Stelle und ich ersah nun aus eigener Anschauung, wie er Kopf und Nacken richtete und das Schwert in gerader Richtung bis zum Magen sich hinabstieß. Es wurden nun lange Röhren hergestellt, mit denen es gelang, die Cardia zu passiren, aber die Beleuchtung mit Hülfe des Endoskops erwies sich als unzureichend, wir blickten ringsum ins Finstere. Ich versuchte später in Straßburg mit der endoskopischen Beleuchtung des Wiener Instrumentenmachers Leiter, der selbst nach Straßburg gekommen war, bessere Ergebnisse zu gewinnen, hatte aber trotz der Bemühungen meiner Assistenten gleichfalls Demonstrationserfolge.

Ich erinnere mich sehr genau des großen Interesses, das Sie damals für eine eventuelle Gastroskopie an den Tag legten. Die Schaustellung des Schwertschluckers zeigte, daß sich eine Schwierigkeit für die Gastroskopie: die Krümmung der Speiseröhre an der Halswirbelsäule, durch richtige Haltung von Kopf und Nacken überwinden lasse, was Sie und Jeder, der bereits nicht Specialisten der Halsorgane verhaftet gewesen war, sofort erkennen mußte. Freilich war damit nur eine Schwierigkeit überwunden und das Problem nicht gelöst.

Uebrigens findet H. Prof. Killian das Ergebniß meiner damaligen Versuche in den Verhandlungen der Freiburger naturforschenden Gesellschaft vom J. 1867 u. 68 niedergelegt, die mir leider nicht zur Hand sind. Ich bin sicher, daß ich in einer Sitzung der Gesellschaft darüber berichtete, auch habe ich wahrscheinlich an dem Schwertschlucker selbst in der Sitzung die Einführung einer langen metallenen Röhre in den Magen demonstrirt.

Recht interessant ist es, daß Sie bei Ihren eigenen oesophagoskopischen Untersuchungen in der Praxis werthvolle diagnostische Ergebnisse gewonnen. Sie waren manuell ungewöhnlich geschickt.

Es freut mich, dass es Ihnen vollkommen gut ergeht, wie es
[illegible].

Vielleicht ist es Ihnen erwünscht, wenn ich Ihren Brief an mich, weil dessen Angaben in allen wesentlichen Einzelheiten übereinstimmen, dem meinigen beilege, ebenso die Postkarte von Hr. Prof. [illegible], den ich leider nicht persönlich kenne, aber freundlich zu grüssen bitte.

Mit herzlichem Grusse

Ihr

ganz ergebener

A. Kussmaul.

An Herrn Dr. Müller,

pract. Arzt

Kenzingen.

war, bessere Ergebnisse zu gewinnen, hatte aber trotz der Bemühungen meiner Assistenten gleichfalls keinen Erfolg.

Ich erinnere mich sehr genau des großen Interesses, das Sie damals für eine eventuelle Gastroskopie an den Tag legten. Die Schaustellung des Schwertfressers zeigte, daß sich eine Schwierigkeit für die Gastroskopie: die Knickung der Speiseröhre an der Halswirbelsäule, durch richtige Haltung von Kopf und Nacken überwinden lasse, was Sie und jeder, der bereits mit Speculiren der Halsorgane vertraut geworden war, sofort erkennen mußte. Freilich war damit nur eine Schwierigkeit überwunden und das Problem nicht gelöst.

Übrigens findet H. Prof. Killian das Ergebnis unserer damaligen Versuche in den Verhandlungen der Freiburger Naturforschenden Gesellschaft vom J. 1867 od. 1868 niedergelegt, die nun leider nicht zur Hand sind. Ich bin sicher, daß ich in einer Sitzung der Gesellschaft darüber berichtete, auch habe ich wahrscheinlich an dem Schwertfresser selbst in der Sitzung die Einführung einer langen metallenen Röhre in den Magen demonstriert.

Recht interessant ist es, daß Sie bei Ihren eigenen oesophagoskopischen Untersuchungen in der Praxis wichtige diagnostische Ergebnisse gewannen. Sie waren manuell ungewöhnlich geschickt.

Es freut mich, daß es Ihnen noch immer gut ergeht, möge es noch recht lange so bleiben.

Vielleicht ist es Ihnen erwünscht, wenn ich Ihren Brief an mich, mit dessen Angaben ich in allen wesentlichen Einzelheiten übereinstimme, dem meinigen beilege, ebenso die Postkarte von H. Prof. Killian, den ich leider nicht persönlich kenne, aber freundlich zu grüßen bitte.

Mit herzlichem Gruße

Ihr

treu ergebener

Dr. Kußmaul.

11. Dankbrief Kußmauls für die Ernennung zum Ehrenbürger von Heidelberg, 22. Mai 1899; Stadtarchiv Heidelberg

Heidelberg, 22. Mai 1899

Hochverehrter Herr Oberbürgermeister! In dem ich Ihnen den Empfang des Diploms, wodurch mir die Auszeichnung eines Ehrenbürgers des Stadt Heidelberg zu teil wird, geziemend bestätige, beehre ich mich, einige Worte tiefgefühlten Dankes beizufügen.

Es hätte mir keine wohltuendere Ehrung erwiesen werden können, als die Ertheilung des Ehrenbürgerrechts derjenigen Stadt, die ich stets wie eine Vaterstadt liebte, wo ich meine Jugend verbrachte, meine erste ärztliche Bildung erfuhr, meine ersten wissenschaftlichen Arbeiten verfaßte und die Laufbahn des Dozenten einschlug, wo ich endlich mein Leben zu beschließen gedenke. Ich ersuche Sie, hochverehrter Herr Bürgermeister, hierfür dem Stadtrath meinen wärmsten Dank zu übermitteln.

Zugleich kann ich nicht unterlaßen, meiner Bewunderung der eben so sinnigen als schönen künstlerischen Ausfertigung der Diplom-Adreße Ausdruck zu geben.

Genehmigen Sie die Versicherung der hochachtungsvollsten Ergebenheit Ihres dankbaren

Dr A. Kussmaul

Heidelberg 22. Mai 1899.

5329

Hochverehrter Herr Oberbürgermeister!

Indem ich Ihnen den Empfang des Diploms, wodurch mir die Auszeichnung eines Ehrenbürgers der Stadt Heidelberg zu teil wird, geziemend bestätige, beehre ich mich, einige Worte tiefgefühlten Dankes beizufügen.

Es hätte mir keine wohlthuendere Ehrung erwiesen werden können, als die Ertheilung des Ehrenbürgerrechts derjenigen Stadt, die ich stets wie eine Vaterstadt liebte, wo ich meine Jugend verbrachte, meine erste ärztliche Bildung erfuhr, meine ersten wissenschaftlichen Arbeiten verfaßte und die Laufbahn

des Dozenten einschlug, wo ich endlich mein
Leben zu beschließen gedenke. Ich ersu-
che Sie, hochverehrter Herr Oberbürger-
meister, hiefür dem Stadtrathe meinen
wärmsten Dank zu übermitteln.

Zugleich kann ich nicht unter-
lassen, meiner Bewunderung der
ebenso sinnigen als schönen künstleri-
schen Ausführung der Diplom-Adresse
Ausdruck zu geben.

Genehmigen Sie die Ver-
sicherung der hochachtungsvollsten Er-
gebenheit Ihres

dankbaren

Dr A. Kussmaul

Heidelberg 25. Mai 1899
nach Mittheilung in heutiger
Sitzung Beschluss
Zu den Akten.
H.R.
W. Dr.

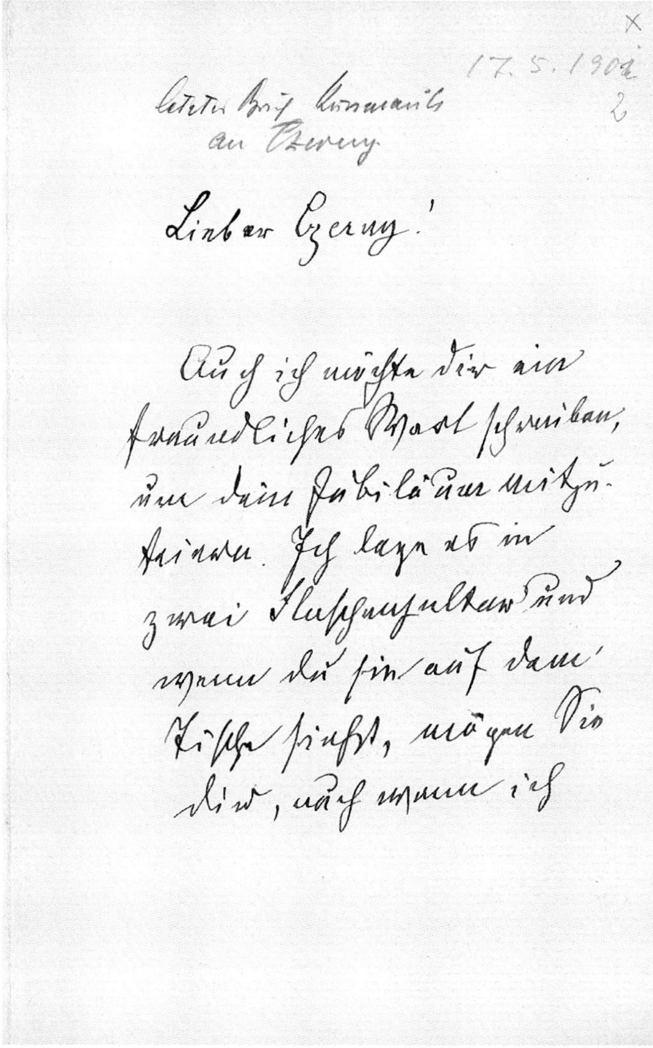

12. Letzter erhaltener Brief Kußmauls an seinen Schwiegersohn Czerny zu dessen 25 jährigem Dienstjubiläum in Heidelberg, 17. Mai 1901; Nachlaß Kußmaul

17. 5. 1901

Lieber Czerny!

Auch ich möchte dir ein freundliches Wort schreiben, um dein Jubiläum mitzufeiern. Ich lege es in 2 Flaschenhalter und wenn du sie auf dem Tische siehst, mögen sie dir, auch wenn ich gezwungen sein werde, meinen Wein beim heiligen Petrus zu trinken, deinen Schwiegervater in Erinnerung rufen, der dich immer herzlich geliebt hat.

In alter Treue, Dein Kußmaul

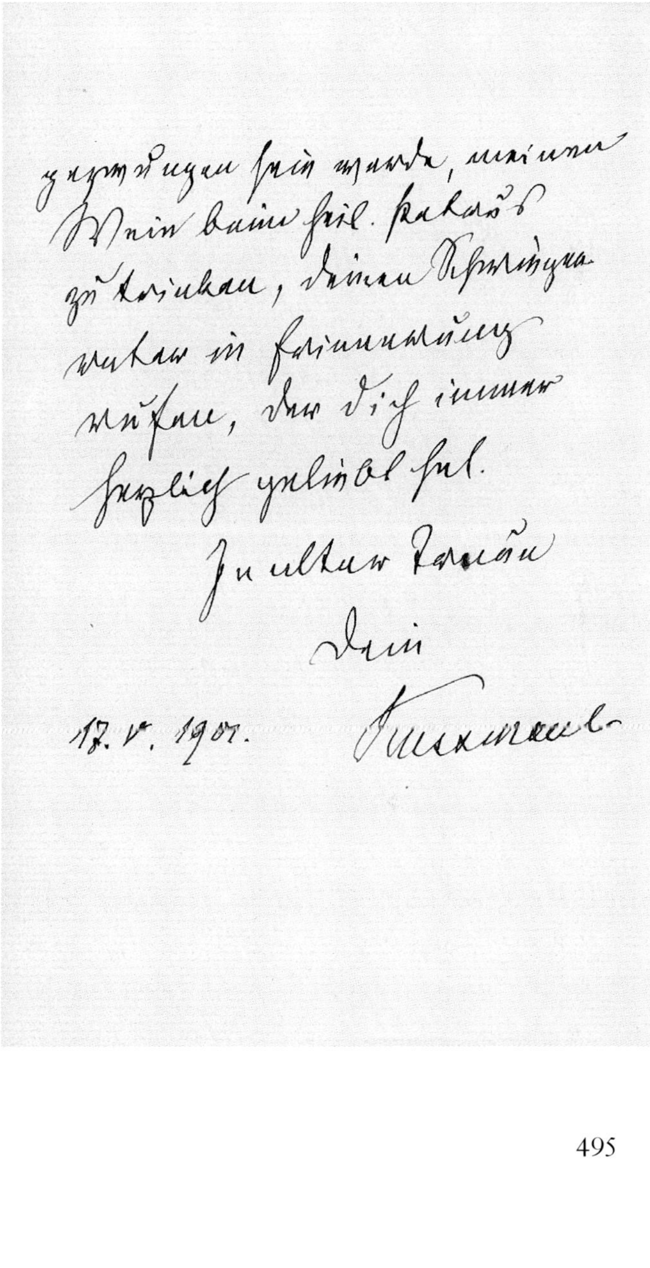

gezwungen sein werde, meinen
Wein beim heil. Petrus
zu trinken, deinen Schwieger
vater in Erinnerung
rufen, der dich immer
herzlich geliebt hat.
In alter Treue
Dein
17. V. 1901. Kussmaul

13. Einzig erhaltener Brief von Frau Kußmaul; um 1880.

Der Brief ist an ihren Schwiegersohn Czerny in Heidelberg geschrieben und erlaubt einen Blick ins Familienleben, so redete man sich mit ›Mama‹ und ›Papa‹ an; Nachlaß Kußmaul

Straßburg, den 8. Dez.

Lieber Czerny,

mein Mann hat mir aufgetragen, dir zu schreiben, und dich zu bitten, du möchtest doch so gut sein, wenn der junge Kußmaul zu dir kommt, was wohl am nächsten Dienstag geschieht, daß du denselben immer nur mit dem Vornamen »Karl« rufen möchtest, da der Name Kußmaul so selten ist, so würden die Studenten bald Witze darüber machen, was doch sehr unangenehm wäre, Papa läßt dich auch bitten, die Auslagen für die Reise auszulegen, Papa wird dieselben dir wieder erstatten, wenn du hierher kommst.

Bitte sage deiner lieben Frau, sie möchte doch so gut sein und mir auf einer Karte schreiben, was ein Holzrutscher ist, den sich Paul wünscht. Ich vermute, daß es ein kleiner Schlitten ist? In der Hoffnung, euch bald Alle bei uns zu sehen, grüßen wir Euch herzlich in treuer Anhänglichkeit Eure Mama.

Osters sind schon längst umgezogen in die Villa Zeppelin.

Papa mußte heute früh weg und kommt erst um Mitternacht zurück.

Strassburg den 8 Dez.

Einziger Brief von Frau Kussmaul

Lieber Czerny,

Mein Mann hat mir aufgetragen dir zu schreiben u. dich zu bitten, du möchtest doch so gut sein, wenn der junge Kussmaul zu dir kommt, was wohl am nächsten Dienstag geschieht, dass du denselben immer nur mit dem Vornamen „Carl" rufen möchtest, da der Namen Kussmaul so selten ist, so würden die Studenten bald witze darüber machen, was doch sehr unangenehm wäre. Papa lässt dich auch bitten, die Auslagen für die Reise aus zu legen, Papa wird dieselben dir wieder erstatten, wenn du hierher kommst.

Bitte sage deiner l. Frau sie möchte doch so gut sein u. mir auf einer Karte schreiben, was ein Holzrutscher ist, den sich Paul wünscht. Ich vermute dass es ein kleiner Schlitten ist?

In der Hoffnung euch bald Alle bei uns zu sehen grüssen wir euch herzlich in treuer Anhänglichkeit

Eure

Mama.

Osters sind schon längst ausgezogen in die Villa Zezzelin!

Papa musste heute früh weg u. kommt erst um Mitternacht zurück.

Naturalienhandlung
von Ernst Heyne
Leipzig
Hospitalstr. 19. I.

14. Freiburger Antrittsvorlesung von 1863

Antrittsrede bei der Übernahme der Professur der inneren Medicin und Klinik zu Freiburg i. Br.

Hochansehnliche Versammlung!

Ein altes Herkommen der hiesigen Hochschule bietet dem neuberufenen Lehrer die willkommene Gelegenheit, an dieser Stätte seinen Gefühlen des Dankes einen warmen Ausdruck zu geben, und in der Wahl und Behandlung eines wissenschaftlichen Gegenstandes den inneren Geist zu offenbaren, in welchem er zu lehren und zu wirken gesonnen ist. Wem könnte diese schöne Sitte willkommener sein als mir?

Indem Se. Königl. Hoheit der Grossherzog, gnädigst geruhte, auf Ihren Antrag, hochverehrte Herrn Collegen, mir die wichtige Lehrkanzel der speciellen Pathologie und Therapie und der inneren Klinik zu übertragen, haben Sie mich zu dem lebhaftesten Danke für ein so grosses und auszeichnendes Vertrauen verpflichtet. Ein treuer Sohn dieses glücklichen Landes bin ich mit Freuden dem Rufe zur geliebten Heimat gefolgt, und sehe mich jetzt mit gerechtem Stolz einem angesehenen Lehrkörper eingereiht, in dem ich alte gefeierte Lehrer und erprobte Freunde begrüsse und neue Freunde und gute Collegen zu erwerben wünsche und hoffe.

Vermöchte in diesem schönen Augenblick irgend ein Bedenken die erhebenden Gefühle der Freude und des Stolzes zu dämpfen, so wäre es die Sorge, nicht dass mein Muth und guter Wille, wohl aber, dass meine Kräfte nicht ausreichten zur Erfüllung der grossen und schweren Verpflichtungen, welche mir die Übernahme der Klinik auferlegt.

Ist doch das Amt eines Klinikers ein dreifaches: wissenschaftlich forschen, Ärzte erziehen, und ärztlich wirken, und erfordert es doch schon eine volle Mannes-Kraft, um nur einer dieser Aufgaben, welche eben so leicht einander beeinträchtigen als fördern können, gerecht zu werden. So bitte ich Sie denn, hochverehrte Herrn Collegen, zu dem Vertrauen auch die Nachsicht zu fügen, deren ich nur allzusehr bedarf.

Euch aber, geliebte Commilitonen, ersuche ich dringend um ein eifriges Zusammengehen in den gemeinschaftlichen Studien, welche die grosse Aufgabe unseres Lebens ausmachen. Wenn es irgend eine anregende Berührung gibt, welche die Kräfte des Lehrers zu verdoppeln vermag, ähnlich wie die des Magnets die schlummernden Kräfte des Eisens weckt, so ist es der lebendige Verkehr mit tüchtigen theilnehmenden Schülern.

Das Thema meines Vortrags ist eine Darstellung der wichtigsten Entwicklungsphasen, welche die Medicin im Laufe der Jahrhunderte durchschreiten musste, um allmälig zu dem Rang einer genauen Wissenschaft aufzuschwingen und die richtigen Grundlagen zur sicheren Ausübung ihrer Kunst zu gewinnen.

Ein grosser und des allgemeinsten Interesses sicherlich würdiger Gegenstand!

Möchte es mir gelingen, in kurzen Umrissen seiner Meister zu werden, ohne Ihre Aufmerksamkeit allzusehr zu ermüden, ohne Ihre Geduld auf eine allzuharte Probe zu stellen!

Die Entwicklungs-Phasen der exacten Medicin

Wenn wir an der Hand der Geschichte dem Entwicklungsgang der Medicin nachgehen, so sehen wir sie in dreifacher Weise bemüht, zu Besitz und Ansehen zu gelangen. Sie sammelt *Erfahrungen* und gewinnt *Fertigkeiten,* – sie sucht ihre Erfahrungen *wissenschaftlich* zu ordnen und zu begründen, – sie strebt darnach, ihre Erfahrung gewiss, ihre Wissenschaft genau, ihre Kunst sicher zu machen. So bewegt sich die Medicin in divergirender Bahn als *empirirsche, systematische* und *exacte* durch die Geschichte, und es hat noch gute Zeit, bis alle drei parallelen Laufs dem gemeinsamen Ziele zueilen.

Die *empirische* Medicin ist die älteste und reichste. Die medicinischen Erfahrungen, welche die Jahrtausende aufstapelten, sind so zahlreich, dass alle Kraft des Menschenlebens nicht ausreichte, sie nur zu registriren. Nichts aber ware undankbarer und zweckloser, als dieses wüste Chaos von Irrthum, Trug und Wahrheit, von Tollheit und Weisheit in seine Atome zerlegen zu wollen.

Auch die *systematische* Medicin mag sich ihres hohen Alters und reichen Erwerbes rühmen. Der angeborne Drang unseres Geistes, die Natur der Dinge aus höheren Principien herzuleiten, hat seit den grauesten Zeiten aus der *Theologie, Philosophie* und den verschiedensten *Naturwissenschaften* allgemeine Voraussetzungen zur Begründung medicinischer Theorien und Systeme entlehnt. Aber gerade die grosse Zahl der rastlos wechselnden Systeme beweist, welch ein geringes Maas von Befriedigung sie gewährten.

Und wenn die Geschichte seiner Irrthümer die beste Lehrmeisterin des *ringenden Menschen* ist, so darf die Geschichte der medicinischen Systeme die beste Lehrerin des *strebenden Arztes* genannt werden.

Die exacte Medicin ist die jüngste. Sie reifte langsam wie alle menschliche Erkenntnis. Es mag uns heutzutage als selbstverständlich erscheinen, dass die *Sicherheit der Heilkunst* auf *der Gewissheit der medicinischen Erfahrung*, auf der *Genauigkeit der Wissenschaft vom gesunden und kranken Leben* beruhe. Aber erst in dem Zeitalter des Perikles wurde es klar, dass die Medicin eine *Erfahrungswissenschaft* sei, die von der Theologie und Philosophie geschieden werden müsse. *Hippocrates* vollzog diese Trennung und suchte zuerst nach Mitteln und Wegen, *den möglichst hohen Grad von Gewissheit in der Medicin* zu erreichen. Er verliess die Methode der Philosophen, die aus vorgefassten Sätzen die gegebenen Erscheinungen ableiten, und schuf mehr durch das Beispiel und Vorbild seiner Untersuchungen, als durch theoretische Auseinandersetzungen die *synthetische* Methode der Forschung, durch welche nicht allein die Medicin, sondern alle Naturwissenschaften später gross und einige schließlich für eine *deductive* Behandlung reif geworden sind.

So ist Hippocrates der Vater der exacten Medicin, der Schöpfer der Synthese, das unübertroffene Vorbild unbefangener, ärztlicher Beobachtung, »der Phidias in der Kunst, Gemälde von Krankheiten zu entwerfen« (Hecker).

Aber die Medicin des *Hippocrates* bewegte sich in einem *engen* Kreise, dessen Grenzen *das dringendste Bedürfniss am Krankenbette* gezogen hatte. Sie konnte noch nicht ermessen, wie ferne das Ziel gesteckt sei, zu welchem sie hinstrebte. Wohl entlockte das Gefühl der Schwierigkeiten, eine sichere Heilkunst zu schaffen, dem beredten Munde des viel erfahrnen Arztes die schmerzlichen Worte: »Vita brevis, ars longa, occasio celeris, experimentum periculosum, judicium difficile« (»Das Leben ist kurz, die Kunst lang, die Gelegenheit flüchtig, der Versuch gefährlich, das Urtheil schwierig.«) Wer hätte jemals die Hindernisse genauer empirischer Forschung besser, schöner, kürzer ausgedrückt? Aber von den ungeheuren Gebieten, welche der menschliche Geist trotz so unsäglicher Schwierigkeit erobernd durchwandern musste, um der Heilkunst auch nur die wesentlichsten Grundlagen zu erringen, hatte *Hippocrates,* hatte das ganze Alterthum keine Ahnung.

Als die *unentbehrlichen Grundlagen der Medicin,* ohne welche sie nichts als eine rohe, empirische Technik oder eitle Speculation wäre, haben wir heutzutage *Physik, Chemie, Anatomie* und *Physiologie* erkannt. Alle diese Doctrinen lagen im Alterthum noch in der Wiege. Die *Metaphysik* der Philosophen construirte die unbelebte und belebte Welt aus willkürlich gewählten Elementen und versah sie mit erdachten Kräften. Religiöse Vorurtheile liessen die Ärzte die Scheu vor der Zergliederung menschlicher Leichen nie recht überwinden. Von Thiersectionen schloss man auf den Menschen und schuf eine Anatomie unseres Körpers, welche der Wirklichkeit nicht entsprach. Die Physiologie enthielt in dem grossen Kehrigt hypothetischer naturphilosophischer Spreu wenige Waizenkörner experimenteller Erfahrung, welche namentlich *Erasistratus* und *Galenus* geerntet haben. So begreift es sich denn, dass alle wissenschaftlichen Versuche der Alten, einzudringen in die Natur der Krankheiten, deren äussere Erscheinungen ein *Hippocrates, Aretaeus von Cappadocien, Celsus* u. A. so schön beschrieben, scheitern mussten. Es fehlte nicht an geistreichen *Hypothesen,* aber an wohlbegründeten *Theorien,* nicht an fertigen *Systemen,* aber an den *richtigen Principien,* nicht an einer *wissenschaftlichen Medicin,* aber am unerlässlichen *biologischen Wissen,* welches sie *wahr* gemacht hätte. Mit glücklichem empirischem Takt erkannten wohl die Besten die *Regeln,* welche das ärztliche Handeln leiten sollen, aber nicht die *Gesetze,* welche die Regeln bestimmen.

Das *Mittelalter,* soweit es noch eine medicinische Wissenschaft cultivirte, zumal die *Araber,* zehrten von dem Brode der klassischen Aerzte. Der unfehlbare Kanon, das höchste wissenschaftliche Tribunal des Morgen- und Abendlandes, blieben die Schriften des *Galen's,* in dessen gewaltigem System sich die gesammte philosophische und medicinische Bildung des Alterthums concentrirt hatte. Wo die Strahlen hellenischen Geistes nicht hindrangen, *Galen* und sein gelehrter Jünger, der Araber *Avicenna* nicht sklavisch verehrt wurden, da herrschte die *rohe Empirie,* der *crasse Aberglauben. Astrologie, Magie* und *Alchymie* feierten in der langen Nacht ihre unheimlichen Orgien, aus welchen mit dem Wiedererwachen der Wissenschaften Astronomie, Physik und Chemie in strahlender Schönheit hervorgehen sollten.

Das *sechzehnte* Jahrhundert mit seinen frischen, kräftigen Lebensströmen erweckte durch den Mund der *Humanisten* die rettende *Kritik* aus ihrem todtenähnlichen Schlummer. Ihr erstes reformatorisches Tagewerk im Reiche der Naturwissenschaften galt den riesigen Systemen des *Ptolemaeus* und *Galenus*. 1543 erschienen zu Nürnberg die sieben Bücher des *Nikolaus Copernicus:* »de orbium coelestium revolutionibus« (»Über die Umwälzungen der Himmelskörper«), und in demselben denkwürdigen Jahre zu Basel die sieben Bücher des *Andreas Vesalius:* »de corporis humani fabrica« (»Über den Bau des menschlichen Leibes«). Der Deutsche mag sich rühmen, dass beide Männer aus seinem Blute stammen, und was Kepler von dem Einen sagte, lässt sich mit gleichem Recht von dem Andern behaupten: »vir maximo ingenio et quod in hoc exercitio magni momenti est, animo liber.« (»Ein Mann von Genie, und was bei dieser Art von Arbeit die Hauptsache ist, frei von Autoritätsglauben«.) An die Stelle der Bücherautorität wurde die *Natur als einzig reine Quelle der Wahrheit* eingesetzt; – aus ihr zu schöpfen, in ihren Fluthen die alten Überlieferungen zu prüfen und zu läutern, erkannte man als die Aufgabe der künftigen Forschung. Wie das Werk des *Copernicus* für die Astronomie der Neuzeit, so ist die erste kritische Anatomie des Menschen der Grenz- und Eckstein für die Medicin der Neuzeit.

Rasch wurde *die Anatomie des Menschen* zu einer Wissenschaft von zuverlässigem Inhalt. Schon im sechzehnten und siebenzehnten Jahrhundert war sie in ihren gröberen Theilen festgestellt, und im siebenzehnten konnte sie, Dank dem Aufschwunge der Optik, zu einer *mikroskopischen* erweitert werden. Aber nicht bloss die Anatomie, alle die Wissenschaften, die der eigentlichen Medicin zur Grundlage dienen, *Physik, Chemie* und *Physiologie,* beseelte der gleiche lebendige Hauch der Freiheit. Mit den Waffen der inductiven Forschung in der siegreichen Hand drangen sie muthig vorwärts, über Satzungen und Autoritäten hinweg in das goldene Reich der Erkenntniss. Bald sah die Medicin in ein mächtig bewegtes System von Naturwissenschaften sich getrieben, welche alle kräftig eine gegen die andere gravitirten, sich wechselseitig bewegten und fortrissen. Daneben machte sich noch immer von Zeit zu Zeit die Zugkraft der Philosophie in starken Erschütterungen geltend.

Ihren ersten und glänzendsten Triumph feierte die *Physiologie* der Neuzeit in der ersten Hälfte des *siebzehnten* Jahrhunderts. Das Problem des *Blutkreislaufes* hatte schon Galen in Angriff genommen, aber seine Theorie, so scharfsinnig sie war, beruhte auf irrigen anatomischen Voraussetzungen. Durch William Harvey wurde die Medicin um einen großen Irrthum ärmer und um ein capitales Factum, wie sie es noch nicht besessen, reicher. In durchsichtiger Klarheit lag endlich ein wichtiger vitaler Vorgang offen vor Augen. Der Beweis war geliefert, dass die *Gesetze der Mechanik,* welche in diesem Jahrhundert durch die *Kepler* und *Galilei* ihren Aufschwung nahm, in einem *grossen Gebiete des Lebens* Geltung haben. Die experimentelle Forschung gewann ein mustergiltiges Vorbild in *Harvey's* kleiner Schrift, die den bescheidenen Titel einer »Exercitatio anatomica« (»Anatomischer Versuch«) führte.

Und es war derselbe grosse Forscher, welcher zuerst das Mikroskop für die Entwicklungsgeschichte benützte und den bedeutungsvollen Satz aussprach: »Omne vivum ex ovo.« (Was lebt, entwickelt sich aus dem Ei.«)

Wie die Physik im *17. und der ersten Hälfte des 18. Jahrhunderts* hauptsächlich in den Gebieten der *Mechanik* und *Optik* erobernd sich festsetzte, so die Physiologie in den Gebieten des Lebens, auf welche sich die *mechanischen und optischen Grundsätze* übertragen lassen. Mit grossem Aufwand von Kraft und Fleiss machte sie aber auch vergebliche Versuche, die mechanische Analyse, ja die mathematische Berechnung auf *Provinzen* auszudehnen, welche dieser Behandlung überhaupt oder doch bei dem damaligen Stande der Dinge spotten mussten. Wie die Griechen aus willkührlichen *philosophischen* Principien unhaltbare Systeme der Medicin construirten, so sah man jetzt die Ärzte beschäftigt, *iatromechanische* Systeme aus willkührlichen mechanischen Principien abzuleiten. Ja man errichtete sogar *iatrochemische* Systeme mit Hülfe der jungen Chemie, die noch selbst der Principien so gut wie ganz entbehrte. So wiederholte sich auch hier die Erfahrung, dass neue erfolgreiche Forschungsmethoden und Grundsätze in der ersten Zeit da angewendet werden, wo sie nicht hingehören oder erst später Nutzen abwerfen, wenn gewisse, anfangs übersehene oder doch nicht erkennbare, Vorbedingungen erfüllt sind.

In der *Pathologie* und *Therapie* war der kritische Geist gleichfalls in lebhafte Bewegung gerathen.

Die *Chirurgie* wurde schon im 16. Jahrhundert durch *Ambroise Paré* auf den hippocratischen Weg unbefangener Naturbeobachtung zurückgeführt, und durch diesen grossen Wohlthäter des Menschengeschlechtes aus einer barbarischen Fertigkeit zu brennen und zu zerfleischen in eine *humane Kunst* umgestaltet. Ihr, die es vorzugsweise mit den gröberen mechanischen Störungen des Organismus zu thun hatte, musste die wachsende *anatomische* und *mechanisch-physiologische* Einsicht zunächst und hauptsächlich zu Nutzen gereichen.

Viel langsamer lenkte die *innere Medicin* in die Wege vorurtheilsfreier Forschung ein, doch war auch sie in stetigem Fortschreiten begriffen. Mehr und mehr erwuchs als schönster Gewinn der Menschheit aus den Messungen, Wägungen, Rechnungen und dem Nachdenken der *Kepler, Galilei* und *Newton* die tröstliche Gewissheit von der *Herrschaft des Gesetzes im Weltenraum.* In allen Naturerscheinungen das *Gesetzmässige* aufzusuchen, selbst das *Abnorme* und *Monströse* auf das Gesetz zurückzuführen, wurde Aufgabe jeder Wissenschaft.

Für die inneren Medicin sprach es jetzt *Thomas Sydenham* (gest. 1689) aus, dass man nicht länger in den Krankheiten unordentliche und verwirrte Äusserungen der Natur sehen dürfe. Damit wurde eine höhere Auffassung der Pathologie angebahnt, und man lernte die Krankheiten des Leibes wie der Seele als nothwendige Produkte gegebener Factoren, als gesetzmässig verlaufende *Vorgänge* betrachten. Wie man aber eine sichere *Einsicht* in diese Vorgänge sich verschaffen könne, darüber blieb man im Unklaren. Über die Schilderung der Krankheiten nach ihren *äusserlichen, dem Gesichte und Tastsinn zugänglichsten* Symptomen kamen selbst die Besten nicht hinaus. Auch ein *Sydenham* wusste keinen andern Rath, als dass man die Krankheiten mit derselben Genauigkeit, wie der Botaniker seine Pflanzen, beschreiben, und bei der klinischen Forschung mit grösster Sorgfalt alle gefärbten oder die Objecte verzerrenden Gläser philosophischer und physiologischer Hypothesen vermeiden solle. Die Wenigsten beherzigten solche Rathschläge. Die geistreichen Phantasien und Systeme eines *Paracelsus, van Helmont, Baglivi, Sylvius, Friedr. Hoffmann, Stahl u. A.* stiegen rasch nacheinander wie glänzende Meteore am Himmel empor, um nach kurzer Herrschaft bald zu erlöschen. So gewann die innere Medicin an *Zahl der Systeme* und an Breite der Erfahrung, durch die *Sydenham, Willis, Boerhaave u. A.* auch an genau ermittelten Thatsachen, aber nur wenig an *Tiefe des Verständnisses.*

Das *16., 17. Jahrhundert und die erste Hälfte des 18.* hatten die *gröbere Anatomie* des Menschen *kritisch* neugeschaffen, die *mikroskopische* begründet, die *Physiologie* in wesentlichen Theilen festgestellt, die *praktische Medicin zu einer unbefangneren Beobachtung zurückgeführt* und mit manchen werthvollen Erfahrungen bereichert. Dennoch bestand eine *weite Kluft* zwischen den anatomisch-physiologischen Doktrinen einerseits und der Pathologie und Therapie andrerseits. Vergeblich bemühte man sich die Einsichten, welche man in den Bau und die Verrichtungen des Menschen erlangt hatte, zur Erklärung der Krankheits- und Heilungs-Vorgänge zu benützen, sie erwiesen sich höchstens auf den *grob mechanischen Gebieten* als ausreichend. Ebenso vergeblich blieben alle Anstrengungen der Systematiker, mittelst geistreicher Hypothesen die Membra disjecta (»Zerstreuten Glieder«) der Medicin an dem Feuer der Speculation zu einem lebendigen Leibe zusammen zu schweissen. Erst der zweiten Hälfte des achtzehnten und noch mehr dem neunzehnten Jahrhundert war es vergönnt, die *Brücken zu schlagen, welche die Anatomie und Physiologie mit der Pathologie und Therapie in Verbindung setzen.*

Die mächtigsten Impulse, welche die medicinischen Disciplinen seit den Tagen *Vesal's* und *Harvey's* erhielten, verdanken sie den berühmten Versuchen des grossen *Albrecht von Haller* über Irritabilität und Sensibilität. H. unterschied auf Grund derselben *eigenthümliche vitale Kräfte,* die, an bestimmte organische Fasern gebunden, keiner anorganischen Faser zukommen und mit dem Tod erlöschen. Wichtiger noch als diese Unterscheidung war die Überzeugung, welche aus *Haller's* Versuchen mehr und mehr sich aufdrängte, *dass es nicht genüge,* wie man bisher gemeint hatte, *die Physik und Chemie einfach auf die Organismen anzuwenden,* um Einsicht vom Leben zu gewinnen, sondern dass die lebendigen Vorgänge *selbständig, wenn auch mittelst der strengen Methoden und genauen Werkzeuge der Physik und Chemie, zu erforschen seien.* Damit wurde die Physiologie, die Biologie überhaupt, gewissermassen für majorenn erklärt, und mit Recht datirt man von *Haller* eine neue, *die vitalistische Aera der Medicin.*

Zunächst gaben *Haller's* Arbeiten den Anstoss zur Begründung der *allgemeinen Anatomie oder Histologie* durch *Bichat.* Wie Haller die physiologischen und vitalen Eigenschaften der Muskelfaser festgestellt hatte, so unternahm der geniale Franzose (gest. 1802) die umfassende Aufgabe, *alle* Gewebe des Körpers auf ihre physikalischen, chemischen und vitalen Eigenschaften zu prüfen. Auf zahllose eigene Untersuchungen sich stützend unterschied er die Gewebe nach ihrer Structur, ihren physikalischen, chemischen, vitalen Eigenschaften, und ihren krankhaften Veränderungen. Der in trockener Dürre schier erstorbenen Anatomie wurde ein neues Leben eingeflösst und ein inniges Band zwischen ihr, der Physiologie und Pathologie geknüpft.

Aber erst seit den 30er Jahren *unseres Jahrhunderts* schwang die Histologie zu der *ganzen* Bedeutung sich empor, die ihr *Bichat* gegeben wünschte. Wir verdanken dies der ausserordentlichen Verbesserung der

Mikroskope (*Fraunhofer*) und der Wiederbelebung der mikrosk. Anatomie und Entwicklungsgeschichte unter dem Einflusse der *Schelling'schen Naturphilosophie,* die für diese Doktrinen und die vergleichende Anatomie nutzbringend, für die practische Medicin direkt geraume Zeit nur schädlich gewirkt hat.

Schwann erkannte im Jahre 1839 die *mikroskopische Zelle* als das *anatomische Bildungselement der gesammten belebten Welt,* der thierischen und pflanzlichen Gebilde, und stellte damit einen durchgreifenden Unterschied zwischen organischer und anorganischer Natur fest. Aus den Zellen und ihren Umwandlungen bestehen die Gewebe, aus den Geweben die Organe, diese vereinigen sich zu Systemen. Die Zellen und ihre Abkömmlinge sind die Träger der vitalen Kräfte, die elementären Lebenseinheiten, aus deren harmonischer Gliederung zu Geweben, Organen und Systemen der Organismus als das *einheitliche Lebens-Ganze* herauswächst. Das ist die bedeutsame Lehre, zu welcher die Medicin durch die Histologie gelangt ist, wie sie am schärfsten zuletzt von *Virchow* formulirt wurde.

Die durch Haller's Untersuchungen angebahnte Einsicht, dass die Physiologie in selbständiger Weise mittelst der genauen Methoden der Physik und Chemie bearbeitet werden müsse, gelangte erst in unserem Jahrhundert, zumal durch *Magendie* in Frankreich und *Joh. Müller* in Deutschland, zum *Durchbruch* und *allgemeinen Verständniss.* Je tiefer die Physiologie auf diesem Wege in die Schachte des Lebens eindrang, desto wahrscheinlicher ist es geworden, dass die *vitalen Kräfte,* welche den Organismus zeugen, aufbauen und bewegen, von den *allgemeinen Elementarkräften nicht* verschieden sind. Da diese Kräfte in der *organischen* Natur in einer *besondern, der anorganischen Natur nicht zukommenden Form und Mischung der Elemente* zur Geltung kommen, so müssen *dort* auch ihre Wirkungen *anders* ausfallen als *hier.* Dabei ist freilich zuzugestehen, dass die Form und Mischung der lebendigen Materie, um mit *Virchow* zu reden, nur *in einer legitimen Erbfolge der Generationen* sich zu übertragen scheint, und *die erste Zeugung* des Organischen im Dunkel der Schöpfungsgeschichte sich verliert. Wie wir aber auch über dieses schwierigste aller Probleme der Biologie denken mögen, soviel steht jedenfalls fest, dass alle Lebens-Erscheinungen aus *Bewegungen* der organisirten Materie resultiren, somit *auf gröberen oder feineren mechanischen Vorgängen* beruhen. Indem der moderne Vitalismus dies einräumt, hat er die *mechanische Auffassung des Lebens* als berechtigt anerkannt und sie nur in *subtilerer* Gestalt, als die Iatromechaniker des siebzehnten Jahrhunderts, sich zu eigen gemacht.

Um die riesigen Fortschritte der Physiologie seit Haller und damit den Werth ihrer Forschungsmethode darzulegen, genügen kurze Streiflichter auf zwei ihrer wichtigsten Gebiete.

In dem anatomischen Theater zu Bologna stellte *Galvani* um 1790 jene denkwürdigen Versuche an, aus welchen die herrlichen Entdekkungen des *Galvanismus* und der *Muskel-* und *Nerven-Electricität* hervorgingen. Damals wurde der erste Baustein zu jener Physik des Muskel- und Nervenrohrs gelegt, welche zuletzt die Geschwindigkeit gemessen hat, mit welcher die Befehle des Willens durch die Nerven unseres Körpers zu den Muskeln telegraphirt werden, und die Geschwindigkeit, mit welcher sich diese gehorsam zusammenziehen. Fast alle die zahlreichen und genauen Kenntnisse, welche wir von den Verrichtungen der Centraltheile des Nervensystems, der einzelnen Nerven und des Nervenrohrs besitzen, hat erst die Physiologie der letzten hundert Jahre versuchsmässig festgestellt.

In den *chemischen Werkstätten* der *Cavendish, Priestley* und *Lavoisier* wurden in der zweiten Hälfte des vorigen Jahrhunderts die Elemente der alten Naturphilosophen der Analyse unterworfen, Wasser und Luft in ihre einfachsten Bestandtheile zerlegt, und der Verbrennungs-Akt erklärt. Auf der Bahn dieser grossen Chemiker schritt das 19. Jahrhundert mit potenzirter Geschwindigkeit fort, mächtig unterstützt von der Physik, die durch *Humphry Davy* die Elektrolyse, durch *Dutrochet* und *Graham* die Diffusion und erst neulich durch *Bunsen* und *Kirchhoff* die Spectralanalyse zur Verfügung stellte. Die anorganische und organische Materie wurde nicht nur in ihre chemischen Urstoffe *aufgelöst,* man zwang auch die Elemente gehorsam den Gesetzen, wie sie *Richter, Berzelius, Dumas u. A.* erkannt, zu unzähligen *neuen anorganischen wie organischen Verbindungen* sich zu *einigen.* Ja die Erkenntniss dieser Gesetze befähigte den überlegenden Verstand, *über die Grenzen der sinnlichen Wahrnehmung hinaus* die Zerlegung des Stoffs in seine kleinsten wirksamen Massentheilchen zu verfolgen, und man sah *Dalton* und seine Nachfolger die mehr als 2000 Jahre alte atomistische Hypothese des *Leukippus* und Demokritus zum Rang einer wohlbegründeten und äusserst fruchtbaren Theorie erheben. Der Schleier zerriss, der den Haushalt der unbelebten und belebten Natur bisher verhüllte, und es war namentlich *Liebig,* der uns in die *Wirthschaftsgesetze* des Lebens einzublicken gestattete. Wichtige vitale Geheimnisse: – der Kreislauf und Wechsel der Stoffe bei Erhaltung der Form, – die Bildung der organischen Materie aus Erde, Luft und Wasser, – die Natur des erregenden »Pneuma« (»Geistes«) in der Atmosphäre, die uns umgibt, – die Quelle der »eingepflanzten« Wärme des koischen Arztes, – sie alle, um von vielen anderen zu schweigen, sind uns in diesem Jahrhundert offenbar geworden.

Wir verliessen die *Pathologie* als eine arme Wissenschaft zu Ende der ersten Hälfte des 18. Jahrhunderts, nicht arm an Erfahrung, Hypothesen und Systemen, wohl aber arm an *genauer Einsicht.* Ausser dem hippocratischen Erbgut, dessen Rente sie freilich durch sorgfältige Bebauung ansehnlich erhöht hat, besass sie wenig nutzbaren Grund und Boden. In den letzten 100 Jahren hat sie wie mit Zauberkräften einen fast in geometrischer Progression anschwellenden Reichthum erlangt. Es bestätigt sich an ihr die alte Erfahrung, dass die ersten Schritte zu Besitz und Gütern am schwierigsten, die folgenden mit wachsender Geschwindigkeit zurückzulegen sind.

Um dieselbe Zeit, als *Haller* in Deutschland so Grosses für die Physiologie leistete, zündete *Morgagni* in Italien für die pathologischen Disciplinen die Fackel der *pathologischen Anatomie* an. Im 80. Lebensjahre noch rüstig an Geist und Körper vermachte dieser bewunderungswürdige Greis der Medicin sein unsterbliches Werk: »de sedibus et causis morborum per antomen indagatis« (»Über den Sitz und die Ursachen der Krankheiten auf der Grundlage anatomischer Forschung«) (1761). Niemals ist wohl in so vorgerücktem Alter eine Schrift von gleicher reformatorischer Bedeutung geschrieben worden. Wie mit *Haller eine neue Aera der biologischen Grundlage der Medicin,* so beginnt mit *Morgagni* eine *neue Aera der praktischen Medicin selbst.*

Die pathologische Anatomie des *Morgagni*, wie sie durch ihn und seine Nachfolger, einen *Corvisart, Laennec, Meckel, A. Cooper, Cruveilhier, Rokitansky, u. A. makroskopisch* und und in den letzten Jahrzehnten durch *Joh. Müller* und den *Bichat* unserer Tage, *Virchow, mikroskopisch* ausgebildet wurde, ist nicht mehr die kritiklose, unwissenschaftliche Curiositätensammlerin früherer Zeiten. In der Schule dieser Männer verwandelte sie sich zur Egeria der praktischen Medicin, welche ohne sie heutzutage geradezu ihr Eines Auge entbehren würde. Die pathologische Anatomie verräth uns den *verborgenen Sitz der Krankheiten,* sie zeigt uns die *Structurveränderungen der Organe und Gewebe,* wie sie in den verschiedenen Entwicklungsperioden der Krankheit sich ausbilden oder zurückbilden, sie belehrt uns nicht selten, zumal im Gebiete der Chirurgie, über die *Ursache der Krankheit* oder doch die *Ursache der Gefahr,* sie bestimmt endlich die *Wahl unserer Heilmittel* und sucht die günstigsten *Angriffspuncte* für sie aus.

Die frühere Pathologie hatte sich damit begnügen müssen, die *auffallendsten* Krankheits-Erscheinungen nach ihrem räumlichen und zeitlichen Auftreten am Individuum zusammen zu fassen, und sie hatte aus diesen *Bildern* ihre *Krankheiten* construirt. Als man nun versuchte, dieselben auf bestimmte *anatomische Störungen* zurück zu führen, so ergab es sich, dass *demselben Bilde* sehr häufig *verschiedene anatomische Störungen* zu Grunde lagen und *dieselbe antomische Störung* unter *verschiedenen Bildern* verlief. Um den *Sitz der Krankheiten* zu ermitteln, erwiesen sich die bisher angewendeten Methoden der Krankenuntersuchung als unzureichend. Sollte die Diagnose genauer, die Therapie sicherer werden, so mussten zu den alten hippokratischen *neue Mittel der Untersuchung* gewonnen werden. Physik und Chemie gewährten sie in reichem Maasse.

Schon 1761 hatte *Auenbrugger* in Wien sein »Novum inventum« (»Neue Erfindung«, Titel des Buches), die *Percussion,* als Hilfsmittel der Diagnose veröffentlicht, aber erst zu Ende des Jahrhunderts wusste *Corvisart, Napoleons I.* Leibarzt, die kaum beachtete Erfindung für die anatomische Begründung der Krankheitslehre erfolgreich zu benützen, und durch sein grosses Ansehen zu dauernder Geltung zu bringen. *Laennec,* unsterblichen Andenkens, gesellte ihr die *Auscultation* bei. Die *Chemie* lieferte bequeme Methoden, die Anomalien der Secrete nachzuweisen. Das *Mikroskop* gewährte wichtige Aufschlüsse über die Beschaffenheit des Blutes, der Secrete und Geschwülste, und enthüllte die reiche parasitische Fauna und Flora des Menschenleibes. *Sonden* tief in Kanäle, Nadeln in solide Organe eingestossen, gaben Auskunft über die Beschaffenheit versteckter Theile. Der *Augenspiegel* machte die innersten Gebilde des Augapfels bis zum Sehnerven, der *Kehlkopfspiegel* das Organ der Stimmbildung und die Luftröhre bis zu ihrer Theilung in die Bronchien der Betrachtung zugänglich. Die *Faradisation* half die Diagnose von Nerven- und Muskel-Krankheiten, das *Thermometer* die der fieberhaften Krankheiten vervollkommnen. – Mit diesen und andern Hilfsmitteln an der Hand hat das *anatomisch-klinische* Studium der Krankheiten zu einer völligen Umgestaltung der Pathologie geführt. Zahlreiche wichtige Krankheiten wurden neu entdeckt, viele der alten als secundäre, nicht wesentliche Zustände erkannt, von den übrigen allen aber Sitz, Verlauf, Erscheinungen, Diagnose und Prognose genauer bestimmt. Selbst von den verstecktesten Organen ist es allmälig gelungen, viele Leiden der Erkenntniss am Krankenbette zugänglich zu machen. Wie ausserordentlich Vieles auch der Zukunft auf diesen Gebieten noch zu thun übrig bleibt, es werden die fernsten Geschlechter den Leistungen der *Helmholtz, Czermak* und *Simpson,* der *Skoda, Duchenne* und *Wunderlich,* der *Bright, Bouillaud, Louis* und so vieler andrer trefflicher Männer unseres Zeitalters ihre volle Anerkennung nicht versagen können.

Indes vermag weder die pathologische Anatomie noch die Beobachtung am Krankenbette, auch wenn sie der feinsten Werkzeuge sich bedient, in den meisten Fällen die *Natur der Vorgänge* aufzuschliessen, welche den Störungen in der Structur und den Verrichtungen der ergriffnen Organe zu Grunde liegen. Soll das *höchste* Ziel der wissenschaftlichen Medicin erreicht werden, soll sie über die *anatomisch-klinische,* gewissermassen die *naturhistorische Beschreibung der Krankheiten* hinaus zu einer *naturwissenschaftlichen Theorie* derselben sich erheben, so muss noch ein andrer Weg der Forschung eingeschlagen werden. Was die systematische Medicin vor und auch noch nach *Haller* so oft und immer vergeblich mit Hilfe willkührlicher, bald philosophischer, bald mechanischer, bald vitalistischer Voraussetzungen zu lösen unternommen hat, dieselbe Aufgabe ist in anderer und zweckmässigerer Weise von Neuem in Angriff zu nehmen, es muss, um es kurz zu sagen, auch in der Pathologie das *Experiment* in seine Rechte eingesetzt werden.

So weit es den Ärzten bisher gelang, die Erscheinungen des kranken Lebens zu ihren letzten Quellen zu verfolgen, sind sie immer *denselben* nach unveränderlichen Gesetzen wirkenden Kräften begegnet, welche auch im gesunden Zustande die Räder des Organismus bewegen; die Ungleichheit der Wirkungen dieser Kräfte erklärt sich zur Genüge aus der Verschiedenheit der Bedingungen, unter welchen die organischen Apparate in gesunden und kranken Tagen thätig sind. Demnach müssen *dieselben* Methoden der Forschung und die *nämlichen* Hilfsmittel, deren die *Physiologie* zur Untersuchung der *normalen* Lebensvorgänge sich bedient, auch für die Untersuchung der *krankhaften* zur Anwendung kommen. Wir ermitteln das *Wesen* der Krankheiten, indem wir die *veränderten Bedingungen,* unter welchen die Functionen des kranken Lebens ablaufen, *experimentell* aufsuchen, und die neue Wissenschaft, welche wir damit schaffen, ist die *pathologische Physiologie*. Sie stellt die Brücke der Pathologie zur Physiologie dar, den natürlichen Schlussstein, der die Pathologie erst zur fertigen Wissenschaft erhebt.

Grössere Felder der Pathologie zuerst mit dem Pfluge des Experiments *methodisch* befahren zu haben, dieses Verdienst errang zu Ende des vorigen Jahrhunderts der gewaltige, von seinen Zeitgenossen noch kaum begriffene *John Hunter*. Selbst in unserem Jahrhundert ist nur langsam die Bedeutung und Aufgabe der physiologischen Pathologie erkannt worden. Auch die begabtesten Köpfe verfielen gerne dem Irrthum, die pathol. Physiologie durch einfache *Uebertragung* der Physiologie auf die Pathologie, statt durch *selbständige* Erforschung der krankhaften Vorgänge mit den Hilfsmitteln der Physiologie begründen zu wollen. Was auf dem letzten Wege schon jetzt nicht allein für die *Theorie* der Krankheit, sondern auch für die *praktische Medicin* geleistet wurde, verspricht der Zukunft die grossartigsten Ergebnisse von der Bebauung dieser jungen Wissenschaft. In wenigen Decennien sind, Dank den Bemühungen der *Magendie, Marshall, Hall, Cl. Bernard, Virchow, Frerichs, Traube u.s.w.*, die Störungen der wichtigsten Lebensvorgänge unglaublich geklärt, und die Anschauungen über die krankhaften Grundprocesse völlig umgewälzt worden.

Wenn Wissenschaft *Macht* ist, so muss die Medicin, je mehr sie zur Wissenschaft sich erhebt, auch um so mächtiger als *Kunst* sich erweisen. Die *Therapie* ist die goldne Frucht, um derentwillen die medicinische Wissenschaft bebaut wird. All' unsere Arbeit und Mühe wäre vergebens, wenn aus dem medicinischen Wissen nichts erwüchse, als die trostlose Gewissheit unseres *Unvermögens*. Indessen dürfte es dem blödesten Auge einleuchten, dass die ungeheueren Fortschritte der letzten 100 Jahre in den physikalisch-chemischen und anatomisch-physiologischen Grundlagen der Medicin einerseits und in der Diagnose der Krankheiten andrerseits schon an und für sich auch der Praxis und nicht der Wissenschaft allein zu Gute kommen mussten. Ist doch eine sichere Anwendung kräftiger Agentien zu Heilzwecken ohne die Kenntniss von der Natur dieser Agentien, ohne richtige Anschauungen vom Leben überhaupt und ohne genaue Diagnose und Einsicht in den inneren Mechanismus der Krankheiten geradezu undenkbar!

Aber die Therapie ist nicht bloss auf diese *indirekte* Weise gefördert worden, sie hat auch *selbständig direkte* Schritte zu ihrer Vervollkommnung gethan. Durch die Hilfsmittel der Physik, Chemie und Physiologie hat sie ihre *Technik* ungemein ausgebildet und verfeinert, die *operative* Geburtshilfe, Chirurgie und Augenheilkunde in den meisten Theilen neugestaltet und nach allen Richtungen hin ausserordentlich erweitert, selbst viele innere Krankheiten einer erfolgreichen *örtlichen* und *chrirurgischen* Behandlung zugänglich gemacht. Man studirte die *natürlichen Heilungsvorgänge* der Krankheit genauer, untersuchte die zahlreichen *regulatorischen* Einrichtungen des Organismus, wandte die *statische* Methode zur Beurtheilung verschiedner Kurverfahren an, prüfte die *Arzneimittel experimentell* auf ihre wirksamen Factoren, und die Veränderungen, die sie theils im Organismus *erleiden,* theils an diesem *hervorrufen.* So ist die Therapie unsrer Zeit in ein neues Stadium *experimenteller und genauer Bearbeitung* eingetreten, welches bereits gesegnete Früchte getragen hat und in der Zukunft noch weit grössere zu tragen verspricht.

Und nicht allein *Macht* gab uns die Wissenschaft, durch sie ist auch die Heilkunst in allen Theilen *menschlicher* geworden. Die *Entbindungskunst* ist heutzutage nicht mehr eine scheussliche Fertigkeit, Kinder im Mutterleibe zu zerstückeln. Die Einsicht in den Bau des weiblichen Beckens und den Mechanismus der Geburt hat gelehrt, die Hand durch das sinnreiche Werkzeug der Zange zu ersetzen, und an die Stelle der alten und mörderischen Entbindungsmethoden sind milde, Mutter und Kind möglichst schonende Verfahrensweisen getreten. Die *Chirurgie* der Neuzeit, reich an der genialsten Technik, sucht nicht mehr im Zerstören, sondern im *Erhalten* und *Wiederaufbauen* der Theile ihren grössten Ruhm, und wenn *Paré* die blutigen Operationen des Schreckens der *Verblutung* entkleidete, so hat unsre Zeit sie der Qual des *Schmerzes* enthoben. Die *innere Medicin* endlich hat begriffen, dass fast grösser als die Aufgabe, die Krankheiten zu heilen, die andere ist, sie zu *verhüten;* sie hat die Grundlinien einer *öffentlichen Gesundheitspflege* gezogen und ist bemüht derselben den Rang einer der wichtigsten socialen Wissenschaften zu erkämpfen. Die Behandlung innerer Krankheiten selbst ist eine einfachere und minder eingreifende geworden, und wir schauen mit demselben gemischten Gefühle des Grausens und dankbarer Zufriedenheit mit der Gegenwart auf die fürchterlichen Kuren vergangener Tage zurück; wie etwa der Criminalist auf die Heilmittel, welche die Halsgerichtsordnung Kaiser *Karls V.* für die gesellschaftlichen Schäden einer rohen vergangenen Zeit anzuwenden pflegte. Wenn ich noch *Pinel's* gedenke, welcher inmitten der Schrecken des Jahres 1792 die Fesseln wegnahm, womit eine gräuliche und rohe Unwissenheit unsere irren

Mitmenschen belastet hatte, und seiner zahlreichen würdigen Nachfolger, die dem Geistesgestörten zuerst die Rechte des Menschen zu erringen hatten, ehe sie ihm die Pflege des Kranken angedeihen lassen konnten, so glaube ich damit für meinen Vortrag den schönsten und würdigsten Schluss gefunden zu haben.

Arzthonorare und Einkommensverhältnisse zur Kußmaul-Zeit

1842 erhielt Kußmaul für seine Topographie des Physikats-Bezirks Wiesloch 24 fl.
(1 fl = 1 Gulden); Kußmaul merkt dazu 1895 an, während er seine *Jugenderinnerungen* schreibt: »Mit 24 fl., gleich 41 Mark 28 Pf., in der Tasche konnte damals ein anspruchsloser Student weit reisen ...« (134)

1847 reiste Kußmaul mit seinem Freund Bronner nach Wien: »Ich wäre unendlich gerne mit ihm gegangen, doch fehlte mir der nervus rerum, das Geld ... glücklicherweise gelang es mir, von einem privaten Gönner auf Treu und Glauben 1000 Gulden vorgestreckt zu erhalten; mit dieser Summe konnte ich ein Jahr auf Reisen zubringen.« (313)
Die folgenden Gehaltsangaben gehen aus Kußmauls Personalakte der Universität Freiburg hervor; er hat sie dort selbst handschriftlich eingetragen.

1857 bekam Kußmaul in Heidelberg als außerordentlicher Professor eine »freiwillige Besoldung« von 400 fl. jährlich. Um ein ausreichendes Einkommen zu haben, mußte er daneben noch eine ärztliche Praxis betreiben.

1859 betrug das Jahresgehalt in Erlangen als ordentlicher Professor 1600 fl., außerdem gab es eine Zulage von 430 fl.

1863 betrug das Anfangsgehalt in Freiburg 2300 fl.;

1864 2800 fl. In dieser Zeit erhielt ein Assistent der Medizinischen Klinik in Freiburg 200 fl., außerdem standen diesem in der Klinik freie Wohnung und Feuerung zu.

1871 wurde das Gehalt auf 3300 fl. erhöht.

1886 betrug das Jahresgehalt in Straßburg 12000 Reichsmark; dieselbe Summe wurde als Pension weiterbezahlt.

Neben diesen festen Gehältern erhielt Kußmaul für seine Konsultationen Honorare; dabei handelte es sich in der Freiburger und Straßburger Zeit in der Regel um Besuche in der näheren oder weiteren Umgebung. Für ersteres nahm er ca. 100, für weitere Reisen, z. B. nach San Remo, 1000 Mark.

Im Nachlaß gibt es eine handschriftliche Aufstellung seiner Honorarforderungen für die diversen Reisen des Jahres 1889. Kußmaul nennt die Honoraraufstellung »Ärztliche Note« und führt auf:

»Meine Bemühungen in ärztlichem Interesse Ihrer Königlichen Hoheit der Frau Kronprinzessin von Schweden und Norwegen waren Folgende:

19. Juli Reise nach Karlsruhe sowie Reise nach Franzensbad vom 22.–26. Juli: 2400;

11.–12. August und 13.–15. September Reisen nach Mainau und Konsultation: 500; für 2 Reisen von je 2 Tagen nach Baden (bei Wien): 1000; das sind zusammen 3900 Mark.«

Zur Geschichte der Arzthonorierung sollen folgende kurze Anmerkungen als Orientierung dienen. Bereits 2000 v. Chr. erließ Hamurabbi Bestimmungen, die als Prototyp des Erfolgshonorares angesehen werden können. Allgemein war es im Altertum so, daß die Wohlhabenden Abgaben für die »Armenärzte« leisteten oder die Ärzte ihre Honorare nach dem Vermögen ihrer Patienten in dem Sinne richteten, daß die Armen umsonst behandelt werden konnten.

Das Jahr 1883 stellte in Deutschland einen Einschnitt dar, weil bis zu diesem Zeitpunkt ausschließlich private Rechtsbeziehungen zwischen Arzt und Patient bestanden haben. Für bestimmte Personenkreise wurden die Honorare durch eine Medizintaxe festgelegt. In ihr waren die Arztleistungen und entsprechende Gebühren aufgelistet. Von 1883 an wurde für die Mehrzahl der gewerblichen Arbeiter und Angestellten mit einem Jahreseinkommen bis zu 2000 Mark das Gesetz der Krankenversicherung der Arbeiter und die Versicherungspflicht eingeführt. Von diesem Zeitpunkt an gab es Kassenpatienten, gegenüber denen kein direkter Honoraranspruch möglich war, und Privatpatienten mit einem Honoraranspruch des Arztes.

Die älteste und weitverbreitetste Medizinaltaxe war die Preußische Gebührenordnung (PreuGo), die von 1815 über 150 Jahre lang bis 1956 gegolten hat. Sie ging auf die brandenburgische Taxordnung von 1623 zurück.[1] Es folgen sechs Beispiele für Arztgebühren nach der PreuGo (ursprünglich in Goldmark, 1. Zahl) und nach der heute gültigen Gebührenordnung für Ärzte (DM; Euro).

Beratung: 1,50 (9,12; 4,66)
Besuch: 3 (36,48; 18,65)
Körperliche Untersuchung: 2,40 (29,64; 15,15)
Injektion intravenös: 4,80 (7,98; 4,08)

Urinuntersuchung: 2,40 (9,12; 4,66)
Magenspiegelung: 24 (96,60; 49,39)

Um sich eine ungefähre Vorstellung von den Einkommensrelationen der damaligen Zeit machen zu können, sei auf das Volkseinkommen in Preußen hingewiesen. Dieses lag pro Kopf: im Jahr 1886 bei 290 Mark, 1871 bei 336 Mark, 1891 bei 424 Mark, 1901 bei 501 Mark.

Um 1870 verdiente in der Industriestadt Mannheim ein Sandformer bei jährlicher Vollbeschäftigung ohne Urlaub mit einer Familie von 5 Kindern ca. 1500 Mark, wovon sie leben konnten. Die meisten Löhne waren aber niedriger.[2]

Aus diesen Angaben geht hervor, daß Kußmaul als Universitätsprofessor und Arzt sicherlich an der Spitze der Einkommensbezieher stand.

1 Johann Matthias Graf von der Schulenburg, System der Honorierung frei praktizierender Ärzte und ihre Allokationswirkungen, Tübingen 1981, S. 27f.

2 Professor Dr. Hugo Ott, Freiburg, mündliche Mitteilungen.

Bildnachweis

1 a) b)	Archiv Kluge
2	Stadtarchiv Wiesloch
3	Kurpfälzisches Museum, Stadt Heidelberg
4	Nachlaß Kußmaul
5 a)	Scheffel Kalender 2001, S. 33 (Freiburg)
5 b)	Nachlaß Kußmaul
6	Nachlaß Kußmaul
7	Archiv Kluge
8	»Die Großen Deutschen«, Band 4, S. 667
9	»Ruperto-Carola«, Sonderheft 1961, S. 367
10	Porträt 2, Der Arzt, Münster 1979, Katalog, S. 277
11	wie 9, S. 372
12	Engelhardt, Hartmann, Klassiker der Medizin II, München 1991, S. 191
13	Universitätsbibliothek Heidelberg
14	Archiv Kluge
15 a)	Holsteinisches Hausbuch, Freiburg 1989, S. 107
15 b)	150 Jahre »Tag von Eckernförde«, S. 53
16	Stadtarchiv Wiesloch
17	Archiv Volker G. Scheer, Kandern
18	Stadtarchiv Heidelberg
19	Archiv Kluge
20	General-Landes-Archiv Karlsruhe
21 a) b)	Nachlaß Kußmaul
22	Archiv Kluge
23	Personalakte Kußmaul, Universitätsarchiv Erlangen
24	Stadtarchiv Erlangen
25	wie 24
26	Archiv Kluge
27	wie 26
28	wie 26

29	Archiv Kluge
30	Archiv Institut für Geschichte der Medizin, Freiburg
31	Freiburg, Ansichten einer Stadt, 1996, Katalog, S. 113
32	Archiv für Geschichte der Medizin, Freiburg
33	Archiv Kluge
34	Archiv W. Vetter, Freiburg
35	Krebs, Schipperges, Heidelberger Chirurgie 1818–1898, 1969, S. 68
36	Nachlaß Kußmaul
37	Universitätsbibliothek Freiburg
38	Archiv Kluge
39	wie 37
40	Die Porträtsammlung der Senckenbergischen Stiftungen, Frankfurt 2000, S. 93
41	Aus der Geschichte des Ordens vom HL. Vinzenz von Paul, Freiburg 1997, S. 12
42	Archiv Kluge
43	wie 42
44	Universitätsbibliothek Freiburg
45	wie 44
46	Archiv Institut für Geschichte der Medizin, Freiburg
47	Universitätsbibliothek Freiburg
48 a) b)	wie 47
49	Ziemssen, Deutsches Archiv für klinische Medizin 32, 1883, S. 256
50 a) b)	Universitätsbibliothek Freiburg
51	Schriftenreihe Max-Nitze-Museum, Stuttgart, Nr.6, Band 1, S. 22
52	Universitätsbibliothek Freiburg
53	wie 51, S. 140
54 a)	Archiv Kluge
54 b)	Archiv Kluge, Japanischer Katalog des Museums, S. 42
54 c)	»Damals und heute«, Freiburg 1993, S. 209
55	Privatbesitz Dr. Kimmi, Kenzingen
56	Archiv Institut für Geschichte der Medizin, Freiburg
57	Archiv Kluge
58	Gastrointestinal Endoscopy, 37, Nr. 2, 1991, S. 43
59	Bayerische Staatsbibliothek, München
60 a)	wie 58, S. 98
60 b)	Produktkatalog Fa. Olympus 1999

61 a) »Die Medizin der Gegenwart in Selbstdarstellungen«, Leipzig 1928, S. 51
61 b) Creutzfeld, Martini, Strohmeyer, Meilensteine der Gastroenterologie und Stoffwechselforschung, Freiburg 1997, S.12
62 Archiv Kluge
63 wie 62
64 Das Josephinum, Edition Brandstätter, Wien 1986
65 A. Mühr, Das Wunder Menschenhirn, Freiburg 1957, Tafel 47 (ergänzt)
66 Archiv Kluge
67 wie 66
68 Nachlaß Kußmaul
69 C. Grad, L'alsace le pays et ses habitants, Paris 1906, S. 453
70 Litographie von Barnewitz, Musée de Strasbourg
71 D. Wolfram, Wissenschaft, Kunst und Literatur in Elsaß-Lothringen, 1871–1918, Frankfurt a. M., 1934
72 a) b) Archiv Kluge
73 Universitätsbibliothek Freiburg
74 H. Querner, Schipperges, Wege der Naturforschung 1822–1972, Heidelberg 1972, Frontispiz
75 Archiv Badische Neueste Nachrichten, Karlsruhe
76 Archiv Kluge
77 B. Naunyn, Erinnerungen, Gedanken und Meinungen, München 1925, Frontispiz
78 Nachlaß Kußmaul
79 wie 78
80 E. Fleiner, Wilhelm Fleiner, Heidelberg 1939, Frontispiz
81 Die Großen Deutschen, Band 3, S. 728
82 wie 81, S. 732
83 a) K. Heinig, Biographien bedeutender Chemiker, Berlin 1983, S. 156
83 b) wie a), S. 159
84 Deutsches Archiv für klinische Medizin 73, Leipzig 1902, Frontispiz
85 Universitätsbibliothek Freiburg
86 Archiv Kluge
87 Titelseite Katalog Ludwig Eichrodt, Karlsruhe 1992
88 L. Eichrodt, Das Buch Biedermaier, S. 49
89 a) b) Archiv Kluge

90	Katalog »Kostbare Grüße«, General-Landesarchiv-Karlsruhe 1997, S. 8
91 a) b) c)	Archiv Lenbachhaus München
92	wie 84
93	Stadtarchiv Heidelberg
94	Archiv Kluge
95	Aus meiner Dozentenzeit, Frontispiz
96	Nachlaß Kußmaul
97	Archiv Kluge
98	Stadtarchiv Heidelberg
99	»Die Woche«, Berlin 1902, Nr. 45, S. 2105
100	Nachlaß Kußmaul
101	Universitätsbauamt Freiburg
102	Familienarchive Oster und Stein
103	Die Therapie der Gegenwart, Februar 1902, Titelseite

Archive

Die genannten Archive wurden alle angefragt, bzw. benutzt; sie stellten jeweils ungedruckte Quellen zur Verfügung.

Generallandesarchiv Karlsruhe für alle badischen Angelegenheiten aus Kußmauls Leben. Nachlaß Adolf Kußmaul; dieser ist durchgesehen und geordnet von Kußmauls Enkel Siegfried Czerny. Die etwa 100 erhaltenen Briefe sind zeitlich geordnet und stammen fast alle aus der Straßburger und der späten Heidelberger Zeit. Der Nachlaß enthält u. a. ausführlichere Nachrichten über Krankengeschichten, über Beteiligungen Kußmauls an Berufungen, Entwürfe für Reden und Stellungnahmen, Stammbäume der Familie Kußmaul und Beileidsschreiben zu Kußmauls Tod. Es wurden die Stadtarchive von Wiesloch, Lörrach, Kandern, Treschklingen und Kassel in Anspruch genommen sowie das Landesarchiv Schleswig-Holstein in Schleswig. In den Universitätsstädten Heidelberg, Freiburg i. Br. und Erlangen wurden die Stadt- und Universitätsarchive benutzt, außerdem diejenigen der Medizingeschichtlichen Institute. Das Universitätsarchiv Würzburg ist beim großen Bombenangriff 1945 zum größten Teil verbrannt. In Straßburg fanden sich Unterlagen in folgenden Archiven: Archives Départementales, Bibliothèque Nationale et Universitaire, Archives Municipales. Ca. 30 Briefe von Kußmaul konnten weiterhin zur Verfügung stellen: Staatsbibliothek Preußischer Kulturbesitz, Handschriftenabteilung, Sammlung Darmstädter; Bayerische Staatsbibliothek München; Verwaltung des Großherzoglichen Familienarchivs Karlsruhe; Scheffelarchiv Karlsruhe. Bildmaterial stellte die »Städtische Galerie im Lenbachhaus München« zur Verfügung.

Dank

Ich danke zu allererst den Nachfahren von Adolf Kußmaul: Frau Gertrud Czerny, Urenkelin Adolf Kußmauls, hat das Erscheinen des Buches durch einen großzügigen Druckkostenzuschuß ermöglicht, und sie hat mir den Kußmaul-Nachlaß zur Verfügung gestellt. Die Familien Oster und Stein in Deutschland, Kußmaul, High und Wilson in den USA gaben mir Einblicke in die noch vorhandenen Quellen. Rudolf Hüttner, der das Erscheinen des Buches nicht mehr erleben konnte, war Museumsleiter in Graben; er hat mir alle Akten des Generallandesarchivs besorgt und viele Anregungen gegeben. Meine Mutter Anneliese hat alle in »deutscher Schrift« geschriebenen Dokumente, insbesondere auch die Briefe von Kußmaul für mich »übertragen«. Dr. Theo Vetter hat mich in alle Archive Straßburgs und in Kußmauls alte Klinik, das Bürgerspital, begleitet. Dr. Herbert Falk hat meine Arbeiten immer wieder unterstützt. Dr. Volker Maushardt hat als Vorsitzender des Vereins der Freunde der Universität Freiburg die Stiftungsgelder verwaltet. Alle Leiter und Mitarbeiter der angeschriebenen und aufgesuchten Archive und Bibliotheken haben zuvorkommend und freundlich geholfen. Frau Heidrun Jung, Eveline Baur, Ulrike Graeter, Brigitte Weber haben für mich geduldig viele Texte geschrieben. Frau Dr. Spaude hat als Lektorin aus der Idee die Gestalt des Buches gemacht. Mein besonderer Dank gilt auch den Kollegen, die einzelne Kapitel des Skripts kritisch gelesen haben: Arno Bogenrieder (Topographie), Dieter Schmidt (Die Farbenerscheinungen des Auges), Eric Matteson (Periarteritis nodosa), Martin Reincke (Diabetes mellitus), Gerd Hasenfuß (Kußmaulsche Pulse), Klaus Schmidtke (Störungen der Sprache) und last but not least Karl-Heinz Leven, der das ganze Manuskript als Medizinhistoriker durchgesehen hat. Solche Form geistiger Hilfe gibt einem das Gefühl, auf einigermaßen sicherem Boden zu stehen. Mit vielen anderen habe ich Gespräche geführt, in denen ich Anregungen und Aufmunterung empfangen habe. Ich lernte Menschen kennen, die es verstanden, den Städten und Stätten, die wir aufgesucht haben, einen Hauch von lebendiger Geschichte zu verleihen. Ihnen allen, die ich genannt habe, aber auch den Ungenannten, gilt mein ganz herzlicher Dank!

In der Gutenbergstadt Mainz aufgewachsen, weiß ich mich der Kunst der Buchgestaltung verbunden; in diesem Sinne ein besonderer Dank an Dr. Andreas Färber für die typographische Bearbeitung des Bandes.

Literaturverzeichnis

Alle Arbeiten A. Kußmauls sowie Würdigungen und Nachrufe seiner Person sind in den Sonderverzeichnissen zu finden.

Amberger, Herbert, Mechthild Amberger-Lahmann (1986): Krebschirurgie in Heidelberg, Berlin/Heidelberg/New York.

Andree, Christian (1979): Rudolf Virchow, Theodor Billroth, (Ausstellungskatalog), Neumünster.

v. Aretin, Carl Ottmar (1988): Biedermeier-Vormärz, Die Geschichte einer unpolitischen Epoche, in: Kunst des Biedermeier 1815–1835, G. Himmelheber (Hg.), München.

Aschoff, Ludwig (1966): Ein Gelehrtenleben in Briefen an die Familie, Freiburg i. Br.

Aumüller, Gebhard (1984): Benedikt Stillings (1810–1879) Untersuchungen über das Rückenmark – Ein Wendepunkt in der neuroanatomischen Forschung, Medizinhistorisches Journal 19, 53–69.

Becker, Heinz (1993): Brahms, Stuttgart/Weimar.

Becker, Josef (1973): Liberaler Staat und Kirche in der Ära von Reichsgründung und Kulturkampf, Kommission für Zeitgeschichte Reihe B Forschungen Band 14.

– (1973): Liberaler Staat und Kirche in der Ära von Reichsgründung und Kulturkampf, Mainz.

– (1979): Badische Geschichte, Stuttgart.

Becker, Josef, Lothar Gall u. a. (1987): Badische Geschichte, Stuttgart.

Bender, Helmut (1974): Unsere Stadt in der ersten Hälfte des 19. Jahrhunderts, Freiburger Almanach, 57–64.

Bergdolt, Klaus (1999): Arzt und Gesellschaft in der Geschichte, Vortragsmanuskript, Wiesbaden.

Bernard, Claude (1865): Einführung in das Studium der experimentellen Medizin, Paris; deutsch: Sudhoffs Klassiker der Medizin, Band 35 (1961), Leipzig.

Billroth, Theodor (1876): Über das Lehren und Lernen der medicinischen Wissenschaften an den Universitäten der deutschen Nation nebst allgemeinen Bemerkungen über Universitäten, Wien.

Blind, Carl (1895): Erinnerungen an Ludwig Eichrodt, in: Ludwig Eichrodt (1827–1892), Ausstellungskatalog, Karlsruhe.

Blod, Gabriele u. a. (1992): Unruhe im »Pfaffenstädtchen«, Reaktion, »Neue Ära« und Kulturkampf (1850–1870), in: Heiko Haumann, Hans Schadek, Band 3, 138–164.
Blum, André, Louis Siewert, Jörg Rüdiger (1978): Ulcus-Therapie, Berlin/Heidelberg/New York.
Boas, Ismar (1928): Autobiographie, in: Grote, L. R. (Hg.): Die Medizin der Gegenwart in Selbstdarstellungen, Band 7, 51–58, Leipzig.
– (1925): Diagnostik und Therapie der Magenkrankheiten, Leipzig.
Bonhoeffer, Karl (1940): Die Geschichte der Psychiatrie in der Charité im 19. Jahrhundert, Berlin.
Bonsen, Uwe (1999): 150 Jahre »Tag von Eckernförde«, in: Jahrbuch der Heimatgemeinschaft Eckernförde e. V., Beihefte »Materialien und Forschungen aus der Region«, Eckernförde.
Bonzel, Tassilo (1985): Der Kußmaulsche Puls: Die Bedeutung von Inspektion und Palpation in der kardiologischen Diagnostik, in: Kluge, F., 1985, 33–37.
Bozzini, Philipp (1806): Lichtleiter, eine Erfindung zur Anschauung innerer Teile und Krankheiten nebst der Abbildung, Journal der praktischen Arzneykunde und Wundarzneykunst 24, 107–124.
– (1807): Der Lichtleiter oder die Beschreibung einer einfachen Vorrichtung und ihrer Anwendung zur Beobachtung innerer Höhlen und Zwischenräume des lebenden, animalischen Körpers, Weimar.
Breidbach, Olaf (1997): Die Materialisierung des Ichs, Zur Geschichte der Hirnforschung im 19. und 20. Jahrhundert, Frankfurt.
Breidbach, Olaf, H.-J. Fliedner, K. Ries (Hg.) (2001): Lorenz Oken (1779–1851). Ein politischer Naturphilosoph, Weimar.
Bronner, Philipp (1857): Die wilden Trauben des Rheintales, Heidelberg.
Burckhardt, Jacob (1982): Über das Studium der Geschichte (Weltgeschichtliche Betrachtungen), München.
Cahn, Arnold: siehe Verzeichnis der Würdigungen und Nachrufe.
– (1866): Beiträge zur Lehre von der Magenverdauung, Straßburg.
Cahn, Arnold, J. V. Mering (1886): Die Säuren des gesunden und kranken Magens, Deutsches Archiv für Klinische Medizin,39, 233f.
Callomon, F. (1939): Aus dem Lebenskreis Richard von Volkmanns, unbekannte Briefe bedeutender Kliniker, Forscher und Ärzte an Richard von Volkmann (1830–1889), Janus, 43, 257–307.
Caspary, Wolfgang F. (1997): Paul Ehrlich-und-Ludwig-Darmstaedter-Preis

1997 für die Wiederentdeckung von Helicobacter pylori an J. Robin Warren und Barry J. Marshall, Zeitschrift für Gastroenterologie, 35, 239–246.
Classen, Meinhard, Ludwig Demling (1974): Endoskopische Sphincterotomie der Papilla Vateri und Steinextration aus dem Ductus choledochus, Deutsche Medizinische Wochenschrift 99, 496–497.
Classen, Meinhard (1994): 100. Internistenkongress, Innere Medizin im Wandel der Zeiten, Frankfurt.
Clodius, Mathias (1992): Die Lararettstadt Freiburg i. Br. 1870–1945, Inaugural-Dissertation, Freiburg.
Conrad, Joseph (1989): Taifun, Stuttgart.
Craig, Gordon A. (1982): Über die Deutschen, München.
Creutzfeldt, Otto Detlev (1983): Cortex cerebri, Berlin/Heidelberg/New York/Tokio.
Creutzfeld, Werner, G. A. Martini, G. Strohmeyer (1997): Meilensteine der Gastroenterologie und Stoffwechselforschung in den deutschsprachigen Ländern, Freiburg i. Br.
– (1992): Ismar Boas – Laudatio, Zeitschrift für Gastroenterologie, 30, 831–834.
Czerny, Vinzenz (1872): Über die Beziehungen der Chirurgie zu den Naturwissenschaften, Freiburg i. Br.
– (1906): Rede bei der ersten Verleihung der Kußmaul-Medaille, gehalten in Heidelberg am 22. Februar 1906, Deutsche Medizinische Wochenschrift 32, 426–428.
– (1912): Das Heidelberger Institut für experimentelle Krebsforschung, Tübingen.
– (1915): Aus meinem Leben, herausgegeben und mit Anmerkungen versehen von Wilfried Willer, Ruperto-Carola, 19, 1967, 214–244.
– (1916): Ursachen und Ziele des Krieges 1914/15, Deutsche Revue, 41, 39–43.
Czerny, Siegfried (1971): Ein Malerleben, München.
Damasio, Antonio R. (2000): Ich fühle, also bin ich, Die Entschlüsselung des Bewußtseins, München.
Decker, Karl (2001): Hans Adolf Krebs (1900–1981). Ein genialer Biochemiker, Falk Foundation, Freiburg i. Br.
Désormeaux, Antonin-Jean (1865): De l'endoscope et de ses applications au diagnostic et au traitement des affections de l'urèthre et de la vessie, Paris.
Dhom, Georg (2001): Geschichte der Histopathologie, Berlin/Heidelberg.

Dörner, Klaus (2001): Der gute Arzt, Lehrbuch der ärztlichen Grundhaltung, Stuttgart.

Dörr, Wilhelm (1983): Zur Geschichte des naturhistorisch-medizinischen Vereines Heidelberg, Festschrift zum 75jährigen Bestehen, 68–73, Heidelberg.

Dreier, Rudolf-Werner (1991): Albert-Ludwigs-Universität Freiburg im Breisgau, Freiburg i. Br.

Du Bois-Reymond, Estelle (Hg.) (1912): Reden von Emil Du Bois-Reymond, Band 1,2, Leipzig.

Ebstein, Erich (1922): Siehe Würdigungen und Nachrufe.

– (1930): Ein Brief von Adolf Kußmaul, Deutsche Medizinische Wochenschrift 56, 1356–57.

Eckart, Wolfgang U., C. Gradmann, (Hg.) (2001): Ärzte-Lexikon, Berlin/Heidelberg/New York.

Edinger, Ludwig (1880): Ein Fall von Rindenepilepsie, Archiv für Psychiatrie und Nervenkrankheiten 10, 83–96.

– (1911): Vorlesungen über den Bau der nervösen Zentralorgane des Menschen und der Tiere, erster Band: das Zentralnervensystem des Menschen und der Säugetiere, Leipzig.

Edinger, Ludwig 1855–1918 (1959): Gedenkschrift zu seinem 100. Geburtstag und zum 50jährigen Bestehen des neurologischen Institutes (Edinger-Institut) der Universität Frankfurt am Main, Wiesbaden.

Edmonson, James M. (1991): History of the instruments for gastroentestinal endoscopy, Gastroentestinal endoskopy 37 (supplement), 27–56.

Eichrodt, Friedrich (1911): Das Buch Biedermaier, Stuttgart.

Eichrodt, Ludwig (1890): Gesammelte Dichtungen, Stuttgart.

Elsässer, Juliane, Gerlind Leininger, Eduard Seidler (1992): »Die Sorge für die Gesundheit der Unterthanen«, Das Gesundheitswesen der Stadt Freiburg in den letzten zwei Jahrhunderten, in: Heiko Haumann und Hans Schadek, Band 3, 633–653, Stuttgart.

Emisch, Heidemarie (1991): Ludwig Edinger – Hirnanatomie und Psychologie, Stuttgart/New York.

v. Engelhardt, Dietrich (1972): Naturphilosophie und Wissenschaftstheorie auf den Versammlungen Deutscher Naturforscher und Ärzte in der 2. Hälfte des 19. Jahrhunderts, 68–87, Berlin/Heidelberg/New York

– (1991): Zur Geschichte der Ärztlichen Vereine im deutschen Sprachraum, Hamburger Ärzteblatt 46, 270–276.

v. Engelhardt, Dietrich (Hg.) (1997): Forschung und Fortschritt, Stuttgart.

– (1998): Zwei Jahrhunderte Wissenschaft in Deutschland, Stuttgart.
v. Engelhardt, Dietrich, Hartmann, Fritz (1991): Klassiker der Medizin Band 1,2, München.
Engesser, Hermann (1869): Spezielle Pathologie und Therapie nach dem Vortrage von Hofrat Dr. Kußmaul, 2 Bände, Archiv Kluge.
Febvre, Lucien (1994): Der Rhein und seine Geschichte, Frankfurt/New York.
Fenske, Hans (1992): Allgemeine Geschichte Südwestdeutschlands im 19. Jahrhundert, in: H. Schwarzmaier, 1ff.
Fischer, Isidor (1929): Theodor Billroth und seine Zeitgenossen, Berlin.
Fleiner, Elisabeth (1939): Wilhelm Fleiner, Lebensbild eines deutschen Arztes, Heidelberg.
Fleiner, Wilhelm (1902): Ein Rückblick auf die literarischen Arbeiten Adolf Kußmauls, Deutsches Archiv für Klinische Medizin, 73, 1–89.
– (1902): Erinnerungen an die Dozentenzeit A. Kußmauls und die Gründung des Naturhistorisch-Medizinischen Vereines in Heidelberg, Münchner Medizinische Wochenschrift, 1589.
– (1902): Die Behandlung des Magengeschwürs, Münchner Medizinische Wochenschrift 49, 913–1012.
– (1912): Verdauungskrankheiten, Jahreskurse für ärztliche Fortbildung 3, 3–41, München.
Föhrenbach, Max (1911): Aus vergangenen Zeiten, Erinnerungsblätter, Freiburg i. Br.
Friburgum-Freiburg, Ansichten einer Stadt (1995), Ausstellungskatalog Augustinermuseum, Waldkirch.
Fröhlich, Jürgen (1985): Kußmaulsche Atmung und diabetische Ketoazidose, in: Kluge, F., 1985, 39–46.
Fuchs, François Joseph (1991): Straßburg – Bindeglied zwischen Frankreich und Deutschland, in: J.-M. Gall, 1991.
Gall, Jean-Marie, Wolf-Dieter Sick (1991): Das Elsaß. Bilder aus Wirtschaft, Kultur und Geschichte, Alemannisches Jahrbuch 1987/88, Bühl.
Gall, Lothar (1968): Der Liberalismus als regierende Partei, Wiesbaden.
– (1998): 1848 Aufbruch zur Freiheit (Ausstellungskatalog zum 150jährigen Jubiläum der Revolution von 1848/49), Berlin.
Gay, Peter (1996): Kult der Gewalt, München.
Gerstner, Patsy (1991): The American Society for Gastroentestinal Endoskopy: a history, in: James M. Edmonson.
Giesler, Birte, Jürgen Oppermann (2000): Scheffelkalender 2001, Jahresgabe der literarischen Gesellschaft – Scheffelbund, Freiburg.

Goethes Werke, Weimarer Ausgabe (1887–1919), fotomechanischer Nachdruck 1987, München.

Gopnik, Alison, Patricia Cuhl, Andrew Meltzoff (2001): Forschergeist in Windeln, Wie ihr Kind die Welt begreift, München.

Gotthelf, Jeremias (1843/44): Anne Bäbi Jowäger; insbesondere Band 2, Kapitel 18, S. 371 f: Was ein Doktor ausstehen muß, und wie es ihm ergehen kann, Zürich 1978.

Gräfe, Eduard (1882/83): Beschreibung der Weiss'schen Magenspritze, Journal der Chirurgie und Augenheilkunde, 9, 166–170.

Griesinger, Wilhelm (1842): Die medicinische Terminologie, Archiv für physiologische Heilkunde, 1, 503; in: Wilhelm Griesingers Gesammelten Abhandlungen (Hg.), Dr. Wunderlich, Berlin 1872.

– (1872): Vortrag zur Eröffnung der Psychiatrischen Klinik zu Berlin, 1867, in: Gesammelte Abhandlungen, erster Band, Hg. Dr. Wunderlich, Berlin.

Gross, Rudolf (1969): Medizinische Diagnostik, Grundlagen und Praxis, Heidelberg/Berlin/New York.

Haffter, Carl (1976): Tagebuch des Zürcher Medizinstudenten Elias Haffter aus dem Jahre 1823, Zürich.

Haffter, Elias (1985): Dr. med. Elias Haffter, Tagebuch 1844–1853, Band 1, 2, Frauenfeld.

Haumann, Heiko, Hans Schadek (1992–1996): Geschichte der Stadt Freiburg im Breisgau, Band 1–3, Stuttgart.

Heiko Haumann, u. a.: Industriestadt oder »Pensionopolis«? im Kaiserreich (1871–1914), in: Heiko Haumann, Hans Schadeck, 165–254

Hansert, Angelika (1997): 150 Jahre Orden der Barmherzigen Schwestern vom Hl. Vinzenz von Paul in Freiburg (1846–1996), Freiburg i. Br.

Hasse, Carl Eduard (1893): Erinnerungen aus meinem Leben, Braunschweig.

Hassenstein, Bernhard (2001): Jakob von Uexküll (1864–1944), in: Ilse Jahn, Michael Schmitt (Hg.), Darwin und Co., Eine Geschichte der Biologie in Porträts, Band 1,2, Band 2, 344–364.

Heilmann, Kenneth M., E. Valenstein (1979): Clinical Neuropsychology, New York, Oxford.

Heinig, Karl (1983): Biographie bedeutender Chemiker, Berlin.

Heimpel, Hermann, Theodor Heuss, Benno Reiffenberg (1978): Die großen Deutschen, Frankfurt/Berlin/Wien.

Hell, D. (1999): Der Plan zur Abschaffung des menschlichen Dunkels, Neue Zürcher Zeitung 5./6. Juni 93.

Hentschel, E. (1978): Histamin – H2–Receptor-Antagonismus, in: A. L. Blum, 112–136.
Herzka, Heinz Stefan (1973): Das Kind von der Geburt bis zur Schule, Basel.
Heuss-Knapp, Elly (1961): Bürgerin zweier Welten, Stuttgart/Hamburg.
Hirschowitz, Basil I. (1961): Endoscopic Examination of the Stomach and Duodenalcap with the Fiberscope, Lancet 1, 1074–1078.
Hirth, Georg, Fritz von Ostini (1902): Zum 80. Geburtstag Sr. Excellenz des Herrn Geheimraths Professor Adolf Kußmaul, des weiland wahren und Ur-Biedermeier, »Jugend« Nr. 8, München.
Holscher, Helmut, René Kende (1971): Diabetes, Stolberg.
Hüsen, Paul (1936): Die Geschichte des Magengeschwürs, Inauguraldissertation, Düsseldorf.
Hug, Wolfgang (1992): Soldatsein im Kaiserreich, Militärischer Alltag in Zeugnissen aus der Region, »Schau-ins-Land« 111, 141–153.
– (1996): Der Anwalt des Erzbischofs gegen den Staat, Badische Zeitung Nr. 10, 13. Januar, Freiburg i. Br.
– (1999): 1848/49 – Revolution in Freiburg?, »Schau-ins-Land« 15–30.
Jantzen, Günther (1971): Deutsche Ärzte im osmanischen Reich (1838–1918), Inauguraldissertation, Istanbul.
Kaiser, Eduard (1910): Aus alten Tagen, Lebenserinnerungen eines Markgräflers 1815–1875, Lahr.
Kallenberg, Fritz (Hg.) (1996): Hohenzollern, Stuttgart.
Kandel, Eric R., James H. Schwartz, Thomas M. Jessel (Hg.) (1995): Neurowissenschaften, darin: Lernen, Sprache und Gedächtnis, 647–665, Heidelberg/Berlin/Oxford.
Kennel, Albert (1895): Ludwig Eichrodt, ein Dichterleben, Lahr.
Killian, Gustav (1901): Zur Geschichte der Ösophago- und Gastroskopie, Deutsche Zeitschrift für Chirurgie 58, 499–512.
Kirsner, Joseph B. (1990): The Development of American Gastroenterology, New York.
Kistler, Franz (1954): Die wirtschaftlichen und sozialen Verhältnisse in Baden 1849–1870, Freiburg.
Klieme, Günter, Hans Joachim Neidhardt (1999): Museum der Dresdner Frühromantik, München/Berlin.
Kluge, Friedrich (Hg.) (1985): Adolf Kußmaul, seine aktuelle Bedeutung für Innere Medizin und Neurologie, Stuttgart.
Kluge, Friedrich, Eduard Seidler (1986): Zur Erstanwendung der Ösophago-

und Gastroskopie, Briefe von Adolf Kußmaul und seinen Mitarbeitern, Medizinhistorisches Journal 21, 288–307.
Kluge, Friedrich (1987): 120 Jahre gastroenterologische Endoskopie – wer war der Erste?, Leber, Magen, Darm 4, 217–218.
– (1989): Der Arzt Adolf Kußmaul (1822–1902), seine Freiburger Jahre 1863–1876 und das Jahr 1909, »Schau-ins-Land« 108, 195–249.
– (1991): Arnold Cahn (1858–1927). Wirken und Schicksal eines deutsch-jüdischen Arztes, Zeitschrift für die Geschichte des Oberrheins, 139, 283–308.
– (1992): Adolf Kußmaul: Ein Klassiker der Medizin an der Universität Freiburg 1863–1876, Freiburger Universitätsblätter 117, 21–38.
– (1997): Adolf Kußmaul (1822–1902), Prorektor 1869, Freiburger Universitätsblätter 137, 119–123.
– (1997): Die Leber und ihre Krankheiten: Ein historischer Rückblick, Leber-Magen-Darm 27, 15–22.
– (1999): Verbessern Netzwerke das Arzt-Patientenverhältnis, Deutsche Medizinische Wochenschrift 124, 1403–1404.
Koch, Richard (1917): Die ärztliche Diagnose, Wiesbaden.
Kocka, Jürgen, U. Frevert (1988): Bürgertum im 19. Jahrhundert, Deutschland im europäischem Vergleich, München.
Körner, Otto (1920): Erinnerungen eines deutschen Arztes und Hochschullehrers 1858–1914, München/Wiesbaden.
Kolb, J. B. (1814): Historisch-statistisch-topographisches Lexikon von dem Großherzogtum Baden, Karlsruhe.
Kolle, Kurt (1963–1970): Große Nervenärzte, Band 1 bis 3, Stuttgart.
Korelitz, Burton I., McMasters, R. E. (1998): The Early History of Gastroenterology at Lenox Hill Hospital, The Contributions of German-Born Doctors, Gastroenterology International 11, 1–5.
Krebs, Heinrich, Heinrich Schipperges (1969): Heidelberger Chirurgie 1818–1968, Vinzenz Czerny, 57–69, Heidelberg/New York.
v. Kügelgen, Wilhelm (1908): Jugenderinnerungen eines alten Mannes, Düsseldorf/Leipzig.
Krücke, Wilhelm (1963): Ludwig Edinger (1855–1908), in: K. Kolle, Band 3, 9–20.
Kurz, Manfred (1992): »Erfasse und nütze den Geist der Zeit«, Der Wieslocher Weinbaupionier Philipp Bronner wäre heute 200 Jahre alt geworden, Rhein-Neckar-Zeitung 11. Februar.
– (1998): Der Rhein-Neckar-Raum und die Revolution von 1848/49, Biographie, Eduard Bronner, Wiesloch.

Kußmaul, John A. (1998): A Kussmaul History 1515–1923, Privatdruck, Woodman, Wisconsin, USA.
Kußmaul, Rudolf (1850): Erlebnisse eines Deutschen in nordamerikanischen Diensten gegen Mexico, Münchner Hauschronik, 340–364 (Archiv Kluge).
Labarraque, Edouard (1871): Bericht über Kußmauls Gastroskopieversuche, Bull. gén. de thér. med. et chir. 24, 212.
Lachmund, Jens (1992): Der abgehorchte Körper, Opladen.
Leiter, Josef (1880): Elektro-endoskopische Instrumente, Wien.
Lesky, Erna (1970): Die Wiener Experimente mit dem Lichtleiter Bozzinis (1806/1807), Clio medica 5, 237–350.
Leube, Wilhelm Oliver (1879): Die Magensonde, Erlangen.
Leven, Karl-Heinz (1997): Die Geschichte der Infektionskrankheiten von der Antike bis ins 20. Jahrhundert, Landsberg/Lech.
Liebig, Justus (1840): Die organische Chemie in ihrer Anwendung auf Agrikultur und Physiologie, Reprint, Hildesheim 1977.
Lown, Bernard (1996): The Lost Art of Healing, Boston, NewYork.
Lücke, Georg Albert (1887): Ein Fall von chirurgisch behandelter Perforationsperitonitis, Deutsche Zeitschrift für Chirurgie 27, 521.
Mann, Golo (1958): Deutsche Geschichte des 19. und 20. Jahrhunderts, Frankfurt.
Mann, Gunter (1973): Der Frankfurter Lichtleiter, neues über Philipp Bozzini und sein Endoskop, Medizinhistorisches Journal 8, 105–130.
Marx, Otto (1996): Die Geschichte der Ansichten über die biologische Grundlage der Sprache, in: Eric H. Lenneberg, Biologische Grundlagen der Sprache, Frankfurt.
Matteson, Eric L. (1998): Polyarteritis Nodosa and Microscopic Polyangiitis, Rochester.
– (1999): A History of Idiopathic Vasculitis, Rochester.
Matthys, Heinrich (1982): Pneumologie, Berlin/Heidelberg/New York.
v. Mehring, Joseph (1905): Lehrbuch der Inneren Medizin, Jena.
Meinecke, Friedrich (1949): Straßburg/Freiburg/Berlin 1901–1919, Stuttgart.
v. Mikulicz-Radecki, Johann (1881): Über Gastroskopie und Ösophagoskopie, Wiener Medizinische Presse 22, 1405ff (7 Folgen).
Minder, Robert (1980): Für Deutsche und Franzosen: Geraubte Braut – Verlorene Tochter, in: Straßburg und das Elsaß, Merianheft 7/33, 28, Hamburg.
Mühlstein, Verena (1998): Helene Schweitzer-Bresslau, München.
Mühr, Alfred (1957): Das Wunder Menschenhirn, Olten, Freiburg i. Br.

Müller, Julius (1864/65): Spezielle Pathologie und Therapie, Kußmauls klinische Vorlesungen, Vorlesungsmitschrift, Archiv Kluge.
Müller, Werner, Uwe Ikinger (1989): Die Geschichte des Krankenhauses Salem – ehemals Diakonissen-Krankenhaus Heidelberg, in: 100 Jahre Krankenhaus Salem, 25–32, Mannheim.
Naunyn, Bernhard (1892): Klinik der Cholelithiasis, Leipzig.
– (1898): Der Diabetes mellitus, Wien.
– (1909): Gesammelte Abhandlungen 1862–1908, 2 Bände, Würzburg.
– (1925): Erinnerungen, Gedanken und Meinungen, München.
Neumann, Herbert A., Andreas Hellwig (2001): Vom Schwertschlucker zur Glasfiberoptik, Die Geschichte der Gastroskopie, München.
Nipperdey, Thomas (1983): Deutsche Geschichte 1800–1866, Bürgerwelt und starker Staat, München.
– (1990): Deutsche Geschichte 1866–1918, Band 1: Arbeitswelt und Bürgergeist, München.
Nonne, Max (1970): Wilhelm Erb, in: Kurt Kolle, Band 1, 68–80.
Nothnagel, Carl Wilhelm Hermann (1882): Über die Methode des klinischen Unterrichtes, Wiener Medizinische Wochenschrift 32, 1247–1251.
Oepen, Godehard (1985): Vorläufiges und Gültiges – Kußmauls »Die Störungen der Sprache« und die heutige Aphasiologie, in: Kluge, F., 1985, 23–31.
Pfaff, Karl (1897): Heidelberg und Umgebung, Heidelberg.
Pfannenstiel, Max (1951): Lorenz Oken, Sein Leben und Wirken, Freiburger Universitätsreden, Heft 14.
Plessner, Hellmuth (1988): Die verspätete Nation, Frankfurt.
Poeck, Klaus (1995): Sprache im Gehirn: Eng lokalisierbar? Spektrum der Wissenschaft, Mainz, 92–98.
Pörksen, Uwe (1986): Deutsche Naturwissenschaftssprache, Tübingen.
v. Polenz, Peter (1999): Deutsche Sprachgeschichte, Band 3, 19. und 20. Jahrhundert, Berlin/New York.
Porter, Roy (2000): Die Kunst des Heilens, Heidelberg/Berlin.
Portmann, Adolf (1969): Biologische Fragmente zu einer Lehre vom Menschen, Basel/Stuttgart.
Porträt 2 Der Arzt, graphische Bildnisse des 16.–20. Jahrhunderts aus dem Archiv Diepenbroick, Katalog (Hg. Peter Berghaus u.a. 1979), Münster.
Posselt, Wilhelm (1920): Eine Beschreibung Kußmauls in einem vertrauensärztlichen Gutachten vom 4.9.1857, Blätter für Vertrauensärzte und Lebensversicherung, 11, 78–79.
Querner, Hans, Heinrich Schipperges (1972): Wege der Naturforschung 1822–

1872 im Spiegel der Versammlungen Deutscher Naturforscher und Ärzte, Berlin/Heidelberg/New York.
Reuter, Hans J., Mathias, A. (1988): Philipp Bozzini und die Endoskopie des 19. Jahrhunderts mit Nachdruck »Der Lichtleiter« von Dr. Philipp Bozzini, 1807, 2 Bände, Stuttgart.
Rinker, Reiner, Wilfried Setzler (Hg.) (1986): Die Geschichte Baden-Württembergs, Stuttgart.
Ritter, Gerhard (1960): Staatskunst und Kriegshandwerk, Das Problem des »Militarismus« in Deutschland, Band 2: Die Hauptmächte Europas und das wilhelminische Reich (1890–1914), München.
Rockwitz, C. (1886): Die Gastroenterostomie, Deutsche Zeitschrift für Chirurgie 25, 502–564.
Roth, Gerhard (1999): Das Gehirn und seine Wirklichkeit, Kognitive Neurobiologie und ihre philosophischen Konsequenzen, Frankfurt.
– (1999): Entstehen und Funktion von Bewußtsein, Deutsches Ärzteblatt 96, 1957–1961.
– (2000): Die Vernunft spielt immer eine Nebenrolle, Vortrag Psychotherapiewoche Lindau, Süddeutsche Zeitung Nr. 85, 11. April.
Rothschuh, Karl Ed. (1978): Konzepte der Medizin in Vergangenheit und Gegenwart, Stuttgart.
Rüsen, Jörn (1989): Lebendige Geschichte, Göttingen.
Ruperto Carola, 1386–1961, 575 Jahre Ruprecht-Carl-Universität Heidelberg, 1961, Heidelberg.
Sauerbeck, F. (1909): Festbericht über die Enthüllung des Kußmaul-Denkmals, Freiburg i. Br.
Schadewaldt, Hans (1990): Therapie der Ulcus-Erkrankung, Historischer Rückblick, Vortrag München.
v. Scheffel, Joseph Victor (2000): Ekkehard, Lengwil am Bodensee.
Schiewe, Jürgen (1988): Die Macht der Sprache, München.
Schindler, Rudolf (1923): Lehrbuch und Atlas der Gastroskopie, München.
– (1932): Ein völlig ungefährliches, flexibles Gastroskop, Münchner Medizinische Wochenschrift 32, 1367f.
Schipperges, Heinrich (1972): Repräsentative Eröffnungsreden auf den Naturforscherversammlungen im 19. Jahrhundert, in: Hans Querner, 10–38.
– (1990): Geschichte der Medizin in Schlaglichtern, Mannheim/Wien/Zürich.
– (1990): Heidelberger Schule der Medizin, Der geistesgeschichtliche Hintergrund der Medizin in Bewegung, Heidelberg.

Schivelbusch, Wolfgang (1986): Lichtblicke, Zur Geschichte der künstlichen Helligkeit im 19. Jahrhundert, Frankfurt.
Schleer, Joseph (1957): Chronik über das Spitalwesen und die kulturelle Entwicklung der Universitätsklinik in Freiburg, Maschinenschr., Archiv der Verwaltung des Klinikums.
Schliep, P. (1874): Zur Behandlung mit der Magenpumpe, in: P. Hülsen.
Schmidt, Ulrich (1999): Tempo, Krisen, Medien; Magazin Wissenschaftliche Buchgesellschaft, Darmstadt.
Schnabel, Franz (1933): Deutsche Geschichte im neunzehnten Jahrhundert, Freiburg i. Br.
Schnädelbach, Herbert (1983): Philosophie in Deutschland 1831–1933, Frankfurt.
Schneider, Hugo (1987): Die Illenau – ihre Entstehung und Bedeutung –, aus dem Einwohnerbuch Achern und Umgebung, Achern.
Schreiber, Heinrich (1838): Freiburg im Breisgau mit seinen Umgebungen, Freiburg, Faksimiledruck zur 850–Jahrfeier, 1970.
v. Schulenburg, Johann-Matthias (1981): Systeme der Honorierung frei praktizierender Ärzte und ihre Allokationswirkungen, Tübingen.
Schulin, Ernst (1999): Die deutschen Historiker und die Revolution von 1848/49, Der Staat 38, 69–85.
Schumacher, Joseph (1957): Zur Geschichte der Medizinischen Fakultät Freiburg i. Br., Festschrift zur 500–Jahrfeier, Stuttgart.
Schwabe, Heide (1974): Adolf Kußmaul und die Entstehung der Epochenbezeichnung »Biedermeier«, Inauguraldissertation, Köln.
Schwanitz, Dietrich (1999): Bildung, Frankfurt.
Schwartz, K. (1910): Über penetrierende Magen- und Duodenalgeschwüre, Beiträge zur klinischen Chirurgie 67, 96–128.
Schwarzmaier, Hansmartin (Hg.) (1992): Handbuch der baden-württembergischen Geschichte, Stuttgart.
Seidler, Eduard (1985): Adolf Kußmaul als Arzt seiner Zeit, in: Kluge 1985, 47–56.
– (1991): Geschichte der Pflege des kranken Menschen, Stuttgart.
– (1991): Die medizinische Fakultät der Albert-Ludwigs-Universität Freiburg im Breisgau, Berlin/Heidelberg/New York.
Senckenbergische Stiftung, Die Porträtsammlung, Frankfurter Bildnisse aus 5 Jahrhunderten (2000), Frankfurt.
Sengle, Friedrich (1971): Biedermeierzeit, Stuttgart.

Siegert, Reinhard (1992): Samuel Friedrich Sauter, in: Ludwig Eichrodt 1827–1982, Karlsruhe, 113–133.
v. Siemens-Helmholtz, Ellen (1929): Anna von Helmholtz, Ein Lebensbild in Briefen, Berlin.
Singer, Wolf (2000): Neurobiologische Anmerkungen zum Konstruktivismus-Diskurs, in: Gehirn und Denken – Kosmos im Kopf, 132–141, Dresden.
– (2001): Das falsche Rot der Rose, Der Spiegel 1. Januar, 154–160, Hamburg.
Sleisenger and Fortran's, Mark Feldman, Bruce F. Scharschmidt, Marwin H. Sleisenger (Eds.) (1998): Gastroentestinal and Liver Disease, Vol. 1,2, Philadelphia / London / Tokyo.
Spaude, Edelgard (1999): Eigenwillige Frauen in Baden, Freiburg i. Br.
Stern, Fritz (1999): Gold und Eisen, Bismarck und sein Bankier Bleichröder, Hamburg.
Stirnimann, Fritz (1965): Psychologie des neugeborenen Kindes, München.
Störig, Hans Joachim (1970): Kleine Weltgeschichte der Wissenschaft, Band 1,2, Frankfurt.
Straßner, Erich (1995): Deutsche Sprachkultur, Tübingen.
Stroomann, Gerhard (1960): Aus meinem roten Notizbuch, Frankfurt.
Strümpell, Adolf (1925): Aus dem Leben eines deutschen Klinikers, Leipzig.
Takuya, Uemura (1987): Katalog Kubo Museum, Hals-Nasen-Ohren Klinik der Medizinischen Fakultät Kyushu Universität, Japan.
Teichmann, Werner (1992): Ismar Boas 1858–1938, Falk Foundation, Freiburg i. Br.
Thannhauser, Siegfried (1926): Wilhelm Fleiner +, Münchner Medizinische Wochenschrift, 73, 2130.
– (1932): Die Bedeutung der Tradition für die Erziehung zum Arzte, Freiburger Universitätsreden, Heft 6, Freiburg i. Br.
– (1934): Christian Gerhardt Heinrich Bäumler 1836–1933, Deutsche Medizinische Wochenschrift 60, 1176–80.
Tölle, Reiner (1993): Befreiung psychisch Kranker, Deutsches Ärzteblatt 90, 3437–3438.
Trautwein, Walter (1956): Der Naturhistorisch-Medizinische Verein zu Heidelberg von 1856–1956, Heidelberg.
v. Uexküll, Jakob (1957): Nie geschaute Welten, München.
Ullrich, Volker (1997): Die nervöse Großmacht, Aufstieg und Untergang des deutschen Kaiserreichs 1871–1918, Frankfurt.

Ungerer, Tomi (1993): Die Gedanken sind frei, Meine Kindheit im Elsaß, Zürich.

Uschmann, Georg (1984): Ernst Haeckel, Biographie in Briefen, Gütersloh.

Valentin, Veit (1998): Geschichte der deutschen Revolution von 1848–1849 Band 1,2, Weinheim/Berlin.

Vasold, Manfred (1988): Rudolf Virchow der große Arzt und Politiker, Stuttgart.

Veil, Wolfgang (1927): Arnold Cahn, Münchner Medizinische Wochenschrift 53, 859.

– (1937): Straßburgs medizinische Fakultät um die Jahrhundertwende, Deutsche Medizinische Wochenschrift 63, 1812ff. und 1850ff.

v. Velden, Richard (1879): Über Vorkommen und Mangel der freien Salzsäure im Magen bei Gastrektasie, Deutsches Archiv für Klinische Medizin 23, 369f.

Vetter, Walter (1979): August Graf von Werder, Ein preußischer Feldherr in Baden, Freiburger Almanach, 29–39.

Vierordt, Heinrich (1925): Badisches Heimatbüchlein, in: Johannes Werner, Freiburg im 19. Jahrhundert aus alten Büchern, Freiburger Almanach, 134–141.

Virchow, Rudolf (1858): Die Cellularpathologie in ihrer Begründung auf physiologische und pathologische Gewebelehre, Berlin, Reprographischer Nachdruck, Hildesheim 1966.

v. Volkmann, Richard (Hg.) (1880): Sammlung klinischer Vorträge, Innere Medicin, No. 62–92, Leipzig.

Wagner, Henry (1973): Paradoxical Pulse: 100 Jears Later, The American Journal of Cardiology 32, 91f.

v. Waldeyer-Hartz, Wilhelm (1920): Lebenserinnerungen, Bonn.

Walk, L. (1966): The History of Gastroscopy, Clio Medica 1, 209–222.

Wallesch, Claus-W. (1998): Neurologische Sprachproduktionsmodelle, Der Streit um die Lokalisation sprachlicher Funktionen im Großhirn, in: Blanken, G. (Hg.), Sprachproduktionsmodelle, 151–172, Freiburg i. Br.

Waltz, Jean-Jaques (1919): L'Alsace Heureuse, Reprint 1990, Mulhouse, Riquewihr.

Weber, Andreas (1993): Belfortmythos, Sedanfeiern – aber kaum menschliches Gedenken, Badische Zeitung Nr. 193, 23. August.

Wehler, Hans-Ulrich (1961): Elsaß-Lothringen von 1870–1918, Zeitschrift für Geschichte des Oberrheins 109, 133–199.

v. Weizsäcker, Viktor (1940): Der Gestaltkreis, Leipzig.

– (1986): Natur und Geist, Begegnungen und Entscheidungen, in: Peter Achilles u. a. (Hg.) Viktor von Weizsäcker, Gesammelte Schriften, Band 1, Frankfurt.
Wendehorst, Alfred (1982): Aus der Geschichte der Friedrich-Alexander-Universität, Erlanger Universitätsreden, Erlangen.
Wieland, Wolfgang (1975): Diagnose, Überlegungen zur Medizintheorie, Berlin/New York.
– (1978): Der Begriff der ärztlichen Kunst, Vortragsmanuskript.
– (1986): Strukturwandel der Medizin und ärztliche Ethik, Philosophische Überlegungen zu Grundbegriffen einer praktischen Wissenschaft, Heidelberg.
Wienold, Matthias (1988): Benedikt Stilling als klinischer Forscher in der operativen Medizin, Dissertation, Marburg.
Wilmanns, Karl (1929): Die Entwicklung der badischen Irrenfürsorge mit besonderer Berücksichtigung der Universitäts-Kliniken, Archiv für Psychiatrie 87, 1–23.
Wilson, Edward O. (2000): Die Einheit des Wissens, München.
Wittern, Renate (1993): 250 Jahre Friedrich-Alexander-Universität Erlangen-Nürnberg, 315–420, in: H. Kössler, Erlanger Forschungen, Sonderreihe, Band 4, Erlangen.
– (1999): Die Professoren und Dozenten der Friedrich-Alexander-Universität Erlangen 1743–1960, Erlanger Forschungen, Sonderreihe, Band 9, Erlangen.
Wolfram, G. (1934): Wissenschaft, Kunst und Literatur in Elsaß-Lothringen 1871–1918, Frankfurt a. M.
Wyklicky, Helmut (1985): Das Josephinum, Biographie eines Hauses, Wien.
Zöllner, Nepomuk, Alan F. Hofmann (2001): Siegfried Thannhauser 1885–1962, Ein Leben als Arzt und Forscher in bewegter Zeit, Falk Foundation, Freiburg i. Br.
v. Ziemssen, Hugo (1883): Notiz, die Weiss'sche Magenpumpe betreffend, Deutsches Archiv für Klinische Medizin, 32, 256.
– (1889): Über die Aufgaben des klinischen Unterrichts und der klinischen Institute, Deutsches Archiv für Klinische Medizin 23, 1–40.

Personenregister

Kursive Ziffern verweisen auf Abbildungen